다시 읽고 싶은

한국행정학
좋은 논문

박순애 · 이수영 편

고숙희 · 김동욱 · 김인철 · 목진휴 · 양영철
염재호 · 오철호 · 유종해 · 유홍림 · 윤태범
이윤식 · 임의영 · 진재구

논평

김영미 · 문명재 · 박종훈 · 서영빈 · 성욱준
송하중 · 신희영 · 이기우 · 이덕로 · 이재완
정병걸 · 조선일 · 홍형득

박영사

머리말

 본서는 "다시 읽고 싶은 한국 행정학 좋은 논문" 시리즈의 제4편입니다. 이 시리즈는 우리 행정학 분야에서 뜻깊은 기여를 한 연구들을 선정하여 후학들에게 소개함으로써 그 의미와 통찰력을 공유하고, 학문적인 소통과 공감대를 형성하려는 의도에서 진행되어 왔습니다. 2014년에 발간된 제1편은 한국 행정이론 발전에 기여한 연구들을 중심으로 기획되었고, 2016년에 발간된 제2편은 조직, 인사, 재무, 그리고 지방행정과 관련된 논문들을 중심으로 구성되었습니다. 2018년에 발간된 제3편은 독창적인 이론틀과 방법론 측면에서 기여도가 큰 연구들을 중심으로 기획되었습니다.

 현대 수학 분야에 7대 난제가 있다는 이야기처럼, 행정학 분야에도 그 시작에서부터 지금까지 모든 학자들이 관심을 갖고 연구해 오고 있는 몇 가지 화두 같은 중요한 연구문제들이 존재합니다. 예를 들면, 관료에 대한 정치적 통제, 정치와 행정의 관계, 행정(학)에 대한 과학 논쟁, 이론과 실제의 연계 등이 여기에 해당하는 대표적인 연구주제들입니다. 본서는 이들 행정학의 핵심 화두 중 하나인 "이론과 실제의 연계(theory to practice)"라는 측면에서 행정 이론들을 현실의 사례와 유기적으로 연결하여 적실성을 확보하고 있는 논문들을 이번 지식공유 대상으로 선정하였습니다.

 대표적인 응용사회과학(applied social science)인 행정학은 이론과 현실을 연결하는 작업을 늘 고민하며, 이론에 머무르지 않고 적실성 및 실현가능성 있는 현실 문제 해결책을 제시하려고 노력하여 왔습니다. 즉, 교과서에만 머무르는 이론이 아니라 현장이 원하는 정책적 처방을 제시하는 일에 도움이 되도록 제도화를 통한 이론의 실효성 확보 노력을 지속적으로 진행해 왔습니다. 그 결과, 행정학 자체의 이론들 및 인접 학문 분야에서 발전시켜 온 다양한 이론들을 학제적으로 활용하여 현실의 공공부문이 갖고 있는 난제들(wicked problems)을 해결하는 일에 탁월한 역량을 발휘해 왔습니다. 본서는 이러한 측면에서 의미를 갖는 연구 논문 13편을 선정하여 "이론과 현실의 연계"라는 행정학의 중요 화두를 여러분과 함께 다시 한 번 고민해 보고자 합니다.

본서의 첫 번째 논문은 오철호 교수의 "행정학 연구결과 활용의 이론적 논의"라는 글인데, 이론과 현실의 연계라는 주제를 가장 직접적으로 다루고 있는 논문이라는 점에서 선정되었습니다. 이 글은 제목이 말해 주는 것처럼 행정학계의 논문들이 생산한 연구결과들이 현실에서의 정책 입안 및 결정에 활용되는 여부에 영향을 주는 요인에 대한 고민과 분석을 담고 있습니다. 학술연구자와 공무원을 대상으로 한 설문조사 결과를 바탕으로 소속조직의 예산이나 인력 극대화라는 조직이익에 대한 고려가 행정학 연구결과 활용 여부를 결정하는데 의미 있는 영향을 미치고 있다고 지적합니다. 또한, 우리 사회의 무의식적인 합리주의적 편향을 비판하면서 계량 연구결과와 같은 정형화된 지식과 직관이나 경험과 같은 연성적 지식의 보완적 활용이 가능한 조건 등에 대한 연구가 필요하다고 주장합니다.

두 번째 논문부터 열두 번째 논문은 행정학 이론을 활용하여 현실 정책사례를 분석하고 이해함으로써 향후 현실의 정책에 유용한 정책적 시사점을 제시한 논문들입니다. 즉, 이론과 실제를 직접 연결하려는 시도를 한 연구들입니다.

인사행정과 관련된 첫 논문인 원로 학자 유종해 교수의 "감화적 리더십: 루즈벨트를 통해 살펴본다"는 상황이론을 바탕으로 감화적 리더십을 현실의 대통령 리더십 사례에 적용하여 그 의미와 시사점을 도출하려고 노력하였습니다. 즉, 루즈벨트의 감화적 리더십을 여러 가지 대표적인 정책을 통해 분석하고 평가하기 위해 그의 인적 특성과 주요 정책을 살펴보고, 대통령에게 요구되는 리더십으로 국민이 인정할 수 있는 애국심, 과단성, 초당파적으로 정당한 목표 추구를 위한 추진력, 연출력을 제시합니다.

　　다음으로 진재구 교수의 "정부부문 역량기반 인적자원관리체계 수립의 전제: 쟁점과 정책적 시사점"은 근래 우리나라 공무원 인사행정의 근간으로 자리잡아온 역량에 대한 이론과 실제를 연계한 논문입니다. 정부부문에서 산발적으로 시도되고 있는 역량기반 인적자원관리 활동을 종합적이고 체계적으로 운용할 수 있도록 만들기 위해서는 역량기반 인적자원관리시스템의 도입이 필요하다고 지적합니다. 그리고 이를 위해 분야별 역량모델의 차별화를 추구하면서 조직/직무 적합성을 확보하는 수요자 중심의 인적자원관리 모형 설계가 무엇보다 시급하다는 시사점을 제시하고 있습니다.

　　윤태범 교수의 논문인 "공직자의 이해충돌방지제도의 입법화과정에 대한 연구: 2005년 백지신탁제도 도입을 중심으로"는 여전히 중요한 이슈로 현재화되어 있는 공직자윤리법 상의 공직자 이해충돌방지제도 중 입법화까지 8년 정도 걸린 재산백지신탁제도 도입에 대한 연구를 담고 있습니다. 공직윤리 확보를 위한 가장 기본적인 이론적 시각이 이해충돌(conflict of interest) 방지라고 한다면, 백지신탁제도는 공직자가 보유하고 있는 사적인 재산과 공직자로서 수행해야 할 공적 직무 간에 이해충돌이 발생할 경우 이를 해소하기 위한 제도적 장치입니다. 이 논문은 입법화 과정에 대한 각종 자료를 수집, 정리하여 백지신탁제도가 도입된 과정을 체계적으로 분석함으로써 이론의 제도화에 대한 시사점을 제시하고 있습니다.

　　행정조직과 관련된 다음 논문은 김동욱 교수의 "국가전략 연구를 위한 공공부문 조직 설계"라는 연구인데, 이 글은 정부 조직 설계에 관한 비교행정적 분석을 통해 국가 전략 수립을 책임지고 이끌어 갈 연구기관 신설을 위한 정책적 시사점을 도출하고자 시도하였습니다. 이론과 해외사례 분석을 통해 단기적 성과를 추구하는 관료제 조직으로부터의 독립성, 다양한 내외부 전문가를 적극적으로 활용하는 전문성, 정권교체 등 외부 환경 변화에 영향을 받지 않는 시계의 장기성이 국가전략 연구조직의 핵심 요소에 해당한다고 강조합니다.

또한, 이윤식 교수의 "우리나라에 있어서 성과관리를 위한 평가의 개선방안에 관한 연구: 중앙부처 사례를 중심으로"는 성과관리에 대한 주요 선진국 사례를 통해 우리나라 중앙부처 성과 평가제도의 문제점 및 극복방안을 탐색하려는 것을 목적으로 하고 있습니다. 보다 구체적으로는 성과관리를 위한 평가제도의 구성요소인 성과개념의 정확성, 비전과 목표 그리고 활동 간의 체계성, 성과지표의 설정 및 측정 적합성, 정책(사업)/활동과 성과 간의 인과성, 그리고 성과에 대한 책임성을 기초로 성과관리를 위한 평가제도를 분석하고 실효성 있는 정책적 시사점을 도출하려고 시도하였습니다.

재무행정 분야에서는 유홍림 교수의 "총액배분·자율편성 예산제도와 국가재정운용계획의 효과성 분석 및 개선방안에 관한 연구: 국민체육진흥기금(2010~2014년) 사례를 중심으로"라는 연구가 선정되었습니다. 이 연구는 정부 예산개혁의 대표 도구인 총액배분·자율편성 예산제도와 국가재정운용계획제도가 2007년 도입된 이후 나타난 효과성을 분석하고 있습니다. 국민체육진흥기금을 실제 사례로 선정하여 2010년~2014년까지의 5개년을 대상으로 중기사업계획제출안, 지출한도, 요구안, 정부안, 최종예산액을 기준으로 국회 심의과정, 정부 총지출, 체육부문 국가예산 등을 비교한 다음, 그 결과를 바탕으로 합리적 예산 편성을 위한 개선안을 제시하고자 합니다.

한편, 의사결정(정책결정)과 관련된 분야에서도 이론과 실제를 연결하려는 시도가 많이 이루어졌습니다. 김인철 교수의 "정책분야 연구사업 및 자문활동의 3자연합 현상: 문제해결역량과 이론적 통칙화 측면에서"는 정책과정에 등장하는 철의 삼각(iron triangle) 이론이 현실에서는 3자연합(관련 전문가, 관료, 관련 사업자)의 형태로 나타남을 지적합니다. 그리고, 사업수행과정에서 사회적 비용·편익의 재편현상이 무수히 일어나고, 이로 인해 복잡다단한 이해관계의 충돌현상이 지속되므로 3자연합이 채택한 문제해결방식이 사회문제를 오히려 더 그르칠 수도 있다는 것을 정책실패 사례에 연결하여 분석하고 있습니다. 이를 극복하기 위한 방안으로 저자는 다규범적 학제연구와 방법상의 다원주의를 수용하여 교호면적을 넓혀가면서 이론적 통칙화와 문제해결역량을 동반 향상시키는 이른바 '사회학습 차원의 연구방향'을 제안하고 있습니다.

다음으로 염재호 교수의 "첨단기술개발 정책결정에 있어서 경제적 동기와 정치적 결과: 통산성의 초LSI 연구조합설립 정책결정과정 사례분석 연구"는 의사결정의 대표적인 이론인 합리모형과 쓰레기통 모형을 일본의 산업정책 사례에 적용한 논문입니다. 이 연구는 주로 문헌조사를 통해 초LSI 프로젝트의 내용과 정책결정과정, 정책을 둘러싼 환경적 요소를 분석하고, 첨단기술 개발정책은 경제적 합리성의 동기에서 출발하지만 그 결과는 정치적 게임의 산물임을 확인하고 있습니다. 즉, 첨단기술 정책결정과정에 대한 접근은 합리적 모형보다 쓰레기통 모형과 같이 상징성과 무작위성을 강조하는 모형의 접근이 더 설명력을 가질 수 있음을 제시하고 있습니다.

목진휴 교수의 "위험인식과 정책수용: 원자력 지식수준의 조절효과를 중심으로"는 정책수용성 이론에 대한 현실 사례 검증을 목적으로 하는 논문입니다. 국민인식조사의 결과를 활용하여 원자력에 대한 지식 정도가 원자력이 초래하는 위험에 대한 인식과 이에 따른 원자력 발전과 관련된 정책 수용성의 관계에 어떤 조절적 변화를 초래하는지를 확인하는데 초점을 둡니다. 이를 통해 정책 수용성에 대해 지식 수준이 가지는 조절효과를 고려하여 정책소통의 과정에서 실제 지식과 예상 지식의 격차를 줄여줄 수 있는 지식소통 방안을 모색하는 것이 필요하다는 제안을 합니다.

의사(정책) 결정 실패 사례를 연구한 또 다른 논문이 양영철 교수의 "참여정부에서의 자치경찰제 도입 실패에 관한 연구"입니다. 이 연구는 시스템 접근이론을 적용하여 정책 참여자들 간의 갈등을 중심으로 노무현 정부 시기의 자치경찰제도 도입의 실패 원인을 분석하고 있습니다. 연구자의 관찰 자료를 통하여 자치경찰제도 도입안을 정부안과 광역자치단체안, 국가경찰안으로 나누고, 각 도입안별 참여자들의 갈등과정을 분석하였습니다. 이 연구는 갈등 원인에 대한 해결방안

으로 올바른 자치경찰 개념 정립의 필요성, 사법권의 분권화, 광역자
치단체와의 협력관계 강화, 자치단체의 주도권 강화, 국가경찰의 양보
를 제시하였습니다.

고숙희 교수의 연구인 "여성의 사회적 권한향상을 위한 정책적
접근: 16개 시도의 여성권한척도(GEM)를 중심으로"는 여성 권한향상
및 사회적 소수자에 대한 형평성 확보를 위해 우리 정부가 도입해온
여성관리자 임용목표제, 여성고용목표제, 각종 위원회 여성위원 30%
할당 같은 여성배당비율제도(quota system) 등 다양한 제도적 장치에
도 불구하고 여성권한척도의 순위가 만족스럽지 못한 현실에 대해 분
석하고 있습니다. 이러한 낮은 여성권한척도의 문제는 중앙정부 보다
는 지방자치단체가 상대적으로 더 심각한 것으로 나타나는데, 각 시도
별로 여성의 사회적 권한을 향상시키기 위해서는 어떤 부문에 대한
특별한 노력이 필요한지에 대해 검토하고 있습니다.

마지막 논문인 임의영 교수의 "행정학적 상상력의 인문적 기초"
는 이론과 실제의 연계에 있어 인문학적 기초가 추가된다면 행정학
이론의 현실 응용에 있어 인간미가 배가될 수 있지 않을까 하는 생각
에서 선정되었습니다. 이 연구는 인문정신이란 인간의 존엄성을 위협
하는 일체의 것을 비판하고 더 나은 세상을 상상하며 추구하는 정신
인데, 행정학에 압도적인 영향을 미치고 있는 과학주의와 시장주의는
인문정신을 위협하고 있다고 지적합니다. 그리고, 행정에 관한 인문적
연구들을 검토함으로써 인문정신을 활성화하여 행정학의 유의미성을
확보할 수 있는 방법들을 제안합니다.

"온고지신(溫故知新)"이라는 표현처럼, 과거 선배 학자들의 연구를
현대적으로 재조명하고 의미를 부여하는 것은 선후배 학자 간의 소통
과 교류를 활성화시켜 학문 공동체가 더욱 왕성한 연구를 할 수 있는
분위기를 조성한다고 생각합니다. 이런 취지에 전적으로 동의하신 교
수님들께서 본인의 대표 연구 중 행정이론들을 현실 사례에 적용하려
는 노력을 보여주는 논문을 추천해 주셨습니다. 이와 더불어 후배 학자
들을 위해 본인 논문에 현대적인 의미를 부여하는 서언을 직접 새로

이 작성하시는 노력을 마다하지 않으셨습니다. 또한, 관련 분야 연구
자들도 토론문을 통해 각 연구의 학문적 의미를 반추하는 작업에 동
참해 주셨습니다. 이런 뜻깊은 작업에 옥고(玉稿)와 토론문을 흔쾌히
허락해 주신 여러 학자들께 진심으로 감사의 말씀을 올립니다. 그리고
책의 발간을 위해 관심과 배려를 아끼지 않은 박영사 조성호 이사님,
원고의 수집과 편집 등을 위해 수고해주신 서울대학교 행정대학원 원
혜연 조교, 공공성과관리연구센터 연구원들에게도 감사의 말씀 드립
니다.

2019년 5월 관악캠퍼스에서
공공성과관리연구센터
박순애 · 이수영

목 차

행정학 연구결과 활용의 이론적 논의

행정학 연구결과 활용의 이론적 논의*

오철호(숭실대학교 행정학부 교수)

∽ 프롤로그 ∽

행정학 연구결과 활용에 대한 몇 가지 생각

1. 사회과학의 합리주의적 편향성

우리가 일상생활에서 당연시 하는 것을 의심하라는 비판이론의 기본 테제는 이른바 부정의 변증법을 통하여 진리의 진실성에 대한 성찰을 주문하였다. 그런 주장과 운동의 이면에는 산업사회 이후에 또는 근대국가가 들어선 이후에 우리 사회는 물론이고 지식공동체를 무의식적으로 또는 의식적으로 지배해온 사고의 편향을 고발하려는 문제의식이 자리 잡고 있었으며, 그 중심에 이른바 합리주의적 편향(Rationalistic bias)이 둥지를 틀고 있었다.

일반적으로 사회과학적 연구와 사고의 출발점은 우리가 인정하든 안 하든 합리성 또는 이성기반의 사유에 기반을 하고 있다. 특히 분과학문으로서 행정학 발달과정을 곱씹어 보면, 등장초기에 행정의 과학화를 주장하며 싹튼 정치행정이원론이나 원리주의는 아직은 학문의 깊이를 볼 때 구상유취한 모습이었으나 뒤이어 표준과학관에 입각한 행태주의의 도입은 그 뿌리를 이성에 두고 있었으며, 결과적으로 행정행위나 결정의 기반을 합리성 관점에서 이해하고 접근하는 것이 이상적(적어도 과학적)이라는 합의없는 합의를 만들어냈다고 할 수 있다.

흔한 예로 정부내 의사결정, 즉 정책결정을 설명하는 모형을 생각할 때 대표적으로 거론되는 것이 바로 합리모형 또는 합리적 선택모형임을 쉽게 알수 있다. 당시 많은 정책연구자들이 고민했던 부분은 정책이 구체적으로 어떤

---

* 이 논문은 2008년 『한국행정학보』 제42권 제4호에 게재된 글을 수정·보완한 것이다.

과정을 통하여 최종적으로 결정 혹은 선택되는지를 설명하는 것이었다. 이른바 블랙박스라 칭하는 정책형성행위나 과정에 대한 규명은 많은 정책연구자들에게 흥미를 유발하였으며, 그들의 기본적인 해답은 합리적 행위의 결과물로 정책이 만들어 진다는 가정이었다. 70년대 이후 다양한 연구관점의 제시와 더불어 실증연구 결과의 축적을 통하여 정책결정이 반드시 합리적으로 이루어지지 않는다는 점이 여러 조건하에서 밝혀지면서 대안적 모형들이 등장하였으나 합리모형의 규범적 유용성은 여전히 건재하다고 할 수 있다.

이쯤해서 우리는 인간의 합리적 행위 또는 결정과 관련하여 보다 근본적인 질문을 던져볼 필요가 있다. 즉, 무엇이 합리적 결정을 합리적으로 만드느냐에 대한 궁금증이다. 여러 관점에서 해답을 제시할 수 있겠지만 그 핵심은 바로 의사결정구조에 있다. 즉 문제인식에서 출발하여 문제정의와 대안개발 그리고 대안비교를 통한 최적안 선택이라는 일련의 결정과정과 구조화된 절차를 통한 정책결정이 바로 합리적이라는 것이며, 그 결과가 그렇지 않은 결과에 비하여 상대적으로 우월하다는 믿음이 내재되어 있다. 그런데 더 중요한 가정, 즉 이러한 구조적 과정이 작동할 수 있도록 하는 힘이 무엇일까 라는 질문은 찾아보기 힘들다. 그 힘이 바로 정보/지식인 것이다. 분석수준에 관계없이 인간의 합리성이 전제되는 대부분의 행동이 일정한 구조적 절차를 거치는 단계단계마다 필요한 것이 바로 정보인 것이다. 그런데 더 흥미로운 점은 정보가 있으면 당연히 활용된다는 신념과 근거없는 믿음이 인간의 합리적 행위관점에서 사회적 현상을 설명하려는 대부분의 시도에 내재되어 있다는 점이다.

그렇다면 합리적 의사결정에 있어서 정보의 취득, 분배, 그리고 사용에 대한 가정들은 어떻게 되어있는가?, 경험적 관점에서 이러한 가정들은 얼마나 현실적인가? 만약에 이론적 가정들과 현실사이에 커다란 괴리가 있다면, 정책과정에서의 정보과정을 설명하기 위한 다른 적합한 이론적/분석적 틀은 무엇이겠는가? 이러한 일련의 질문에 관심을 갖는 것은 그동안 우리가 무의식적으로 당연시 했던 것들에 대한 자각이며 자연스런 지적 호기심이라고 본다.

2. 문제의 본질: 전제에 대한 의심

행정학을 포함한 사회과학연구의 결과물이 과연 정부정책과정에서 혹은 특정한 사회문제를 해결하는데 활용되고 있나? 라는 질문에 연구자들은 합리적 기대에 입각하여 당연히 그래야한다고 주장을 하겠지만 현실은 그렇지 않다. 과학적 연구결과물이나 평가결과 등 다양한 정책정보와 정부정책결정과의 관계는 겉으로 보기에는 당연하고 바람직하지만, 정보의 생산과 정책과정에서의 정보사용 사이에는 현격한 차이가 있음을 많은 연구들이 이론적으로 혹은 경험적으로 입증하고 있다. 오래전 Machlup은 이런 현상을 두 문화(Two culture)라는 상징을 통하여 연구공동체와 정부사이의 격차를 우리 눈앞으로 끄집어냈다. 이후 많은 학자들은 현실적으로 존재하는 그러한 격차를 설명하는 노력을 게을리 하지 않았으며, 행정 또는 정책과정에서의 정보사용 －궁극적으로는 그 효과－ 을 제고시킬 수 있는 구체적인 방안을 찾고자 하였다.

유사한 맥락으로 정보와 행정행위와의 관계가 잘 드러나는 또 다른 분야가 이른바 정보체계론 영역이다. 그 대상부문이 공공이든 사적 영역이든 관계없이 정보체계 또는 넓은 맥락에서 정보를 다루는 분야의 암묵적인 가정은 정보가 있으면 활용된다는 것이며, 따라서 정보체계론 등의 주 관심은 어떻게 하면 필요한 정보를 신속하며 효율적으로 조직내에서 공유하거나 또는 관리자가 접근할 수 있게 하느냐에 관심을 갖는 설계가 각광을 받았던 것은 이상한 일이 아니다. 마찬가지로, 정책과정론을 과정론으로 의미있게 하는 부분은 집행된 정책결과를 평가하고 그 결과가 환류과정을 통하여 활용된다는 기대이며 믿음이다. 이런 논리는 점증주의모형에서 내재되어 있는 그래서 점증주의자들은 점증주의가 오히려 더 합리적이라고 주장까지 하였다. 즉, 한 시점에서 실행된 정책결과는 평가를 통하여 환류되고 이를 바탕으로 새로운 그러나 점증적인 정책이 만들어지고 또 다시 집행되고 평가되어 환류되는 이른바 계속적인 정책결정(Successive decision making)이 가능하며 이런 과정을 통하여 더 나은 정책결정이 가능하고 궁극적으로 사회개혁을 달성할 수 있다는 신념이다.

과연 그럴까? 과연 어떤 형태를 지니든 정보 또는 지식은 합리적으로 기대하듯이 정책과정에서 활용되는 것일까 라는 질문은 인간의 합리적 행위에 대한 근본적인 질문인 동시에 정책결정과정의 가정에 대한 실증적인 궁금증을 제기한다. 참고로, 정보과정을 연구하는 분야만 보더라도 인간의 합리성에 기반한 설명모형이 정책과정에서 정보의 역할을 설명하는데 타당한 개념틀 또는 모형인가에 대한 검증이 거의 없었다. 오히려, 합리모형은 설득력있는 분석틀로써 당연히 취급되어져 왔다. 개인이나 조직이 정보를 생산하고 분배하며 궁극적으로 활용하는 것은 정책과정의 참여자들의 "이익"과 관련된 적극적 행위이며, 따라서 정보탐색을 하지 않거나 또는 이용하지 않는 사람(개인)들이 오히려 합리성에 반하는 행동을 한다고 주장한다. 일부 학자들은 제한적 합리성관점에서 정보과정에 필연적으로 내재하는 비용 문제와 인간개인의 인식적 한계 등으로 인하여 예컨대, 정보탐색에는 처음부터 한계가 있다고 주장한다. 그러나 제한적 합리성의 개념은 정보과정에 필연적으로 존재하는 편향(Bias)을 고려하지 않음에 주목해야 한다. 예컨대, 현실 정책현장에서 정책결정자들은 넓은 탐색보다는 특정의 정보원(Information source)으로부터 선택적으로 정보를 수집하는 경향이 강하며, 또한 특정 내용이나 유형의 정보를 특정의 집단이나 사람들과 공유하며, 특히 자신들의 정책적 관점과 입지를 증명하거나 뒷받침해줄 때, 정보를 사용하는 경향이 높다고 한다. 그렇게 함으로써, 정책결정자들은 의식적으로 혹은 무의식적으로 정보를 취급하는 과정에서 특정한 편향적 행동유형(Biased pattern)을 습득하고 학습하며 내재화하게 된다. 결과적으로 합리모형을 다양한 정치/사회현상에 대해, 특히 정보사용과 관련된 현상에 의심없이 적용하여 관련 현상을 설명하고 더 나아가서 예측하려는 시도는 학술적으로 근거가 미흡하고 현실적으로 예기치 않은 높은 기회비용을 초래할 수도 있다.

이러한 인간의 합리성에 대한 가정과 믿음에 대한 비판과 대안적 설명틀을 제시하려는 노력이 그동안 간헐적으로 시도되어 왔으며, 최근에 관심을 모으고 있는 것이 이른바 행동경제학적 관점이라 할 수 있다. 행동경제학에 따르면 인간은 지식이나 인지적 능력에서 한계가 있기 때문에 현실적으로 일관성이 결여될 수 있고 비합리적일 수 있으며, 편견이나 준거점, 주먹구구식(Heuristic)과 같은 판단기준을 택한다고 주장한다. 예컨대, 사람들은 모든 가능한 선택에 대해 합리적으로 분석하기보다 사회적 학습이나 사회적 증거와 같이 단순히 다른 사람의 행태나 사회적 규범을 모방하기 쉽다는 주장에 관심이 높아지고 있는 것은 우연한 현상은 아닐 것이다. 결론적으로 이러한 흐름과 인간

합리성에 대한 축적된 비판 등이 행정학에 시사하는 바는 매우 다양하겠지만 이곳에서 강조하고 싶은 것은 행정학연구결과가 정책 또는 행정과정에서 기대만큼 사용되지 않고 있다는 현실적 자각과 따라서 연구결과활용의 제고를 위해서는 의도적인 다양한 노력이 이루어져야한다는 점이다. 즉, 인간행위의 합리성이라는 전제를 해체함으로써 연구결과활용은 자동적 과정(Automatic linking pin)이 아니라는 점을 인식할 때 왜 이 분야의 연구가 필요한지에 대한 인식의 공유가 가능할 것이라 본다.

3. 탐구의 방향

넓게는 사회과학, 좁게는 행정연구나 정책연구에 내재되어 있는 합리적 편향에 대한 근본적인 문제제기를 제기하는 것은 보다 구체적인 연구이슈인 정책과정에서의 정보활용의 학술적 연구가치의 두께를 더해준다. 왜냐하면 이러한 질문 자체가 바로 합리모형이나 정책과정에서의 환류 또는 점증모형의 분석틀로서의 가치기반을 흔들기에 충분하기 때문이다. 그러나 이러한 시도는 기존의 모형이나 개념틀을 부인하려는 것보다는 그것들에 내재되어 있는 무의식적 가정이나 전제를 들춰냄으로써 그런 모형의 한계를 보다 분명히 함으로써 연구결과의 타당성과 수용성 그리고 이론적 보완가능성을 넓힐 수 있는 학술적 노력이 필요함을 강조하는데 있다. 연구결과 또는 정보/지식활용연구와 관련하여 기존에 제시된 내용이외에 추가적인 몇 가지 고려사항에 대하여 간단히 첨언하며 이 글을 마치고자 한다.

먼저, 활용에 대한 개념적 속성을 보다 분명하게 인식할 필요가 있다. 즉, 활용을 어떻게 보느냐의 문제인데, 기존의 대부분의 연구들이 이 부분에 많은 고민을 할애하지 않고 단순한 현상으로 접근하고 있음을 쉽게 알 수 있다. 예컨대 활용의 유형(예, 수단적 활용, 개념적 활용, 계몽적 활용 등)을 분류해서 접근하려고는 했으나 근본적으로 활용 자체의 속성을 규명해보려는 노력은 상대적으로 부족했다. 그러나 활용자의 입장에서 본다면 활용이라는 현상 자체도 개인한테는 예컨대, 하나의 의사결정이라고 볼 수 있다. 즉, 활용을 하나의 의사결정으로 접근한다면 당연히 활용에 영향을 미치는 요인들도 의사결정이라는 맥락하에서 다양하게 고려해보는 것이 더 현실적이며 궁극적으로 설명력을 높일 수 있을 것이다. 특히, 활용은 습관적이며 관행에 따른 결과보다는 의도적 선택이라고 이해한다면 당연히 정보를 활용하지 않는다든지 아니면 부분적으로 활용하는 행위도 설명하는데 큰 어려움이 없을 것이다. 특히 정책결정자의 정보활용 못지않게 정보를 의도적으로 활용하지 않는 것 등도 중요한 연구이슈가 될 수 있으며 이는 무의사결정과 유사하게 정보무활용 (Non-utilization of information)이라는 현상도 추론가능하며, 차별적인 개념(의미)을 포함하여 관련 연구의 깊이를 두텁게 할 수 있는 이슈로 연구할 가치가 있다.

둘째로, 대부분의 활용관련 연구들이 연구자들의 전공 분야에 따라서 지식활용, 평가결과활용, 정보활동으로 분절되어 진행되고 있으나 넓은 맥락에서 보면 그 논리구조는 거의 유사(Isomorphism)하며 다만 그러한 현상이 발생하는 로커스의 차이가 있을 뿐이다. 그럼에도 불구하고 이론적 통합노력이나 협업적 연구보다는 여전히 특정 분야에 국한하는 사일로식 연구경향을 이제는 해체해야하며, 궁극적으로 융합적인 관점에서 유사연구이슈를 통합할 수 있는 이론이나 설명모형 개발이나 또는 개선이 더 현실적이며 필요해 보인다. 최근의 연구환경은 굳이 초연결사회를 강조하지 않더라도 더욱 개방적이고 협업적 노력을 요구하고 있는데 이 분야의 연구는 그 깊이나 활성화가 더딘 점도 있지만 그나마 진행되고 있는 기존의 연구관행이 좁은 자기 영역만을 다루고 있는 아쉬움이 크다. 앞으로 연구는 경계를 뛰어넘어서 지식이든 평가결과든 또는 정보든 활용이라는 연구 질문하에 종합적으로 규명하고, 반면에 연구영역 때문에 차별적으로 고려해야 하는 요인들을 세심하게 찾아낸다면 그것이 바로 사회과학분야에서 그나마 가능한 융합적 연구모습이며 더 나아서 학자들사이의 분업을 통한 적용력이 넓은 더 큰 이론을 찾아갈 수 있는 현실적인 연구 자세가 아닐까 싶다.

셋째로, 활용의 또 따른 개념적 속성차원으로 활용이 끝이 아니라는 점을 인식할 필요가 있다. 즉, 활용하면 그것으로 종결이라고 생각하여 왔으나, 사실은 활용 역시도 하나의 과정이며 활용에 따른 효과는 별개의 현상으로 이해하는 것이 더 중요하다. 예컨대, 정책평가결과나 행정연구결과를 활용하는 것과 활용에 따라 어떤 변화가 발생하는 것은 다르다는 것이다. 대부분의 기존 연구들이 활용하면 그 자체로 변화가 발생하는 것으로 가정하고 있으나 실제는 그렇지 않다는 점에 주목할 필요가 있다. 즉, 활용에 미치는 요인들과 활용에 따른 영향을 야기시키는 요인들은 다른 부분과 같은 부분이 공존할 수 있다. 즉, 정보를 직접적으로 활용하지 않더라도(이른바 수단적 활용) 그 정보가 의도하는 변화를 정책과정에서 야기시킬 수도 있다는 것이다. 이 경우 활용하지 않았는데 어떻게 영향, 즉 변화가 가능할까라는 의문이 생길 수 있다. 기존 연구로부터 답을 유추한다면 활용유형에서 끄집어 낼 수 있다. 즉 활용을 어떻게 정의하느냐에 따라서 활용이 활용이 아니고 영향 또는 결과로 볼 수도 있다는 것이다. 예컨대 수단적 활용은 바로 변화, 즉 정책대안선택을 의미한다. 그러나 계몽적 활용의 경우, 정보를 어떤 형태로든 접했지만 정책 결정자가 전반적인 문제를 이해하는데는 도움이 되었을 수 있으나 정보가 특정한 선택행위로 직접적으로 연결되지는 않는다. 결국, 연구대상인 활용의 개념정의, 특히 활용과 영향을 어떻게 구분하고 관계를 정립하느냐에 따라 전혀 다른 연구 설계가 가능하다는 것이다.

넷째로, 지속적인 설명모형개발과 경험적 검증이 필요하다. 정보활용분야에서 축적된 많은 연구물을 들여다보면 상당수의 연구들이 기술적인 주장이나 사례분석 또는 기초적인 통계분석을 사용하고 있는 경향이 강하다. 이 자체가 문제라는 것이 아니라 이러한 연구가 지향하는 바가 무엇인가에 관심을 가질 필요가 있다. 즉, 이런 연구들이 모여서 정보활용이라는 현상을 가능한 넓게 설명할 수 있는 이론적 틀을 개발하고 궁극적으로는 일반모형이나 이론에 이를 수 있도록 상호검증 가능한 연구로 발전되는 것이 바람직해 보인다. 그러기 위해서는 이 분야의 연구 자체가 사실관계 규명을 넘어서 설명과 처방에 이를 수 있는 보다 정교하고 엄밀한 연구설계와 분석을 필요로 한다. 물론 일부연구들은 인과성을 초점을 두는 단순한 회귀분석을 넘어서 인과구조를 탐구하는 구조방정식을 적용한 복잡한 연구설계를 사용하고 있는 것들도 있다. 또한 이론적 모형으로 합리모형을 필두로 조직이익모형, 의사소통모형 등 몇 가지 대안적 논의들이 제시되기도 하였다. 그러나 이러한 연구경향들이 지속성을 지님으로써 부분적인 연구결과가 모여서 커다란 이론으로 연결될 수 있는 통합적이며 협업적인 연구경향과 분위기가 조성되지 않았음에 주목할 필요가 있다.

끝으로, 정보활용분야의 외연을 넓힐 필요가 있다. 즉 연구대상을 굳이 정부에 국한할 필요는 없다는 것이다. 기존의 대부분 연구가 정보와 정책과정, 특히 결정과정과 연결하여 그 구조와 작용을 들여다보는 경향이 강하였다. 그 결과로 의도하지 않게 연구대상이 범위가 한정적이 되었음을 부인할 수 없다. 정보의 활용은 중앙정부만의 현상이 아님을 인지하고, 그 적용대상을 넓혀서 연구를 진행하는 것이 바람직하다. 예컨대, 지방자치단체 수준에서 정보활용은 어느정도이며 어떻게 진행되고 있는지에 대한 연구는 지방자치제의 정착과정에 있는 우리 행정환경을 고려할 때 지극히 타당한 연구 질문이다. 마찬가지로, 국회의원들이 입법활동과 정보와의 관계를 규명하는 것은 한편으로는 국회의 입법과정이 어느정도나 합리적인지를 가늠할 수 있는 척도이며, 동시에 행정부와 입법부사이의 행정행태의 차리를 엿볼 수 있는 흥미로운 연구 이슈이다. 이에 대해서는 간헐적인 연구가 있긴하나 체계성과 지속성이 부족하여 어떤 정형화된 패턴을 추론하기엔 역부족이다. 또한 국가간 비교연구로 연구의 외연을 확장하려는 노력은 그 자체로 가치가 있다. 굳이 신제도론에서 관심을 갖는 비교정책적 연구가 아니더라도 문화가 넓게는 정보과정, 좁게는 정보활용에 어떤 영향을 미치는지에 대한 규명은 이 분야의 지식발전에 많은 도움이 될 것으로 믿는다.

4. 맺으며

하버머스가 근대적 합리성을 비판하면서도 그 이면에 인간의 합리성을 부인하지 않았던 것처럼 행정현상이나 정책현상을 연구하면서 인간의 합리적 행위를 부인하는 또는 전면적으로 대체할 수 있는 대안적 분석틀을 현 시점에서 제시하는 것은 무리일 것이다. 다만, 우리가 행정연구를 진행하면서 그동안 너무나 당연시하였던 또는 믿어왔던 것들에 대한 비판적 성찰은 행정학 발전을 위해서 반드시 필요할 것이다. 이런 문제의식 하에서 행정학연구결과의 활용이 실제로 일어나고 있는지, 그렇지 않다면 문제는 무엇이며 어떻게 해결 또는 개선할 수 있을지에 대한 문제의식이 투영된 것이 저자의 논문이다. 이 논문의 학술적 의미가 있다면 정보활용에 대한 본격적인 연구를 위한 물꼬를 트고 길라잡이를 하는 정도이며, 보다 깊이있고 엄밀한 탐구는 후속 연구의 몫이라 생각하며, 앞으로 이 분야에 대한 더 많은 관심과 연구를 기대해 본다.

I. 문제제기

많은 행정학자들이 만들어낸 연구결과들이 얼마나 본래의 목적대로 활용되고 있는지 또는 행정활동의 질적 향상을 위해 활용되고 있는지에 대한 의문은 행정학 연구의 적실성 및 질적 향상을 위해 매우 중요한 관심사항이다. 행정학 연구결과가 정부의 정책이나 사업 또는 사회 개혁을 위한 기초로 활용되어야 한다는 생각은 사회과학에서 새삼스러운 것은 아니다. Weiss(1978)에 의하면 사회과학적 지식의 활용에 대한 관심은 멀리 18세기 경 구빈이나 교도소개혁 등에 찾아볼 수 있다고 한다. 최근 디지털 사회의 진전에 따라 정보 또는 지식이 조직행태, 인사, 재정 등 광범위한 행정활동의 핵심 요인으로 작용함으로써 정부업무과정에서의 지식의 역할과 활용은 이미 필수불가결한 구성요인이 되었다. 또한 연구결과를 포함한 지식활용에 대한 관심은 증거에 기반한 정책결정(evidence based decision making)이라는 차원에서도 활발히 논의되고 있다.

증거에 기반 정책결정은 그 가정의 진위와 관계없이 자연스럽게 정책결정자들이나 연구자들의 입장에서 바람직한 것으로 받아들여져 왔다.[1] 증거는 정책결정자 또는 잠재적 활용자들로 하여금 초기 정책방향의 기준을 제시하거나 정책문제의 속성

---

1) 영국의 경우, 1968년에 발간된 풀턴보고서는 정부내 전문가들의 활용 필요성을 강조하였으며, 1999년에 추진된 정부현대화의제를 위하여 내각성은 21세기를 위한 전문적인 정책결정보고서에서 9가지의 정책결정원칙을 제정하였는데, 그 중심에 증거에 기반한 정책결정이 있다. 이러한 영국정부의 증거중심의 정책결정 제고 노력은 2000년에 발간된 보고서(Adding It Up)에서 각 부처의 증거중심 정책결정 지원노력을 보다 활성화할 필요성을 강조하며 고위관리직 종사자들의 관심을 촉구하였다, 최근에는 효율적인 정부서비스 제공을 위한 정부개혁의 한 부분으로 필요한 전문적인 기술(Professional Skills for Government)이라는 보고서가 발표되었는데, 그 내용 역시도 증거중심 정책결정을 위한 세부적인 내용들로 구성되어 있다(Campbell et al., 2007). 결과적으로 영국정부의 증거중심 정책결정에 대한 지속적인 관심은 증거 또는 지식이 정책결정의 질을 제고하며, 궁극적으로 정책대상(예, 국민 또는 지역 주민 등)에게 더 좋은 서비스를 제공할 수 있다는 합리적인 가정을 무의식적으로 전제하고 있음을 알 수 있다.

또는 범위에 대한 이해를 높여준다고 여겨졌다. 또한 정책과정에서 증거는 해결책을 제시하기도 하며 미래 발생가능한 효과를 추측하게 할 수 있거나 혹은 정책수정의 가능성을 제시한다고 믿어왔다. 따라서 증거기반 정책결정을 연구하는 사람들은 증거를 사용함으로써 정책결정자들은 그러한 도움을 받을 수 있다고 주장한다(Campbell et al., 2007: 5).

다른 한편으로, 연구결과 활용(research utilization)은 잠재적인 활용집단에게 이론, 개념 틀, 연구결과 등을 이전하는데 기본적인 관심을 갖는 사회과학분야이다. 따라서 이 분야의 주요 관심은 이론과 실천의 연결이라고 할 수 있다. 규범적으로, 행정학을 포함한 사회과학 연구결과는 새로운 문제의 제기나 기존 문제에 대한 새로운 해석 또는 해결책을 제시함으로써 정부로 하여금 새로운 사업을 가능케 할 수 있다. 또한 사회과학 연구결과는 진행 중인 또는 완료된 정부사업이나 정책을 변화시킬 수 있는 정책 환류의 중요한 구성 내용을 제공하는 것으로 이해되었다(Rich and Oh, 1993).

일반적으로 행정학 연구결과 활용의 기본 전제는 공공 문제를 해결하기 위해 사회과학정보나 지식을 활용하는 것이 좋은 일(a good thing)이라는 신념이다. 활용은 좋은 것이며, 더 많은 활용은 더욱 바람직하며, 사회에 대한 연구결과의 활용을 증진시키는 것은 결국 정부 의사결정의 질을 향상시키는 것으로 이해되었다. 이러한 주장과 가정은 소위 활용의 이상적 모형(an idealized model of utilization)으로 이해되었으며, 그동안 이러한 낙관론적 시각이 무의식적으로 만연되었다. 따라서 행정학을 포함한 사회과학연구는 정부의사결정을 건전하고 현명하게 만드는데 기여해야한다는 낙관적 시각은 자연스럽게 정부 관료나 학자들의 관심과 연구 주제가 되었다.

그러나 문제는 이러한 가정이나 신념이 현실적으로 뒷받침되지 않는다는데 있다. 즉, 정부활동에서 정보나 지식의 중요성에 대한 관심이 증가함에도 불구하고, 일반적으로 정부 정책결정자는 행정학 연구결과를 포함한 사회과학 정보나 지식을 기대만큼 활용하지 않는다고 많은 실증연구들은 지적하고 있다. 1900년대 이후 연구설과 활용의 관심은 이론과 실천과의 격차를 줄일 수 있는 방법에 대한 탐구였다. 그 이후에 꾸준히 축적된 이 분야의 연구결과는 이제 간단하게 정리하기가 쉽지 않을 정도로 방대해졌으며, 연구자들 역시도 다양한 연구관심(예, 개념의 정교화, 이론개발, 경험적 검증 등)을 표명해왔다. 그러나 이 분야는 여전히 몇 가지 핵심적인 고민거리를 안고 있다. 무엇보다도, 연구결과활용에 내재되어 있는 기본적인 전제가 지극히 규범적이라는 점이다. 즉, 연구자들은 단순히 생각하기를 연구결과를 정리하여 전달하면 그 결과는 어떤 형대로든 사용되어야 한다는 것이다. 그러나 이러한 전제와 연구자들의 낙관적인 연구지향은 기대한 만큼의 실질적인 활용으로 이어지지 않고 있다(Huberman & Ben-Peretz, 1994).

기껏해야 사회과학 연구결과들은 오랜 시간이 지난 후 정책결정자의 정책문제에 대한 이해나 정의를 변화시킨다고 경험적 연구들은 지적하고 있다(이른바 개념적 활용으로 자세한 내용은 Rich, 1981 참조). 마찬가지로 정책결정자들은 제공받는 대부분의 학술논문이나 연구보고서가 자신들이 이해하기 힘들고, 그들의 관심사인 정책문제를 직접적으로 다루지 않고 있다는 믿음을 가지고 있다.[2] 학자들 역시도 그들의 연구결과가 중요한 정책결정에서 낮게 활용되고 있다고 오랫동안 믿어왔다. 결과적으로 학자들은 정책결정에서 연구결과의 활용에 대해 만족하지 않고 있으며, 연구결과활용에 영향을 미칠 수 있는 요인에 대한 규명과 활용을 촉진시킬 수 있는 방안 연구에 관심을 가지게 되었다. 결국 우리는 예나 지금이나 여전히 동일한 질문에 직면하게 된다. 즉, 어떤 조건하에서 정책결정자들이 연구결과를 활용할 가능성이 높은가? 또는 연구결과와 현실적인 활용사이에 존재하는 격차를 줄일 수 있는 수용 가능한 타당한 방법은 무엇일까? 결국 행정학 연구결과의 활용에 대한 탐색 역시도 연구자들의 규범적인 기대 또는 가정이 과연 현실적인 모습을 제대로 설명하는 것인지에 모아진다.

기대와 현실간의 격차에 대한 문제는 증거기반 정책결정분야에서도 예외는 아니다. 즉, 정책결정이 일어나는 현실을 보면 정책결정과정은 단계적으로 이어지지 않고 복잡하며 어지러운 모습이며 증거라는 것은 한계가 있어 자칫 언어의 유희에 불과할 수 있으며, 증거는 정책결정과정에 영향을 미치는 여러 요인 중 하나로 이해하는 비판적 시각이 존재한다. 특히 증거가 정책결정과정에서 가정하는 만큼의 큰 도움이 되지 못한다고 생각하는 사람들이 내세우는 가장 중요한 이유는 증거라고 주장되는 내용들이 분명하고 확실한 문제 해결책을 제시하지 못하는 측면과 과연 현실적으로 확실한 증거라는 것이 존재할 수 있는 가에 대한 회의이다(Campbell et al., 2007: 6; Sanderson, 2002참조).

이러한 기대와 현실사이의 괴리를 인식하면서 이 연구는 행정학 연구결과의 활용에 대한 보다 분명한 이해를 제고시키고자 여러 관련 이슈(이에 대한 설명은 Oh, 1996이나 오철호, 2000을 참고바람) 중 이론적 논쟁에 초점을 두고자 한다. 즉, 연구결

---

2) 경기도의 경우, 도에서 발주한 연구용역에서 제시된 정책대안이 대부분 추상적이고 의사결정자의 의견과 연구자의 핵심내용이 상반되며, 법령개정이 따라야 하거나 예산이 지나치게 요구되는 등 현실성이 부족해 정책에 반영되지 않은 것으로 나타났다(대한매일, 2000.4.1.; 유사한 내용으로 세계일보, 2006.10.30. 참조)

과 활용과 관련한 연구자들의 이론적 논의를 정리한 후 활용에 영향을 미치는 일반적인 요인들을 가능한 범위내에서 요약, 정리하고자 한다. 전반적으로 이 연구가 다루고자 하는 질문은 다음과 같다. 연구결과 활용과 관련한 기존 연구들의 일반적인 연구경향과 쟁점은 무엇인가? 행정학 연구 활용을 설명해 줄 수 있는 중요한 이론적 틀은 무엇이며, 연구결과 활용에 영향을 미칠 수 있는 요인들은 무엇인가? 결과적으로 행정학 연구결과 활용에 대한 이론적 논의는 연구결과 활용 제고를 위하여 어떤 실제적 노력이 필요한가에 대한 논리적인 논의기반을 제공할 수 있을 것으로 본다.

Ⅱ. 연구결과 활용의 이론적 논의

70년대 이후 기존 연구가 지속적으로 축적되고는 있으나, 좁게는 행정학 연구 활용은 물론이고 넓게는 지식활용에 대한 이해와 설명을 충분하게 제공하지 못하다는 점을 부인할 수 없다. 전체적으로 보면, 지식활용에 대한 경험적 연구는 과거나 지금이나 몇 가지 중요한 문제에 직면해 있는데 특히, 개념적 또는 이론적 미흡함이 여전히 존재하고 있는 점은 가볍게 넘길 문제가 아니다. 이런 상황 하에서, 행정학 연구를 포함한 지식활용을 이해하고 설명할 수 있는 기존의 다양한 관점을 살펴보는 것은 의미가 있다. 즉, 연구결과활용에 대한 이론적 논쟁을 보다 정확하게 이해하고 궁극적으로는 보다 설명력이 높은 이론적 틀을 발전시킬 수 있는 학문적 맥락을 제공할 수 있을 것으로 본다(아래 제시된 주요 이론에 대한 내용은 Oh, 1996: 51-70; Oh, 2003; 오철호, 2002: 417-422; 오철호, 2006: 466-473의 관련 내용을 보완하여 재구성함).

1. 합리적 관점(Rationality Perspective)

모든 합리적 행위자 모형은 개인 혹은 조직에 의한 선택을 설명하고자 한다. 합리적 의사결정 이론에 따르면 먼저 인간은 합리적 행위자라는 가정을 전제한다. 광범위한 분석을 통해 최고의 이익(payoff)을 초래할 수 있는 행동을 선택함으로서 자신들의 기대 효용을 극대화하기 위한 과정에 있는 인간을 합리적 행위자라 이해한다.

결국, 일련의 가능한 대안 중에서 가장 최선의 대안을 선택하기 위해, 의사결정자는 가능한 대안의 결과를 평가하고 분석해야 한다. 바로 이 단계에서 정보는 합리적 모형의 핵심적 역할을 하게 된다. March(1988)가 지적하듯, 합리적 의사결정과정에서 정보를 사용하는 중요한 이유는 다수의 대안들 중에서 하나를 선택하는 과정에 내포되어 있는 불확실성을 줄일 수 있다는 점에 있다. 개인의 효용 함수를 극대화시키려는 모든 유형의 모형에서, 정보의 부재는 종종 비합리적 행위가 발생할 수 있는 근본적인 원인으로 인식된다. 의사결정에 내재하는 심리적 그리고 다른 제한 요인(비용)을 인정하고 있지만, 제한된 합리성 역시 대안들을 비교하는 데 정보는 필수적인 역할을 한다고 가정한다.

합리적 행위자 이론은 의사결정과정에서 이루어지는 정보/지식활동 과정에 대해 다음과 같이 가정한다. 대안적 선택의 가능한 결과에 대한 모든 이용 가능한 정보는 다양한 원천을 통해 수집이 되며, 그 결과 개인 의사결정자는 완벽한 정보를 얻게 된다. 그들은 또한 수집된 정보를, 만약 그 정보가 정확하고 믿을 만하고 적실성이 있다면, 의사 결정을 위해 활용하게 될 것으로 가정한다. 즉, 정보는 원천(information source)과 인간의 인식 능력의 한계 내에서 합리적 의사결정을 수행하기 위해서 수집된다고 할 수 있다.

행정학연구 활용을 합리적 행위의 결과로 이해할 경우, 다음과 같이 몇 가지 가정으로 정리될 수 있다.

1. 인간은 모든 정보원천(sources)으로부터 가능한 정보(즉 평가결과)를 수집, 처리할 수 있다.
2. 가능한 연구결과의 모든 적절한 원천은 탐색되어 지고, 주어진 정책문제에 적용될 수 있다.
3. 일단 연구결과가 획득되면, 연구결과는 누구든지 필요한 모든 이들에게 넓게 분배/확산될 것이다.
4. 연구결과가 수집되고 분배될 때, 그 내용이 사리에 맞고 과학적으로 타당하다면 그 결과는 활용될 것이다.
5. 연구결과의 활용은 여러 경쟁적 대안사이에서 선택을 가져올 것이며, 그 경우에 연구 결과는 영향력을 지니게 된다.

2. 조직이익관점(Organizational Interest Perspective)

이 관점은 조직 규칙, 구조, 임무, 문화가 정보 획득, 배포, 활용을 이해하는 데 중요하다는 가정으로부터 출발한다. 이런 가정에서 보면 정보 획득과 활용에 관한 선택은 충분히 예측이 된다. 즉, 행위자는 조직 이익(예, 예산, 인력, 임무 등)을 극대화하는 선택을 하게 된다는 것이다(Halperin, 1974). Weber류의 조직연구에 따르면 관료제가 독립적 권한과 지위를 가지게 되면, 관료제의 많은 관심은 그들 스스로의 자율성 획득과 유지에 두며, 이에 맞게 자원동원 및 투입이 이루어지는 데 이를 조직 이익이라고 불렀다(Rich, 1991: Henry, 1995). 조직이익 개념은 정부 관료제 내의 정보획득, 배포, 활용을 분석하는 다양한 연구에 매우 중요한 시사점을 제공한다. 관료적 비밀성과 관련된 정보를 다른 사람들이 이용할지 모른다는 두려움으로 인해 관료제가 정보 통제를 위한 독점을 추구하게 만든다. 정보 획득, 배포, 활용에 대한 독점적 통제력을 추구하는 이런 경향은 관료적 의사결정자가 외부 원천으로부터의 정보를 거부하고 그들 자신의 정보에 더 의존하게 만든다(Oh, 1996; 1998). 비슷한 맥락에서 지식활용을 긍정적으로 인식하고 활성화시킬 수 있는 제도적 장치를 가지고 있는 조직문화구축의 여부 또는 조직상관의 증거활용에 대한 입장/적극적인 관심 여부는 증거활용을 어렵게 할 수 있는 요인이 될 수도 있다(Campbell et al, 2007). 결국, 연구결과 활용을 설명하기 위하여 조직이익관점을 사용할 경우, 다음과 같은 가정을 전제로 가능하다.

1. 정보(예, 연구결과)는 관료적 조직의 권한과 위신에 필수적이다. 결국, 연구결과의 활용은 관료적 권한을 증진시키거나 유지하기 위한 수단이다.
2. 조직 이익을 보호하기 위한 욕망은 관료제에서 생성된 연구결과, 다른 관료적 기관이나 대중에게 배포된 정보의 유형에 의해서 영향을 받는다.
3. 인센티브 체계를 통해, 조직은 특정한 정보(예, 행정학 연구결과)의 활용을 통제하거나 촉진시킬 수 있다.
4. 연구결과의 제한성 때문에 관료제 내에서 이미 진행된 연구에 의존하는 경향이 강하며, 외부 원천으로부터의 (조직 밖) 연구결과는 거의 참고되지 않는다.
5. 누가 연구했느냐에 대한 신뢰여부는 연구결과의 활용에서 매우 중요하다. 연구결과가 정책결정자에 의해 이미 언급된 정책내용이나 조직이익을 옹호하는 경우에 그 연구결과의 선택과 활용은 더 높아진다.

3. 의사소통관점(Communications Perspective)

행정학 연구를 포함한 지식활용을 의사소통 관점에서 접근하는 연구는 주로 두 문화이론(two communities metaphor)을 논의를 토대로 전개된다. 두 문화이론에 의하면 연구자 공동체(community of science)와 정부 혹은 정치가 공동체(community of government) 사이에는 커다란 격차(a great divide)가 존재한다고 기본적으로 가정하며, 이들 두 공동체 사이에 존재하는 격차를 어떻게 감소시키는가에 따라 활용여부 및 정도에 차이가 발생할 수 있다고 설명한다. 예컨대, 행정학 연구결과의 활용이 낮다면 연구자와 실무자 사이에 좁혀지지 않은 문화적 간극이 존재한다고 추론할 수 있다(Caplan, 1979; Dunn, 1980; Rich & Oh, 1993). 연구결과 활용을 설명하기 위한 두 공동체 이론이 가정하는 내용은 다음과 같이 몇 가지로 정리할 수 있다.

1. 두 공동체 사이에는 커다란 불신 심지어 적대감까지 존재한다. 실무자와 연구자사이에는 상당한 갈등이 존재하는 것이 종종 목격된다. 실무자는 연구자로부터 거의 도움을 받지 못한다고 믿고 있으며, 연구자는 현실적인 해결방안에 관심을 갖는 실무자와 그들의 사업 지침서 요구에 싫증이 나있다.

2. 각 공동체에서는 그들만의 특별한 전문용어나 언어를 사용하며, 선호한다. 연구자 공동체의 언어는 학문적 학술 용어로 구성된다. 따라서 특정 모임의 구성원들(즉, 정부 사업 담당자)에게 친숙한 용어로 간결하고 간략하게 작성된 보고서는 상대적으로 활용의 가능성이 높다.

3. 연구자와 관료는 세계관과 시간에 대한 관념이 근본적으로 다르다. 정부 관료는 긴박한 문제를 다루거나 마감시간을 촉박하게 마치는데 익숙해 있으나, 수준 높은 연구를 진행하는 연구자는 실제 정해진 기일보다 일주일 혹은 한 달 후에 더 좋은 연구결과물을 제시할 수 있다면 나쁘게 생각하지 않는다.

4. 따라서 연구자는 정부 관료의 요구에 좀 더 관심을 가져야 하며, 관료들의 요구에 적실성 있는 연구를 제시해야 한다. 즉, 연구의 결과가 잠재적 이용자의 관심을 받을 것인가라는 질문을 인식하면서 연구를 진행해야 한다.

4. 대안적 논의들

행정학 연구 결과를 왜 정책담당자들이 활용하는지를 설명하는 관점과 관련하여 위에서 언급한 기존의 논의들 이외에 몇 가지 새로운 연구들이 진행되고 있다. 이곳에서는 그 중에서 신제도론과 정치심리학적 관점을 간단하게 소개하고자 한다.

신제도론적 관점 연구결과활용을 신제도론 관점에서 접근하려는 시도는 연구결과활용을 하나의 의사결정으로 보고, 그러한 의사결정을 제약하는 조건으로서 신제도론적 요인을 논의한다(이하 논의는 오철호, 2005: 342−345 내용의 일부분을 재구성하였음). 신제도론의 한 관점인 합리적 선택 제도주의는 제도주의와 합리적 선택론을 결합하여 정치, 경제제도 맥락 내의 개인의 의사결정행동에 관한 이론이다(신동면, 2004; 김선혁, 2004). 합리적 선택 제도주의에서 제도란 개인과 집단의 의사결정의 산물이지만, 일단 제도가 형성되고 나면 제도는 의사결정자의 자기이익적 행동에 제약을 가하는 전략적 맥락으로 작용한다고 본다(Thelen & Steinmo, 1992). 즉, 개인의 동기와 선호, 전략에 의거한 선택의 산물로서 제도가 어떻게 변화하며, 제도가 집단간 또는 집단내 개인의 문제를 해결함으로써 정치 경제체제의 성과에 어떻게 영향을 미치는 가를 설명하고자 한다.

반면에, 제도개념에 대한 다양한 이해에도 불구하고 역사적 제도주의자들은 역사적 상황과 제도에 의하여 정치적 상호작용이 구조화되며 결국 정치적 결과에 영향을 준다고 주장한다(하연섭, 2002; 김선혁, 2004). 다시 말해, 정책결정과정에서 정책의 선택이란 역사적 상황과 제도에 의하여 제약을 받으며 제도는 정치적 행위자들의 선택의 결과라고 이해한다(Thelen & Steinmo, 1992).

서로 사용하는 방법론의 차이에도 불구하고 합리적 선택 제도주의나 역사적 제도주의나 두 접근 모두 제도가 개인의 선택에 미치는 과정의 분석을 통하여 사회현상을 이해하려는 노력이라는데 공통점이 있다(이명석, 2004). 제도는 사회적 기대를 형성함으로써 전략적 의사결정에 영향을 미치며 이를 가능하게 하는 기제로서 정보의 유통과 제재(sanction)를 들 수 있으며 결과적으로 제도는 행위자의 전략적 판단과 사회적 결과에 영향을 미친다고 가정된다(이경원, 2004). 구체적으로 제도적 환경이 어떻게 정책선택에 영향을 미치는 지에 대하여 제도론자들은 다음과 같이 제시하고 있다(신동면, 2004; 하연섭, 2002).

1) 정책문제와 관련하여 특정한 규범체계와 태도 등을 지니도록 사회화 기능수행
2) 영향력을 행사할 수 있는 권력정도 규정
3) 정책과정에서 행위자들이 일정한 패턴으로 행동하도록 유도하는 제재와 유인체계의 기능 수행
4) 행위자들간의 전략적 상호작용에 영향을 주어 조정과 협력 유도

이러한 네 가지 측면에서 제도를 파악하면, 제도란 인간의 상호작용을 형성하기 위하여 고안된 규범적, 인지적, 실체적 제약들로써 행위자들이 따라야 힐 공식적, 비공식적 규정(North, 1990). 즉, 제도는 선택을 정하는 것보다는 제한하는 역할을 한다고 볼 수 있다.

따라서 조직내 공식적 또는 비공식적 제도는 정책결정자가 특정한 정보(예, 행정학 연구결과, 연구보고서 등)를 획득하고 확산하여 궁극적으로 활용하는 결정을 내리는 행위를 제약할 수 있다. 물론 그러한 제약이 결정론적이라고 할 수는 없으나 개인의 선택행위를 제약하는 하나의 요소로 볼 수 있다. 즉 조직내 정보사용과 관련된 공식적 또는 비공식적 제도가 존재함으로써 정책결정자들이 정보를 이해하고 대하는 태

도나 자세 또는 정보사용에 대한 선호 등에 영향을 미칠 수 있을 것이다.

　　인지심리학적 관점　인지심리학적인 관점은 지식활용연구에서 사용해 온 기존의 관점과 차이가 있다(이하 논의는 오철호, 2006: 469−478의 내용 중 필요한 부분을 이 논문의 성격에 맞게 재구성함). 의사결정자의 인지 과정은 연구결과를 포함한 지식활용을 이해하는 데 중요한 요인임에도 불구하고 거의 관심을 받지 못했다는 점에 주목한다. 특히, 연구결과활용을 이해하기 위한 통합적 분석틀을 개발하기 위해서, 인간적 요인 (a human factor)이 포함될 필요가 있다고 주장한다.

　　인지과정차원에서 연구결과활용을 이해하려는 접근은 기본적으로 정보/지식활용을 인간 행위의 유일한 모습이 아니라 일반적인 인간 행위들 중의 하나(Walker, 1976)로 가정한다. 특히 March와 Simon(1958)이 언급했듯이 인간 행위는 일반적으로 내적 상태와 외적 환경의 기능임으로, 지식활용은 의사결정자의 내적 상태에 의해서 영향을 받는다고 생각한다. 다른 한편으로, 인지심리학에의 관심은 지식활용에 대한 합리모형의 문제점들을 다른 차원에서 해석하려는 시도와 관련이 있다. 즉, 합리모형에 따르면, 의사결정자들은 자신들에게 제공된 정보를 관리하기 위한 분명한 인지 능력을 가지고 있는 것처럼 묵시적으로 가정한다. 그러나 일부 학자들은 의사결정자들의 인지적 한계가 정보의 결핍에서 비롯되는 것보다는 오류의 원인이라는 것을 발견하였다(Kahneman & Tversky, 1974). 따라서 의사결정자들의 복잡한 인지 과정을 이해하지 못한다면, 정보 활용에 대한 어떤 연구도 불완전할 것이다. 특히, 조직이나 의사결정의 정보처리와 관련하여 의사결정자들이 정보의 적실성을 판단하고, 정보의 타당성과 신뢰성을 검증하고, 이용할 수 있는 형태로 변형시키는 측면에서 이들의 해석이 매우 중요하다(Rich, 1981).

　　지식활용에 대한 인지심리학적 접근은 의사결정자가 주변 환경이나 자신들이 직면하는 정책 현상의 해석을 인간의 인지과정을 이해하는 한 가지 도구인 스키마/각본 (schema/script)이라는 개념을 사용하여 설명하려고 한다. 의사결정자들이 의사결정과정에서 일정한 형태로 정보를 축적하거나, 행동을 위한 기초로 정보를 이용하려고 할 때 의식적 또는 무의식적 판단과 해석행위 등을 한다. 이런 복잡한 인지 과정에서 의사결정자는 엄청난 양의 정보와 필요한 선택을 직면하게 된다. 합리적인 측면에서 본다면, 유용한 정보를 선택하기 위해서, 의사결정자는 정보 처리를 하기 위한 선택 기준이 필요하다(Taylor & Crocker, 1981 참조). Neisser(1976)에 따르면 이런 과정을 스키마적 과정이라고 한다. 스키마(schema)는 개인이 현상이나 사물에 대한 이해를 증진시키기 위해서 구조를 만들고, 사회적 상황에 의미를 부여하기 위하여 활용하는 일반화된 인식적 분석틀이다(Gioia & Poole, 1984). 즉, 스키마는 정보, 사건, 그리고 관계의 해석에 대한 지침으로 작용하는 지식 기반을 제공한다. 그러나 스키마라는 개념은 기본적으로 사회적 정보 관계에 초점을 두고 있기에, 조직내 인간 연구의 중요한 관심인 행태는 잘 설명하지 못한다(Gioia & Poole, 1984). 반면에 개인의 행태에 관한 하나의 스키마 개념은 각본(script)으로 이해할 수 있으며 이는 일상적인 사건과 행태의 지식을 모두 포함한다.

각본이란 특정한 상황에 적합하도록 사건 또는 행태를 해석하게 하는 기억 속에 저장되어 있는 일종의 스키마(즉, 인지적 지식 구조)이다(Abelson, 1981). 예컨대 식당에서 음식 주문하는 것이나 의사 방문하기 등은 전형적인 각본(이하 스크립트로 표기함)의 예이다. 한마디로, 스크립트는 행태를 위한 스키마라고 할 수 있다(Gioia & Poole, 1984). 예컨대, 정부 관료제내의 정책결정자는 관료적 맥락의 실무 지식을 소유하고 있기 때문에 주어진 상황에서 어떻게 적절하게 행동할 것인가를 알고 있다. 그들은 대부분 올바른 방식으로 행동할 것이다. 왜냐하면 그들은 관료적 환경에 적합한(즉 어울리는) 판단기준과 행태목록, 즉 스크립트의 목록을 가지고 있기 때문이다. 이런 스크립트는 사람들이 상황, 사건 또는 관계(예, 스키마에 근거한 의사 결정, Weick, 1979 참조)를 이해할 수 있게 만들 뿐만 아니라 상황에 적합한 행태를 취하도록 하는 지침서 역할을 한다(Abelson, 1981).

결국, 인지심리학적 관점에서 연구결과활용을 설명하려는 시도는 잠재적 활용자, 예컨대 정책담당자들의 인지과정, 즉 스키마와 스크립트의 생성, 구조 및 변화 등을 규명함으로써 궁극적으로 왜 정책담당자들이 연구결과를 활용하려는 의사결정을 하는지를 설명하려는데 연구의 초점을 둔다.

이러한 이론적 또는 개념적 관점들은 의식적으로 또는 무의식적으로 기존 연구의 토대가 되어왔다. 비록 연구자들이 특정한 이론적 틀을 설정하고 그 타당성을 검증하려는 의도에서 연구를 진행하지 않았더라고 무의식적으로 연구자들이 사용하고 있는 설명변수들은 상당 부분 위에서 논의한 이론적 맥락에 포함될 수 있다. 이하에서는 구체적으로 활용에 대한 기존 연구들의 내용 및 경향들을 간단하게 살펴보고자 한다.

Ⅲ. 연구결과 활용의 선행연구

1. 선행연구검토

학자마다 관점의 차이가 있을 수 있으나, 행정학연구결과의 활용에 대한 논의는 큰 맥락에서 정보/지식 활용 연구의 한 부분으로 이해할 수 있다. 이는 지식활용연구의 경우 행정학 연구결과를 지식의 한 유형으로 간주하여 연구해왔으며, 다른 한편으로 연구결과활용 분야에서도 몇 가지 내생적인 차이점에도 불구하고 연구의 분석틀이나 설명 모형 또는 변수 등과 관련하여 지식활용분야의 연구결과를 대부분 참고하고 있기 때문이다. 이 연구에서는 다양한 지식의 유형 중에서 행정학 연구결과에 초점을 두고 논의를 전개하기 때문에 가능하면 연구결과활용에 대한 기존 연구를 토대로 논의를 전개하고자 한다. 그러나 많은 부분의 내용은 자연스럽게 지식활용, 또는 정책평가활용분야에서 논의되거나 쟁점이 되고 있는 사항들과 중복될 수밖에 없다. 분야는 다르더라도 활용과 관련된 논의의 내용 및 논리 구조 등은 유사하기 때문에 행정학 연구결과 활용을 이해하는 데 내용의 왜곡 가능성이나 부적합한 부분은 크게 문제가 되지 않을 것이다.

이하에서는 행정학연구 활용에 대한 기존 연구를 검토하기 전에 정책평가활용 및 지식활용에 대한 기존 논의를 먼저 분석하여 행정학연구 활용논의의 맥락과 관련 분야의 연구경향을 제시하고자 한다. 궁극적으로 전체적인 분석결과를 종합하여 공통적으로 논의되는 활용영향요인과 필요에 따라 행정학연구 활용에서 차별적으로 더 논의가 요구되는 요인들이 있는지를 검토하고자 한다.

정책평가 또는 지식활용에 대한 기존 연구의 검토와 관련하여 물리적 시간적 한계로 인해 이 연구에서 그 동안의 모든 연구를 살펴볼 수는 없으며, 활용에 대한 학술적 논의가 활발했던 80년대와 90년대 정책평가활용을 포함한 정보/지식활용 연구를 중심으로 그 경향과 문제점을 정리하고자 한다.[3] 기존 연구의 검토는 정책평가를 포함한 지식활용 영역이 직면하고 있는 중요한 쟁점 중 특히 영향요인에 대한 논의가

---

3) 이 연구에서 검토하는 90년대 연구는 1990−2002년 동안 American Review of Evaluation, Science Communication, Knowledge(구 Knowledge in Society) 그리고 Technology and Policy(구 Knowledge and Policy) 등에 기고된 논문을 검토하였다. 이들 학술지를 선정하여 검토한 것은 정책평가 및 지식활용 분야에서 자주 인용되는 주요 학술지들이기 때문이다. 검토된 논문은 제목에 정책평가활용 또는 지식활용을 포함하거나, 초록에 연구 초점으로 평가활용을 포함한 지식활용을 다루고 있는 37편의 논문이다(이와 관련된 자세한 내용과 점검 기준 등은 오철호 2004: 5−7 참조).

90년대 연구에서 어떻게 진행되었는지에 초점을 두었다.

  80년대부터 불붙기 시작한 평가결과 또는 지식활용에 관한 연구는 학문분야의 기반을 세우고 이론을 개발하는데 주력하기보다는 왜 활용이 발생하는가를 이해하는데 초점을 두었다. 예컨대, Cousins와 Leithwood(1986)는 기존에 다양한 분야에서 연구된 65편의 평가활용 연구의 문헌 분석을 수행하였다. 연구자들은 활용 영향 요인을 크게 평가 집행과 의사결정 환경으로 구분하고, 그 이하에 각 6개씩 총 12개의 세부 요인을 설정하였다. 그들이 제시한 요인은 크게 평가 집행과 관련된 요인들과 의사결정 또는 정책 환경과 관련된 요인으로 구분된다. Leviton과 Hughes(1981)는 기존 연구를 통해 제시된 영향 요인을 5개의 범주로 구분하여 제시하고 있다. ① 적실성, ② 의사소통, ③ 정보 처리, ④ 신뢰성 및 ⑤ 활용자의 참여와 옹호를 제시한다. Patton과 동료들은(1977) 20개의 연방 정부 차원의 정신보건 사업에 대한 평가자와 사업 관련자들의 면접을 수행하였다. 연구자들은 선행 연구의 문헌을 검토하여 11개의 영향 요인을 도출하였다. 그들은 활용에 가장 강한 영향력을 행사하는 2개의 요인으로 정치적 요인과 개인적 요인을 언급하고 있다. 또한 연구자들은 이들 요인들이 독립적으로 또는 다른 요인들과 결합하여 활용에 영향을 미친다고 설명하고 있다. Weiss와 Bucuvalas(1980)는 정신보건 분야(예, 알콜 중독, 약물남용 등 포함)에 관련된 연방, 주정부의 고위 의사결정자 155명에 대한 면접을 수행하였다. 연구자들은 1970년부터 1974년에 작성된 50개의 평가보고서에 대한 의사결정자들의 반응을 정리하고 활용 요인에 대한 요인분석을 실시하였다. 연구 결과 제시된 영향 요인은 ① 평가연구의 질, ② 평가결과의 행동가능성 또는 실현가능성, ③ 활용자 기대의 적합성, ④ 현존 상태에 대한 변화 정도, ⑤ 활용자들이 취급하는 업무에 대한 적실성으로 구분하였다.

  80년대 활용연구의 경향에 대하여 Rich(2002)는 다음과 같이 간결하게 정리하였다(이하 지식활용의 기존연구에 대한 논의는 오철호, 2004: 7-11과 오철호, 2006: 459-461의 관련 내용을 이 연구의 상황에 맞게 보완하여 재구성하였음).

- 제공되는 정보의 형태, 유형, 적실성은 활용으로 직접 이어지지 못한다.
- 누가 정보를 제공했는가는 실제 정보가 무엇인가보다 훨씬 중요하다.
- 정보 활용과 영향력사이의 구별은 필요하다.
- 지식은 단일 효과가 아니라, 여러 효과들을 가져온다.
- 두 문화(two-cultures)의 존재 혹은 비존재는 활용을 예측하는데 있어 중요한 요인이 아니다.

- 특정 정보의 투입이 특정 의사결정에 대해서 언제, 어디서에서 효과를 가질 수 있는지를 예측하는 것은 거의 불가능하다.
- 정책 개발과 문제 해결은 정보보다도 많은 요인들에 의해서 영향을 받는다.

전반적으로 1980년대 지식활용의 영역은 이론 형성의 관점에서 본다면 초기 단계 수준에 있었다고 주장할 수 있다(비슷한 판단으로 Lester, 1993 참조). 즉, 지식활용 영역은 이론적 논의가 체계적으로 이루어지고 있는 것으로 보여지지 않으며 결국 지식활용과 관련된 이론 구축은 여전히 미지의 세계라고 할 수 있다.

다른 한편으로 90년대에 진행된 연구의 경우, 다음과 같은 몇 가지 경향을 발견할 수 있다. (1) 지식활용은 일련의 복잡한 과정이다. (2) 지식활용 과정은 많은 요인들에 의해 설명이 가능하다. (3) 정책평가를 포함한 사회과학 연구결과는 의사결정자가 수집하고 활용하는 다양한 지식의 단지 한 부분이다. (4) 연구자(예, 행정학자)와 이용자(예, 정부실무자) 사이의 상호작용이 활용제고에 중요하다.

좀 더 구체적으로 보면, 90년대 연구는 '무엇이 지식활용에 영향을 미치는가'라는 질문에 답하고자 연구가 진행되었으며 비록 포괄적이지 않지만, 일부 연구는 지식활용에 대한 설명 모형을 제시하고자 시도하였다. 결과적으로, 지식활용의 중요한 설명 요인으로서 다음과 같은 요인들이 90년대 연구에서 지속적으로 검토되었다.

- 지식/정보의 내부 원천(internal source)은 외부 원천보다 지식활용에 영향을 미치는 것 같다.
- 지식활용을 이해하는데 있어 잠재적 이용자의 필요성, 가치관, 관심은 중요하다.
- 지식활용 요인은 지식의 유형에 따라 달라진다.
- 의사결정과정을 형성하는 맥락(the context)은 지식활용에 영향을 미친다.
- 연구자와 이용자 사이의 상호 작용 과정은 여전히 중요하다.
- 다양한 요인의 조합은 지식활용에 영향을 미친다.
- 지식의 내용(예, 특정적, 구체적, 그리고 적절한 지식)은 지식활용에 영향을 미친다.
- 지식에 대한 접근성은 지식활용을 위한 선결조건이다.

다른 한편으로 최근의 평가활용연구 역시도 위에서 논의한 연구이슈와 영향요인에서 크게 벗어나지 않고 있다. 예컨대 Hofstetter와 Alkin(2003)은 기존 연구를 요약 소개하면서 수많은 요인들이 활용에 영향을 미친다고 전제한다. 그러면서 이들은 크게 3가지의 요인으로 ① 개인적 요인, ② 평가를 둘러싸고 있는 맥락과 ③ 평가의 질을 제시하였다. 국내 연구의 경우, 노유진(2005), 노유진·안문석(2004)은 기존 학자들의 활용 요인을 검토한 이후 6가지 범주로 구분하고 이를 다시 17개의 세부 요인으로 제시하고 있다. 또한 명승환(2002)은 평가 활용의 요인에 대해서 Leviton & Hughes(1981), 오철호(1996), Oh & Rich(1993)의 견해를 제시하고 있다. 그러면서, 그는 정보화사업평가 결과가 활용되지 못하는 원인에 대해서 다음의 요인을 제시한다. 제시된 요인은 ① 제도적 및 조직 문화적 차원(예, 가시적 사후평가에 치중, 전문적인 평가기관 및 인력의 부재 등)과 방법론적인 차원(예, 평가방법론 자체에 대한 문제점 등)으로 구분하여 설명하고 있다. 오철호(2002)는 평가 활용에 대한 합리적 관점, 조직관점, 의사소통 관점을 소개하면서, 기존 관점을 통합한 새로운 모형을 제시한다. 그는 제시한 통합모형을 바탕으로 영향요인을 환경요인, 조직특성 요인, 의사결정자의 특성요인, 정보의 특성 요인으로 제시한다. 이봉락(2007)은 활용 영향 요인에 대한 국내외 연구를 종합적으로 검토하면서, 기존 연구에서 제시되는 요인들의 유사성을 기준으로 크게 4가지 상위 수준, 즉 환경적 요인, 평가적 요인, 활용자 요인, 상호작용을 제시하였다. 김명수(2003)는 활용 영향 요인에 대한 Leviton과 Hughes(1981)의 견해를 근간으로 적실성, 적시성, 평가연구방법의 질, 의사소통, 개인적 요인을 제시하면서, 이들 요인들은 활용을 증대시키는 방향으로 작용하는가 하면, 활용에 부정적으로 작용할 수 있다고 설명한다. 또한 노화준(2006)은 평가결과 활용에 영향을 미치는 요인으로 적절성, 평가자와 활용자 사이의 커뮤니케이션, 활용자에 의한 정보처리, 평가결과의 사실성, 활용자의 관여를 제시하고 있다(정책평가결과활용에 대한 기존연구정리는 <부록> 참조).

좀 더 논의의 범위를 좁혀서, 이 연구의 대상인 행정학연구결과의 활용에 대한 기존 연구를 검토해 보았다. 최근 10년간(1998~2007년)의 행정 및 정책관련 분야의 주요 학술논문 등재지인 「한국행정학보」, 「한국정책학회보」, 「한국정책분석평가학회보」의 총 1,358건의 논문 중에서 행정학 연구결과 또는 넓게 사회과학 연구결과 활용에 대한 체계적인 연구를 찾아보기는 쉽지 않았다. 이는 행정 및 정책학 연구자들이 자신의 연구결과가 낮게 활용되고 있고 있음에 불만을 느끼면서도 연구결과 활용에 대한 실태파악이나 체계적인 설명노력은 상대적으로 미흡함을 간접적으로 보여준다.

전반적으로 행정 및 정책연구의 경향을 검토하는 기존연구들의 경우, 대부분 메타분석 방법을 활용한 내용분석을 중심으로 연구동향분석과 연구방법론에 관한 검토로 크게 나누어 볼 수 있다. 그러나 아직까지 연구결과의 활용을 연구초점으로 분석한 연구는 매우 부족한 것으로 나타났다. 예컨대, 행정 및 정책학 연구동향을 분석

정리한 내용의 논문(권경득, 1996; 주상현, 2002; 목진휴 외, 2005 등)이 다수를 이루고 있으며, 최근에는 특히 연구의 적실성 및 대응성에 대한 연구(박순애, 2007; 박홍식, 2002), 연구자특성 연구와 거버넌스를 가미한 연구영역변화를 분석한 글(김대건·오수길, 2007)도 일부 존재하고 있다.

　　다른 한편으로, 정책연구자들이나 실무직 공무원들을 대상으로 한 설문조사를 통해 정책연구의 경향뿐만 아니라 연구결과의 활용도에 대해 분석한 연구가 일부 존재하는 것으로 나타났다(염재호·김호섭, 1992; 이희선·윤상오, 1996; 이종원, 2008). 이들 연구의 경향을 좀 더 자세히 살펴보면 다음의 표와 같다.

　　<표 1>에 나타나 있듯이, 염재호·김호섭(1992)은 정책연구 활용의 한계를 첫째, 정책연구가들과 실무자들간의 시각차이가 존재하기 때문이며, 연구자들은 정책현상에 대한 개념적 규명 및 변수간의 인과관계 등 이론적 측면에서 바라보는 반면, 실

표 1　연구결과의 활용에 대한 국내문헌

연구자 (년도)	이론적 근거	영향요인	연구결과
염재호· 김호섭 (1992)	–	• 시간제약성 • 적실성 • 접근용이성 • 연구결과의 질 • 연구내용의 구체성	• 연구내용의 적실성이 활용상 가장 큰 영향요인으로 나타났으며, 연구내용의 구체성도 중요한 영향을 가지는 것으로 나타남. 또한 시간제약성 및 연구접근의 용이성도 연구결과 활용에 중요한 요인을 것으로 나타남
이희선· 윤상오 (1996)	• 정책결정자들의 　준거틀 모형 • 정책결정맥락 　모형	1) 정책결정자의 준거틀 • 정책결정자의 　개방요인 • 진실성 요인 • 효용성 요인 2) 정책결정맥락 요인 • 환경적 요인 • 조직적 맥락요인 • 개인적 야망요인	• 두 모형들의 영향요인들 대비한 결과, 정책결정자들의 준거틀 모형에서 제시하는 변수(개방요인, 진실성, 효용성)이 정보활용에 더 많은 영향을 미치는 것으로 나타났으나, 정책결정맥락적 변수들도 그 영향력이 적지 않은 것으로 나타남
박순애 (2007)	–	–	• 행정학연구의 시대별 수요와 대응에 대한 동태적 관계 고찰(일부 학자와의 인터뷰와 공무원의 인식조사)
이종원 (2008)	–	–	• 정책연구에서의 사례연구 활용을 중심으로 연구경향을 분석

무자들은 정책운영과정에서의 구체적 유용성을 중요시한다고 지적하고 있다. 둘째, 정책문제에 대한 접근 편향성이 적실성을 상실시키며, 셋째, 연구대상에 대한 시각차 이(정책연구자-미시적, 실무자-포괄적·총체적), 넷째, 적시성, 다섯째, 연구내용상의 오류 등 연구내용의 질 등을 일반적으로 지적하면서, 이를 토대로 한 변수를 가지고 설문조사를 실시하였다. 그 분석결과, 첫째, 정책연구의 성격과 관련해서 구체적으로 활용 가능한 정보를 원하고 있어 연구내용의 적실성이 중요한 활용 영향요인으로 나 타났으며, 또한 연구내용의 질 보다는 연구내용의 대상이 활용도와 더 관련이 있는 것으로 나타났다. 한편 환경적 요인으로 정책과정에서 정책연구의 접근성이 용이하지 않아 활용도가 떨어지는 것으로 나타났다.

이희선·윤상오(1996)는 연구결과 활용에 영향을 미치는 요인들을 정책결정자의 준거틀 모형과 정책결정맥락 모형을 근거로 각각의 변수들을 설정해 좀 더 체계화시 켜 분석하고 있다. 정책결정자의 준거틀 모형에서는 정책결정자의 개방성, 진실성, 효용성 요인과 정책결정맥락 모형에서는 환경적 요인, 조직적 맥락 요인, 개인적 야 망 요인으로 변수를 설정하여 분석하고 있다. 정책결정자 준거틀 변수 검증결과에 따 르면, 정책정보 및 지식 활용에 가장 큰 영향을 미치는 요인들은 연구결과의 질, 신 뢰성, 과학적 지식 및 정보체계와의 부합 정도 등 이른바 진실성을 대변하는 변수로 나타났다. 또한 정책결정맥락 변수의 검증결과에 의하면, 외부적 환경변수가 정책결 정자들의 연구결과 활용도에 직접적으로는 영향을 미치지 못하나 개인적 야망을 통 해 간접적으로 영향을 미치는 것으로 나타났다. 이러한 조직내의 개인적 야망은 정책 연구의 활용에도 영향을 미칠 뿐만 아니라, 조직내의 분위기에도 유의미한 영향을 미 치는 것으로 나타났다. 또한 박순애(2007)는 행정학 연구를 시대적 관점에서의 적실 성을 논하면서 시대별 연구경향을 분석하였으며, 이종원(2008)은 기존 행정 및 정책 연구를 중심으로 사례연구 활용실태를 단순히 정리하였다.

2. 선행연구의 주요 생점들

위에서 살펴본 것처럼 80년대 연구들은 좁게는 평가활용이나 넓게는 지식활용의 현상을 이해하는 데 필요한 개념적 틀과 발견의 맥락을 제공하는 데 많은 노력을 하였 다. 뒤 이은 90년대 연구들은 단순한 기술이나 개념의 정교화를 넘어서 이론 구축에 필요한 연구에 관심을 가졌다(오철호, 2004: 9 참조). 일반적으로 연구결과를 포함한 지 식활용 연구를 검토할 때 몇 가지 핵심적인 질문이 가능하다. 예컨대, 연구결과활용 의 성공을 어떻게 이해하고 정의해야 할 것인가?, 성공적인 연구결과활용은 무엇으로 구성되는가? 연구결과활용을 어떻게 측정할 수 있는가? 성공적인 연구결과활용에 영향을 미치는 조건은 무엇인가? 따라서 향후 연구결과를 포함한 지식활용 분야가 독립된 학문분야로서 성장하기 위하여 고려해야 할 몇 가지 연구 쟁점들은 과거나 지금이나 여전하다(이에 대한 구체적인 논의는 오철호, 2000 또는 Oh, 1997을 참조 바람).

　　무엇보다도 연구결과를 포함한 지식활용을 설명할 수 있는 포괄적인 분석틀의 제시가 여전히 미흡하다. 지식활용은 환경, 조직, 개인 및 정보의 특성이 상황에 따라 다양하게 어우러져 발생하는 복잡한 현상이다(오철호, 2006: 464). 앞서 언급한 것처럼, 대부분의 기존 연구는 이들 요인들을 체계적으로 통합할 수 있는 포괄적 개념틀을 제시하지 못했다(Kelly & Kranzberg, 1978). 기존 연구의 결과나 관점들을 통합하려는 연구의 부족은 지식활용분야가 직면하는 여러 도전중 하나로써 여전히 되풀이되고 있다(Backer, 1991, Landry et al., 2001). 대부분의 기존 연구들은 활용이라는 현상을 전체적으로 조망할 수 있는 관점이나 분석틀이 없이, 지식활용 과정에 영향을 미치는 일부 요인들에 한정하여 살펴보고 있다. 예컨대, 증거기반 연구분야의 경우 몇 가지 영향요인들이 다른 요인들에 비하여 상대적으로 더 많은 영향을 미칠 확률이 높다고 알려져 있다. 물론 연구결과에 따라 그런 요인들의 차이가 있는 것이 사실이다. Campbell과 그 동료들(2007:25 – 29)에 의하면 분석의 적시성, 적정한 연구환경(예, 예산, 지원인력 등), 연구의 질(종종 연구의 적시성과 갈등관계에 있기도 함), 원하는/필요한 증거의 확보가능성, 증거제시방식, 증거의 신뢰성 등이 일반적으로 언급되는 중요한 영향요인이라고 제시하고 있다(다른 예로 Sanderson, 2002 참조).

　　그러나 이러한 요인들을 전체적인 맥락에서 이해하고 체계적인 설명을 가능하게 할 수 있는 분석틀이 미흡한 것이 현실이다. 따라서 넓게는 지식활용, 좁게는 연구결과활용 분야에서 핵심적인 연구관심은 활용의 속성을 분명하게 이해하고, 연구결과들을 체계적으로 정리함으로써 영향요인들의 연관성을 확보하고 관련 요인들의 타당성을 제고함으로써 궁극적으로 지식활용 또는 연구결과활용이라는 현상을 설명하고 예측할 수 있는 이론적 틀을 구축하는 것이다. 결과적으로 현실의 다양한 수준을 제시하는 포괄적인 개념 틀의 미흡은 연구자로 하여금 지식활용 과정의 상당부분을 추측하게 만들고, 체계적인 경험적 연구 수행을 현실적으로 어렵게 한다(Bozeman & Bretschneider, 1986).4)

---

4) 예를 들어, 평가결과를 불신하는 정부 부처의 실무자는 합리적인 관점에서 그런 정보를 활용하지 않을 것이며, 당면하고 있는 정책 또는 사업문제를 이해(예, 인과성 혹은 가능한 해결책)하는데 도움이 되지 않는다고 생각할 것이다. 그러나 Rich & Oh(1993)가 주장하는 것 같이, 만약 실무자가 일하고 있는 기관이 평가결과 활용에 따른 인센티브/보상을 제공함으로서 정책 결정에서 평가결과활용을 증진한다면 정부의 정책이나 사업 담당자들은 더 많은 정보를

이곳에서 강조하고자 하는 또 다른 이슈는 영향요인들간의 관계를 설명할 수 있는 인과분석이 상대적으로 부족하다는 점이다. 행정학 연구결과는 물론이고 일반적인 지식활용에 대한 경험적 연구는 상대적으로 적다(예로써 Oh, 1998, Rich & Oh, 2000; Landry et al., 2001 참조). 그나마 소수의 실증 연구의 경우, 대부분 활용과 관련된 특정 문제에 대한 응답자의 답변을 단순히 기술하거나 사례연구를 통하여 활용 현상을 분석하고 있다. 또는 일부 연구들은 회귀 분석을 사용함으로써 종속 변수에 대한 영향요인의 상대적 중요성을 바탕으로 설명을 시도하였다. 기존 연구의 이런 경향은 지식활용을 설명하는 데 있어 다른 변수보다 일부 특정한 변수들이 더 중요하다(또는 설명력이 있다)는 것을 이해하는 데는 도움을 주었다. 그러나 이런 접근법은 지식활용 과정에 관련된 요인들 간의 인과적 관계를 깊이있게 검토하지는 못했다. 경험적 연구의 단순한 분석이나 독립변수간의 상대적 중요성 검토를 통해 설명될 수 있을 정도로 활용이라는 현상이 단순하지 않다(오철호, 2006: 463)는 것이 연구자들의 공통적인 인식이다. 결국 행정학연구 활용 과정에 관련되는 요인들 간의 인과 관계를 규명하는 것은 특정한 요인이 어떻게 연구결과의 활용에 직접적 또는 간접적인 영향을 미칠 수 있는지에 대한 인과구조를 이해하는 데 큰 도움이 될 것이다(Huberman, 1987).

따라서 이 분야의 지적 발전을 위하여 우리가 지속적으로 해야 할 일은 가능한 여러 차원의 부분적인 인과 관계를 검토하여 하나의 커다란 전체적인 분석틀로 통합하는 것이다. 이러한 통합적 논의의 첫걸음으로 이 연구는 기존의 이론적 논의를 정리하고, 기존 논의에서 중요시되고 있는 영향요인들을 체계적으로 정리하여 행정학 연구결과 활용을 설명할 수 있는 다양한 관점을 제시하려고 한다.

IV. 연구결과 활용의 영향요인

1. 영향요인 분석: 하나의 가설

행정학 연구결과를 활용함에 있어 어느 요인이 가장 많은 영향을 미치는지에 대해서는 연구자의 수만큼이나 다양하다. 그것은 연구결과 활용의 개념 및 범위 또는 주체에 따라 영향을 미치는 요인이 다양하기 때문이다. 또한 학술적 연구를 포함한

찾거나 활용하려고 할 것이라고 주장한다. 따라서 단일 패러다임(관점)에 근거하고 다양한 요인들을 무시하는 지식활용 연구는 결과적으로 비생산적일 것이며, 실제로 정보/지식 남용(the abuse of information)으로 이어질 수 있다. 향후 여러 관점을 통합할 수 있는 가능성을 검토할 필요가 있으며, 이 경우 통합적인 분석틀은 1) 관련 요인들의 적절한 성질을 구분하고, 2) 서로 다른 요인들이 어떻게 연결되는지를 포함하여 검토해야 한다.

지식생성과정을 둘러싼 정치적·조직적 환경의 변화에 따라 많은 영향 요인들을 쉽게 조정하거나 통제하기 어렵다. 초기에는 일련의 영향 요인들이 경험적 연구보다도 일화적 사례에서 도출되었지만, 관련 연구가 축적되면서 연구자들은 광대한 연구 결과에 기초하여 활용에 영향을 미칠 것으로 생각되는 요인들을 정교화 하였다.

대부분의 정책결정자들에 따르면, 증거(예, 연구결과, 평가결과 등 다양한 정책정보)는 정책고려나 개발과정에서 출발을 위한 확실한 토대를 제공하지만, 증거만에 의존하여 정책이 만들어 지는 경우는 극히 드물며 오히려 예외에 해당된다는 것이다. 따라서 우리는 두 가지의 연구 질문에 직면하게 된다. 하나는 정책결정과정에서 행정학 연구결과와 다른 요인사이의 상대적인 영향정도이며, 둘째는 연구결과활용 역시도 정책결정자나 잠재적 활용자의 의식적 행위, 즉 의사결정행위로 이해하고 어떤 조건에서 왜 연구결과를 활용하려고 결정하는지에 대한 규명이다. 이 연구의 관심은 두 번째 질문에 있다. 즉, 정책결정자가 연구결과를 활용하였거나 또는 활용하려는 의도가 있을 때 무엇이 그러한 의도를 가능하게 하는지에 대한 규명이다. 이 두 가지 질문은 현실에서 간접적으로 상호 연관되어 작용할 수 있겠으나(예, 정책과정에 영향을 미치려는 시민단체가 연구결과를 토대로 주장하는 경우, 관련 정부부처가 필요한 연구결과를 검토하는 것 등) 이곳에서는 분석의 편의상 그런 부분에 대한 미시적인 고려보다는 후자의 규명에 초점이 있다.

특히, 선행 연구에서 논의되고 있는 여러 요인을 살펴보면, 행정학 연구결과 활용의 영향 요인을 어떤 기준으로 범주화시킬 것인가는 연구자들의 강조점에 따라 다양할 수 있다는 점이 분명해졌다. 따라서 핵심적인 이슈는 어떤 기준으로 다양한 요인들을 범주화하느냐이다. 대부분의 기존 연구 경우, 제시된 요인을 범주화하는데 사용한 기준의 설정 근거에 대해서는 설명이 생략되어 있고, 연구자의 임의적 기준에 의해서 특정 범주를 제시하고 있다. 드물게 노유진(2005), 노유진·안문석(2004)의 경우 평가결과 활용에 영향을 미치는 요인을 프로그램 논리 모형 관점에서 범주화하고 있다. 그러한 근거가 과연 이론적으로 또는 경험적으로 유의미한가는 다른 차원의 검토가 필요할 것이다. 다른 한편으로 연구결과를 포함한 다양한 유형의 지식활용을 분석하고 있는 오철호(2002)는 여러 가지 이론적 주장과 기존 연구의 경험적 결과들을 인과관계라는 차원에서 요인들간의 시간성, 체계성 및 내적 정합성 등을 고려하면서 하나의 통합적 인과모형을 제시하고 있다.

여기서는 행정학을 포함한 연구결과 활용에 영향을 미치는 요인들에 대한 선행 연구의 논의를 참고하고, 기존의 대표적인 이론적 관점에서 강조된 요인들을 검토하여 공통적으로 적용될 수 있는 영향 요인을 제시하고자 한다. 선행연구에서 제시한 활용 요인에 대한 검토는 이미 앞에서 실시하였다. 선행연구에서 제시되고 있는 다양한 요인들을 체계적으로 정리하였지만, 경우에 따라서는 중요 요인이 간과될 수 있다는 문제가 제기될 수 있다. 따라서 선행연구의 검토범위를 단순히 행정학을 포함한 연구결과활용에 대한 연구만이 아니라 넓은 맥락에서 지식 또는 평가결과 활용에 대한 선행연구도 함께 고려하여 가능한 공통적으로 언급되는 다양한 요인을 고려하고자 하였다. 그럼에도 불구하고 요인의 도출이 망라적이라고 주장할 수 없으며, 다만 이 연구에서는 적어도 활용연구과 관련하여 분야에 관계없이 핵심적으로 논의되는 요인들을 최대한 검토하고자 하였다.

전반적으로 연구결과활용에 영향을 미치는 요인들의 속성을 분류하면 <표 2>과 같이 정리될 수 있다.

표 2 행정학 연구결과 활용의 영향요인

구분	합리성 관점	조직이익 관점	두 문화 관점	신제도론 관점	인지심리학관점
연구결과의 특성	축적적; 장기적; 선형성	문제중심적, 통제지향적; 단기적; 선형성	협동적, 쌍방향적 학습; 비선형성	연구결과의 차별적인 특성에 대한 주장 약함	차별적인 연구결과의 특성에 대한 주장 약함
연구결과의 지향성	확증적 진실; 객관적 기술	위탁자 종속물; 고객옹호	사회적(참여자간의) 구성물	활용에 대한 제도적 조건	활용자의 인지구조와 활동
활용 요인	연구결과특성 (내용) 등	정보원천(정보원에 대한 믿음) 등	활용자와 연구자간의 상호작용 등(연구결과제시 방식도 이 모형에서 고려가능)	조직문화, 활용을 위한 인센티브 등	정보에 대한 태도, 정책 활동의 속성에 대한 이해 등

참고: 송희준(2008: 52) 역시도 활용모형별 특성을 제시하고 있어 참고할 만하나, 이 연구에서 다루고 있는 관점이나 범위 등과 근본적으로 달라 새롭게 영향요인내용을 정리함. 또한 기존연구들이 주장하고 있는 개별적인 영향요인들도 위 분류에서 크게 벗어나지 않는 경우 별도로 제시하지 않고 위 모형의 분류에 포함하여 정리하였음. 특히 위에서 제시하고 있는 요인들이 망라적이지 않기 때문에 연구자의 관점과 문제의식에 따라 새로운 요인들이 추가될 수 있을 것임.

앞에서 논의한 이론적 주장과 과거 연구결과들을 참고하여 행정학 연구결과 활용에 영향을 미칠 수 있는 요인들을 <표 2>와 같이 몇 개의 큰 범주로 나눌 수 있을 것이다. 우선 합리성의 관점에서 보면 가장 중요한 영향요인은 연구결과의 내용이다. 즉, 연구결과가 타당하고 적절한 방법과 절차에 의하여 산출되는 것이 예컨대 정책담당자가 활용할 것인지 여부를 결정하는데 중요한 판단기준이 된다. 신제도론의 주장에 의하면 조직내 지식활용을 조장하는 (반대의 경우는 억제하는) 인센티브 등 제도적 장치나 넓은 맥락에서 활용에 우호적인 조직문화의 존재 여부가 중요하다. 다른 한편으로, 조직이익모형과 신제도론의 주장에 유사한 측면이 있으나 특히 정보소스―누구에게서 필요한 정보를 제공받는가―는 조직이익모형의 내용을 분명하게 드러내다. 즉, 정부부처의 내부 또는 관련된 기관으로부터 산출되는 정보가 외부의 정보에 비하여 조직이익에 부합될 수 있다는 점에서 활용될 수 있는 확률이 높아질 수 있다. 두 문화이론의 경우 활용자와 지식제공자간의 문화적 격차를 줄일 수 있는 방안이 중요하며, 따라서 양자 간의 상호작용 여부가 중요한 영향요인으로 간주될 수 있다. 미시적 수준의 심리학적 관점을 고려한다면 활용자가 지니는 연구결과에 대한 태도나 이전 경험여부 그리고 정책활동을 이해하는 기본적인 인식(예, 분석적 활동으로서의 연구결과활용 또는 정치적 활동으로서의 연구결과 활용 등)이 의미있는 요인이 될 수 있을 것이다. 이밖에 일부 기존 연구들이 지적하고 있는 내용 중 연구결과가 제시되는 방식(예, 핵심적인 요약으로 제시, 전체 보고서 제시, 그림 등으로 제시 등)을 추가로 고려해볼 수 있다.

2. 간단한 검증

이 연구에서 사용한 자료는 중앙부처(즉, 행정안전부)의 공무원을 대상으로 실시한 설문조사자료이며, 5급 이상 전 공무원을 대상으로 한 전수조사였다.[5] 자료수집대상은 크게 학술연구자와 공무원이며 각 각에 대하여 학술논문 및 연구보고서에 대한 활용관련 질문을 실시하였다. 자료 수집은 1차로 이메일 서베이를 실시하였으나(2008년 9월 17일 ~ 9월 29일; 미응답자 대상 2회 재발송 포함 총 3회 발송), 공무원의 경우 충분한 응답을 확보할 수가 없어서 공무원만을 대상으로 오프라인 서베이를 재실시하였다(2008년 9월 31일 ~ 10월 7일). 학술연구자의 경우, 최근 3년 한국행정학보, 한국

---

5) 행정학연구결과활용에 대한 설문조사는 오철호와 김재훈이 공동으로 진행하였으며 주로 활용에 대한 설문항목으로 구성되었으나 활용에 영향을 미치는 요인에 대한 일부 항목을 포함하고 있다. 이 연구에서는 활용에 영향을 미치는 요인에 대한 항목을 사용하여 자료가 허용하는 범위내에서 검증을 시도하고자 한다(조사대상 등 분석 자료에 대한 자세한 내용은 김재훈, 2008: 7-11을 참조하기 바람).

정책학회보 논문게재자(공저인 경우 제1저자)를 대상으로 실시하였으며, 한국행정학회
와 한국정책학회 웹사이트의 "자료실-학회보" 메뉴에서 연도별 검색기능을 이용하
여 2005년도 이후 2008년도 2호까지의 학회보 게재논문 저자명단 확보 후 각 학회
회원명부를 통해 이메일 주소를 수집하였다. 공동저자 포함 총 558명(행정학회 321명,
정책학회 237명) 중 단독저자 및 제1저자만을 추린 368명(행정학회 215, 정책학회 153
명)을 최종표본으로 사용하였다(응답자: 188명). 다른 한편으로, 공무원대상 학술논문
활용에 대한 설문은 행안부 5급 이상 공무원을 대상으로 실시하였다. 행정안전부 5급
이상 공무원 명단은 대외비 자료로 확보가 어려워(웹페이지를 통한 수집의 경우 정확한
"급수"를 파악하는 데 한계가 있으므로) 정보화담당관실에 의뢰하여 이메일설문지를 행
안부 내부 메일링 시스템을 통해 5급 이상으로 분류된 그룹에게만 발송해 줄 것을 의
뢰하였다. 행안부 내부 메일링 시스템 상 5급 이상으로 분류된 총 1,122명 중 퇴직자
인 삭제예정 계정 31명을 제외한 1,091명을 샘플로 사용하였으며 응답자는 246명이
었다(본부소속 561명과 파견 공무원 530명을 포함). 또한 공무원 대상의 연구용역보고서
활용과 관련해서는 행안부 최근 3년 발주용역 관리 담당 공무원을 대상으로 설문을
실시하였다. 행정안전부 정책연구정보서비스 웹사이트(www.prism.go.kr)를 통해 최근
3년간(2005, 2006, 2007년) 행정안전부가 발주한 정책연구용역의 담당 공무원 명단 확
보 후 행정안전부 홈페이지를 통해 이메일 주소를 수집하였다. 총 223명(행안부 174
명, 기재부 49명) 중 이메일 정보 수집이 가능한 행안부 152명을 최종표본으로 사용하
였으며 이 중 34명이 응답하였다.

먼저, 연구결과의 핵심적인 생산자인 학술연구자들을 대상으로 실시한 설문조사
결과를 분석하였다. 즉, 위에서 언급한 활용에 영향을 미치는 요인들의 경험적 가치
를 학술연구자들의 인식과 태도 등의 설문자료를 통하여 간단하게나마 살펴보았다.
활용여부(이분변수로 측정됨)를 종속변수로 설정하였으며, 사용자 요인 등 7개 요인을
독립변수로 설정하여 이분로짓(binary logistic regression)을 적용하여 분석하였다. 종
속변수에 대한 응답항목에 무응답이 포함된 관계로 종속변수를 이분법적으로 재구성
하기 위하여 전체 188개의 응답자들 중에서 '모르겠다'(don't know)고 응답한 사례를
모두 제거한 후 유효한 응답자 120명을 재선정하였다. 결과적으로 표본수를 120으로
정하고(Yes=75, No=45) 로짓분석을 실시한 결과, 7개의 독립변수 중에서 오직 정보
원(源)(연구결과를 제공하는 원천, 즉 연구자에 대한 신뢰와 전문성)만이 연구결과 활용에
유의미한 영향을 미치는 것으로 나타났다.[6]

6) 다른 변수들의 경우, 통계적으로 유의미한 결과가 나오지 않은 하나의 설명으로 복수 측정된

| 표 3 | 활용영향요인분석: 학술연구자의 경우 |

	B	S.E.	Wald	df	Sig.	Exp(B)
활용자요인	-.286	.427	.447	1	.504	.751
조직/제도요인	.279	.285	.961	1	.327	1.322
연구결과타당성	-.093	.428	.047	1	.828	.911
정보(연구결과)원천	-.638	.274	5.434	1	.020	.528
연구결과제시형식	.362	.257	1.981	1	.159	1.436
정보량	-.448	.256	3.065	1	.080	.639
상호작용	.027	.266	.010	1	.919	1.027
Constant	2.417	1.478	2.674	1	.102	11.208

* -2 Log likelihood = 143.035

전체적으로 로짓모형의 적합도를 살펴보면, -2 Log likelihood=143.035로 나타나 전반적으로 제시된 모형이 포화모형(a saturated model)에 비해 나쁘지 않은 모형이라고 생각할 수 있다. 구체적으로 회귀모형의 계수값을 살펴보면, alpha= -2.417, beta=-.638로써 이모형을 확률에 관한 식으로 바꾸면 아래와 같이 표현할 수 있다.

$$\log\left\{\frac{\pi(x)}{1-\pi(x)}\right\} = -2.417 - 0.638x$$

즉, x가 한 단위 증가할 때 마다 x의 로짓이 0.638 만큼 감소한다는 뜻이다. 다시 말하면, 연구결과를 제공하는 원천에 대한 신뢰여부에 따라 연구결과활용에 부의 영향을 미치는 것으로 판단할 수 있다. 이 연구의 경우, 연구원천이 연구자에 대한 신뢰와 전문성에 대한 응답자의 인식으로 측정되었으며, 따라서 연구결과를 제공하는 원천에 대한 신뢰나 전문성을 낮게 느낄수록 그렇지 않는 경우에 비하여 연구결과활용을 감소시키는 경향이 있는 것으로 이해할 수 있다.

독립변수들의 내적타당성(신뢰성)이 그다지 크지 않은 점을 들 수 있다. 예컨대, 사용자요인 Cronbach's α=.604, 조직/제도요인=.622, 연구결과내용(타당성)=.374로 나타났다. 그러나 유일하게 정보(연구결과)원천만이 Cronbach's α값이 .888로 양호하게 나타났다.

적어도 이 연구에서 사용한 자료를 토대로 분석된 결과에 의하면(즉, 학술연구자들을 대상으로 한 설문의 경우), 행정학 연구결과의 활용은 조직이익모형의 핵심 요인인 정보원천이 영향을 미치는 것으로 나타남으로써 정책결정자들의 연구결과활용이 단순히 합리적인 행위의 결과만이 아니고 오히려 조직이익을 고려하는 복잡한 과정의 산물임을 추론할 수 있다.[7] 그러나 어떤 면에서는 조직이익 옹호라는 목표가 주어져 있다면 이러한 목표를 위하여 연구결과활용이라는 결정을 일치시키려는 행위가 오히려 합리적이라고 볼 수도 있을 것이다(Halperin, 1974). 또한 연구자에 대한 활용자의 신뢰 또는 전문성에 대한 긍정적인 결과를 초래할 수 있는 양자 간의 상호작용이 영향을 미칠 것으로 기대되었으나(기존의 많은 연구들은 이 변수의 영향을 지적함), 이 연구결과에서는 통계적으로 유의미하지 않은 결과를 보여주고 있다. 이런 결과는 엄밀하지 않은 측정의 문제와 다른 한편으로 양자간의 이론적 논쟁이 있음을 보여줄 수도 있다. 예컨대, 연구자와 활용자 간의 상호작용이 양자 사이의 신뢰구축 보다는 원하는 연구결과를 요구하는 정도에서 이루어진다면 긍정적인 신뢰보다는 오히려 양자 간의 갈등으로 활용에 부정적인 또는 낮은 활용으로 연결될 수도 있다는 점을 고려해 볼 수도 있다.

다른 한편으로, 실제적으로 연구결과를 활용하는 당사자들인 공무원을 대상으로 설문한 결과도 분석하였다. 그러나 정책을 담당하는 공무원들의 활용대상인 학술논문과 연구보고서 각 각에 대한 분석모형이 전체적으로 적합하지 않고(학술논문의 경우 −2 Log likelihood 30.05; 연구보고서의 경우 50.58), 각 개별독립변수들의 영향정도 역시 통계적으로 유의미하지 않아 특별하게 추론할만한 증거로 활용하기에 부적합하다는 판단이다(분석결과는 <표 4>와 <표 5>를 참조).[8]

---

7) 이 결과는 김재훈, 2008: 19에 제시되어 있는 연구결과의 과학성이 중요하다는 내용과는 다른 결과이나 김재훈의 분석결과는 응답자에게 단순하게 활용에 영향을 미치는 요인들의 중요성을 질문한 내용을 정리한 것이고, 이 연구는 복수 요인들간의 관계속에서 상대적 중요성을 분석한 것이라 차이가 발생할 수 있음.
8) 가능한 하나의 설명은 분석에 사용된 유효한 표본 수가 충분하지 않고(학술논문의 경우 53개; 연구보고서의 경우 89개) 그나마 사용한 표본의 경우 활용과 비활용 간의 큰 차이(학술논문 =44:9, 보고서=77:11) 때문으로 추론한다. 또 다른 설명으로 복수 측정된 독립변수들의 내적 타당성(신뢰성)이 그다지 크지 않은 점을 들 수 있다. 예컨대, 사용자요인 Cronbach's α=.634, 조직/제도요인=.511, 연구결과내용(타당성)=.550로 나타났다. 그러나 유일하게 정보(연구결과)원천은 Cronbach's α값이 .808로 양호하게 나타났으나 영향정도는 통계적으로 유의미하지 않은 것으로 분석되었다.

표 4 영향요인분석결과: 공무원, 학술논문의 경우

	B	S.E.	Wald	df	Sig.	Exp(B)
사용자요인	.176	.794	.049	1	.825	1.192
조직요인	1.489	.945	2.484	1	.115	4.431
연구결과타당성	−1.067	1.240	.740	1	.390	.344
정보(연구결과)원천	−.455	.812	.313	1	.576	.635
연구결과제시형식	−1.353	.858	2.490	1	.115	.258
정보량	.480	.711	.456	1	.500	1.616
상호작용	−.1374	.755	3.313	1	.069	.253
Constant	5.177	3.002	2.974	1	.085	177.173

* −2 Log likelihood = 30.05

표 5 영향요인분석결과: 공무원, 연구보고서의 경우

	B	S.E.	Wald	df	Sig.	Exp(B)
연구결과타당성	−1.423	.898	2.512	1	.113	.241
정보(연구결과)원천	−.480	.672	.511	1	.475	.619
연구결과제시형식	.093	.270	.118	1	.731	1.097
정보량	.489	.466	1.101	1	.294	1.631
상호작용	−.182	.472	.148	1	.700	.834
사용자조직요인	.783	.822	.907	1	.341	2.189
Constant	.476	1.835	.067	1	.795	1.609

* −2 Log likelihood = 50.58

V. 맺으며

이 연구는 행정학 연구결과가 왜 활용되는지에 대한 이해를 제고하기 위하여 우선 연구결과를 포함한 지식활용에 대한 기존 연구들의 경향을 살펴보았다. 다음으로 왜 연구결과를 활용하는 지를 설명하는 몇 개의 대표적인 이론적 논의를 검토하였으며, 이를 바탕으로 행정학 연구결과 활용에 영향을 미칠 것으로 생각되는 요인들을 몇 개의 범주로 정리하였다. 정리된 요인들이 일종의 가설적 속성을 지니고 있어, 그 경험적 가치에 대한 검증이 요구된다. 이 연구의 경우 지극히 한정된 범위내에서 연구결과를 생산하는 학술연구자와 잠재적 활용자인 공무원을 대상으로 실시한 설문결과를

토대로 영향요인들의 실제적인 영향여부와 정도를 부분적으로 분석하였다.

자료의 한계로 인해 분석결과에 대한 일반적인 해석의 한계가 있음을 인정하면서, 다만 분석결과에 나타났듯이 조직이익에 대한 고려가 행정학 연구결과 활용 여부를 결정하는데 영향을 미치는 것으로 잠정적으로 이해할 수 있다. 그렇다고 다른 요인들이 행정학연구결과의 활용에 영향을 미치지 않는다고 단정할 만한 분명하고도 타당한 경험적 증거를 제시하지 못하는 점이 이 연구의 한계이기도 하다. 향후 이에 대한 보다 확실한 규명을 위하여 각 영향요인을 다차원적 관점에서 보다 엄밀하게 측정함으로써 측정대상현실에 대한 사실적인 재구성이 요구된다. 또한 활용 자체에 대한 개념화를 다른 차원에서 고려할 필요가 있다. 이 연구에서는 행정학 연구결과 활용을 활용했다와 하지 않았다는 이분법적으로 개념정의를 하였으나, 실제적으로 활용을 이분법적으로 분명하게 판단하기가 쉽지 않다. 따라서 활용을 연속적인 행위(예, 구간 또는 비율척도 등)로 이해하여 측정한다면 다른 결과를 타나낼 수도 있다(다만, 이 분변수로 측정하더라도 무응답 항목을 질문에서 제외하고 확실하게 활용과 비활용으로 응답자들의 의견을 구한다면 보다 많은 유효응답수를 확보할 수 있을 것임). 또한 행정학 연구결과가 정책분야 또는 영역에 따라 차별적인 활용이 가능할 것으로 생각되며 결과적으로 활용현황이나 영향요인에 대한 보다 적실성있는 분석을 위해서 다양한 정부부처를 분석에 포함할 필요가 있다.

특히 이 연구에서 행정학 연구결과 활용의 영향요인을 정리하고 부분적인 검증을 시도하였으나 대부분의 경험연구결과들이 그렇듯이 이 연구 결과 역시도 분명한 인과성을 판단하기에는 한계가 있다. 앞으로 인과성 분석에서 야기되는 다양한 이슈들이 어느 정도 정리된다면 이를 바탕으로 다양한 요인들간의 인과구조에 대한 보다 심도있고 엄밀한 연구를 필요로 한다. 이러한 일련의 부분적인 그러나 지속적인 이론화 과정을 거침으로써 행정학 연구결과 활용을 보다 넓은 틀에서 이해하고 설명할 수 있는 통합적인 개념틀의 개발을 기대할 수 있을 것이다.

끝으로, 연구결과활용에 대한 학술적 논의를 활성화시키고 확산시키기 위해서는 활용 자체에 대한 철학적 판단 또는 사회 전반의 인식구조에 대한 깊이있는 성찰도 게을리 해서는 않된다. 예컨대, 연구결과를 포함한 지식활용이 과연 정부활동, 보다 구체적으로 정책의 질을 향상하는데 반드시 필요한 것인지, 혹 우리 사회에 무의식적인 합리주의적 편향(rationalistic bias)으로 인해 연구결과 활용을 무조건 긍정적으로 보는 것은 아닌지, 이상적인 지식활용관으로 인해 현실적으로 중요한 기능을 하고 있는 관습, 습관, 경험, 직관(즉, soft knowledge) 등에 대하여 상대적으로 가치가 뒤떨어진다고 생각하는 것은 아닌지 등등에 대한 담론적 성찰도 함께 진행되는 것이 바람직하다. 이러한 논의는 근본적으로 우리가 정책 활동의 핵심적 요소 또는 속성을 무엇으로 보는가와 직결된다. Dror(1968)가 주장하듯, 인간의 직관은 많은 경우 정책과정에서 정보나 지식보다 실질적인 영향을 미칠 수도 있음을 부인할 수 없다. 따라서 연구결과(특히 계량화된 결과)와 같은 정형화된 지식(즉, hard knowledge)과 직관이나 경험과 같은 연성적 지식의 배타적 또는 보완적 활용이 가능한 조건 등에 대한 연구가 더욱 요구된다.

결국은 행정학 연구를 수행하는 학자들 스스로가 연구 자체의 엄밀한 완성 못지 않게 완성된 연구가 실제적인 정부활동에 어떻게 이바지할 수 있을지 또는 해야 하는지에 대한 보다 분명한 문제의식을 가질 필요가 있다. 이는 실용적이며 처방적 학문으로서 행정학의 존재이유이며 동시에 오래전 Waldo(1971)가 언급한 행정학의 정체성에 대한 구체적인 표현으로도 이해할 수 있다. 이런 점에서 상아탑적인 이론지향으로 인해 혹시나 행정학 연구의 문제해결성, 현실적합성 등이 그동안 우리 학계에서 상대적으로 소홀하게 취급되지는 않았나 돌이켜볼 필요가 있다.

참고문헌

권경득. (1996). "한국 행정학의 연구경향에 관한 실증적 분석." <한국행정학보>. 30(1).

김대건 · 오수길. 2007. "한국행정연구의 연구자 특성과 거버넌스 연구영역 변화분석: 한국행정학보를 중심으로" <한국행정학보> 41/1.

김선혁. (2004). "정책연구과 비교방법론" 한국정책학회 춘계학술대회 발표논문.

김명수. (2003). <공공정책평가론>(개정증보판). 서울: 박영사.

김재훈. (2008). "행정학 연구결과 활용에 대한 실증연구" 한국행정학회 추계학술대회 발표논문.

노유진. (2005). <정책평가결과 활용의 영향요인과 활용유형의 특성에 관한 연구> 고려대학교 대학원 박사학위 논문.

노유진 · 안문석. (2004). "한국 정부에 있어서 정책평가결과 활용의 영향요인과 활용 유형의 특성" <한국정책분석평가학회보> 14/3: 227-268.

노화준. (2006). "정책개혁과정에 있어서 정책평가의 논점과 정책학습" <행정논총> 35/2: 31-55.

목진휴·강근복·오철호 외. (2005). "한국 정책연구의 지향에 관한 실증분석" <한국정
   책학회보> 14/3: 131-154.

명승환. (2002). "활용을 위한 정책평가 설계: 정보화사업평가를 중심으로" <사이버커
   뮤니케이션학회보> 9: 125-148.

박순애. (2007). "행정학 연구분야의 시대적 적실성에 대한 시론적 연구" <한국행정학
   보> 41/3.

박흥식. (2002). "한국 정책연구의 이론과 현실, 그리고 적실성 간의 부정합성에 대하
   여" <한국정책학회보> 11/1" 332-337.

송희준. (2008). "행정학 지식의 사회적 활용 제고방향" 한국행정학회 추계학술대회 발
   표논문.

신동면. (2004). "정책연구에 있어서 정치경제적 접근" 한국정책학회 춘계학술대회 발
   표논문.

염재호·김호섭. (1992). "한국정책연구의 활용." <한국정책학회보>. 창간호. 85-97.

오철호. (2006). "정책평가와 활용" <행정논총> 44/4: 455-484.

_____. (2005). "정책문제정의와 정보활용: 제도의 인과성에 대한 탐색" <한국정책학
   회보> 14/1: 329-358.

_____. (2004). "Theory building in knowledge utilization" <정보화정책> 11/2:
   3-17.

_____. (2002). "Utilization of policy evaluation: logic and reality" <한국정책학회
   보> 11/4: 415-456.

_____. (2000). "Information and policy: Retrospect and prospect" 한국행정학회 동
   계학술대회발표논문.

_____. (1998). "정책결정과정에서의 정보사용에 대한 합리모형 비판" <한국정책학회
   보> 7/2: 195-228.

이경원. (2004). "갈등과 제도변화: 협상론적 관점에서" 한국정책학회 춘계학술대회 발
   표논문.

이명석. (2004). "정책분석과 합리적 선택 제도주의" 한국정책학회 춘계학술대회 발표논문.

이봉락. (2007). "정책평가활용의 영향요인" 한국정책분석평가학회 동계학술대회 발표
   논문집: 109-142.

이종원. (2008). 정책연구에 있어 사례연구 방법의 활용과 과제, 한국행정학회·한국정
   책학회 하계공동학술대회 발표논문.

이희선·윤상오. (1996). "정책정보의 활용에 관한 실증적 연구" <한국정책분석학회보> 6/1.

주상현. (2002). "한국 행정학 연구경향의 실증적 분석" <한국행정학보> 36/3.

하연섭. (2003). <제도분석>. 서울: 다산출판사.

대한매일, 2000.4.1.

세계일보, 2006. 10. 30.

Abelson, R.P. (1981). "Psychological status of the script concept," *American Psychologists,* 36: 715－729.

Backer, T. (1991). "Knowledge utilization: the third wave." *Knowledge* 12: 225－240.

Bozeman, B., and S. Bretschneider. (1986). "Public management information system: theory and practice." *Public Administration Review* (special issue): 475－487.

Campbell, Siobhan, S. Benita, E. Coates, P. Davies, G. Penn. (2007). *Analysis for Policy: evidence－based policy in practice.* London: Government Social Research nit(www.gsr.gov.uk).

Caplan, N. (1979). "The Two communities theory and knowledge utilization." *American Behavior Scientist,* 22.

Cousins, J.B & K. Leithwood. (1986). "Current empirical research on evaluation utilization" *Review of Educational Research* 56/3: 331－364.

Dror, Y. (1968). *Public Policymaking Reexamined.* San Francisco: Chandler.

Dunn, William N. (1980). "The Two Communities Metaphor and Models of Knowledge Utilization." *Knowledge* 1:515－537.

Halperin, M.H. (1974). "Shaping the flow of information" in *Bureaucratic Power in National Politics.* Rourke, F. ed. Little, Brown, Boston.

Henry, N. (1995). *Public Administration and Public Affairs.* Englewood Cliffs: Prentice－Hall.

Hofstetter, C. & M. Alkin. (2003). "Evaluation use revisited" in T. Kellahan & D. Stufflebeam (Eds.) *International Handbook of Educational Evaluation.* Klunner Academic Publishers: 197－222.

Huberman, M. & M. Ben－Peretz, (1994). "Disseminating and using research knowledge" *Knowledge & Policy* 7: 3－13.

Huberman, M. (1987). "Steps toward an integrated model of research utilization." *Knowledge* 8:586−611.

Gioia, D.A., and P.P. Poole. (1984). "Scripts in organization behavior," *Academy of Management Review*, 9: 449−459.

Kelly, P. and M. Kranzberg (eds.). (1978). *Technological Innovation: An Critical Review of Current Knowledge*. San Francisco: San Francisco Press.

Landry, R, N. Amara, and M. Lamari. (2001). "Climbing the Ladder of Research Utilization" *Science Communication* 22: 396−422.

Lester, James. (1993). "The utilization of policy analysis by state agency officials." *Knowledge* 14:267−90.

Leviton, Laura & Edward F.X. Hughes. (1981). Research on the utilization of evaluation" *Evaluation Review* 5/4: 525−548.

March, James G., ed. (1988). *Decision and Organizations*. Cambridge: Basil Blackwell.

March, J.G. and H. Simon. (1958). *Organizations*. New York: Wiley.

Neisser, V. (1976). *Cognition and Reality*, San Francisco, CA: Freeman.

Nilsson, K., and S. Sunesson. (1993). "Conflict or control: Research utilization strategies as power techniques." *Knowledge and Policy* 6:23−36.

North, D. (1990). "Institutions and Their Consequences for Economic Performance" in *The Limits of Rationality*. eds. by K. Cook and M. Levi. IL: Univ. of Chicago ress.

Oh, Cheol Ho. (1996). *Linking Social Science Information to Policy Making*. Greenwich: The JAI Publishers.

_____. (1997). "Issue for the new thinking of knowledge utilization" *Knowledge and Policy* 10:3−10.

_____. (1998). "Explaining the impact of information on problem definition" *Policy Studies Review* 15:109−136.

_____. (2003). "Knowledge utilization:: retrospect and prospect" in *Encyclopedia of Public Administration and Policy*. J. Rabin (ed). New York: Marcel Dekker pp. 679−690.

Oh, C.H., and R. Rich. (1996). "Explaining use of information in public policymaking" *Knowledge and Policy* 9: 3−35.

Patton, M.Q., P. Grimes, K.M. Guthrie, N.J. Brennan, B.D., French & D.A. Blyth. (1977). "In serach of impact: An analysis of the utilization of the federal health evaluation research" In C.H. Wiess (ed) *Using Social Research in Public Policy Making*. Lexington, MA: Lexington Books: 141–164.

Rich, R. F. ed. (1981). *The Knowledge Cycle*. Beverly Hills: SAGE.

_____. (1991). "Knowledge Creation, Dissemination, and Utilization." *Knowledge* 12: 319–337.

_____. (2002). "The knowledge inquiry system: Critical issues and perspectives." Key note address at Center for Knowledge Transfer, Alberta, Canada.

Rich, R.F. and C.H. Oh. (1993). "The utilization of policy research." In *Encyclopedia of Policy Studies*. edited by S. Nagel, 93–115. New York: Marcel Dekker.

_____. (2000). "Rationality and information utilization in policy decisions" Science Communication 22/3: 173–211.

Sanderson, I. (2002). "Evaluation, policy learning and evidence–based policy making" Public Administration 80/1: 1–22.

Taylor, S.E., and J. Crocker. (1981). "Schematic bases of social information processing." in E.T. Higgins, C.P. Herman, and M.P. Zanna(eds), *Social Cognition*, Hillsdale, NJ: Lawrence Erlbaum Ass. pp. 89–134.

Thelen, K. and S. Steinmo. (1992). "Historical Institutionalism in Comparative Politics" in *Structuring Politics: Historical Institutionalism in Comparative Analysis*. eds. by S. Steinmo, K.Thelen and F. Longstreth. NY: Cambridge Univ. Press.

Tversky, A. and D. Kahneman. (1974). "Judgement under uncertainty." *Science* 185: 1124–1131.

Wlado, D. (1971). *Public Administration in a Time of Turbulence*. NY: Chandler Publishing.

Walker, T.G. (1976). "Micro analytic approach to political decision making" American Behavioral Scientist 20: 93–109.

Weick, K. (1979). *The Social Psychology of Organizing*. 2nd ed. Reading: Addison–Wesley.

Weiss, C. H., (1981). "Measuring the use of evaluation" in A.C. James (ed)

Utilizing Evaluation: Concepts and Measurement Techniques. Beverly Hills: Sage Publications.

Weiss, C. and M. Bucuvalas. (1980). *Social science research and decision making*. New York, NY: Columbia University Press.

부 록

정책평가 활용에 대한 선행연구 검토

연구자	연구 대상	연구 방법	영향 요인
Hofstetter와 Alkin(2003)	선행 연구	문헌연구법	① 개인적 요인: 활용자 및 평가자의 특성 등 ② 맥락적 요인: 정치적 요인, 재정적 요인 등 ③ 평가의 질: 평가 방법, 보고서 해독성 등
Cousins과 Leithwood (1986)	선행 연구	문헌연구법	• 평가 집행 요인: ① 평가의 질, ② 평가자 신뢰성, ③ 적실성, ④ 의사소통의 질, ⑤ 평가 결과, ⑥ 적시성 • 의사결정 또는 정책 환경 요인: ① 정보요구, ② 의사결정의 속성, ③ 정치적 분위기, ④ 경쟁적 정보, ⑤ 활용자의 개인적 특성, ⑥ 활용자의 평가 관여와 평가의 수용성
Alkin(1985)	선행 연구	문헌연구법	① 인간적 요인: 활용자와 평가자의 특성 등 ② 맥락적 요인: 사업이 평가되는 환경적 요인 ③ 평가적 요인: 평가 수행 과정 절차 등
Leviton과 Hughes (1981)	선행연구	문헌연구법	① 적실성: 정책결정자/사업담당자/고객의 요구 충족 ② 의사소통: 평가자와 활용자의 직접적 의사소통 등 ③ 정보 처리: 행정 관료들이 평가결과를 처리하는 과정 등 ④ 신뢰성: 평가결과외의 다른 정보와 비교 등 ⑤ 활용자의 참여와 옹호: 활용자의 평가 관여 등호
Patton외 (1977)	미국 연방정부 20개 정신 보건사업	사례연구법	① 방법론 질, ② 방법론 적합성, ③ 적시성, ④ 평가연구 완료의 지연, ⑤ 긍정적 혹은 부정적 결과, ⑥ 예측 못한 연구 결과, ⑦ 평가 대상 사업의 목적, ⑧ 관련된 연구의 존재여부, ⑨ 정치적 요인, ⑩ 의사결정자와 평가자 사이의 상호작용, ⑪ 평가에 동원 가능한 자원
연구자	연구 대상	연구 방법	영향 요인
Weiss와 Bucuvalas (1977)	미국 연방/주정부 정신보건사업	양적 분석 • 면접, 설문 • 요인분석	① 평가연구의 질, ② 평가결과의 행동가능성, ③ 활용자 기대의 적합성, ④ 현존의 변화 정도, ⑤ 활용자의 업무에 대한 적실성

노유진(2005), 노유진·안문석 (2004)	정부업무평가 중앙행정기관	질적, 양적 분석 • 면접, 설문 • 빈도분석	① 평가수행이전 제약: 평가단의 평가방침, 평가대상 등 ② 평가 투입 자원: 평가 예산, 평가자의 정책전문성 등 ③ 평가 활동: 평가 절차, 평가 접근방법, 의사소통 등 ④ 평가 산출: 평가정보의 내용과 질, 보고서 양식 ⑤ 평가결과 활용자: 관여도 ⑥ 최초 산출결과: 평가정보에 대한 인지, 동기유발
명승환(2002)	정보화사업	문헌연구법	전문 평가자, 의사소통, 평가방법론, 평가성 사정
오철호(2002)	미국 정신보건사업	양적 분석 • 전화 설문 • 경로분석	① 환경요인: 정책문제의 속성 ② 조직특성: 정보 활용을 위한 보상 시스템 등 ③ 의사결정자 특성: 정보에 대한 태도, 정보 욕구 등 ④ 정보/평가 결과의 특성: 정보의 유형, 정보의 내용 등
이봉락(2005)	선행연구	문헌연구법	① 환경적 요인: 사회적, 정치적, 조직적 요인 ② 평가적 요인: 기획, 물적자원, 인적 자원, 평가 결과 발표 등 ③ 활용자 요인: 활용자 ④ 상호작용 요인: 의사소통, 참여, 수용성
김명수(2003)	선행연구	문헌연구법	적실성, 적시성, 평가연구방법의 질, 의사소통, 개인적 요인
노화준(2006)	선행연구	문헌연구법	적절성, 평가자와 활용자 사이의 커뮤니케이션, 활용자에 의한 정보처리, 평가결과의 사실성, 활용자의 관여 또는 창도

* 이봉락(2007: 123-124)에 제시된 내용을 일부 수정하여 재구성함

▶ ▶ ▶ **논평**

홍형득(강원대학교 행정학과 교수)

I. 서 론

연구결과의 활용이란 무엇인가? 다양한 분야와 관심을 바탕으로 한 활용연구가 1970년대 이래 지속적으로 이루어지고 있다. 연구보다 확대된 지식의 활용, 구체적인 정책연구의 활용, 평가결과의 활용, 기술이전 등 기술개발과정에서 지식의 확산과 활용 그리고 기술분야별 지식활용 등 각 분야에서 활용에 관한 관심과 연구들이 이루어져왔다. 각 영역에서 연구되고 논의되는 활용에 관한 주요 이슈는 활용을 어떻게 정의할 것인가? 성공적인 활용의 구성요건은 무엇인가? 그 활용을 어떻게 측정할 수 있는가? 활용에 영향을 미치는 요인은 무엇인가? 등으로 정리할 수 있다.

본 논문은 연구결과를 포함한 지식활용에 대한 기존 연구들, 특히 80년대 이후 연구결과 활용관련 연구들의 연구경향을 분석하고 행정학 연구결과가 왜 활용되는지 또는 활용되지 않는지에 대한 그 원인을 이론적 논의와 실증분석을 통해 찾고자 하였다. 이를 위하여 특히 왜 연구결과를 활용하는 지를 설명하는 몇 개의 대표적인 이론적 논의를 기존 연구(오철호 2006)에서 확장하여 합리모형, 조직이익모형, 두 문화모형과 아울러 신제도론과 인지심리학과 같은 대안적 관점들을 논의하였다. 이러한 논의를 바탕으로 행정학 연구결과 활용에의 영향요인들을 도출하고, 연구자와 잠재적 활용자인 공무원을 대상으로 한 설문결과를 바탕으로 영향요인들의 실제 영향정도를 분석한 연구로 저자가 오랫동안 연구해온 지식활용, 정책연구활용 및 정책평가결과의 활용 등의 이론적 논의(Oh, 2004; 오철호, 2002: 417－422; 오철호, 2006: 466－473)를 확대하고 실증하고자 하였다는 점에서 행정학분야 연구활용 연구의 깊이와 이론적 맥락을 확대한 연구로 이론뿐만 아니라 실제적 측면에서도 많은 기여를 한 논문이다. 따라서 본 연구의 주요내용을 검토하고 본 연구의 이론적인 기여점과 논의의 확대를 위한 몇 가지 대안을 제안해보고자 한다.

II. 논문의 개요 및 주요내용

연구결과의 활용을 포함한 지식활용은 환경, 조직, 개인 및 정보의 특성에 따라 다양하게 어우러져 발생하는 복잡한 현상으로(오철호, 2006: 464), 대부분의 기존 연구들은 이들 요인들을 체계적으로 통합할 수 있는 포괄적인 틀을 제시하지 못했다는 것이다(오철호, 2008; Kelly & Kranxberg, 1978). 기존 연구들이 대부분 활용이라는 현상을 전체적으로 조망할 수 있는 관점이나 분석틀이 없이 지식활용 과정에 영향을 미치는 일부 요인들이 한정하여 살펴보고 있다는 것이다. 저자도 여러 번 강조하고 있는 바와 같이 넓게는 지식활용 좁게는 연구결과 활용분야에서 혁신적인 연구의 관심은 활용의 속성을 분명하게 이해, 연구결과들을 체계적으로 정리하여 지식의 활용 및 연구결과의 활용현상을 설명하고 예측할 수 있는 이론적인 틀의 구축이 필요하다는 것이다.

우선 지식활용에 대한 개념적 또는 이론적 기반으로 기존의 다양한 관점(합리적 관점, 조직이익 관점, 의사소통 의사결정자의 인지과정, 신제도론적 관점 등)들을 중심으로 각 관점별 가정을 전제로 연구결과활용을 설명하고 있다. 합리적 관점은 정보원천과 인간의 인식능력의 한계 내에서 합리적 의사결정과정에서 불확실성을 줄이기 위해서, 조직이익관점은 행위자는 조직 이익을 극대화하기 위해서 연구결과 정보를 사용한다는 것이다. 의사소통관점은 두 문화이론을 바탕으로 연구자 공동체와 정책결정자 공동체 사이에 존재하는 격차 감소여부가 결과활용여부와 정도를 결정한다는 것이다. 기존 논의들 외에 신제도론과 정치심리학적 관점 등 새로운 연구들을 소개하고 있다. 신제도론으로 합리적 선택 제도주의는 개인의 동기와 선호, 전략에 의거한 선택의 산물로서 제도가 어떻게 변화하며, 제도가 집단간 또는 집단내 개인의 문제를 해결함으로써 정치 경제체제의 성과에 어떻게 영향을 미치는 가를 설명하고자 한다. 역사적 제도주의자들은 정책결정과정에서 정책의 선택이란 역사적 상황과 제도에 의하여 제약을 받으며 제도는 정치적 행위자들의 선택의 결과라고 이해한다. 인지심리학적 접근은 의사결정자가 주변 환경이나 자신들이 직면하는 정책현상의 해석을 인간의 인지과정을 이해하는 한 가지 도구인 스키마/각본(schema/script)이라는 개념을 사용하여 설명하려고 하였다.

다음으로 본 논문은 기존 연구들에서 연구결과활용의 주요쟁점을 도출하였다. 전체적인 맥락에서 체계적인 설명을 가능하게 할 수 있는 분석틀이 미흡하고, 영향요인들간의 관계를 설명할 수 있는 인과분석이 부족하다는 점을 지적하였다. 이 분야의 학문발전을 위하여 가능한 여러 차원의 부분적인 인과 관계를 검토하여 하나의 커다란 전체적인 분석틀로 통합하는 것이라고 보고 이러한 통합적 논의의 첫걸음으로 기존의 이론적 논의를 정리하고, 기존 연구에서 중요시되고 있는 영향요인들을 정리하여 행정학 연구결과 활용을 설명할 수 있는 다양한 관점을 제시하였다는 점에서 활용

연구를 한 단계 발전시켰다고 할 수 있다.

아울러 이론적 주장과 과거 연구결과들을 바탕으로 행정학 연구결과 활용에 영향을 미칠 수 있는 요인들을 몇 개의 범주로 구분하고, 중앙부처 공무원을 대상으로 한 설문조사를 통해 검증을 시도하였다. 연구결과를 생산하는 학술연구자와 잠재적 활용자인 공무원을 대상으로 연구논문과 보고서를 구분하여 실시한 설문결과를 토대로 영향요인들의 실제적인 영향여부와 정도를 분석하였다. 특히 본 연구에서 행정학 연구결과 활용의 영향요인을 정리하고 검증을 시도하였다는 점이 특징이다.

III. 이론적 기여

저자는 지식 및 연구결과활용, 정책평가결과 활용 등 일련의 지식활용에 관한 이론형성을 위한 지속적인 연구들을 수행해오면서 상당한 이론적 기반을 다져오고 있다. 지식활용관련 국내 가장 높은 연구경험치를 쌓은 학자라고 할 수 있다. 2002년 논문에서 연구결과를 포함한 다양한 유형의 지식활용을 분석하고 여러 가지 이론적 주장과 기존 연구의 경험적 결과들을 인과관계라는 차원에서 요인들간의 시간성, 체계성 및 내적 정합성 등을 고려하면서 하나의 통합적 인과모형을 제시한 바 있다(오철호, 2002). 2006년 연구에서는 합리적 관점, 조직이익 관점, 의사소통 관점 등 정책평가활용에 관한 이론적 관점들이 의사결정자의 인지과정 측면을 고려하지 못하고 있다고 보고 대안적 방안으로 스키마(schema) 관점을 제시한 바 있다(오철호, 2006: 469). 의사결정자들이 어떻게 정보를 활용할 것인지에 대한 결정을 자신들의 인지과정을 통해서 살펴볼 필요가 있다는 것이다. 이 연구는 특히 평가 활용에서 미시적 차원의 변수로서 정책결정자의 심리적 과정을 인과관계 분석을 위해 추가했다는 점에 의의가 있다. 최근 연구에서는 앞에서 제시한 5가지 관점 중 의사소통관점에서 두 문화이론으로 활용에 대한 설명을 시도하였다(오철호, 2015: 67). 연구자와 결과활용자인 정책결정자간에 일반적으로 많은 갭(Gap)이 있는데 연구결과의 활용여부나 그 정도는 이 갭을 얼마나 줄이는 가에 달려있다는 것이다.

본 연구는 2008년 연구로 왜 연구결과를 활용하는 지를 설명하는 몇 개의 대표적인 이론적 논의를 기존 연구에서의 합리적, 조직이익, 의사소통관점과 함께 대안적 논의로 심리적 과정 및 신제도론적 관점을 추가로 제시하였다(오철호, 2008). 이 관점에 따르면 조직내 공식적 또는 비공식적 제도는 정책결정자가 특정한 정보를 획득하고 확산하여 궁극적으로 활용하는 결정을 내리는 행위에 영향을 미칠 수 있다는 것이다(오철호, 2008: 13-14). 특히 저자는 지식활용 영역이 직면하고 있는 가장 큰 문제로 개념적 명료성, 포괄적 분석틀의 부재, 인과분석의 부재, 정책영역의 복잡한 요인들에 대한 고려 부족 등을 들고 지식활용과정의 다양한 중요요인들에 대한 체계적으로 통합하는 포괄적인 분석틀의 필요성을 강조해 왔다. 본 연구에서 각 이론적 관점에 따른 연구활용의 영향요인을 구분하여 요인들간 인과구조와 연구결과활용을 보다 포괄적으로 설명할 수 있는 통합적인 개념 틀 개발을 위한 시도를 하였다는 점이 기존연구에서 볼 수 없는 진일보한 이론적인 기여라고 할 수 있다. 이처럼 연구활용관련 이론개발과 검증을 위한 지속적인 연구를 해오고 있다.

IV. 논의의 확장

연구결과의 활용이란 지식의 생산자인 연구자와 잠재사용자 사이의 직접적인 선형관계보다는 비선형관계(Non linear)이며 환경과 상호작용하며 예측이 어려운 다층구조로 인과관계를 설명하기가 쉽지 않다. 연구결과 활용은 환경, 조직, 개인 및 정보의 특성이 상황에 따라 다양하게 조합되어 나타나는 복잡한 현상이다. 연구결과 활용 논의의 확장을 위하여는 다음과 같은 점에 대한 고려가 필요하다.

우선 연구결과의 활용연구에서 무엇을 활용으로 보아야 할 것인지 명확하게 정의하고 있지 않은 채로 논의하고 있다. 활용을 어떻게 이해하는지에 따라 그 영향이 겉으로 나타날 수 도 있으나(수단적 사용), 보이지 않을 수도 있다(정책결정자의 인식변화, 개념적 사용). 어떤 형태의 지식은 어떤 영향을 발생하지 않으면서도 활용될 수 있다. 지식활용은 일련의 복잡한 과정으로 그 활용과정은 많은 요인들에 의해 설명이 가능하다.

연구결과들이 공개되면 일정기간 직접적인 활용없이 존재하다가 연구자들에게 재발견되기도 한다. 사회과학이나 인문과학의 경우 그 기간이 더욱 오래 걸리고, 사회경제정치적인 의미로 응용되기 전에 간접적인 통로(Channel)로 확산되기도 한다.

사회과학에서 많은 연구자들(Beyer & Trice, 1982: 598-601; Neikson, 2001: 8; 김재훈, 2008)이 다양한 형태의 연구결과 활용 유형을 구분하였다: 수단적, 개념적 및 상징적 활용(Estabrooks, 1999: 204), 그리고 <표 1>에서 보는 바와 같이 의도적인 활용과 비의도적 활용(Intended and unintended users of research) 으로 구분하기도 한다.

표 1	지식의 활용유형: 개념적 구분

활용유형	의도적인 활용		비의도적인 활용	
	직접활용	간접활용	직접활용	간접활용
과학적 활용	응용연구		기초연구, 직접적인 활용	기초연구: 중장기적인 과학적 활용
비과학적 활용	기술개발, 제품생산	기술모방	기초전략연구, 직접적 사회정치적 활용	사회로 지식확산

자료: Bailey T. & Mouton J. (2005). A Review of Models of Research Utilisation. CREST.

그 외 Weiss(1978)는 활용을 아래와 같이 7가지 의미와 유형으로 구분하고 있다 (Neilson, 2001:9).

- 지식기반 활용: 기초연구의 응용; 이 경우 기초 연구는 그 다음 적용될 수 있는 응용연구 기회를 제공.
- 문제해결 활용: 정책결정자들이 동의할 수 있는 문제해결책 제시; 연구자와 정책결정자 사이에 문제해결이나 최종결과에 대한 합의를 전제로 한다.
- 계몽적 활용: 정책 결정자 교육; 연구의 축적으로 정책결정자에 대한 교육에 의해 정책에 영향을 미친다.
- 정치적 활용: 의사결정의 합리화; 결정에 대한 지원(support)을 목적으로 정책결정자들에 의해 활용된다.
- 전술적 활용: 행동을 지연시키기 위한 추가 정보; 문제에 대한 대응을 위해 정부나 다른 기관에서 사용된다.
- 상호작용적 활용: 경쟁 정보원천; 사회과학연구에 기초하지 않은 정보를 탐색하여 활용한다.
- 지적 기업형 활용: 정책연구는 많은 지적 탐구의 한 유형이다.

이처럼 활용유형에 따라 상황이 매우 달라질 수 있음을 이해하고 우선 논의초반에 활용유형에 관한 정의를 해야 영향요인이나 인과관계구조가 구체화될 수 있다. 특히 사회과학분야에서의 활용연구는 단순 활용만을 외치고 활용유형 및 과정 등 구체적인 정의없이 활용연구가 이루어지는 경우가 많다. 1978년에 Weiss(1978: 22)는 연구활용의 개념은 구체적인 선택결정에 대한 구체적인 연구의 결론의 적용을 의미하는 것이라고 주장하였다. 이것은 문제정의로부터 정책선택까지 연구활용을 나타내는

일련의 연계과정이다. 그러나 공공정책결정에서 사회과학연구의 활용이 곧 문제해결
이 아닐 수도 있다는 것이다. 그것은 연구활용이 더욱 확산되고 순환되는 과정처럼
보는 시각이다. 그는 이것을 사회과학연구의 계몽적 기능으로 활용의 확산유형이라고
정의하고 있다. 이러한 관점에서 정부정책결정자는 연구를 아이디어 원천이나 정보
혹은 그 세계에 대한 이해 등 간접적으로 활용하기도 한다. 비록 그 과정이 처음에는
분명하지 않지만 시간이 갈수록 정책에 직접적인 영향을 미치는 경우도 있고, 현재의
가치와 정치적인 실현가능성이 낮은 연구들도 후에 정책결정자들이 유용한 것으로
판단할 수 있다. Weiss(1981)가 지적한 바와 같이, 정부 내 정책결정자들은 가능한 모
든 정보의 획득을 추구하지 않으며, 조직이 이미 내부적으로 가지고 있는 정책대안을
훼손하는 연구결과를 채택하고자 하지 않는다는 것이다(김재훈, 2008).

지식의 활용은 학문분야에 따라 상황은 매우 다르다. 활용과 관련하여 가장 그
구조와 과정 그리고 모형을 구체적으로 그리고 있는 분야는 기술개발관련 분야라고
할 수 있다. 오슬로 매뉴얼(OECD, 1991)은 기술제품혁신과 공정혁신으로 구분하고
있다. 제품혁신은 전 제품보다 새롭거나 개선된 제품 개발을 의미하나 공정혁신은 기
존제품에 비해 생산방법의 획기적인 개선을 의미한다. 연구개발활동(R&D)은 혁신과정
의 한 부분을 이루는 기술이전과정의 한부분이다. OECD 프라스카티 매뉴얼(Frascati
Manual)은 기초연구(순수기초연구와 지향형 기초연구), 응용연구, 실험연구로 지식의 습
득 및 활용과정을 구분하고 있다. 즉 기초연구는 향후 특정한 응용이나 사용을 염두
에 두지 않고, 주로 현상과 관측 가능한 사실의 배경 원리에 대한 새로운 지식을 얻
기 위해 수행되는 연구이며, 실험연구는 연구나 실제적인 경험으로부터 얻은 현존 지
식을 활용하여 새로운 물질, 제품이나 장치를 생산하고, 새로운 공정, 시스템 및 서비
스를 구축하거나, 이미 생산되거나 구축된 것을 현저히 개선하기 위한 연구로 구분하
고 있다.

특히 사회과학연구결과는 활용되지 않는 경우가 많으며, 활용되더라도 과학기술
분야에서 처럼 활용되지 않는다는 것이다(Bulmer 1982: 48; Neilson 2001: 9). 사회과학
에서도 지식의 활용을 구분한 연구들이 있었다. Weiss(1980)는 Knowledge Creep(지
식의 느린 확산)이란 개념으로 연구결과가 정책에 영향을 미치고, 정책실행과정에 아
이디어와 일반화 과정의 배경으로 영향을 미치는 과정을 설명하였다. 염재호·김호섭
(1992)은 정책대상의 성격과 상관없이 정책현상에 대한 개념적 접근과 방법론적 접
근, 정책현상에 대한 인과론적 법칙의 발견 등은 구체적인 정책대상에 대한 정보제
공, 효과적인 정책집행을 위한 정책대안의 제시 및 분석, 정책내용 및 결과에 대한

평가를 중심으로 한 연구 등과는 확연히 구별되기 때문에 엄격한 의미의 정책연구의 활용은 이를 구분하여 논의하여야 하나 구분없이 얘기하고 있다고 지적하였다.

　행정학분야에서 지식활용에 관한 경험적인 연구가 많이 이루어지지 않고, 대부분의 실증연구 역시 연구자 및 공무원을 대상으로 한 설문을 통한 인식조사에 의한 활용 정도와 여부를 조사하고 있다(이희선.윤상오, 1996; 최영훈, 2005; 박순애, 2007; 오철호, 2008). 설문조사에 의한 활용연구의 경우 연구결과 활용의 영향요인을 정리하고 부분적인 검증을 시도하였으나 대부분의 경험연구결과들이 그렇듯이 분명한 인과성을 판단하기에는 한계가 있다. 활용유형을 구분하고 과정을 구체화하여 복합적인 직간접적인 영향관계를 포함한 상호의존적인 인과구조를 파악해야 한다.

참고문헌

김재훈. (2008). 행정학 연구결과 활용에 대한 실증연구.「한국행정학회 추계학술대회 발표논문집」.

박순애. (2007). 행정학 연구분야의 시대적 적실성에 대한 시론적 연구.「한국행정학보」. 41(3): 321-344.

박흥식. (2002). 한국 정책연구의 이론과 현실, 그리고 적실성 간의 부정합성에 대하여.「한국정책학회보」. 11(1): 332-337.

염재호, 김호섭. (1992). 한국정책연구의 활용.「한국정책학회보」. 창간호: 85-97.

오철호. (2015). 정책결정, 증거 그리고 활용 -연구경향과 제언-.「한국정책학회보」. 24(1): 53-75.

＿＿＿. (2006). 정책평가와 활용.「행정논총」, 44(4): 455-484.

＿＿＿. (2005). 정책문제정의와 정보활용: 제도의 인과성에 대한 탐색.「한국정책학회보」. 14(1): 329-358.

＿＿＿. (2004). Theory building in knowledge utilization.「정보화정책」, 11(2): 3-17.

＿＿＿. (2002). Utilization of policy evaluation: logic and reality.「한국정책학회보」, 11(4): 415-456.

이희선·윤상오. (1996). 정책정보의 활용에 관한 실증적 연구.「한국정책분석학회보」. 6(1).

Bailey T. & Mouton J. (2005). A review of models of research utilisation. CREST.

Beyer JM & Trice HM. (1982). The utilization process: A conceptual framework and synthesis of empirical findings. *Administrative Science Quarterly*. 27: 591−622.

Bulmer M. (1982). The uses of social research: Social investigation in public policy−making. Contemporary Social Research. 3. George Allen & Unwen.

Estabrooks CA. (1999). The conceptual structure of research utilization, Research in Nursing and Health. 22: 203−216.

Kelly, P. & M. Kranzberg(eds.). (1978). Technological innovation: an critical review of current knowledge. San Francisco Press.

Neilson S. (2001). Knowledge utilization and public policy processes: A literature review. Canada: International Development Research Centre.

OECD. (1991). Oslo Manual: Proposed guidelines for collecting and interpreting technological innovation data. Paris: OECD.

OECD. (2015). Frascati Manual. Proposed standard practice for surveys of research and experimental development. Paris: OECD.

Weiss CH. (1981). The use of social science research. in organizations and decision making. New York: Cambridge University Press.

Weiss CH. (1978). Broadening the concept of research utilization. Sociological Symposium. 21: 22.

감화적 리더십:
루즈벨트를 통해 살펴본다

감화적 리더십: 루즈벨트를 통해 살펴본다*

유종해(연세대학교 행정학과 명예교수)

> ## ∽ 프롤로그 ∽
>
> ## 감화적 리더십론: 프랭클린 루즈벨트의 사례
>
> 행정학의 여러 과목 중에서 나는 일평생 조직 관리론, 즉 조직이론과 관리론을 담당하였다. 한 학기는 조직론 그리고 그 다음 학기는 관리론을 강의하였다. 그러다 과목의 요청이 많아지면서 나와 다른 교수 둘이서 조직 관리론을 강의하였다.
>
> 조직이론 중 리더십론은 매우 중요하고, 국가시험에서도 출제가 많이 되어 학생들의 주 관심 분야가 되었다. 더욱이 조직론에서 리더십 이론은 선배학자들이 연구가 적지 않게 있었으며 그 결과 연구 초기에는 리더가 가지는 자질 예를 들어 각종 위인전의 입장에서 이를 강조하는 경향이 1940−50년대에 주류를 이루었고, 그 후는 리더가 행사하는 행태를 리더십 이론의 중심으로 논한 것이 1950−60년대이며, 지금은 상황이론 즉 리더가 처해있는 상황이 리더십의 특성을 결정 지운다는 주장이 주류이다. 본인은 리더십 이론 중에 상황이론을 옳은 주장이라고 믿는다. 내가 소개하는 감화적 리더십론도 상황이론에 속한다고 볼 수 있다.
>
> 나는 연세대에서 조직이론 외에 미국정부론도 강의한 일이 있다. 아울러 미국의 선거제도도 글로 많이 썼다. 그런 과정에서 나는 미국의 제32대 대통령을 지낸 프랭클린 루즈벨트를 그의 정책을 통해 연구할 기회가 있었고, 여러 면에서 그를 좋아하게 되었다.
>
> 루즈벨트 대통령은 미국이 참으로 힘들었던 경제공황을 뉴딜(New Deal)

---

* 이 논문은 2013년 『전략논단』 제18권에 게재된 글을 수정·보완한 것이다.

정책으로 해결한 이름있는 대통령이다. 또한 미국의 행정을 오늘날의 규모로 키운 사람이다. 제2차 세계대전 중 영국 처칠 수상의 요청을 받아 무상으로 전쟁 무기와 장비를 대여 해주는 여유도 보인 자유진영의 지도자였다. 루즈벨트 대통령은 경제공황을 조속히 극복하기 위해 막대한 실업자를 정부의 공공사업에 투입함으로써 공황을 이겨냈고 또 제2차 세계대전에서 일본에게 승리한 훌륭한 인물이다.

루즈벨트 대통령이 행사한 리더십 모형이 바로 감화적 리더십이라는 것을 알고, 여기에 그 감화적 리더십의 하나의 대표적인 사례로 이 글을 소개하는 것이다.

보통 리더십의 공식은 L=f(LFS) L=지도자, F=부하, S=상황인데, 감화적 리더십은 이 공식에서 F가빠진다. 나의 의도는 상황이론을 가지고 1930-40년대 루즈벨트 대통령이 행사한 리더십 스타일을 풀어보고자 한다. 이 글에서 루즈벨트의 인간적 또 정치적 특성을 알아보고, 어떤 방법으로 그가 그 많은 정책을 펴냈는지를 설명하였다. 아직도 미국에서 루즈벨트 대통령의 인기가 절대적인 것(오바마 대통령도 그가 가장 숭배하는 인물이 프랭클린 루즈벨트라고 쓴 글을 본 일이 있다)을 알 때 나는 그것이 그의 감화적 리더십의 덕이 아닌가 보고 싶다.

이 사례연구로 나는 그동안 강의했던 두 분야, 즉 조직론과 미국정부론을 같이 소개할 수 있는 길이 될 것 같아 이 글의 당위성을 주장하고 싶다.

또한 우리나라는 아직도 여러 면에서 선진국의 문턱을 맴돌고 있고 소위 4050, 즉 개인의 소득수준 4만 불과 인구 5천만 명의 나라에 들어가려고 오랫 동안 노력하는 처지에서, 루즈벨트 대통령의 리더십 스타일은 우리에게 적지 않은 참고가 될 것을 확신하면서 이 글을 소개한다.

리더십이론은 오랜 시간을 두고 변천해 왔다. 이제 여기에서 미국의 제32대 대통령을 지낸 루즈벨트를 통해 그의 리더십의 특징인 감화적 리더십을 논해 볼까 한다.

Ⅰ. 리더십 등식과 이론

1. 현재의 리더십이론은 L = ƒ (LFS)의 등식으로 설명되어 지며, 리더십의 어느 측면을 강조하느냐에 따라 크게 세 가지로 이론의 변천을 볼 수 있다. 즉 ① 자질이론 ─ 리더의 개인적인 자질을 강조하는 입장, ② 행태이론 ─ 리더의 행태에 중심을 두어 과업중심 조직 구성원의 만족감 제공 등이 강조되는 이론, ③ 상황이론, 즉 리더가 처한 상황을 중심해서 리더십을 설명하는 입장으로, 감화적 리더십이란 자질론, 행태이론 그리고 상황이론 모두에 관련되는 새로운 모형으로 생각할 수 있겠다(L = leadership, L = leader, F = follower, S = situation.[1]). 리더는 열정과 지혜, 인내심과 용기가 있어야 하며, 기술, 직관, 기억, 상상력에서 뛰어난 재능을 가져야 한다.

2. FDR을 먼저 종합적으로 평가하면 다음과 같은 특성을 가진 지도자이다. ① 감화적 리더십을 발휘한 미국의 뛰어난 대통령이다. ② 미국을 극심한 경제공황에서 구출하고, 그 결과 국제정치에서 Pax Americana를 확립한 지도자이며, ③ 미국을 2차 세계대전의 승자로 승격시켜, ④ 일본의 식민지였던 우리나라를 해방시키는데 큰 공을 올린 인물이다. ⑤ 미국연방 정부의 행정체계를 오늘날과 같은 현대 행정구조로 격상시킨 대통령이다. 또한 그는 ⑥ 미국 국민에게 새로운 정신을 불어 넣으면서 미국과 미국 민주당을 강력한 기반으로 재건한 사람으로 인정할 수 있다.

이제 여기에서 그의 감화적 리더십을 그의 여러 가지 대표적인 정책을 통해서 분석 및 평가하고자 한다. 그를 분별하기 위해서 먼저 그의 인물됨과 그의 중요정책을 분석해 보고자 한다.

Ⅱ. FDR의 인적 특성

1. 훌륭한 학벌과 경력관리의 지도자이다.

그는 하버드대학(학부)과 Columbia Law School을 다니다 뉴욕주변호사 시험에 합격하여 뉴욕변호사 자격을 가지고 있고, 주로 Wall Street에서 근무한 금융전문 변호사이다. 그는 하이드 파크(Hyde Park)에서 출생하였고(1882.1.30.) 그리고 63세로 화

---

1) 유종해·이덕로, 현대조직관리, 박영사, 2015, p. 353−358.

려한 생을 마감하였다(1945.4.12.). 부인은 같은 집안 여자로서 Eleanor Roosevelt이며 그의 모친 Delano의 반대에도 불구하고 1905년 결혼을 하여 자녀 6남매를 두었다. 사회복지 분야와 여권신장을 위해 많은 공헌을 하여 내조와 외조의 공이 빛나는 사람이며, 루즈벨트 사후 미국의 UN 大使로 활약한 바 있다. FDR의 인적 특성은 카리스마에 충만하고 사회적으로 능동적인 사람으로 평가할 수 있다.

2. 정치가로서 화려한 경륜을 쌓은 지도자이다.

FDR은 4선(1기 1933-7, 2기 1937-41, 3기 1941-5, 4기 1945-사망) 대통령으로 경제공황과 제2차 세계대전을 치룬 유명한 사람이다. 1933년 51세 나이로 대통령이 되었다. 그의 사후 미국대통령의 임기를 최고 재선으로 제한하는 수정헌법 22조(1947년 제안 51년 통과)가 통과되었다. 그는 뉴욕 주지사(1929-33)를 했고, 제26대 대통령 Theodore Roosevelt의 조카이며, FDR은 데오도어 루즈벨트를 그의 role model로 삼아 삼촌이 걸어온 길을 그대로 따라와 정치가로서 순탄한 길을 걸었다. FDR은 Woodrow Wilson 대통령 밑에서 해군차관(Assistant Secretary of the Navy, 1913-1920)을 7년이나 했다. 또한 뉴욕 주 상원의원(1911-13)을 지냈고, 이 두 자리는 데오도어 루즈벨트가 지난 자리이다. 그의 출신 구는 오란다 사람이 많이 사는 Dutchess county이며, 그는 뉴욕에서 가장 오래된 집안 출신으로 재력도 상당한 것으로 인정받고 있다.

3. Liberal 정책을 폈던 Populist이다.

그의 부인과의 협동작전으로 흑인과 여성에 대하여 회기적인 기회신장을 하였다.[2] 또한 지금의 민주당의 재건과 뉴딜연합체(Coalition)와 남부와 대도시 민주당 조직(Tammany House)의 관리, 구호를 받는 빈한한 사람들(Poors on relief)에게서 絶對的 支持를 받아 민주당이 1960년대까지 흔들림 없는 우세한 지위를 누릴 수 있었다. 결과적으로 루즈벨트 대통령은 미국의 가장 위대하고 리버럴한 감화적 리디십을 발휘한 대통령으로 기록되고 있다.

4. 인기관리와 用人術의 귀재이다.

1) FDR은 영화배우와 같은 소질이 있는 사람이다.

소아마비로 인한 하반신마비를 교묘하게 은폐하여 개인적으로 승리한 사람이기

---

2) George Mcjimsey, the Presidensy of Franklin Delano Roosevelt, the University Press of Kansas, 2000.

도 하다. 그는 비교적 늦은 39세 때(1921) 소아마비로 인한 하반신마비가 왔다. 온전한 사람으로 보이기 위한 많은 노력을 했다. 그는 언제나 환한 미소를 보여 장애인이란 인상을 주지 않은 것이 그의 특징이었다. 이 때문에 그가 주동해서 소아마비퇴치기금(March of Dimes)운동을 설립하였다.

2) 라디오방송의 달인이다.

FDR은 목소리가 부드럽고 특히 여성들에게 섹스어필이 있어 사람들은 그의 라디오 방송을 들으려고 집에 일찍 귀가할 정도였다. 그의 취임사 속에서 "내가 두려운 단 한 가지는 두려움 그 자체이다(Only thing we have to fear is fear itself.)."라고 하였다. 그의 모든 연방정부(federal)정책을 펴나가는 데 라디오방송은 큰 효과를 달성하였다. FDR은 이웃집 아저씨모델로 국민에게 다가섰으며 게다가 爐邊情談(fireside chat)방식, 즉 뉴욕주지사 시절부터 개발한 이 방식으로 많은 聯邦政府 정책을 국민에게 설득력 있게 설명하였다. TV가 없던 그 시절 이 방식은 매우 효과적이었고, 이것이야말로 감화적 리더십을 발휘할 수 있던 큰 무기였다.

5. 이름의 덕을 단단히 본 지도자이다.

그의 이름은 Roosevelt인데 이는 오란다 성으로 Van Rosevelt 혹은 Van Rosenvelt에서 변형된 것이다. 이 이름은 "장미의 밭"이란 뜻이 되어 모든 사람들에게 부드러운 인상을 주었다. 그는 이름 덕을 많이 본 사람이다. 더욱이 26대 대통령인 데오도어 루즈벨트가 그의 당숙이 되고 또한 그는 미국 정치에서 풍격 있던 인물로 평가받아 러시모아 마운덴에 그의 거대한 초상화가 있다는 것은 루즈벨트 대통령의 리더십 발휘에 큰 힘이 되었던 것이다. 중국이름에도 장미(玫瑰)란 이름을 많이 쓰고 있음을 알 수 있다.

6. 장미꽃과 가시를 함께 가진 감화적(emotional) 지도자이다.

루즈벨트의 연구를 많이 한 조지 맥짐시는 그의 책 "위대한 정치의 조건"에서 루즈벨트를 장미꽃과 가시를 함께 가졌던 지도자라고 평하였다. 참으로 FDR은 자신감과 용기를 불어넣는 연기력이 뛰어나지만 아울러 매서운 데가 있는 감성적 지도자이다. FDR의 가시로는 제2인자를 기르지 않고 반대세력과 결전을 했던 일, 그리고 일본이 진주만을 공격하여 세계 2차 대전이 일어났을 때 미국 西部州에 살고 있던 日本사람들(약 10만명)을 아무런 예고 없이 내륙으로 강제 이주시킨 일은 그의 가시의 대표적인 면이라 할 수 있다.

그의 장미와 가시의 통합은 용인술과 심복(Brain Trust) 활용에 잘 발휘되었다. 제 2차 세계대전 때에는 아이젠하워, 맥아더, 마샬과 같은 훌륭한 군사 지도자를 참모로 중용해 전쟁을 승리로 이끌었다. 아이젠하워는 구라파에서, 맥아더는 동아시아 前線에서, 그리고 마샬은 마샬플랜으로 구라파 복구에 큰 힘을 발휘하였다. 대표적 루즈벨트의 Brain Trust로는 ① George Harris 공화당 상원의원과 ② Robert Wagner로서 후일 Wagner Act를 만든 사람이다. 그리고 ③ 무기 대여법을 통과시킬 때의 해리 홉킨스를 들 수 있다.

FDR은 危機管理 능력과 반대파를 흡수하는데 튀어난 능력의 지도자이다. FDR은 그 많은 정책을 강행(가시)과 소통(장미)의 감화적 전략으로 훌륭하게 극복하였다. 그는 언제나 위기를 기회로 바꾼 사람이다. 국가지도자의 말은 政策이 되고, 이는 동시에 대 國民에 대한 설득의 방편이 되어 危機克服의 열쇠가 되는 등식(等式)을 실천한 指導者이다.

7. 정치적 운이 따랐던 정치가(政治家)이다.

政治的인 운이 좋은 것은 루즈벨트 대통령에게서 특별이 해당되는 일로서 적어도 다음 다섯 가지 점에서 그런 평가가 가능하다. 첫째는 그가 1933년 대통령으로 당선이 되어 정치적 행사로 마이애미에 갔었는데 이탈리아계 이민자인 실업자(주세파 장가라)가 루즈벨트를 죽이려고 다섯 발의 총을 쏘았는데 동석했던 시카고 시장이 목숨을 잃고 루즈벨트는 무사하였다. 이때가 대통령 취임식 2주 전이었다. 이 사실이 대통령 취임 직후 뉴딜정책을 펴가는 취임 후 100일 기간에 美國民은 루즈벨트는 하나님이 내린 복을 받은 사람이라고 하여 의회와 국민들의 절대적 지지를 얻는데 크게 도움을 주었다. 둘째는 루즈벨트 대통령은 가장 무능하다는 비난을 받았던 후버 대통령(Herbert Hoover)의 뒤를 이어 대통령이 되어 전임자와 매사에 구별되었다. FDR은 전임자의 실패를 타산지석으로 삼아 많은 정책에서 좋은 호응을 받았다. 미국의 경세위기를 뉴딜로 타개하셨다고 할 때 미국민의 상당한 지지를 얻을 수 있었던 것이 이런 이유 때문이었다. 셋째는 독일과 이탈리아의 침공으로 FDR은 국내문제에서 일약 국제문제로 政策中心을 전환하였는데 이 역시 좋은 결과를 얻었다. 또한 국제문제의 해결 방안으로 Lend-Lease Act를 통과시켜 미국의 군사물자를 우방에게 조건 없이 빌려주는 이 법은 미국 국회의 보호주의적 태도를 타파하고, 同盟國의 승리에 큰 공헌을 하였다. 아울러 이 정책으로 미국의 군수산업이 급속히 발전하게 되는 기반을 제공하였다. 이로서 軍需 분야의 失業문제와 경제성장이 손쉽게 이루어진 것이다. 넷째로 뉴딜정책으로 국회의 보수 세력과의 힘든 논쟁 중 운 좋게 일본이 진주만 공격을 함으로서 루즈벨트로서는 戰禍以福의 행운을 얻었다(1941. 12. 7). 따라서 FDR은 돌연 Dr. New Deal에서 Dr. Win the War로 대통령에게 전권을 부여받게 되는 千載一遇의 호기를 얻게 된 것이다. 또한 세계 평화의 보호자로서 Yalta 회담을 통해서 UN을 설립하였다. 이는 W. Wilson 大統領의 국제연맹에서 보였던 미국의 실패를 회복하는 좋은 본을 보여준 것이다. 또 한 가지 인정해야 할 일은 그는 처복도 대단한 사람이었다. 그와 여비서와의 추문문제가 있었을 때 그의 부인 에리노가 너무나 현명한 처신을 하여 그를 위기에서 구출해 주었다.

이처럼 많은 행운을 가지고 난국을 해결한 미국 대통령은 아마도 루즈벨트 대통령뿐이라고 본다. FDR의 돌연사로 냉전체제(Cold War)가 시작되었으나 미국은 국제무대에서 Pax America의 당당한 주역이 되었다. 루즈벨트 대통령은 Yalta 회담에서 돌아와서 건강이 나빠져 Warm Spring, Ga.에서 요양 중 4월 12일(1945) 심장마비로 일본의 항복을 보지 못하고 아쉽게 사망하였다. 미국의 경제공황이 제2차 세계대전이 시작할 무렵 끝났다는 것은 미국이 참으로 운 좋은 나라임을 말해준다.

8. 世界指導者로서의 리더십을 펴낸 지도자이다

루즈벨트 대통령은 1941년(제3기) 그 유명한 4대 自由를 천명하여 世界指導者로서의 면모를 과시했다. 지금까지 통용되는 언론의 자유(freedom of speech), 신앙의 자유(freedom of worship), 결핍으로 부터의 자유(freedom from want), 그리고 공포로 부터의 자유(freedom from fear)는 지금까지 자유 민주주의 핵심항목으로 인정받고 있다. 그 외 수 없이 많은 국제회담에서 영국의 처칠과 소련의 스탈린과 더불어 세계지도자로서의 업적이 많다. 그중 제일 우리와 관련이 있는 것은 카이로 선언(1943년 11월)이다. 이곳에서 한국의 독립문제가 결정되었다.

Ⅲ. 루즈벨트가 펴낸 주요 政策

루즈벨트가 펴낸 정책 중 그의 감화적 리더십이 제일 확실하게 발휘된 것은 뉴딜정책과 무기 대여법(Lend Lease) 그리고 일본인 강제 移住策이라고 볼 수 있다.

1. 뉴딜 정책

1) FDR의 뉴딜정책은 그가 취임 후 "100일 작전"에서 발표가 된다. 뉴딜이란 말

은 New deal for the American people에서 뉴딜(새 방식)이 나왔다. 그의 뉴딜정책 속에는 경제위기를 극복하기 위한, i) Bank Monetary Reforms(은행의 개혁)의 단행 (Emergency Banking Act), ⅱ) Economy Act의 입법, 그러나 그 당시부터 1960년까지 Keynes경제학에서 주장하는 정부지출의 중요성을 이해 못했다고 한다. ⅲ) Farm rural program의 입법으로 학교 급식(school lunches) 제도의 시작. ⅳ) 기타 수없이 많은 법을 뉴딜의 이름으로 단행하였다.

New Deal의 主目的은 국가의 기획과 재정으로 25%나 되는 높은 失業을 구제 하기 위해 취한 복합적 정책이고, 동시에 경제회복, 경제개혁 및 금융개혁을 통해서 경제공황을 타파하려던 것이다. 미국의 실업률은 1933년 24.9%, 1940년 14.6%, 1941 년 9.9% 그리고 1945년 1.9%로 떨어진다.

2) 뉴딜은 편의 상 제1기 뉴딜(1933-5)과 제2기 뉴딜(1935-8)로 구분하여 분석 한다.

① 제1기 뉴딜 정책: 이 기간에 聯邦政府가 중심이 된 수많은 政府機關이 탄생 하였다. 이를 New Deal의 구조적 지원이라 불렀다. 뉴딜의 중심은 聯邦政府가 국가 의 경제와 복지에 책임져야 함을 역설한 것이다. 뉴딜을 통해 오늘날과 같은 막강한 행정조직이 만들어진 것이다. 대표적인 것이 Tennessee Valley Authority(TVA)(1933 년)로서 이 프로젝트는 뉴딜 정책의 대표적 사업이다. 이는 테네시 계곡의 종합적 개 발 사업으로 用水 發電 雇傭 그리고 빈곤타개 등의 여러 문제를 복합적으로 관리한 프로젝트이며 지금도 존재한다. 그리고 미국민의 소비를 늘리기 위해 FDR은 수정헌 법 21조(1933년 제안 33년 12월 통과)를 통과시켜 禁酒法(수정헌법 18조)을 풀었다. 그 외 Civilian Conservation Corp(CCC) 1933－농촌지역에서 250,000명의 젊은이를 고용 하여 농촌 개발 사업에 종사케 하였다. 그리고 National Recovery Admin(NRA) 1933－이 법으로 노동자의 임금 인상을 주로 다루다. 여기에서 학자들이 중심이 뇌어 기획성제이론을 도입하여 많은 일을 하였다. Agricultural Adjustment Admin(AAA) 1933－농가 생산품의 가격조절 정책, Public Works Admin.(PWA)－토목공사의 확충 사업, Federal Deposit Insurance Corp(FDIC)과 Federal Emergency Relief Admin. 이 사업은 후에 WPA로 조직이 대치되었다.

② 제2기 뉴딜 정책: 뉴딜의 대표적이며 지금까지 높은 평점을 받는 프로젝트로는 사회보장법(Social Security Act(1935))의 제정이다. 이 훌륭한 프로그램으로 사회보장제 도가 확립되었다. 이로써 모든 미국 사람이 역사상 처음으로 주민등록제에 따른 記號

化가 이루어졌다. 미국의 年金제가 이 법으로 확립된 것이고 우리나라도 이 방식을 많이 참고하고 있다. 그 외 현존하는 U.S Securities and Exchange Commission(SEC)의 설립도 이 때 이루어진 것이고, 이 기관이 미국 증권시장을 관리하였다. 미국의 보수집단은 FDR과 New Deal이 자유민주제에 반하는 사회주의적이라고 비난하는 사람도 적지 않았다. 그럴 때마다 FDR은 감화적 리더십으로 극복하였다.

2. 무기대여법(Lend-Lease Act)

무기대여법(Lend Lease Act)이란 미국의 국방을 더 더욱 향상시키는 법(Act further to Promote the Defense of the United States)란 別名을 가진 중요 立法(Public Law 77-11)으로, 루즈벨트 대통령이 ① 영국의 처칠 수상의 요청으로 제2차 세계대전을 승리로 이끌게 했던 중요한 법이고 또한 이로서 ② 미국을 확실하게 팍스 아메리카나(Pax Americana)의 체제로 만드는데 공헌하였다. 이 법으로 영국, 소련, 불란서 그리고 자유중국이 독일과 전쟁을 하는데 필요했던 막대한 무기를 貸與받아 同盟國이 승리를 하는데 큰 힘을 준 것이다(2008년 가격으로 7,590억 불). ③ 미국을 경제 공황에서 탈출하게 만들었고 아울러 군수산업을 크게 발전시켰으니 이 법의 존재는 참으로 일석 삼조의 힘을 발휘하였다.

3. 日本人들의 강제 移住策

한 가지 FDR가 장기집권을 하고 또 제2차 세계대전을 하는 어려운 시기에 약간 감정적 처리를 했던 일은 일본의 진주만 공격(1941. 12. 7)에 대한 보복 조치로 Executive Order 9066에 의거 서해안에 살았던 일본계 미국 사람들(약 12만 명)을 아무런 예고 없이 그들의 집, 농장, 회사에서 몰아내고 내륙지방으로 軍 트럭으로 강제 移住시켜, 얼마 전까지 그 문제에 대한 법정 소송이 계속되었다. 1988년 Civil Liberty Act가 만들어져 강제 수용된 사람들에게 배상금을 지불한 바가 있다. 이것이야 말로 일본의 진주만 공격이란 상황을 이용한 루즈벨트식 감화적 리더십의 표현이다.

IV. FDR의 감화적 리더십의 특징

루즈벨트 대통령은 미국의 역사상 전무후무하게 4선으로 12년간 大統領을 하였다. 이렇게 오랫 동안 리더십을 발휘함으로써 그의 정책상의 반대파 혹은 정치이념상의 반대자들은 시간 문제로 제거된 것이다. 더욱이 루즈벨트 대통령은 확실하게 장미와 가시를 같이 갖춘 감화적 리더십의 소유자로 아무도 모방할 수 없는 많은 업적을 남길 수 있었다. 그럴 수 있는 가장 대표적 정책은 아무래도 뉴딜정책인데, 그는 이를 위한 지원 연합세력을 가지고 있었다. 뉴딜 지원 세력이란 앞서 설명한대로 노동자, 그리고 대규모 노동조합, 여성, 흑인, 유태인, 진보적인 남부 백인과 민주당의 막강한 지배기구(machine) 등이다. 이 巨大한 지원기반은 지금까지 미국 민주당의 세력기반이고 이 기반은 말할 필요 없이 루즈벨트 대통령의 진보적이며 사회주의적 정책들에 의해 보강되었다. 또한 루즈벨트 대통령이 가지고 있던 감화적 리더십은 미국 역사상 전에 보지 못한 정책적 성공을 가져다 준 중요한 요인이라 할 수 있다.

더욱이 루즈벨트가 만들어 내었고 당시에는 적지 않은 반대가 있었던 사회보장법(Social Security Act)은 年金制를 만들어 직장인과 군인들을 안정시켜주고 이것이 여러 다른 나라에 전파할 수 있게 된 것 역시 루즈벨트 대통령의 공로로 인정할 수 있다.

FDR의 리더십 스타일에서 빼면 안 되는 것은 그의 世界指導者로서의 리더십이다. 2차 세계대전 중 그가 펴낸 무기 대여법(Lend Lease Act)과 4대 自由의 선포 같은 것은 美國이란 최고 선진국의 대통령이라는 배경에서 나올 수 있는 세계지도자로서의 리더십으로 볼 수 있다. 이런 빛나는 업적 때문에 미국 대통령 중 정치면에서 단연 루즈벨트 대통령이 1위를 차지하고 있는 것이다.

루즈벨트 대통령이 지금까지도 높은 평가를 받고 있는 것은 역시 그가 놓였던 배경(상황)을 활용하여 수 없이 많고 어려운 국내외 정책들을 감화적 리더십으로 이루어 냈다. 그리하여 美國을 세계 제일가는 강국으로 키워낸 것이다. 이렇게 큰일을 해내는데 루즈벨트의 리더십의 양면성(장미와 가시)이 없었다면 그 많은 정책들이 가능하지 못했다고 보고, 또한 지금까지 그를 미국의 3대 偉人의 한사람으로 높은 평가를 하지 않을 것이라고 확신한다.

따라서 감화적 리더십의 등식은 $L = f(LS)$로 정리가 되겠다.

▶ ▶ ▶ **논평**

이덕로(세종대학교 행정학과 교수)

1. 현대사회와 리더십

현대사회를 이해하기 위하여 요구되는 특징과 주제는 수없이 많다. 그 수많은 특징과 주제를 일일이 열거하는 것은 매우 어려울 뿐 아니라 그러한 시도 자체가 무의미할 수도 있다. 그러나 적어도 이 목록 중에서 "조직"을 제외할 수 없다는 주장에 이의를 달기는 매우 어렵다. 이런 맥락에서 현대사회는 "조직사회"라는 언명도 부정될 수 없다. 공동의 목적을 달성하기 위한 결사체로서의 조직은 우리 인류의 생존과 발전에 있어서 필수불가결한 기제였고, 앞으로도 그럴 것이다. 이와 같은 이유로 조직에 관한 연구는 행정학을 비롯한 다양한 학문분과에서 수행되고 있다.

조직연구에 관한 주제 중에서 가장 중요한 주제는 "리더십"이라 해도 반박하기 어렵다. 리더는 조직의 성패는 물론이고 생사를 가름할 수 있는 요인이기 때문이다. 우리나라에서 화두가 되는 "세종대왕의 리더십", "이순신장군의 리더십"은 국가의 존망을 리더를 통하여 설명하고자 하는 시도임에 다름 아니다. 이와 같은 리더십 연구의 주류는 일반적으로 시공을 넘나드는 리더의 보편적인 특성을 알아내고자 하는 노력이다. 물론 리더들의 보편적인 특성은 수많은 리더들을 심층적으로 연구함으로써 추론된다. 루즈벨트(Franklin D. Roosevelt)를 통하여 감화적(emotional) 리더십의 화두를 꺼낸 많은 논문들도 이와 같은 동기에서 출발하였다고 판단된다.

유종해 교수는 일생을 조직과 관리론을 연구하고 강의한 한국 행정학계의 1.5세대(필자의 정의에 의함) 학자로 수많은 논문과 저서, 역서를 펴낸 바 있지만, 은퇴 이후에도 꾸준히 관심을 가지고 논의한 주제가 바로 감화적 리더십이라 할 수 있다. 어쩌면 이 주제는 저자의 학문적 주제일 뿐 아니라 분단된 우리나라에 대한 하나의 화두라고 할 수 있을 것이다. 이는 감화적 리더십의 전범을 루즈벨트에게서 찾은 동기가 우리나라의 해방과 특별히 관계가 있다는 저자의 주장에서 그 단초를 확인할 수 있다. 남북으로 갈라진 분단된 조국의 통일을 위한 전략에 관한 저자의 동기도 이 논문을 통하여 확인할 수 있다. 이는 바로 "동맹의 정치학"이라 할 수 있다. 네트워크사회라 할 수 있는 현대사회에서 우리나라의 안보와 통일의 근간을 한미동맹에서 찾고자 하는 저자의 동기는 해방기 미국대통령의 새로운 리더십의 전형을 분석하면서 승화되었다고 평가된다.

2. 루즈벨트: 인간과 정책

논문은 루즈벨트의 인물과 정책에 대한 분석, 그리고 이를 기반으로 한 감화적 리더십의 특징과 평가로 구성되어 있다.

루즈벨트에 대한 구체적인 분석에 앞서 저자는 일반적인 리더십 이론을 개관하고 있다. 즉, 리더십이론의 변천은 리더십의 어느 측면을 강조하느냐에 따라 크게 세 가지 대별되고 이러한 순서대로 발전되었다. 즉 1940~50년대를 풍미했던 자질이론은 리더의 개인적인 자질을 강조하여 리더가 되는 자의 자질을 확인하려 했던 입장이고, 1950~60년대에 주종을 이루었던 행태이론은 리더와 구성원의 관계를 중심으로 리더의 행태유형을 파악하려는 입장이었고, 이후의 연구는 상황이론 즉 다양한 조직의 상황에 따라 바람직한 리더십의 유형을 규명하려는 시도였다. 이를 종합하면 리더십은 리더와 구성원과 상황의 함수로 Leadership = f (LFS; L = leader, F = follower, S = situation)의 등식으로 설명된다. 따라서 리더는 모름지기 열정과 지혜, 인내심과 용기가 있어야 하며, 기술, 직관, 기억, 상상력 등에서 뛰어난 재능을 가져야 한다는 것이 저자의 주장이다.

가. 인물론

저자는 루즈벨트의 인적 특성을 분석하면서 대학(하버드)과 대학원(콜럼비아)에서 우수한 교육을 받고, 세계금융의 본산이라 할 수 있는 월스트리트에서 경력을 쌓은 금융전문 변호사로서의 그의 자질을 제일 먼저 언급하고 있다. 그의 능동적인 사회성과 카리스마 넘치는 인간성의 기반이 바로 자신의 관리에서 비롯되고 있다는 것이다.

이후 해군차관, 뉴욕주 상원의원, 뉴욕주지사, 미국역사상 전무후무한 4선의 대통령을 거치면서 쌓은 화려한 경륜을 개인적 특성이자 업적의 두 번째로 언급하였다. 실제로 루즈벨트 사후 미국 대통령의 임기를 재선으로 제한하는 수정헌법 22조가 통과되어 이후에는 미국의 대통령은 재선으로 임기를 마감하게 된다.

세 번째로 흑인과 여성의 권리신장에 크게 기여한 진보정책을 주창하였고, 민주당의 재건과 뉴딜연합체(Coalition), 남부와 대도시 민주당 조직(Tammany House)의 관리, 빈민(Poors on relief)에 대한 과감한 지원을 하여 민주당이 1960년대까지 미국의 우세 정당이 되게 한 점을 언급하고 있는데, 필자는 여기에서 감화적(emotional) 리더십의 단초를 찾았다.

네 번째로는 탁월한 대중적 인기관리와 용인술을 꼽았다. 즉 39세에 찾아온 소아마비로 인한 하반신 마비에도 불구하고 많은 사람들은 그가 장애인이라는 사실조차 모를 정도였고, 뉴욕주지사 시절부터 활용한 노변정담(fireside chat)을 활용하여 연방정책을 국민들에게 설득력있게 설명하여 국정을 이끈 점도 감화적 리더십을 발휘하게 된 큰 무기라고 지적하고 있다. 그의 용인술은 심복(Brain Trust) 활용에서 잘 발휘되었는데, 제2차 세계대전 때 아이젠하워는 구라파에서, 맥아더는 동아시아에서, 그리고 마샬은 전후 유럽 복구에 큰 힘을 발휘하였다.

다섯 번째로는 가문의 이점이 잘 활용되었다는 점을 설명하였는데, 그의 이름인 루즈벨트(Roosvelt)는 네델란드 가문인 Van Rosevelt 혹은 Van Rosenvelt에서 변형된 것으로, 이는 "장미의 밭"이란 뜻으로 사람들에게 부드러운 인상을 주어 이름 덕을 많이 본 사람이었다는 것이다. 또한 26대 대통령인 데오도어 루즈벨트가 그의 당숙이었던 점도 루즈벨트의 리더십 발휘에 큰 힘이 되었다고 분석한다.

여섯 번째로 가시를 가진 장미로 그의 감화적 리더십을 설명하는데, 제2인자를 기르지 않았고, 정적과의 결전을 피하지 않았던 점, 그리고 일본이 진주만을 공격하였을 때, 미국 서부주에 살던 약 12만 명의 일본사람을 아무런 예고 없이 내륙으로 강제 이주시킨 일은 그의 가시같은 면으로 설명하였다.

일곱 번째로는 그의 운(運)을 여러 차원으로 설명하고 있다. 첫째는 그가 1933년 대통령으로 당선된 후 마이애미에서 총격을 당했지만 동석했던 시카고 시장이 목숨을 잃고 루즈벨트는 무사했던 일이었고, 둘째는 미국 역사상 가장 무능하다는 비난을 받았던 후버 대통령(Herbert Hoover)의 뒤를 이어 대통령이 되어 전임자의 실패를 타산지석으로 삼아 좋은 호응을 받았다는 점이다. 셋째는 독일과 이탈리아, 그리고 일본의 침공으로 정책중심을 어려운 경제문제 등 복잡한 국내문제에서 국제문제로 전환하였고, 이 역시 좋은 결과를 얻었다는 것이다. 더불어 그는 세계 평화의 보호자로서 Yalta 회담을 통해서 UN을 설립하였는데, 이는 윌슨(W. Wilson) 대통령이 국제연맹에서 보였던 미국의 실패를 회복하는 좋은 본을 보여준 것이었다.

마지막으로 루즈벨트는 1941년(제3기) 그 유명한 4대 자유를 천명하여 세계지도자로서의 면모를 과시했는데, 언론의 자유(freedom of speech), 신앙의 자유(freedom of worship), 결핍으로부터의 자유(freedom from want), 그리고 공포로부터의 자유(freedom from fear)는 지금까지 자유민주주의 핵심항목으로 인정받고 있다는 것이다.

나. 정책론

루즈벨트의 리더십을 감화적이라고 정의한 것은 그의 대표적인 정책을 통하여 수많은 사람들이 혜택을 입었다는 사실에서 기인하는 것이기도 하다. 그 대표적인 정책이 바로 뉴딜정책과 무기대여법이라고 할 수 있다.

1) 뉴딜정책

뉴딜정책은 경제의 파탄으로 실업이 25%에나 이르는 상황을 회복시키기 위하여 추진된 복합적인 정책으로, 이의 수행으로 미국의 실업률은 1933년 24.9%, 1940년 14.6%, 1941년 9.9% 그리고 1945년 1.9%로 떨어진다.

뉴딜은 제1기 뉴딜(1933-5)과 제2기 뉴딜(1935-8)로 구분할 수 있는데, 제1기 뉴딜 정책기간에는 연방정부를 중심으로 수많은 정부기관을 만들어 고용을 창출하였다. 대표적인 것이 Tennessee Valley Authority(TVA, 1933)를 통한 테네시 계곡의 종합적 개발 사업이었다. 제2기 뉴딜 정책기간에는 사회보장법(Social Security Act, 1935)를 제정하여 미국의 사회보장제도를 확립하였다. 미국의 보수집단은 뉴딜정책이 자유민주제에 반하는 사회주의적 정책이라고 비난하였으나, 루즈벨트는 이를 감화적 리더십으로 극복하였다고 저자는 평가하고 있다.

2) 무기대여법(Lend-Lease Act)

무기대여법(Lend-Lease Act)은 미국 방위에 필요하다고 인정되는 경우 어떤 나라에도 무기를 대여한다는 것을 골자로 한다. 이로써 미국은 영국, 프랑스, 소련, 자유 중국 등에 무제한적인 무기 공급으로 자유진영의 승리에 큰 공헌을 하였고, 국내적으로 경제공황을 타개하고, 군수산업을 발전시키게 된다. 당초에는 영국의 요청으로 출발한 이 법의 적용은 민주국가만으로 한정되었으나, 일본의 진주만 공습이후에는 미국의 참전과 함께 자유를 위해 싸우는 나라로 확대되고, 이에 따라 소련도 막대한 지원을 받게 된다. 이 법의 적용이 2차 세계대전에서 연합국이 승리하게 된 견인차가 된 것은 자명하다.

3) 일본인들의 강제이주책

루즈벨트는 제2차 세계대전을 치루는 어려운 시기인 1941년 12월 7일 일본의 진주만 공격에 대한 보복 조치로 Executive Order 9066를 발동하여 미국 서부주에 살았던 약 12만명의 일본계 미국인들을 아무런 예고 없이 내륙지방으로 강제 이주시킨 바 있다. 이로 인하여 1988년 Civil Liberty Act가 만들어져 강제 수용된 사람들에게 배상금을 지불하였는데, 저자는 이 조치야 말로 일본의 진주만 공격이란 상황을 이용한 루즈벨트식 리더십의 표현이라고 평가한 바 있다.

3. 감화적 리더십 연구의 특징

중범위 중심차원의 조직에서의 리더십연구에 중점을 두었던 행정학자의 정치적 리더십에 관한 연구는 어떤 면에서는 새로운 시도라고 할 수 있다. 그러나 루즈벨트가 동시대의 한국에 미친 영향을 미루어 본다면 이 연구는 걸출한 미국대통령의 리더십에 대한 연구라는 동기를 넘어선다. 한국의 해방, 현재의 안보와 미래의 통일, 그리고 경제발전과 사회복지와 같은 심각한 주제들이 녹아 있는 상황과 이를 성공적으로 이끈 카리스마적 리더의 재조망과도 같다.

저자는 이 논문에서 제시하고 있는 감화적 리더십은 전형적인 리더십의 설명에서 F(follower)가 빠진다고 설명하고 있다. 즉 감화적 Leadership = f (LS; L = leader, S = situation)가 되는 셈이다. 그러나 감화적 리더십도 결국 follower를 결한 상태에서 리더십을 완결하기는 어려울 것 같다. 이미 논문에서도 서술한 바와 같이 루즈벨트도 아이젠하워, 맥아더, 마샬 등 일일이 거명하기 어려운 추종자들의 지원과 협력을 얻지 않고서 걸출한 업적을 이루어 내지는 못했을 것이란 짐작에서다. 다만 저자가 루즈벨트라는 희대의 리더에게 있어서의 추종자의 역할이 다른 요인에 비하여 그리 중대하지 않았을 것이라고 주장하는 논점에는 의미가 있다고 생각한다.

이 논문은 탁월한 정치가의 감화적 리더십에 관한 것이다. 따라서 이 논문이 기존의 학자들이 주장하는 도덕적 리더십이나 감성리더십과는 어떤 차이가 있는지, 또한 정치적 리더십을 분석하고 있다는 점에서 행정학계에서 다루는 리더십의 접근과는 어떻게 다른지에 관한 다소의 검토가 필요하다고 생각된다.

번즈(James M. Burns)는 루즈벨트에 관한 탁월한 평전을 두권이나 냈을 정도로 루즈벨트에 관한 심도있는 연구를 했던 정치학자로 자신의 대표적인 저작인 "Leadership"을 통해 정치리더십에 관한 학문적 공헌을 한 바 있다. 번즈는 정치적 리더십은 명예, 정직과 같은 도덕적 가치를 실천하고, 자유, 평등, 정의와 같은 목적가치를 자유로운 소통과 비판에 개방적인 도덕적 리더십이어야 한다고 주장한 바 있다. 루즈벨트에 정통한 번즈는 바람직한 정치리더의 모습을 이와 같은 세가지 기준에 의거하여 판단한다. 감화적 리더로 해석되는 이 논문에서의 루즈벨트는 일면 도덕적 리더의 기준에 합당한 측면이 있지만, 번즈가 그토록 비판해 마지 않던 마키아벨리적 군주의 속성도 엿보인다는 측면에서 앞으로 이 부분에 대한 보다 심층적인 연구와 분석이 요구된다고 하겠다.

최근에 논의되는 감성리더십은 자신의 내면에 대한 충분한 성찰을 기반으로, 구성원의 감성과 요구를 배려하면서 조직을 이끌어 가는 리더를 이상적으로 표방하고 있다. 따라서 리더는 자기에 대한 인식, 자기관리, 타인과 추종자에 대한 사회적 인식, 관계관리 능력이 있어야 한다. 이와 같은 감성리더십을 주장하는 학자들도 루즈벨트를 대표적인 감성리더의 사례로 꼽고 있다. 노변정담을 통한 정책의 전달, 전임 후버가 강경 진압했던 1차 대전 퇴역군인들의 법에 근거한 보너스 지급 농성에 대한 부드러운 접근은 대표적인 사례라 할 수 있다. 물론, 이러한 측면에서 볼 때, 일본계 미국인의 이주정책은 감성적 리더십의 또 다른 평가를 위한 주제라 할 수 있을 것이다. 저자는 이 정책도 감화적 리더십의 일단으로 평가하고 있음에도 이에 대한 재조명은 필요하다고 판단한다.

일반적으로 행정학계에서 다루는 중범위 차원의 조직에서의 리더는 조직의 목표를 설정하고, 조직 내 갈등을 극복하고, 통합을 유지하여 궁극적으로 조직의 목표를 달성하는 역할을 담당한다. 최근의 민간에서의 연구는 결과기반형(result-based) 리더에 이르고 있고, 공공분야에서는 관리적 리더(administrative leader)와 공공혁신가(public entrepreneur)를 주창하고 있다. 이러한 범주는 리더의 관리적 역량에 천착한다는 점에서 대동소이하다. 그러나 정치적 리더십은 그 관심범위와 구현방법면에서 관리적 리더와는 차원이 다를 수밖에 없다. 세계평화, 민주주의, 자유·평등·정의와 같은 거대 담론을 탐구하고 실천하여야 하기 때문이다. 물론 대통령은 행정부의 수반이라는 점에서 행정학적 접근도 가능하다고 주장할 수 있다. 특히 번즈가 말하는 정당리더, 의회리더, 행정부리더와 같은 정치부문의 리더를 거래적(transactional) 리더로 구분하는 한에서는 더욱 그러하다. 이와 같은 정치과정상의 조직리더십도 행정학의 중범위 차원의 접근이 가능할 것으로 보여지고, 체제론적(system) 접근을 원용한다면 보다 거시적인 차원의 리더십 연구로 그 지평을 확장할 수 있다고 판단한다. 이런 면에서 이 논문은 그 실험적 시도가 아닐 수 없다.

4. 감화적 리더십 연구의 의의와 시사점

이 연구의 인물특성과 정책에 대한 분석이 다소 구조적이지 않고 병렬적이었다는 점에서 아쉬움이 없는 것은 아니지만, 사례분석이라는 점에 비추어 본다면, 충분히 이해가 될 수 있다.

특히 이 논문은 이미 언급한 바와 같이 행정학자의 리더십 연구의 지평을 넓혔다는 면에서 일단의 의의를 갖는다. 게다가 루즈벨트가 참가한 카이로선언과 그가 발효시킨 무기대여법이 우리나라의 해방에 기여했다는 점에서, 그리고 현재의 한반도 정세를 살펴볼 때 우리의 안보가 미국과의 동맹에 기초하고 있다는 점에서, 루즈벨트의 리더십 평가는 우리에게는 더욱 의미있는 작업이라고 할 수 있다.

또한 이 연구의 전반은 루즈벨트의 개인적 특성을 그 시대의 정치적 상황과 더불어 수행함으로써 생동감 있는 결과를 도출할 수 있었는데, 이를 통하여 리더십 연구는 추상적이기 보다는 인물 자체와 그가 처한 시대적·환경적 상황에 대한 철저한 분석이 필요하다 점을 확인할 수 있다. 이러한 차원에서 역사와 맥락(context)을 중요하게 생각한 스키너(Q. Skinner)의 맥락주의적 접근의 유용성을 상기할 수 있겠다.

그러나 이와 같은 학문적 평가와 분석은 차치하고라도, 지난해에 미수를 넘긴 저자가 은퇴 후에도 우리의 과거와 현재, 그리고 미래와 관계가 있는 주제로서의 루즈벨트를 감화적 리더십이라는 차원에서 꾸준히 연구를 하는 동시에 사회 저변에 전파하려는 노력을 하고 있다는 사실 자체가 행정학계의 발전에 기여하는 것은 물론이고, 우리와 같은 후학들에게도 귀감이 된다는 사실은 자명하다.

정부부문 역량기반 인적자원 관리체계 수립의 전제:
쟁점과 정책적 시사점

정부부문 역량기반 인적자원관리체계 수립의 전제: 쟁점과 정책적 시사점*

진재구(청주대학교 행정학과 교수)

∽ 프롤로그 ∾

I. 이 논문의 의의

이 논문은 2006년 한국 정부에 새로 도입된 고위공무원단 승진을 위한 역량평가제도 이후 다양한 방식으로 적용되기 시작한 '역량기반 인적자원관리 패러다임'이 그동안 계급기반 인적자원관리 패러다임이나 직무기반 인적자원관리 패러다임을 대체 혹은 보완할 수 있을 것인지 그 가능성을 살펴보고 관련된 핵심 기본 개념과 쟁점을 명료하게 정리함으로써 당시 학계와 실무계의 혼란을 해소하기 위한 차원에서 작성되었다.

한국 정부에 역량기반 인적자원관리(competency-based human resource management) 패러다임이 등장하게 된 것은 정부수립 이후 최초로 인사전담 중앙인사기관으로서 중앙인사위원회가 설치되고 이로 인해 정부의 인사행정 분야에서 다양하고 전문적인 정책연구와 실험적 제도 도입이 본격적으로 시도되었기 때문이다. 사실 역량기반 인적자원관리는 서유럽이나 미국에서 직무기반 인적자원관리가 갖는 경직성을 극복하기 위해서 도입되었으나, 우리나라 정부에서는 계급기반 인적자원관리 패러다임을 보완하는 유용한 수단으로 활용될 수 있다고 기대되었다. 그러나 현실은 역량기반 인적자원관리 패러다임 도입을 주도한 당시 국내의 많은 컨설팅 업체들이 역량 관련 기본 개념에 대한 이해조차도 잘 되지 않은 상태에서 많은 외국 컨설팅업체의 툴킷을 그

---

* 이 논문은 2009년 『한국정책과학학회보』 제13권 제1호에 게재된 글을 수정·보완한 것이다.

대로 번역하여 정부에 적용하는 무리수를 범함으로써 행정 현장에서 많은 혼란이 발생하였고, 공급자 중심의 시장을 형성하여 인사행정 현실과 괴리된 제도 운영이 나타나고 있었다.

이러한 문제를 해소하고 빠른 시일 내 행정실무계에 역량기반 인적자원관리 패러다임이 정착될 수 있도록 하기 위해서는 ⅰ) 역량기반 인적자원관리 생성의 배경과 한국에서의 적용가능성 탐구, ⅱ) 역량 및 관련 개념의 명료한 정의와 논란이 되는 쟁점의 체계적 정리, ⅲ) 역량모델링이나 역량평가, 역량기반 교육훈련 등의 실무적 적용을 위한 선결과제 검토 등이 필요하다는 생각이 이 논문의 출발점이다.

Ⅱ. 이 논문에서 다루는 주요 쟁점과 향후 정책설계의 방향

이러한 연구의 필요성에 따라 이 논문은 주로 다음과 같은 내용과 쟁점에 대해 다루고 있다.

첫째, 역량 및 관련 개념에 대한 명료하고 체계적인 정의와 논의를 통해서 향후에 정부실무자들이 정부의 직무분야별 역량의 도출과 적용에 도움이 될 수 있도록 하였다. 정부나 기업에서는 직원의 역량개발을 인적자원관리의 도구로 이해하기 때문에 역량을 수단적 가치로 인식하는 반면, 교육계에서는 피교육생의 역량개발이 교육훈련기관의 존립을 정당화하기 때문에 역량을 목적적 가치로 본다. 역량에 대한 관점의 차이는 역량의 개념 정의나 역량의 개발 가능성에 대한 차이로 이어진다. 또한 역량을 지식이나 기술의 일종으로 보는가 아니면 개인적 특성으로 보는가의 차이도 역량의 개념정의를 다르게 하며 역량모델링 및 역량평가, 역량개발에 대한 인식의 차이를 초래한다. 이러한 논의를 바탕으로 역량과 KSAs, 필수역량과 차별화역량, 역량모델링과 역량프로파일링, 역량기반 인적자원관리와 역량기반 인적자원개발의 개념상의 차이를 규명하였다.

이러한 개념 정의 시도는 당시 학계나 실무계에서의 개념적 혼란이나 혼용이 초래하는 부정적 결과를 줄이기 위한 것이었다. 하지만 아직도 우수한 인재를 선발하겠다는 목표를 두고서도 필수역량모델만을 활용한다든가, 필수역량뿐만 아니라 차별화역량도 개발이 가능하다고 믿는 일부 인적자원개발론자의 관점이 무분별하게 공무원교육훈련에 적용되는 현실을 보면 실무계에서의 역량 관련 개념과 관점에 대한 이해가 아직도 미흡함을 알 수 있다.

둘째, 행정실무자들이 역량기반 인적자원관리 패러다임의 정착을 위해서 실무적으로 고민해야 할 쟁점 중 역량의 범위에 대해 논의하였다.

역량의 범위는 ⅰ) '누구'의 역량을 의미하는 것인가와 ⅱ) 역량의 개념 정의에 등장하는 '내재적 특성(an underlying character)'의 범주를 어디까지 확장할 것인가에 대한 논의로 대별된다.

우선 '누구의 역량을 의미하는 것인가'에 대한 논의에서는 '누구'에 대한 규정이 역량의 범위를 결정하는 핵심이다. 여기서 '누구'를 '뛰어난 성과를 보이는 사람'으로 간주하면, 찾으려는 역량의 범위는 차별화역량(differentiating competencies)에 집중하게 된다. 반면 '평균이상의 성과를 보이는 사람'으로 보면, 역량의 범위는 필수역량(essential competencies)에 한정되게 된다. 역량기반 인적자원관리의 도입 취지를 고려하면, 당연히 다루어야 할 역량의 범위는 차별화역량이 중심이 되어야 하지만, 행정 현실에서는 여러 가지 한계 때문에 필수역량에 국한하는 경향이 지배적이다. 지금까지도 우리나라에서 실시되는 승진을 위한 역량평가나 신규채용을 위한 역량면접에서 특히 이러한 현상이 지배적인데, 과연 필수역량만의 측정을 통해서 우수한 인재를 선발할 수 있는지 고민해봐야 할 시점이다.

다음으로 '내재적 특성'의 범주를 어디까지 확장할 것인가에 대한 논의에서는 역량을 단순히 지식과 실무기술에 국한할 것이 아니라 훌륭한 성과를 만들어내는 모든 개인의 특성, 즉 모든 수준의 동기부여나 개인적인 성격적 특질을 포함해야 한다는 주장을 검토하였다. 문제는 훌륭한 성과를 만들어내는 모든 개인의 특성으로까지 역량 범위를 확장해야 한다는 당위론적 주장이 역량의 측정가능성이라는 벽 앞에서 멈추게 되는 현실이다. 이 문제는 지금까지도 그리고 앞으로도 해결하기 매우 어려운 문제인데, 향후 역량에 대한 학계의 연구나 실무계의 정책설계는 이 문제에 집중해야 할 것으로 판단된다.

셋째, 역량관련 제도의 도입에는 역량을 찾아내는데 집중할 것인가 아니면 개발하는데 집중할 것인가에 관한 선택의 문제가 있음을 논의하였다. 특히 어느 선택이 더 현실적이고 효과적인 접근인가를 판단하기 위해서 학계와 실무계가 해야 할 일을 제시하였다.

역량을 찾아내는 것으로 보는 입장은 역량은 쉽게 개발되지 않는 개인의 내재적 특성으로서 일반 직원에게 우수한 성과를 만들어내는 직원의 역량을 주입하거나 훈련시키는 것이 불가능하거나 적어도 매우 어렵다는 주장에 근거하고 있다. 반면 역량을 개발 가능한 것으로 보는 입장에서는 우수한 성과자로부터 발견되는 역량이든 아니면 일반적으로 최소한의 성과를 이룩해내는 사람의 역량이든 모두 개발 가능하고 우수한 사람으로부터 그렇지 않은 사람으로의 이전이 가능하다는 주장이다.

이러한 상반되는 시각은 조직이 우수한 인재를 확보하기 위해 선발 비용과 교육훈련 비용에 대한 배분을 어떻게 할 것인가라는 판단에도 영향을 미친다. 즉, 역량을 찾아내는 것이라고 보는 입장이라면 채용을 위한 역량면접제도나 승진을 위한 역량평가제도를 강화해야 하지만, 역량이 개발과 이전이 가능한 것이라고 보는 입장이라면 역량기반 교육훈련제도를 도입하는 것이 효과적이라는 의미이다. 우리 정부의 경우 아직도 어느 입장을 취하고 있는 것인지 분명하지 않은데, 그것은 학계와 실무계에서 양 시각의 주장을 입증할 만한 연구가 없기 때문이다. 역량분야 연구에서 향후에 시급히 해결해야 할 과제이다.

Ⅰ. 연구의 목적과 분석의 틀

1. 연구의 목적과 방법

최근에 민간기업의 영향을 받아 정부에서도 기관별, 분야별로 다양한 형태의 역량기반 인적자원관리[1] 활동을 행하고 있다. 그 실례로 중앙정부는 민간부문 컨설팅

---

1) 역량기반 인적자원관리(Competency−based HRM)와 역량기반 인적자원개발(Competency−based HRD)을 구분하는 경우도 있다. 그 이유는 행정학이나 경영학 분야와 같이 일반적으로 인적자원개발(human resource development)을 조직구성원의 교육훈련이나 능력개발 개념과 동일한 개념으로 이해하고 넓은 의미의 인적자원관리(human resource management)의 하위개념으로 보는 경우도 있는 반면, 인간에 대한 교육과 훈련을 중요 주제로 다루고 있는 교육학이나 심리학 분야 등에서는 인적자원개발을 조직내 인적자원관리와 관련이 없거나 오히려 더 넓은 개념으로 이해하고 있는 경향과 무관하지 않다. 이와 관련해서는 본론에서 자세히 논의하기로 한다.

기관과 공동으로 정부역량사전을 출간하는 등 역량모델링(또는 역량프로파일링)2) 작업을 수행하였고, 몇 개의 시범기관을 대상으로 역량기반 교육훈련프로그램(competency-based curriculum)의 개발을 시도하였으며, 고위공무원단 진입예정자를 대상으로 역량평가를 실시하는 등 분야별로 역량기반 인적자원관리 활동을 하고 있다. 이의 영향을 받아 서울시와 같은 일부 지방자치단체들은 중견간부인 사무관 승진시험을 역량평가로 대체하려는 시도를 행하기도 하였다.

그러나 이러한 유행은 수요자로서의 정부 자체의 필요와 판단에 의한 경우도 있지만, 일부 학계나 민간 컨설팅업체 등과 같은 공급자들의 영향을 받은 경우도 있었다는 점을 지적하지 않을 수 없다. 여기서 문제가 되는 것은 수요자로서의 정부의 필요보다는 공급자의 판단에 너무 지나치게 의존할 경우 각 역량기반 인적자원관리 활동들이 서로 연계가 없이 파편적으로 수행되고 분야별로 역량 및 역량 모델링에 대한 접근방식이 상이하거나 심지어는 모순되는 경우도 발생한다는 것이다. 이러한 현상은 분야별로 공급자가 다를 경우 더욱 심화되는 경향이 있으며, 인적자원관리체계 전반에 균열을 초래할 수도 있다는 점에서 유의할 필요가 있다.

전통적인 인적자원관리 활동의 경우에도 분야별 활동들 사이에 연계성을 확보하지 않으면 당초에 기대하던 효과를 얻을 수 없거나 아예 특정한 분야의 활동이 작동하지 않는 사례가 많았던 점을 감안하면, 역량기반 인적자원관리 활동도 분야별 활동들 사이의 밀접한 연계를 전제로 하는 시스템화가 필요하다. 그리고 이러한 시스템화를 통해서 역량기반 인적자원관리체계(competency-based human resource management system, CBHRMS)로의 진화가 가능하다고 할 것이다. 분야별 인적자원관리 활동을 서로 체계적으로 연동시킨다는 것은 과거의 전통적인 인적자원관리에서도 필요한 것이었지만, 역량기반 인적자원관리체계의 구축과정에서는 특히 중요하다. 여기서 역량을 적용한다거나 연동시킨다는 의미는 역량을 조직의 인적자원관리 활동뿐만 아니라 조직의 전략목표와도 연계시킨다는 것을 의미하기 때문이다.3)

---

2) 역량모델과 역량프로파일을 구분하는 경우도 있다(Slivinski and Miles, 1996: part4, 5).

3) 캐나다 정부 Public Service Commission 소속의 Personnel Psychology Centre에서 발간한 The Wholistic Competency Profile 에서는 역량기반 인적자원관리의 핵심을 역량을 도출하는 것이라기보다는 오히려 역량을 인적자원관리 활동(HRM activities)이나 전략적 업무계획(strategic business·plan)에 연계시키는 것이라고 지적하고 있다. 이는 직위분류제를 실시하고 있는 서구국가에는 과거부터 사용하고 있는 각 직위별 직무요건(job requirement, job qualification)이 일부 직무역량의 내용을 담고 있어서 역량을 도출하는 일은 그다지 새로운 일이 아니고, 역량의 적용, 즉 역량을 제반 인적자원관리활동이나 조직의 전략목표와 연계시키는 작업이 새롭고 의미 있는 일이라고 보기 때문이다(Slivinski and Miles, 1996: part 1, 1-2).

이러한 문제의식에서 출발한 본 연구는 정부부문에서 산발적으로 시도되고 있는 역량기반 인적자원관리 활동을 종합적이고 체계적으로 운용할 수 있는 시스템화된 모형을 설계하고 임용(모집, 선발, 승진, 배치전환 등), 교육훈련, 성과평가, 보상 등 분야별 인적자원관리 활동들이 서로 효과적이고 체계적으로 연동될 수 있는 기반을 마련하기 위해서 역량기반 인적자원관리시스템의 도입과 관련된 몇 가지 중요하고 기본적인 쟁점을 분석하고 정책적 시사점을 도출하기 위한 목적을 가지고 있다.

연구의 방법으로는 주로 인적자원관련 학계나 실무계, 역량기반의 제반 활동을 행하는 학계나 실무계의 연구논문과 컨설팅 관련 자료, 실무 편람 등의 문헌분석을 통한 질적 분석 방법을 택하였다. 본 논문이 학술논문이지만, 현재 우리 정부의 역량기반 인적자원관리의 실태를 분석하는 것이므로 학계의 연구논문뿐만 아니라 정부의 역량기반 인적자원관리 활동에 직간접적으로 참여했거나 영향을 미쳤던 컨설팅업계의 간행물－정부발주 프로젝트 수행보고서나 평가편람, 공무원에 대한 교육용 슬라이드 등－도 주요 문헌 분석의 대상으로 하였다.

2. 분석의 틀

연구의 목적을 달성하기 위한 구체적인 과정, 즉 분석의 틀은 다음과 같다.

우선 역량과 관련된 외국의 문헌에 대한 분석을 통해서, 역량의 개념 정의나 역량기반의 제반 활동 과정에서 학자나 실무자, 혹은 컨설턴트의 역량에 대한 관점의 차이가 초래하는 쟁점은 무엇인지 파악하였다.

다음으로 국내 학계와 실무계, 컨설팅업계[4] 등 정부의 역량기반 인적자원관리 활동에 직간접적으로 관여하거나 영향을 미쳤던 분야의 종사자들이 행한 학술연구, 컨설팅 활동[5], 실무 활동 과정에서 역량 및 역량관련 개념을 어떻게 정의하고 사용하고 있는지를 분석함으로써, 정부의 역량기반 인적자원관리 활동의 분야별 특성과 쟁점을 도출하였다.

위의 두 과정을 통해서 도출된 제반 쟁점들을 재분류하여, 그 쟁점들이 정부의 역량기반 인적자원관리 활동의 도입과 분야별 활동의 연계 및 시스템화에 어떤 영향을 미치는지 탐구하였고, 이를 통해서 향후에 정부의 역량기반 인적자원관리체계를 구축하는데 필수적인 정책적 시사점을 도출하였다.

---

4) 컨설팅업계도 넓게 보면 학계와 대비되는 실무계라고 할 수 있지만, 여기에서는 정부부문의 공무원들을 의미하는 실무계와 구분하였다. 그 이유는 역량기반 인적자원관리 활동을 위한 모형 설계 및 운용에 있어서 여기서 말하는 실무계의 경우는 주로 수요자의 역할인 반면 컨설팅업계는 공급자의 역할을 하는 등 큰 역할상의 차이를 보이고 있기 때문이다.
5) 프로젝트 수행이나 자문에 응하는 활동뿐만 아니라 평가 및 교육, 강연 등을 포함한다.

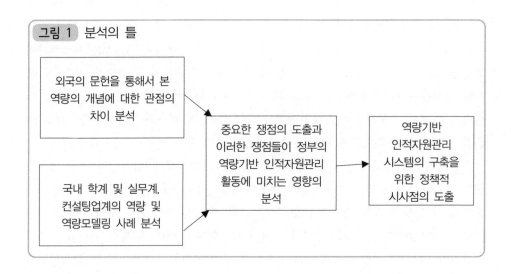

그림 1 분석의 틀

- 외국의 문헌을 통해서 본 역량의 개념에 대한 관점의 차이 분석
- 국내 학계 및 실무계, 컨설팅업계의 역량 및 역량모델링 사례 분석

→ 중요한 쟁점의 도출과 이러한 쟁점들이 정부의 역량기반 인적자원관리 활동에 미치는 영향의 분석

→ 역량기반 인적자원관리 시스템의 구축을 위한 정책적 시사점의 도출

Ⅱ. 역량 및 역량 관련 개념들의 정의와 쟁점

1. 역량의 개념과 속성

역량(competency, competence)[6]은 사전적 의미로는 능력(ability)과 별 차이가 없는 개념이지만, 인적자원관리나 인적자원개발을 다루는 사회과학 분야의 학계나 실무계에서는 그 개념을 인간행태의 중요한 특성으로 간주하고 개념의 천착과 조작화에 매달려 왔다.

역량이라는 개념을 가장 먼저 사용한 사람이 누구이고 어느 학문분야에 속하는 사람인가에 대한 현재 연구자들의 생각은 약간의 차이는 있으나 대체적으로 미국의 심리학자인 David McClelland라고 보는 것이 일반적이다[7]. 그는 전통적인 지능검사나 적성검사가 갖는 약점, 즉 그러한 검사결과가 직업 혹은 사회생활에서의 성공을 예측해주지 못한다는 것을 발견하고, 그 대안으로서 역량 개념을 도입하였다. 그는 역

---

6) 여기서의 역량은 개인의 역량을 의미한다. 연구자에 따라서는 개인역량은 competency, 조직역량은 competence라고 한다거나, 미국에서는 competency, 영국에서는 competence라고 한다는 설명도 있으나 그렇지 않은 경우도 발견되는 등 모두 설득력이 없다. 다만 외국의 연구자 중에는 core competence를 조직역량의 의미로 사용하는 경우가 있으며(Prahalad & Hamel, 1990), 아예 개인의 역량과 구별하기 위해 조직역량을 capability라고 쓰는 사람(Ulrich et al., 2008: 22-23)도 있다.

7) David Dubois & William Rothwell(2004:16)은 역량운동의 기원을 John C. Flanagan(1954)의 중요사건기법(critical incident technique)에서 찾기도 한다.

량을 '업무의 성과와 관련 있는 광범위한 심리적 또는 행동적 특성'이라고 규정하였
다(McClelland, 1973, in Dubois & Rothwell, 2004:17).

　이후 사회과학분야의 많은 학자와 실무자들은 자신들이 속한 학문 혹은 실무영역의
필요에 따라서 다양한 역량의 정의를 시도하였다. Zemke(1982:28)는 역량의 정확한 속
성을 파악하기 위해 이 분야의 전문가들과 수많은 면접을 한 결과, 무엇이 역량이고 무
엇이 역량이 아닌지에 대한 완전하고 통일된 합의가 없다고 결론지었다는 사실에서도 역
량에 대한 학자나 실무자들의 생각은 매우 다양함을 알 수 있다. 그러나 그 중에서도 가
장 두드러진 두 가지 큰 흐름을 발견할 수 있는데, 그 하나는 역량을 성공적인 인적자원
관리의 수단으로 보는 경향이고 다른 하나는 교육훈련(또는 인적자원개발)의 성과를 판별
하는 기준으로서의 역량을 찾아내고 개발하려는 경향이다. 전자는 주로 정부나 민간기업
의 종사자들이나 행정학계, 경영학계의 관심사이고, 후자는 정규교육기관이나 직업교육
기관, 그리고 평생교육기관과 같은 전인적인 혹은 직업적인 교육을 담당하는 기관의 종
사자들이나 교육학계의 관심사이다. 컨설팅업계나 심리학계는 세부 전공 분야에 따라 양
부문에 두루 관심을 보이고 있다. 두 가지 흐름 모두 개인의 역량을 찾아내고 개발(배양)
하려는데 큰 관심을 보인다는 공통점이 있으나, 전자의 경우에는 역량을 수단적 가치로
보는 반면, 후자의 경우에는 역량을 목적적 가치로 본다는 점에 기본적인 차이가 있다.

　국내의 기존 연구들은 대부분 이러한 큰 흐름의 구분을 하지 않고 외국 학자의
역량에 대한 개념 정의를 인용하는 경향이 있으나, 두 가지 큰 흐름에 속하는 학자나
실무자들의 개념 정의 방식이나 연구 경향, 지향점을 살펴보면, 적지 않은 차이가 있
음을 발견할 수 있다.

　우선 인적자원관리 분야에 종사하는 연구자나 실무자들의 개념 정의를 보자. 인적
자원관리 분야에 종사하는 컨설턴트로서 우리 학계에서 가장 많이 인용되는 Spencer
& Spencer(1993:9)의 정의를 보면, '역량이란 특정한 상황이나 직무수행과정에서 미
리 설정된 준거기준에 비추어 볼 때, 효과적이거나 또는 우수한 성과의 원인이 되는 개
인의 내재적 특성8)'이며 그 내재적 특성에는 다섯 가지, 즉 동기(motives), 특질(traits),
자아인식(self-concept)9), 지식(knowledge), 실무기술(skill)10)이 포함된다고 한다. 이

---

8) an underlying characteristic of an individual that is causally related to criterion-referenced
　effective and/or superior performance in a job or situation
9) 이에는 태도, 가치관, 자기 자신에 대한 이미지 등이 포함된다. 국내 연구자들의 일부가 이 개
　념을 자기개념이라고 직역하고 있는데, 우리말에 자기개념이란 단어가 존재하지 않거니와 자
　기개념이 무엇을 의미하는지 알 수 없다는 점에서 부적절한 표현이다.
10) skill은 직무수행에 필요한 전문기술을 의미하는 것으로서 우리가 흔히 쓰는 기술(technology)

러한 정의는 '직무역량(job competency)이란 직무수행에 있어서 효과적이거나 우수한 성과를 이끌어내는 개인의 내재적 특성'이라는 Klemp(1980)의 정의를 확장한 것이다. 이러한 부류의 정의는 그 후에 많은 인적자원관리 분야의 연구자나 실무자에 의해서 시도되어 왔는데, 대체적으로 역량은 '우수한' 성과를 이끌어내기 위한 '수단'으로서의 의미를 갖는다. 따라서 인적자원관리 분야의 연구자나 실무자들은 대체적으로 역량을 찾아내기 위한 방법으로서 그럭저럭 직무를 평균적으로 수행하고 있는 사람(average, effective or fully successful[11] performer)과 우수한 직무수행자(superior or exemplary performer)간의 역량이 어떤 차이가 있는지, 즉 평균적인 사람에게서는 발견되지 않으나 우수한 사람에게서는 발견되는 그러한 역량을 식별하는데 초점을 맞춘다.

반면, '역량은 구체적인 과업을 수행하는데 필요한 실무기술, 능력, 지식의 총체'라고 정의하고 있는 미국 교육부 산하의 국립교육통계센터(NCES)의 사례(2002)나 '역량은 고용주가 기대하는 기준에 부합하도록 직업별 또는 기능별 활동을 효과적으로 수행하도록 하는 지식, 실무기술, 태도'라고 정의하는 IBSTPI(the International Board of Standards for Training and Performance Instruction)의 사례(2005)를 보면(quoted in Chyung, Stepich & Cox, 2006:307), 역량은 향후에 사회생활 혹은 직업생활을 효과적으로 하기 위해서 갖추어야 할 '최소한의 것'으로서 이 역량기반 교육훈련체계를 적용하는 교육기관의 입장에서 보면 역량은 기관의 성과를 판별하는 '기준'이자 '목적'이 된다.

위와 같은 분류 외에 '역량의 범위를 어디까지로 볼 것인가'에 대해서도 크게 두 부류의 경향이 존재한다(Dubois & Rothwell, 2004:19). 그 하나는 역량을 지식과 실무기술로 보는 경향이고, 다른 하나는 훌륭한 성과를 만들어내는 모든 개인의 특성－지식과 실무기술 뿐만 아니라 모든 수준의 동기부여나 개인적인 성격적 특질을 포함한다－을 의미한다고 보는 경향이다. 후자의 경향은 사람이 하는 '일'이 아니라 일을 하는 '사람'에 초점을 맞추어야 한다는 철학을 견지하고 있다. 바로 서구사회에서 직무기반의 인적자원관리(Job－based HRM)에서 역량기반의 인적자원관리(Competency－based HRM)로 변화해야 한다는 주장의 근거가 된다. 앞에서의 역량 개념의 정의에 의하면 후자의 경향, 즉 역량을 훌륭한 성과를 만들어내는 모든 개인의 특성을 의미하는 것으로 보는 경향이 지배적인 것으로 보이지만, 실무계의 현실은 그렇지 않다.

이라는 단어와 구분하기 위해 실무기술 혹은 실무능력이라고 번역하는 것이 타당하다.
11) fully successful performer를 매우 성공적인 직무수행자로 직역하여 우수한 성과자로 오역하는 국내 연구자가 있으나, 여기에서는 superior/exemplary performer(아주 뛰어난 직무수행자)에 대비되는 최소한의 직무요건을 성공적으로 마친 사람을 의미한다.

즉, 역량의 범위 확장은 바로 측정가능성의 문제와 연결되기 때문이다.

여기서 중요한 하나의 쟁점이 생겨난다. 보편적인 역량의 개념 정의에 의하면 역량의 범위는 지식과 실무기술에 국한할 것이 아니라 동기, 성격적 특질까지도 포함하는 것이어야 하지만, 그것이 역량의 측정가능성을 매우 낮춘다는 점이다.

2. 역량 관련 개념들

1) 역량과 KSAs

오래전부터 직무기술서(job description)와 직급/직무명세서(class or job specification)를 작성하고 이를 기반으로 인적자원관리를 행하는 전통적인[12] 직무기반 인적자원관리(traditional job-based HRM)의 틀을 갖추고 있던 미국에서는 이미 특정한 직위의 점직자가 갖추어야 할 직무요건(job requirement)을 설정하는 과정에서 지식, 실무기술, 실무능력(knowledges, skills, abilities, KSAs)라는 개념이 널리 사용되어 왔다. 그렇다면, 여기에서의 지식과 실무기술은 역량기반 인적자원관리하에서 말하는 지식 및 실무기술과 어떤 차이가 있는가에 의문을 가지지 않을 수 없다.

미국 인사관리처(OPM)는 '전통적으로 연방정부는 직원의 선발과 승진에 필요한 후보자의 자격요건(qualifications)을 설정하는데 이 KSAs를 사용해 왔는데, 이것이 역량모델의 토대가 되었다'(USOPM, 1999:9)고 한다. 그러나 KSAs는 전형적으로 현재 직무수행에 필요한 것이 무엇인가에 초점을 맞추고 있는 반면, 역량은 미래의 수요에 대비하여 직원을 평가하고 훈련시키는데 사용될 수 있다는 점에서 차이가 있으며, 역량은 KSAs에 더하여 개인의 특질, 동기, 행태까지도 포함한다는 점에서 좀 더 광범위한 개념임을 강조하고 있다.

2) 역량모델, 역량모델링, 역량프로파일, 역량프로파일링

역량과 관련되는 개념으로서 가장 많이 논의되는 개념이 역량모델(competency model)과 역량프로파일(competency profile) 개념이다. 역량모델은 '직종, 작업팀, 부서, 혹은 기관별로 최소한의 직무요건을 달성하거나 또는 아주 우수한 성과를 내기 위해서 필요한 역량을 찾아내어 문서로서 기술한 역량의 목록'을 말하며(Dubois & Rothwell, 2004:23), 그 역량목록을 작성하는 과정을 역량모델링이라고 한다. 역량모델은 조직의

---

12) 여기서 '전통적'이라 함은 서구 국가, 특히 미국의 입장에서 볼 때 그렇다는 것이고, 우리의 입장에서 보면 직무기반 인적자원관리는 연공서열 중심의 인적자원관리를 대체하기 위한 수단으로 최근까지도 적극 도입되고 있는 상황이므로 적절하지 않을 수도 있다.

여건, 선호, 조직목표, 가치관, 역량을 사용하는 목적에 따라서 다양한 형태로 설계될 수 있다. 이러한 정의에 기초하면, 역량프로파일과 차이가 없게 되는데, 캐나다 정부 인사위원회는 위와 같은 의미의 역량모델을 역량프로파일이라고 표현하고, 역량모델은 역량이 인적자원관리에 어떻게 사용될 수 있는지를 기술하는 것, 즉 특정한 조직 환경내에서 개인의 역량이 어떻게 적용될 수 있는지를 기술하기 위한 틀(framework) 혹은 접근법(approach)을 의미한다고 규정하고 역량프로파일과 구별하고 있다.

역량모델링의 방법은 곧 역량을 찾아내는 방법(competency identification methods)[13]을 의미하는데, 역량기반 인적자원관리체계를 구축함에 있어서 적절한 역량도출방법[14]을 선택하는 것은 매우 중요한 전략적 의사결정이다.

역량도출방법은 특정한 직종 혹은 부서별로 가장 중요한 임용요건을 명확히 하는 수단이므로 직무수행의 제 차원, 즉 어떤 활동을 하고, 어떤 도구를 사용하며, 어떤 과업환경에서 근무하는가 등에 대한 규명이 먼저 이루어져야 한다. 이것은 직무분석을 통해서 가능한 것이므로, 역량도출의 전제조건은 직무분석임을 의미한다.

이론적으로 역량의 개념 정의에 충실하고 가장 신뢰성과 타당성이 높은 역량도출방법은 직무역량평가방법(The Job Competency Assessment Method, JCAM)인데, 이 방법은 이른바 행동사건면접(behavior event interviewing, BEI)을 통해서 직무수행시 아주 뛰어난 성과를 보이는 사람과 그럭저럭 성과를 달성하는 사람이 가지고 있는 추상적인 역량을 찾아내는 방법이다(Dubois & Rothwell, 2004:28-29).[15] 구체적으로 보면, 아주 뛰어난 성과를 보이는 사람과 그럭저럭 성과를 달성하는 사람을 뽑아서 중요한 사건(critical event)을 중심으로 직무수행과정을 인터뷰하고 성공의 경험과 그렇지 못한 경험에 대해 기술하게 함으로써 얻은 정보를 토대로, i) 아주 뛰어난 사람에게서만 발견되는 특질, ii) 아주 뛰어난 사람과 그럭저럭 성과를 달성하는 사람 모두에게서 발견되는 특질, iii) 그럭저럭 성과를 달성하는 사람에게서만 발견되는 특질을 도출한 뒤, i), ii) 만을 채택한다. i)의 특질은 특별한 성과를 이끌어내는 역량이라는 점에서 우수성과역량 혹은 차별화역량(differentiating competencies)이라고 할 수 있고,

---

13) 우리 학계나 실무계에서는 이것을 역량도출방법 혹은 역량추출방법이라는 용어로 사용하고 있다. 역량의 도출은 모르겠으나 역량의 추출은 적절하지 않은 표현이다. 우리말의 추출은 찾아낸다는 의미가 아니라 어떤 원재료에서 특정한 물질을 뽑아낸다는 의미이기 때문이다. 여기서는 역량을 찾아내는 방법을 역량도출방법으로 일단 쓰기로 한다.

14) 역량도출방법에 대한 많은 연구자들의 논의가 있지만, 중요한 것은 포괄적인 의미로서의 방법, 접근법을 매우 구체적이고 한정적인 의미로서의 기법(technique)과 혼동하지 않는 것이다.

15) 국내의 일부 컨설턴트는 이 직무역량평가방법과 하위 기법으로서의 행동사건면접을 동일한 것으로 간주하기도 한다.

ii)의 특질은 최소성과역량 혹은 필수역량(essential competencies)이라고 할 수 있으며, iii)은 역량이 아니다.

여기서 차별화역량과 필수역량은 Spencer et al.(1990)의 표현이다. 그들은 이 차별화역량은 뛰어난 성과(superior performance)를 달성하는 사람과 평균적인 성과(average performance)를 달성하는 사람을 구별시키는 역량으로서 자아인식, 특질, 동기 등을 모두 포함하며 개발하기는 어려우나 장기적 관점에서 성공을 결정짓는 역량이라고 한다. 필수역량은 모든 사람이 필요로 하는 지식과 실무기술의 토대가 되며 훈련을 통해서 개발가능하고 비교적 쉽게 발견된다고 한다.

이러한 직무역량평가방법은 행동사건면접기법에 크게 의존하므로, 행동사건면접의 장점과 단점을 그대로 물려받게 된다. 행동사건면접은 종합적이고 풍부한 직무관련 데이터를 확보할 수 있는 장점이 있는 반면, 미래의 직무를 위한 역량을 찾아내기 어렵고 많은 훈련된 면접관(interviewer)과 통계기술을 필요로 하며 조직내 우수한 인재의 일하는 시간을 빼앗아야 한다는 장애요인이 도사리고 있다(Spencer & Spencer, 1993: 97–99).

이러한 어려움을 피하는 대안적 방법으로 사용되는 역량도출방법에는 역량메뉴방법(The Competency Menu Method)이 있다. 이 방법은 공사부문의 많은 조직에서 확보한 역량목록을 메뉴로 만들고, 특정한 조직에서 자신의 조직과 직무에 적합한 역량을 뽑아서 쓰는 방식이다. 직무역량평가방법에 비해 시간과 비용이 적게 든다는 장점 때문에, 그리고 많은 컨설팅 업체에서 이러한 역량목록을 확보하고 있다는 점 때문에 역량메뉴방법의 이용이 점차 활발해지는 추세이다. 우리의 경우 많은 조직에서 이 방법을 통해서 역량모델을 설계하는 경향이 특히 두드러진다. 문제는 이 방법이 i) 수많은 역량목록 혹은 역량메뉴를 통해서 확보한 역량들이 과연 특정한 조직과 직무에 적합한 역량인지, ii) 그리고 그 역량들이 과연 우수한 성과자로부터 발현되는 역량인지 아니면 평균적인 성과자로부터 발현되는 역량인지 구별할 수 없다는 점이다.

역량목록 혹은 역량메뉴는 컨설팅업체를 통해서 구입할 수 있을 뿐만 아니라, 실제 인터넷상에서도 혹은 여러 역량관련 문헌 등을 통해서 쉽게 확보할 수 있다. 그러나 그러한 역량들은 조직내에서 직무수행을 효과적으로 혹은 성공적으로 하기 위한 것일 뿐만 아니라 아주 극단적으로 말해서 모든 인간들이 사회생활을 좀 더 잘하기 위해서 필요한 모든 지식, 기술, 태도, 인식, 가치관, 동기 등을 총망라한 것에 다름아니다. 확보한 수많은 역량들 중 어느 것이 어느 정도 특정한 조직과 직무, 계층에 필요한 것인지, 그리고 그것 중에 어느 정도 개발이 가능한지에 대한 처방이 존재하지 않는다.

여기서 역량메뉴방법을 사용할 경우에 고려해야 할 중요한 문제, 즉 역량모델의 조직/직무적합성(organization/job-specific), 타당성(validity), 그리고 신뢰성(reliability)의 문제가 발생한다. 아무리 역량분야의 뛰어난 학자나 전문가가 다양한 경험을 통해서 일반적인 역량목록을 만들어냈더라도 그것이 특정한 조직과 부서, 직종, 직위에 적용될 수 있으려면 역량모델의 수정작업이 필요한데, 이 과정이 잘못하면 오히려 직무역량평가방법에서 사용하는 절차보다 더 복잡해질 수도 있다.16) 또한 역량모델의 타당성과 신뢰성의 확보는 역량메뉴가 원천적으로 효용성이 있는 것이냐의 문제인데, 이 문제는 역량메뉴의 선택시에 확보하지 않으면 추후에 확보하기 어려우므로 역량모델링을 주관하는 인사부서의 전적인 책임아래 상당히 신중하게 역량메뉴를 선택하는 것이 중요하다. 여기서 역량모델의 타당성이란 바람직한 성과를 이끌어내는데 필요한 역량을 선별하였는가의 문제이며, 신뢰성이란 조직구성원의 실제 역량수준을 정확히 측정하는 수단을 확보하고 있느냐의 문제이므로 역량메뉴 자체가 이것을 확보하고 있지 않으면 해당 조직이 아무리 노력해도 확보할 수 없는 것이기 때문이다.

그러므로 역량메뉴방법을 사용할 경우에 역량메뉴로부터 역량모델을 도출하는 조직이 전적으로 신경써야 할 문제는 역량모델의 조직/직무적합성을 확보하기 위한 역량모델의 수정작업(modification)이다. 역량모델을 자신의 조직과 직무에 적합하도록 수정하는 방법으로는 흔히 i) 조직내의 모든 점직자를 대상으로 한 설문지나 역량카드를 활용하여 성공적인 직무수행에 필요할 것으로 생각되는 역량을 선택하거나 역량의 우선순위를 매기는 방법과 ii) 포커스그룹을 중심으로 한 브레인스토밍을 통해서 중요한 역량을 도출하고 수정하는 포커스그룹접근법이 사용될 수 있다. 어떤 방법을 사용하든 간에 특정한 조직의 문화와 직종/직위별 직무의 특성을 정확히 반영하는 일이 핵심이다.

마지막으로 들 수 있는 역량도출방법은 전통적인 직무분석방법의 연장선으로서 Dubois & Rothwell(2004:31-32)이 수정된 DACUM 방법(The Modified DACUM Method)이라고 명명한 방법인데, 조직내에서 아주 뛰어난 성과를 보이는 직원과 그 감독자, 관리자 등을 모이게 하여 해당 조직 혹은 부서, 직위가 요구하는 결과를 달성하기 위해서 매일 하는 일(work activities)에 대해서 기록하도록 하고 그것을 역량 도출의 토대로 삼는 것이다. 이 방법은 사실 전통적인 직무분석방법에서 얻어지는 자료를 역량

---

16) 이에 대한 구체적 쟁점 분석은 3-2)에서 행하였다.

도출의 근거로 삼는다는 점에서 조직의 수요에 부합하는 역량을 도출할 수 있다는 장점이 있으나, 잘못하면 직무분석의 현재지향성 때문에 미래의 수요에 부응하는 역량의 도출이 어렵게 된다는 한계를 가지고 있다. 실제 우리의 경우는 많은 조직이 이 방법을 사용하고 있는데, 그것은 서구 국가들과는 달리 직무분석의 경험도 일천하여 직무기반 인적자원관리의 경향과 역량기반 인적자원관리의 조류가 별로 시차 없이 차례로 들어왔기 때문이다.

3) 역량기반 인적자원관리, 역량기반 인적자원개발

역량기반 인적자원관리(competency-based HRM)는 위에서 언급한 역량을 인적자원관리의 핵심어로 등장시킨 하나의 조류이다. 즉 기존의 직무기반 인적자원관리 방식의 약점을 극복하고자 인적자원관리의 제 활동국면인 인적자원계획, 모집 및 선발, 승진, 교육훈련, 성과관리, 보상체계 등 전반에 걸쳐서 역량과 역량모델을 활용하는 것을 말한다. 역량기반 인적자원관리의 핵심은 평균적인 조직구성원과 구별되는 아주 뛰어난 성과를 보이는 조직구성원의 역량을 어떻게 찾아내고(identify) 그것을 인적자원관리의 제 측면에서 활용할 수 있도록 하는가에 있다.

역량기반 인적자원관리의 도입을 주장하는 많은 연구자들이 전통적인 직무기반 인적자원관리의 문제점을 들고 있는데, 그중 대표적인 것으로는 i) 직무분석을 통해서 작성하는 직무기술서와 직무명세서에는 해당 점직자가 직무수행과정에서 무엇을 해야 하는가(duties and responsibilities)와 직무수행에 필요한 최소한의 학력과 경력요건(requirement or qualification) 등을 기록하고 있을 뿐 해당 점직자가 조직의 성공을 위해서 필요한 측정가능한 직무수행의 결과물(outputs and results)이 무엇인지 명시하지 않고 있다는 점과 ii) 직무기술서와 직무명세서가 신축성 있게 수정되기 어렵기 때문에 변화에 재빨리 적응하기 힘들다는 점(Dubois & Rothwell, 2004:6-7; 이창길, 2008:88) 등이다.

이와 유사한 개념으로 간주되지만 상당히 다른 개념으로서 역량기반 인적자원개발(competency-based HRD), 혹은 역량기반 교육(competency-based instruction)은 교육기관 혹은 직업훈련기관이 장래 사회 혹은 직장에서 요구하는 필요 역량을 학생들에게 갖춰주기 위해서 어떻게 교육과정 혹은 교육시스템을 설계할 것인가에 관심을 갖는 것이다. 기존의 교육시스템이 막연한 지식과 기술을 습득시키는 공급자 중심의 교육이었다면, 역량기반 인적자원개발 시스템은 수요자 중심의 교육을 지향하고 있다는 점에서 큰 변화라고 볼 수 있다.

3. 역량 개념과 관련한 중요한 쟁점들

1) 역량의 범위를 어디까지로 볼 것인가

역량 개념의 정의와 관련하여 가장 먼저 논의되어야 할 쟁점은 여기서 '역량의 범위'를 어디까지로 볼 것인가라는 가장 기본적인 물음이다. 역량의 범위는 i) 누구의 역량을 의미하는 것인가와 ii) 역량의 개념 정의에 등장하는 '내재적 특성'(an underlying characteristic)의 범주를 어디까지 확장할 것인가에 관한 것이다.

누구의 역량을 의미하는가에 관한 문제는 분야별로, 연구자별로 역량의 정의가 다르다는 점 때문에 파생되는 것인데, 가장 두드러진 차이는 역량을 '뛰어난 성과를 보이는 사람의 특성'으로 볼 것인가 아니면 '평균 이상의 성과를 보이는 사람의 특성'으로 볼 것인가라는 두 흐름에서 발견할 수 있다. 가장 일반적인 경우는 이 양자의 절충점으로서 전자의 역량을 차별화역량, 후자의 역량을 필수역량이라고 구분하고, 양 역량이 모두 의미 있는 것으로 간주하고 활용하려는 것이다. 문제는 이러한 두 역량은 기본적으로 목적과 용도 면에서 큰 차이를 보이는데, 실제 현장에서는 혼합하여 사용함으로써 혼란을 가중시키고 있다는 점이다.

차별화역량은 우수성과역량이므로 역량기반 인적자원관리의 중요한 목표인 '역량과 성과의 연계'라는 본래적 목표에 가장 충실할 수 있는 역량개념이다. 그러나 그 역량은 실제 개발하기가 쉽지 않은 자아인식, 특질, 동기 등을 포함하고 있어서(Spencer et al., 1990; in USOPM, 1999:7), 개발과 훈련에 집중하기보다는 식별에 집중하는 것이 더 적절한 전략일 수 있고, 따라서 인적자원관리활동의 제 국면 중에서 모집과 선발, 승진 등의 분야에서 특히 그 활용도가 높을 것이다. 필수역량은 최소성과역량이므로 조직구성원이 기본적으로 갖추어야 할 최소한의 지식, 실무기술의 토대를 이룬다는 점에서 동일한 직종이나 계층 혹은 부서의 교육훈련이나 성과평가, 보상 등의 분야에서 유용하게 사용할 수 있을 것이다. 그러나 우리의 현실을 보면 많은 경우에 분야별 용도에 적합하게 역량모델을 설정하는 것이 아니라 획일적인 역량모델을 설정하여 무리하게 모든 분야에 적용할 수 있을 것이라는 막연한 기대를 갖고 있는 경향이 있다. 이러한 오류는 역량모델링의 방법으로서 특히 역량메뉴방법을 사용하여 일반적인 역량사전이나 역량메뉴 등에서 역량을 도출하여 자신의 조직과 직종, 계층, 직위에 활용하려는 경우에 자주 발생한다.

우리 정부부문의 경우에 가장 대표적인 역량기반 인적자원관리 활동의 사례라고 할 수 있는 '고위공무원단 승진대상자를 위한 역량평가'에서 활용하고 있는 9개의 역량과 하위요소는 일부 차별화역량의 요소가 있기는 하지만 대부분 필수역량으로 구성된 대표적인 경우이다. 고위공무원단 승진대상자를 위한 역량평가제도가 이러한 방향으로 설계된 것은 역량도출방법으로서 역량메뉴방법을 활용하면서 고위공무원단에 대한 성격 규명과 고위공무원으로서의 성공이 무엇을 의미하는지에 대한 탐구가 부족하다는 점에 기인한다. 고위공무원단 역량평가제도의 설계는 대부분 외부 전문가에 의존하여 설계된 관계로 현재의 고위공무원에 해당하는 실국장급 공무원들 중에서 우수한 성과를 보이는 사람을 승진대상자의 모범으로 삼을 것인지 아니면 주어진 목표를 그럭저럭 달성하는 사람을 승진대상자의 모범으로 삼을 것인지에 대한 선택이 분명하지 않았으므로 필수역량 위주로 역량모델이 구축되는 것이 어쩌면 당연한 것인지 모른다. 그러나 역량기반 인적자원관리가 성과와 연계된 역량을 찾아내고 활용하는 것이 주된 목표라는 점에 비추어보면, 추가적인 노력이 필요한 시점이다.

누구의 역량을 의미하는가의 문제와 관련하여 인용할 수 있는 또 하나의 사례는 인적자원관리 분야와 인적자원개발분야(특히 교육분야)간에 역량을 보는 시각의 차이이다. 역량기반 인적자원관리와 역량기반 인적자원개발(역량기반 교육)은 그 지향점이 매우 다르기 때문에 역량에 대한 개념 정의가 달리 이루어지고 있다. 즉 역량기반 인적자원관리를 다루는 연구자나 실무자들은 역량을 '아주 뛰어난 성과를 보이는 사람만이 갖추고 있는 내재적 특성'이라고 보는 경우가 많아서 역량을 우수한 성과를 이룩한 사람과 부과된 목표를 그럭저럭 달성하는 정도의 성과를 내는 사람과 구별해주는 차별화역량에 집중하는 경향이 있다. 그러나 역량기반 인적자원개발에 관심을 가지는 연구자나 실무자들은 역량을 '향후에 사회생활 혹은 직업생활을 효과적으로 하기 위해서 갖추어야 할 최소한의 것'으로서 간주하는 경향이 있다. 이러한 차이는 역량과 성과의 연계라는 것에 대한 해석의 차이에서도 드러난다. 인적자원관리 분야에서 역량과 성과의 연계는 조직 혹은 개인의 성과를 이끌어내는 역량을 찾아내야 한다는 의미이고, 인적자원개발 분야에서 역량과 성과의 연계는 장래의 성과를 이끌어낼 것으로 판단되는 역량을 찾아내는 것에 더하여 역량을 개발하고 훈련하는 교육기관의 성과 판단의 기준으로 학생들(혹은 피교육생)의 역량이 활용된다는 의미를 가지고 있다. 후자의 경우에는 역량은 수단이자 목표인 것이다.

인적자원의 개발 혹은 교육을 담당하는 기관에서는 역량이란 개발가능하고 훈련가능하며 측정가능한 것이라는 생각이 제도운영의 기반을 이루고 있다. 따라서 역량기반 교육과정(competency-based curriculum)의 편성에 있어서 항상 필수역량의 개발에 중점을 두게 된다. 그러나 인적자원관리 분야에서 조직구성원의 교육훈련은 우수한 성과자의 역량을 그렇지 못한 사람에게 주입시키려는 목표를 가지고 있어서 상당한 차이를 보이고 있다. 여기서 인적자원관리 분야의 교육훈련과정 설계자는 항상 딜레마에 빠지게 된다. 필수역량 중심의 교육과정 설계는 피교육생뿐만 아니라 최고관리자의 교육훈련에 대한 매력과 지원을 감소시키고, 차별화역량 중심의 교육과정 설계는 매력적이기는 하지만 매우 어려운 작업이라는 것이다.

다음으로 역량의 개념 정의에 등장하는 '내재적 특성'의 범주를 어디까지 확장할 것인가에 관한 문제는 역량의 측정가능성의 문제와 밀접한 관련이 있다. 역량이 측정가능하다는 것과 뛰어난 성과를 이끌어내는 원인이 된다는 것은 사실 별개의 문제이지만, 경우에 따라서는 상호교환관계(trade-off)의 성격을 갖고 있다. 즉 역량의 측정가능성을 강조할수록 뛰어난 성과의 원인이 되는 역량을 찾아내기 어려울 수도 있다는 것이다.

대부분의 학자나 실무가들이 역량의 정의에 있어서 '뛰어난 성과의 원인이 되는 개인의 내재적 특성'을 언급하고 있는데, 이 내재적 특성을 어디까지 확장할 것인가 그리고 그 내재적 특성을 어떻게 측정할 것인가에 대해서는 언급을 회피하고 있다. 많은 학자와 실무가들이 역량기반 인적자원관리에서 역량의 핵심을 이루는 것이 이 내재적 특성이라는 점을 모르는 바가 아니나 그 측정가능성과 측정방법에 대한 논란의 여지가 상당히 남아있기 때문에 깊은 논의를 회피하고 있다는 것이다. 예를 들어 Spencer & Spencer(1993)가 내재적 특성으로 언급한 지식, 실무기술, 자아인식, 특질, 동기의 다섯 가지 요소 중에서 지식이나 실무기술과 같이 겉으로 드러나는 것은 쉽게 측정 가능한 반면, 자아인식, 특질, 동기 등은 겉으로 잘 드러나지 않고 따라서 측정하기 어렵다. 그러나 겉으로 드러나지 않고 측정하기 어렵다고 해서 그것이 역량이 아니라고 할 수 없다는 것이 딜레마이다.

2) 역량모델링을 엄밀하게 할 것인가 아니면 신속하게 할 것인가

역량모델링의 과정은 원칙적으로 매우 어려운 과정이 될 것이 분명하지만, 많은 경우에 역량메뉴방법을 활용함으로써 시간과 비용을 절약할 수 있다는 앞서의 논의에서처럼 많은 조직들은 엄밀한 역량모델링보다는 신속한 역량모델링을 택하는 경향이 있다.

그러나 이러한 경우에 발생하는 가장 대표적인 문제는 역량모델의 조직/직무적 합성 문제이다. 즉 도출한 역량들과 그것으로 구성된 역량모델이 과연 적용하고자 하

는 특정 조직과 직무에 적합한 것인가, 그리고 인적자원관리의 제 활동국면 중 적용하고자 하는 활동국면에 적절한 것인가 하는 점이다.

최근에 들어서서 역량모델링의 방법으로서 역량메뉴방법을 많이 사용하게 된 것은 특정 조직과 직무에 적합한 역량모델을 개발하는 것이 많은 비용과 시간을 필요로한다는 점 때문만은 아니다. 그것은 많은 민간 컨설팅 업체 등과 같이 일반적인 역량메뉴를 만들어서 판매하는 공급자의 수가 많아졌다는 사실과도 무관하지 않다. 그 이유야 어쨌든 많은 조직들이 역량메뉴방법을 통해서 신속한 역량모델링에 몰입할수록 역량모델의 조직/직무적합성 문제에 부닥치게 된다는 것이다.

앞에서 잠깐 언급했듯이 역량메뉴상에 언급된 역량들은 조직내에서 직무수행을 효과적으로 혹은 성공적으로 하기 위한 것일 뿐만 아니라 아주 극단적으로 말해서 모든 인간들이 사회생활을 좀 더 잘하기 위해서 필요한 모든 지식, 기술, 태도, 인식, 가치관, 동기 등을 총망라한 것이어서 열거된 수많은 역량들 중 어느 것이 어느 정도 특정한 조직과 직무, 계층에 필요한 것인지, 그리고 그것 중에 어느 정도 개발이 가능한지에 대한 처방이 존재하지 않는다는 조직/직무적합성 결여의 문제점을 안고 있다.

이 문제를 해결하기 위한 각 조직들의 노력은 또 다시 역량모델링의 시간과 비용문제를 돌출시키므로 최고관리자들의 지원을 얻기 어렵다는 점을 인사부서의 사람들은 잘 알고 있다. 이것이 인사부서 사람들의 고민이다. 즉 최고관리자들에게 역량메뉴법의 장점으로 내세웠던 시간과 비용의 절약이라는 장점이 조직/직무적합성의 문제와 교환관계(trade-off)에 있다는 사실은 인사부서 사람들에게 선택의 과제를 남긴다. 더욱이 역량모델의 조직/직무적합성 문제가 해결되지 않으면, 역량모델의 타당성과 신뢰성 문제로 이어질 가능성도 있다. 이 문제는 현장에서 쉽게 해결하기 어렵지만 반드시 해결해야 하는 딜레마이다.

3) 역량을 찾아낼 것인가 아니면 개발할 것인가

역량 개념과 관련하여 제기되는 또 하나의 쟁점은 역량은 찾아내는 것인가 아니면 개발하는 것인가에 관한 것이다. 물론 현실적으로는 역량은 찾아내는 것인 동시에 개발가능한 것이라는 모호한 절충이 난무하고 있지만, 좀 더 깊은 논의가 필요하다.

역량을 찾아내는 것으로 보는 입장은 역량은 쉽게 개발되지 않는 개인의 내재적 특성으로서 보통의 성과를 이룩해내는 직원에게 우수한 성과를 만들어내는 직원의 역량을 주입하거나 훈련시키는 것이 불가능하거나 적어도 매우 어렵다는 주장에 근거하고 있다. 반면 역량을 개발가능한 것으로 보는 입장에서는 우수한 성과자에게서만 발견되는 역량이든 아니면 일반적으로 최소한의 성과를 이룩해내는 사람의 역량이든 개발가능하고 우수한 사람으로부터 그렇지 않은 사람으로의 이전이 가능하다는 주장이다.

그러나 여기서 중요한 것은 어느 주장이 옳으냐의 판단이 아니라, 어느 분야에서 그러한 주장들이 나오고 있는가를 탐색하고 그러한 주장이 어떠한 정책으로 이어지고 있는가에 대해 살펴보는 것이라고 생각된다. 앞에서도 자세히 언급했지만, 역량의 개발가능성을 강조하는 입장은 실제로 인적자원개발분야나 교육훈련분야에서 발견된다. 이 분야에서 그러한 주장이 발견되는 것은 역량은 높은 성과를 이끌어내기 위한 수단인 동시에 교육훈련기관의 존립 목적이 된다는 점과 무관하지 않다. 역량을 개발하거나 가르칠 수 없다는 전제는 역량기반 교육이나 인적자원개발이라는 활동 자체를 무의미하게 만들기 때문이다. 그러나 현실은 우수한 성과자의 역량뿐만 아니라 평균 성과자의 역량도 개발과 이전이 가능하다는 주장을 입증할 만한 증거가 발견되지 않고 있다. 따라서 이 시점에서 무엇보다도 필요한 것은 역량기반 인적자원개발이나 교육훈련 분야에서 역량의 개발과 이전을 위한 방법론의 탐구를 통해서 역량의 개발과 이전을 위한 투자가 우수한 역량을 가지고 있는 사람의 발견과 선발보다 훨씬 유리하다는 입증 작업이 필요한 것으로 판단된다. 이러한 작업은 조직이 우수한 인재를 확보하기 위해서 선발비용과 교육훈련비용에 대한 배분을 어떻게 할 것인가라는 점과도 관련이 있다.

Ⅲ. 국내에서의 선행 연구와 컨설팅 사례의 경향 분석

1. 역량기반 시스템에 관한 연구와 컨설팅 사례의 주요 경향

국내에서 역량기반 인적자원관리에 대한 연구들은 아직 그리 높은 수준이 아니다. 그것은 정부부문은 물론이고 민간부문의 경우에도 그러하다. 그러나 컨설팅 업계를 중심으로 역량기반 인적자원관리시스템의 구축을 위한 시도는 매우 활발한 편이다.

문제는 외국의 학계나 컨설팅업계에서 연구하고 실험한 역량기반 인적자원관리시스템의 구축을 위한 툴(tool)이 그대로 우리의 기업이나 정부에 이전되면서, 공급자 중심의 일반적인 역량기반시스템을 양산하고 조직/직무 적합성이나 수요자 적합성을 확보하는데 실패한 경우가 많다는 점에 있다. 이러한 현상은 국내의 컨설팅 업계에서 활동하는 컨설턴트들이 외국에서 개발된 툴킷(tool kit)의 사용방법에는 익숙하나, 역량기반 시스템에 대한 깊은 연구가 결여되어 있고, 국내 기업이나 정부에 대한 학습이 미진한데서 연유한다.

범위를 좁혀서 정부부문의 역량기반 인적자원관리에 관한 학계의 연구와 실무계, 컨설팅업계의 동향을 분석해보자.

학계의 연구는 주로 역량의 도출에 집중하고 있는데, 아직 역량기반 인적자원관리의 필요성에 대해서 실감하고 있지 않다는 느낌을 받을 정도로 역량기반 인적자원관리에 대해서는 연구의 저변이 확대되고 있지 않다.

행정학계에서 가장 먼저 역량기반의 인적자원관리에 대해서 연구한 권용수(2001)는 '공무원 직무수행역량 평가모델'이라는 연구보고서에서 노동부 5급 승진심사를 사례로 하여 정부내에 역량중심의 평가체제가 효과적으로 적용될 수 있는 모델을 제시하였다. 박천오·김상묵(2004)은 정부산하단체 임원의 공통 직무수행역량을 도출하는 연구를 수행하였다. 이러한 연구들은 주로 역량메뉴방법에 의존하여 특정한 직종 혹은 계층에 적용될 수 있는 역량을 도출하는데 주력하였다. 반면 이창길(2008)은 과거의 연구에 비해서 역량개념에 대한 비교적 상세한 분석과 검토를 행하고, 이를 기반으로 중앙부처 중간관리층의 핵심 필요역량에 대한 계층 상호간의 직무역량 기대격차를 연구함으로써 중앙부처 중간관리층의 핵심 필요역량을 정확하게 도출하기 위한 기반을 제공하였다.

최근에는 역량모델을 구체적인 인적자원관리분야에 적용하려는 시도가 있었는데, 그 대표적인 예로 박천오 외(2006)는 공정거래위원회, 과학기술부, 기상청을 대상으로 역량기반 교육훈련 프로그램(Competency-based Curriculum, CBC)의 개발을 시도하였다(박천오 외, 2006; 최무현·조창현, 2007). 이 연구는 정부의 지원 아래 비교적 심도 있게 각 조직/직무분야별로 필요 직무역량을 도출하고 이를 개발하기 위한 역량기반 교육훈련프로그램을 설계함으로써 구체적인 역량기반 인적자원관리시스템의 한 분야를 구축하였다는 점에 의의가 있다.

이 외에도 행정학 분야에서 역량의 개념을 사용하고 있는 연구는 더 있으나(안형기 외, 2004), 대부분 조직역량에 관한 것이거나, 개인역량과 조직역량을 구분하지 않는 등 본격적인 역량기반 인적자원관리와는 관련이 적은 것으로 나타나고 있다.

반면 컨설팅 분야에서의 사례는 비교적 활발하다. 역량기반 인적자원관리에 관한 민간 컨설팅 업계의 공격적 마케팅은 민간기업에 그치지 않고 정부부문에도 영향을 미쳤는데, 크게 나누어 두 방향으로 전개되었다. 그 하나는 공무원을 대상으로 역량기반 인적자원관리시스템 구축의 전제가 되는 역량 및 역량모델 관련 개념들에 대한 공무원 대상 교육을 실시하는 것이고, 다른 하나는 역량모델을 개발하고 특정한 분야에 그것을 적용하려는 프로젝트에 참여하는 것이다. 이러한 흐름에는 한국능률협회나 삼일회계법인, Hewitt Associates Korea, Valtera Asia Pacific 등 역량모델링 관련 컨설팅 업체들의 영향력이 매우 크게 작용하였다.

문제는 학계의 연구가 일천한 가운데 컨설팅 업체들의 역할이 점차 커지면서, 역량기반 인적자원관리에 관한 교육훈련과 프로젝트 수행에 있어서 공급자 중심의 시장이 형성되어 수요자로서의 정부조직이나 공무원들의 역할이 상대적으로 축소되었다는 점이다. 여기서 공급자 중심의 시장이 형성되었다는 의미는 교육 및 컨설팅 과정에서 공급자가 주로 사용하는 용어, 공급자의 사고방식, 공급자가 경험하고 선호하는 사례, 공급자가 좋아하는 문제해결 방식이 채택됨으로써 수요자들은 자신들의 용어와 사고방식, 사례, 문제해결 방식과 유리된 공급자 중심의 개념체계 속에서 혼란을 경험하고 있다는 사실이다. 이러한 현상은 민간 컨설턴트의 주류가 경영학이나 산업심리학 등을 학문적 배경으로 하고 있는데다가 민간기업 중심의 사례에만 노출되어 있었다는 점에서 그 주된 원인을 찾을 수 있을 것이지만, 경우에 따라서는 함량 미달의 컨설턴트들이 능력이 검증되지 않은 상태에서 외국계 컨설팅업체의 우산을 쓰고 공무원 교육이나 정부 용역에 참여하고 있는 현실과 무관하지 않다.

2. 국내의 선행연구 및 컨설팅 사례와 관련된 쟁점

국내 학계의 연구가 매우 미진한 상태이므로 국내의 역량기반 인적자원관리와 관련한 쟁점은 주로 정부조직에 대한 컨설팅의 사례를 통해서 도출하였다는 한계가 있지만 다음과 같은 몇 가지가 발견된다.

1) 개념과 용어의 혼란

새로운 개념이나 용어, 제도를 도입함에 있어서 가장 먼저 해야 할 일은 그 개념이나 용어가 기존의 개념이나 용어, 제도와 어떤 관계인가를 명확히 하고 가능한 한 기존의 개념체계 속에서 해석이 가능하도록 개념 정의가 이루어져야 한다. 이러한 점에서 보면, 역량기반 인적자원관리 및 역량 관련 개념들은 현재 우리 정부 조직 내에서 사용되는 개념, 제도들과 어떤 관계에 있는지 먼저 검토되어야 하고, 가능한 한 기존의 사고틀 내에서도 상상이 가능하도록 정의되어야 한다.

그러나 아쉽게도 초기의 컨설턴트들은 정부와 공무원이라는 수요자의 현실, 즉 공무원의 사고체계, 정부가 사용하는 용어, 정부업무의 특성에 대해 전혀 이해가 없었던 것이 사실이고, 현재도 그러한 현실은 좀처럼 개선될 기미를 보이지 않고 있다. 컨설팅 업체나 컨설턴트의 입장에서 보면 민간기업에 비해 시장이 작은 정부부문에 특화된 업체로 성장하거나 정부부문에 특화된 전문가를 양성할 필요를 느끼지 않고 있다는 것이다.

이러한 현실은 정부부문에 대한 교육을 담당하는 컨설턴트가 사용하는 용어나 교육자료집, 프로젝트 수행과정에서의 행태를 보면 그대로 드러난다.

중앙인사위원회가 삼일회계법인, Hewitt Associates Korea와 공동으로 발간한 공무원대상의 역량모델 교육자료집을 보면 사례가 모두 민간기업의 입장에서 사용되는 용어로 작성되었으며, 그 용어들이 현재 정부부문에서 사용되는 인사분야의 용어와 어떤 관계에 있는지에 대한 최소한의 용어해설(glossary)조차도 마련되어 있지 않다. 그렇다면 민간부문에서 사용되는 용어라도 일관성 있게 작성되어야 하나, 대부분의 경우 외국계 본사에서 작성한 툴킷 혹은 자료를 번역한 것들로 채워져 있는 경우가 허다하다. 이 과정에서 컨설팅 업체간, 혹은 컨설턴트간에 똑같은 원어를 서로 다르게 번역하여 피교육생들에게 혼란을 가중시키는 사례들이 빈번하다. 가장 대표적인 사례는 역량개념의 정의 단계에서부터 나타나는데, 흔히 많이 사용되는 core competency를 핵심역량, 혹은 공통역량으로 서로 다르게 번역하면서 핵심조직역량의 의미로 사용하기도 하고, 모든 조직구성원이 필수적으로 갖추어야 할 필수역량의 의미로 사용하기도 하며, 분야별로 경우에 따라서는 모든 직종과 계층의 조직구성원이 공통적으로 갖추어야 할 역량으로서 분야별 직무역량에 대비되는 개념으로 사용하기도 하는 등 매우 다의적으로 사용하고 있다. 예를 들어 행동사건면접(Behavioral Event Interview: BEI)에 대한 교육자료(역량모델교육자료집, 68-96)를 보면 아예 핵심(공통)역량이라는 표현을 사용하여 핵심역량과 공통역량이 같은 의미로 사용되고 있다. 그러나 이들 컨설팅 업체들이 의존하는 외국의 문헌을 보면, 핵심역량(core competency)은 조직의 시장에서의 경쟁우위를 갖도록 하는 조직의 전략적 강점을 의미하기도 하고(organizational core competency), 조직의 핵심역량에 기여하는 조직구성원 개인의 특성 혹은 다른 사람에 비하여 자신만이 갖고 있는 개인적 강점을 의미(employee core competency)하기도 한다(Green, 1999; in Dubois & Rothwell, 2004:40)고 하는 반면, 공통역량은 모든 조직구성원이 갖추어야 할 최소한의 필수역량의 의미로 사용되는 경우가 더 많다는 점을 감안하면, 용어에 대한 개념 정의가 좀 더 명확하게 선행될 필요가 있었다. 용어사용의 신중함을 강조하는 것은 처음 발간하는 자료가 그 후에 많은 인용과 재인용의 과정을 거치면서 잘못된 용어 정의가 정착되는 경우가 많기 때문이다.[17]

---

17) 모 컨설팅 업체가 발간한 교육자료집에는 역량에 관한 많은 외국 학자나 컨설턴트의 정의를 인용하는 과정에서 Dubois를 Dubious로 잘못 표기하였는데, 이것이 그 후에 많은 자료에서 잘못

2) 직무기반 인적자원관리인가 역량기반 인적자원관리인가

서구 국가에서 역량기반 인적자원관리가 등장하게 된 것은 직무기반 인적자원관리의 문제점을 극복하고자 하는 동기에서이다. 그러나 우리의 경우는 현재 직무기반 인적자원관리조차도 제대로 이루어지지 않은 상태로 엄밀하게 말하면 '연공기반 인적자원관리'의 틀을 벗어나지 못하고 있다. 이런 이유로 최근에 많은 공사부문 조직에서는 직무분석과 직무평가를 통한 직무기반 인적자원관리가 적극적으로 도입되고 있는 상황이다. 따라서 현재 우리의 현실에서는 직무기반 인적자원관리와 역량기반 인적자원관리가 모두 새로운 조류이고 기존의 연공서열 중심의 인사관리/행정을 극복할 수 있는 수단임에는 틀림없으나 양자간의 차이에 대한 명확한 이해가 선행되지 못하고 있다.

실제로 많은 교육자료집이나 프로젝트 보고서에서는 외국의 학자나 컨설턴트가 행한 관념적인 구분[18]을 인용하기는 하나, 실제 프로젝트의 수행과정에서 기존의 직무기반 인적자원관리와 역량기반 인적자원관리가 어떤 차이가 있는지 분명하게 보여주지 못하고 있다. 오히려 분야별 필요직무역량 파악을 위해서 수행되는 직무분석 결과 얻게 되는 직무기술서나 직무명세서가 역량요건서 등과 어떤 차이가 있는지 명확하게 보여주지 못하고 있다. 우리처럼 직무기반 인적자원관리의 경험도 일천한 경우에는 양자간에 그 구별이 더욱 어렵다. 이럴 경우 문제가 되는 것은 서구에서 역량기반 인적자원관리의 도입 필요성으로 강조되는 직무기반 인적자원관리의 경직성, 현재지향성을 극복하지 못하고 역량기반 인적자원관리라는 이름하에 직무기반 인적자원관리가 이루어지는 결과를 초래하게 된다.

3) 정부부문의 특성에 대한 이해와 정부조직/직무 적합성의 확보

서구에서 역량기반 인적자원관리가 환영 받게 된 것은 서구 관점에서 전통적인 직무기반 인적자원관리가 갖는 경직성, 현재지향성을 극복하고 조직구성원 개인의 고유한 특성, 탤런트(talent)를 조직의 성과와 연계시키고자 함이었다.

이러한 목표를 달성하기 위해서 가장 필요한 것은 보편적인 관점에서 설계된 툴킷을 용어만 바꾸어서 정부조직에 형식적으로 적용하려는 공급자 중심의 행태가 지양되어야 한다. 다시 말하면 수요자 중심에서 정부부문의 특성에 대한 이해가 선행되

재인용되는 사례도 발견되고 있다.
18) 대표적인 사례는 Dubois & Rothwell(2004: 11-13) 참조.

고 이를 바탕으로 역량모델의 정부조직/직무 적합성을 확보하는 일이 가장 중요하다.

이 과정에서 해야 할 과제로는 첫째로 정부부문에서 말하는 성과란 무엇인가에 대한 규명과 합의가 중요하다. 민간기업에서의 성과가 주로 이익이라고 규정되는 반면, 정부부문에서의 성과는 넓게 공익이라고 말하는 경우에서부터 좁게는 정부서비스의 품질에 이르기까지 매우 다양하고 해석의 여지가 많다. 따라서 역량기반 인적자원관리를 적용하기 위해서는 해묵은 논쟁거리이지만 특정한 조직에서 말하는 성과란 무엇인지에 대한 심도 있는 논의와 조직구성원과 고객을 포함한 이해관계자들간의 합의이다.

다음의 과제로서 중요한 것은 정부부문에 적합한 역량과 하위요소, 행동지표의 개발에 대한 필요성이다. 가장 일반적으로 설계된 툴킷을 정부부문, 그것도 구체적인 조직, 직종, 직무, 계층에 적용하는 과정에서 컨설턴트의 정부부문에 대한 이해가 결여된 상황을 많이 발견하게 되는데, 이러한 현상은 정부부문 실무자의 적극적인 관여와 컨설턴트의 노력을 통해서 해결될 수 있다. 여기서 정부부문 실무자의 적극적인 관여가 의미하는 것은 프로젝트 수행과정에서의 수요자로서의 정부의 특성을 반영하려는 의지를 말하는 것이고, 컨설턴트의 노력이 의미하는 것은 정부부문에 대한 이해도를 높이기 위한 컨설턴트의 학습 의지를 말하는 것이다.

Ⅳ. 쟁점 분석을 통해서 본 정책적 시사점

지금까지 역량기반 인적자원관리의 도입을 위한 전제로서 국내외의 역량 개념에 대한 정의와 역량모델링 과정, 분야별 적용사례에 대한 검토를 통해서 몇 가지 중요한 쟁점을 도출하고 논의하였다. 이러한 논의 과정에서 다음과 같은 정책적 시사점이 발견되었다.

1. 인적자원관리 분야별 역량모델의 차별화

지금까지의 문헌분석과 논의를 통해서 볼 때, 역량기반 인적자원관리에서 가장 중요한 것은 역량모델링이라는 사실에 이의를 제기할 수는 없을 것 같다. 그러나 그 역량모델링을 인적자원관리의 각 분야별로 적용하는 과정에서 구체적으로 어떻게 해야 하는가에 대한 정답은 나와 있지 않다.

그럼에도 불구하고 한 가지 분명한 것은 인적자원관리 분야별 역량모델의 차별화가 필요하다는 정책적 시사점을 얻게 되었다는 사실이다. 그것은 역량 개념 자체가 우수하고 특출한 성과를 보이는 사람의 내재적 특성을 의미하는 것이라는 정의에서부터 최소한의 기준을 충족하는 정도의 성과를 달성하는 사람의 내재적 특성을 의미하는 것이라는 정의에 이르기까지 매우 폭이 넓고 어느 것을 역량으로 할 것인지는 역량기반 인적자원관리를 도입하는 조직의 선택의 문제이기 때문이다. 많은 학자들과 컨설턴트들은 역량모델이 조직구성원의 모집과 선발, 성과평가, 교육훈련, 보상 등 다양한 분야에서 널리 사용될 수 있을 것이라고 예상해왔다. 그러나 그러한 분야별로 역량모델의 차별화가 필요한 것인지에 대해서는 구체적인 언급이 없다.

우리의 경우에는 사실 가장 전형적인 역량개념이라고 볼 수 있는 우수하고 특출한 성과를 보이는 사람의 내재적 특성인 차별화역량보다는 최소한의 기준을 충족하는 정도의 성과를 보이는 사람의 특성인 필수역량을 더 보편적으로 사용하는 경우가 많다. 문제는 어느 연구나 프로젝트에서도 해당 과제에서 사용하는 역량모델의 성격에 대해서 명확히 언급하고 있지 않다는 점이다.[19] 즉 차별화역량을 추구하는 것인지 필수역량을 추구하는 것인지에 대한 명확한 언급이 없다는 말이다.

역량모델의 성격에 대한 명확한 규정이 필요한 이유는 인적자원관리의 각 활동 국면별로 추구하는 목표가 다르다는 점과 밀접한 관련이 있다.

정부부문에서 공무원의 선발에 있어서 역량모델을 활용한다고 할 경우에 차별화역량 모델을 사용할 것인지 필수역량 모델을 사용할 것인지에 대해 선택의 문제가 발생하게 된다고 가정[20]해보자. 지원자를 대상으로 역량을 탐색하는 과정을 거쳐서 선발에 활용할 경우에 차별화역량 모델을 사용할 경우와 필수역량 모델을 사용할 경우 간에 역량평가의 방식과 절차에 차이를 두어야 한다. 즉 역량평가를 면접의 대체수단으로 활용하거나 혹은 보완수단으로 사용할 경우에 차별화역량 모델을 사용하면 우수한 사람을 선발하기 위한 중요한 수단이 되므로 개인별 점수화가 가능하지만, 필수역량 모델을 사용하면 최소한의 기준에 미달하는 사람을 탈락시키는 수단으로 활용되어야 하므로 점수화보다는 부적격자를 가려내는 수단으로만 제한적으로 활용해야 한다.

---

19) 유일하게 이창길은 자신의 연구에서 역량 개념은 필수역량을 의미하는 것임을 밝히고 있다. 그는 자신의 연구에서 역량의 개념은 반드시 고성과자의 역량을 전제하지 않는다고 밝힘으로서 가치중립적 의미에서 일반적인 역량 개념을 사용하고 있음을 밝히고 있다(이창길, 2008: 93). 그가 말하는 '일반적인 역량'은 본 연구에서는 Spencer의 정의에 따라 필수역량이라고 표현하고 있다.

20) 우리의 경우 아직 공무원의 선발과정에서 역량모델을 활용하고 있지는 않으나 면접강화 추세와 맞물려 향후에 사용될 가능성이 있다고 생각된다.

또 한 예로서 현재 고위공무원단 진입예정자를 대상으로 실시되고 있는 역량평가의 경우에는 명시적으로 언급하고 있지는 않으나 고위공무원으로서 부적격자를 탈락시키는 수단으로 활용되고 있다는 점에서 필수역량 모델을 사용하고 있는 것으로 볼 수 있다. 이는 역량평가를 고위공무원단 진입자를 선발하는 수단으로 쓰기보다는 부적격자를 탈락시키는 제한적인 용도로 활용하겠다는 의도를 나타내는 것이다.

마찬가지로 교육훈련수요의 파악과 훈련대상자의 선발, 성과평가, 보상 등에 있어서 어떤 역량모델을 사용하는가는 정답이 있는 것이 아니라 조직이 선택해야 할 문제이기는 하지만, 어떤 모델을 선택하는가에 따라 제도의 설계와 주안점이 달라져야 한다는 점에 유의할 필요가 있다.

2. 조직/직무 적합성의 확보: 수요자 중심의 역량기반 인적자원관리 모형 설계

역량기반 인적자원관리의 설계에 있어서 또 하나 중요한 것은 조직/직무 적합성을 어떻게 확보할 것인가의 문제이다. 이론적으로는 행동사건면접기법을 활용한 직무역량평가방법이 조직/직무 적합성을 확보하기에 가장 적절한 방법이지만, 비용과 시간 문제, 전문지식의 결여 등으로 인해 많은 조직에서 역량메뉴방법을 활용하여 역량모델을 설계하는 것이 현실이다. 우리의 경우에는 이러한 현상이 더욱 두드러지는데, 그것은 컨설팅 업체 등과 같은 공급자 중심의 시장이 형성되어 있기 때문이라는 점을 이미 앞에서의 논의에서 언급하였다.

우리의 경우 최근에 역량기반의 인적자원관리 시스템의 도입이 분야별로 활발하게 이루어지고 있지만, 정작 해당 기관에는 역량모델링의 전문가를 양성하지 못하여 외부 컨설팅 업체에게 그 설계를 위탁하는 사례가 더 많다. 문제는 이 과정에서 외부 컨설턴트가 미리 설계된 툴킷 속의 역량모델을 해당 조직의 업무에 맞추어 전환하려 하지만 해당 조직의 업무와 직무내용에 대한 이해 부족으로 상당부분 추상적인 역량 도출에 그치고 있어서 해당 조직에서 실무에 적용하기에는 어려움이 따른다는 것이다.

이 문제의 해결은 원론적으로는 컨설팅업체와 정부조직간의 원활한 협업을 통해서 해결해야 한다고 말할 수 있지만, 현실적으로는 정부조직내 인사부서에서 역량모델을 직접 설계 운용할 수 있을 정도의 전문가 양성이 필요하고 이를 통해서 장기적으로 수요자 중심의 역량기반 인적자원관리시스템 구축이 가능하다고 판단된다.

참고문헌

권용수. (2001). 「공무원 직무수행역량 평가모델」. 서울: 한국행정연구원.

박천오·김상묵. (2004). "정부산하단체 임원의 공통 직무수행역량 설정에 관한 연구". 「한국사회와 행정연구」 15(1): 1−25.

서울특별시인재개발원. (2008). 「5급 승진대상자 역량평가과정 실행계획」.

안형기·민진·권경득·임동욱. (2004). "국회사무처 핵심역량의 실태 및 역량강화방안". 「한국사회와 행정연구」 15(1): 71−94.

이창길. (2008). "중앙부처 계층 상호간의 직무역량 기대격차에 관한 연구:재정경제부의 중간관리층을 중심으로", 「한국인사행정학회보」 7(2): 87−115.

중앙인사위원회·삼일회계법인·Hewitt Associates Korea. (년도미상), 「역량모델 교육자료집」 중앙인사위원회 내부발간자료.

중앙인사위원회. (2005.5). 「역량평가제 추진현황과 쟁점사항」. 중앙인사위원회 직무역량과 작성 자문회의 자료.

중앙인사위원회. (2006a). 「고위공무원단 후보자에 대한 역량평가」. 고위공무원단 후보자 역량평가위원 교육과정 교재.

중앙인사위원회. (2006b). 「역량평가위원 안내자료」.

한국능률협회. (2004). 「Competency Based HRM 전략실무」 서울: 한국능률협회 발간자료 2004−F06−C011.

최무현·조창현. (2007). "정부부문에 역량기반 교육훈련제도(CBC)의 도입:과학기술부 사례를 중심으로", 「한국인사행정학회보」 6(2): 263−291.

Chyung, S. Y., Stepich, D., & Cox, D. (2006). "Building a Competency−based Curriculum Architecture to Educate 21st−Century Business Practitioners", *Journal of Educational for Business.* 81(4): 307−314.

Dubois, D. & Rothwell, W. (2004). *Competency−based Human Resource Management.* Mountain View, CA: Davies−Black Publishing.

Green, Paul C. (1999). *Building Robust Competencies: Linking Human Resources Systems to Organizational Strategies.* San Francisco: Jossey−Bass.

Kessler, Robin. (2008). *Competency−based Performance Review.* Franklin Lakes, N.J.:Career Press.

Klemp, George O., Jr. (1980). *The Assessment of Occupational Competence.* Report to the National Institute of Education. Washington, D.C.: NIE.

Lucia, Antoinette D. & Lepsinger, Richard. (1999). *The Art and Science of Competency Model: Pinpointing critical success factors in Organizations.* San Francisco, CA: Jossey－Bass.

McClelland, D. C. (1973). "Testing for competence rather than for intelligence". *American Psychologist,* 28(1). 1－14.

Public Service Commission of Canada. (2003). *Profile of Public Service Leadership Competencies.*

Prahalad, C. K., & Hamel, G. (1990). "the Core Competence of the Corporation", *Harvard Business Review.* 81(3).

Slivinski, Len W. and Miles, Jennifer. (1996). *The Wholistic Competency Profile: A Model.* Personnel Psychology Center, Public Service Commission of Canada.

Spencer, Lyle M., and Spencer, Signe M. (1993). *Competence at Work: Models for Superior Performance.* New York: J. Wiley & Sons.

Ulrich, D., Brockbank, W., Johnson, D., Sandholtz, K., Younger, J. (2008). *HR Competencies: Mastery at the Intersection of People and Business.* VA:SHRM.

United States Office of Personnel Management. (1999). "Looking to the Future: Human Resources Competencies", *An Occupation in Transition: A Comprehensive Study of the Federal Human Resources Community.* Part 2.

Zemke, Ron. (1982). "Job Competencies: Can they help you design better training?" *Training,* 19(5): 28－31.

▶ ▶ ▶ 논평

조선일(순천대학교 행정학과 교수)

1. 서론– 민간 제도의 끊임없는 도입 그리고…

한국의 인사행정은 그동안 외국 제도의 도입과 한국적 정착과정을 거치면서 많은 변화를 거쳐 왔다. 일반적으로 외국에서 도입된 제도들은 한국에 정착하는 데에는 많은 시간이 소요되고, 당초에 의도한 성과를 실현하기까지는 더 많은 시간이 필요할 것이다. 그러나 이러한 제도들은 대체로 외국의 공공부문에서 활용되던 제도이기 때문에, 우리나라의 공공부문에 적용하는 데에는 그 당위성이나 필요성 부문에서 큰 부담이나 반발이 있었다고 보기는 어려웠다.

그런데 1990년대 이후 전 세계를 풍미한 신공공관리론의 영향과 IMF사태 이후 사회 전 부문에 분 구조조정바람으로 효율성 확대를 위해 수많은 제도와 관리기법들이 공공부문에 도입되었다. 그러나 이러한 제도나 관리기법들은 거의 대부분이 민간부문에서 활용되던 것으로, 아무런 적실성 검토 없이 공공부문에 '당위적으로' 그리고 '개혁'이라는 명분 아래 거의 대부분 충분한 검토 없이 전격적으로 도입·실시되었다. 인사행정 분야에서도 각종 성과관리 및 평가기법들이 대거 도입되었는데 대표적인 사례가 역량평가로 대표되는 역량기반 인적자원관리 기법이다.

우리가 새로운 제도를 도입할 때 우선적으로 고려할 사항은 제도도입의 목적일 것이다. 즉 현재 당면한 어떤 문제를 해결하기 위한 것인지를 분명히 하고, 다른 나라는 이러한 문제를 해결하기 위해 공공부문에서 어떠한 기법이나 관리수단을 통해서 문제를 해결했는지를 살펴본 후, 최종적으로는 우리나라에서도 그러한 제도가 잘 작동할 것인지를 검토해서 도입하는 것이 기본적인 순서일 것이다. 그러나 그동안 도입된 관리기법은 적실성 검토는 차치하더라도, 대체로 외국에서 시행하고 있거나 민간에서 도입해서 시행하고 있는 제도라고 해서, 즉 신기법이라고 해서 깊은 고려 없이 도입해온 것이 대부분이다. 특히 이 과정에서 한국적 맥락이나 공공부문에 대한 이해에 한계가 있는 민간컨설팅기관에 대한 과다한 의존으로 인해 제도의 단편적, 분절적 활용이 초래되었고, 결과적으로 제도에 대한 공무원들의 신뢰가 저하되는 경우가 많았다.

'역량기반 인적자원관리'기법 또한 다른 제도들과 마찬가지로 명확한 목적달성을 위한 개념의 정확한 정의나 방향 없이, 제도도입 대상에 대한 충분한 이해가 없는 제한된 참여자들에 의해 산발적으로 시도되고 있어서 이 논문의 발표 당시 많은 우려를 자아내고 있었다. 이러한 우려와 문제의식에 기초해서 이 논문은 역량기반 인적자원관리 시스템의 도입과 관련한 몇 가지 중요한 쟁점과 향후 제도의 바람직한 정착을 위한 정책적 시사점을 체계적으로 제시하고 있다는 점에서 매우 중요한 의의를 지니고 있다.

2. 논문의 주요 내용

이 논문은 '2000년대 이후 민간기업의 영향을 받아 정부에서도 기관별, 분야별로 다양한 형태의 역량기반 인적자원관리에 노력하고 있는데, 문제는 이러한 노력들이 다른 인적자원관리활동과의 연계 없이 부분적이고 분야별로 진행되고 있어서, 향후 인적자원관리의 분야별 활동들 사이의 밀접한 연결을 전제로 하는 종합적·체계적 관리가 필요하다'는 문제의식에서 출발하고 있다. 특히 정부업무의 특성이나 수요자의 현실 등에 대해 이해가 부족한 '민간컨설팅기관에 의존한 제도도입'은 많은 문제를 야기할 수 있다는 우려가 바탕에 깔려있다.

이처럼 역량기반 인적자원관리활동을 종합적 체계적으로 운용하기 위해서는 시스템화된 인적자원관리 모형을 설계하고, 임용(모집, 선발, 승진, 배치전환)·교육훈련·성과평가 보상 등 분야별 인적자원관리 활동들이 서로 효과적으로 연동될 수 있는 기반을 마련해야할 필요성이 있다는 전제 아래, 이 논문은 이러한 기반 마련을 위한 역량기반 인적자원관리시스템의 도입과 관련된 중요한 쟁점과 정책적 시사점을 제시하고 있다.

논의된 중요 쟁점으로는 1) 역량의 개념과 범위의 다양성, 2) 역량모델링의 엄밀성과 신속성의 조화, 3) 역량의 발견과 개발, 4) 역량모델의 정부조직/직무 적합성 등이며, 쟁점 분석을 통해서, 인적자원관리 분야별 역량모델의 차별화를 추구하면서 조직/직무 적합성을 확보하는 수요자 중심의 역량기반 인적자원관리 모형 설계가 무엇보다도 시급하다는 정책적 시사점을 제시하고 있다.

특히 인적자원관리의 각 활동 국면 별로 추구하는 목표가 다르기 때문에 역량모델의 성격에 대한 명확한 규정이 필요하며, 제도의 설계와 주안점에 따라 모델 선택을 달리해야 하므로 역량모델의 활용의 경우에도 차별화역량을 추구할 것인지 필수역량을 추구할 것인지에 대해서도 명확한 지향점이 있어야 한다고 제언하고 있다.

무엇보다도 현재 역량모델설계가 컨설팅업체 등과 같은 외부 공급자중심으로 이루어지고 있어서 조직/직무적합성 확보가 어려운데, 이러한 문제를 극복하기 위해서 장기적으로는 정부조직 내 인사부서에서 직접설계 운용할 수 있는 전문가를 양성하여 인사부서가 주도하는 '수요자 중심의 역량기반 인적자원관리시스템'이 구축되어야 한다는 점을 강조하고 있는 점이 특징이다.

3. 논문의 학문적 기여 및 정책적 시사점

이 논문은 다양한 학문분야 및 실무분야에서 연구 또는 제시되고 있는 역량관련 주요개념들을 학문적 연구뿐만 아니라 실무 관련 자료를 기초로 심도 있게 분석·정리하고 있어서, 연구자들이나 실무자들에게 전체적인 시각에서 역량을 이해할 수 있게 해주고 있다는 점에서 일차적인 기여를 하고 있다. 또한 역량의 범위, 역량모델링의 방법, 역량관리의 초점 등 역량과 관련한 중요한 쟁점들을 현실의 사례를 기초로 실제적으로 분석·제시하고 있다는 점에서 향후 제도개선을 위한 기본방향을 설정하는데 매우 유용할 것으로 평가된다.

무엇보다도 이 논문의 핵심기여와 문제의식은 3장의 선행연구와 컨설팅사례의 경향분석이다. 논문발표 당시는 역량기반 인적자원관리 제도가 도입되는 단계였기 때문에 학술적인 연구는 모델제시, 역량도출, 공공부문적용 시도 등 연구의 축적이 시작되는 시기였다. 따라서 문제는 학계의 연구가 이처럼 일천한 가운데 컨설팅 업체들의 역할이 점차 커지면서, 역량기반 인적자원관리에 관한 교육훈련과 프로젝트 수행에 있어서 공급자 중심의 시장이 형성되어 수요자로서의 정부조직이나 공무원들의 역할이 상대적으로 축소되었을 뿐만 아니라, 용어상의 혼란이나 쟁점에 대한 명확한 이해가 없어서 제도가 제대로 활용되고 있지 못하고 있었다. 무엇보다도 이러한 문제점들에 대한 명확한 인식이나 개선의지가 없어서, 제도의 올바른 정착을 위해 문제점들에 대한 체계적인 분석과 정책적 시사점 제시가 긴요한 상황이었다.

그러나 문제는 이 논문에서 당시 지적된 우려가 아직도 그대로 온존하고 있어서, 역량기반 인적자원 관리체계의 수립 및 관리체계에 대한 평가와 관련한 후속 연구가 없다는 점이다. 즉 아직도 이 논문에서 제기한 문제점이 해소되고 있지 못해서 이 논문에서 제시된 정책적 시사점이 아직도 유효하다는 점이다. 이처럼 이 논문에서 제기된 문제점이나 제언이 여전히 유효하다는 점에서는 논문의 의의와 기여도가 충분히 인정되지만, 다른 한편으로는 역량기반 인적자원관리라는 연구대상의 시간적, 공간적 한계라고 평가할 수 있을 것이다.

4. 최근 상황과의 비교

역량기반 인적자원관리는 현재 여러 기관에서 도입 시행하고 있으며, 특히 역량평가와 역량기반교육은 확대되고 있는 추세이다. 이러한 추세 속에서 민간컨설팅 기관에 대한 의존은 여전히 확대되고 있으며, 역량모델개발 및 역량기반 교육훈련 관련 연구나 역량의 성과에 대한 영향 연구 등 미시적인 연구가 다양한 분야에서 계속되고 있다.

이 논문에서의 핵심적인 문제제기는 공공부문에서 역량기반 인적자원관리 과정에서 공공기관이 민간컨설팅기관이나 컨설턴트에게 상당부문 의존하고 있어서 제도가 제대로 활용되고 있지 못하다는 주장이었다. 그러나 앞서 언급한대로 여기에서 제기된 문제점이 아직도 상당부분 그대로 온존하고 있어서, 역량기반 인적자원 관리체계의 수립이나 관리체계에 대한 평가와 관련한 새로운 연구나 후속연구가 거의 없다는 한계가 있다. 특히 이 연구에서 제시한 문제점은 다음과 같이 괄호안의 내용으로 수정하면 큰 차이 없이 여전히 유효하다는 점에서 향후 지속적인 실증연구의 필요성이 제기된다.

'초기의 컨설턴트들(현재의 컨설턴트들)은 정부와 공무원이라는 수요자의 현실, 즉 공무원의 사고체계, 정부가 사용하는 용어, 정부업무의 특성에 대해 전혀 이해가 없었던 것이 사실이고(여전히 이해가 부족하고), (현재도) 그러한 현실은 좀처럼 개선될 기미를 보이지 않고 있다'

'외부 컨설턴트가 미리 설계된 툴킷 속의 역량모델을 해당 조직의 업무에 맞추어 전환하려 하지만 해당 조직의 업무와 직무내용에 대한 이해 부족으로 상당부분 추상적인 역량 도출에 그치고 있어서(관련 공무원들이나 전문가들의 참여가 미흡하여) 해당 조직에서 실무에 적용하기에는 어려움이 따른다'

'역량기반의 인적자원관리 시스템의 도입이 분야별로 활발하게 이루어지고 있지만, 정작 해당 기관은 (여전히) 역량모델링의 전문가를 양성하지 못하여 외부 컨설팅 업체에게 그 설계를 위탁하는 사례가 더 많다'

'컨설팅 업체나 컨설턴트의 입장에서 보면 민간 기업에 비해 시장이 작은 정부부문에 특화된 업체로 성장하거나 정부부문에 특화된 전문가를 양성할 필요를 (여전히) 느끼지 못하고 있다'

5. 향후 연구에 대한 제언

최근 역량기반 인적자원관리는 그 필요성에도 불구하고 개발과 정착과정의 어려움으로 인해 체계적이고 종합적인 면에서의 활용은 활발하지 못하나, 역량평가와 교육훈련 분야에서는 활용도가 높은 것으로 평가된다. 그러나 연구의 측면에서는 역량평가센터의 질 연구(박소연·황인표, 2016), 특정역량연구(이선우·임현정, 2016), 역량기반교육훈련(이현영, 2013)에 관한 연구나 관리역량의 조직성과에 대한 영향(박통희·이현정, 2011:김다경·엄태호, 2014), 정부역량(김태형·장용석, 2014)에 대한 연구 등 미시적인 측면에서의 연구가 주를 이루고 있다.

따라서 이러한 분야별·내용별 미시적인 연구 외에도 종합적·체계적 측면에서 역량기반 인적자원관리제도가 제대로 활용되고 있는지에 대한 실증적 연구가 필요하고, 각 분야별·단계별 제도의 활용과 운영에 대한 분석이 심도 있게 진행될 필요성이 있다.

무엇보다도 이 논문에서 제시한 쟁점들에 대한 현재 시점에서의 분석과 점검을 통한 쟁점의 유효성 확인이나 새로운 정책적 시사점의 발견이 필요할 것이며, 특히 현재 단계에서의 새로운 쟁점이나 컨설팅사례의 주요경향을 업데이트해서 여전히 활발하게 시행되고 있는 역량기반 인적자원 관리체제의 발전에 기여할 필요성도 있을 것으로 평가된다.

아울러 현재 역량평가가 승진심사 수단으로 많은 기관에서 활용되고 있는 점을 감안하면, 이러한 제도가 타당성이 있는지, 다른 인사관리제도와의 연계성은 있는지 그리고 어떻게 관리되어야 할 것인지 등에 대한 실증적인 분석이 필요할 것이다. 또한 역량기반 인적자원관리체계 구축이나 평가과정에서 새로운 쟁점으로 참여자와 관리주체 및 기법상의 문제도 추가적으로 연구되면 좋을 것으로 생각된다.

공직자의 이해충돌방지제도의 입법화과정에 대한 연구:

2005년 백지신탁제도 도입을 중심으로

공직자의 이해충돌방지제도의 입법화과정에 대한 연구:
2005년 백지신탁제도 도입을 중심으로[*]

윤태범(한국지방행정연구원 원장)

∽ 프롤로그 ∽

이 논문은 공직자의 이해충돌을 방지하기 위한 제도의 하나로서 도입된 '주식 백지신탁제도'의 도입 과정 전반을 분석한 것이다. 공직자의 윤리가 제대로 확보되기 위한 핵심적인 방법의 하나로서 이해충돌의 방지가 강조되는데, 주식 백지신탁제도는 이를 위한 대표적인 방법의 하나이다. 우리나라에서 주식 백지신탁제도는 시민단체에 의한 최초의 도입 주장에서부터 국회에서의 입법화에 이르기까지 약 8년 정도의 긴 시간이 소요되었다. 이 기간 동안에 제도의 도입과 관련한 다양한 주체들의 문제인식과 역할, 그리고 상호작용 등을 종합적으로 세밀하게 분석하였다는 점에서 의의가 있다. 필자는 이 제도의 도입 전 과정에 직·간접적으로 참여하여 다양한 측면들을 비교적 세밀하게 관찰하고 확인할 수 있었다. 정책과정에 참여하지 않으면 확보 및 확인하기 어려운 많은 내용들을 논문 작성에 효과적으로 활용할 수 있었다.

우리나라에서 공직자의 윤리를 확보하기 위한 대표적인 법률은 1981년 제정된 공직자윤리법이다. 그러나 이 법은 그 중요성에도 불구하고 공직윤리 확보의 핵심인 이해충돌의 방지를 위한 핵심 규정들이 부족하였다. 공직자윤리법은 재산의 등록 및 공개 등을 주로 할 뿐, 등록된 재산과 담당 직무와의 이해충돌 가능성을 확인하거나 혹은 이해충돌을 회피하도록 하는 규정이 없었다. 주식 백지신탁제도는 공직자가 보유한 주식과 담당직무간의 이해충돌을 확인하고, 이를 적극 해소하도록 하는 제도이다.

---

[*] 이 논문은 2010년 『GRI 연구논총』 제12권 제3호에 게재된 글을 수정·보완한 것이다.

이 제도의 도입 필요성에 대한 주장은 1990년대 말부터 시작되었으며, 다양한 논의과정을 거쳐서 2005년 입법화되어 지금까지 활용되고 있다. 논문에서는 이 제도의 입법화 과정을 '문제 제기단계 − 공중의제 형성단계 − 정책 아젠다 형성단계 − 정책화(입법화)단계'로 구분하였으며, 각 단계별로 주요 참여주체들(시민단체, 국회, 정부, 전문가 등)의 활동과 상호작용, 그리고 논의내용들을 분석하였다. 이 제도는 시민단체에 의한 문제 제기에서 출발하였으며, 이후 입법화 과정에서도 시민단체의 적극적인 역할이 지속적으로 이루어졌다. 특히 시민단체는 단순한 문제 제기 차원을 넘어서 구체적인 법안을 마련하고, 이를 세미나를 통해 공론화하거나 혹은 입법 청원을 하는 등 입법화를 위한 구체적인 활동을 하였다는 점에서 긍정적으로 평가할 수 있다. 이 논문을 통해서 하나의 제도가 만들어지기 위해서 다양한 이해관계자들이 어떻게 상호작용하는지를 확인할 수 있었으며, 특히 국회에서의 논의과정은 곧 정치적 과정으로서 정책이 갖는 타당성과 합리성만으로 단기간에 입법화되기 어려움도 확인할 수 있었다.

이 논문은 새로운 제도의 도입과 관련하여 약 8년에 걸친 복잡한 논의과정을 분석하였다. 이를 위하여 제도 도입과 관련한 다양한 논의들을 다양한 자료들에 근거하여 종합적으로 정리 및 분석하였다는 점에서 연구의 의의가 있다. 많은 연구들이 정책 자체에 초점을 두고 이루어졌다면, 이 논문은 제도 도입 과정 전반에 걸쳐서 통시적으로 연구되었으며, 이를 위하여 다양한 자료들을 수집 및 분석하였다. 그동안 새로운 제도들이 많이 도입되고 있지만, 관련 자료의 부족 등으로 충실한 연구가 이루어지지 못하고 있다. 이것은 관련 연구 자체도 어렵게 하지만 제도의 지속적 관리와 개선 측면에서도 한계가 있다는 점에서, 제도와 관련한 충분한 자료들이 효과적으로 축적 및 관리될 필요가 있다. 필자는 다행히도 이 제도와 관련한 다양한 논의자료들을 확보하고 있었으며, 논의과정에 직간접적으로 참여하였기 때문에 이 논문을 작성할 수 있었다. 일반적으로 연구자가 정책 과정에 직접 참여하는데 한계가 있지만, 기회가 된다면 보다 적극적으로 정책과정에 참여하여 전문가로서의 역할을 다하고, 그 과정에서의 획득한 경험들이 연구에 반영되는 것도 매우 의미 있는 것이라고 할 수 있다.

주식 백지신탁제도는 공직윤리 확보를 위한 중요한 제도의 하나라는 점에서, 이와 같은 연구는 정책 일반에 대한 연구이면서 동시에 공직윤리에 대한 연구라고 할 수 있다. 우리의 경우 공직윤리를 주제로 한 연구가 다른 영역에 비하여 부족한 실정이며, 특히 주식 백지신탁과 관련한 연구는 더욱 더 찾기 어렵다. 공직윤리 및 동 제도가 갖는 중요성을 고려한다면 향후 보다 다양한 연구들이 수행될 필요가 있다. 특히 최근 사회적 가치와 책임, 윤리, 신뢰성 등이 정부영역에서 강조되고 있다는 점에서, 이와 관련된 주제들의 연구 필요성은 어느 때 보다도 높다고 할 수 있다.

제도나 정책들은 진공 속에서 만들어지는 것이 아니라 다양한 이해관계자들 간의 관계와 구조, 맥락 하에서 만들어진다는 점에서, 제도와 정책 자체에 대한 연구 이상으로 제도와 정책이 만들어진 논의과정이 중요하다. 이 논의과정 속에서 제도의 핵심적인 내용들이 논의되고, 또 구체적인 법과 제도로서 정리된다. 따라서 특정 제도를 연구함에 있어서 이와 같은 맥락과 구조, 상호작용을 시간의 흐름 속에서 연구하는 것은 매우 중요하다. 이러한 연구를 통해서 제도와 정책들을 보다 명확하게 이해하고 분석할 수 있을 것이다. 주식 백지신탁제도가 도입된 지 이제 10년 이상의 긴 시간이 흘렀다는 점에서, 제도 운영과 관련한 다양한 사례들이 축적되었다. 이 사례들을 토대로 제도의 운영 실태에 대한 보다 깊이 있는 연구가 이루어질 수 있을 것이다. 이 논문에서 보다 진일보된 깊이 있고 다양한 연구가 진행될 수 있기를 기대한다.

Ⅰ. 서 론

일부 주요 선진국들을 제외한 많은 국가들이 공직부패나 혹은 낮은 수준의 정부 신뢰 문제에 직면하여 있다. 물론 우리나라도 여기서 예외는 아니다. 그래서 OECD는 물론이고 UN 등에서도 여전히 공직윤리, 정부신뢰, 투명성의 제고의 필요성을 각종 권고를 통하여 지속적으로 강조하고 있다.

공직자의 윤리를 확보하기 위한 다양한 방법들이 활용될 수 있는데, 가장 기본적이고 효과적인 예방적 수단으로 '이해충돌방지제도'가 강조되고 있다. 즉 '이해충돌(conflict of interest)'은 공직윤리의 확보를 근원적으로 어렵게 하는 요인으로서, 이것이 제대로 관리되지 못할 때 부패 발생 가능성은 높아질 수밖에 없다.

그래서 미국, 캐나다를 비롯한 많은 선진 외국들은 공직자의 이해충돌을 방지하기 위한 다양한 제도들을 도입하여 활용하고 있는데, 이중 가장 대표적인 방법으로서 '백지신탁(Blind Trust)'제도를 들 수 있다. 이 제도는 공직 진입 전, 재직 중, 그리고 퇴직 후까지 공직 전 과정에 적용될 수 있는 유용한 공직윤리 확보제도로서 평가되고 있다.

우리나라도 공직자의 이해충돌 방지를 위한 제도로서 백지신탁제도가 지난 2005년 도입되었다. 물론 이미 도입한 외국의 경우와 비교하여 내용 등에 있어서 다소 차이는 있지만 공직윤리를 확보하기 위한 핵심적 제도를 도입하였다는 점에서 긍정적으로 평가할 수 있다.

그러나 우리의 경우 이 제도의 도입과정이 순탄하게 이루어진 것은 아니었으며, 많은 논란을 거쳐서 입법화되었다. 다양한 이해관계자들의 망 속에서 입법이 이루어지는 것이 당연하지만, 입법과정에서의 백지신탁제도 도입의 기본적 취지가 일부 상실되고, 제도 자체가 일부 왜곡되는 문제도 나타났다.

이와 같은 공직윤리제도의 핵심으로서 이해충돌 방지제도의 도입과 관련한 논의과정을 분석함으로써, 어떤 배경 하에 논의가 시작되었으며, 어떠한 이해관계자들이 논의과정에 참여하였고, 무엇이 쟁점으로 논의되었는가를 확인할 수 있다. 이를 통하여 향후 유사 제도의 도입에 유용한 시사점을 제공할 수 있을 것이다.

본 연구를 위하여 '백지신탁제도'의 도입 논의과정 전반에 대한 분석에 집중한다는 점에서, 본 연구는 기본적으로 사례연구 방법을 활용한다. 사례분석이 체계적으로 이루어지기 위해서는 특히 가장 중요한 입법과정에 대한 정밀한 분석이 필요하며, 이와 관련하여 관련 국회의 상임위원회, 본회의, 공청회 등의 내용을 분석하였다. 그리고 공직자의 윤리 및 이해충돌 방지를 위한 백지신탁제도의 내용 및 도입과 관련한 다양한 문헌을 체계적으로 연구하였다.

II. 제도 도입 및 논의의 배경

그 동안 공공부문의 부패방지와 윤리제고를 위한 많은 노력들이 있어 왔다. 그중에서 윤리제고라는 측면에서 가장 의미 있는 제도의 하나가 바로 지난 2005년 4월 국회에서 통과되어 2005년 11월부터 시행된 공직자윤리법상의 '백지신탁제도'이다.

이 제도의 직접적 목적은 공직자의 이해충돌(Conflict of Interest) 방지에 있지만,

궁극적으로는 공직자의 윤리 제고와 정부신뢰 확보에 있다. 우리나라 공직윤리 시스템의 확립이라는 측면에서 획기적 제도임에 틀림없다. 특히 이 제도가 시민단체에 의하여 이슈화되기 시작된 지 근 8년여 만에 우여곡절 끝에 법제화되었다는 점에서 매우 의미 있는 부패방지 및 윤리제고와 관련된 사례이다. 이와 같은 제도가 오랫동안 논의되고, 또 제도화될 수 있었던 배경에는 여러 가지가 있을 수 있는데, 이 중 중요한 몇 가지를 정리하면 다음과 같다.

1. 우리나라 공공부문 청렴도 수준에 대한 내외부의 부정적 평가

다음 <그림 1>에서와 같이, TI(Transparency International)가 매년 발표하는 공공부문에 대한 부패인식도(CPI) 조사에서 우리나라는 10점 만점에 간신히 5점을 넘는 낮은 상태로 조사되어, 국제사회에서도 한국의 부패가 심각한 것으로 받아들여지고 있다. 특히 백지신탁제도 도입 논의가 활발하게 이루어졌던 1998년부터 2005년까지만 보아도, 부패인식지수가 4점대를 벗어나지 못하는 매우 낮은 수준이었음을 알 수 있다. 이와 같은 사정은 최근 들어와서도 별로 나아지지 않았다. 2010년 조사 기준으로 OECD국가들의 평균 CPI는 6.97로 나타나서, 우리나라는 OECD 국가 평균보다 여전히 훨씬 낮은 수준임을 보여주고 있다.

또한 최근에 있었던 정당, 의회, 기업, 언론 등 주요 6개 사회 분야에 대한 세계부패바로미터(GCB: Global Corruption Barometer) 조사에서도 평균 3.9점(1-청렴, 5-부패)으로 세계 평균 3.6점에 미치지 못하는 것으로 나타났다. 특히 정당·의회 등 정치분야에 대해 부패하다는 인식이 높은 것으로 나타났으며, 공무원 사회의 경우에도

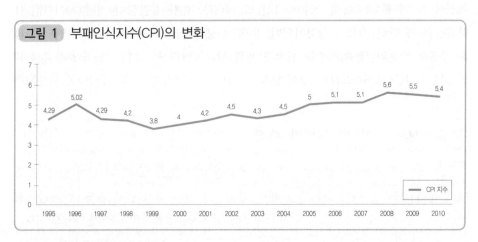

그림 1 부패인식지수(CPI)의 변화

자료: 국제투명성기구(TI) 각년도.

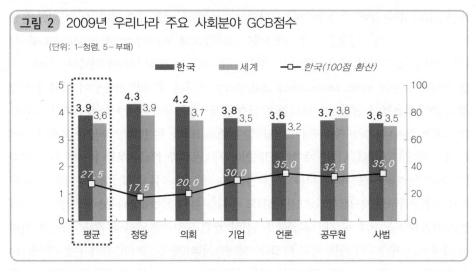

그림 2 2009년 우리나라 주요 사회분야 GCB점수

자료: 국민권익위원회. 내부자료.

청렴도에 문제가 있는 것으로 조사되었다(<그림2> 참조).

　공공부문을 비롯한 사회 전반의 청렴도 수준에 대한 낮은 평가는 곧 사회 전반에 대한 국민들의 신뢰도 저하로 이어지게 되는데, 이것은 실제 조사결과에서도 나타났다. 다음의 표는 공공부문에 대한 국민들의 신뢰도를 한국과 미국을 비교하여 보여주고 있는데, 한국의 공직자에 대한 국민들의 신뢰성이 미국과 비교해볼 때 매우 낮음을 알 수 있다. 특히 중앙정부와 의회에 대한 신뢰도가 미국과 비교하여 상대적으로 매우 낮은 것으로 조사되었다.

표 1 공공분야의 대국민 신뢰도

	중앙정부	지방정부	의회	NGO
한국	3.3	3.9	3.0	5.4
미국	5.9	6.1	6.0	6.8

출처: KID조사(2006), US News & World Report(2005)

2. 이해충돌에 대한 인식 부재와 미흡한 공직윤리시스템

　일반적으로 이해충돌은 '공무원들에 공적으로 부여된 직무수행상의 의무와 사인으로서의 개인의 사적 이해의 충돌'을 의미한다. OECD(2003:53)에서는 '공무원의 공직과 사적 이익 사이의 충돌로서, 공직자의 사적 이익에서 나타나며, 이 이익들은 공직수행에 부정적인 영향을 미칠 개연성이 있다'고 보다 구체적으로 정의하고 있다.

이해충돌 회피의 가장 기본적인 원칙은 '누구도 자신의 사건에 대하여 판결할 수 없다(No one may judge his/her own case)'이다. 이러한 원칙은 자신만이 아니라 부적절한 의사결정에 영향을 미치는 가족 구성원과 여타 사적 관련자들에게도 확장되는 것으로 인식된다. 그리고 이러한 원칙은 시간이 지나면서 권력의 분립 원칙과 최근에는 공-사 부문의 접촉 증대에 따른 구축되는 거버넌스에도 적용되는 것으로 해석되고 있다(OECD, 2003:1-3).

공무원도 사람이라 사익을 추구하는 것은 본능적인 것이다. 즉 아무리 공정하게 공직을 수행하고 싶어도 자신의 이익이 직접 관련되거나 본인이 잘 아는 사람과 관련된 경우에는 공정한 직무수행이 어렵다. 이해충돌의 회피는 바로 이와 같은 상황에서 벗어나도록 하기 위한 예방적 장치로서 이해된다.

물론 이해충돌이 부패문제로 바로 연결되는 것은 아니다. 직접적으로 연결되는 경우도 있지만, 일정한 시간 간격을 두고 문제가 발생할 수 있다. 때문에 공직 임용 대상자에 대해서, 임용 예정자가 보유하고 있는 주식이나 재산과 관련하여 이해충돌의 문제를 제기할 경우, 대부분 자신은 소유재산과 관계없이 공정하게 직무를 수행할 것이며, 아직 이해충돌을 일으키지 않았음을 주장하며 이해충돌의 적극적 회피를 거부한다. 그러나 문제가 발생한 후에 대응하는 것은 의무론적 입장에서 이해충돌 회피가 지향하는 가치는 아니다. 왜냐하면 부패행위나 공정성을 상실한 비윤리적 행위가 발생한 후에 이해충돌의 문제를 제기하는 것은 결과주의적 입장에서 벗어난 것이 아니기 때문이다. 즉 이해충돌 회피의 법제화, 제도화에 있어서는 행위의 고의성, 자의성, 결과에 대한 판단을 처음부터 배제하고자 하는 것이 이해충돌에 대한 법제화의 기본적인 입장이기 때문이다.

이해충돌의 회피를 강조하는 중요한 이유의 하나는 민주주의의 근간이라고 할 수 있는 대리인 관계(제도)의 신뢰성 유지에 있다. 즉 이해충돌의 문제에 직면하는 사람들은(즉 공무원들을 말하며, 기업체의 직원들도 대표와의 관계에서는 마찬가지로 대리인의 신분이다) 모두 대리인(agent)의 신분으로서 주인(principal)과 관계를 맺고 있다. 주인과 대리인간에는 신탁에 의한 대리, 즉 위임의 관계가 설정되어 있으며, 그 대리의 관계는 상호간의 신뢰성으로 유지되어야 할 것이다. 이해충돌은 이와 같은 신뢰성 있는 대리인 관계를 실패하게 만드는 가장 대표적인 요인으로 작용한다.

주인은 대리인의 성실한 신탁업무 수행을 담보하기 위하여 대리인에 대하여 일정한 요건을 주장할 권한을 갖고 있다. 그 대표적인 것이 바로 대리업무 수행과정에서 주인(국민이나 대통령)을 배반할 수 있는 '이해충돌'에 직면하지 말 것을 요구하는 것이다. 즉 근본적으로 이해충돌이 없는 사람이 대리인으로 선임되어야 할 것이며, 부득이 이해충돌이 있는 사람을 선임하였거나 사전에 이해충돌의 가능성 문제를 확인하지 못한 경우에는 이것의 해소를 요구해야 한다. 이것이 바로 이해충돌의 회피이다. 적어도 민주주의의 근간에 비추어 본다면, 이해충돌의 회피는 임의로 선택할 수 있는 것이 아니라, 원래부터 이해충돌은 없어야 하며, 부득이 이것이 발생할 경우에는 이를 회피하는 행위를 하거나, 그것이 불가능하거나 혹은 이해충돌의 회피에 동의하지 않는다면 대리인 관계를 철회하는 것으로서 보다 적극적으로 이해충돌의 문제를 해결할 수 있다.

이해충돌은 그 자체로서 중요성을 지니고 있다. 체계적인 이해충돌 회피제도를 운영하고 있는 것으로 평가되는 미국의 경우, 당연히 이해충돌 자체를 윤리성 확보를 위한 핵심의제로 보고 있는 것이지, 이로 인하여 발생하는 문제를 우선하여 강조하는 것은 아니다.

그런데 우리나라의 경우 이해충돌의 회피 및 이것의 제도화는 2000년대 초반까지도 매우 미흡한 실정이었다. 공직자윤리법에 규정된 많은 조항들이 사실상 이해충돌의 회피 문제와 밀접하게 관련되어야 함에도 불구하고, 관련 규정들이 모호하였으며, 미약한 규정조차도 제대로 실행되지 못하였다.

2002년 2월 18일 대통령령으로 제정된 '공무원의 청렴유지 등을 위한 행동강령'에도 부분적으로 이해충돌의 회피를 위한 조항(이해관계 직무의 회피)이 포함되어 있다. 그러나 이것은 재직 중 공무원의 직무수행에 국한된 것이다.

이해충돌의 회피를 위한 제도적 근거는 공직윤리의 제고를 입법의 주된 목적으로 하고 있는 공직자윤리법에 마련되어 있어야 할 것이다. 이와 같은 공직자윤리법은 지난 1981년 12월 31일 제정되어 1983년 1월 1일부터 시행되기 시작하였으며, 지금까지 20여 차례의 크고 작은 개정을 거쳐서 지금까지 이르고 있다.

1981년 처음 제정 당시의 공직자윤리법은 매우 허술하여 등록된 재산에 대한 공개를 금지하고 또한 규정위반에 대한 구체적인 처벌규정을 갖고 있지 못하였었다. 이와 같은 문제점에도 불구하고 이 법은 오랫동안 개정되지 못하고 유명무실하게 운영되다가, 김영삼 정부가 들어선 1993년 6월과 7월에야 공직자윤리법과 동시행령이 비교적 전향적으로 개정되었다.[1]

---

1) 1993년의 4차 개정법은 확실히 종전과 비교하여 매우 진전된 내용을 담고 있었다. 이 때의 주

공직자윤리법의 기본적 목적은 공직자 및 공직후보자의 재산등록과 공개를 제도화하고, 공직을 이용한 부당한 재산취득 규제, 공직자의 선물신고, 퇴직공직자의 취업 제한 등을 통해 공직자 재산의 부정 증식 방지와 공무집행의 공정성을 확보하여 공직자의 윤리를 확보하는데 있다(공직자윤리법 제1조). 1981년 제정 이후 수십 차례의 개정을 통하여 이와 같은 목적을 달성하기 위하여 상당히 체계적으로 발전하여 왔다고 평가할 수는 있다.

그러나 기존 공직자윤리법은 그 명칭에도 불구하고, 공직자의 재산등록에 대한 것이 동법의 대부분을 차지하고 있으며, 처벌에 대한 규정도 재산등록과 관련된 것이 대부분이었다. 물론 공직윤리의 확보에 있어서 재산등록과 공개가 차지하는 중요성도 결코 무시할 수 없지만, 기존 공직자윤리법은 그 명칭에 버금가는 내용을 담고 있지 못한 실정이었다. 특히 공직자의 윤리 확보와 관련하여 가장 중요하게 고려되어야 할 직무관련 이해충돌 규정은 포함하지 못하고 있었다. 이로 인하여 그 동안 이해충돌과 관련된 사례들이 빈번하게 발생하였으며, 빈번하게 고위 공직자의 직무수행과 관련한 공정성 시비가 발생하였다.[2]

입법의 미비로 인하여 그동안 이와 같은 이해충돌 사례가 법률적으로는 문제가 되지 않았지만, 결국 관련 업무에 대한 공정성 시비를 야기하여 관련 공직자만이 아니라 정책과 정부에 대한 불신을 야기하였으며, 또 실제로 불공정한 공직수행을 발생시키기도 하였다.

이와 같은 제도의 미비가 공직부패의 발생 및 낮은 청렴도로 연결된다는 지적은

요 개정안은 다음과 같다.
- 재산등록 의무자의 범위를 확대하여, 일반직의 경우 3급에서 4급 이상으로 확대하였다.
- 재산등록시 소유자별로 재산 취득일자, 경위, 시기 등을 기재하고, 소명자료를 첨부하도록 하였다.
- 허위등록 등에 대한 구체적인 징계규정(경고,해임 등)을 마련하였다.
- 공직자윤리위원회 구성을 변경하여, 종전에는 위원 9인 중 7인이었던 공무원수를 4인으로 축소하였다.
- 1급 이상 공무원, 3급 이상 세관장, 치안감 이상의 경우, 등록된 재산을 공개하도록 하였다.
- 공직선거후보자의 경우에도 재산을 등록하고 공개하도록 하였다.
2) 예를 들어서 국회의 특정 상임위원회에서 이해충돌을 야기할 수 있는 직무관련성이 높은 기업을 운영하고 있는 국회의원이 활동하는 사례, 정보통신 관련 주식을 보유하고 있으면서 이와 밀접하게 관련되는 상임위원회인 과학기술정보통신위원회에서 활동하는 국회의원, 특정 기업의 주식을 보유하고 있으면서 이에 실질적인 영향을 미칠 수 있는 정책을 담당하고 있는 부처의 장차관직을 수행하는 사례, 금융 감독기능을 수행하는 기관에 근무하면서 금융관련 주식을 보유하고 있는 사례 등 이해충돌을 야기한 사례들이 그 동안 비일비재하였다.

표 2 우리 사회 부패발생의 원인

(단위: %)

항 목	일반국민	기업인	외국인	여론선도층
부패에 관용적인 사회문화	24.4	29.4	32.0	25.2
부정부패에 대한 관대한 처벌	23.1	17.7	17.5	19.0
정치과정에서의 부패구조	20.1	10.9	15.0	12.6
법/제도 · 불합리한 행정규제	17.8	29.3	15.5	24.2
개인의 윤리의식 부족	13.3	12.1	18.0	18.6

자료: 국민권익위원회(2009) 내부자료.

실제 조사에서도 나타났다. 즉 2009년도 국민권익위원회 조사에 따르면, 우리 사회에서 부패가 발생하는 원인으로서, "부패에 관용적인 사회문화"를 제외할 경우, 가장 많은 응답으로서 '법제도 및 불합리한 규제'를 들고 있다. 문화와 제도는 매우 밀접하게 연결되어 있는 것으로서, 결국 부정적 사회문화가 법과 제도의 정상적인 작동을 어렵게 하며, 동시에 잘못 만들어진 제도는 부정적 사회문화를 고착화시키는 역할을 하게 된다는 점에서, 제도 개선이 갖는 중요성을 시사하고 있다고 할 수 있다.

3. 선행연구와 본 연구의 주요 분석내용

1) 선행연구

본 연구의 핵심주제인 공직자의 이해충돌, 백지신탁제도, 그리고 이것의 입법화 등과 관련한 선행연구 실태를 조사하였다. 조사대상은 한국행정학회 및 한국정책학회 창립 이후 발간된 학회보의 게재논문과 양 학회 주관으로 개최된 세미나의 발표논문, 그리고 관련 연구용역보고서 등을 조사하였다[3]. 물론 다른 학회의 학회보와 세미나 등을 통하여 발표되기도 하지만, 여기에서는 우리나라의 대표적인 2개 학회를 대상으로 조사하였다. 그런데 이와 관련한 연구는 한국정책학회에서는 빌표되시 않았으며, 한국행정학회를 통해서만 발표된 논문들을 확인할 수 있었다. 이를 표로 정리하면 다음과 같다.

---

3) 학회보와 관련된 논문은 양 학회의 홈페이지 및 관련 학회보 및 세미나 자료집을 통하여 전수 조사하였으며, 관련 연구용역은 행정안전부가 운영하는 정책연구용역 관리 사이트인 프리즘(www.prism.go.kr) 및 관련 부처들(행정안전부, 국민권익위원회 등)의 홈페이지 등을 통하여 조사하였다.

| 표 3 | 이해충돌 및 백지신탁 관련 선행 연구 목록 |

구분	종류	관련 논문
한국 행정 학회	세미나	김호섭(2002), 고위 공직의 윤리 윤태범(2003a), 공직자 윤리확보를 위한 정책방안 윤태범(2003b), 공직자 윤리법의 문제점과 개정방향 윤태범(2004), 공직윤리 확보를 위한 이해충돌 회피의 제도화 방안 박흥식(2008), 이해충돌법 연구
	학회보	박흥식(2008), 공직자의 이해충돌 행위의 개선을 위한 연구
연구 용역 보고서	보고서	부패방지위원회(2003), 공무원 행동강령 이행체계 구축방안 부패방지위원회(2003), 이해관계 직무회피를 위한 제도개선 방안 행정자치부(2004), 공직자윤리제도 개선방안 연구 국가청렴위원회(2005), 비위 면직자 취업제한제도 개선방안 투명사회협약실천협의회(2005), 투명사회협약 입법안 수립 국가청렴위원회(2006), 공직자의 퇴직후 취업제한제도 개선방안

<표 3>에서 보는 바와 같이, 공직자의 이해충돌 문제를 다룬 논문은 한국행정학회를 통해서만 발견되었다. 먼저 이해충돌과 관련한 논문이 한국행정학회 세미나에서 발표되기 시작한 것은 2002년부터이다. 김호섭(2002)은 기존의 공직자윤리법 체계에 기초하여 개선의 필요성을 강조하면서, 이해충돌 규제에 대한 원칙을 강조하였으며, 백지신탁제도에 대한 논의는 하지 않았다. 윤태범(2003a)은 공직자의 윤리 확보를 위한 방안으로서 공무원 행동강령의 제정을 강조하면서, 이를 위한 기본적 논의의 전제로서 공직자의 이해충돌 방지를 강조하고, 구체적인 사례로서 미국의 이해충돌 관련 법령을 구체적으로 소개하였다. 이어서 윤태범(2003b)은 당시 공직자윤리법의 문제점을 지적하면서, 개선대안의 하나로서 공직자의 이해충돌방지를 위한 미국의 백지신탁제도를 도입할 것을 처음으로 제시하였으며, 보다 구체적인 대안을 다시 2004년 논문에서 발표하였다. 이와 같은 논문들은 모두 공직자윤리법에 백지신탁제도가 도입되기 이전에 이루어졌다. 백지신탁제도가 도입된 이후에 발표된 논문으로서 박흥식(2008)의 공직자 이해충돌 행위의 개선을 위한 연구를 들 수 있다. 박흥식은 이해충돌에 대한 개념적 논의와 더불어, 법적 측면에서 이해충돌 관련 법의 개정방안을 제시하였다.

공직자의 이해충돌 방지나 혹은 백지신탁제도에 대한 학회에서의 논의가 활발하지 않은 반면, 정부에 의한 관련 연구용역은 상대적으로 적지 않았다고 할 수 있다. 약 6건 정도의 연구보고서가 간행되었다. 이 연구과제들은 모두 공직자의 이해충돌

방지를 주요 주제로 다루었다. 특히 행정자치부(2004)의 연구보고서에서는 공직자의 이해충돌을 방지하기 위한 구체적인 제도로서 백지신탁제도 도입을 제시하였으며, 이것은 이후 행정자치부에 의한 제도 도입의 주요한 근거가 되었다는 점에서 의미있는 연구보고서라고 할 수 있다. 공직자윤리법의 주무부처가 아닌 국가청렴렴위원회(이전의 부패방지위원회)가 이해충돌과 관련한 다수의 연구보고서를 낸 것은 당시 이해충돌의 방지를 핵심적 내용으로 하는 공무원 행동강령 제정을 추진하였으며, 동시에 부패방지법의 개정방향으로 이해충돌의 방지 강화를 제시하였기 때문이다. 그리고 투명사회협약실천협의회(2005)도 당시 정부-국회-기업-시민사회간에 이루어졌던 투명사회협약의 실천과제의 하나로서 백지신탁제도 도입방안을 보고서를 통하여 제시하기도 하였다.

그러나 이와 같은 논의들은 공직자의 윤리제고를 위한 이해충돌 방지의 중요성 및 이것의 대안으로서 백지신탁제도의 도입을 강조하였으며, 동 법안의 제시에서 부터 국회에서의 구체적인 입법과정에 이르는 전 과정을 분석한 것은 아니었다.

2) 분석의 틀과 주요 분석내용

이 논문은 우리나라에서 공직자의 윤리 확보를 위한 방안의 하나로서 도입된 공직자윤리법상의 '백지신탁제도'의 도입과정에 대한 사례분석을 하였다. 이 제도의 도입과 관련한 문제 제기 및 관련 법안의 청원활동에서부터 국회에서의 입법화까지 많은 기간이 소요된 입법사례라는 점에서 정리의 어려움이 있다. 즉 오랜 기간 동안 진행되었던 관련 주체들의 활동과 관련한 다양한 자료들을 일목요연하게 수집, 정리되어있는 것이 아니라는 점에서, 이에 대한 연구기간이 많이 소요되었다. 특히 국회에서의 논의과정을 분석하기 위해서는 각 회의별로 구체적인 발언내용 등에 대한 분석이 필요하였다. 이와 같은 어려움은 사례연구에서 공통적으로 직면하게 되는 문제점이기도 하다. 그러나 이와 같은 연구를 통하여 제도의 도입과 관련한 다양한 자료들이 체계적으로 수집, 분석, 정리되고, 이를 토대로 구체적인 논의과정이 확인되며, 논의에 참여하였던 이해관계자들간의 상호작용의 양태를 확인할 수 있다. 특히 이 제도의 도입은 시민단체 주도의 대표적인 입법사례라는 점에서, 사례연구로서의 의미가 크다고 할 수 있다.[4]

---

4) 정책의 입법과정에 대해서는 연구성과가 그렇게 많지 않다. 방민석(2006)의 경우 자치단체의 입법과정에서 전자적 시민참여 문제를 논의하였으며, 박대식(2004)은 제도주의 관점에서 역대정부의 조직개편을 개괄적으로 살펴보았다. 그리고 이동윤(2006)은 국회의 입법과정에서

| 표 4 | 본 연구의 주요 분석내용 |

사례의 정책 단계 구성		주요 분석내용
단계	주요 관련 내용	
문제 제기 단계	시민단체 등에 의한 문제 제기 활동	• 주요 참여주체(시민단체, 정부 등) • 참여주체간 상호 작용 양태(협력, 갈등 등) • 주요 활동(문제제기, 법안마련, 입법활동 등) • 핵심 쟁점(입법화 필요성, 위헌 가능성 등)
공중의제 형성 단계	정당의 지지와 수용 및 관련 법안 제출	
정책 아젠다 형성 단계	정부의 의제 수용과 입법안 마련	
정책화(입법화) 단계	국회에서의 입법과정	

이 사례는 넓은 의미에서 정책과정이라고 할 수 있다. 정책과정에 대한 일반적 모형은 다양하게 제시되어 있다. 예를 들어서 anderson(2002)은 '(문제 인식에 따른) 의제설정 – 대안의 형성 – 정책 채택 및 집행 – 평가'의 구조로 설명하며, dunn(2008) 은 '의제설정 – 정책형성 – 정책채택 – 정책집행 – 정책평가'의 단계로 정책과정을 설명 하고 있다. 그러나 이와 같은 모형들은 정부의 활동을 핵심으로 다루고 있다는 점에 서, 이 연구의 사례와 같이 시민단체 주도적인 사례를 설명하기에는 다소 부족하다. 반면 eyestone(1978)은 의제설정 단계를 강조하여, '사회문제 – 사회적 이슈 – 공중의 제 – 정책의제'를 제시하였다. 따라서 본 연구에서는 분석하고자 하는 사례는 '시민단 체 – 정치권 – 정부 – 국회' 등 매우 광범위한 영역의 주체들이 참여하여 입법화된 사 례라는 점에서, 이 사례의 특성에 맞게 앞서의 모형들을 통합하여 다음과 같이 정리 하였다. 즉 '문제 제기단계 – 공중 의제 형성단계 – 정책 아젠다 형성단계 – 정책화단 계'로 구분하였으며, 각 단계별로 참여 주체들의 활동, 참여주체들간의 상호작용, 그 리고 논의과정에서의 주요 쟁점들을 분석하였다.

Ⅲ. 미국의 백지신탁제도 도입배경과 내용

백지신탁제도를 포함한 이해충돌의 회피를 위한 제도적 노력은 이미 많은 국가 들에서 다양하게 이루어져왔다. 특히 OECD의 주요 선진국 대부분은 공직자의 이해

시민단체의 법안이 어떻게 처리되었는가를 분석하였다. 전체적으로 하나의 법안이 문제 제기 단계에서 최종 입법화 단계까지 전 과정을 종합적으로 분석한 사례는 한국행정학회보와 한국 정책학회보에서 확인하지 못하였다.

충돌 방지를 위하여 다양하고 체계적인 제도적 장치들을 꼼꼼하게 마련하여 활용하고 있음을 알 수 있다.

OECD 국가들에서의 전반적인 이해충돌 방지제도 현황을 살펴보면, 공무원법에 대한 규정에서부터 지시나 규정, 협정, 강령, 지침에 이르기까지 다양한 방법으로 제도화하고 있음을 알 수 있다. 대표적으로 미국은 형법, 뇌물 및 이해충돌 방지법, 공무원 윤리강령, 비망록 등 고려할 수 있는 대부분의 방안들을 통하여 공무원의 이해충돌을 방지하기 위한 조치를 취하고 있음을 알 수 있다. 그리고 이해충돌을 회피하는 방안에 있어서는, 가장 많은 국가들이 선물이나 혜택의 거절을 규정하고 있으며, 이어서 사익의 제한, 사임, 직무이동, 투명성 제고, 그리고 백지신탁 등을 이해충돌을 회피하기 위한 방법으로 활용하고 있다.

표 5 OECD 국가에서의 이해충돌 관련 법규들

형태	국가별 구체적 법규
기본 법규 (법령 등)	• 폴란드: 공무원법(1988), 공공기능을 수행하는 공무원에 의한 기업활동 제한 법(1997) • 터키: 이익의 선언과 부패방지에 관한 법(1990) • 오스트리아: 공무원 강령, 사법강령 • 미국: 형법중 뇌물, 독직과 이익충돌 규정(Title18, Ch.11,) • 아이스랜드: 공무원법(1996), 행정법(1993) • 그리스: 공무원 강령(법 2683/1999)
부수적 법규 (지시, 규정 등)	• 독일: 연방행정상 부패방지에 대한 조항(1998) • 미국: 공무원의 윤리적 행동의 원칙(대통령지침 12731/1990)
법적 문서 (령, 협정 등)	• 캐나다: 하원의 상설적 규정 • 스웨덴: 공공부문 특별협정 • 아일랜드: 재무부 회람 • 덴마크: 옴부즈만 연례 보고서
행동강령	• 아일랜드: 정부가 승인한 각료 핸드북(1998) • 캐나다: 공무원의 이익충돌과 퇴직후 고용에 관한 강령(1994) • 영국: 공무원 관리강령(1995) • 미국: 공무원의 윤리적 행동의 표준
비법적인 문서 (지침, 조언 등)	• 캐나다: 윤리감독관의 지침 • 미국: 비공식적 자문서, 비망록 등(OGE), 비망록(법무부) • 덴마크: 각료와 공무원간 관계에 대한 가이드라인(1998)

자료: OECD(2003). Managing Conflict of Interest in the Public Service 자료 재정리.

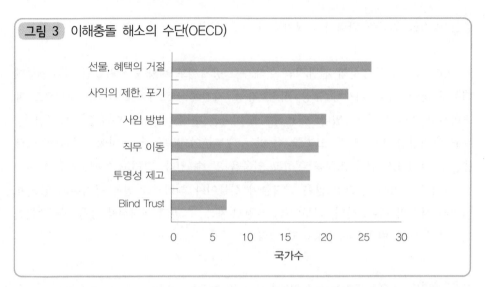

그림 3 이해충돌 해소의 수단(OECD)

자료:OECD(2003). Managing Conflict of Interest in the Public Service. p.74.

이와 같은 OECD 국가의 사례 중에서, 미국은 이해충돌의 방지를 위한 제도적 수단으로서 백지신탁제도를 오래전부터 운영하여 왔다는 점에서, 동 제도를 도입한지 얼마되지 않은 우리에게 시사하는 바가 매우 크다.5)

미국의 경우 처음부터 명료한 법에 기초하여 백지신탁제도가 활용되었던 것은 아니다. 백지신탁제도가 본격적으로 활용되기 시작한 것은 1953년 아이젠하워 대통령이 등장하면서부터 시작된 것으로 알려지고 있다. 즉 당시의 재정적 이해충돌이 중요한 사회적 문제로 등장하고 있는 상황 속에서, 대통령과 고위 연방공무원들은 재정적 문제에 대한 국민들의 의혹으로부터 벗어나기 위하여 백지신탁에 자신들의 재산을 신탁하기 시작한 것으로 알려졌다. 1978년 정부윤리법이 제정될 때까지, 역대 대통령 후보자들은 백지신탁 계약의 세부사항에 대해서는 별도의 통일된 규정이 없었기 때문에 법무부 및 상원 인준위원회(confirmation committee)와 협의하여 처리하곤

---

5) 미국과 우리나라는 정치적 배경에서 사회, 경제적 환경까지 많은 차이가 있다. 그러나 우리의 경우 공직윤리제도의 상당부분이 미국의 제도에 기초하여 제도화되어 있다. 대표적인 것이 공직자윤리법과 공무원행동강령이라고 할 수 있다. 그리고 최근에는 고위직 인사검증이나 청문회 제도와 관련하여 미국의 관련제도를 적극 활용하려고 하고 있다. 이와 같은 점들을 고려하면, 우리가 제도 도입을 함에 있어서 미국의 관련 제도의 도입배경이나 내용을 구체적으로 확인해보는 것은 매우 의미가 있다. 외국의 제도를 활용함에 있어서 우리는 늘 제도적 외형만 모방을 하였을 뿐, 외국의 제도가 만들어진 배경이나 구체적 활용에 대해서는 충분히 확인하지 못하였다. 이와 같은 점에서, 본 연구에서는 미국의 백지신탁제도의 도입 배경과 구체적인 내용을 정리하였다.

하였다.6)

1977년 대통령 후보자와 대통령 지명자에게 적용하기 위한 새로운 윤리지침이 마련되었다. 이 지침은 고위직 대통령 지명직들의 상세한 재정적 공개(Financial Disclosure)를 요구하고 있으며, 이를 통해서 재정적 이해의 충돌이라는 외양을 만들어내는 상황을 해소할 것을 요구하고 있다. 예를 들어서 고위직 재직이라는 공적 경험을 이용하여 돈을 버는 것을 막기 위하여, 당시 대통령 당선자인 카터는 그의 후보자들과 지명자들이 정부를 떠난 1년 동안은 어떤 일이 있어도 자신의 전직장을 대상으로 로비하지 못하도록 하였다.

약 30년 가까이 명료한 틀이 없는 상태에서 운용되던 백지신탁제도의 비공식성을 공식화하는 여론이 형성되었으며, 이러한 흐름의 결과 1978년 제정된 정부윤리법에 백지신탁에 대한 규정들이 포함되게 되었다. 정부윤리법은 적격한 분산신탁과 적격한 백지신탁이라는 2가지의 백지신탁 방법을 제시하고 있다. 그리고 동시에 이 제도의 운영과 관련하여, 정부윤리국(OGE)을 설치하여, 백지신탁제도의 운영에 대한 권한을 부여하였다. 이렇게 백지신탁 제도가 법적 장치를 마련한 후, 백지신탁이 보다 활발하게 이루어졌다.

그러나 백지신탁제도 자체의 활용의 불편함 등에 대한 지적으로 이에 대한 보완 논의가 이루어졌으며, 그 결과 1989년 윤리개혁법에는 '처분 인증서(certificate of divestiture)'의 발행에 대한 규정이 포함되었다. 이 규정에 따라서, 연방윤리규정에 순응하기 위하여 재정적 이해가 걸려있는 자산을 매각할 것을 요구받고 있는 공무원들은, 자산의 매각으로 인하여 부담해야 하는 세금을 면제받게 되었다.

미국에서의 백지신탁 제도의 의미는 재정공개제도와 이해충돌의 회피라는 제도를 통하여 제대로 이해될 수 있다. 이 2가지 제도의 적절한 조화가 바로 백지신탁으로 제도화된 것이라고 볼 수 있기 때문이다.7) 모든 공무원들은 공직에 들어오기 전 혹은 공직에 있으면서 일반 시민들과 마찬가지로 다양한 사적 재산을 갖고 있다. 그

---

6) 전형적인 백지신탁 계약은 대통령이나 고위직의 자산을 이들과는 독립적인 위치에 있는 피신탁자가 관리하도록 하는 약속의 일종이다. 신탁계약을 통해서 수탁자에게는 당해 공무원에게 자세한 거래내역을 통지하지 않고서도 신탁된 자산을 자유롭게 매각하거나 살 수 있는 권한이 부여되었다. "신탁"이라는 용어가 상징하듯이, 백지신탁은 국민들의 "신뢰"를 확보하기 위하여, 신탁자와 수탁자 사이의 "신뢰"에 근거하여 운용되는 "신뢰" 유지 제도라고 할 수 있다.
7) 미 대법원의 판결의 표현을 빌리면, "정부를 대신하여 일하는 공무원이 수행하는 직무가 자신의 사적인 재정적 이해관계에 영향을 미치게 된다면, 아무리 선한 사람이라 하더라도 공정한 판단이 훼손될 수 있다(*United States v. Mississippi Valley Generation Co.*, 364 U.S. 520, 549(1960))."는 것이다. 이해충돌은 이와 같은 공정성을 확보하기 위한 전제조건의 하나로서 성립되는 것이다.

러나 공무원들은 이해충돌을 피하기 위하여 이와 같은 사적인 재산으로부터 어느 정도는 떨어져 있을 것을 요구받고 있는 것이다. 이를 위하여 연방법이 이해충돌을 회피를 위하여 요구하는 가장 기본적인 방법이 바로 '자격의 박탈(disqualification)'과 '재정 공개(financial disclosure)제도'이다.

자격의 박탈(disqualification)은 공무원(혹은 공무원과 아주 가까운 사람, 자식, 부인 등)이 재정적 이해를 갖는 경우, 공무원은 특정한 정부 문제에 대해서 공적인 행동이나 권고 등을 해서는 안된다는 것이 이해충돌관련 법의 기본적인 사고이다(18 U.S.C. §208). 물론 대통령이나 부통령, 의원은 이러한 자격의 박탈이라는 규정의 적용에서 제외된다(18 U.S.C. §202ⓒ). 이를 제외하고, 이해충돌의 관계에 있는 공무원들은 자격이 박탈(disqualify)되거나 혹은 회피(recusal)되어야 한다.

재정 공개(Financial Disclosure)는 1978년의 정부윤리법에 따라서 이해충돌의 규정을 강화하고, 윤리적 문제를 야기하는 재산의 소유를 방지하고, 고위직의 윤리적 행동과 관련되는 재산의 소유를 공개하도록 하기 위하여 마련되었다(5 U.S.C. app. §§101). 다만 신탁의 경우에 있어서, 규정상 다음의 3가지 중(백지신탁 등) 어느 한가지에 해당하는 경우, 이 조항의 적용에 예외가 된다(5U.S.C. app.§102(f)(1)). 그것은 ① 적격한 백지신탁 ② 신탁을 함에 있어서 공무원이 재산상태에 대한 정보를 전혀 모르고 있으며, 제3자에 의하여 창설된 경우, ③ 적격한 분산신탁의 경우이다(5 U.S.C.app. §§102(f)(2),(3)–(8)). 선출직 연방공무원, 즉 대통령, 부통령, 의원들이 이 규정의 주 적용대상이 된다.

이해충돌 규정의 적용대상 공무원으로부터 입직시 재정보고서와 재직중 재정보고서를 제출받으면, 이 자료는 소속 기관의 윤리담당자(DAEO)에게 제출되며, 윤리담당자에 의하여 이해충돌의 여부에 대한 확인을 받으며, 이해충돌이 있을 경우 해결방안을 마련하기 위하여 심사를 받는다. 이해충돌이 있을 경우, 윤리협정(Ethics Agreement)을 맺게 되는데, 윤리협정의 준수와 관련하여 해당 공무원들은 다음의 자료들을 DAEO 에게 제출하여야 한다.

공무원의 재산이 심각한 이해충돌을 야기할 경우에는, 해당 공무원은 윤리감독관에 의하여 특정 자산을 처분할 것을 요구받는다((5 C.F.R. §2635.403(b)).[8]

자격의 박탈(Disqualification) 혹은 기피는 가장 일반적인 윤리협정이다. OGE는

---

8) C.F.R(Code of Federal Regulation)은 연방등록부(Federal Registrer)에 의하여 출판된 미국의 연방정부 법령집으로서, 총 50개편으로 구성되어 있음. 이중 5번편(Administrative Personnel)에 이와 관련된 내용이 수록되어 있다.

표 6	윤리협정의 유형과 증명방법
협정(Agreement)	요구되는 증명들
처분(Divestiture)	당사자로부터의 문서화된 확인
신탁(Qualified Trust)	5 C.F.R. part 2634의 Subpart D에서 요구하는 것들
기피(Recusal)	자세한 내용의 기피협정 복사본
사직(Resignation)	당사자로부터의 문서화된 확인, 편지 포함
위탁(Reassignment)	가능한 한 위탁서를 포함하는 문서화된 통지
면제(Waiver)	임용권자의 확인이 있는 포기각서

자료: (5 U.S.C. app.§106(b)(3) ; 5 C.F.R.§2634.605(b)(5)(ⅱ)).

이해충돌의 회피를 위하여 가능한한 기피를 권고한다. 다만 이것이 상황에 부적절한 방법인 경우에는 기타의 방법을 권고하게 된다. 예를 들어서 신탁(Qualified Trust: 5 C.F.R. Part 2634. Subpart D)은 비용과 복잡성 때문에, 앞서 언급한 기피, 포기, 처분, 기타 협정이 부적절할 때 활용되는 방법이다.

신탁제도를 활용할 경우, 백지신탁이나 분산신탁으로 분류되기 전에, 신탁 자체가 OGE 장에 의하여 반드시 인증 받아야만 "적격한" 신탁이 된다. 신탁이 이루어지는 경우, 30일 이내에 적격한 신탁으로 이전해야 한다.

이와 같이 미국은 제도적으로 이미 오래전부터 공직자의 이해충돌을 방지하기 위한 장치를 마련하였으며, 이를 위한 방법의 하나로서 백지신탁제도를 활용하고 있다. 최근에도 백지신탁을 적용한 사례들이 보고되고 있다.[9] 그리고 이와 같은 백지신탁 등을 수행하지 않는 경우에는 처벌까지 받는 사례도 있다.[10]

---

9) 예를 들어서 딕 체니 부통령은 석유회사(Halliburton)의 CEO를 사임하고 보유주식을 매각하였으며, 존 콜진 상원의원도 Goldman Sachs의 CEO를 사임하고 보유주식을 백지신탁하였다. 그리고 래리 톰슨 법무차관은 애틀랜타 법률기업인 King&Spalding의 파트너로 일하다 법무차관으로 발탁되어 주가가 급락한 상황에서 보유주식과 스톡옵션을 모두 처분하느라 상당산 재산 피해를 보았지만 이를 감수하기도 하였다.

10) 예를 들어서 샌디버거 백악관 안보보좌관은 지난 1994년 석유기업 아모코의 주식을 매각하라는 명령을 받고도 이행하지 않다가 한참 후인 1995년 6월에야 매각하였으며, 이로 인하여 2만 3천 달러의 벌금을 물었다. 그리고 안쏘니 레이크 NSC 보좌관은 1993년 본인과 부인 소유의 주식(Exxon corp, Mobil Corp, Teco Energy 등)을 매각하라는 명령을 받고도 2년 뒤인 1995년 6월에야 매각하였으며, 이로 인하여 법무부에서 고소를 하자 민사합의금을 지불하고 고소를 취하하기도 하였다.

Ⅳ. 우리나라의 백지신탁제도 도입 과정 분석

우리나라에서의 백지신탁제도 도입 논의는 이 제도의 도입을 위한 문제의 제기와 이슈 형성에서부터 정부 내에서의 논의, 국회의 입법화 단계까지 약 8년 정도의 시간이 소요된 매우 긴 과정이었다. 따라서 이 모든 과정을 분석하는 것은 쉬운 일이 아니다. 가장 중요한 논의자료의 확보가 용이하지 않을 뿐만 아니라, 이것을 정리한 문헌도 전혀 없기 때문이다. 따라서 본 연구에서는 일차적으로 논의과정과 관련한 각종 자료들을 체계적으로 정리하고자 하였으며, 정리된 자료들을 토대로 각 참여주체별로 어떠한 활동을 하였으며, 주체들 간에 어떠한 논의가 이루어졌는지를 분석하였다. 기본적으로는 사례연구의 특성을 갖고 있지만, 국회에서의 논의과정에 대해서는 내용분석의 방법을 일부 활용하기도 하였다.

백지신탁제도의 도입 논의는 오래전부터 시작되었다. 명확하게 언제부터 시작되었다고 할 수는 없지만, 확인 가능한 자료상 본격적인 논의는 대략 1998년도부터 시작되었다. 즉 공직자들에 의하여 발생하는 다양한 이해충돌 사례들에 대한 시민단체에서의 지속적인 문제의 제기가 결국 입법화에 대한 논의로 진전되었다고 할 수 있다. 즉 시민단체에 의한 문제 제기와 더불어 관련 법안, 즉 공직자윤리법의 개정과 관련한 입법 청원 활동 등이 지속적으로 전개되었으며, 이후 오랜 논의과정을 거쳐서 지난 2005년 4월에 개정안이 국회 본회의를 통과하였으니, 문제 제기에서부터 입법안이 통과되기까지는 대략 8년 정도의 시간이 필요하였다. 백지신탁제도의 도입과정을 주요 주체들을 활동을 중심으로 정리하였다.

1. 문제 제기단계: 시민사회의 지속적 문제제기와 대응방안 제시(1998~2005)

이해충돌에 대한 문제의 제기에서부터 관련 법안의 입법화가 마련되는 전 기간 동안 시민단체의 적극적인 활동이 있었다. 시민단체의 활동은 특정한 공직자들에 의하여 발생하는 이해충돌의 문제 제기와 더불어, 이것의 해소를 위한 방안으로서 백지신탁 제도의 도입 주장을 중심으로 이루어져 왔다.

참여연대는 지난 1998년 12월 6일 국회의장을 상대로 당시 국회 보건복지위원회 소속 10여 명의 상임위 배정처분에 대한 헌법소원을 제기하였다.[11] 국회의원의 이해충돌 문제에 대하여 구체적인 사례를 통하여 본격적으로 문제를 제기하였다. 당시 대

---

11) 참여연대 보도자료(1998.12.16) http://blog.peoplepower21.org/Politics/274

부분 약사와 의사출신인 이들 의원들은 의약분업과 관련한 법 시행의 연기를 주장하는 대한의사회와 약사회의 청원을 국회에 소개하고 약사법 부칙 조항을 개정하려는 등 의약분업에 매우 소극적 반응을 보였다. 이어서 1999년 8월에는 사학에서의 비리 근절을 위한 교육관련 법안을 심사하던 국회 교육위원회에서 오히려 학교운영 민주화와 투명성 확보를 위한 조항들이 삭제되었는데, 이것은 당시 사학을 운영하고 있었던 당시 교육위원회 소속 의원들이 주도하였던 것이다.

이후 시민단체에서는 이해충돌과 관련된 문제를 지속적으로 제기하였다. 그러나 당시 이해충돌의 문제로 논란의 대상이 되었던 문제의 당사자들은 대부분 이에 대해서 법률상 문제가 없다는 이유를 들어서 이와 같은 시민사회의 이해충돌 문제 제기를 수용하지 않았다. 물론 당시까지는 공직자의 이해충돌에 대한 문제의식이 제대로 제기된 적이 거의 없었음은 물론, 기존의 공직자윤리법에도 이해충돌과 관련된 조항이 전혀 마련되어 있지 않았던 상태이었다.

즉 시민단체의 이와 같은 이해충돌 관련 문제제기에 대해서 당시의 법으로는 전혀 문제가 없었지만, 당사자 스스로 윤리적 문제가 있음을 수용하여 시민사회에 의하여 제기된 이해충돌 문제를 적극적으로 해소한 긍정적 사례도 있었다.[12]

시민단체는 공직자의 이해충돌 문제에 대해서, 단순히 문제를 제기하는 활동에만 그친 것이 아니라, 이것의 제도적 해소를 위한 구체적인 대안까지 마련하여 제시하였다는 점이 매우 특기할만한 일이다. 시민사회에 의한 활동이 진일보하고 있음을 보여주는 사례의 하나라고 할 수 있다. 이해충돌 문제에 대한 본격적인 논의가 시작된 지난 2000년 이후 이해충돌의 해소와 관련하여 시민단체가 제시한 법률적 대안은 약 4건 정도로, 매우 구체적인 개선방안들을 담고 있다. 이중 3건은 참여연대에 의하여 구체적인 대안으로서 제시되었다.

1) 부패방지입법시민연대[13]의 공직자윤리법 개정안(2001년)

2001년 11월 30여 개의 시민단체들이 결합하여 부패방지를 위한 제도적 개선방안을 제시하였으며, 여기에서 공직자의 이해충돌을 방지하기 위한 공직자윤리법의 개

---

12) 예를 들어서 2002년 KT 사장이었던 이○○ 정보통신부 장관은 장관직 취임직후 KT 사장 시절 매입하였던 KT와 KTF의 주식을 매각하여 이해충돌의 발생 여지를 적극적으로 해소하였다. 그리고 당시 민주당의 김○○ 의원도 민주당 정책조정위원장의 자리와 보유하고 있는 조흥은행 주식간의 이해충돌 발생 가능성 제기에 대해서 이를 부정하기 보다는 수용하여 보유 주식을 매각함으로써 이해충돌의 문제를 자발적으로 해소하였다.
13) 한국YMCA 전국연맹 등 38개 시민단체로 구성되었다.

정안이 제시되었다.[14] 시민연대가 제안한 안에서는 기존의 공직자윤리법은 내용이 추상적이어서 공직자가 부패행위를 접하였을 때 어떻게 행동하는 것이 공직자로서의 윤리와 품위를 유지할 수 있는 행위인지 알려주지 못하고 있으며, 공직자윤리법을 지키지 않더라도 처벌할 수 있는 법적근거가 없음을 비판하였다. 또한, 공직자재산등록 제도의 경우 등록내용에 대해 형식적인 검토만이 이루어지고 있어 부정한 재산의 취득을 방지하는데 역부족임을 지적하고, 공직윤리를 확립할 수 있도록 하기 위하여 공직자윤리법의 개정안을 청원하였다. 청원된 개정안의 주요 내용은 다음과 같다.

- 등록대상재산의 취득일자, 취득경위, 소득원 등의 기재 의무화(안 제4조)
- 공직자윤리위원회가 공직자에게 재산의 매각, 직위의 사퇴 등을 의무적으로 권고토록 함(안 제8조의2 제3항: 신설)
- 재산 허위등록시 1년 이하 징역, 1천만 원 이하 벌금에 처함(안 제24조의2: 신설)
- 공직자의 공금유용죄, 직무유기죄, 가중처벌제도 도입(안 제29조의6, 7, 9: 신설)

2) 참여연대의 공직자윤리법 개정안(2003년)

2003년 6월에는 참여연대에서 공직자의 이해충돌을 방지하기 위한 구체적인 공직자윤리법 개정안을 입법청원하였다.[15] 기존의 공직자윤리법은 그 내용이 지나치게 추상적이어서 공직자가 부패 행위에 접하였을 때 어떻게 행동하는 것이 공직자로서의 윤리와 품위를 유지할 수 있는 행위인지 알려주지 못하고 있으며, 또한 공직자 윤리규범을 지키지 않더라도 이를 처벌할 수 있는 법적 근거가 없어 사실상 사문화되어 있음을 지적하였다. 한편 공직자재산등록제도의 경우, 공직자윤리위원회의 인적, 물적 한계로 인해 등록내용에 대해 형식적인 검토만이 이루어지고 있고 정작 허위등록을 밝혀내더라도 형사처벌을 할 수 없어 공직을 이용한 부정한 재산의 취득을 방지하는데 역부족이라면서, 참여연대는 공직자가 준수해야할 청렴성과 행동의 기준을 구체화하여 무너진 공직윤리를 바로잡아 국민에 대한 공직자의 윤리를 확립하는 것을 목적으로 하는 공직자윤리법 개정안을 청원하였다. 이 법안에는 고위공직자의 이해충돌을 해소하기 위한 다양한 제도적 방안과 더불어, 그 구체적 방안의 하나로서 백지위임신탁제도를 제시하였다. 이때 제안된 참여연대의 개정안의 주요 내용은 다음과 같다.

- 공직자의 재산등록방법 변경하여 소득원, 재산의 취득경위, 재산의 취득일자

---

14) 부패방지입법시민연대(2001), 공직자윤리법 개정안.
15) 참여연대(2003), 공직자윤리법 개정에 관한 청원 참조(2003.6.25) 당시 새천년민주당 이강래 의원을 소개의원으로 하여 입법청원하였다.

등 표시하도록 하고 허위등록의 경우 이를 형사 처벌

- 공직자윤리위원회가 재산상황 심사하여 이해충돌 우려가 있다고 판단된다면 공직자가 문제 재산의 매각, 직위 사퇴, 백지위임신탁 등 이해충돌을 해소할 수 있는 처분을 공직자에게 취하도록 명령
- 모든 공직자에게 원칙적으로 선물, 향응, 숙박, 여행, 회원권제공 등 금지하고, 다만 그 가치가 경미하고 합리적 이유가 있는 경우만 예외적으로 허용
- 공직자 본인 또는 친인척의 이해와 연결되는 특정 직무 수행시, 직무 제척, 회피
- 공직자의 직무 외 취업제한과 소득제한 규정
- 부정부패로 파면, 해임된 공직자는 10년간 유관기업체에 취업 금지함
- 공직자의 횡령, 배임, 절도, 공갈, 사기, 직권남용, 뇌물 등의 범죄행위에 대해 가중 처벌

3) 참여연대의 공직자윤리법 개정안(2004년)

2004년 11월 참여연대는 다시 공직자윤리법 개정안을 국회에 청원하였다. 지난 2003년 6월에 이어서 두 번째로 청원한 것이다. 2003년도에 공직자윤리법을 청원하였음에도 불구하고 국회에서는 이에 대한 심의가 이루어지지 못하였다. 그 때까지도 이해충돌이나 백지신탁 제도의 도입에 대한 사회적 논의가 요구는 있었지만, 이것이 국회라는 제도권에서는 구체적으로 논의되지 못한 상태이었다. 이에 참여연대는 국회에서의 논의 필요성에 대한 지속적인 요구와 더불어, 새로운 개정안을 다시 청원하였다. 즉 당초 제안하였던 공직자윤리법 개정안을 보다 정교하게 다듬은 청원안을 제시한 것이다. 2003년도에 청원하였던 내용 이외에 2004년도 청원안의 구체적인 내용은 다음과 같이 요약된다.[16]

- 백지신탁대상을 재산공개대상자와 경제부처 재산등록대상자는 보유주식의 직무관련성과 관계없이, 재산등록대상자는 직무연관성을 따져 직무연관성이 있을 시 백지신탁함
- 신탁 하한액은 1천만 원으로 함
- 백지위임신탁을 명령 받은 재산등록대상자는 60일 내 매각
- 수탁자의 자유로운 신탁주식 양도·매각, 이해관계자와 수탁자간 신탁주식 협의 금지 등

---

16) 참여연대(2004), 공직자윤리법 개정에 관한 청원 참조(2004.11.9) 당시 민주노동당 이영순 의원을 소개의원으로 하여 입법청원하였다.

- 퇴직공직자는 퇴직후 2년간 재직중 직접 담당하거나 실질적 이해관계 갖는 업무 혹은 직무범위안에 있었던 업무와 관련되어 대가를 받고 타인을 위하여 활동하여서는 안 됨

4) 경실련의 공직자윤리법 개정안(2005년)

참여연대 이외에 또 다른 시민단체인 경제정의실천시민연합도 2005년 4월 19일 공직자의 이해충돌 방지와 백지신탁 제도의 도입을 위한 공직자윤리법 개정안을 국회에 입법 청원하였다. 경실련은 개정안의 제안 취지를 다음과 같이 제시하고 있다.[17]

> "1981년 도입된 공직자윤리법은 공직자 재산형성과정을 투명하게 함으로써, 부정한 재산증식의 방지 및 공직수행의 객관성과 공정성 확보를 통하여 공직윤리의 확립을 목적으로 하고 있습니다. … 공직자윤리법 운용은 지극히 형식화되어 법이 목적하는 바를 실현하지 못하고 있습니다. 이에 국회에서 공직자 재산등록 내실화와 백지신탁제도 도입, 부동산 관련 이해충돌 방지를 위한 「공직자윤리법」 개정 논의에 맞춰 <경실련>의 의견을 제시하여 풍부한 논의가 이뤄지고, 국회의 입법권한이 신중히 행사될 수 있도록 하고자 청원을 합니다."

경실련이 국회에 청원한 공직자윤리법 개정안은 구체적인 법조문의 형태로 되어 있지는 않지만, 공직자의 이해충돌을 방지하기 위한 다양한 방안들을 담고 있다. 경실련은 공직자의 이해충돌 방지를 위한 일반적인 방법의 개선 이외에 주식 백지신탁과 더불어 부동산에 대해서도 이해충돌의 해소를 위한 방안을 제시하여 보다 강화된 형태의 대안을 제시하기도 하였다. 주요 내용을 보면 다음과 같다.

- 등록대상 재산에 선물(先物), 옵션 포함, 부동산 재산등록시 공시지가와 시가 함께 신고
- 부동산 거래내역에 대한 공개 강조
- 재산등록시 재산형성과정을 상세히 기재하고, 자산취득 시점과 취득경위 및 자금 출처 자료제출
- 피부양자가 아닌 직계존비속에 대한 고지거부 조항 폐지

---

17) 경실련(2005). 공직자윤리법 개정안 보도자료(2005.4.19).

- 공직자윤리위원회의 통합조정 및 공정성 제고방안 필요
- 이해충돌 방지수단으로서 백지신탁 대상자 범위를 2급 이상 공직자로 설정
- 신탁재산의 범위는 비상장 주식을 포함 모든 주식과 채권, 하한금액은 3천만 원
- 재산공개대상자는 1세대 1주택 이외의 토지 및 주택의 매매를 원칙적으로 금지

2. 공중의제 형성단계: 정치권에서의 관련 법안 제출(2004-2005)

시민단체에 의한 지속적 문제 제기 이후, 비록 수동적이기는 하였지만, 백지신탁 제도 도입과 관련한 다양한 입법안들이 의원들에 의하여 제출되었다. 한편에서는 논의를 복잡하게 하였으면서도, 결국 이과제가 갖는 중요성을 반영한 것이라고 할 수 있다. 즉 논의 자체를 풍성하게 하고, 공론화하는데 기여하였다고 할 수 있다.

공직자윤리법 개정과 관련하여 주요 정당에서 다양한 개정안이 제출되었다. 이

표 7 의원 제출 개정안의 주요 내용

권영세 의원 법률안	박재완 의원 법률안	이영순 의원 법률안
• 신고된 주식거래내역 심사결과, 공개대상자의 소속부서의 업무와 밀접한 관련이 있는 일정규모 이상의 영리사기업체 주식에 대해 신탁명함. • 신탁명령을 받은 경우, 15일 이내에 관할 공직자윤리위원회에 증서를 제출함. • 신탁명령을 받고도 신탁증서를 제출하지 아니하는 경우에는 해임 또는 징계	• 주식거래내역 신고의무를 등록의무자로 확대 • 재산등록사항의 고지거부권 폐지 • 공개대상자는 직무관련성 여부와 관계없이, 등록대상자는 직무관련성 있는 경우에 각각 1천만 원을 초과하는 주식에 대해서 이를 매각하거나 백지신탁함. • 이해관계자가 지배주주로서 경영권 행사를 목적으로 보유하는 주식과 비상장기업의 주식으로서 매각과 대체취득을 통해 백지신탁의 취지를 구현하기가 현저히 곤란한 경우 그 예외를 인정하되, 이해관계 직무의 회피를 함께 규정함.	• 재산의 소득원, 취득경위, 취득일자 등을 표시함. • 이해충돌 우려시, 재산매각, 직위해제, 백지신탁 등 이해충돌 해소 처분을 명함. • 재산공개대상자, 경제부처 재산등록대상자는 보유재산의 직무관련성과 관계없이, 재산등록대상자는 직무관련성을 따져 백지신탁하며, 신탁하한액은 1천만 원으로 함. • 재산등록 거부권 삭제 • 공직자 본인 또는 친인척의 경제적 이해와 연결되는 직무 수행시, 직무 제척, 회피 • 공직자의 직무외 취업제한과 소득제한 규정을 둠. • 퇴직후 2년간 이해관계 있는 업무와 관련 대가 받고 타인 위하여 활동해서는 안 됨. • 공직자윤리위원회의 명령을 따르지 않을 경우 징계

법과 관련하여 5개의 의원법률안이 국회에 제출되었다. 먼저 2004년 6월 한나라당의 권영세 의원이 대표 발의한 개정안이 제출되었으며, 이어서 박재완 의원이 대표발의한 법률안이 2004년 8월에, 이어서 민주노동당 이영순 의원이 대표 발의한 개정안이 2004년 11월에 제출되었다.[18] 이중 권영세 의원, 박재완 의원, 그리고 이영순 의원의 법률안이 백지신탁제도의 도입과 관련된 내용을 담고 있으며, 이중 이영순 의원의 법률안이 상대적으로 구체적 내용을 담고 있다. 세 의원의 법률안 중 백지신탁과 관련된 내용을 정리하면 다음과 같다. 표에서 보는 바와 같이 이영순 의원 법률안의 경우, 이해충돌의 회피를 위한 전반적인 제도의 도입 속에서 백지신탁제도를 제시한 반면, 여타 의원의 경우 백지신탁제도 도입만을 주로 주장하는 법률안을 제시하였다.

3. 정책 아젠다 형성단계: 대통령의 수용과 정부 입법안의 마련

새로운 법안을 정부가 마련함에 있어서 대통령이 미치는 영향력은 절대적이다. 특히 법이 공직사회의 윤리를 제고하는 목적을 갖게 되면 법안을 준비해야 하는 관련 공직자들은 대개 소극적으로 대응한다는 점에서, 대통령의 입법화에 대한 의지와 수용은 정부내 법안 마련작업의 촉매제 역할을 한다.

물론 대통령이 백지신탁제도 도입을 수용한 것은 하루 아침에 이루어진 것이 아니며, 2002년 대통령 선거당시부터 형성된 제도 도입에 대한 여론의 영향을 받았다고 할 수 있다. 당시 대통령 선거과정에서 여, 야당 후보자들 모두 공직윤리 강화를 공약으로 제시하였다. 예를 들어서 한나라당의 이회창 후보는 국가정보원장 등 권력기관의 장에 대한 인사청문회의 실시, 공직자재산등록제도 개선을 통한 공직윤리의 제고, 정책결정과정의 공개를 통한 행정투명성의 확보 등을 공약으로 제시하였다.[19] 민주당의 노무현 후보도 고위공직자비리조사처의 설치, 특별검사제도의 도입, 국가정보원장 등 권력기관의 장에 대한 인사청문회 실시, 고위공직자 재산등록제도의 강화, 부정부패사범의 사면, 복권의 제한, 돈세탁방지제도의 강화 등을 제시하였다.[20]

이와 같이 각 당의 후보자들은 부패방지와 공직윤리의 제고를 위한 다양한 공약들을 제시하였다. 물론 각당 후보자들은 공직자의 윤리확보에 있어서 가장 기본이 된다고 할 수 있는 이해충돌의 방지나 이것의 구체적인 수단으로서의 백지신탁제도의

---

18) 의원들이 발의안 관련 법률안에 대한 구체적인 내용 및 검토는 행정자치위원회 수석전문위원 (2004)의 '공직자윤리법중 개정법률안 검토보고서'를 참조.
19) 한나라당(2002). 16대 대통령 선거 공약집을 참조함.
20) 16대 대통령직 인수위원회(2003). 제16대 대통령직 인수위원회 백서.

도입에 대한 명시적 공약은 제시하지 못하였으며, 대신 각종 기자간담회 등에서는 백지신탁제도 도입에 대한 찬성의견을 제시하였다.

이후 대통령에 당선된 노무현 대통령은 공직부패수사전담기구 설치 및 백지신탁제도 등을 개혁 추진과제로 제시하였다. 백지신탁제도 도입안 논의가 한창 진행 중이던 2005년 3월 9일 용산 백범기념관에서 열린 투명사회협약 체결식에 참석해 시민사회의 한명으로 '투명사회 실현을 위한 시민참여헌장'에 서명하고 백지신탁제도 도입방안을 밝혔다. 협약의 실행을 위해 노 대통령은 "구체적인 추진 로드맵을 통해 하나하나 실천에 옮겨나가야 한다"며, 공직자 재산등록제도 실효성 확보, 공직자윤리법 개정, 주식백지신탁제도 등을 추진과제로 제시했다.[21]

백지신탁제도 도입안이 정부내 의제로 명시되기 시작한 것은 2003년 7월 11일이라고 할 수 있다. 당시 정부혁신지방분권위원회 산하 행정개혁위원회에서는 정부혁신 로드맵을 만들면서 행정개혁로드맵 부분 중 깨끗한 행정을 위한 개혁과제로서 "이해충돌의 방지제도"를 과제로 제시하였으며, 이후 정부혁신위에서는 이 제도의 도입에 대한 다양한 논의를 하였다. 정부혁신위원회와 관련한 주요 추진일정을 정리하면 다음과 같다.[22]

- 2004년 1월 정부혁신위 이해충돌방지제도 도입관련 회의
- 2004년 4월 9일 정부혁신위 – 행자부 이해충돌 논의
- 2004년 5월 18 – 27일 개정안 입법예고
- 2004년 5월 27일 행자부, 혁신위 공청회 개최
- 2004년 9월 22일 행자부 정부입법안 제출

행정개혁전문위원회와 행정자치부(당시 공직윤리담당관실)와의 공식적인 첫 논의는 2004년 1월 29일 이루어졌다.[23] 이후 수차례에 걸쳐서 논의가 이루어졌는데, 초기 행정자치부는 이 제도에 대해서 생소해하였으며, 도입에 대해서 상당히 소극적이었다. 첫 회의시 행정자치부의 관련 공무원들은 논의 자체를 연기하여 어느 정도 연

---

21) 노 대통령은 "무엇보다 시민이 적극적으로 참여하는 시민적 통제가 이뤄져야 한다"면서 "모든 국민이 눈을 부릅뜨고 감시하는 것이야말로 가장 효과적인 부패추방의 방법"이라고 지적했다. 또 "정부도 부방위를 중심으로 450개의 제도개선과 규제완화 과제를 도출해 개선해 가고 있으며 정부부터 최선을 다하겠다"고 역설했다. 노 대통령은 "범국가적인 부패방지시스템의 중요한 한 축으로 작동할 수 있도록 국민적인 지원과 참여가 있기를 바란다"며, "한국이 산업화의 벤치마킹 모델이 됐듯이 부패청산과 투명화에서도 또 하나의 본보기가 되도록 하자"고 당부했다(2005. 3.9). http://www.pressian.com/article/article.asp?article_num=60050309113232&Section=

22) 정부혁신지방분권위원회(2008), 참여정부의 혁신과 분권.

23) 행정개혁전문위원회 회의록(2004.1.29) 내용 참조함.

구를 한 후 논의하자는 소극적인 의견을 제시하였다. 그러나 이때는 이미 참여연대 등에 의하여 이해충돌 및 백지신탁제도와 관련한 다양한 논의와 연구결과물들이 발표되었으며,[24] 국회에 법안까지 청원되었으며, 정당에서도 적극적인 수용 의사를 갖고 있었다는 점에서 설득력이 별로 없었다고 할 수 있다.

이후 대통령은 국무회의에서 동 제도의 도입을 적극 추진할 것을 지시하였고, 이에 따라서 주무부처인 행정자치부는 뒤늦게 동 제도의 내용을 담고 있는 공직자윤리법 개정안 준비에 적극 나섰다. 행정개혁전문위원회와 행정자치부는 공동으로 백지신탁제도를 포함하는 공직자윤리법 개정안을 마련하였으며, 2004년 4월 9일 첫 공청회가 개최되었다.[25] 이후 정부내 논의과정을 거쳐서 동년 9월 14일 국무회의에서 백지신탁제도 도입을 골자로 하는 공직자윤리법 개정안이 심의, 의결되었으며, 이어 9월 22일 국회에 제출되었다.

4. 입법화 단계: 국회내에서의 처리 및 법 개정

2004년 9월 정부안의 제출을 계기로 본격적인 논쟁이 이루어지게 되었다. 논쟁은 주로 국회의 관련 상임위원회에서 논의되었다. 국회에서 이루어진 주요 논의과정과 내용들을 표로 정리하면 다음의 <표 8>과 같다.[26]

표 8	국회에서의 주요 논의과정과 내용(2004년 9월–2005년 5월)
일시 및 논의주체	주요 내용
2004년 9월 22일	정부 공직자윤리법 개정안 국회 제출
2004년 11월 29일 행정자치위원회 전체회의	• 백지신탁 도입 '공직자윤리법' 개정안 행정자치위원회 첫 상정 • 행자위수석전문위원 정부안 및 국회의원 제출안 검토보고서 보고 • 이영순 의원 법안만 설명하고 나머지는 유인물로 대체 • 행자부 장관 정부 제출 법안 설명하였으며, 이후 정부안 중심으로 개정안 논의 시작됨 ※ 자료 과다, 논의 미정리, 의원 출석 저조 사유로 토론 하지 않음
2004년 12월 2일 행정자치위원회	• 행정자치위원회 법안 사실상 첫 논의 시작 • 위원장, 법안제출 의원들의 미참석 등 운영상 문제점 지적

---

24) 이에 대해서는 앞의 2장의 내용을 참조할 수 있음.
25) 행정자치부(2004). 백지신탁제도 도입관련 공청회(2004.5.27). 구체적인 논의내용과 추진일정의 확인이 가능하다.
26) 국회에서의 구체적인 논의과정에 대해서는 공직자윤리법 개정안을 심의한 행정자치위원회, 행정자치위 산하 법안심사소위원회, 법제사법위원회, 본회의 회의록을 분석, 정리하였다.

전체회의	• 한나라당, 당론 미정리 이유로 공청회 개최 주장 • 백지신탁 적용대상 범위, 수탁금 기준, 선출직 적용, 기업 소유 의원 적용여부, 사유재산권 침해, 고지거부자 제외, 직무관련성 심사, 심사기구 설치 이슈 중심으로 회의 진행 • 공청회 결정 ※ 의원들 백지신탁제도 충분히 숙지하지 않은 가운데 회의 참여
2004년 12월 17일 행정자치위원회 전체회의 공청회	• 백지신탁제도 도입 관련 '공청회' 개최 • 행자부 감사관, 3인 외부 전문가 진술인으로 참여 • 적용대상, 직무관련성 판단기준, 고지거부 폐지여부, 심사위원회 구성방안, 대상 주식 가액 기준 중심으로 논의 • 의원들 여전히 백지신탁 도입 취지에 대한 인식 미흡 나타냄 • 백지신탁제도 도입의 본질 보다는 기술적 문제 주로 논의
2005년 2월 21일 행정자치위원회 전체회의	• 정부안 충분히 논의하였다고 판단하고, 정부 제출 법안을 '법안심사소위원회'로 넘겨 개정안 구체화하기로 결정
2005년 2월 23일 행정자치위원회 법안심사소위원회	• 법안심사소위 2차 회의(2월 22일 1차 소위에선 타법안 논의) • 수석 전문위원, 그 동안의 핵심 논의사항 정리보고(백지신탁 적용 하한액, 백지신탁 적용대상자, 선출직 적용문제 등) • 행자부 감사관의 정부법안에 대한 구체적 설명 • 백지신탁제도의 '적용대상'에 대한 논란이 가장 컸음 • 정부안의 '공개 대상자'를 확대하여, '금융정책 담당부서 및 관련 직원'까지 적용대상 확대하기로 결정 • 신탁하한액을 당초 '3천만 원-1억 원'에서 '1천만 원-5천만 원'으로 강화하기로 결정 ※ 국민의 시각 인식하여 백지신탁제도에 대한 강화안 여야 합의함
2005년 4월 19일 행정자치위원회 법안심사소위원회	• 수석전문위원의 2차 소위에서 합의된 내용 정리보고(신탁대상자 범위, 백지신탁 하한액, 백지신탁 대상 주식 범위) • 공청회 추가 개최 여부 논란 - 한나라당 의원, 고지거부 관련 추가 법 개정안 제출로 공청회 추가 실시 필요 주장 - 정부 및 민주당, 그 동안 수차례 논의 이유로 부정적 의견 제시 • 추가 공청회는 후에 개최하고, 2차 소위시 기합의된 내용 중심으로 개정안 심의하기로 결정 • 신탁 대상자 및 대상 주식 여전히 논란 심함(일부 의원은 전 주식 대상으로 하자는 의견 제시) • 지배주주 논쟁 심함(특정 기업 소유 의원의 문제) • 여전히 백지신탁제도에 대한 의원들의 이해 미흡 노출 • 한나라당 의원, 당과의 협의 필요함을 2004년 12월 이후 또 제기 • '직무관련성'에 대해서만 다음 회의에 논의하기로 결정하고, 나머지

	내용에 대해서는 합의 – 백지신탁 대상자: 공개대상자 및 재정경제부와 금융감독위원회 소속 공무원중 대통령령으로 정하는 자 본인 및 이해관계자 – 백지신탁 하한액: 1천만 원 이상 5천만 원 이하의 범위에서 대통령령이 정하는 금액 ※ 논란이 심한 '직무관련성 기준' 법규정화 이외에 모두 합의
2005년 4월 20일 행정자치위원회 법안심사소위원회	• 4월 19일 미합의된 '직무관련성 기준' 명확화 중심으로 논의 • 공직자윤리법에 '직무관련성' 기준을 구체적으로 명시하자는 주장과, 심사위에 위임하여 결정하도록 하는 안이 대립, 집중 논의 • 소급 입법의 위헌성 논란: 일부 의원은 소급입법의 문제를 지적하였으나, 행자부 및 수석전문위원은 소급입법 문제없음을 주장하였으며, 최종 소급입법의 문제없는 것으로 결론지음 • 고지거부권 폐지 논란 있었는데, 별건으로 다음 공청회에서 논의하기로 결정 • 전날(19일) 대부분 논의, 결정된 사안인데, 19일 일찍 이석하였던 유기준의원이 다시 질의하여 반복 논의되었으며, 추가수정 없음 • 19일 합의된 수정안 중심으로 결정하여, 이의 없음으로 통과 ※ 여러 의원들의 질의 있었지만, 지난 논의에서 크게 벗어나지 않았으며, 사실상 정부안 중심으로 법안 심사위 논의 종결
2005년 4월 21일 행정자치위원회 전체회의	• 그 동안 논의 진행과정 정리한 심사보고서 소개하면서, '이해충돌 방지제도'로서 '백지신탁제도'의 의미 설명 • 행자위, 법안심사소위의 활동결과에 대한 심사보고 • 그 동안 논의되었던 다양한 이슈들이 반복 제기됨(행자위 위원 변경과 그 동안 참여하지 않았던 의원들이 참여하였기에) – 이해관계자 개념, 직무관련자의 확대 적용, 직무관련성의 법률에 의 규정, 부동산 포함 여부, 기업소유 의원 적용 배제, 기본권 침해 등 • 법안심사소위 안에 '심사위 위원 임기 2년과 1차연임 규정', '주식 관련 전문가를 심사위에 포함'하는 안 추가하여 의결(이의 없음) ※ 한나라당내에서도, 법안심사소위에 참여하였던 의원은 백지신탁제도 도입에 찬성을, 참여하지 않았던 의원은 반대 입장을 표명하는 등 백지신탁에 대한 이해의 정도가 여전히 달랐음
2005년 4월 25일 법제사법위원회	• 행정자치부장관 법안 취지 등 행자위 수정의결사항 보고 • 의원들, 그 동안 행자위에서 논의되었던 이슈들 전체적으로 다시 질의하였고, 행자부장관이 이에 대해 설명하고 의원들 수용함 – 과잉입법, 위헌 가능성, 고지거부, 신탁후 주식매입 문제 등 • 행자위의 수정안 수용하는 것으로 최종 가결 ※ 이미 논의되었던 이슈들이 재론되었으며, 수정 내용은 없음
2005년 4월 26일 국회 본회의	• 행정자치위원장의 보고 • 보고 및 통과된 최종 수정내용(핵심)

	– 백지신탁 대상자: 공개 대상자 본인 및 이해관계자로만 한정하였던 것을 '공개 대상자와 재정경제부 및 금융감독위원회 소속 공무원 중 대통령령으로 정하는 자 본인 및 이해관계자'로 수정 – 백지신탁 하한액: 3천만 원 이상 1억 원 범위 내에서 대통령령에서 정하도록 한 것을 '1천만 원 이상 5천만 원 이하 범위에서 대통령령으로 정하는 금액'으로 수정 – 주식백지신탁심사위원회: 대통령령에서 정하도록 위임한 심사위원 임기를 '공직자윤리법'에 규정하도록 수정 ※ 투표 결과: 재석 208인 중 찬성 203인, 반대 2인, 기권 3인으로 행정자치위원회의 정부안 수정안 가결 처리
2005년 5월 3일	정부 이송
2005년 5월 18일	정부 공포

국회 내에서의 본격적인 논의는 정부의 공직자윤리법 개정안이 국회에 제출된 2004년 9월 22일 부터이다. 이때부터 본격적인 논의가 시작되었으며, 이후 동 법안이 국회 본회의를 통과한 2005년 4월 26일까지 약 8개월 동안 국회에서 백지신탁제도 도입을 둘러싼 다양한 논쟁이 이루어졌다.

공직자윤리법은 행정자치부 소관 법률로서, 국회 행정자치위원회를 중심으로 논의가 진행되었다. 다른 법률과 마찬가지로 '소관 상임위원회–법안심사소위원회–소관 상임위원회–법제사법위원회–본회의'의 순서로 동 법안의 처리가 이루어졌다.

개정안의 실질적인 논의는 2204년 11월 29일 행정자치위원회 전체회의를 통해서 시작되었다.[27] 그러나 첫 회의는 참석의원이 많지 않았을 뿐만 아니라, 의원 스스로도 백지신탁제도를 제대로 이해하지 못하였다는 이유로, 수석전문위원의 정부법안 및 국회의원들이 제출한 법안에 대한 검토보고 내용만 보고받고 종결되었다. 백지신탁제도의 도입 논의가 이미 2000년부터 시민단체를 중심으로 시작되었고, 2002년에는 당시 대선에 출마하였던 각 당의 대통령 후보들이 동 제도의 도입에 대해서 찬성하는 의견을 제시하였고, 각 당에서노 농제도 도입을 당론으로 주장하였던 것에 비추어보면, 이와 같은 관련 상임위원회 의원들의 인식과 태도는 문제라고 할 수 있다.

법안의 구체적인 내용에 대한 검토 및 논의는 2004년 12월 2일에 개최된 상임위원회에서 이루어졌다.[28] 이날 약 2시간 정도 진행된 회의에서, 백지신탁 적용대상 범위, 수탁금 기준, 선출직 적용, 기업 소유 의원 적용여부, 사유재산권 침해, 고지거부

---

27) 제250회(정기회) 국회 행정자치위원회 회의록 제12호(2004.11.29).
28) 제250회(정기회) 국회 행정자치위원회 회의록 제13호(2004.12.2).

자 제외, 직무관련성 심사, 심사기구 설치 이슈가 중점적으로 논의되었다. 그러나 의원들은 보다 구체적이고 전문적인 논의의 필요성을 들어서 공청회의 개최를 주장하였으며, 이에 따라서 2004년 12월 17일 공청회가 개최되었다.29) 공청회에는 정부안을 제출한 행정자치부의 감사관과 민간 전문가 4인(장영수 교수, 윤태범 교수, 장유식 변호사, 하나은행 실무자)이 참여하였다. 공청회에서는 백지신탁제도의 적용대상 공무원, 직무관련성 판단기준, 고지거부 폐지여부, 심사위원회 구성 방안, 대상 주식 가액 기준 중심으로 논의가 진행되었다. 그러나 이때까지도 의원들은 여전히 백지신탁 도입 취지에 대한 인식의 미흡을 나타냈다. 또한 백지신탁제도 도입의 본질적인 측면보다는 주로 기술적인 측면에서 질의를 하였다.

행정자치위원회 상임위원회 3회 및 공청회를 거친 동 법안은 보다 구체적인 논의를 위하여 행정자치위원회내에 구성된 소위원회인 법안심사소위원회에 회부되었다. 약 2달에 걸친 3차례의 법안심사소위원회를 통하여 동 법안에 대한 구체적 심의 및 수정이 이루어졌다.30) 소위원회에서 가장 논란이 심한 3개의 쟁점에 대한 정리가 이루어졌다. 즉 정부안 중에서, '공개 대상자'를 확대하여, '금융정책 담당부서 및 관련 직원'까지 적용대상을 확대하고, 신탁 하한액을 당초 '3천만 원-1억 원'에서 '1천만 원-5천만 원'으로 강화하기로 결정하였으며, 마지막까지 대립되었던 '직무관련성' 기준의 구체화에 대해서는 정부안대로 심사위에 위임하여 결정하도록 하도록 하는 것으로 결정되었다. 논의 초기에는 백지신탁제도의 도입 필요성에 대한 부정적 의견도 제시되었지만, 논의가 진행되면서 국민의 시각을 인식하여 백지신탁제도를 정부안보다 상대적으로 강화하는 수정안에 여야가 합의하였다.

법안심사소위원회에서 수정, 통과된 정부안은 다시 행정자치위원회 전체 회의에서 1차례 논의되었다.31) 이날 회의에서는 그 동안 법안심사소위원회에서 이미 다루어졌던 주요 쟁점들이 다시 논의되었다. 법안심사소위원회에 참여하지 않았던 의원들은 동 법안의 문제점을 지적하는 입장에서, 반면 소위원회에 참석하였던 의원들은 여야를 막론하고 동 법안의 취지와 내용을 찬성하는 입장에서 논의가 이루어졌다. 이 회의에서 법안심사소위가 마련한 수정안에 '심사위 위원 임기 2년과 1차 연임 규정', '주식 관련 전문가를 심사위에 포함'하는 안을 추가하여 수정의결되었다.

---

29) 제251회(임시회) 국회 행정자치위원회 회의록 제2호(2004.12.17).
30) 제252회(임시회) 국회 행정자치위원회(법안심사소위원회) 회의록 제2호(2005.2.23) 및 제253회(임시회) 국회 행정자치위원회(법안심사소위원회) 회의록 제1호(2005.4.19) 및 제2호(2005.4.20)의 내용을 참조함.
31) 제253회(임시회) 국회 행정자치위원회 회의록 제2호(2005.4.21).

그리고 동 법안은 '법제사법위원회'에 회부되었다. 법제사법위원회 의원들은 그동안 행정자치위원회에서 논의되었던 이슈들을 전체적으로 다시 질의하였고, 행자부 장관이 이에 대해 설명하였으며, 결국 정부안에 기초한 행자위의 수정안은 법사위를 통과하였다. 이날 주로 제시되었던 쟁점들은 과잉입법, 위헌 가능성, 고지거부, 신탁 후 주식매입 문제 등이다.[32]

법사위를 통과한 공직자윤리법 개정안은 2005년 4월 26일 국회 본회의에 보고되어, 재석 의원 208인 중 찬성 203인, 반대 2인, 기권 3인으로 가결 처리되었다.[33] 이로써 2001년부터 시민단체에 의하여 본격적으로 문제 제기 및 도입이 주장되었던 백지신탁제도가 공직자윤리법에 반영되었다.

국회에서의 논의과정을 분석한 결과 나타난 특징을 정리하면 다음과 같다.

첫째, 의원들의 인식과 준비 부족을 들 수 있다. 첫 상임위원회 회의는 의원들 스스로 준비 부족을 이유로 제대로 진행되지 못하였으며, 이후 회의에서도 백지신탁 제도나 이해충돌 회피제도에 대한 이해가 상당히 부족한 가운데 잘못된 질의를 하곤 하였다.

둘째, 본질적인 문제보다는 기술적인 문제에 치중하는 경향이 있다. 즉 백지신탁 제도는 이해충돌의 방지를 위한 매우 중요한 제도임에도 불구하고, 적용직급, 대상 주식금액 등 기술적인 부분에 지나치게 많은 시간을 할애하였다. 상대적으로 본질적 인 문제에 대한 논의, 예를 들어서 이해충돌의 개념, 회피방법 등에 대한 논의는 부족하였다.

셋째, 당별로 통일된 의견을 갖지 못하는 문제도 있다. 한나라당의 경우, 여러 소속의원들이 관련 법안을 내었음에도 불구하고, 상임위원회가 진행될 때까지 백지신탁 제도 도입과 관련한 당론이 확정되지 않았다는 이유로 논의의 진행을 늦추고자 하였다. 특히 행자위 소속 한나라당 위원 간에도 제도 도입에 대한 찬반이 존재하는 등 백지신탁제도 도입에 대한 입장이 제대로 정리되어 있지 못했다.

넷째, 회의가 진행되어도 계속 중복된 질의가 이어졌다. 상임위원회 전체회의, 법안심사소위, 법사위를 거치면서 이슈가 정리되고, 핵심쟁점 중심으로 논의가 좁혀져야 함에도 불구하고, 회의가 진행되는 내내 원론적인 논의를 비롯한 유사한 이슈들이 계속 중복 논의되었다. 물론 각 회의에 참여한 의원들이 상이함에도 일부 원인이 있지만, 전체적으로 이 제도에 대한 의원들의 준비 부족에 기인하는 것으로 보인다.

32) 제253회(임시회) 국회 법제사법위원회 회의록 제5호(2005.4.25).
33) 제253회(임시회) 국회 본회의 회의록 제8호(2005.4.26).

다섯째, 행자위와 법사위 간의 논의에 본질적 차이가 없다. 행정자치위원회를 통과한 법안은 법사위를 거치면서 법률적인 쟁점을 점검하게 되는데, 법률적인 쟁점도 일부 다루었지만, 행정자치위에서 논의되었던 법률 외적 이슈들이 또 다시 논의되었다. 중복적 논의가 갖는 장점도 있지만, 사실상 법사위를 거치는 것이 요식행위처럼 이용되었을 뿐이다.

여섯째, 여야간 합의 처리됨에 따라서 다소 긍정적인 의미를 갖고 있다. 국회 상임위에서의 논의과정에서의 여러 가지 문제점에도 불구하고, 이 제도는 국회에서 논의되기 수년 전부터 이슈화되었고, 또 각 당에서는 대선과 총선을 거치면서 이 제도의 도입을 공약으로 제시하기도 하여, 여야 간에 합의가 통과되었다.

Ⅴ. 백지신탁제도 도입과정상의 주요 주체별 활동 특징 분석

백지신탁제도는 다양한 주체들의 다양한 관심과 비교적 적극적인 참여 속에서 논의가 진행되었다고 할 수 있다. 백지신탁제도의 도입과 관련하여 의견을 제시하고 적극적으로 참여하였던 주요 주체들은 시민단체, 여당과 야당의 국회의원, 정부(행정자치부), 정부혁신지방분권위원회, 그리고 대통령이다. 이들 주체들의 역할은 처하고 있는 입장에 따라서 조금씩 다르다고 할 수 있는데, 이들의 주된 역할을 정리하면 다음의 <표 9>와 같다.

표 9 참여주체별 주요 활동과 특징

단계	주요 주체	주요 활동	특징
문제 제기 단계	참여연대	이해충돌문제 제기 관련법 개정안 청원 세미나 개최 의견서 제출 의원대상 로비 등	문제의 본격 제기 법안 청원 등 대안제시 활동 문제 제기단계에서 입법화 단계까지 지속적 활동
공중 의제 형성 단계	참여연대, 국회	법안 지속 제출 정당의 지지, 수용 대선 후보자의 선언 의원의 주식매각 등	대통령선거 계기로 분위기 형성 구체적 대안 없는 가운데 지지 일부 국회의원의 자발적 주식 매각 등 호응
정책 아젠다 형성 단계	참여연대, 정부	법안 제출 대통령의 도입 선언	참여연대 법안 기준으로 활용 대통령의 지지, 선언 긍정효과

		정부혁신위 안 마련 행자부 정부안 준비 공청회 개최 등	정부혁신위원회의 과제 설정 행정자치부의 정부안 준비
정책화(입법화) 단계	정부, 국회	행정자치위 논의 공청회 개최 입법화 등	제도의 근본적 의미 논의 공청회 등 통해 의견 수렴 여야 합의 통한 입법화

1. 참여연대 등 시민단체의 문제 제기 및 대안제시

시민단체 주도의 지속적 문제 제기 활동을 계기로 공직자의 이해충돌 방지를 위한 제도로서 백지신탁제도의 도입 논의가 촉발되었다. 그리고 이것이 대선과 총선을 거치면서 도입에 대한 여론이 형성되고 이를 정치권이 수동적이지만 수용하는 과정을 거쳤다. 즉 최초의 문제 제기는 1998년이지만, 2002년 대선과 2004년 총선을 거치면서 참여연대 등이 주도한 이해충돌방지 및 이것의 해소를 위한 대안으로서의 백지신탁제도 도입 필요성에 대한 여론이 형성되었고, 이것을 자연스럽게 선거를 앞둔 정치권이 여론을 의식하여 이를 수용하면서 동 제도 도입을 위한 사회적, 정치적 환경이 조성되었다. 당시 참여연대는 1998년 국회의원의 이해충돌을 야기하는 상임위 배정에 대한 헌법소원을 제기함으로써 처음 공직자의 이해충돌에 대한 문제를 제기하였다. 이후 2002년부터 이해충돌을 방지하기 위한 수단으로서 백지신탁제도 도입 방안을 토론회, 보고서 발간 등을 통하여 주장하기 시작하였다. 그리고 이해충돌의 가능성이 있는 주식을 보유한 장관들을 대상으로 주식매각 촉구 시위 등을 벌이기도 하였다. 백지신탁제도 도입을 골자로 한 공직자윤리법 개정안을 처음 청원한 것은 2003년 6월 25일이며, 이후 2004년 9월 20일, 11월 9일 각각 공직자윤리법 개정안을 청원하는 등 대안을 제시하는 활동을 하였다.

이와 같은 시민단체의 활동이 갖는 특징을 정리하면 다음과 같다.

첫째, 참여연대 등 시민단체는 백지신탁제도의 도입과 관련하여 처음부터 문제 제기를 하는 등 논의를 주도하였으며, 입법안까지 마련하여 청원하였다. 이후 정부에서의 정부안 준비과정, 국회에서의 논의과정에서도 각종 의견서를 제출하는 등 최종 법안 통과시까지 지속적인 활동을 하였다.

둘째, 참여연대는 정부 공직자 및 국회의원들과 관련한 이해충돌 관련 실태를 분석한 보고서를 발간하였으며, 이를 해소하기 위한 대안으로서 백지신탁제도를 제시하는 등 문제점에 대한 체계적 분석과 대안의 제시라는 합리적 방안을 활용하였다.

셋째, 시민단체에 의한 문제 제기는 일시적인 행사로 끝날 수 있는데, 이번 사례의 경우 분석 보고서 작성 및 발표, 세미나 개최, 보도자료 발표, 의견서 제출, 시위 등 시민단체로서 할 수 있는 다양한 활동들을 하여 문제를 지속적으로 제기하고, 정책화하는 노력을 하였다.

넷째, 국회에서의 구체적인 입법화 논의는 정부안에 기초하여 이루어졌지만, 정부안을 비롯한 의원들의 입법안도 대부분 참여연대의 입법 청원안 내용에 기초하여 변형 작성되었다는 점에서, 시민단체의 안은 국회에서의 공식적 입법화 논의의 기초 자료로서 활용되었다.

2. 정당의 수용과 국회에서의 입법화

이 같은 시민단체의 활동은 정치권에 의해서도 수용되었다. 2002년 대선을 거치면서, 각 정당 대통령 후보자들은 시민단체가 제기한 백지신탁제도를 도입하겠다고 모두 선언하는 등 정치적 호응이 이어졌다. 그리고 일부 의원은 시민단체의 이해충돌 관련 주식 매각 요구를 수용하여 아직 법률 제정 전이지만, 보유 주식을 매각하기도 하였다. 즉 2003년 6월 당시 민주당의 김효석 의원은 보유하고 있었던 주식을 자진하여 매각하였다. 그리고 2004년 총선을 거치면서 각 정당들은 또 다시 백지신탁 도입안을 공약으로 제시하였으며, 당시 야당이었던 한나라당의 몇몇 의원들은 개별적으로 백지신탁제도 도입을 골자로 하는 공직자윤리법 개정안을 제출하기도 하는 등 정치권에서도 동 제도의 도입에 대한 긍정적 분위기가 형성되었다.

그러나 백지신탁제도라는 동일한 이슈를 대상으로 한 법안이라는 점에서, 국회에서의 논의는 정부안에 기초하여 이루어졌다. 국회에서의 첫 논의는 2004년 11월 29일이다. 이 때부터 국회 행정자치위원회를 중심으로 국회에서의 논의가 이루어졌다. 행정자치위원회는 논의의 구체화를 위하여 공청회를 개최하였으며, 이후 법안심사소위, 법사위를 거쳐 최종 개정안이 마련되었으며, 최종안은 2005년 4월 26일 국회 본회의를 통과하였다. 국회에서의 논의과정은 약 8개월 정도에 불과하였지만, 이를 통하여 백지신탁제도 도입과 관련한 다양한 쟁점들이 구체적으로 논의되었다. 논의과정에서 이 제도를 잘못 이해한 의원들도 다수 있었지만, 이 제도가 이미 여야당 모두 도입하겠다고 공약으로 제시까지 하는 등 제도 도입의 우호적 여건이 조성되어, 큰 무리없이 여야 합의로 통과될 수 있었다.

당시에는 정치권, 정부 그리고 시민단체들이 다양한 분야에서 의견을 교환하고 공동 활동을 적극적으로 하던 시기였다. 즉 정부는 물론 여당과 야당을 불문하고, 정책문제와 관련하여 시민단체 등 시민사회로부터 다양한 의견들을 적극적으로 수렴하고자 하였는데, 백지신탁제도의 경우도 이와 같은 개방적 논의구조 속에서 진행되었다. 또한 참여연대의 수년 동안의 지속적인 문제 제기와 공론화 과정으로 인하여 정부와 정치권은 이해충돌 문제와 이를 회피하기 위한 방안의 하나로서 백지신탁 제도의 도입에 대해서 비교적 우호적 분위기가 형성되었으며, 이것은 대선과 총선을 거치면서 자연스럽게 정치권의 공약으로 공식화될 수 있었다. 백시신탁제도의 도입은 비록 입법화까지 오랜 기간이 소요되었고, 논의과정에서 논란도 있었지만 정부와 시민사회, 그리고 정치권간의 협력적 관계를 통하여 이루어진 긍정적 입법 사례라고 할 수 있다.

3. 대통령 등 행정부의 수용 및 구체적 법안화

백지신탁제도 도입이 당시 참여정부에 의하여 처음 정책의제화된 것은 당시 대통령 자문기구로 설치된 정부혁신지방분권위원회 산하의 '행정개혁전문위원회'가 작성한 행정개혁 로드맵에 공직자의 이해충돌방지제도로서 '백지신탁제도' 도입이 아젠다로 포함되면서 부터이다. 즉 2003년 7월 22일 행정개혁 로드맵이 공식적으로 발표되었는데, 이 로드맵에 백지신탁제도 도입안이 포함된 것이다. 이 아젠다는 같은 해약 4월경부터 정부혁신을 위한 아젠다를 준비하면서 포함되었다. 이에 따라서 초기 정부에서의 논의는 행정개혁전문위원회를 중심으로 진행되었다. 즉 행정개혁전문위원회가 백지신탁제도 도입을 위한 추진계획을 마련하였으며, 이에 기초하여 내부 회의가 이루어졌다.

그러나 논의 초기 행정자치부는 동 제도의 도입에 대해서 상당히 소극적인 입장을 견지하였다. 즉 동 제도가 당시로는 생소하였을 수도 있지만, 또 한편에서는 공직자를 규제하는 특성도 동시에 지니고 있었기 때문이다. 때문에 초기에는 잘 진척이 되지 않았다. 그러나 당시 백지신탁제도 도입에 대한 대통령의 적극적인 시시와 입법화 지시 등으로 행정자치부도 뒤늦게 법안 준비에 나서게 되었다. 즉 2005년 3월 9일 당시 정부를 비롯하여 정치권과 기업 등이 참여하여 출범된 투명사회 협약 선포식에서 대통령은 투명사회를 위한 제도적 방안의 하나로서 백지신탁제도의 도입을 강조하였다. 따라서 정부내의 입법화 준비에서, 당시의 정부혁신지방분권위원회가 상당한 영향력을 미친 것으로 평가할 수 있다.

이상 백지신탁 도입과정에서 각 참여주체들간 상호작용을 그림으로 정리하면 다음과 같다. <그림 4>에서 보는 바와 같이, 시민단체에 의하여 문제가 제기되고, 대

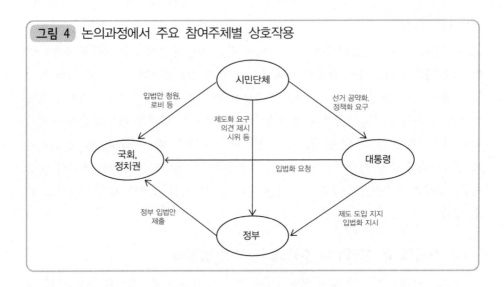

그림 4 논의과정에서 주요 참여주체별 상호작용

안이 마련되었으며, 이것을 정치권과 정부가 수용하는 가운데 정책화(입법화)가 진행되었음을 알 수 있다.

VI. 결 론

백지신탁제도는 기존의 미약한 공직윤리 시스템을 이해충돌의 방지라는 측면에서 재정비하였다는 점에서 의의가 크다고 할 수 있다. 미국 등 선진국에서는 이해충돌의 방지를 공직윤리 확보의 핵심적 수단으로 활용하고 있다는 점에서, 다른 선진국에 비하여 도입이 늦었지만, 매우 의미있는 제도의 도입임에는 틀림이 없다. 이 제도의 도입을 통하여 이해충돌의 중요성에 대한 관심의 확산 및 공직윤리의 제고와 정부 신뢰성 제고에 긍정적인 기여를 할 수 있을 것이다.

부패방지와 윤리제고를 위한 정책은 다른 정책보다도 추진에 많은 어려움이 존재한다. 그것은 이와 같은 정책들이 기존의 제도와 실태에 대한 문제점 분석에 기초하기 때문에, 기존 제도에 우호적인 구조하에서는 문제 인식 자체가 용이하지 않기 때문이다. 백지신탁제도의 경우도 문제 제기에서부터 결국 입법화되기까지 많은 시간이 소요될 수 밖에 없었다. 어려운 가운데 백지신탁제도의 도입을 가능하게 한 요인들을 정리하면 다음과 같다.

첫째, 지속적인 문제 제기와 이슈화 노력을 들 수 있다. 어느 개혁이든 단기간에 성과를 확보할 수 있는 것은 매우 드물다. 따라서 지속적인 문제제기를 통하여 이슈화되도록 해야 한다. 참여연대를 비롯한 시민단체에서는 다양한 실태분석 자료와 사례조사 등에 기초하여 문제를 지속적으로 제기하고, 이를 해결하기 위한 방안으로서 백지신탁제도 도입을 주장하였다. 이를 통하여 정치권이 관련 제도에 대한 대안들을 제시할 수 있게 만들었고, 정부도 적극 나서지 않을 수 없게 하였다.

둘째, 대안을 포함한 문제 제기를 들 수 있다. 당초 시민단체가 주도가 되어 문제를 제기하고, 문제를 이슈화하고, 문제의 해결을 위한 개선방안을 제시함으로써, 시민사회 주도적인 문제의 해결방식이라고 할 수 있다. 이와 같은 시민단체 논의의 흐름을 이끌었던 것은 참여연대라고 할 수 있다. 그런데 참여연대는 이해충돌의 방지라는 규범적 주장에 그친 것이 아니라, 이를 실질적으로 담보할 수 있는 장치로서 백지신탁제도 도입을 주장한 것이다. 이 제도의 경우에도 구체적인 대안이 없이 당위성만을 주장하였다면 실효성이 결여된 제도로서 도입되었을 수도 있다. 또 중요한 것은 정부의 주요한 개혁과제로 설정하였다는 것이다. 즉 정부혁신 로드맵에 주요 개혁과제로 설정되었으며, 이것은 곧 참여정부와 국민과의 약속을 담은 것이라는 점에서, 어느 것 보다도 백지신탁제도의 도입을 위한 근거가 될 수 있었다.

셋째, 다양한 이해관계자들 간의 입장 차이의 존재 및 이에 대한 인식이다. 동 제도의 도입과 관련한 각 주체들은 이해충돌의 회피 및 이것의 수단으로서 백지신탁제도의 도입과 관련하여 다양한 입장과 안들을 제시하였다. 이를 통하여 각 주체들의 입장을 확인할 수 있다. 당초 시민단체에서는 이해충돌 회피를 위한 전반적인 시스템의 도입이 강조되었으나, 이영순 의원을 제외한 다른 국회의원들은 백지신탁제도의 도입에 대해서만 제한적으로 입법안을 발의하였으며, 정부가 제출한 법률안도 이해충돌에 대한 선언적 규정만을 제시한 상태에서 백지신탁제도 도입안을 제시하였다. 즉 정부에서의 개정안의 마련과 국회에서의 논의과정 등을 거치면서 쟁점이 "백지신탁제도"의 도입 여부로 좁혀지게 되었다. 물론 이에 대해서 시민단체에서는 "백지신탁제도"의 도입은 당연하지만, 이것은 공직자의 이해충돌 방지를 위한 부분적인 제도라는 문제점을 지속적으로 제기히고, 포괄적인 개혁방안을 지속적으로 제기하였다는 점에서 정부안이나 여러 국회의원들의 발의안과 차이를 보이고 있다. 백지신탁제도 자체가 이해충돌의 방지를 위한 핵심적인 수단의 하나는 분명하지만, 결과적으로 당초의 논의와 비교하여 상당히 축소된 안들이 제출되었음을 알 수 있다. 즉 이해충돌에 대한 깊이 있는 논의와 이를 담은 내용들은 거의 대부분 배제되고, 백지신탁제도만을 대상으로 논의하였기 때문이다. 이 제도가 당초부터 다양한 이해관계자 속에서 논의되었음을 감안하면, 이와 같은 변화도 이해되는 부분이 있다.

넷째, 거버넌스 구조 속에서의 논의의 진행이다. 백지신탁제도의 도입 논의는 처음부터 체계적인 시스템에서 논의된 것은 아니며, 오랜 기간 동안 다양한 체계에서 논의가 진행되어 왔다. 즉 다양한 주체들 간의 다양하고 복잡한 역학관계 속에서 진행되어왔기 때문에 이 과정을 단순하게 논의하는 것은 불가능하다고 할 수 있다. 최근 정부개혁과 관련하여 거버넌스적 접근이 많이 강조되고 있는데, 백지신탁 제도의 도입도 이와 같은 틀 속에서 설명될 수 있다. 즉 이 과제는 다양한 주체들이 참여한 가운데 의제가 형성되고, 또 구체적인 대안에 대한 논의가 깊이 있게 다루어졌다는 점에서 거버넌스 지향적인 과제의 추진이었다고 할 수 있다. 무엇보다도 백지신탁제도는 시민사회 주도적인 흐름 속에서 진행되었다고 할 수 있으며, 이와 같은 흐름은 국회에서의 입법화 단계까지 지속적으로 이어졌다는 점에서 특히 거버넌스 지향적인 논의의 구조 속에서 진행되었다고 평가할 수 있다.

참고문헌

경실련. (2005). 공직자윤리법 개정안.

국가청렴위원회. (2005). 비위 면직자 취업제한제도 개선방안.

_____. (2006). 공직자의 퇴직후 취업제한제도 개선방안.

국민권익위원회. 각년도 청렴도 조사 자료.

_____. (2009). 부패에 대한 국민인식도 조사.

국제투명성기구. 각년도 부패인식지수 조사자료.

김호섭. (2001). 공직자 윤리행동강령 제정의 과제와 방향. 흥사단 반부패시민대토론회 발제문(2001. 10. 25).

대한민국 국회 행정자치위원회. 각년도 회의록

민주당. (2002). 대통령 선거공약집.

박대식. (2004). 정부조직개편 입법과정의 유형과 변화. 「한국정치학회보」. 38-2.

박흥식. (2008). 공직자 이해충돌(conflict of interest) 행위의 개선을 위한 연구. 「한국행정학보」. 42-3.

_____. (2008). 이해충돌법 연구. 한국행정학회 춘계학술대회 발표논문.

방민석. (2006). 지방자치단체 입법과정의 전자적 시민참여. 한국행정학회 하계대회.

법제사법위원회. 각년도 회의록.

부패방지위원회. (2003). 공무원 행동강령 이행체계 구축방안.

_____. (2003). 이해관계 직무 회피를 위한 제도개선 방안.

부패방지입법시민연대. (2001). 공직자윤리법 개정안.

사회정화위원회. (1988). 사회정화운동사.

윤태범. (2004). 공직윤리 확보를 위한 이해충돌 회피의 제도화 방안. 「한국행정학회, 춘계학술대회 발표논문」.

_____. (2003). 공직윤리 확보와 이해충돌(Conflict of interest) 회피의 제도화(참여연대, 공직자의 재정적이해충돌 해소방안 마련을 위한 토론회, 5월 27일)

_____. (2003). 공직자 윤리법의 문제점과 개정방향. 「한국행정학회, 춘계학술대회」. 4월 25일.

_____. (2002a). 공무원의 책임성 확보와 공무원 행동강령(부패방지위원회 공청회 주제발표논문)

_____. (2002b). 공직자윤리법의 문제점과 개선방향. 참여연대 공개토론회 발표.

_____. (2002c). 공무원의 책임성 확보와 공무원 행동강령의 제정. 부패방지위원회 공청회 주제발표 논문.

_____. (2001a). 거버넌스와 부패문제의 인식: 확장의 가능성 모색. 「2001 한국행정학회 추계학술회」 발표논문.

_____. (2001b). 공무원의 직무특성별 부패가능성과 방지전략에 관한 연구. 「한국행정논집」. 13(1) 25－45.

_____. (2000a). 효율적인 반부패를 위한 윤리적 정부의 구축방안: 신뢰 시스템의 형성을 중심으로. 반부패행정시스템연구소 개소 기념 세미나 발표논문.

_____. (2000b). 우리나라 정부의 반부패 정책의 평가: 지속성의 확보 관점에서. 한국행정학회. 「한국행정학보」. 33－4.

_____. (1999). 지속가능한 부패방지와 윤리적 정부의 구축방안. 「한국행정학회·한국행정연구원 공동세미나 발표논문」.

이동윤. (2006). 국회의 입법과정과 시민단체의 역할. 한국정치학회 하계대회.

이준형. (1998). 공무원의 직업윤리. 「서울행정학회 추계세미나 발표논문」(1998. 10. 24).

임의영. (2003). 공공성의 개념, 위기, 활성화 조건. 「정부학연구」. 9(1).

장유식. (2002). 주식로비를 근절한 공직자 주식취득 규제방안. 참여연대 공개토론회 발표.

정부혁신지방분권위원회. (2003). 행정개혁 로드맵.

참여연대. (2003a, 2004). 공직자윤리법 개정안.

_____. (2003b). 노무현 새정부 개혁과제 토론회 자료집.

_____. (2003c). 금융감독기관 공직자 주식투자 실태 보고서.

_____. (2005). 행정부 공직자 주식보유 내역 모니터 보고서.

투명사회협약실천협의회. (2005). 투명사회협약 입법안 수립

한국개발연구원. (2006). 국민신뢰도 조사자료.

한나라당. (2002). 대통령선거 공약집.

행정자치부. (2004a). 공직자윤리법 개정안.

_____. (2004b). 백지신탁제도 도입 공청회 자료집.

_____. (2004c). 공직자 윤리제도 개선방안 연구.

행정자치위 법안심사소위원회 회의록.

행정자치위원회. (2004, 2005). 공직자윤리법 개정안 공청회 자료집

Academic Press. (1998). *Encyclopedia of Applied Ethics.*

Anderson, James E. (2002), *Public Policy Making*, Boston: Houhton Miffin.

Anechiarico, Frank, James B. Jacobs. (1996). *The Pursuit of Absolute Integrity*. Chicago: The Univ. of Chicago Press.

Association of the Bar of the City of New York. (1960). *Conflict of Interest and Federal Service.* Cambridge, MA:Harvard Univ. Press.

Atkinson, Michael M. & Maureen Mancuso. (1992). Edicts and etiquette: Regulating conflict of interest in Congress and the House of Commons. *Corruption and Reform.* 7. 1−18.

Bowman, James S. (2001). From Code of Conduct to Code of Ethics. in Terry L. Cooper(2001). *Handbook of Administrative Ethics. Marcel.*

Davis, Michael. (1998). Conflict of Interest. in Academic Press (1998). *Encyclopedia of Applied Ethics.*

Dunn, William N. (2008). *Public Policy Analysis*, Englewood Cliffs, N.J.: Prentice hall.

Eyestone, Robert(1978), *From social issues to Public Policy*, N.Y.:John Wiley & Sons.

Hallgarth, Matthew W. (1998). Consequentialism and DEontology. *Encyclopedia of Applied Ethics.* Academic Press. 609−621,

Hondeghem, Annie. (1998). *Ethics and Accountability in a Context of Governance and New Public Management*. IOS Press.

Hood, C. (1991). "A Public Management for All Season". *Public Administration*. 69 (spring): 3 – 19.

Kamensky, J. (1996). "Role of the Reinventing Government Movement in Federal Management Reform". *Public Administration Review*. 56(3): 247 – 255.

Kirby, James C. (1970). *Congress and the Public Trust*, New York:Atheneum.

Langseth, Petter, Rick Stapenhurst & Jeremy Pope. (1997). The Role of a national Integrity System in Fighting Corruption. *EDI(Economic Development Institute of The World Bank) Working Papers*. 400/142.

Macy, John W. (1971). *Public Service: The Human Side of Government*, NY:Harper & Row.

OECD. (2003). *Managing Conflict of Interest in the Public Service*.

_____. (2000). *Trust in Government*.

_____. (1999). *Public Sector Corruption*.

_____. (1998). "Improving Ethical Conduct in the Public Service– Recommendation of the OECD Council".

_____. (1996). Ethics in the Public Service: Current Issues and Practice.

Office of Government Ethics. (1999). *Standards of Ethical Employees of the Executive Branch*.

Plant, Jeremy F. (2001). Code of Ethics. in Terry L. Cooper(2001). *Handbook of Administrative Ethics. Marcel*.

Pritchard, Jane. (1998). Code of Ethics. in *Encyclopedia of Applied Ethics*. Academic Press. 527 – 34.

Roberts, Robert N (2001). *Ethics in U.S. Government*. Greenwood Press.

Roberts, Robert N., & Marion T. Doss, Jr. (1992). Public Service and Private Hospitality: A Case Study in Federal Conflict – of – Interest Reform, *PAR*. 52: 260 – 270.

Roberts, Robert N. (1988). *White House Ethics*, Westport, CT:Greenwod Press, 1988.

Roberts, Robert N. & Marion T. Doss, (1997). *From Watergate to Whitehouse: The Public Integrity War*, Westport, CT: Praeger.

Rohr, J. A. (1998). *Public Service, Ethics & Constitutional Practice*. Kansas.

Selznick, P. (1992). *The Moral Commomwealth*. The Univ. of California Press.

Thompson, Dennis F. (1987). *Political Ethics and Public office*. Harvard Univ. Press.

U.S. House Re. (1992). *Ethics Manual*.

U.S.OGE. (2003). *Compilation of Federal Ethics Laws*.

_____. (1999). *Standards of Ethical Employees of the Executive Branch*.

_____. (1996). *Public Financial Disclosure: A Reviewer's Reference*.

U.S. Senate. (1978). *Memorandum*.

_____. (2003a). *Rules of Committee on Standards of Official Conduct*.

_____. (2003b). *Senate Ethics Manual*.

Walzer, M. (1973). Political Action: The Problem of Dirty Hands. *Philosophy and Public Affairs*, 2(winter).

Zimmerman, joseph. (1994). *Curbing Unethical Behavior in Government*, Greenwood.

부 록

우리나라의 백지신탁제도 도입 관련 각 주체의 활동 연혁

연도	시민단체(참여연대)	국회	정부
1998	12.16: 국회의원 이해충돌 상임위 배정 취소 헌법소원 제기		
2001	11.19: 부패방지입법시민연대 이해충돌회피제도 담은 공직자윤리법 개정안 입법청원		
2002	1.24: 참여연대, 백지신탁제 도입 등 이해충돌방지제도 강화 토론회 3.26: 민주당 대통령후보공약 분석(모두 백지신탁도입 찬성) 7.9: 참여연대 보도자료:공직자 주식거래내역 실태 보고 11.15: 유관자연대—100대 개혁과제발표(백지신탁제도미포함)	3.3.26: 민주당 대통령후보공약 분석(모두 백지신탁도입 찬성) 12.8: 이회창 후보기자회견(백지신탁 도입) 12.11: 노무현후보기자회견(부패방지강조)	
2003	1.27: 참여연대 노무현 새정부 개혁과제 토론회(백지신탁제도 도입안) 4.28: 참여연대 보도자료: 금감위원장, 최bo 장관 보유주식 매각 요청 4.29: 정통부 장관 보유주식, 스톡옵션 매각주장 1인 시위 시작 5.7: 참여연대 이해충돌회피 제도화 촉구 서한 행정자치부 장관에게 공개서한 5.14: 참여연대 금융감독기관 공직자 주식투자 실태 보고서 발간		5.12: 정통부장관 주식매각 거부 기자 브리핑

	5.27: 참연 공직자 재정적 이해충돌 방지 토론회(부방위 공동) 6.25: 참여연대 공직자윤리법 개정안 국회 청원(백지신탁 제도 도입 골자) 7.9: 참연 이해충돌 우려있는 주식 보유 고위공직자 및 국회의원에게 서한 발송	6.29: 김효석 의원 보유주식 자발적 매각	
			7.22: 정부혁신위원회 행정개혁 로드맵에 이해충돌방지제도로서 백지신탁 도입안 포함 7.16.; 금융감독 위원장 보유 주식 매각
	12.10: 참연 이해충돌 여지있는 교체대상 각료 발표		
2004			1.29: 정부혁신위 이해충돌회피제도(백지신탁도입안) 공식 논의 4.9: 정부혁신위원회−행자부 백지신탁제도 도입관련 공동 회의
		4.20: 한나라당 당선자대회에서 17대 의원 당선자 금융자산, 부동산신탁 추진 논의	
			5.16: 27일 정부 공직자윤리법 개정안 입법예고
			5.27: 행자부 백지신탁제도 도입 공청회
	6.3: 참연 공직자윤리법 개정안 관련 의견서 제출	6.8: 한나라당 권영세의원 공자법 개정안 발의	
		6.18: 행정자치위 백지신탁제도 도입 관련 공청회	6.10: 행정자치부는 공직자윤리법 개정안중 백지위임신탁제도 관련 대상자 1급 이상으로, 신탁하한금액을 2천−5천만 원으로 인하
	7.7: 참여연대 백지신탁제도 도입 관련 토론회		

	9.20: 참여연대 공자법 개정안 국회 청원 11.9: 참여연대 공직자윤리법 개정에관한 청원 11.30: <참연 성명> 공직자윤리법 개정 촉구 12.17: 참여연대 공자법 개정안 의견 발표	8.6: 한나라 박재완 의원 공자법 개정안 발의 11.10: 민노당 이영순의원 공자법 개정안 발의 11.29: 행정자치위 공자법 회의-12월 대체토론으로 넘김 12.17: 행자위 공자법 공청회	9.14: 정부 국무회의에서 '주식 백지신탁제도' 도입 등 공직자윤리법 개정안 심의, 의결 9.22: 정부 백지신탁제 도입 골자의 공직자윤리법 개정안 국회 제출 11.15: 정부혁신위 백지신탁 논의
2005	3.15: 참연 행정부 고위공직자 주식거래 내역 모니터 보고서 발표 4.19: 경실련 공자법 개정안 국회 청원서 제출	4.19: 행정자치위원회 법안 심사소위 백지신탁제도 도입안 잠정 합의 4.21: 개정안 행자위 통과 4.26: 개정안 국회본회의 통과 5.2: 행정자치위 공자법 개정안 공청회(부동산 신탁 능) 5.18: 백지신탁제도 포함한 공자법 개정	3.9: 노대통령 투명사회협약 출범식에서 백지신탁제도 도입 강조 7.29: 행자부 공직자윤리법시행령 개정안 입법예고 10.5: 정부 공자법 개정안 입법예고

10.25: 참연 정부 공자법 개정안에 대한 의견서 제출(스톡옵션 등) 11.18: 참연 시행될 백지신탁 제도 문제점 제시 의견서 발표 12.1: 참연 행정부 공직자 주식보유내역 모니터 보고서 12.27: 참연 논평(백지신탁심사위 운영 관련)	11.1: 우리당 김한길 의원 고위 공직자 재산형성과정 소명 관련 공자법 개정안 국회 제출	11.29: 공자법 백지신탁제도 시행 12: 정부 공자법 개정안 국회 제출(스톡옵션 관련)
2006	2.15.; 참연, 국회 행자위와 행자부에 공자법 개정안중 스톡옵션에 대한 의견서 제출	4.26: 공자법 개정안 국회 통과	1.11: 행자부 주식백지신탁 대상자 명단 발표

▶ ▶ ▶ **논평**

박중훈(한국행정연구원 전문연구위원)

1. 서 론

민주정치의 발전과 더불어 국민생활과 관련하여 정부의 역할이 점점 더 커지고 중요해지고 있는 여건하에서 가장 중요하게 부각되는 이슈는 정부에 대한 국민의 신뢰이다. 국민의 신뢰가 뒷받침되지 않고 국민과 괴리되고 있는 정부는 그 역할수행에 있어 국민의 불신으로 인해 국민의 대표성에 대한 정당성이 훼손되고 그 결과 안정적이고 효과적인 역할수행에 있어 한계에 직면하게 된다. 국정운영에 있어 이와 같은 모멘텀으로 작용하는 국민의 신뢰를 확보하기 위해 국가들은 다양한 접근과 정책을 시도하고 접근하고 있다.

공직자를 통해 이루어지는 정부의 활동에 대한 국민의 신뢰와 관련하여 가장 핵심적인 요소 가운데 하나는 바로 공직자의 공정한 업무수행 태도이다. 선출직은 물론 경력직 공직자들이 공무를 수행함에 있어 공정성을 확보하기 위한 핵심적인 수단으로 공직자가 갖추고 지향해야 할 윤리와 업무자세가 법령 등을 통해 설정되고 제시되고 있다. 우리나라에서도 공직자의 윤리적인 자세와 활동을 확보하기 위한 방안으로 공직자윤리법을 비롯한 다양한 공직자의 행태 및 근무자세와 관련된 원칙과 기준이 법령의 형태로 설정되어 적용되고 있다.

공직자윤리법은 공직자의 업무활동에 있어 공정성을 확보하고 공익이 우선되도록 하기 위한 중추적인 법률로 공직자의 재산신고 및 공개와 더불어 퇴직자의 재취업에 대한 제한을 규정하고 있다. 하지만 이러한 두가지 핵심적인 수단은 공직자의 업무수행에 있어 사적인 개인으로서의 이해와 공직자 신분으로시의 공석가지 우선이라는 두가지 차원에서의 이해충돌을 사전에 방지하는데 있어 한계가 지적되며, 공직자의 이해충돌 방지를 위한 핵심 방안으로서 백지신탁제도가 오랜기간 지속적으로 요구되었고 마침내 2005년 시행되게 되었다.

본 연구에서는 공직윤리 내지는 공직자의 이해충돌 방지를 위한 핵심적인 사안인 백지신탁제도를 중심으로 약 10여 년에 걸친 도입과정을 매우 치밀하고 체계적으로 분석하고 있다. 정부와 공직자에 대한 신뢰를 확보하기 위해 접근되는 공직자의 윤리와 행태에 대한 요구와 제한은 공직자 스스로 마련하는데 한계가 있어 시민단체를 중심으로 한 시민사회로부터의 지속적이고 다양한 요구와 더불어 사회적 공론화 과정을 통해 접근되고 있다. 이에 본 연구는 오랜 기간에 걸친 도입과 정책화 과정에 대한 분석과 더불어 제도상 내용에 대한 분석을 수행함으로써 공직자 윤리를 확보하기 위한 백지신탁제도의 의미를 짚어보고 있다. 이러한 접근에서의 연구는 궁극적으로 공직윤리를 비롯하여 정부신뢰를 확보하기 위한 다양한 정책수단의 정책화를 위한 접근전략은 물론 이러한 과정을 통해 접근된 제도의 한계와 개선을 위한 방향을 모색하는데 있어 중요한 시사점을 제공할 수 있을 것으로 기대된다.

2. 논문 개요(주요 내용)

본 연구의 내용을 구성하는 핵심적 사안은 이해충돌방지를 위한 정책수단으로서의 백지신탁제도의 중요성을 제기하고, 이러한 백지신탁제도가 기존의 공직윤리시스템의 재정비를 통해 도입되는 과정을 분석하는 것이다. 이를 위해 본 연구는 구체적으로 연구수행에 대한 배경을 간략하게 소개하는 서론에 이어 초점이 되는 백지신탁제도의 도입을 위한 배경이 제시되고, 백지신탁제도 도입의 모델이 되는 사례로 미국의 백지신탁제도를 소개하고 있다. 이후 본 연구는 본격적으로 우리나라 백지신탁제도의 도입과정을 구체적이고 체계적으로 분석하며, 제도 도입과정상 주요 주체별 활동과 특징을 분석 및 제시하면서 결론을 맺고 있다.

제도도입을 위한 배경에서는 각종 조사에서 제시되고 있는 우리나라 공공부문에서의 청렴도 내지는 부패수준에 기초한 부패관련 문제의 실태와 더불어 공공분야에 대한 신뢰수준을 제시하면서 공직자의 이해충돌 이슈와 공직윤리시스템에 대한 문제를 제기하고 있다. 한편 제도도입 및 논의배경에서는 이해충돌과 백지신탁 관련 기존 연구문헌을 리뷰하고 본 논문을 위한 분석틀과 내용을 제시하고 있다.

한편 우리나라 백지신탁제도의 모델로서 기존에 도입되고 있는 다양한 외국에서의 접근과 더불어 미국의 백지신탁제도를 중심으로 한 도입배경과 내용을 분석 및 소개하고 있다. OECD 국가에서의 이해충돌 관련 법령에 대한 소개와 더불어 이해충돌방지를 위한 핵심적인 정책수단으로서의 백지신탁제도를 부각하고 있다. 미국의 경우 공직자의 이해충돌 방지를 위한 접근은 개인의 금융정보 신고 및 공개와 함께 이해충돌 회피를 위한 자격박탈/기피를 중심으로 설정되고 있음을 알 수 있다. 이러한 여건 하에서 미국에서의 백지신탁제도는 공직자에 의해 신고된 재정금융정보에 입각하여 이해충돌 소지를 해소하기 위한 수단으로 공직자와 정부간 체결하는 윤리협정상의 요소 및 내용으로 활용되는 방안이다.

다음으로 연구는 연구의 핵심적인 대상 및 초점이 되고 있는 우리나라에서의 백지신탁제도가 도입되는 과정을 분석하고 있다. 백지신탁제도 도입과정에 대한 분석은 연구분석틀에서 제시된 바와 같이 문제제기단계, 공중의제 형성단계, 정책아젠다 형성단계, 입법화 단계 등 네가지 단계에 입각하여 정책화 과정에 참여한 주요 주체, 즉 시민단체, 의회, 정부 등을 중심으로 한 역할과 상호관계, 그리고 정책내용의 변화를 분석하고 있다.

저자는 특히 백지신탁제도의 도입과정에 대한 분석에 있어 시민단체의 구체적인 역할과 접근방식, 그에 따른 의회와 정부의 수동적인 접근하에서의 시민단체 요구에 대한 대응과 수용과정에 초점을 두고 있다. 즉 도입과정에서의 각 단계별로 주요 활동주체로서의 시민단체, 정부(관련 위원회 및 부처), 그리고 국회(상임위원회 및 공청회 등 입법활동)의 활동과 상호관계 차원에서의 특징을 규명하고 제시하고 있다. 특히 시민사회의 요구를 통해 입법화가 추진되는 사안의 특성상 정책의제로서의 형성과 실질적인 입법화를 위해 시민단체가 선거라는 제도를 어떻게 활용하고 선거공약을 실현하기 위해 접근하고 있는가를 보여주고 있다.

결론에 있어 저자는 기존의 공직자윤리법이 이해충돌 방지라는 측면에서 제기되고 있는 한계를 극복하기 위해 백지신탁제도의 도입을 통해 공직윤리시템이 재정비되는 과정을 통한 다양한 시사점을 제시하고 있다. 즉 학계를 중심으로 한 시민사회에서의 문제현황에 대한 분석에 기초한 강력한 문제제기의 중요성과 더불어 시민사회로부터의 구체적이고 강력한 대안제시, 그리고 관계 기관 및 이해관계자간 다양하고 심층적인 소통을 통한 문제와 개선에 대한 이해와 인식, 그리고 실질적이고 구체적인 입법화를 위한 관계 기관간의 협조적 거버넌스 체계 등을 제시하고 있다.

3. 논문의 학문적/정책적 가치와 기여

공직자윤리법상 백지신탁제도의 도입과정에 대한 분석에 초점을 둔 본 논문은 공직자윤리, 특히 이해충돌방지 및 백지신탁제도와 관련하여 학술적 및 정책적 측면에서 크게 기여를 하고 있다. 무엇보다 공직자의 이해충돌방지를 위한 제도로서의 백지신탁제도를 약 10여 년에 걸친 시민단체와 학계에서 접근하고 제기하고 있는 과정과 내용을 소개함으로써 본 제도에 관해 어떻게 사회적 관심이 부각되었고, 제도의 중요성과 가치에 대한 공감이 형성되었는가를 보여주고 있다. 특히 이해충돌방지를 위한 제도로서의 백지신탁제도는 정부나 국회에서 자체적으로 주도하기 보다는 시민단체와 학계에서 다양한 연구와 토론회를 통해 그 중요성은 물론 도입 필요성을 오랜 기간 강조하고 요구하는 가운데 마침내 도입되었기 때문이다. 즉 시민단체를 비롯하여 학계를 중심으로 한 공직자의 이해충돌방지를 위한 접근의 필요성과 더불어 그 핵심 수단으로서 백지신탁제도의 가치와 중요성이 활발하게 논의되고 선거과정 등을 통해 제기되는 가운데 사회적 공감을 이끌어내고 마침내 입법화가 이루어지고 있음을 볼 수 있다.

이러한 백지신탁제도를 대상으로 꾸준하게 진행된 민간에서의 논의와 입법화과정에 초점을 둔 분석을 통해 본 논문은 특정한 정책, 특히 정부주도로 접근되지 않고 사회적 요구에 입각하여 이루어지는 입법화가 어떤 과정을 통해 정책과정에 참여하는 주체들이 어떻게 상호작용을 하면서 이루어지는지를 매우 구체적으로 보여주고 있다. 백지신탁제도라는 특정 정책을 대상으로 정책의제의 형성으로부터 정부와 국회를 통한 입법화 과정에 대한 분석을 통해 사회적으로 요구되는 중요한 정책수단이 시민단체와 학계를 중심으로 제기되어 공감대를 형성하고, 선거 등을 지렛대로 요구되면서 정부와 국회의 의제로 입법화가 이루어지는지를 정책참여집단의 활동과 참여집단 상호간의 관계에 대한 분석을 통해 제시하고 있다.

이러한 연구의 내용과 특성을 고려할 때, 본 논문의 학술적 및 정책적 기여는 다음과 같이 요약될 수 있다. 학술적인 측면에서는 이해충돌과 관련하여 기존 공직자윤리법상 규정되고 있는 제도의 한계를 극복하기 위한 정책수단으로서 백지신탁제도의 필요성과 중요성을 제시하고 있다. 또한 백지신탁제도의 중요성에 대한 부각 외에도 본 논문은 국내에서 활발하게 연구되지 못하고 있는 특정 정책의 입법화 과정, 특히 이들 과정에 참여하는 정책참여집단들의 활동과 상호관계를 분석하여 제시함으로써 정책화 과정에 대한 학문적 이해와 시사점을 도출하는데 큰 의미가 있다.

한편 정책적인 측면에서는 정부의 이해가 부족하여 자발적으로 추진하지 않는 정책 이슈들에 있어, 정부와 국회는 시민단체나 학계에서의 논의와 요구를 어떻게 효과적으로 대응하고 접근할 수 있는지 다양한 시사점을 얻을 수 있다. 즉 특정 정책이 시민단체와 학계를 중심으로 한 시민사회로부터 다양하고 적극적으로 제기될 경우 정책결정주체로서의 정부와 국회는 이들 시민사회의 역량을 효과적으로 활용하고 대응하는데 필요한 시사점을 얻을 수 있다. 왜냐하면 정책사안들은 비록 이상적이고 필요한 정책이라 할지라도 집행에 소요되는 역량과 더불어 정책대상에게 적용되는 부담과 작용에 따른 반발 등 정책의 도입과 실현 가능성 등에 대한 다양한 고려가 이루어져야하기 때문이다.

본 논문이 제시하는 이러한 학문적이고 정책적인 측면에서의 기여에도 불구하고 다음과 같은 측면에서의 한계도 지적될 수 있다. 무엇보다 우선적으로 이해충돌방지를 위한 정책수단으로서의 백지신탁제도 입법화 과정을 분석하고 제시하는 연구의 성격상 입법화 과정을 단계별로 논의하기에 앞서, 입법화 내지는 정책과정에 대한 논의의 중요성과 가치를 비롯하여 정책과정을 중심으로 한 이론적 논의가 충분하게 이루어지지 않음은 아쉬움으로 남는다. 이러한 이론적인 논의는 백지신탁제도 입법화 과정분석을 위한 분석틀 설정의 기초가 되고, 분석결과의 가치와 의미를 제시하는데 기초가 될 수 있다. 한편 입법화 과정에 대한 분석은 과정의 단계화와 각 단계별 참여주체들의 활동내용을 중심으로 단순하게 수평적이고 서술적으로 제시하고 접근하는데 그치지 않고, 정책과정에 대한 이론적 논의와 연계하여 각 단계와 정책참여 집단들의 활동이 무슨 의미와 가치를 지니고 있는지가 논의되고 제시될 때 논문이 제시하는 시사점과 가치가 훨씬 클 것으로 기대된다. 한편 외국에서 이미 도입된 정책의 도입과정을 분석하는 연구의 특성상 주요 외국에서의 제도상 내용과 도입과정에 대한 상호간 비교 또한 학술적이고 정책적인 측면에서 새로운 시사점을 제공할 수 있을 것으로 기대된다.

4. 이해충돌방지 관련 현황과 이슈

공직자윤리를 확립하고 제고하기 위한 접근은 꾸준하게 이루어지고 있다. 공직자윤리법상 재산신고 및 공개의 내실화를 위한 제도보완과 더불어 퇴직공직자의 재취업 제한에 있어서도 적용대상 공직자와 재취업 제한 대상범위 등과 관련하여 지속적인 제도보완이 이루어지고 있다.

하지만 공직자윤리와 관련하여 가장 큰 변화는 2016년부터 시행되고 있는 소위 청탁금지법이다. 청탁금지법은 공직자윤리를 주관하고 있는 인사혁신처 소관 법령이 아니라 공직자 부패문제를 전담하고 있는 국민권익위원회가 주관하는 법률로 현직 공직자를 대상으로 공무수행과정에서의 금품에 대한 금지 또는 제한과 더불어 업무수행관련 내외부로부터의 청탁에 대한 금지와 위반에 대한 처벌을 규정하고 있다. 업무수행과정에서의 금품수수에 대한 제한과 청탁에 대한 금지는 기본적으로 공직자의 공무수행에 있어 사적인 이익이나 관계로 인한 공정한 업무처리의 훼손을 방지하기 위한 것으로 곧 공직자의 이해충돌 방지에 초점을 두고 있다. 하지만 공직자의 업무수행상 확보되어야 할 윤리, 즉 공정한 업무수행을 위한 사적인 이해와 공적인 이해 간의 이해충돌을 방지하기 위한 접근이 공직자윤리법과 청탁금지법 등 다양한 법률을 통해 혼재되고, 더군다나 법상의 내용들이 공직자의 이해충돌이라는 이슈를 중심으로 문제에 대한 정의와 더불어 이를 방지하기 위한 하위차원에서의 다양한 수단에 이르기까지 체계적으로 접근되기 보다는 개별 정책수단을 중심으로 별도로 규정되고 나열되는 측면에서 이해충돌방지를 위한 접근에 있어 한계가 지적될 수 있다. 따라서 향후 공직자윤리의 확보와 제고에 대한 논의는 이해충돌이라는 이슈를 출발점으로 다양한 법률에서 규정하고 있는 수단을 대상으로 보다 체계화되고 포괄적인 차원에서 분석 및 논의가 접근될 필요가 있다.

한편 본 연구는 공직자윤리, 특히 이해충돌 방지를 위한 새로운 제도로서 백지신탁제도의 중요성과 더불어 그 도입필요성에 초점을 두고 있다. 하지만 공직자윤리법상 규정되고 있는 핵심적인 제도인 공직자 재산등록 및 공개와 재취업제한제도 역시 그 실행과정에서 많은 한계를 노출하고 실효성에 의구심이 제기되고 있다. 공직자재산등록 및 공개의 경우 비상장 주식에 대한 신고, 부동산의 경우 시가가 아닌 공시가격의 신고, (증가)신고된 재산의 경우 증식사유에 대한 신고와 그 정당성 등에 대한 심사 등 다양한 측면에서의 한계와 문제가 제기되고 있다. 아울러 퇴직공직자의 재취업에 있어서도 자진신고에 의존하는 재취업에 대한 심사와 심사의 적절성 등에 있어 문제가 제기되고 있다. 이러한 측면에서 볼 때, 단지 이해충돌 방지를 위한 새로운 제도로서의 백지신탁제도의 도입 그 자체가 얼마나 시급하고 핵심적인 사안인가에 대한 이론의 여지도 있다. 더군다나 백지신탁제도의 경우 이를 합리적으로 시행하기 위한 내부관리적 절차와 방법이 매우 중요한 핵심적인 요소인 바, 제도의 도입과 더불어 제도상의 내용에 대한 충분한 분석과 논의가 이루어질 때 보다 큰 의미가 있으리라 기대된다. 이러한 측면에서 공직자윤리의 확보, 즉 이해충돌을 합리적으로 방지하기 위한 논의와 접근은 보다 다양하고 포괄적인 측면에서 이루어질 필요가 있음을 볼 수 있다.

5. 향후 연구에 대한 제언

본 연구는 백지신탁제도의 도입과정에 대한 분석을 통해 공직자 이해충돌 이슈와 방지를 위한 제도로서 백지신탁제도에 대한 이해와 공감대를 형성하는 기초를 제공하고 있다. 아울러 백지신탁제도를 중심으로 한 정책도입과정에 대한 분석은 정책과정에 대한 이해와 시사점 도출 측면에서 학술적으로나 정책적으로 매우 의미 있는 정보를 제시하고 있다.

공직자 이해충돌방지와 공직윤리 제고를 위한 접근으로서 백지신탁제도 도입과정을 대상으로 한 본 연구의 가치와 장점이 더욱 발휘되기 위해서는 향후 다음과 같은 측면에서의 연구가 기대된다. 공직윤리, 특히 공직자의 이해충돌방지에 초점을 둔 접근은 우리나라의 경우 다수의 선진사례와 달리 이해충돌방지를 중심으로 법령화가 이루어지지 않고 공직자윤리법, 부패방지법, 그리고 청탁금지법 등 다양한 법률을 통해 이루어지고 있고, 심지어는 소관 부처도 다르게 규정되고 있다.[1] 공직윤리와 관련하여 이러한 여건과 법령체제하에서 과연 공직자의 이해충돌에 대한 방지와 공직윤리의 확립을 위한 정책과 집행이 효과적으로 이루어지고 있는지가 분석되고 논의될 필요가 있다. 미흡하게나마 과거 부분적으로 공직윤리와 관련된 법령의 일원화를 위한 논의가 이루어졌으나 소관부처의 차이 등으로 인해 실질적으로 접근되지 못한 실정이다. 따라서 학계를 중심으로 이해충돌방지라는 이슈를 중심으로 기존 법령과 제도를 포괄적으로 논의하여 체제를 정비할 가치와 필요성에 대한 시사점이 모색될 필요가 있다.

한편 본 연구는 공직윤리와 관련하여 공직자의 업무수행과정에서의 이해충돌 방지와 관련하여 기존 정책수단의 한계를 지적하면서 새로운 정책으로서 백지신탁제도 도입을 다루고 있다. 공직윤리에 대한 접근이 공직자의 이해충돌방지에 초점을 두어 접근하는 것은 공감될 수 있으나, 이해충돌방지를 위한 접근으로서 새롭게 백지신탁제도를 도입하는 것이 가장 절실하고 효과적일 수 있을까 하는 점에서는 이론의 여지가 있다. 왜냐하면 공직윤리를 확보하기 위한 기존의 다양한 제도들, 즉 재산신고와 공개를 비롯하여 퇴직공직자의 재취업제도, 그리고 심지어 청탁금지법의 적용 등에 있어 다양한 한계와 함께 실질적인 효과구현에 문제가 제기되고 있기 때문이다. 따라서 재산신고제도의 경우 신고대상 재산의 기준설정이나 증가된 신고재산의 정당성에 대한 심사제도 등 기존 제도의 한계를 다양한 측면에서 분석하고 내실화를 위한 개선방안을 도출하는 것도 학계에서 수행되어야 할 사안으로 생각된다.

---

1) 심지어 공직자윤리 확보를 위한 핵심적 접근의 하나인 공직자 행동강령은 윤리강령과 달리 부패방지기본법하에서 제정되어 적용되고 있다.

국가전략 연구를 위한 공공부문 조직 설계

국가전략 연구를 위한 공공부문 조직 설계*

김동욱(서울대학교 행정대학원 교수), 정준화(서울대학교 행정대학원 박사과정 수료)

∽ 프롤로그 ∽

논문의 의의와 요점

1987년 헌법 개정에서 5년 단임의 대통령제가 규정된 이후 이 논문이 게재된 2011년까지 노태우, 김영삼, 김대중, 노무현 대통령이 5년 임기를 마무리하였고 이명박 대통령이 5년의 임기 후반기를 맞이하였다. 이들 대통령 정부 모두가 장기 국가발전 비전과 계획을 작성하고 발표하였으나 제대로 국가정책에 반영되어 시행되었다고 보기 어렵다. 이 논문에서는 국가전략이 제대로 정립되어 정책으로 구현되지 못한 이유 중 하나가 정파적 이익을 벗어나고 장기적이고 종합적인 국가전략 연구가 미흡하다는 점에 착안하여 국가전략 연구를 위한 공공 조직 신설의 필요성을 주장하고 연구 조직에 대한 다양한 대안을 검토하였다. 이명박 정부를 이어 출범한 박근혜, 문재인 정부에서도 역시 장기적이고 종합적인 국가전략 연구가 미흡하고 따라서 장기 국가전략에 조응하는 국가정책이 결정되고 집행되지 않고 있다. 이러한 관점에서 국가전략 연구의 중요성과 국가전략 연구를 위한 공공 조직에 대한 구체적 설립 방안에 대한 연구는 여전히 학술적·정책적 의의를 지니고 있다.

이 논문에서는 먼저 국가전략을 정의하고 전략연구 관련 조직의 변천을 간략히 정리한 후 미국, 캐나다, 핀란드, 스웨덴, 중국, 호주, 영국, 프랑스, 유럽연합 등 선진 외국의 국가전략 연구조직의 특징을 분석하였다. 한국의 국가전략 연구 조직 설계 대안 평가를 위한 기준으로 독립성, 전문성, 장기성, 정치적 합의 가능성, 개편 용이성을 설정하고 구체적인 대안들을 분석하였다.

---

* 이 논문은 2011년 『행정논총』 제49권 제2호에 게재된 글을 수정·보완한 것이다.

2011년 기준으로 대통령 소속 자문기구인 미래기획위원회, 기획재정부의 미래전략정책관과 미래전략과, 경제인문사회연구회의 미래전략연구센터, 한국개발연구원, 한국행정연구원 등 기존 조직은 장기연구를 하고 있지 않고 독립성, 전문성이 미흡하다는 평가를 할 수 있다. 국가전략 연구조직을 신설하는 방안을 국가기관 형태와 정부출연연구기관 형태로 나누고 대통령 또는 국무총리(또는 경제인문사회연구회) 소속으로 구분할 수 있다. 대통령 소속 국가기관으로 국가전략연구원, 국회 소속 국가기관으로 국가전략연구원, 대통령 산하 미래전략연구원, 경제인문사회연구회 소관 미래전략연구원 등 4개 대안을 검토한 결과 정부와 국회의 충분한 의견조정을 전제로 국회 소속 국가전략연구원 신설을 중장기 최적 대안으로, 만약 정부의 반대가 심할 경우에는 대통령 소속 국가전략연구원 신설을 차선책으로 제시하였다.

오늘날의 의미

국회미래연구원법이 2017년 12월 제정되고 2018년 3월 시행되면서 준비작업을 거쳐 2018년 5월에 국회미래연구원이 개원되었다. 국회미래연구원은 국회 산하 공공기관으로 원장 1명, 박사급 연구직 11명, 연구(조)원 6명, 행정직 4명의 매우 작은 조직으로서 정관에 명시된 연구분야인 통일·외교·국방 및 국제전략, 신성장동력 및 과학기술혁신, 지속가능한 발전, 국민 삶의 질 향상 등의 분야를 연구하기에는 인력과 예산이 턱없이 부족하다고 본다. 기관 설립과정에서 정부의 강한 반대로 인해 최소 규모의 인력과 예산으로 출범한 것으로 짐작한다. 정부의 지속적인 반대 하에서는 국회미래연구원이 경제인문사회연구회 소관 정책연구기관과 부처 소속의 정책연구기관과의 협업과 협력을 기대하기는 어렵다. 따라서 여전히 국가의 종합적인 미래장기전략을 연구하는 공공조직의 설립이나 재편 논의는 아직도 유효하다고 본다. 국회미래연구원의 전면적인 확대 개편 또는 경제인문사회연구회 및 정책연구기관의 전면적인 개편 과정에서의 국가전략연구원의 신설 방안을 검토해 볼 수 있다. 현 정부까지 5년 단임의 대통령 정부가 일곱 번 출범하면서 5년을 넘어서는 장기 국가비전과 전략이 수립되고 집행되지 않으면서 미국, 중국, 일본, 러시아 등 주변 강대국의 국가전략에 제대로 대응하지 못하였고, 새로 출범한 정부는 이전 정부의 정책기조를 뒤집어면서 정책의 일관성을 상실하는 상황이 반복되어 왔다. 대통령 임기를 넘어서는 안정적이고 지속적인 국가전략 연구의 필요성은 더욱 커지고 있다.

후속 연구 현황

한국과학기술원의 문술미래전략대학원에서 2015년 이후 매년 대한민국 국가미래전략 연구 결과를 책자로 발간하고 있고, 최근 민간 연구기관인 여시재에서 국가장기과제 관련 연구보고서를 발간하고 있다. 국회미래연구원은 아직 설립된 지 얼마 되지 않아 본격적인 미래전략 관련 연구보고서는 발간하지 못하고 있다. 분야별로 다양한 연구성과물은 나오고 있으나 선진 외국에서와 같이 국가전략으로 인정받을 수 있는 미래예측, 미래장기전략 등은 나올 수 없는 상황이고, 연구 추진체계에 대한 논의가 활발하게 된 적이 없다. 또한 대통령 소속 자문기구인 정책기획위원회는 현안 중심의 정책제언을 하고 있어 장기 정책기획을 위한 연구기능은 미흡하다고 본다.

향후 연구의 확장 가능성

2011년에 나온 이 논문에서 제시한 세계질서의 재편, 고령화의 전개, 사회격차의 심화, 지구온난화, 고용없는 성장, 성장동력의 부재 등의 문제는 지금도 국가적 장기 문제이고 이들 문제에 대한 연구와 정책적 대응 방안 모색은 지금도 장기적인 시계와 종합적인 관점에서 접근하지 않을 수 없다.

정책연구기관의 절대다수는 경제인문사회연구회 산하에 있으며 한국문화관광연구원, 중소기업연구원, 국방연구원 등 일부 연구기관은 부처 소속인데, 이들 중앙정부 산하의 정책연구기관 체계를 전면적으로 개편할 필요가 있다. 정부기관의 정책기획 기능을 공공기관인 정책연구기관에 외주로 하면서 중앙정부의 역량은 현저히 약화되고 있는데 그 해결방안 중 하나로 정책연구기관을 국가기관 내부화 또는 유관 중앙행정기관의 산하 기관으로 전환하는 것이 논의되고 있다. 이를 경우 범부처적 장기 연구과제를 담당할 국가전략연구원 (미래전략연구원)을 별도로 신설하는 방안이 논의되어야 할 것이다. 또한 국회미래연구원의 확대발전을 위한 노력에도 이 논문에서 제시한 방안이 활용될 수 있을 것이다. 정책기획위원회가 현안 대응 방식에서 장기 국정과제 연구와 기획 방식으로 전환하는데도 이 논문의 내용이 도움이 될 것으로 기대한다. 앞으로 국회, 정부, 경제인문사회연구회 그리고 서울대, 한국과학기술원 등 대학 내 미래전략 연구기구들에서 공식적 국가전략연구조직의 필요성과 구체적인 기능과 역할 등을 지속적으로 논의해 주길 기대한다.

Ⅰ. 머리말

국가전략 연구는 장기적인 시계와 종합적인 관점으로 미래 변화를 예측·분석하여 그 결과를 국가의 미래전략 형성에 투입하는 활동이다. 따라서 성공적인 국가전략 연구는 실천 가능한 미래 모습을 제시하고 일관적인 정책 추진과 효율적 자원투입을 촉진하여 한 나라의 경쟁력을 강화시킨다. 1962년 대한가족계획협회 발족과 함께 추진된 산아제한정책을 출생인구가 급속히 감소된 1990년대 초반까지 지속하다가, 뒤늦게 저출산 문제를 인식하고 1996년에 출산장려로 변경한 한국의 인구정책 실패는 장기적이고 종합적인 국가전략 연구의 부재가 가져온 엄청난 비효율을 잘 보여주는 사례이다.

한국은 현재 세계질서의 재편, 고령화의 전개, 사회격차의 심화, 지구온난화, 고용 없는 성장, 성장동력의 부재 등과 같이 기존의 정책해결 방식으로 대응하기 어려운 국내외 문제들에 직면하고 있다. 국가의 목표가 명확하고 행정환경이 안정적이던 1960-80년대 고도성장기와는 근본적으로 다른 접근이 필요하다. 미래의 불확실성이 증가한 만큼 다양한 정보를 활용하여 20년 이상의 미래를 연구하고 그 결과를 바탕으로 국정 의제와 실천계획을 형성하는 장기적인 국가전략 체계를 구성하는 것이 요구된다.

하지만 현재 국정운영 시스템에서 미래연구에 기반한 국가전략의 형성과 추진을 기대하기 어렵다. 대통령실 미래전략기획관, 미래기획위원회, 기획재정부 미래전략정책관과 같은 국가전략 조직들이 존재하지만 미래에 대한 연구 기능이 거의 없고 현안이 되는 정책문제 해결에 집중하고 있다(김성태, 2007; 김동욱 외, 2010). 다음 세대 (next generation)를 위한 장기 비전보다는 대통령의 5년 임기 내의 성과와 다음 선거 (next election)를 의식한 단기 대응 위주로 국정이 운영되고 있기 때문이다. 이를 비판하는 많은 선행연구들이 장기 국가전략을 위한 조직 설계를 제안하지만(김성태, 2007; 김관보, 2007; 박세일, 2007; 박세일, 2008; 김동욱 외, 2010) 국가전략 연구기능을 별도로 고민하지 않고 있다.

따라서 이 논문은 미래연구에 전념하는 공공부문 국가전략 연구조직 설계를 목적으로 한다. 민간부문에서도 미래연구가 가능하지만, 포괄 범위가 좁고 연구 결과의 영향력이 약할 수 있기 때문에 공공부문으로 논문의 대상 범위를 한정한다. 연구 방법은 주요 국가의 국가전략 연구조직을 분석하여 그 함의를 적용하는 것이다. 분석 대상 국가는 미국, 영국, 프랑스, 캐나다, 스웨덴, 핀란드, 호주, 유럽연합 등의 선진국과 세계 2대 강국인 중국이다. 그리고 현재 한국의 국가전략 관련 조직인 대통령실 미래전략기획관, 대통령 소속 미래기획위원회, 기획재정부 미래전략정책관, 경제·인문사회연구회 미래전략연구센터, 한국개발연구원·한국행정연구원 등 정부출연 정책 연구기관을 분석하고 그 한계를 극복할 수 있는 국가전략 연구조직 설계의 대안을 제시한다.

Ⅱ. 국가전략 연구조직의 이론적 논의

1. 국가전략 연구조직의 의의

국가전략 연구는 장기적인 시계와 종합적인 관점으로 미래의 변화를 예측하고 분석하여 그 결과를 국가 미래전략 형성의 출발점에 투입하는 연구활동이다.[1] 따라서 이 논문에서 정의하는 국가전략 연구조직은 '장기적이고 포괄적인 관점에서 국가

---

[1] 이 논문에서 사용하는 전략, 국가전략, 미래예측의 개념은 다음과 같다. 첫째, 전략(strategy)은 일반적으로 조직과 개인이 목적을 달성하는 계획된 노력으로 볼 수 있다(Grant, 2005). 둘째, 국가전략(national strategy)은 국가의 목표 달성을 위해 가용한 수단을 통합·조정하여 국가의 안전과 번영을 보장하고 동시에 미래를 확보하는 종합적인 접근방법이다(임동원, 1995; 한배호, 1995; 김경희, 2005 재인용). 초기에는 군사전략 측면에서 논의된 것과 달리, 오늘날에는 안보전략 차원을 넘어 미래의 생존과 발전을 위한 국가 통치차원 수준까지 포괄한다(통일연구원, 2000). 셋째, 미래예측(foresight)은 과학·기술·사회의 모든 관점을 포괄하여 미래가 어떻게 될 것인지 예측·평가하고, 바람직한 미래를 달성하기 위해 필요한 것이 무엇인지 밝혀내는 활동이다(김성태, 2007: 19). 다양한 분야를 체계적으로 종합한다는 관점에서 특정 분야에 한정하여 미래를 평가하는 예측(forecasting) 활동과 구별된다.

전략 연구를 전담하는 공공부문 조직'이다.

국가전략 연구조직의 기능은 크게 미래예측 기능과 국가전략 지원 기능으로 구분할 수 있다. 첫째, 미래예측 기능은 앞으로 어떠한 이슈들이 등장할 것인지 미리 알리고(early warning) 그 중에서 어떤 것이 지속적인 경향(megatrend)으로 자리 잡을 지 종합적으로 예측하고 평가할 뿐만 아니라 바람직한 미래를 만들기 위해 필요한 노력들을 제시하는 것이다(Keenan, 2003; Habegger, 2010; 권기헌, 2008; 김성현 외, 2010). 이를 위해서 분산된 지식들이 하나로 모아질 수 있도록 시계의 장기성, 지위의 중립성, 관점의 포괄성, 참여자의 다양성을 확보하는 것이 중요하다.[2]

둘째, 국가전략 지원 기능은 미래예측의 결과를 국가전략 형성 과정에 투입하여 의사 결정자 상호간의 학습을 촉진하고 미래를 의식할 수 있도록 돕는 것이다 (Habegger, 2010).[3] 미래의 기회와 위협이 불확실한 상황에서 국가전략 연구가 없다면 미래를 대비하기 위한 기술과 자원, 그리고 제도를 체계적으로 준비하기가 쉽지 않다. 따라서 국가전략 연구는 미래에 대한 생각(future thinking)과 장기 전략(long-term strategy)을 연결해 주는 가교 역할을 한다.

국가전략 연구조직의 유형은 순수 연구기능 조직과 전략·정책기능 결합 조직으로 구분할 수 있다. 순수 연구기능 조직은 정부에 대한 자율성과 독립성을 바탕으로 미래를 예측하고 그 결과를 장기적인 국가전략 형성에 투입하는 기능을 담당하는 유형이다. 문제해결 지향성이 강한 정부 관료제의 영향력에서 자유롭기 때문에 국가전략 연구가 정책을 정당화 시켜주는 수단으로 전락하는 문제를 사전에 방지할 수 있다. 이와 달리 전략·정책기능 결합 조직은 미래예측과 국가전략·정책 형성을 동시에 담당하는 형태로 정책 기획과 자원배분 계획, 정부 조직간 역할 조정 등의 기능을 포함한다. 국가전략이 정책 과정에 신속하게 반영되는 장점이 있지만, 미래를 보는 시계가 짧고 정책 결정자에 대한 종속성이 강하다는 문제점이 있다. 이 논문은 독립성과 전문성을 바탕으로 장기적인 미래연구에 전념하는 순수 연구기능 조직에 조점

---

2) 시계의 장기성은 20년 이상의 미래 모습과 환경을 예측하고 그 대응 방안을 연구하는 것에 중점을 두는 것이다. 지위의 중립성은 특정한 이해관계나 지지에 얽매이지 않는 것을 의미한다. 관점의 포괄성은 기술·경제 등 특정한 영역에 국한되지 않고 여러 이슈를 동시에 포괄하는 것을 의미한다. 참여자의 다양성은 전통적인 연구 영역 구분에서 벗어나 여러 분야의 전문가들이 유기적으로 협력하는 것을 의미한다.

3) 유럽 지역의 84개 미래예측 결과를 분석한 Keenan(2003)의 연구에 따르면 84개 연구 중에서 40% 이상이 전략 수립에 직접적으로 기여하는 것으로 나타나 미래예측의 활용성이 현실적으로도 중요하게 나타나고 있음을 보여준다.

을 둔다.

2. 주요 국가의 국가전략 연구조직

국가전략 연구조직의 규범적인 기준이 정립되어 있지 않기 때문에 국제적으로 경쟁력 있는 나라들의 국가전략 연구조직을 분석하여 그 함의를 파악하는 것이 중요하다.

다음의 <표 1>에 나타난 바와 같이 분석 대상 중에서 연구 기능이 강화된 형태의 조직은 미국의 국가정보위원회(National Intelligence Council, NIC), 캐나다의 정책연구소(Policy Research Initiative, PRI), 핀란드의 미래예측소와 스웨덴의 미래연구소(The Institute for Future Studies)이다. 중국의 국무원 발전연구센터(Development Research Center of the State Council, DRC)는 미래예측이 상대적으로 약하고, 호주의 국가평가청(Office of National Assessments, ONA)은 정보기관의 성격이 강한 연구 조직이다. 이 외에도 유럽이사회(European Council) 소속 리플렉션 그룹(Reflection Group), 유럽집행위원회 위원장(President of the European Commission) 소속 유럽정책자문국(Bureau of European Policy Advisers, BEPA), 유럽연합(EU) 산하 유럽연합안보연구소(European Union Institute for Security Studies, EUISS)는 연구 기능이 강화된 형태의 조직이다. 연구기능과 정책기능을 동시에 수행하는 형태의 조직은 프랑스의 전략분석센터(Centre d'Analyse Strategique, CAS), 영국의 미래전략국(Strategy Unit, SU)이다.

주요 국가의 사례 분석 결과는 다음과 같다. 첫째, 대부분의 조직이 행정부 수반인 대통령 또는 총리 소속 국가기관이다.4) 국가전략 연구는 개별 부처의 관점에 치중하기 보다는 국정의 모든 분야를 포괄해야 하므로 관할권을 중시하는 행정기관 소속의 전략그룹 형태로는 그 목적을 달성하기 어렵기 때문이다. 뿐만 아니라 연구 결과에 대한 핵심 수요자인 국가전략기구와의 근접성 확보도 중요하게 작용했다고 볼 수 있다.

둘째, 국가전략 연구조직이 운영의 독립성과 시계의 장기성을 확보할 수 있는 제도적 장치를 마련하고 있다. 대부분의 경우 국정 최고지도자 소속의 위원회·국·센터의 형식으로 조직을 설치하여 단기적 성과를 강조하는 정부 관료제로부터의 독립성을 확보하고 있다. 뿐만 아니라 조직 설치의 법적 근거를 마련하여 정권의 변화에도 불구하고 안정적으로 장기 연구를 수행할 수 있는 여건을 갖추고 있으며, 국회나

---

4) 다만 부처 소속 유형(캐나다), 국회 소속 유형(핀란드), 독립 재단 유형(스웨덴)도 있기에, 행정수반 소속 국가기관 여부가 국가전략 연구조직의 절대적인 것은 아니다.

개별 부처 소속 조직으로 설치된 경우에도 연구의 독립성을 명시적으로 보장하고 있다. 대표적으로 미국의 NIC, 핀란드 미래예측소, 스웨덴 미래연구소, 캐나다 PRI 등 위원회 조직과 연구소 조직의 독립성과 장기성이 높다. 이와 달리 영국의 SU, 프랑스의 CAS는 국가수반에 근접하여 정책 현안에 대한 조정기능까지 담당하고 있기 때문에 자율적인 연구 가능성이 상대적으로 낮아 장기성이 다소 미흡하다.

셋째, 조직의 소속과 규모에 관계없이 전문성을 강화하기 위해 내부적으로 구성원의 협동연구를 촉진하는 유연한 운영을 강조하고 외부적으로는 다양한 전문가의 활용을 극대화 하는 포괄적인 네트워크를 형성하고 있다. 이를 통해 경제성장, 기후변화 대응, 복지제도와 같은 개별 이슈뿐만 아니라 국정 전반의 미래예측 보고서를 발표한다.

표 1 주요 국가의 국가전략 연구조직

국가	조직	연구인력 및 운영방식	주요 기능
미국	국가정보위원회(NIC) 행정수반(백악관) 소속 국가기관	• 수백 명의 내부 연구진 • 국내·외 인력의 네트워크 활용(국제적 전문가 풀을 형성·관리하는 세계전문가 보호관리 프로그램(GERP) 운영) • 지역별·이슈별 분과로 구성	• 연구기능 중심 조직 • 국가안보, 세계 트렌트 등에 관한 정보와 연구 결과를 국가정보처장(DNI)과 정보커뮤니티(IC)에 제공 • 주요 보고서: '세계 트렌드 2025 보고서(2008)'
캐나다	정책연구소(PRI) 부처(인적자원사회개발부) 소속 국가기관	• 30명의 공무원과 수백 명의 연구진으로 구성 • 다양한 외부 전문가 네트워크 활용 • 중·장기 연구, 크로스 커팅식의 연구 수행	• 연구기능 중심 조직 • 종합적 미래예측을 위한 'MetaScan Project'를 추진 • 정부혁신의 과정 속에서 미래전략 연구 • 주요 보고서: '캐나다@150(2010)'
핀란드	미래예측소 국회 미래상임위원회 소속 국가기관	• 60명의 연구원으로 구성 • 외부 민간전문가 그룹과 네트워크 활용	• 연구기능 중심 조직 • 미래예측을 통해 미래상임위 활동을 지원 • 주요 보고서: '러시아 2017 (Russia 2017: Three Scenarios, 2007)', '변화에 대한 대응(2005)', '모든 세대를 위한 좋은 사회(2005)'

스웨덴	미래연구소 독립 공공기관 (교육부 산하 연구재단)	• 프로젝트 단위 계약직 연구원 62명으로 운영(단기적으로 효율적인 연구 결과물을 형성하는 역동적인 구조) • 연구활동의 독립성 보장	• 연구기능 중심 조직 • 정치·경제·사회 분야 기초연구 • 미래예측 이론과 방법론 개발 • 주요 보고서: '누가 복지사회를 책임지는가(2010)', '유럽 사회 모델, 보호와 포섭(2009)'
중국	발전연구센터 (DRC) 행정수반(국무원) 소속 국가기관	• 연구진 167명을 포함한 전체 500명 • 내부연구원과 민간 전문가의 적극적인 참여	• 연구기능 중심 조직 • 국무원의 포괄적인 연구와 관련 부처들의 연구를 통합·조정하고, 국가발전 전략 연구·자문 • 경제·사회발전·기술혁신에 관한 연구를 중심으로 하기 때문에 미래예측 기능은 상대적으로 약함 • 주요 보고서: '중국경제성장예측2005-2020(2005)', '경제발전 촉진을 위한 전략연구(2010)'
호주	국가평가청 (ONA) 행정수반(총리실) 소속 국가기관	• 150명 이상으로 구성 • 외부 민간전문가 그룹과 네트워크 활용	• 연구기능 중심 조직 • 국제정치와 전략적 발전에 관한 분석과 평가를 통해 총리를 지원 • 미래예측보다는 재외 첩보기관이 수집한 정보의 분석기능 중심 • 공개정보센터(OSC) 운영
유럽연합	리플렉션그룹 European Council 소속 기관	• 각국의 정부조직과 이해관계자들과의 독립성이 보장된 12명의 연구진으로 구성	• 연구기능 중심 • 주요 보고서: '프로젝트 유럽 2030: 변화와 기회' --- • BEPA • European Commission 소속 기관 --- • EU안보연구소 • EU 산하 CFSP 소속 기관

영국	미래전략국 (SU) 행정수반(내각실) 소속 국가기관	• 80~100명의 직원 • 정부 공무원과 계약직 전문가(공무원 신분), • 2~6명으로 구성된 프로젝트 팀으로 활동, 프로젝트 종료 후 팀을 해산하고 다음 프로젝트로 이동	• 정책기능 결합 조직 • 국가전략을 재검토하여 총리에게 직접 정책자문을 함으로써 국가정책들의 우선순위 설정 지원 • 정부 전 부처를 수평적으로 연계하여 국가 미래전략 컨트롤타워 역할 담당 • 정부조직에 대한 전략적 감사 실시 • 주요 보고서: '성장을 위한 기술(2009)', '영국의 미래설계(2009)', '영국 미래에 대한 전략적 도전들(2008)'
프랑스	전략분석센터 (CAS) 행정수반(총리실) 소속 국가기관	• 상근직원 175명 • 전임연구원과 타 부처 공무원, 외부전문가 참여	• 정책기능 결합 조직 • 미래전략 수립 지원 및 정부개혁 자문 • 기존 국가기획위원회 기능 계승으로 인해, 경제 및 사회영역에서 주요 부처 간 정책 조정 담당 • 주요 보고서: '프랑스 2025(2009)'

3. 국가전략 연구조직 설계와 평가를 위한 기준

많은 국내 연구들은 국가전략 추진을 위한 조직 설계를 제안하고 있다. 하지만 연구기능에 초점을 두기 보다는 포괄적인 국가전략 전담조직에 관한 것이고, 조직 설계의 명확한 기준 없이 단일의 대안을 제시하고 있어 소망성과 실천기능성에 대한 평기가 부족하나. 김성태(2007)는 대통령 직속 장관급 조직인 '국가미래전략처'를 신설하고 국회 내에 '미래상임위원회' 신설을 주장하고, 김동욱 외(2010)는 중기적으로는 대통령실에 '국가전략기획관'을 신설하거나 대통령실 소속 '국가전략센터'를 신설을 주장하지만 연구와 전략형성 기능의 경계가 엄격하지 못하다. 연구기능에 초점을 맞추어 박세일(2007)은 '국가전략기획원'을 설립하고 이를 지원할 국립 '세계전략연구소'를 설치를 주장하지만, 전략연구의 범위를 세계화에 한정하고 있다. 이 외에 '국가전략연구원'이나 '미래정책연구원' 설치를 주장하는 황성돈 외(2008)의 연구와, 중장기

국정과제를 연구하는 '정책연구단'이나 '한국전략연구원' 설치를 주장하는 김동욱(2008)의 연구가 있지만, 경제·인문사회연구회 개편의 연장선상에서 이루어진 논의이기 때문에 일반적 상황에서 적용하기에는 한계가 있다.

기존 연구의 한계를 보완하고 국가전략 연구를 전담하는 공공부문 조직 설계의 타당성을 제고하기 위해서 필요한 것은 먼저 적절한 조직유형과 구조 등 조직 설계의 기준을 제시하는 것이다. 첫째, 공공부문의 조직유형은 설치 법률의 여부와 정부의 통제 수준(Dunleavy, 1989), 조직의 공공성과 중앙정부와의 거리(Flinders & McConnel, 1999)에 따라 다양하다. 따라서 대표적인 공공부문 조직 유형인 정부 부처 조직, 부처 소속 독립기관, 정부로부터 독립된 기관 및 위원회, 공기업, 민영화된 기관(Thomas, 1993; Gill, 2002) 중에서 적절한 국가전략 연구조직의 형태를 선택해야 한다. 둘째, 조직의 기능을 적절하게 구분하고 조화시키는데 필요한 조직구조는 업무의 전문화 수준, 기능 분화의 정도, 지휘계통과 통솔범위, 업무의 표준화 정도 등에 따라 집권성(centralization), 공식성(formalization), 형식주의(red tape), 복잡성(complexity)의 수준이 달라진다. 상황론적 관점에서 환경의 복잡성과 불안정성이 커질수록 조직의 분화가 심화되어 유기적인 구조가 적합하고(Lawrence & Lorsch, 1967; Mintzberg, 1979), 조직운영 과정에서 다양성이 높고 분석가능성이 낮은 비반복적 기술이 필요한 경우에도 유기적 구조가 유리하다는 Perrow(1967)의 연구 결과는 국가전략 연구조직에도 충분히 적용될 수 있을 것이다.

다음으로 공공부문 국가전략 연구조직 설계의 타당성을 제고하기 위해서 각 대안의 평가 기준을 제시하는 것이 필요하다. 노화준(2006)은 일반적인 정책 대안의 비교·평가 기준인 소망성(desirability) 기준과 실행가능성(feasibility) 기준을 제안한다. 소망성 기준은 특정 대안이 가져올 결과가 얼마나 바람직스러운지 나타내는 것으로 효과성, 능률성, 만족도 기준으로 구성된다. 실행가능성 기준은 특정 대안이 집행될 수 있는 가능성을 나타내는 것으로 정치적 생존가능성, 기술적 실행가능성, 행정적 집행가능성 기준으로 구성된다. Thomas(1993)는 여러 형태의 조직설계 대안의 평가를 위해 경제성(효율성), 효과성, 정치적 책임성과 통제가능성, 의사결정 과정에서 공공참여 가능성, 조직 내부의 운영 자율성, 안정성, 형평성, 정치적 효능성, 신뢰확보 가능성 등 9가지 평가기준을 제안한다. 전략적 미래예측 조직(strategic foresight team) 설계로 범위를 좁힐 경우 Leight(2003)는 다섯 가지 기준을 제시한다. 구체적으로 미래 이슈의 포괄적 예상, 각 이슈가 초래할 결과의 식별과 전략적 대응방안 마련, 전통적인 경계와 영역의 포괄적 연계, 다양한 전문지식을 종합한 정보 활용, 예측 결과

가 고위 정책결정자와 민간의 의사결정에 반영될 수 있도록 지지와 공감대 형성 등이
다. 영국·싱가포르·네덜란드의 공공부문 미래예측을 비교 분석한 Habegger(2010)도
유사한 기준을 제시한다.

4. 분석틀

공공부문 국가전략 연구조직 설계를 목적으로 하는 이 논문은 <그림 1>과 같
이 주요 국가의 국가전략 연구조직의 분석 결과와 조직 설계·평가 기준에 관한 이론
적 논의를 종합하여 분석틀을 구성한다.

대안 설계에 적용되는 기준은 공공부문 국가전략 연구조직의 소속과 운영방식이
다. 조직유형은 Dunleavy(1989), Thomas(1993), Gill(2002)의 논의와 같이 소속에 따
라 결정되며, Perrow(1967)가 제시한 바와 같이 내부 운영방식에 의해서 조직구조가
달라진다. 첫째, 소속은 조직설치 근거 법률에 따라 국가기관과 공공기관으로 구분된
다.5) 국가기관은 행정부, 입법부, 사법부에 소속된 기관으로 국민의 조세로 운영되고
구성원의 신분은 공무원이며, 「정부조직법」, 「국회법」 등의 적용을 받는다. 공공기관

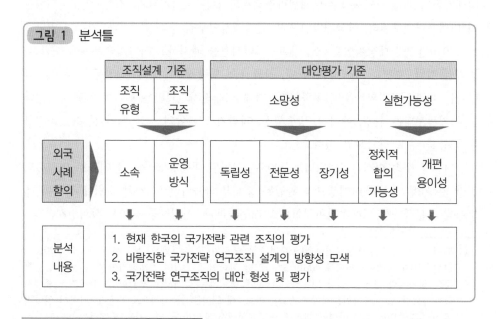

그림 1 분석틀

---

5) 이 외에도 공공성을 유지하면서도 경쟁의 원리가 적용되는 책임운영기관과 시장의 원리가 적
   용되는 공기업이 존재할 수 있다(Dunleavy, 1989; Flinders and McConnel, 1999; Gill, 2002). 하
   지만 경쟁성과 시장성이 약한 국가전략 연구조직에는 적용하기 어려운 유형이기 때문에 이
   논문에서는 분석을 제외한다.

은 기관 설치·운영 과정에서 정부의 예산이 투입되지만 국가기관과 법률적으로 분리 가능하고 구성원의 신분은 민간인이며, 「공공기관의 운영에 관한 법률」과 「정부출연연구기관 등의 설립·운영 및 육성에 관한 법률」 등의 적용을 받는다. 둘째, 운영방식은 조직의 내부인력 활용 방식과 외부 전문가들과 네트워크 형성 방식으로 구분된다.

대안 평가에 적용되는 기준은 노화준(2006)의 구분에 따라 특정 대안이 가져올 결과가 얼마나 바람직스러운지 나타내는 소망성 기준과, 특정 대안이 채택되어 집행될 수 있는 가능성을 나타내는 실현가능성 기준으로 구분된다. 소망성 기준에는 Thomas(1993), Leight(2003)의 논의와 외국사례의 결과를 종합하여 독립성·전문성·장기성을 포함하고, 실현가능성 기준에 정치적 합의가능성·개편의 용이성을 포함한다.

Ⅲ. 한국의 현황 및 조직 설계의 방향성

1. 한국의 현황

한국의 공공부문 국가전략 관련 조직은 대통령실 미래전략기획관, 대통령 소속 미래기획위원회, 기획재정부 미래전략정책관과 같은 국가기관과, 경제·인문사회연구회 미래전략연구센터, 한국개발연구원, 한국행정연구원 등과 같은 공공기관이 있다.[6]

2010년 7월 대통령실은 국정기획수석비서관을 폐지하고 과학기술분야에 대한 집중적인 지원·조정과 녹색성장·환경, 과학기술, 방송정보통신 등 성장동력 분야를 담당하는 미래전략기획관을 신설하였다. 현재 미래전략기획관은 미래예측과 국가전략 연구 기능보다는 환경, 에너지, 방송통신, 과학기술 분야의 정책 현안 문제를 조정하는 기능을 주로 담당하고 있다.

대통령 소속 미래기획위원회는 2008년 설치된 대통령 소속 자문기구로 미래사회 전망 및 이에 기초한 미래생활과 관련된 총체적 국가비전 및 전략 수립에 관하여 대통령을 자문한다.[7] 미래기획위원회는 미래전략분과·신성장동력분과·사회정책분과·

---

6) 민간부문에서도 현대경제연구원(2011년 1월 '글로벌 2020 트렌드' 보고서 발표), SBS(2010년 11월 '제8차 미래한국리포트' 발표) 등 다양한 전략연구 조직이 존재하지만 이 논문은 공공부문의 국가전략 조직을 대상으로 하기 때문에 별도의 분석에서는 제외한다. 정부조직 중에서 국가정보원 소속 국가안보전략연구소는 안보·대북문제를 중점적으로 다루고 있어서 일반적인 미래전략으로 보기 어렵기 때문에 연구대상에서 제외한다. 연구기관 중에서는 한국과학기술기획평가원(KISTEP)의 기술예측단, 정보통신정책연구원(KISDI)의 미래융합연구실 미래전략그룹 등이 미래에 관한 연구를 하고 있지만 과학기술과 같은 특정 분야를 중심으로 운영되고 있기 때문에 연구대상에서 제외한다.

7) 인터넷 홈페이지(http://www.future.go.kr, 검색일: 2010. 11. 8)와 미래기획위원회 규정(대통령

문화미디어분과·외교안보통일분과 등 5개 분과에 30명 이내의 민간위원으로 구성되어 있다. 2011년 대통령 업무보고에서 스마트 혁명과 IT융합 추세에 대응, 사회 양극화와 중산층 위기 극복, 저출산 대응과 같이 정부가 현재 시점에서 중점적으로 추진해야 하는 과제를 발굴하고 있기 때문에 미래기획위원회는 엄격한 의미에서 국가전략 연구조직으로 보기 어렵다.[8]

기획재정부 경제정책국 소속 미래전략정책관과 미래전략과는 중장기 국가발전전략 및 국가 미래비전의 기획, 경제사회의 중장기 위험요인 분석과 대응전략의 수립 및 총괄·조정, 국가경쟁력 강화 전략의 수립 및 총괄·조정, 국내외 국가경쟁력 지표의 관리 및 개선대책의 수립 등의 업무를 수행한다. 경제 이슈에 관한 정책기획을 주로 담당하고 있기 때문에 미래예측을 기반으로 하는 국가전략 연구 기능은 수행하기 어렵다.

경제·인문사회연구회는 2009년 4월 경제·인문사회 분야에서 미래예측을 통한 정책 제언을 강화하기 위해 미래전략연구센터를 설립하였다.[9] 현재 미래예측전략센터는 국가전략연구·녹색성장연구·세계지역연구 등 3개 본부에 15명의 전문인력으로 구성되어 있으며, 연구회 소관 23개 정책연구기관과 외부 전문가들의 미래연구를 조정·종합하는 네트워크의 중심(hub) 기능을 담당하고 있다. 하지만 조직 자체의 연구기능이 없고 조직의 지위가 법률로 보장되지 못하기 때문에 지속적으로 미래연구를 담당하는데 필요한 자원과 권한이 부족한 것이 한계이다.

한국개발연구원은 국가전략뿐만 아니라 단기적인 정책문제 해결에 있어서 중요한 역할을 수행해왔다. 특히 한국개발연구원은 기획예산처가 주도한 '비전 2030(2006년 8월)' 작업 과정에서 7개 분과 중에서 4개 분과를 주관하였다. 하지만 '비전 2030'은 경제와 복지에 치중되어 사회·환경·기술 등 다양한 이슈를 포괄하지 못하였고 미래예측의 객관성이 미흡하다는 여론의 비판을 받으며 제대로 활용되지 못했다. 현

령 제21485호, 일부개정 2009. 05. 13)을 참고하였다.

8) 이와 달리 노태우 정부의 '21세기위원회'는 상대적으로 국가전략 연구조직의 성격이 강하다. 21세기위원회는 1989년 6월에 분야별 전문가 40명으로 설치된 대통령 소속 자문기관으로, 2020년을 목표로 국내외 상황 변화를 전망하여 국가 비전을 설정한 장기 발전전략 보고서인 '21세기의 한국—2020년을 바라본 장기정책과 전략(1994)'를 작성했다. 하지만 이 보고서는 국가정책에 적극적으로 반영되지 못했다. 21세기위원회는 김영삼 정부 시절 '정책기획위원회'로 변경되어 단기적인 정책에 관한 연구·평가기능이 추가되었고, 노무현 정부 시절에는 10여 개의 국정과제위원회를 종합·관리함으로써 정책기능 중심 조직으로 변화했다.

9) 인터넷 홈페이지(http://www.nrcs.re.kr/abt/chart1.do?mm=1&sm=3,검색일: 2010. 11. 8)를 참고하였다.

재 한국개발연구원은 경제사회 현상에 관한 연구를 수행하고 국가의 경제정책 수립을 지원하고 있기 때문에(한국개발연구원정관 제2조) 다양한 이슈를 종합해야 하는 국가전략 연구를 전담하기에는 한계가 있다.

한국행정연구원은 미래의 다양한 환경적 변화들을 실증적·규범적으로 전망하고 이를 바탕으로 미래 행정수요를 예측하고 대응전략을 수립하기 위해 '미래 선진한국의 행정연구(2008년)'와 '한국의 미래모습과 정책과제(2009년)'를 출간하였다. 과학기술·환경·자원·정치·경제 등 다양한 분야에 걸친 미래예측 연구를 수행했지만, 일회적 연구의 성격이 강하고 행정학 이외의 전문가 참여가 부족한 것이 한계이다.

표 2 한국 공공부문 국가전략 관련 조직

구분		소속	연구인력 및 운영방식	기능
국가기관	미래기획위원회	대통령 소속	• 비상임 위원장(1), 당연직 위원(2), 민간 위원(30)	• 미래비전과 전략 수립에 관한 대통령 자문 • 정부의 단기 정책과제 발굴에 중점
	미래전략기획관	대통령실 소속	• 녹색성장환경비서관, 과학기술비서관, 방송정보통신비서관으로 구성	• 미래를 대비하기 위한 현재의 정책문제 조정·해결 기능에 중점
	기획재정부 미래전략정책관, 미래전략과	기획재정부 소속	• 정책관, 6명의 사무직 공무원	• 포괄적인 국가전략 보다는 경제부문에 초점
공공기관	경제·인문사회 연구회 미래전략연구센터	경제·인문사회 연구회 소속	• 3개 본부에 15명 정도의 전문인력으로 구성	• 연구회 소관 23개 정책연구기관의 미래연구 역량을 조정 • 자체적인 연구역량 미흡
	한국개발연구원	경제·인문사회 연구회 소관	• 원장(1), 연구직(208), 행정직(20), 기타(13)	• 국가전략·단기현안 개발 지원 및 경제사회현상에 관한 종합적 연구 • 경제 문제 해결에 초점
	한국행정연구원	경제·인문사회 연구회 소관	• 원장(1), 연구직(39), 행정직(10), 기타(15)	• 행정학 전문가를 중심으로 미래 행정 수요를 예측하고 대응전략을 수립 연구(2회) • 지속적 미래연구와 다양한 전문가 참여 곤란

2. 한국 국가전략 관련 조직의 평가

한국의 국가전략 관련 조직의 특징은 미래예측의 부재, 단기 정책 지향, 조직간 역할분담 미흡으로 요약할 수 있다. 첫째, 미래예측을 전담하거나 미래예측 기능을 수행할 수 있는 조직이 없다. 미래전략기획관, 미래기획위원회, 기획재정부 미래전략정책관은 연구기능 자체가 없을 뿐만 아니라 대통령에 대한 종속성이 강하고 외부 전문가 네트워크 운영이 미흡하다. 한국개발연구원과 한국행정연구원은 연구기능이 강하지만 경제와 행정 등 특정 이슈에 대한 지향성이 강하고, 현재로는 지속적 미래예측 연구를 수행하지 않고 있다. 경제·인문사회연구회 미래전략연구센터는 중립성·포괄성·다양성 조건 등을 어느 정도 충족하고 있지만, 안정적으로 미래예측을 담당하기에는 권한과 자원이 부족하다.

둘째, 대부분의 조직이 단기적인 정책 문제 해결을 위해 노력하고 있다. 미래전략기획관, 미래기획위원회, 기획재정부 미래전략정책관 등은 대통령 의제를 구체화하는 정책 개발에 집중한다. 한국개발연구원의 경우에도 전통적으로 경제기획원, 기획예산처, 기획재정부 등 역대 정부 기획부처에 대한 정책연구지원을 주로 해왔기 때문에 현안 중심으로 정책을 개발한다. 그 결과 국정과제와 결부되거나 정치권과 여론의 관심이 집중되는 이슈로 활동 영역을 편향되어 정치·사회·경제 등 다양한 이슈에 대한 장기적이고 종합적인 접근을 어렵게 한다.

셋째, 많은 조직이 존재하지만 국가전략의 원칙과 방법에 관한 구심점 없이 상당히 분산적으로 운영되고 있다. 현재 미래전략기획관은 녹색성장·환경, 과학기술, 방송정보통신 비서관별로 분리된 업무 영역을 아우를 수 있는 기능을 수행하고 있지 않다. 기획재정부 장관은 경제정책조정, 재정세제, 국제금융 등의 현안에 집중하고 있어서 미래전략에 대한 관심을 갖기 어렵고, 미래전략정책관은 미래기획위원회 미래기획단과 공동으로 수행하는 일이 없는 실정이다. 또한 미래기획위원회가 미래연구를 위한 재원을 조달하지 못하고 미래전략 조직들 사이의 커뮤니케이션과 기능 조정 장치가 부족한 상황에서 각 조직은 단기적인 정책을 제안하기 위해 경쟁하고 있다. 따라서 국가전략 조직의 수만큼 기능 중복이 가중된다.

3. 국가전략 연구조직 설계의 방향성

종합적인 미래예측 기능이 약한 상황에서 짧은 시계를 바탕으로 정책문제 해결에 노력하는 한국의 국가전략 체계를 개선하기 위해서 이 논문은 국가전략 연구 전담조직 신설을 고려한다. 기존 조직의 기능을 개편하는 수준의 대안을 배제하는 것은 지금까지 이어져 온 조직의 경로의존성 문제를 최소화하기 위함이다.

바람직한 국가전략 연구조직은 독립성, 전문성, 장기성을 확보할 수 있어야 한다. 외국 사례에서 볼 수 있듯이 독립성은 국가전략 연구가 단기적인 성과를 강조하는 관료제의 영향력에서 자유로울 때 달성 가능하다. 전문성을 위해서는 다양한 전문가를 충분히 활용할 수 있도록 조직이 운영되어야 하며, 장기성은 정권의 변화에도 불구하고 조직이 안정적으로 유지될 수 있는 법적·제도적 장치가 마련되는 경우에 확보된다.

신설되는 국가전략 연구조직의 소속은 연구 결과가 국가전략 형성 과정에 효과적으로 반영될 수 있도록 국정운영에 강한 영향력을 행사하는 기관에 두는 것이 타당하다. 동시에 국가전략 연구조직은 단기적 성과를 추구하는 관료조직의 이해관계로부터 독립적이고 외부 환경의 변화로부터 안정성을 확보할 수 있어야 한다. 따라서 국가기관의 형태를 취하면서 법률적으로 운영의 자율성을 확보하는 방안과, 공공기관의 형태인 정부출연연구기관 형태로 설치하는 방안을 고려할 수 있다. 국가기관의 형태를 취하는 경우 대통령 혹은 국회 소속으로 두고, 공공기관 형태인 경우에는 대통령 혹은 국무총리 산하(경제·인문사회연구회 소관) 정부출연연구기관으로 두는 것이 타당하다.

다음으로 국가전략 연구조직의 운영방식은 내부에 다양한 전공의 전문가를 배치하여 새로운 이슈에 대해 신축적으로 대응할 수 있도록 유연하게 이루어져야 한다. 연구요원들은 자신의 전문 영역에 대해서 꾸준하게 연구를 수행하면서 협동연구가 필요한 경우 프로젝트 팀을 구성할 수 있어야 한다. 이 외에도 국내 대학과 연구소, 정부기관, 국외 연구기관을 포괄하는 전문가 풀(pool)을 적극적으로 활용할 수 있도록 긴밀한 네트워크를 형성하는 것이 중요하다.

IV. 국가전략 연구조직의 설계

1. 대통령 소속 '국가전략연구원' 설립 대안

대통령 소속 국가기관으로 '국가전략연구원'을 설립하는 대안이다. 미래기획위원회와 대통령실 미래전략기획관과는 차별적으로 미래예측을 전담하는 정부 내부 연구조직(in house think tank)의 기능을 한다.

국가전략연구원은 감사원·국가정보원과 같이 설치근거 법률을 제정하여 대통령과의 관계에서 독립성을 보장하는 것이 중요하다.[10] 따라서 가칭 「국가전략연구원법」을 제정하여 지위의 안정과 기능의 자율성을 확보하는 것이 필요하다. 국가전략연구원의 원장은 차관급 공무원으로 대통령이 임명한다. 원장은 국가전략 연구 결과를 대통령과 미래기획위원회 등 국가전략기구에 보고하여 미래예측을 바탕으로 장기 국가전략이 형성될 수 있도록 지원한다.

내부인력은 공무원 신분을 보장받는 100명 정도의 연구인력과 일부 행정직 직원으로 구성한다. 연구인력의 규모는 행정수반 소속의 국가기관으로 운영되는 미국·캐나다·중국·영국·프랑스 등의 사례를 참고한 것이다. 연구인력의 상당부분은 정부출연 정책연구기관의 연구위원과 대학 교수들을 2－3년간 파견근무 형식으로 충원하여 조직 내부의 전문성을 강화하고 역동적인 연구환경을 조성한다. 각 연구인력은 자신의 전문분야를 지속적으로 연구함과 동시에 협동연구가 필요한 경우 프로젝트 팀을 구성하여 미래예측 작업을 수행할 수 있도록 한다.

국가전략연구원은 연구 활동의 결과를 종합한 정기 보고서와 개별 이슈에 관한 수시 보고서를 작성한다. 특히 정기 보고서의 경우 정부의 국정운영을 효과적으로 지원할 수 있도록 적절한 발간 주기를 결정하는 것이 중요하다. 현재 한국의 대통령 임기가 5년인 점을 고려하여 신임 대통령이 취임하는 해 1월 초와, 임기의 절반 시점인 임기 3년차 연도의 7월에 정기 보고서를 발간하여 대통령 전체 임기에 걸쳐 장기적인 국가전략 형성을 지원할 수 있도록 하는 것이 필요하다.

국가전략연구원은 내부 전문가를 통한 연구뿐만 아니라 외부 조직과 국가전략 연구 네트워크를 형성하는 것이 필요하다. 기획재정부 미래전략정책관 및 미래전략과 등 정부 조직, 경제·인문사회연구회 소관 정부출연연구기관, 과학기술계 정부출연연구기관, 대학, 외국 연구소와 활발한 공동연구를 수행함으로써 관점의 포괄성과 참여의 다양성을 확보할 수 있다.

2. 국회 '국가전략연구원' 설립 내안

국회 소속 국가기관으로 '국가전략연구원'을 설립하는 대안이다. 행정부 소속 조직에 비해 대통령과 중앙정부 부처로부터 독립성을 확보할 수 있고 5년 단임대통령의 교체 속에서도 안정적으로 국가전략 연구를 전담할 수 있다는 것이 국회 국가전략

---

10) 「감사원법」제2조에 따르면 감사원은 대통령 소속이지만 직무에 관해서는 독립의 지위를 갖는다고 규정한다. 마찬가지로 「정부조직법」제15조에서 국가정보원을 대통령 소속으로 규정하면서 그 조직·직무범위에 관해서는 「국가정보원법」으로 정한다고 규정하고 있다.

연구원 설립의 장점이다. 뿐만 아니라 국가전략 연구를 바탕으로 국회의 입법, 자원 배분, 정부 통제 기능이 보다 장기적이고 전략적인 관점에서 이루어 질 수도 있다.

현재 국회 하부조직은 사무처(국회법 제21조), 도서관(제22조), 예산정책처(제22조의 2), 입법조사처(제22조의 3)로 구성되어 있다. 법률은 현재와 가까운 미래의 질서를 형성하는 것이므로 입법 지원조직인 예산정책처와 입법조사처를 통해서 20년 이후의 미래를 연구하는 것은 쉽지가 않다. 따라서 「국회법」을 개정하여 별도의 조직으로 국회 국가전략연구원을 신설하는 것이 필요하다.

국회 국가전략연구원의 원장은 차관급 국회공무원으로 국회의장이 임명한다. 정부에 대한 영향력을 강화하기 위해서 국회의장이 원장 후보자를 추천하고 대통령이 임명하는 방안도 고려해볼 수 있다. 국회 국가전략연구원의 내부 인력은 100명 정도의 연구인력과 일부 행정직 직원으로 구성하고 신분은 국회공무원으로 한다. 연구인력의 규모 선정 배경, 인력 충원 방식, 내부 운영방식은 앞서 살펴본 대통령 소속 국가전략연구원의 경우와 같다.

연구원장은 국가전략 연구 결과를 대통령, 국회의장, 각 정당 대표에게 보고하여 국가전략 형성을 지원한다. 또한 미래기획위원회 등 정부 국가전략기구에 참석하여 국가전략 연구 결과가 정부의 국가전략 및 정책 형성에 효과적으로 반영될 수 있도록 한다.

국회 국가전략연구원은 연구 활동에 대한 정기 보고서와 수시 보고서를 작성한다. 현재 한국의 국회의원 임기가 4년임을 감안하여 당선인의 임기가 시작되기 전인 5월 초와, 임기 2년차 5월 초에 정기 보고서를 발간하여 국회의 입법·예산·정부통제가 장기적인 관점에서 이루어질 수 있도록 지원하는 것이 필요하다.

국회 국가전략연구원은 행정부 조직과 안정적인 국가전략 거버넌스 체계를 확립하는 것이 중요하다. 국회 국가전략연구원의 국가전략 연구 결과가 행정부의 전략 및 정책 형성 과정에 수용되지 않는다면 오랜 시간 투입한 노력이 무의미해지기 때문이다. 따라서 국회 국가전략연구원과 대통령실 미래전략기획관, 미래기획위원회, 기획재정부 미래전략정책관 등이 미래예측과 전략방향 등에서 정보를 공유하는 노력이 요구된다.

3. 대통령 산하 '미래전략연구원' 설립 대안

대통령 산하 정부출연연구기관으로 '미래전략연구원'을 설립하는 대안이다. 국가전략 연구조직의 높은 위상과 민간 조직 운영의 유연성을 동시에 확보하는 것이 미래전략연구원 설립의 장점이다. 미래전략연구원은 국무총리 산하 경제·인문사회연구회 소관 정책연구원들과 구분하여 대통령 산하에 정부출연연구기관으로 설립하므로, 가칭 「미래전략연구원법」과 같은 별도의 법률 제정이 필요하다.[11]

미래전략연구원의 원장은 이사회가 결정하고 대통령이 임명한다. 원장은 국가전략 연구 결과를 대통령과 미래기획위원회 등 국가전략기구에 보고하여 국가전략이 장기적인 시계에서 마련될 수 있도록 지원하고, 미래기획위원회에 당연직 위원으로 참여하여 국가전략 연구 결과의 확산을 위해 노력해야 한다.

미래전략연구원은 경제·인문사회연구회 미래전략연구센터의 기능과 인력을 흡수하고, 내부인력은 민간인 신분의 150여명의 연구인력과 일부 행정직 직원으로 구성한다. 국가기관 형태의 연구조직에 비해 외부 전무가 풀(pool)의 활용이 상대적으로 어려울 수 있기 때문에 내부 연구인력의 규모를 확대할 필요가 있다. 황성돈 외 (2008)는 기존의 경제·인문사회연구회 소관 정책연구원의 연구인력을 흡수·통합하여 500명 규모의 '국가전략연구원'을 신설하는 대안을 제시하였지만, 현재 연구회 소관 정책연구원 체제를 유지한 상태에서 미래전략연구원 신설을 고려하기 때문에 적정 연구직 인원은 150여명 정도가 타당할 것이다.[12] 대신 기존 정책연구기관과의 협력 강화를 위해 연구원들의 2－3년간 파견근무도 적극적으로 권장할 필요가 있다. 연구 결과에 대한 정기 보고서는 대통령 소속 국가전략연구원과 마찬가지로 신임 대통령이 취임하는 해 1월 초와, 임기의 절반 시점인 임기 3년차 연도의 7월에 발간한다.

미래전략연구원의 운영과정에서 국내외 대학과 연구기관 등과의 상호 네트워크 형성이 중요하지만, 정부 관료조직의 개입은 최소화하는 것이 필요하다. 당장 적용할 수 있는 대응방안이 신속하게 도출되기를 기대하는 정부 관료조직이 각종 권한을 동원하여 압력을 행사할 경우 미래전략연구원은 기존의 정부출연연구기관과의 차별성이 사라질 것이기 때문이다. 따라서 미래전략연구원의 설치와 운영에 관한 법률을 제정하여 안정성과 독립성을 확보하고, 연구활동에 대한 불간섭과 연구결과를 신뢰할 수 있는 분위기 조성이 필요하다.

11) 한국국방연구원은 「한국국방연구원법」을 한국학중앙연구원은 「한국학중앙연구원육성법」을 설립 근거법으로 한다.
12) 한국개발연구원(연구직 208명), 국토연구원(연구직 130명), 산업연구원(연구직 104명), 정보통신정책연구원(연구직 102명) 등 다수의 정책연구기관이 100명 이상의 연구인력을 운영하고 있다.

4. 경제·인문사회연구회 소관 '미래전략연구원' 설립 대안

국무총리 산하 경제·인문사회연구회가 소관하거나 경제·인문사회연구회와 무관하게 직접 국무총리 산하 정부출연연구기관으로 '미래전략연구원'을 설립하는 대안이다. 조직 설립과 국무총리실 감독의 용이함을 고려하여 이 논문에서는 경제·인문사회연구회 소관 정책연구기관으로 설립하는 방안을 제시한다. 이 대안은 정부출연연구기관의 종류를 명시하고 있는 「정부출연연구기관 등의 설립·운영 및 육성에 관한 법률(이하, 출연연법)」 제8조 제①항 [별표]의 개정만으로 설립 가능하기 때문에 앞서 살펴본 대안들에 비해 현재의 법률체계 내에서 실현 가능성이 가장 높다. 설립 방식은 경제·인문사회연구회 소속 미래전략연구센터를 미래전략연구원으로 격상하고 내부 인력을 확대하는 것이다.

미래전략연구원의 원장은 경제·인문사회연구회의 이사장이 임명한다(출연연법 제12조). 원장은 연구 결과를 대통령과 미래기획위원회 등 국가전략기구에 보고하고, 미래기획위원회에 당연직 위원으로 참여한다. 경제·인문사회연구회 소관 미래전략연구원의 연구인력은 민간인 신분의 전문가 150여 명으로 구성하며, 그 외 조직운영 방식과 정기 보고서 작성 시점은 대통령 산하 미래전략연구원과 같다.

표 3 국가전략 연구조직 설계의 대안 요약

대안	형태 및 소속	운영방식
대통령 소속 국가전략연구원	• 대통령 소속 기관 • 국가정보원법을 참조하여 조직 운영의 독립성 확보하기 위한 '국가전략연구원법' 제정	• 원장은 차관급 공무원으로 대통령이 임명 • 연구인력은 공무원 신분의 100명으로, 전문분야의 미래예측과 프로젝트 팀을 통한 협동연구 담당
국회 국가전략연구원	• 국회 소속 기관 • '국회법' 개정	• 원장은 차관급 국회공무원으로 국회의장이 임명 • 연구인력은 국회공무원 신분의 100명으로, 전문분야의 미래예측과 프로젝트 팀을 통한 협동연구 담당 • 행정부 내에서도 국가전략 연구 중심조직의 지위를 인정받을 수 있도록 제도화

대통령 산하 미래전략연구원	• 대통령 산하 출연연구원 • '한국국방연구원법', '학국학중앙연구원육성법'을 참조하여 '미래전략연구원법' 신설	• 원장은 이사회가 결정하고 대통령이 임명 • 연구인력은 민간인 신분의 150여명으로, 전문분야의 미래예측과 프로젝트 팀을 통한 협동연구 담당(국가기관 형태에 비해 내부 전문성을 강화함)
경제·인문사회 연구회 소관 미래전략연구원	• 국무총리 산하 경제·인문사회연구회 소관 정부출연연구원 • 경제·인문사회연구회 소속 미래전략연구센터를 연구회 소관 미래전략연구원으로 격상. '출연연법' 개정	• 원장은 경제·인문사회연구회 이사장이 임명 • 연구인력은 민간인 신분의 150여명으로, 전문분야의 미래예측과 프로젝트 팀을 통한 협동연구 담당(국가기관 형태에 비해 내부 전문성을 강화함)

5. 대안의 평가

첫째, 독립성은 단기적 성과를 강조하는 관료제로부터 조직 운영과 연구 활동의 자율성을 확보하여 연구 내용의 중립성·객관성을 실현하는 기준이 된다. 따라서 대통령과 정부 관료제로부터 물리적으로 분리되는 국회 '국가전략연구원'의 독립성이 가장 높다. 다음으로 대통령과 가까운 거리지만 민간인 신분으로 구성되어 특정 부처의 개입으로부터 자유로운 대통령 산하 '미래전략연구원'의 독립성이 높다. 이에 비해 대통령 소속 '국가전략연구원'은 연구인력의 신분이 공무원이기 때문에 법률로 운영의 독립성을 보장하더라도 정부 공무원의 영향을 받기 쉬워 전반적인 독립성이 낮다. 경제·인문사회연구회 소관 '미래전략연구원'은 현실적으로 정부 각 부처의 영향을 쉽게 받을 수 있기 때문에 독립성이 가장 낮다.[13]

둘째, 전문성은 미래연구에 필요한 다양한 분야의 전문가들을 효과적으로 활용하는 것을 의미한다. 네 가지 대인 모두 내부 연구인력의 충원 방식이 비슷하기 때문에 외부 전문가와 네트워크 형성·활용 정도가 전문성 크기를 결정할 것이다. 일반적으로 공공기관에 비해 국가기관이 국내외 학계·민간·공공부문과의 긴밀한 협조 형성이 쉽고 정부와 가까울수록 포괄적인 네트워크를 형성할 수 있는 자원이 많다. 따라

---

13) 정부출연연구기관의 독립성 강화를 위해 연구회체제로 개편하였으나, 연구회의 위상이 약하여 관계 정부 부처에 대한 정부출연연구기관의 독립성이 개선되지는 않았다(황윤원, 2006; 김동욱, 2008).

서 대통령 소속 '국가전략연구원'의 전문성이 가장 높고, 그 다음으로 국회 '국가전략연구원', 대통령 산하 '미래전략연구원', 경제·인문사회연구회 소관 '미래전략연구원'의 순서가 될 것이다.

셋째, 장기성은 20년 이상의 시계를 바탕으로 미래연구를 수행하는 것을 의미한다. 각 대안별로 연구자 개인의 역량과 외부 환경이 비슷하기 때문에 조직의 장기적 안정성이 시계의 장기성에 큰 영향을 미칠 것이다. 정권과 국정환경의 변화에 조직의 운명이 민감하게 영향을 받게 된다면 장기적인 미래연구보다 단기적인 성과를 낼 수 있는 정책연구에 치중할 것이기 때문이다. 따라서 대통령 임기의 영향력을 가장 작게 받는 국회 '국가전략연구원'의 장기성이 가장 높고, 그 다음은 법률적으로 국가기관의 지위를 확보하는 대통령 소속 '국가전략연구원'이다. 대통령 산하 '미래전략연구원'은 설치근거 법률이 있지만 출연연구기관의 특성상 지위가 안정적이지 못하고, 경제·인문사회연구회 소관 '미래전략연구원'은 법적 기반이 약하기 때문에 장기성이 가장 낮다.

넷째, 정치적 합의가능성은 각 대안 추진에 필요한 법령 제·개정에 대한 국회·정당·시민사회와의 동의와 지지의 정도를 나타낸다. 경제·인문사회연구회 소관 '미래전략연구원' 신설 대안은 법률 개정의 정도가 가장 약하기 때문에 정치적 실현가능성이 높다. 국회 '국가전략연구원' 신설은 국회에서 법률안 통과는 쉽겠지만 국가전략기능의 중요 관할권을 빼앗기는 정부 영역의 반발이 예상되어 정치적 실현가능성이 다소 낮아질 수 있다. 대통령 소속 '국가전략연구원'과 대통령 산하 '미래전략연구원' 신설은 대통령 조직의 확장이라는 측면에서 정당과 시민사회의 정치적 비판이 예상되며, 특히 대통령 소속 '국가전략연구원'은 정부 공무원 조직이 추가되는 것이므로 정치적 실현가능성이 가장 낮다.

다섯째, 개편의 용이성은 각 대안에 대한 조직 내부의 수용 정도에 관한 것으로 개편의 범위와 추진력의 크기에 영향을 받는다. 경제·인문사회연구회 소관 '미래전략연구원' 신설은 연구회의 일부 조정으로 가능하므로 개편의 범위가 작고, 지금까지 전개되어온 연구회 개선방안과 합치하기 때문에 개편의 용이성이 가장 높다. 대통령 산하 '미래전략연구원' 신설은 개편의 범위가 다소 넓지만 현재의 미래전략연구센터 기능을 활용하고 기존 정책연구기관 연구원들의 파견근무 형식으로 이루어지기 때문에 개편의 용이성이 다소 높다. 대통령 소속 '국가전략연구원' 신설은 연구인력의 충원 범위가 넓고, 국정운영 중반기를 지나 개혁의 추진력이 약화된 상황이기 때문에 개편의 용이성이 낮다. 국회 '국가전략연구원' 신설은 입법부와 행정부가 관련되어 있다는 점에서 개편의 범위가 가장 넓고, 정부출연연구기관 연구위원의 파견이 순조롭

표 4	국가전략 연구조직 설계 대안의 평가			
대안 평가기준	대통령 소속 국가전략연구원	국회 국가전략연구원	대통령 산하 미래전략연구원	경제·인문사회 연구회 소관 미래전략연구원
독립성	다소 낮음	높음	다소 높음	낮음
전문성	높음	다소 높음	다소 낮음	낮음
장기성	다소 높음	높음	다소 낮음	낮음
정치적 합의가능성	낮음	다소 높음	다소 낮음	높음
개편의 용이성	다소 낮음	낮음	다소 높음	높음

지 않을 수 있기 때문에 개편의 용이성이 가장 낮다.

　　국가전략 연구조직 설계를 위한 네 가지 대안에 대한 비교·평가 결과는 <표 4>와 같다. 모든 기준에 대해 절대적으로 높은 평가를 받은 대안이 없기 때문에 여러 조건을 종합하여 최적 대안을 선정해야 한다. 우선 모든 기준에 동일한 가중치 적용할 경우 국회 '국가전략연구원' 신설이 최적 대안이다. 소망성 기준만 적용할 경우에도 마찬가지이다. 실현가능성 기준만 적용할 경우 경제·인문사회연구회 소관 '미래전략연구원' 신설이 최적 대안이 되지만, 네 가지 대안 중 소망성이 가장 낮다.

　　따라서 국가전략 연구조직이 시급하다고 판단될 경우에는 실행가능성이 가장 높은 경제·인문사회연구회 소관 '미래전략연구원' 신설을 고려해 볼 수 있지만 바람직한 대안으로 보기는 어렵다. 대신 정부와 국회의 충분한 논의와 정부 내부의 추진력 확보를 조건으로 국회 '국가전략연구원' 신설이 최적 대안이 된다. 만약 국가전략 연구조직이 국회에 설치되는 것에 대해서 정부가 강하게 반대할 경우 대통령 소속 '국가전략연구원' 신설이 차선책이다.

V. 맺음말

　　한국의 경제력과 기술력에 비해 미래 국가전략이 부족한 이유는 체계적으로 국가전략을 연구하는 조직이 마련되어 있지 않기 때문이다. 현재 대통령 자문 미래기획위원회, 대통령실 미래전략기획관, 경제·인문사회연구회 미래전략연구센터 등과 같이 다양한 국가전략 조직들이 있지만 미래를 연구하기 보다는 대통령이 선택한 국정과제에 대한 정책을 개발하는 등 현안 중심으로 운영되고 있다. GDP 기준 세계 13위의 경제대국이지만 정부와 정치권은 미래 비전과 전략보다 여전히 정책현안과 차기 선거 이슈에 함몰되어 있다.

이 논문에서는 미래예측을 핵심 기능으로 하는 국가전략 연구조직 설계의 대안을 제시한다. 미래예측을 강화함으로써 얻을 수 있는 장점은 국가전략이 현안 중심으로 쏠리는 문제를 막을 수 있고, 선언적이고 규범적인 국가전략에서 벗어나 실제 정책화 할 수 있는 의제를 형성할 수 있다는 것이다. 뿐만 아니라 정책기능 배제함으로써 자연스럽게 조직의 정치적 중립성을 확보할 수 있다.

새롭게 설계되는 국가전략 연구조직의 조건은 관료제 조직으로부터 독립적이고, 외부 환경변화에 대해 안정적으로 장기적인 시계를 확보할 수 있어야 하고, 전문성 확보를 위해 다양한 이슈를 포괄적으로 연구할 수 있는 내부 운영과 외부 네트워크를 형성하는 것이다. 이러한 조건을 바탕으로 이 연구는 대통령 또는 국회 소속 연구직 100명 규모의 국가기관 형태인 '국가전략연구원'설립 대안과, 대통령 산하 또는 경제·인문사회연구회 소관의 연구직 150여명 규모의 정부출연연구기관 형태인 '미래전략연구원'설립 대안을 제시한다.

네 가지 조직 설계 대안은 독립성·전문성·장기성 등 소망성 기준과, 정치적 합의 가능성·개편의 용이성 등 실현가능성 기준을 적용하여 비교할 수 있다. 실현가능성이 가장 높은 경제·인문사회연구회 소관 '미래전략연구원' 신설을 국가전략 연구기관의 대안으로 고려해 볼 수 있지만 소망성이 가장 낮다. 따라서 국가전략 연구에 대한 정부와 국회의 충분한 논의가 이루어지고, 정부의 개혁 추진 역량이 확보된다면 소망성이 가장 높은 국회 '국가전략연구원' 신설이 최적 대안일 것이다. 만약 정부의 반대가 심할 경우 대통령 소속 '국가전략연구원' 신설이 차선책이 될 수 있다.

신설되는 국가전략 연구조직은 단기정책 연구의 유혹과 압력에서 벗어나 장기적이고 종합적인 미래예측을 전담하고, 이를 통해 국가전략 거버넌스가 보다 체계적으로 작동될 수 있도록 해야 한다. 구조적으로 보면 미래기획위원회는 미래예측 보고서를 바탕으로 장기 비전 설계, 국가전략 구성, 대통령 자문 기능을 강화하는 것이 바람직하다. 경제·인문사회연구회 소관의 정부출연연구기관들은 사전적으로 미래예측 활동을 지원하고 사후적으로 연구 결과 보고서를 기반으로 중·장기 정책을 구체화하는 것이 중요하다. 개별 정책부서는 국가전략 연구조직의 독립성과 자율성을 보장해 주고, 미래예측 보고서·미래기획위원회의 국가전략·정부출연연구기관의 연구결과를 바탕으로 단기·중기 정책을 형성하고 집행하는 것이 바람직할 것이다.

참고문헌

경제·인문사회연구회. (2010). 미래정책 포커스. vol. 8 (2010. 9. 10).

국가미래정책포럼·한국정보사회진흥원. (2008). 선진국의 미래전략기구 분석과 시사점. 국가미래전략 Brief. 제2호.

권기헌. (2008). 「미래예측학: 미래예측과 정책연구에 관한 방법론 서설」. 경기: 법문사.

김경희. (2005). 마키아벨리의 국가전략-'저변이 넓은 정체'(governo largo)에 기반한 힘과 유연성의 전략. 「정치사상연구」. 11(1): 133-151.

김관보. (2007). 「선진정부개혁-중앙정부조직 개편」, 서울: 한반도선진화재단.

김동욱. (2008). 정부출연 정책연구기관의 미래지향적 조직과 기능. 「정책 & 지식」포럼 (2008. 10. 6). 서울대학교 행정대학원 한국정책지식센터.

김동욱·윤건. (2010). 국가미래전략기구 설계에 관한 연구. 행정논총, 48(2): 1-24.

김성태. (2007). 「또 다른 미래를 향하여: 국정관리를 위한 미래예측과 미래전략」. 경기: 법문사.

김성현·명성준. (2010). 정부출연 연구기관의 정책지식 생산 및 정책지원 역할에 대한 연구: 미래예측 분야의 연구를 중심으로. 「한국정책분석평가학회 2010 춘계학술대회 발표논문집」. 135-154.

노화준. (2006). 「정책분석론」. 서울: 박영사.

대통령자문 21세기위원회. (1991). 21세기를 향한 한국의 과제.

_____. (1994). 21세기의 한국-2020년을 바라본 장기정책과 전략.

류현숙. (2009). 주요국의 미래에 관한 연구. 황혜신 외 공편. 「한국의 미래모습과 정책과제」, 한국행정연구원 미래연구 총서 2. 제2권, 3-38. 경기: 법문사.

박세일. (2007). 향후 10년 어떻게 '선진화의 시대'를 열어야 하나?. 한반도평화재단(편). 「선진화 혁명, 지금이 마지막 기회」. 175 210.

_____. (2008). 「대한민국 국가전략」. 서울: 21세기 북스.

박천오. (2011). 한국 정부조직개편에 대한 비판적 고찰. 「한국조직학회보」, 8(1):1-30.

송종국. (2009). 선진국의 미래예측(Foresight) 동향과 시사점. STEPI Issues & Policy 2009-10. 과학기술정책연구원.

유의선·이세준·홍정임. (2010). 선진국 미래예측의 어제와 오늘-일본, 영국, 독일, 미국, 핀란드를 중심으로. 「과학기술정책」, 20(2): 80-89.

이윤경·문명재. (2011). 국정의제 변화와 정부조직개편에 대한 연구. 「한국조직학회보」,

8(1): 59－106.

이창원·정진우. (2004). 국회사무처 조직재설계에 관한 논의: Mintzberg의 조직성장경 로모형과 AHP 기법의 적용. 「한국행정학보」. 38(5): 87－100.

정부·민간 합동작업단. (2006).「함께하는 희망한국 비전 2030」, (2006. 8.).

최호진 외 공편. (2008).「미래 선진한국의 행정연구」. 한국행정연구원 미래연구 총서 1. 경기: 법문사.

통일연구원. (2000). 21세기 한국의 국가전략과 안보전략－국가전략·포괄적 안보전략 ·동북아 다자간 안보협력 전략. 통일연구원.

하정열. (2009).「국가전략론: 이론과 적용」. 서울: 박영사.

한국개발연구원 외. (2004).「국민소득 2만 달러 시대 대비 정부출연연구기관의 전략적 발전 방안: 경제·인문계 및 과학기술계」.

한국정보사회진흥원. (2008).「국가 미래예측 메타분석」, 경기도: 한국정보사회진흥원.

황성돈 외. (2008).「정부출연연구기관 운영 개편 방안 연구」. 경제·인문사회연구회.

황윤원. (2006). 정부부문 싱크탱크의 실태 분석과 발전방향.「한국거버넌스학회보」. 13(3): 385－416.

Bolman, Lee G. and Terrence E. Deal. (1985). Modern Approach to Understanding and Managing Organizations. San Francisco: Jossy－Bass Publishers.

Dunleavy, P. (1989). The Architecture or the British Central State. Part I: Framework for Analysis. Public Administration, 67: 249－274.

Flinders, Mattew V. and McConnel, Hugh. (1999). Diversity and Complexity: The Quango－Contimuum, in Mattew V. Flinders and Martin J. Smith, ed., Quangos, Accountability and Reform: The Politics of Quasi－Government, Lodon: Macmillan Press Ltd.

Gill, Derek. (2002). Signposting the Zoo: From Agencification to a More Principled Choice of Government Organisational Forms. OECD Journal on Budgeting, 2(2): 27－76.

Gordon, T. J. (1992). The Methods of Future Research. Annals of the American Academy of Political and Social Science, vol. 522: 25－35.

Grant, Robert M. (2005). Contemporary Strategy Analysis. M.A.: Blackwell Publishing.

Habegger, Beat. (2010). Strategic Foresight in Public Policy: Reviewing the Experience of the UK, Singapore, and Netherlands. Futures, vol. 42: 49－58.

Hodge, B. J., William P. Anthony, and Lawrence Gales. (1996). Organization Theory: A Strategic Approach, 5th ed. Upper Saddle River, N.J.: Prentice－Hall.

Keenan, Michael. (2003). Technology Foresight: An Introduction. in Technology Foresight for Organizers Training Course, B1－B13. Ankara.

Lawrence, P. and J. Lorsch. (1967). Organization and Environment. Cambridge, MA: HUP.

Leight, Andrew. (2003). Thinking Ahead: Strategic Foresight and Government. Australian Journal of Public Administration. 62(3): 3－10.

Martin, B. and Johnston, R. (1999). Technology Foresight for Wiring Up the National Innovation System. Technology Forecasting and Social Change, 60: 37－54.

Mintzburg, H. (1979). The Structuring of Organizations. Englewood Cliffs, N.J.: Prentice－Hall.

＿＿＿＿＿. (1990). Mintzberg on Management: Inside Our Strange World of Organizations. New York: The Free Press.

Perrow, C. (1967). A Frame Work for the Comparative Analysis of Organizations. American Sociological Review. 26(6): 688－699.

Schwartz, Peter. (1991). The Art of Long View: Paths to Strategic Insight for Yourself and Your Company, Currency. New York.

Slaughter, Richard A. (1992). Australia's Commission for the Future: the first six years. Futures, 24(3): 268－276.

Thomas, Craig W. (1993). Reorganizing Public Organizations: Alternatives, Objectives, and Evidence. Journal of Public Administration Research and Theory: J－PART, 3(4): 457－486,

Weingand, D. E. (1995). Futures Research Methodologies: Linking Today's Decision With Tomorrow's Possibilities. 61st IFLA General Conference (August, 1995).

Zaltman, Gerald and Duncan, Robert and Holbek, Jonny. (1973). Innovations and Organizations. New York: Wiley－Interscience.

미국 국가정보위원회(NIC) http://www.dni.gov/nic/NIC_home.html
캐나다 정책연구소(PRI) http://www.pri－prp.gc.ca

핀란드 미래상임위원회

http://web.eduskunta.fi/Resource.phx/parliament/committees/future.htx

스웨덴 미래연구소 http://www.framtidsstudier.se/eng/redirect.asp

유럽이사회 리플렉션 그룹 http://www.reflectiongroup.eu

유럽집행위원회 위원장 소속 유럽정책자문국(BEPA)

http://ec.europa.eu/bepa/index_en.htm

유럽연합 산하 유럽연합안보연구소(EUISS) http://www.iss.europa.eu/about-us

중국 국무원 발전연구센터(DRC) http://www.drc.gov.cn/english/index.asp

호주 국가평가청(ONA) http://www.ona.gov.au

영국 미래전략국(SU) http://www.cabinetoffice.gov.uk/content/strategy-unit

프랑스 전략분석센터(CAS) http://www.strategie.gouv.fr

▶ ▶ ▶ 논평

성욱준(서울과학기술대학교 IT정책전문대학원 교수)

현재와 미래에 대한 끝나지 않는 사유(思惟)에 대한 조직학적 접근
– "국가전략 연구를 위한 공공부문 조직 설계" 서평

1. 서론: 현재와 미래를 잇는 가교, 국가전략

바야흐로 대전환(大轉換)의 시대다. 사회의 변화 속도와 폭이 어느 때보다 빠르고 크게 변하고 있다. 변화의 속도만큼 불확실성(不確實性)은 커지고, 변화의 폭만큼 미래는 예측불가(豫測不可)해진다. 저성장의 시대, 인구의 감소와 노령사회 심화, 사회적 불평등과 양극화의 심화, 지구온난화와 환경재난 위험 등의 난제들은 10여 년이 넘게 우리사회에서 지속되고 있지만 문제들은 해결되기보다는 더욱 심각해져 가는 듯하다.

정책 환경의 변화와 사회다양성의 증가는 해결해야할 복잡한 사회문제를 증가시켰지만, 눈앞에 보이는 단기적 과제의 해결에 집중하면서 미래의 기회와 위기에 관한 장기적인 전략의 부재에 부딪히게 되었다. 우리는 시급한 정책 문제를 해결하면서 동시에 정책의 거시적인 시야와 장기적인 균형을 동시에 고려해야 하는 이중의 과제를 안고 있다. 다가올 미래에 대한 합리적 분석과 장기적 경향성 예측에 기반한 선제적 고민과 장기적 전략의 수립이 어느 때보다 중요해지고 있다. 해당 논문은 미래와 현재를 잇는 장기적 국가전략의 당위성을 실제 조직단위에서 구현하고자 하는 도전적인 시도이다.

"우리나라의 미래와 현재를 잇는 장기적 전략, 누가 어떻게 마련할 것인가?"

2. 해당 논문의 개요 및 주요 내용

해당 논문은 미래의 기회와 위기에 대응하는 국가전략 수립을 위해 전문 연구조직의 필요성을 강조하고 바람직한 조직구조의 설계 방안을 제안하는 것을 목적으로 한다. 이를 각 장의 구성을 따라가며 보다 자세히 살펴보도록 한다.

"II. 국가전략 연구조직의 이론적 논의"는 국가전략 연구조직의 의의 검토, 주요 국가의 국가전략 연구조직 분석, 국가전략 연구조직 설계와 평가를 위한 기준 마련, 연구 분석틀의 제안의 네 파트로 구성된다. 첫째, 해당 논문은 국가전략 연구를 장기적인 시계와 종합적인 관점으로 미래의 변화를 예측하고 분석하여 그 결과를 국가 미래전략 형성의 출발점에 투입하는 연구활동으로 정의하였다. 이에 따라 국가전략 연구조직을 '장기적이고 포괄적인 관점에서 국가전략 연구를 담당하는 공공부문 조직'이라고 정의하고, 연구조직의 기능으로서 미래예측 기능과 국가전략 지원 기능을 강조하였다. 둘째, 미래국가전략 연구조직의 현황을 살펴보기 위해 미국, 캐나다, 핀란드, 중국, 호주 등 주요국가의 국가전략 연구조직을 소속과 기능, 연구인력 및 운영방식의 측면에서 검토하였다. 검토결과, 주요국들의 국가전략조직은 행정부 수반 하의 국가기관으로서 국정 전 분야를 다루고, 운영의 독립성과 시계의 장기성 확보 제도를 마련하고 있으며, 전문성 강화를 위해 내부적으로 협동연구를 촉진하고 외부적으로 포괄적인 전문가 네트워크를 형성하고 있는 것으로 나타났다. 셋째, 그동안 국가전략 전담조직 설계에 관련된 연구결과를 검토·보완하여 조직설계와 평가를 위한 기준을 제안하였다. 즉, 조직설계의 기준으로서 소속에 따른 조직유형과 운영방식에 의한 조직구조를, 대안들의 평가기준으로서 소망성(독립성, 전문성, 장기성)과 실현가능성(정치적 합의가능성, 개편용이성)을 제안하였다. 넷째, 이상의 선행연구를 통해 마련된 조직설계와 대안평가의 기준을 사용하여, ① 한국의 국가전략 관련 조직을 평가하고 ② 바람직한 국가전략 연구조직의 설계 방향성을 모색하며, ③ 연구조직의 대안을 형성·평가 진행한다는 연구의 분석내용을 구체화하였다.

"III. 한국의 현황 및 조직 설계의 방향성"에서는 한국 공공부문 국가전략 관련 조직의 현황 파악과 평가를 통해 국가전략 연구조직 설계의 방향성을 검토하였다. 첫째, 한국의 국가전략 관련 기관을 살펴보기 위해 대통령실 미래전략기획관 등 3개의 국가기관과 경제·인문사회연구회 미래전략연구센터 등 3개의 공공기관을 검토하였다. 이를 통해 한국의 국가전략 관련 조직이 가진 특징을 미래예측의 부재, 단기 정책지향, 조직간 역할 분담의 미흡의 세 가지로 정리하였다. 즉, 미래예측을 전담하거나 미래예측 기능을 수행할 수 있는 조직이 없으며, 관련 조직의 대부분이 단기적인 정책 문제 해결에 집중하고 있고, 관련 조직들이 구심점없이 분산적으로 운영되어 오히려 단기정책 경쟁과 기능중복을 가중시키고 있다는 것이다. 둘째, 한국의 국가전략 체계를 개선하기 위해 국가전략 전담조직 신설을 위한 설계 방향을 제안하였다. 특히, 국가전략 연구조직이 가져야 할 특성으로 독립성, 전문성, 장기성을 강조하였다. 독립성은 단기적인 성과를 강조하는 관료제의 영향에서 자유로울 때 달성가능하며, 전문성은 다양한 전문가를 활용할 수 있도록 조직이 운영될 때 가능하다. 장기성은 정권의 변화에도 조직이 안정적으로 유지될 수 있는 법적·제도적 장치가 마련될 경우 가능한 것으로 보았다. 세가지 특성을 고려할 때, 신설되는 국가전략 연구조직의 소속은 국가운영에 영향력을 행사하면서도 관료조직의 이해관계로부터 자유로운 대통령 혹은 국회 소속의 국가기관 형태나 대통령 혹은 국무총리 산하의 정부출연연구기관의 형태로 둘 수 있다고 보았다. 또한 국가전략 연구조직의 운영방식은 내부에 다양한 전공자를 배치하여 전문성과 협동성을 유지하면서도, 필요한 경우 대외 연구기관의 전문가들을 활용할 수 있도록 긴밀한 네트워크를 형성하는 것이 필요함을 강조하였다.

"Ⅳ. 국가전략 연구조직의 설계"에서는 국가전략 연구조직의 대안으로서 대통령 소속 '국가전략연구원', 국회 소속 '국가전략연구원', 대통령 산하 '미래전략연구원', 경제·인문사회연구회 소관 '미래전략연구원'등 네 가지를 제안하고, 각 대안을 소망성(독립성, 전문성, 장기성)과 실현가능성(정치적 합의가능성, 개편의 용이성)의 기준에 따라 평가하였다. 평가 결과에 따르면 국회 소속의 '국가전략연구원'신설이 최적 대안으로 제안되었다. 국회 소속 국가전략연구원은 신설과정에서 입법부와 행정부의 입장 조정 문제 등으로 개편의 용이성(각 대안에 대한 조직 내부의 수용 정도)이 '낮음'으로 평가되었으나, 입법권을 가지고 있는 국회 소속이라는 측면에서 정치적 합의가능성(법률 제·개정에 대한 이해관계자의 동의)은 '다소 높음'으로 평가되었다. 더구나 독립성(조직운영과 연구활동의 자율성), 전문성(다양한 분야 전문가들의 효과적 활용), 장기성(20년 이상의 시계를 바탕으로 미래연구 수행)과 같은 소망성 기준에서 각각 '높음', '다소 높음', '높음'의 평가를 받았다. 국회 소속의 '국가전략연구원'은 국가전략 연구에 대한 정부와 국회의 충분한 논의가 이루어지고, 정부의 개혁 추진 역량이 확보된다면 소망성이 가장 높은 최선의 대안이 될 것으로 평가되었다.

마지막으로 해당 연구는 신설되는 국가전략 연구조직이 단기정책 연구의 유혹과 압력에서 벗어나 장기적이고 종합적인 미래예측을 전담하고, 이를 통해 국가전략 거버넌스가 보다 체계적으로 작동할 수 있어야 함을 강조하면서 글을 맺고 있다.

3. 해당 논문의 학문적 기여점: 조직학과 실천적 조직설계의 연계

2018년 5월 28일 국회 소속의 국회미래연구원이 설립 및 개원하였다. 미래국가전략을 책임질 전문적이고 공식적인 연구조직이 설립된 시점에서 과거 국가미래전략 연구조직의 설계와 관련된 논의를 돌이켜보고, 앞으로 미래전략조직의 바람직한 방향과 역할을 설정하는데 디딤돌로 삼는 것은 매우 시의적절하지 않을 수 없다. 특히, 시기적으로 해당 논문이 2011년 경에 이미 미래국가전략 전담 연구조직의 필요성을 강조하고, 연구조직의 구체적인 실현 방안까지 제안하였다는 점에서 높이 평가된다.

해당 논문의 가장 큰 정책적 기여는 미래전략연구를 다룬 논문답게 우리나라 미래전략 연구조직의 필요성과 구현 양식을 구체적인 논의와 객관적인 평가 기준을 통해 선도적으로 예견하였다는 점이다. 또한 학술적으로도 국가미래전략 연구조직의 필요성과 구현 방식을 이론의 현실 적용을 통해 논리적으로 전개하였다는 점에서 매우 큰 의미가 있다. 즉, 해당 연구는 국가미래전략 조직의 필요성을 선진국 및 국내 국가전략 연구조직의 검토를 통해 체계적으로 도출하고, 미래국가전략 연구조직의 구체적인 설계를 학술적 논의에 바탕을 둔 객관적인 지표와 평가기준을 통해 판단하였다. 이러한 논리 전개의 타당성을 통해 결론의 설득력을 확보한 점은 조직학 이론을 국가전략 연구조직 설계 분야에 적용한 매우 이상적인 사례라 할 수 있을 것이다.

나아가 해당 논문은 국가전략 연구조직의 대안 평가기준을 통해 국가미래전략 연구조직이 나가야 할 이상적인 방향에 대해 자세히 소개하고 있다는 점에서 7여 년이 지난 지금도 여전히 유효하다. 특히 미래 국가전략 연구조직이 갖추어야 할 요건으로서 독립성, 전문성, 장기성은 미래 국가전략을 장기적인 시각에서 외부의 간섭이나 제약 없이 기관의 전문성을 토대로 작성하고, 이것이 국가전략에 반영될 수 있도록 해야 한다는 점에서 매우 중요하다. 현재 설립된 국회미래연구원이 설립 초기 단계임을 고려할 때, 미래전략연구 전담연구조직으로서 조기 정착하여 해당 기능을 성공적으로 수행하도록 해당 논문에서 강조된 요건들에 유념하여 조직을 구성·운영할 필요가 있을 것이다.

4. 최근 상황과의 비교: 국회미래연구원 개원의 의의와 과제

위에서 언급한 바와 같이 미래 국가전략 연구조직으로서 국회 소속의 국회미래연구원이 2018년 5월 28일 설립 및 개원하였다. 2014년 12월 법안이 제출된 후 3년 만인 2017년 12월 국회미래연구원법이 제정되고, 올해 1월 설립준비위원회 출범, 법 시행(3.13), 이사회 출범(3.21), 박진 원장 내정자 임명동의안 통과(5.21)의 숨가쁜 준비과정을 통해 본격적으로 활동을 시작하게 되었다. 국회미래연구원은 "미래 환경의 변화를 예측·분석하고, 국가 중장기 발전전략을 도출함으로써 국회의 정책역량 강화와 국가 발전에 이바지함"을 목적으로 한다[국회미래원법 제1조(목적)]. 연구원은 기능에 있어 통일·외교·국방 및 국제전략, 국가의 신성장동력 및 과학기술혁신, 지속가능한 발전, 국민 삶의 질 향상, 그 밖에 국가와 사회의 발전을 위하여 연구가 필요한 분야 등 5개 분야에서 미래 환경의 예측·분석 및 국가중장기 발전전략을 도출하는 사업을 수행하게 된다(법 제13조). 법인으로 설립된 국회미래연구원의 구성을 보면, 이사장을 포함한 10명이내의 이사(현재 9명), 원장과 비상임 감사, 6개의 세부 조직(국제전략, 신성장동력, 지속가능발전, 삶의 질 향상, 거버넌스, 연구지원실)에 11명의 연구직과 4명의 행정직으로 구성되어 있다.[1]

국회미래연구원은 해당 논문에서 강조하였던 독립성과 전문성, 장기성의 특성을 점진적으로 구현해나가고 있는 것으로 보인다. 국회미래연구원은 제5조의 운영 기본 원칙에서 운영에 있어서 독립성과 자율성의 보장을 명시하고 있다. 전문성에 있어서도 제15조의 연구수행방식에서 연구과제를 수행함에 있어 해당 과제의 전문성이 있는 국내외 개인·법인 또는 단체와 공동 연구 진행을 규정하고 있다. 그 밖에 운영재원은 국회 출연금과 그 밖에 수입금으로 하여(제12조) 최소한의 재정자립성을 확보하도록 하고 있으며, 국회에서 추천된 연구과제에 대해서는 연구결과를 국회에 보고하도록 하여(법17조), 국회 의사결정 과정에 반영될 수 있도록 하고 있다.

다만, 연구조직이나 전문인력의 전문성은 지속적으로 개선해나가야 한다. 연구원의 조직기능이나 구성원의 직무에 관한 사항이 보다 체계적으로 규정될 필요가 있다. 또한 전문연구인력의 확충이 인원의 양적인 팽창에 그치지 않도록 필요한 분야별로 확고한 전문성을 가진 인력이 적재적소에 충원되도록 유의해야 할 것이다. 즉, 해당 논문에서 언급한 바와 같이 조직을 150여 명에 이르는 전문인력으로 구성할 경우, 어떤 임무에 어떻게 배치할 것인가 하는 조직구성과 인력배치 문제는 조직의 정체성과 전문성, 지속성을 결정하는데 중요한 사항이 될 것이다.

5. 향후 연구에 대한 제언: 미래전략연구의 실천적 구현

해당 논문에서 주장하였던 미래전략기구로서 '국회미래연구원'이 출범함으로써 이제 국가 차원의 미래전략연구가 본격적으로 시작되었다. 해당 논문이 국가미래전략 연구의 시작을 위한 조직 구현에 초점을 맞추었다면, 이제 미래국가전략 연구 및 연구조직의 바람직한 방향과 역할에 대한 고민이 필요한 시점이다.

지금까지 논의가 우리나라의 미래전략 연구와 전문조직의 수립에 관한 논의였다면, 이제 미래전략 연구조직에 담을 미래연구의 방향성은 물론 구체적 기능과 인력의 구성과 운영방식, 조직발전의 중장기 로드맵 등을 체계적 구성에 대한 연구가 지속적으로 필요하다. 이 과정에서 국내외 미래전략조직의 기능과 운영 방식 등을 벤치마킹

---

1) 2018년 9월 16일, 국회미래연구원 홈페이지(http://www.nafi.re.kr/nafi/index.do) 검색.

하고 우리의 경험에 맞추어 조직 정합성을 높일 수 있을 것이다.

국가미래전략조직의 운영에 있어 협력적 거버넌스에 대한 고민도 풀어야할 중요한 과제이다. 미래전략연구는 그 연구범위에 있어 외부 연구기관 및 전문가들과 협력 거버넌스가 매우 중요하다. 국가전략연구 관련 자료와 데이터를 수집·관리하는 단일 포털(single portal)의 역할을 담당하는 한편, 미래전략 연구 기관 및 연구자들과의 대내외 협업 네트워크를 강화하여야 하여야 한다. 개방형 조직으로 정보와 연구자간의 원활한 교류를 위한 플랫폼 역할로서 자리매김할 필요가 있다. 또한 국회미래연구원이 중장기적 미래 국가전략에 실질적으로 기여하고 해당 분야를 선도하기 위해서는 해당 기관의 연구결과들이 실제 정책에 구현될 수 있도록 제도적 장치를 마련되어야 한다. 이 과정에서 국회미래연구원이 국회 소속이지만 국가적인 수준에서 그 산출물이 논의되고 중장기 정책에 반영되는 것이 필요하다.

마지막으로 미래전략연구가 독립된 학문 분과로 발전하기 위한 학술적 논의의 진전이 필요하다. 지금까지 진행되어 온 미래전략 관련 이론 및 방법론, 연구자료 및 결과물들이 체계적으로 정리되어 논증될 필요가 있다. 정책델파이나 시나리오 기법, 시뮬레이션 등의 미래전략 연구 분석방법과 미래전략 연구의 성과물들을 학술적 관점에서 정리해야 한다. 객관적인 데이터의 수집과 분석에 기반한 미래전략 수립을 통해 분석의 타당성을 확보하려는 노력이 수반되어야 할 것이다. 최근 가용할 수 있는 데이터가 증가하면서 통계분석이나 정책시뮬레이션의 가능성이 다시 주목받고 있으며, 구글 트렌드 분석과 같은 빅데이터를 활용한 추세분석 사례들은 증거에 기반한 미래전략 수립의 가능성을 보여주고 있다.

해당 논문은 미래전략연구가 여전히 현재 진행형이라는 점에서 앞으로도 관련 논의의 중요한 부분을 차지할 것이다. 해당 연구가 담고 있는 미래전략연구의 고민과 조직학적 논의가 보다 미래지향적인 관점에서 지속되길 바란다.

우리나라에 있어서 성과관리를 위한 평가의 개선방안에 관한 연구: 중앙부처 사례를 중심으로

우리나라에 있어서 성과관리를 위한 평가의 개선방안에 관한 연구:
중앙부처 사례를 중심으로*

이윤식(숭실대학교 행정학부 명예교수)

∽ 프롤로그 ∾

저자의 논문은 다음과 같은 역사적 배경 하에서 출발하게 되었다. 저자는 2003년 집권하게 되는 노무현 정부의 행정개혁과제1호로 추진한 '국가평가인프라구축'의 일환으로 대통령자문 정부혁신지방분권위원회내 '국가평가인프라구축TF' 팀장(2004년)으로부터 출발해서 '국무총리 국가평가인프라구축추진단' 자문위원장(2004-2006)으로 단장 직무를 대행하면서 중앙행정기관과 지방자치단체 그리고 공공기관들의 제반 업무를 성과관리와 연계한 평가를 통합적으로 수행하는 것을 목적으로 한 「정부업무평가기본법」을 정부법안으로 입안하여 2006년 6월에 국회를 통과시키는데 핵심역할을 하였다. 그런 노력의 일환으로 저자는 동법 및 시행령(안)과 '통합국정평가제도'를 설계하여 제도화한 후 국무총리 정부업무평가위원회 실무위원장(2006-2008)으로서 직접 집행하면서 직면하게 된 정부 및 공공 부문에서의 평가와 성과관리의 연계 문제를 해소하고자 정부업무평가위원회에서 「성과관리메뉴얼」을 제작하여 활용토록 하였음에도 불구하고 현장에서 실무자들이 많은 어려움을 겪고 있었다. 그래서 저자는 정부업무평가위원회에서 수년 동안을 전 부처 평가담당 공무원들을 대상으로 평가와는 별도로 성과관리에 관한 교육을 시켰다. 그러나 당시에 우리나라에서는 평가와 성과관리의 연계에 관한 이론의 부재로 인하여 실무현장에

---

* 이 논문은 2007년 『정책분석평가학회보』 제17권 제3호에 게재된 글을 수정·보완한 것이다. 본 연구는 숭실대학교 교내연구비 지원으로 이루어졌음.

서는 물론 학계에서조차 개념적·분석적 혼란을 겪고 있어 이론적 연구의 필요성을 절감하여 평가와 성과관리의 연계에 관한 저자의 논문을 발표하게 되었다. 이는 후속되는 성과관리 분야의 연구 및 교육에 개척자적 역할을 한 논문 중의 하나로서 의의를 찾을 수 있다.

저자의 논문은 당시 정부 및 지방자치단체 그리고 공공기관의 평가에서 이론적 근거제시를 도외시한 채 지표에 의한 평가나 성과측정에 그치고 있는 경향에 대한 경각심의 고취와 함께 신공공관리(New Public Management)의 일환으로 당시에 미국, 영국, 캐나다, 호주 등에서 도입하여 상당한 성공을 거두고 있는 정부 및 공공 부문에서의 성과관리접근법을 우리나라에 도입하면서 성과측정의 수준을 넘어 성과의 인과관계를 규명하는 성과평가의 중요성을 제기하고 이를 위한 방법의 하나로 '성과관리를 위한 평가'에 관한 이론을 처음으로 개발하면서 실제로 주요 평가 선진국들의 부처들과 우리나라 중앙정부 부처들 간의 실상을 비교·분석함으로써 성과평가의 필요성과 이론적 접근가능성을 설명하고 실무현장에서의 활용에도 도움을 주며 우리나라에서 평가와 성과관리의 연계에 관한 이론적 연구를 촉발시키는 계기가 되었다.

저자의 논문은 오늘날 우리나라에서 행해지고 있는 정책평가나 정부업무평가는 물론 성과관리에서 현실적으로 안고 있는 평가의 준거가 되는 이론의 부재 문제점을 극복하는 방향을 제시하고 있다. 또한 대부분의 경우처럼 정부 및 공공 부문에서 지표에 의한 1년 단위의 평가가 3-5년 중장기적인 성과계획에 기초한 성과관리와 실질적으로 연계되지 못함으로 인한 '평가를 위한 평가'의 문제를 해결할 수 방안도 모색하고 있다. 그뿐만 아니라 개인적인 차원뿐만 아니라 조직적인 차원과 더 나아가서 범정부적인 차원에서의 성과관리를 위한 대표적인 방법들을 제시해 주고 있다. 이로써 저자의 논문은 오늘날 관심이 더욱 더 고조되고 있는 성과관리에서의 인과관계문제를 해결하는데 있어서 학계뿐만 아니라 실무현장에서도 크게 도움을 주고 있다는데 그 의미를 찾을 수 있다.

성과관리에 관한 후속연구는 저자가 2006년에 평가와 성과관리의 관계에 관한 학술논문(공저)과 저서(공저)를 출판하면서 본격적으로 발표되기 시작했는데, 2017년까지 총137편의 논문이 전문 학술지에 발표되었고 이중 39편

(28%)이 저자의 논문을 직접 인용할 정도로 후속연구들에 영향을 끼쳤다. 이들 연구를 첫째, 시기적으로 살펴보면, 2011년 20편, 2012년 18편, 2016년 14편을 제외하고 2007년부터 2017년까지 매년 10편 내외의 논문들이 발표된 것으로 나타났다. 둘째, 저자수로 보면, 53편(39%)만이 단독으로 발표된 반면 나머지 연구가 2명 이상의 공동연구로 이루어져 온 것으로 나타났다. 셋째, 연구 대상기관별로는, 중앙행정기관을 대상으로 한 연구가 12편(9%), 지방자치단체는 24편(18%), 공공기관은 11편(8%), 기타가 90편(66%)에 해당한다. 넷째, 주제별로는 인사와 관련된 성과관리 연구가 14편(10%), 성과관리제도에 관한 연구가 13편(9%), 서비스나 사업의 성과관리 사례연구가 20편(15%)인 반면에, 조직의 성과관리에 관한 연구와 성과관리방법에 관련된 연구가 각각 50편(36%), 40편(29%)으로 상대적으로 많았다. 그런데 특히 성과관리방법에 관한 연구의 경우, 대다수가 BSC(Balanced Score Card) 또는 지표에 의한 성과측정 사례연구들인 것으로 드러났다. 이러한 현황조사 결과, 저자의 논문 발표 이후 BSC와 관련된 연구들이 주류를 이룰 때를 제외하고는 일정 수의 연구들이 꾸준히 발표되어 오고 있음을 알 수 있다. 또한 다양한 주제로 성과관리에 관한 연구가 이루어져 오고 있지만 방법론적인 측면에서 보면 대부분의 논문이 성과지표에 관한 연구의 수준이나 지표에 의한 성과측정연구의 수준을 넘어서지 못하고 있음을 보여 주고 있다. 그래서 여전히 성과관리에 관한 이론적 연구는 물론 성과의 원인을 규명하는 '성과관리를 위한 평가'나 성과평가에 관한 연구가 거의 전무한 것으로 밝혀졌다.

우리나라에서 이루어지고 있는 평가에서는 평가대상(what to evaluate) 보다 평가방법(how to evaluate)이 더 중요함을 간과하는 경우가 적지 않다. 이는 여타 연구에서처럼 평가방법이 평가결과를 좌우함을 등한시하기 때문인 것으로 보인다. 게다가 평가(evaluation)가 평가연구(evaluative research)와 구별됨에도 불구하고 평가결과의 타당성을 확보하기 위해서는 양자가 모두 평가이론에 기초한 평가가 이루어져야 함을 무시하는 경우가 많다. 여기서 평가이론은 평가결과에 대한 이론이기 보다 평가에 관한 이론으로서 어떻게 평가할 것인가에 대한 이론을 의미하여 평가방법에 대한 이론적 개발이 급선무이고 중요시됨을 시사한다. 일반적으로 이론은 변수간의 인과관계를 규명하는 논리적이고 체계적인 설명으로 정의되는 것처럼 평가이론도 평가대상과 평가결과간의 인과관계를 규명하는 체계적이고 논리적인 설명을 의미한다. 마찬가지로 성과정보를 창출하고 활용하는 성과관리에서도 성과의 원인을 규명하기 위한 이론이 전제가 되어야 함에도 불구하고 위의 후속연구들의 현황분석 결과가 보여주는 바와 같이 관련 이론이나 방법론이 아직 정립되어 있지 못한 채 지표에 기초한 성과측정에 관한 연구가 여전히 주류를 이루고 있다. 이는 저자의 '성과관리를 위한 평가(an evaluation for performance management)' 방법 및 이론을 더욱 발전시켜 새로운 '성과평가(performance evaluation)' 방법 및 이론을 개발하는 연구가 앞으로 더 활발하게 이루어져야 함을 시사한다. 그 같은 연구·개발의 활성화는 요즘과 같은 융합학문의 시대에 융합적인 연구들이 활발하게 이루어질 가능성이 높아짐에 따라 융합 가능한 여타 연구들과의 방법론들을 원용함으로써 가능할 것이다. 예컨대, 4차 산업혁명시대 지능정보사회에서 대두되고 있는 빅 데이터 분석방법과 관련해서 행정·정책학의 정책분석분야나 정책평가분야에서 기존의 분석 및 평가 방법들을 융합적으로 또는 새로운 방법으로 개발하려는 노력들이 일어나고 있는 것을 들 수 있다. 다만 그런 연구들이 기존의 통계분석방법의 컴퓨터프로그램인 R분석과 같은 수단을 정책분석이나 정책평가에 활용하는 것만으로 새로운 접근법인 것처럼 착각하는 오류를 미연에 방지하기 위해서 그런 방법과 관련된 이론의 개발에 더 많은 심혈을 기우리는 것이 필요하다. 따라서 향후 평가와 성과관리의 연계와 관련된 연구는 성과지표에 관한 연구의 수준이나 지표에 기초한 성과측정연구의 수준을 넘어서 아직도 완전하게 정립되지 않은 성과평가 이론 및 방법론의 개발 및 발전과 활용에 관한 연구로 확장되어야 하고 적어도 평가에 관심있는 학자들이 중심되어 그런 방향으로 더 많은 노력을 기우리는데 앞장서야 할 것으로 기대된다.

Ⅰ. 머리말

최근 신공공관리론(New Public Management, NPM)의 영향으로 정부 및 공공부문에서 성과관리의 필요성이 강조되고 있다. 이는 정부를 포함한 공공부문의 경쟁력 향상은 물론 국민들의 정부 및 공공부문의 활동에 대한 책임성 확보 요구에 부응하기 위한 현상이라 할 수 있다. 이에 따라 정부 및 공공부문은 정책 및 업무 활동에 있어서 성과관리에 의한 효과성과 능률성 향상이 현실화되도록 노력하고 있다(이윤식 외, 2006a: 15; 이윤식, 김지희, 2004: 191; Hood, 1991).

그런데 문제는 정부 특히, 중앙부처가 성과와 성과관리의 개념의 혼선과 성과관리 방법상의 한계를 인식하지 못하고 이를 활용함에 있다. 그리고 성과에 대한 조작적 정의를 어떻게 하느냐에 따라 성과관리의 대상과 범위 등이 달라질 수 있음에도 불구하고 이러한 특성을 제대로 고려하거나, 반영하지 못하고 있는 실정이다. 뿐만 아니라 책임성 확보가 이루어질 수 있는 성과관리는 정부 및 공공부문의 활동과 결과간의 인과성의 규명이 되어야 함에도 불구하고 이를 제대로 다루지 않고 있으며, 다뤄진다고 하더라도 담당 공무원의 역량 한계로 인하여 현실적이지 못한 측면이 있다. 이러한 문제점으로 인하여 사실상 성과관리를 제대로 못할 뿐만 아니라 오용되기도 한다.[1]

이처럼 성과관리 특히, 성과관리를 위한 평가[2]에 관하여 이론적으로 체계화되어 있지 않은 상태에서 이에 관한 논의가 중요한 것은 앞서 소개한 바와 같이 성과관리를 통한 국가경쟁력 향상과 국민에 대한 책임성 확보를 위해서 더 이상 미룰 수 없는 가장 현실적이면서 중요한 문제이기 때문이다. 그리고 참여정부에서 성과관리를 위한 평가가 다양한 방식으로 실무에서 운용되고 있는데 이는 많은 비용과 노력이 투자되고 있음을 의미한다. 그런데 이러한 활동에 문제가 있다면 실제적인 성과관리가 없는 성과관리 활동이 되어 예산의 낭비는 물론 공무원의 성과관리와 관련된 업무의 과중과 비효율성을 초래하게 된다. 또한 이를 토대로 수행된 연구들을 통하여 바람직하지 않은 이론의 형태로 발전할 소지가 있기 때문에 더욱 성과관리를 위한 평가에 대한 연구가 요청된다.

이 논문에서는 위와 같은 목적으로 성과관리의 본질과 함께 성과관리를 위한 평가의 핵심 사항을 살펴 본 다음에 우리나라의 경우 어떠한 문제점이 있으며 이를 극복하는 대안이 무엇인지를 논하고자 한다.

본 연구의 범위 및 방법은 내용 측면에서 성과관리를 위한 평가에 포함되는 기존의 성과관리 및 성과평가에 관한 논의를 다룬다. 대상 측면에서 주요 선진국 즉, 미

---

1) 성과 관리 및 평가에 대한 연구들이 안고 있는 문제점들에 대한 자세한 논의는 이윤식(2005). "성과 관리 및 평가 연구에 관한 단상" 한국행정연구원 「행정포커스」. 3/4, pp.4-8 및 한국행정연구원(2005). "권두언" <정부업무평가의 새로운 패러다임>. pp.ix-xiv. 참조바람.
2) 여기서 성과관리를 위한 평가의 의미는 정부 및 공공부문의 활동과 결과간의 인과성의 규명을 위한 활동을 말한다.

국, 캐나다 및 영국의 성과관리를 위한 평가와 우리나라 주요 평가기관의 성과관리를 위한 평가를 다루고자 한다. 그리고 연구의 방법으로 관련 문헌자료의 수집 및 분석은 물론 주요 평가사례의 수집과 이들 간의 비교분석 방법을 사용한다. 이를 위해 앞서 연구의 범위에서 소개한 주요 선진국과 우리나라 주요 중앙부처의 성과관리를 위한 평가사례들을 활용한다.

II. 이론적 고찰 및 연구를 위한 비교분석의 틀

1. 성과관리의 기초

1) 성과관리의 의미 및 목적

성과의 개념은 학자마다 달리 정의되고 있으나 대체로 종합해 보면, 조직이나 그 구성원이 서비스를 생산 및 제공하기 위해 수행한 업무, 활동, 정책 등의 현황이나 효과 정도로 보고 있다(박중훈, 1998; 이세구, 2003; Ammons, 1995). 이러한 개념은 조직이나 그 구성원의 제반 활동 및 그 결과(result)를 의미하는 것으로서 산출(output)이나 결과(outcome)에 대한 설명에 그치고 있음을 보여준다. 그로 인해 많은 사람들이 성과를 바로 산출(output)이나 효과(effect) 또는 영향(impact)으로 간주하는 경향을 보인다.

이러한 성과의 개념은 단순히 활동 결과로 이해하는 것으로서 성과를 측정할 수 있는 기준이나 준거를 제시할 수 없기 때문에 성과를 제대로 측정할 수 없을 뿐만 아니라 궁극적으로 성과관리가 불가능하게 된다. 따라서 성과를 이해함에 있어서 기본적으로 주어진 계획 및 목표에 따른 조직 및 그 구성원의 활동 결과로 보는 것이 타당하다고 할 수 있다. 이는 성과관리를 위해 필요한 측정이나 평가에는 당초 계획이나 목표가 전제되어야 함을 시사한다. 그리고 이러한 계획이나 목표는 개인적일 수 있고 조직적일 수도 있다. 그래서 개인적 차원이나 조직 차원의 성과 측정이 가능하게 되어 성과관리를 수행할 수 있게 된다(Poister, 2003: 35-38 참조).

이처럼 성과(performance)의 개념을 특정 활동을 통해 창출한 부가가치 결과 또는 실적(value-added results or achievements)으로 이해하는 것은 부정확하다고 할 수 있다. 보다 엄격한 의미로서 성과의 개념은 실적의 목표달성 정도 혹은 특정 활동의 목표대비 부가가치 결과 또는 실적(value-added results or achievements toward its goal)로 보는 것이 타당할 것이다(GAO, 2005; Poister, 2003: 35-38 참조).

정부업무평가기본법의 통합성과관리 하에서 성과는 투입, 처리, 산출, 결과를 통합적으로 추진·이행한 정도라고 한다. 이는 기존의 결과 중심적인 차원에서 성과를 단순히 산출이나 결과로 보는 것과는 달리 성과의 요인을 규명하기 위한 과정적 측면과 결과적 측면이 함께 고려되는 의미가 성과에 포함됨을 알 수 있다(이윤식 외, 2006a).

그러면 성과관리(performance management)는 무엇을 의미하는가? 이는 대체로 공공부문 혁신의 핵심수단으로서 조직의 비전이나 전략을 효과적·효율적으로 달성하기 위해 조직의 성과와 개인의 성과를 일련의 지표를 통해 체계적으로 집계·관리·환류하는 일련의 과정으로 정의되고 있다(이윤식 외, 2006a: 19; 이세구, 1999; 한국생산성본부·가립회계법인, 1998). 이 같은 성과관리는 적어도 3개의 상호의존적인 활동요소로 구성되는데, 각 요소는 일련의 순환적인 과정을 필요로 한다(Wholey, 2002 참조). 첫째, 임무, 비전, 전략 및 성과목표 활용에 대하여 주요 이해당사자들 사이에 적절한 수준의 합의를 도출하는 것이다. 둘째, 성과를 증명하고 의사결정을 지원할 수 있는 적절한 성과 측정 및 평가를 하는 것이다. 셋째, 사업의 효과성을 개선하고, 책임성을 강화하며, 정책결정을 지원하는 성과정보를 창출하는 것이다.

결국, 보다 일반적인 성과관리의 의미란 조직의 미션에 기초한 비전이나 전략을 효과적이고 효율적으로 달성하기 위해 조직 및 개인의 성과를 체계적으로 조정·통합·환류하는 제반 활동 또는 일련의 과정임을 알 수 있다. 간단히, 조직이 수행하는 업무의 성과를 평가하여 성과정보를 창출해서 경영관리의 자료로 활용하는 것을 의미한다.

이러한 성과관리는 대체로 다음과 같은 목적을 이루고자 한다(이윤식 외, 2006a; Hartle, 1995: 13-20; Institute of Personnel Management, 1992). 첫째, 성과관리 대상 기관 및 개인에 대한 책임성을 확보하고, 둘째로 유인·보상·제재 등을 통하여 공무원에게 동기를 부여하며, 셋째로 대국민 행정 서비스의 질을 향상시켜서 국민의 만족도를 제고시키려는 것이다.

2) 성과관리의 절차 및 방법

(1) 성과관리의 절차

성과관리의 절차는 다음과 같이 구분할 수 있다(이윤식 외, 2006a: 20-31; Hartle, 1995: 65-83참조; Institute of Personnel Management, 1992참조; Williams, 1991참조). 먼저, 성과계획(performance plan)의 수립 단계이다. 이는 기관의 임무-비전-전략목표-성과목표-활동을[3] 체계적으로 연계시켜 이들을 달성하고자 하는 미래적 활동을

---

3) 임무는 해당기관의 존재이유(목적)와 주요기능에 관한 것이다. 비전은 장기적인 목표와 바람직한 미래상으로 조직의 정책 추진 방향 설정에 해당하는 것으로서 구성원에 대한 동기부여 기능을 수행한다. 전략목표는 국정목표, 기관의 임무와 비전 등을 감안하여 해당기관이 최대

의미한다. 성과계획으로는 중장기 전략계획과 연도별 시행계획 등이 존재한다.

다음으로 성과 측정 및 평가(performance measurement and/or evaluation) 수행의 단계이다. 이 단계에서 성과 측정은 성과목표 달성도를 성과지표4)에 의해 확인하는 활동으로서 성과달성 과정을 점검하는 성과모니터링(performance monitoring)과 실적치(accomplishments)를 점검하는 활동을 포함한다. 그리고 성과 평가는 성과관리 대상 사업이나 활동의 수행에 있어서 계획된 장·단기 목표가 얼마나 경제적·능률적·효과적으로 달성되었는가를 측정·분석·평정하여 성과정보를 창출하는 활동을 의미한다. 여기서 성과 평가는 새로운 유형의 평가라기보다는 성과관리를 위한 평가를 의미한다. 이러한 측면에서 성과 평가는 사업평가(program evaluation)의 일종으로 사업 및 업무활동과 성과간의 인과관계의 규명이 필수적이며, 총괄평가, 과정평가 및 종합평가 등의 평가유형의 활용이 가능하다. 하지만 많은 경우 인과관계를 규명하는 성과 평가보다 객관적인 측정만 실시하는 성과 측정에 그치는 경향이 있다.

마지막으로 성과정보 활용(utilization of performance information)5)의 단계이다. 성과 측정 결과 또는 성과 평가 결과를 후속적으로 성과계획 및 활동·업무 등 경영관리에 환류하여 반영하는 것을 의미한다. 이는 서비스 품질과 사업 효과성을 향상하기 위하여 내부적으로 사용하거나 혹은 책임성을 강화하고, 정책결정을 지원하기 위하여 외부적으로 사용한다.

(2) 성과관리의 방법

성과관리의 방법이란 성과관리의 목적으로 개발된 도구(tool)를 의미한다. 도구 활용의 구체적인 목적과 방향에 따라 특성이 달라지지만 성과관리를 지향한다는 점에서 공통점을 갖는다. 본 연구에서는 조직이나 개인의 성과관리를 위하여 사용되는 대표적인 성과관리 방법들을 소개하고자 한다.6)

첫째, 목표관리(management by objective, MBO) 방법이다. 이는 부하직원이 조직

중점을 두고 지향하거나 추진해야 할 내용이다. 성과목표는 전략목표를 구체화하는 하위목표로서 전략목표의 실현을 위해 계획기간 내에 달성하고자 하는 내용이다. 활동은 이러한 성과계획의 실제적인 행위 혹은 실천(action)을 의미한다.
4) 성과지표(performance indicators or measures)는 성과목표를 객관적으로 측정하기 위한 양적/질적 기준(standards) 또는 척도(measures)를 의미한다.
5) 구체적인 활용 방법으로 사업설계 및 추진방법 합리화, 예산배분의 효율성 제고 및 책임성 확보 등이 있다.
6) 아래에서 목표관리(MBO)와 다면평가는 개인의 성과관리를 위한 성과관리 방법이고, 나머지 균형성과표(BSC), 6시그마, TQM 그리고 EVMS는 조직의 성과관리를 위한 성과관리 방법이다.

전체의 목표 및 자신이 속해있는 부서의 목표를 충분히 이해하고, 이에 자신의 노력과 목표를 대응시킴으로써 모든 직원으로 하여금 조직 전체의 목표달성에 공헌하도록 하는 방법이다. 이러한 MBO의 특성은 자기 스스로가 목표의식을 가지고 능동적이고 자발적으로 참가하여 협동적 의욕을 환기시키고, 나아가서 개인의 과업목표 설정 및 이의 창조적 달성에 있다(김병섭, 1999: 53-54).

둘째, 다면평가 방법이다. 이는 현 평가대상자를 두고 다양한 수준과 측면에서 다양한 계층의 평가자가 평가하여 그 결과를 취합·분석하여 평가를 하고, 이를 통하여 성과관리를 하는 방법이다. 일반적으로 다면평가[7]를 통하여 얻어진 결과는 인사관리에 반영하고 있다(백종섭, 2003; 장상수, 2003).

셋째, 균형성과표(balanced scorecard, BSC) 방법이다. 이는 전통적인 재무적 성과방법의 대안으로 기업의 성과를 다양한 각도에서 기업의 전략과 연계하여 측정하고자 1991년 Eccles가 제안한 아이디어에서 시작되었다. 이후 1992년에 Kaplan과 Norton이 기업의 전략적 목표와 경쟁적인 욕구를 성과시스템에 통합하여 4가지 관점[8]에서 조직을 균형적으로 관리하는 전략 수립 및 실행의 수단으로 활용하기 위한 성과 측정의 도구이다(김철회, 조만형, 김용훈, 2006: 70-71; 김성렬, 박재홍, 김영미, 2005: 35-36).

넷째, 6시그마 방법이다. 이는 모든 기능, 업무처리의 프로세스를 개혁함으로써 제품과 서비스의 불량을 100만개당 3.4개 이하로 줄여 경영성과를 획기적으로 개선하고자 하는 품질경영방법이다(안영진, 2001: 5-6; 서현주, 김갑용, 한순경, 안광조: 2006).

다섯째, TQM(Total Quality Management) 방법이다. 이는 고객에게 제공하는 서비스의 품질을 지속적으로 향상시키기 위한 관리로서 고객의 요구와 기대에 부응하기 위해 작업을 수행하는 과정을 분석, 통제하고 이것을 전 직원의 참여 속에 지속적으로 개선하는 관리방법이다(정재동, 1998: 230-231; 안영진, 2001: 3-4).

여섯째, EVMS(Earned Value Management System) 방법이다. 이는 비용과 일정의

---

7) 다면평가에 참여하는 구성원에 따라 세 가지로 구분된다. 90도 피드백 다면평가는 상사와 동료에 의한 평가이며, 180도 피드백 다면평가는 상사, 동료, 부하들에 의한 평가이다. 마지막으로 360도 피드백은 상사, 동료, 부하, 부하 팀동료 및 고객(내부 및 외부)에 의한 평가이다.

8) 크게 두 가지 관점 즉, 재무적 관점(financial perspective)과 비재무적 관점(non-financial perspective)으로 구분될 수 있다. 여기서 4가지 관점은 비재무적 관점을 세 가지 세부관점으로 구분하여 성과를 살펴본다. 비재무적 관점은 고객관점(customer perspective), 내부프로세스 관점(internal process perspective) 및 학습 및 성장의 관점(learning & growth perspective)이 있다(김철회, 조만형, 김용훈, 2006: 71).

계획대비 실적을 관리하는 것으로서 주로 건설공사의 경우 기존의 물량에 바탕을 둔 비용 중심의 관리에서 벗어서 시간에 기반을 두고 각종 정보를 통합하여 관리할 수 있는 선진 건설사업관리 환경으로의 전환을 위한 차원에서 활용된다(김경주, 김병수, 2003: 643-644).

2. 성과관리를 위한 평가

1) 성과관리를 위한 평가의 의미

성과관리를 위한 평가는 말 그대로 성과를 효율적으로 관리하기 위한 평가 활동을 의미한다. 구체적으로 성과관리를 위한 평가는 성과관리에 필요한 성과정보를 산출·환류하는 활동이며, 이를 지원하는 일반화된 절차이다. 여기서 성과정보는 성과관리의 과정상에 어떠한 문제가 있는지 혹은 성과관리를 위한 일련의 활동과 성과간의 인과성을 입증하는 내용을 주로 포함하게 된다.

성과정보(performance information)를 생성하고 환류 하는 활동으로서 평가는 성과관리 상의 하나의 절차로서 협의의 의미를 갖는다면, 성과관리를 위한 일반화된 평정절차(generalized assessment procedure)로서 평가는 성과관리를 목적으로 하는 새로운 평가유형이면서 보다 광의의 의미를 갖는다. 이 경우 양자 간의 분명한 의미전달을 위하여 전자를 '성과관리를 위한 평가', 후자를 '성과평가'라고 구분하여 사용할 수 있다.

그러나 이 같은 성과평가의 개념 자체도 아직 학술적으로 정립되어 보편적으로 활용되고 있지 않을 뿐만 아니라 실무적으로도 사용되는 예가 거의 없다.[9] 그 이유는 성과평가에 대한 이론이 부재하기 때문이다. 게다가 이미 앞에서 언급한 바와 같이 성과 자체에 대한 개념마저도 학술적으로 정확하게 정의된 것이 없는 상태로 현재까지는 성과 측정(performance measurement)을 평가에 활용하는 것으로서 성과평가에 관한 기초적인 연구들이 이루어지고 있는 형편이다(McDavid and Hawthorn, 2006). 그리고 이러한 성과평가라는 용어는 감사분야에서 "성과감사(performance audit)"라는 용어를 사용하면서(Pollitt and Summa, 1996 참조) 유추해서 평가실무에서 간헐적으로 사용하고 있는 실정이다.[10] 우리나라의 경우 세계 여러 나라에 비해 성과평가에 대한

---

9) 이는 성과관리법의 실질적인 효시인 미국의 정부성과결과법(Government Performance and Result Act)에서 조차 성과 평가(performance evaluation)라는 말을 사용하고 있지 않다.

10) 성과감사, 정책평가 그리고 성과관리를 위한 평가의 개념은 각각 상이하다. 먼저, 성과감사는

실무적인 도입을 논하고 있는데 이는 상대적으로 세계 여러 나라에 비해 이 분야 있어서 도전적인 면모를 지니고 있다고 할 수 있다(Furubo et. al., 2002 참조).[11]

성과관리를 위한 평가는 단순히 성과달성의 정도를 확인하는 성과 측정과 구별된다(McDavid and Hawthorn, 2006: 281-301). 성과 측정은 특정한 성과가 반드시 계획된 활동에 의해 비롯되었는지를 알 수 없고, 다만 그럴 것으로 가정하는 것이다. 즉, 성과를 초래한 원인을 제대로 밝히지 못해 문제 해소를 위한 정확한 처방을 내릴 수 없다. 이를 보완하기 위하여 여타 평가처럼 인과관계를 규명하기 위하여 성과에 대한 평가를 하게 되는데, 이를 성과관리를 위한 평가라고 부른다.[12]

이상의 논의에 기초하여 실무적인 차원에서 성과관리를 위한 평가를 정의해 보면, 성과관리 대상 사업이나 활동의 수행에 있어서 계획된 장·단기 목표가 얼마나 경제적·능률적·효과적으로 달성되었으며 그 인과관계가 존재하는지에 대하여 분석·측정·평정하는 것이라고 정의할 수 있다. 하지만 실제에 있어서는 업무 및 정책의 활동과 그 결과간의 인과관계를 실증적으로 검증하기 어려운 관계로, 성과관리를 위한 평가보다 여전히 성과 측정의 수준에서 머무르고 있는 것이 일반적이다(이윤식 외, 2006a: 27; McDavid and Hawthorn, 2006: 281-372 참조).

2) 성과관리를 위한 평가의 구성요소

성과관리를 위한 평가와 일반적인 평가 간의 차이점은 평가의 목적에 있다. 물론 성과관리를 위한 평가는 평가의 목적이 성과관리에 있다. 이러한 평가의 목적에 따라서 평가의 유형과 대상이 결정된다. 예컨대, 성과관리의 과정상의 문제점을 확인하고자 한다면 성과관리를 위한 평가는 정책평가 중 과정평가의 일환으로 간주하여 모니터링방법을 사용하고, 성과관리의 과정을 평가의 대상으로 할 수 있을 것이다. 이는

기존의 합법성 중심의 감사가 아닌 피감사기관의 사업이나 활동에 따른 성과 중심의 감사를 의미한다. 다음으로, 정책평가는 개인이나 기관이 정책이나 업무 등을 체계적으로 측정, 분석, 평정하는 활동으로 정책이나 업무 등의 성패 및 그 원인을 규명한다. 마지막으로, 성과관리를 위한 평가는 이러한 정책평가의 목적을 성과관리에 둔다는 점에서 차이가 있을 뿐이다(추가 내용은 '성과관리를 위한 평가' 내용 참조)

11) 성과평가로 정의하고 논하는 대부분의 주장들은 성과 측정(performance measuring), 성과모니터링(performance monitoring), 또는 성과감사(performance audit) 등의 논의에서 유추해낸 것들로서 성과라는 결과를 "어떻게(how)" 측정하는 활동에 대한 의미일 뿐 "왜(why)" 그런 결과가 초래되었는지에 대한 설명이 부재하다(Poister, 1983; 김광주, 2001 참조).

12) 성과감사에서 조차 실제에 있어서는 경제성, 능률성, 효과성 중에서 특히 효과성을 실증적으로 평가하는 경우가 선진국에서 조차 거의 없다.

성과지표에 의한 성과 측정의 절차에서 이루어지는 사항이다. 반면에, 성과의 증명을 평가의 목적으로 한다면 이를 수행할 수 있는 평가설계에 의한 총괄평가 혹은 협의의 과정평가를 통하여 평가가 가능할 것이다.

이러한 성과관리를 위한 평가의 구성요소는 평가를 수행하기 위해 갖춰야 할 사항들을 의미한다. 이에 관하여 평가이론에서 따로 정하지 않지만 일반적으로 이러한 구성요소들에 대하여 순서를 둬서 수행하는 정책평가 절차의 개별 단계를 원용하여 구성요소를 설정할 수 있다(이윤식 외, 2006b: 43). 즉, 정책평가의 목적의 식별, 정책목표·수단 및 정책구조의 파악, 평가방법 결정, 자료의 수집 및 분석 그리고 평가결과의 제시와 활용 등을 정책평가의 구성요소로 볼 수 있다.

성과관리를 위한 평가의 구성요소도 상술한 정책평가의 구성요소로부터 다음과 같이 유추해 낼 수 있다. 첫째, 평가의 목적에 해당하는 성과관리를 위한 평가의 구체적인 목적을 식별해야 한다. 앞서 언급하였듯이, 과정적 측면을 볼 것인지, 결과적 측면을 볼 것인지 아니면 인과성을 살펴볼 것인지 등의 평가의 목적에 대한 식별이 요구된다. 그런데 이러한 목적은 성과관리를 함에 있어서 필수적인 사항이며, 이에 대한 평가는 성과지표에 의한 측정·확인과 인과성 검증으로 가능하다.

성과관리를 위한 평가의 목적을 확인함에 앞서서 선행되어야 할 사항은 성과에 대한 개념의 정확성이다. 예컨대, 성과를 단순히 활동의 결과로 간주한다면 이와 관련된 평가는 성과 측정의 수준에서 머무를 수밖에 없다. 그런데 성과를 성과목표에 대한 달성의 정도라고 할 때에는 성과지표를 통하여 결과적 모습을 측정하거나, 성과관리를 위한 활동과 결과간의 인과성을 확인할 수 있게 된다. 이처럼 성과에 대한 개념이 정확해야지만 성과관리를 위한 평가의 목적 또한 보다 명확해 질 수 있다. 따라서 성과관리를 위한 평가의 목적 식별은 성과 개념의 정확성을 확인함으로 가능하게 된다.

둘째, 정책목표·수단 및 정책구조의 파악에 해당하는 임무/비전과 목표(전략 및 성과) 그리고 성과관리를 위한 활동의 확인이 필요하다. 기관에서 성과관리를 목적으로 계획한 일련의 성과계획이 체계적이며, 적절한 근거를 지니는지를 확인할 필요가 있다. 이러한 성과관리 계획상의 체계성이 제대로 갖춰있지 않으면 이에 따른 성과관리 결과를 신뢰하기 어려울 뿐만 아니라 성과관리를 위한 활동과 결과 간의 인과성을 제대로 파악할 수 없게 된다.

셋째, 평가방법 결정과 자료의 수집 및 분석에 해당하는 것으로서 성과관리를 위한 평가에서는 성과지표의 정확성 및 적실성과 성과 측정의 적합성을 판단해야 한다. 성과관리를 위하여 사용되는 성과지표에 문제가 있는지 그리고 성과 측정 상의 문제가 없는지를 살펴보아야 할 것이다.

넷째, 정책평가의 목적의 확인과 관련된 것으로서 성과관리를 위한 활동과 성과(결과) 간의 인과성 확인이 요구된다. 이는 앞서 소개한 바와 같이 성과관리에서 대체로 성과 측정 수준에 머물고 있는 문제를 해소하고, 실제적인 성과관리를 위한 타당한 성과정보를 도출하기 위해서 반드시 갖춰야 할 요소이다.

다섯째, 평가결과의 제시와 활용에 해당하는 것으로서 성과관리를 위한 평가의 결과에 대한 환류를 통한 책임성 확보의 노력이 갖춰져야 할 것이다. 예컨대, 책임성 확보를 위하여 유인·보상·제재의 수단이 갖춰져 있으며, 제대로 운영되는지의 확인이 필요하다.

3. 성과관리를 위한 평가의 기존 연구 검토

기존에 성과관리를 위한 평가의 논의는 성과관리 혹은 성과평가를 핵심어(keyword) 혹은 제목(title)으로 하는 연구에서 확인할 수 있다. 기존의 연구를 다양한 측면에서 살펴볼 수 있겠지만 전술한 성과관리를 위한 평가의 구성요소 측면에서 살펴보고자 한다.

첫째, 성과개념에 있어서 목표대비 이룬 실적(accomplishments toward the goal)라는 일반적 개념을 따르는 논의는 우리나라의 경우 극소수를 이룬다(박성용, 2005, GAO, 2005). 보통의 경우 단순히 결과적 측면에서 목표개념 없이 달성한 실적으로 보는 연구가 다수를 이룬다(김동욱, 최성락, 전별, 2004; 송건섭, 이곤수, 2004; 이찬구, 2005; 신 열, 2005; 양기용, 2007; 김찬동, 2007). 반면에 GAO(2005)와 DOE(1995)에서 성과의 개념을 이미 설정한 목표에 대한 모니터링과 달성정도로 보고 있으며, 결과적 측면뿐만 아니라 투입·처리(과정)적 측면을 강조하고 있다.

둘째, 성과관리계획에 대해서 언급하거나, 체계적으로 살펴보는 연구는 우리나라의 경우 거의 드물다(김동욱, 최성락, 전별, 2004; 송건섭, 이곤수, 2004; 박성용, 2005; 신열, 2005; 양기용, 2007; 김찬동, 2007). 이들의 연구는 대체로 앞서 살펴본 바와 같이 성과목표 대비 달성의 정도로 보지 않는 특성이 그대로 이어져서 임무, 비전 및 목표와 사업(활동)에 대해서 체계적으로 분석하고 있지 못하고 있다. 이에 반해 정부기관의 성과관리 우수사례에서는 이에 대해서 제대로 다루고 있다(국무조정실, 2006). 물론 미국[13], 영국 및 캐나다 등의 선진국에서도 이 같은 입장을 취하고 있다(이윤식 외,

---

13) Santa Rosa 시의 성과관리 자료 참조(http//ci.santa-rosa.ca.us/hu/policies/perfmgt-hbk.pdf)

2006a; OECA, 2002).

셋째, 성과의 측정과 관련하여 지표 혹은 설문지를 활용하고 있는데, 이러한 지표 혹은 설문의 구성에 대한 타당한 근거와 측정 상의 문제를 해소하는 방안에 대해서는 언급이 거의 없다(김동욱, 최성락, 전별, 2004; 송건섭, 이곤수, 2004; 박성용, 2005; 신열, 2005; 양기용, 2007; 김찬동, 2007). 다만 일부의 연구에서 기존 연구나 이론을 근거로 부분적으로 언급하고 있는 정도이다(Christine T. Ennew et. al., 1993, 이찬구, 2005).

넷째, 성과를 위한 활동과 그 결과 간의 인과성을 살펴보는 연구는 거의 없다(김동욱, 최성락, 전별, 2004; 송건섭, 이곤수, 2004; 박성용, 2005; 이찬구, 2005; 신열, 2005; 양기용, 2007; 김찬동, 2007). 다만 외국의 자료에서 이와 관련된 활동을 수행하기를 권고하거나, 그 결과물을 소개하고 있다(GAO, 2005; DOE, 1995).

다섯째, 성과결과에 대한 환류와 관련해서 우리나라는 물론 선진국에서 다양한 유인·보상·제재의 기재를 사용하고 있음을 확인할 수 있다. 이들의 대다수는 예산과 인사고과, 성과금 및 조직변화 등과 연계하는 것으로 나타났다(이윤식 외, 2006a; 국무조정실, 2006).

4. 연구를 위한 비교분석의 틀

이상의 성과관리에 관한 이론적 검토와 관련 연구들의 내용을 조사한 결과, 성과관리를 위한 평가가 어느 정도로 이루어지고 있는지를 파악하기 위해서는 적어도 <표 1>과 같은 기준에 근거해서 조사될 필요가 있음을 알 수 있다.

첫째, 분석대상(분석기준)으로 앞서 소개한 성과관리를 위한 평가의 구성요소인 성과개념의 식별(정확성), 임무/비전과 목표 그리고 활동 간의 관계(체계성), 성과지표의 설정 및 측정(성과지표의 정확성 및 적실성, 측정의 적합성), 정책(사업)/활동과 성과 간의 관계(인과성) 그리고 성과에 대한 환류(책임성)를 설정하였다.

둘째, 이러한 분석대상에 대한 분석기준의 구체적인 판단요소는 다음과 같이 실정하였다. 1) 성과개념의 정확성은 이론적 고찰을 근거로 목표의 언급과 투입/처리(과정)/산출·결과 측면에 대한 성과 부분을 명확히 언급하였는지를 판단의 요소에 포함하였다. 2) 임무/비전과 목표 그리고 활동 간의 관계의 체계성은 이론적/논리적 연계성의 제시 혹은 실증적(기존 연구의 결과)으로 연계성의 근거를 제시하였는지를 통하여 살펴보고자 한다. 3) 성과지표의 설정 및 측정에서 성과지표의 적실성은 성과지표의 이론적·논리적·실증적 근거의 제시 여부와 성과지표의 측정가능성을 판단요소로 하였다. 측정의 정확성을 위해서 측정 상의 바이어스(bias) 해소 방안 제시와 측정

표 1	비교분석의 틀	
분석대상	분석기준	판단요소
성과개념	정확성	• 목표의 언급 • 입력/과정/결과측면 언급
임무/비전과 목표(전략 및 성과) 그리고 활동 간의 관계	체계성	• 이론적/논리적 연계성 • 실증적 연계성
성과지표의 설정 및 측정	성과지표의 적실성	• 성과지표의 이론/논리/실증 근거제시 • 성과지표의 측정가능성
	측정의 정확성	• 측정 바이어스(bias) 해소 방안 제시 • 측정결과에 대한 신뢰성/타당성 언급
정책(사업)/활동과 성과 간의 관계	인과성	• 시차 • 공변 • 대안가설 부재
성과결과에 대한 환류	책임성	• 유인 • 보상 • 제재

결과에 대한 신뢰성 및 타당성을 언급하고 있는지를 판단요소에 포함시켰다. 4) 정책(사업)활동과 성과 간의 인과성의 판단요소로 시차, 공변 그리고 대안가설의 부재 등을 포함시켰다. 5) 성과결과에 대한 환류에 있어서 책임성 여부는 이를 위한 유인, 보상 및 제재가 있는지를 통하여 살펴보고자 한다.

이러한 <표 1>의 비교분석의 틀을 이용하여 평가 선진국 주요 중앙부처와 우리나라 주요 중앙부처의 성과관리를 위한 평가의 사례를 비교분석하고자 한다.14) 비교분석에 있어서 앞서 소개한 분석기준－판단요소의 수준을 상, 중, 하(○, △, ×)로 구분하여 평정하고자 한다. 구체적으로, 판단요소에 대한 실증적 근거자료를 토대로 명확하고 매우 체계적인 설명이나 활동이 주어진 경우를 상(○)으로 하고, 그 반대의 경우를 하(×) 그리고 그 사이를 중(△)으로 하였다.

14) 이윤식(2006) 및 이윤식, 오철호(2000)의 연구도 관련 조사대상에 대한 비교분석을 위하여 분석기준·판단요소를 토대로 비교분석의 틀을 구성하였다.

Ⅲ. 성과관리를 위한 평가의 실태

1. 주요 평가 선진국의 사례

1) 미 국

미국의 경우 GPRA[15](Government Performance and Results Act)에 의하여 연방행정기관의 사업의 성과관리를 수행하고 있다. GPRA를 비롯하여 성과관리 관련법은 물론 평가에 관한 OMB(Office of Management and Budget) 및 GAO(Government Accountability Office)의 기본규정에 따라 연방정부의 부처는 자체평가에 의하여 성과관리가 수행되고 있다. 이러한 GPRA가 정한 구성요소와 OMB의 규정에 따른 에너지부(Department of Energy)[16]의 성과관리를 중심으로 상술한 <표 1>의 비교분석의 틀에 입각하여 성과관리를 위한 평가의 실태를 살펴보고자 한다.

첫째, 성과개념의 정확성에 관하여 고찰해 보면, 자세하게 규명하고 있다. 예컨대, GPRA SEC. 2b에서 법률의 목적과 관련하여 사업의 목표에 대한 성과를 측정하고 사업의 진행과정을 국민에게 공고하는 일련의 예비사업(pilot project)을 통하여 정책성과에 대한 개혁을 추진한다고 밝히고 있다. 여기서 성과의 개념을 정의하고 있지 않지만 '사업의 목표에 대한 성과의 측정' 부분에서 성과가 목표 대비 결과라는 것을 알 수 있다. GPRA에서 성과는 산출(output)과 결과(outcome)로 구성된 결과(Result)를 살펴보는 것임을 밝히고 있다(GPRA SEC. 4b).

에너지부(Department of Energy)에서는 목표와 목적에 대한 과정으로 성과를 개념화 하고 있다. 이처럼 미국은 목표 대비 결과의 달성정도의 의미를 가지며, 과정과 결과적 측면 모두를 담고 있는 것으로 보인다.

둘째, 성과관리계획의 체계성에 관하여 고찰해 보면, 매우 자세하게 규명하고 있다. 해당 기관의 임무(mission)의 기술은 물론 구체적 목표의 달성 방법, 전략계획 상의 목표와 연간계획 간의 관계 그리고 기관의 목표달성에 영향을 줄 수 있는 외부환경 등에 대하여 구체적으로 기술하도록 정하고 있다(GPRA SEC. 3).

에너지부의 경우, 이러한 성과관리계획의 체계성을 확인할 수 있다. 더 나아가서 에너지부는 성과관리를 통하여 개별 부서와의 연계성 강화를 추진하고 있다.

셋째, 성과지표 설정의 적실성 및 성과지표 측정의 정확성에 관하여 고찰해 보면, 부분적이지만 구체적으로 규명하고 있다. 성과지표의 적실성에 있어서 성과목표

---

15) 2010년에 GPRAMA(Government Performance and Results Act Modernization Act)로 개정됨.
16) http://www.orau.gov/pbm/documents/g1201-5.pdf

에 대하여 객관적이고, 계량화가 가능하고, 측정될 수 있는 형태로 기술할 것을 언급하고 있다(GPRA SEC. 3). 하지만 성과지표 선정의 타당한 근거 제시에 대한 특별한 언급이 없다. 그리고 성과지표의 측정과 관련하여 측정값을 입증하고 타당성을 높이기 위한 방법을 설명하도록 언급하고 있다(GPRA SEC. 3).

에너지부의 경우, 기존 문헌의 검토와 참조자료를 통하여 성과지표를 도출하며, 공급자-투입-과정-산출물-소비자-결과 모형에 따라서 7가지 준거에 대한 측정을 하고 있는 것으로 나타났다. 7가지는 효율성(efficiency-input), 효과성(effectiveness-outcomes), 생산성(productivity-outputs/inputs), 수익성/예산성(profitability/budgetability), 질(quality, 과정모형에서 어느 부분), 혁신(innovation) 및 작업 환경의 질(quality of worklife) 등이 있다.

넷째, 정책(사업)/활동과 성과 간의 인과성에 관하여 고찰해 보면, GPRA은 성과목표의 성공 여부를 검토하거나 성과목표가 달성되지 않은 것에 대한 이유를 설명하도록 명시하고 있다(GPRA SEC. 4). 그렇지만 인과성을 살펴보지는 않는다. 다만 보고서에서 회계연도 동안 완성된 사업평가의 결과들을 요약할 것을 명시하고 있으며(GPRA SEC. 4), GAO에서 성과지표 활용의 한계점에 따른 사업평가(program evaluation)를 이용할 것을 권고하고 있다(이윤식 외, 2006a: 73).

에너지부의 경우, 인과성을 살펴보지 않고 있다. 또한 자료 측정의 어려움으로 인하여 제한된 방법론을 사용하여 성과 측정의 수준에서 평가를 수행하고 있다. 특히, 결과(outcome)의 경우 오랜 기간이 지난 후에 측정이 가능하기 때문에 이와 관련된 평가가 어렵다고 기술하고 있다. 그리고 성과관리를 위한 평가는 적절성(relevance), 생산성(productivity) 및 질(quality) 등의 성과지표를 토대로 성과 측정을 하고, 동료 검토(peer review)와 고객의 평가(customer evaluation) 등의 방법을 사용하여 수행하고 있다.

다섯째, 성과결과에 대한 환류에 관하여 고찰해 보면, 성과결과와 예산 간의 연계 노력을 하고 있지만 부분적인 것으로 나타났다(GAO, 1998). 2003년 회계연도 예산편성에서 OMB는 성과결과를 예산에 반영하기 위하여 PART(Program Assessment Rating Tool)[17]을 도입하여 사용하고 있다(OMB, 2004c).

2) 캐나다

캐나다 정부의 성과관리제도와 관련하여 '결과 기반 관리책무 기본틀(Results-based

---

17) 2009년에 PART가 폐지되면서 GPRAMA법으로 일원화됨.

Management Accountability Framework: RMAF)'18)에 따른 서부경제변화부(Western Economic Diversification Canada) 성과관리를 중심으로 <표 1>의 비교분석의 틀에 입각하여 성과관리를 위한 평가의 실태를 살펴보고자 한다(이윤식 외, 2006a: 117-124).

첫째, 성과개념의 정확성에 관하여 고찰해 보면, 부분적으로 규명하고 있다. RMAF의 사업개요(program profile)에서 목표를 언급하고 있으며, 계획된 결과 정보에서 활동과 산출(output) 그리고 결과(outcome)의 논리모형을 제시한다. 하지만 성과에 대한 개념을 직접적으로 제시하고 있지 않는다. 다만 RMAF의 구성요소에서 사업 목표에 대한 산출과 결과 정도라고 규명하고 있음을 확인할 수 있다.

서부경제변화부의 WEPA(Western Economic Partnership Agreement) 사업에 대한 RMAF에 따르면 성과에 대한 개념을 정의하고 있지 않지만, 논리모형과 사업개요에서 위의 사항이 그대로 반영되어 성과개념을 부분적으로 규명하고 있다.

둘째, 성과관리계획의 체계성에 관하여 고찰해 보면, 매우 자세하게 규명하고 있다. 해당 기관의 임무(mission)에 대해서는 언급하지 않지만 정책(사업)의 목표에 대한 명확한 진술과 어떻게 사업 목표가 부처의 전략적 결과에 연계되는지를 서술하도록 하고 있다. 그리고 앞서 소개한 논리모형과 계획된 결과에 대한 설명에서 이러한 부분을 자세히 규명하고 있다.

서부경제변화부의 WEPA 사업도 위의 내용처럼 사업의 목표를 사업의 개요에서 설명하고, 이 사업의 논리모형과 계획된 결과간의 관계를 언급하는 등 성과관리계획이 체계적임을 알 수 있다.

셋째, 성과지표 설정의 적실성 및 성과지표 측정의 정확성에 관하여 고찰해 보면, 구체적이면서 엄격하게 규명하고 있다. 성과 이슈와 연계된 지표의 파악은 물론 각각의 지표에 대하여 어떻게, 누구에 의하여, 언제 정보가 수집되고, 입증되고, 분석될 것인지를 상술하도록 하고 있다. 뿐만 아니라 자료의 품질을 보장할 방안을 약술하도록 하고 있다. 그리고 평가계획의 내용에 전반적인 평가 접근방법을 제시하고, 자료 원천, 방법론 및 자료수집의 책임을 포함하는 내용을 담고 있다.

서부경제변화부의 WEPA 사업과 관련된 자료에서는 이에 대한 언급이 부족하지만 성과 측정에 있어서 전반적인 평가 접근방법은 물론 자료수집 및 분석 방법, 책임자 및 시기(timing)에 대하여 언급하고 있다. 이를 통해서 보더라도 캐나다는 보다 구

---

18) RMAF는 정책(사업)의 계획, 점검, 평가 및 결과 보고를 위한 로드맵으로서 사업관리자에게 제공한다(이윤식 외, 2006a: 118).

체적이면서 엄격하게 이에 대해서 다루고 있음을 알 수 있다.

넷째, 정책(사업)/활동과 성과 간의 인과성에 관하여 고찰해 보면, 많은 부분에서 명시하고 있다. 결과가 사업이나 정책에 기인하는 것인지를 확인하고, 사업이나 정책이 결과를 달성할 가능성에 영향을 미칠 수 있는 내적·외적 요인을 파악하도록 하고 있다. 또한 사업과 정책에 대한 설명을 포함하는 논리모형을 제공하여 사업활동-산출-결과에 이르는 논리적 흐름을 확인하도록 명시하고 있다.

서부경제변화부의 WEPA 사업에 대한 성과관리 또한 위의 사항을 제시하고 있다. 하지만 인과성의 확인은 성과지표, 설문조사 및 인터뷰조사 등의 측정결과를 토대로 하고 있기 때문에 인과성을 검증함에 있어서 한계점이 있다. 그리고 평가를 수행함에 있어서 형성평가와 총괄평가를 수행하고 있다. 이러한 것을 보면 캐나다는 다른 국가와 비교될 정도로 평가에 대한 부분이 강화되어 있다.

다섯째, 성과결과에 대한 환류에 관하여 고찰해 보면, 구체적으로 명시하고 있다. 성과결과는 보조금(Grant) 사업의 기간과 조건을 승인받는 것은 물론 새로운 자금의 지원신청을 받는데 활용된다.

3) 영 국

영국 중앙정부의 경우 내부평가에 해당하는 재무부의 종합세출심사(Comprehensive Spending Review, CSR)[19]에 따른 문화·미디어·스포츠부(Department for Culture, Media and Sport) 성과관리를[20] 중심으로 상술한 <표 1>의 비교분석의 틀에 입각하여 성과관리를 위한 평가의 실태를 살펴보고자 한다(이윤식 외, 2006a: 134-138).

첫째, 성과개념의 정확성에 관하여 고찰해 보면, 자세하게 규명하고 있다. CSR에서는 재정 측면을 다루고 투입 측면보다는 정책의 효과 측면을 강조한다. 그리고 정책(사업)의 비용 대비 효과를 성과목표로 본다. 이를 토대로 할 때, 성과를 목표에 대한 효과 측면의 달성 정도로 이해하고 있음을 확인할 수 있다.

문화·미디어·스포츠부(Depratment for Culture, Media and Sport)의 경우 위의 경우처럼 부처의 목표인 문화와 스포츠 활동을 통한 삶의 질의 향상, 탁월성을 추구하

---

19) 종합세출심사를 하는 과정에 재무부는 각 부처와 PSA(Public Service Agreement)를 맺는다. PSA는 정부의 서비스 전달에서 최고 우선해야 할 사항을 경험과 증거 그리고 분석에 근거하여 지원하는 활동을 돕는다. 이러한 차원에서 종합세출심사를 수행함에 있어서 서비스전달협약(Service Delivery Agreement: SDA) 또한 병행한다. SDA는 PSA에 제시된 부처의 성과목표를 달성하기 위한 좀더 구체적인 방안을 설명하는 계획이다.

20) http://www.hm-treasury.gov.uk/media/B/6/sr2004_ch18.PDF

기 위한 지원 및 관광과 창조·레져 산업의 선두를 확보하기 위한 다양한 활동의 결과에 대한 달성의 정도를 비용측면에서 파악하고 있다.

둘째, 성과관리계획의 체계성에 관하여 고찰해 보면, 매우 자세하게 규명하고 있다. 해당 기관의 임무(mission)의 기술은 물론 구체적 목표의 제시, 성과목표의 제시 및 각 부처의 사업의 목적과 목표에 대한 체계적 검토와 이 목표 체계를 위한 세출계획의 효과성을 제로베이스에서 철저히 분석하고 있다(전택승, 2004).

문화·미디어·스포츠부(Depratment for Culture, Media and Sport)의 경우 기관의 임무, 구체적 목표의 제시 및 이에 대한 집행활동을 계획하고 있으며, 비용 측면에서 계획의 효능을 파악하고 있다.

셋째, 성과지표 설정의 적실성 및 성과지표 측정의 정확성에 관하여 고찰해 보면, 구체적으로 규명하고 있다. 성과에 대한 자료를 각 부처에서 제시하기도 하지만 국가의 각종 통계, 학술연구, 경제이론, 시범실시, 과거 정책의 평가, 연구용역, 일선 공무원과의 면담 등 다양하다. 다른 사례와 다른 점은 재정 부문의 성과관리를 수행하기 때문에 행정비용, 투자비용 및 자본지출 등의 비용에 대한 지표를 사용하고 있다. 효과에 해당하는 지표는 앞서 소개한 바와 같이 부처의 성과지표(비용 위주)는 물론 다양한 자료에 의하여 확인하고 있다. 뿐만 아니라 PSA에 의하여 성과지표와 성과목표에 대한 합의과정이 포함됨으로 인하여 보다 적실성이 갖춰질 수 있는 것으로 판단된다.

문화·미디어·스포츠부(Department for Culture, Media and Sport)의 경우 위의 성과지표 선정과정에 대한 구체적인 사항을 기술하지 않지만 PSA에 의하여 합의된 성과목표 및 성과지표를 사용하고 있음이 확인되었다. 예컨대, 이 부처의 목표로 어린이와 젊은이들의 스포츠 경험을 향상시키는 것이다.

넷째, 정책(사업)/활동과 성과 간의 인과성에 관하여 고찰해 보면, 보완적으로 규명하고 있다. 사업평가와 같은 직접적인 활동을 명시하지 않지만, 앞서 소개한 바와 같이 관련한 성과자료를 활용할 수 있다. 그리고 재무부에서 각 부처의 집행과정을 정기적으로 모니터링 함으로써 사업의 인과성을 과정적 측면에서 보완적으로 확인하고 있다.

문화·미디어·스포츠부(Depratment for Culture, Media and Sport)의 경우 위의 설명처럼 인과성을 확인하지 않지만 경제적 측면에 대한 성과를 확인하거나, 정기적인 모니터링을 하고 있음을 확인할 수 있다. 예를 들어 관광과 창업·레져산업의 생산성 증가가 경제 성장에 어느 정도 영향을 미쳤는지를 파악하고 있다.

다섯째, 성과결과에 대한 환류에 관하여 고찰해 보면, 성과결과와 예산편성 간에 연계 노력을 하고 있다. 성과결과를 토대로 차기의 예산 배정 시에 보상이나 제재를 받게 된다. 제재의 경우 정책(사업)의 완전 중단이라는 조치부터 성과목표를 달성하지 못한 이유에 대한 심층적 평가를 받게 된다.

2. 우리나라의 주요사례

우리나라의 사례는 성과관리 우수 기관으로 인정되는 대표적인 농림부, 건설교통부, 기획예산처 및 관세청을 중심으로[21] 앞서 소개한 <표 1>의 비교분석의 틀의 내용을 구체적으로 살펴보고자 한다.

1) 농림부

농림부의 성과관리시스템인 EQ – System(Efficient Quality Management System)을 상술한 <표 1>의 비교분석의 틀에 입각하여 성과관리를 위한 평가의 실태를 살펴보고자 한다(국무조정실, 2006).

첫째, 성과개념의 정확성에 관하여 고찰해 보면, 구체적으로 규명하고 있다. 조직차원에서 정책(사업)의 목표 달성도와 정책추진 과정을 동시에 살펴보고 있다. 개인차원에서도 직무성과평가에서 업무의 과정과 성과를 동시에 평가하고 있다.

둘째, 성과관리계획의 체계성에 관하여 고찰해 보면, 자세하게 규명하고 있다. BSC 기반으로 조직의 전략관리를 수행하기 때문에 임무 – 목표 – 활동 간의 체계적 연계를 강조하며, BPM(Business Process Management) 기반의 정책품질관리는 농림부 핵심업무(계획수립, 제도개선, 농림사업, 법령, 예산·기금운영)의 처리절차를 표준화하여 체계적으로 계획·관리 되고 있다.[22] 개인 성과관리에서도 직무성과계약평정·근무성적 평정, 직무성과평가, 부서운영성과평가, 다면평가 등에서 성과관리계획이 체계적이다.[23]

셋째, 성과지표 설정의 적실성 및 성과지표 측정의 정확성에 관하여 고찰해 보면, 부분적으로 규명하고 있다. BSC 기반의 전략관리시스템에서 비전·전략·목표에 따른 19개 핵심성공요인과 41개 주요성과지표를 도출하여 쓰고 있으며, 피평가자들

---

21) 2006년 9월 국무조정실의 '성과관리 우수사례 심의자료'의 자료에서 언급된 기관을 성과관리 우수사례로 정하였다.
22) 농림부의 경우 전략적 성과관리와 부처 특성을 반영하기 위하여 Logic 모델을 적용하여 자원 →프로세스→집행결과→정책성과로 관점을 설정하고 있다.
23) 개인 성과관리에서 직무성과평가는 조직차원의 BSC 와 BPM을 평가를 기반으로 하고 있기 때문에 성과관리계획이 체계적이라 할 수 있다.

의 의견을 반영하여 운영하고 있다. 하지만 성과지표의 적실성과 측정의 정확성에 대한 직접적인 노력은 부족하여 보인다.

넷째, 정책(사업)/활동과 성과 간의 인과성에 관하여 고찰해 보면, 보완적이지만 두드러진 방법으로 규명하고 있다. 물론 객관적으로 인과성을 확인하는 차원은 아니지만 BSC 방법과 BPM 방법의 장점을 활용하여 목표달성과 추진과정을 함께 고려한다는 점에서 인과성을 확보하고자 하는 노력이 두드러져 보인다.

다섯째, 성과결과에 대한 환류에 관하여 고찰해 보면, 성과연봉 결정, 인사 및 농림사업 등에 활용되고 있다. 뿐만 아니라 주요정책의 업무절차에 따른 정보·자료가 공유되고 있다.

2) 건설교통부

건설교통부의 BSC 성과관리시스템을 상술한 <표 1>의 비교분석의 틀에 입각하여 성과관리를 위한 평가의 실태를 살펴보고자 한다(국무조정실, 2006).

첫째, 성과개념의 정확성에 관하여 고찰해 보면, 부분적으로 규명하고 있다. 비전 및 업무의 달성 등의 효과성 측면이 강조되는 성과개념을 사용하고 있다. 이러한 점은 건설교통부가 BSC 방법을 기반으로 성과관리를 하고 있다는 점에서 확인된다.

둘째, 성과관리계획의 체계성에 관하여 고찰해 보면, 자세하게 규명하고 있다. BSC 방법에서 이러한 성과관리계획의 체계성을 강조할 뿐만 아니라, 실제로 성과관리시스템을 개발하는 과정에서 미션과 비전 그리고 전략 등에 대한 논의가 다양하게 이루어졌다. 예컨대, 실무추진단 워크숍, 간부 워크숍, 직원 설문조사 및 전문가 자문 등을 통하여 이에 대한 명확한 설정을 하였다.

셋째, 성과지표 설정의 적실성 및 성과지표 측정의 정확성에 관하여 고찰해 보면, 부분적으로 규명하고 있다. 성과지표에 대하여 앞서 소개한 BSC 기반을 형성하는 과정에서 의견수렴은 물론 합의가 있었다. 그리고 성과관리 개편을 위한 T/F의 토론을 통하여 G-10 수준 달성을 위한 WEF, IMD, OECD 등의 국가경쟁력 지표들을 추가적으로 보완·활용하고 있다.

넷째, 정책(사업)/활동과 성과 간의 인과성에 관하여 고찰해 보면, 어느 정도 규명하고 있다. 물론 객관적으로 인과성을 확인하는 차원은 아니지만 BSC 방법과 건설교통부 구성원들의 적합한 핵심 성과지표를 토대로 인과성을 규명하려고 노력하고 있다. 뿐만 아니라 중간평가를 신설하고, 성과지표의 측정주기를 월별·분기별로 함으로써 보다 즉각적인 성과결과를 모니터링 할 수 있게 되어 인과성 확인의 한계점을 어느 정도 보완한다고 할 수 있다. 하지만 이러한 노력들은 앞서 언급한 것처럼 성과측정에 불과하지 인과성을 확인할 수 있는 평가의 수준이 아니기 때문에 인과성이 확인되기 어렵다.

다섯째, 성과결과에 대한 환류에 관하여 고찰해 보면, 성과연봉 결정, 인사 및 조직 통·폐합 등에 활용되고 있다. 예컨대, 성과급의 경우 팀장급 이상의 경우에는 BSC 결과를 등급결정에 100% 반영하고 있다. 그리고 승진·보직 결정시 BSC 결과의 반영비율도 팀장급 이상이 60%에 달하고 있어서 그 활용도가 크다고 할 수 있다.

3) 기획예산처

기획예산처의 참여형 내부성과관리시스템(tt-model)을 상술한 <표 1>의 비교분석의 틀에 입각하여 성과관리를 위한 평가의 실태를 살펴보고자 한다(국무조정실, 2006).

첫째, 성과개념의 정확성에 관하여 고찰해 보면, 부분적으로 규명하고 있다. 기획예산처의 경우 과·팀 평가를 개인평가에 연계시켜서 조직과 개인의 성과관리를 하고 있다는 특징이 있다. 여기서 성과는 과·팀 평가에서 과제를 중심으로 한 효과성이 강조되며, 개인평가에서 이를 달성한 개인의 자질과 역량을 다룬다는 점에서 다른 성과관리와 차별화된다.[24]

둘째, 성과관리계획의 체계성에 관하여 고찰해 보면, 자세하게 규명하고 있다. 해당 기관의 임무(mission)로부터 과제의 목표를 제시하고 있지 않지만, 조직의 목표로부터 과제에 대하여 다루고, 이를 개인평가에 반영하여 내부성과관리를 하고 있다는 점에서 볼 때 성과관리계획이 어느 정도 체계적임을 알 수 있다. 특히, 과·팀평가에서 과제평가, 과제 중요도 난이도 평가, 외부 반향평가, 부서간 협조도, 홍보관리 및 업무개선도 등의 사항을 다룬다는 점에서 일반적으로 언급되는 성과관리계획은 아니지만 상당히 체계적임을 알 수 있다.

셋째, 성과지표 설정의 적실성 및 성과지표 측정의 정확성에 관하여 고찰해 보면, 어느 정도 구체적으로 규명하고 있다. 과·팀 평가의 과제평가에서 사용되는 체크리스트가 어떠한 이론이나 실증적 근거로부터 나온 것이 아니지만 지속적으로 성과지표를 발굴·관리하여 사용하는 노력을 하고 있다. 그리고 성과지표 측정의 정확성과 관련하여 이를 확인하거나 보완하는 방안을 언급하지는 않고 있다. 하지만 다양한

---

24) 예산낭비대응시스템 구축운영 과제에 대한 성과지표로 예산낭비사례 제도개선비율을 들고 있는 것을 보더라도 효과성 측면이 강조되고 있다.

평가절차 속에서[25] 이러한 부분이 어느 정도 해소된다고 할 수 있다.

넷째, 정책(사업)/활동과 성과 간의 인과성에 관하여 고찰해 보면, 보완적으로 규명하고 있다. 물론 객관적으로 인과성을 확인하는 차원은 아니지만 BSC 방법을 활용한 국민관점의 외부평가와 체크리스트를 이용한 과·팀 평가의 내부평가를 보완하여 인과성을 파악하고자 한다. 하지만 개별 성과지표를 통하여 인과성을 파악한다는 점에서 그 한계점이 있다.

다섯째, 성과결과에 대한 환류에 관하여 고찰해 보면, 성과상여금 지급은 물론 근무성적에 반영하여 등 인사고과에 반영하고 있다. 과·팀 평가에 따른 단체성과금을 지급하고 있다는 점이 특이한 사항이고, best practice는 공유할 수 있도록 하고 있다.

4) 관세청

관세청의 통합성과관리시스템을 상술한 <표 1>의 비교분석의 틀에 입각하여 성과관리를 위한 평가의 실태를 살펴보고자 한다(국무조정실, 2006).

첫째, 성과개념의 정확성에 관하여 고찰해 보면, 구체적으로 규명하고 있다. 국세청의 성과관리는 BSC, 6시그마 및 인적자원관리(i-HRM)이 통합된 것으로서 BSC 방법에서 효과성을 강조하고, 6시그마는 과정(투입)을 강조하기 때문에, 성과개념이 구체적으로 규명된다고 할 수 있다.

둘째, 성과관리계획의 체계성에 관하여 고찰해 보면, 자세하게 규명하고 있다. BSC 방법에서 이러한 성과관리계획의 체계성이 강조되며, 6시그마와 i-HRM 또한 이러한 성과관리계획의 체계성을 토대로 구현되고 있다.

셋째, 성과지표 설정의 적실성 및 성과지표 측정의 정확성에 관하여 고찰해 보면, 부분적으로 규명하고 있다. 통합성과관리시스템을 구현함에 있어서 전 직원의 30%가 참여하여 지표 및 목표 설정에 30회 이상 참여하여 어느 정도 관세청의 특성을 적용한 지표개발은 물론 측정이 가능하다고 판단된다.

넷째, 정책(사업)/활동과 성과 간의 인과성에 관하여 고찰해 보면, 부분적이지만 두드러진 규명의 노력을 하고 있다. 물론 객관적으로 인과성을 확인하는 차원은 아니지만 BSC 방법과 6시그마 방법을 토대로 인과성을 규명하려고 노력하고 있다. 특히,

---

25) 다단계 평가의 예를 보더라도 실본부단 자체평가 이후, 업무성과팀 종합검토, 혁신 TF토론, 정책홍보실장 확대 토론 그리고 성과평가위원회의 평가가 이루어지기 때문에 이러한 성과지표의 적실성과 측정의 정확성은 어느 정도 해소될 수 있다고 판단된다.

6시그마 방법을 통하여 BSC를 토대로 발견된 문제에 대한 구체적인 해결방안을 제시하고 있다. 뿐만 아니라 자동화된 성과관리시스템을 통하여 상시 모니터링이 가능하기 때문에 이러한 성과지표를 통한 인과성 확인의 한계점을 어느 정도 보완한다고 할 수 있다.

다섯째, 성과결과에 대한 환류에 관하여 고찰해 보면, 인사 및 보상 등 타 시스템과 상호 연계하는 등의 단계적 추진을 하고 있다. 가장 큰 특징은 성과결과를 인재선발 및 배치에 직접적으로 활용하고 있다는 점이다. 뿐만 아니라 채용부터 보직·교육·승진·퇴직 등 공직의 전 과정과 연계하여 인재를 육성·관리하고 있다.

3. 비교분석의 종합

지금까지 살펴본 선진국과 우리나라 주요 사례를 간단히 정리하면 다음 <표 2>와 같다. 첫째, 성과개념의 정확성에 있어서 평가 선진국의 경우가 우리나라에 비해 보다 정확한 것으로 나타났다. 우리나라에서 농림부와 관세청 또한 높게 나왔지만 상대적으로 건교부와 기획예산처의 경우 보통으로 나왔다.

둘째, 임무/비전과 목표 그리고 활동 간의 관계의 체계성은 모든 사례가 높은 수준인 것으로 나타났다. 특히, 우리나라의 경우 성과관리 방법을 활용되는 BSC, BPM, 6시그마의 특성에 따른 체계적 접근이 두드러짐을 알 수 있다.

셋째, 성과지표의 적실성과 측정의 정확성에 있어서 우리나라가 평가 선진국에 비하여 상대적으로 저조한 것으로 나타났다. 앞서 언급한 다양한 성과관리 방법이 활용되고 있지만 이에 따른 성과지표의 엄밀한 기준 제시와 측정의 타당성을 높이기 위한 기본적인 규정이 없거나, 이에 대한 언급이 크게 없었다.

넷째, 정책/활동과 성과 간의 관계를 살펴보기 위한 인과성은 거의 모든 사례에서 보통으로 나왔다. 이에 대한 확인이 현실적으로 어려운 것을 감안하면 이러한 결과는 충분히 이해할 수 있다. 이러한 한계점에도 불구하고 평가 선진국의 경우 인과성 확인을 위한 평가방법을 사용할 것을 권고하거나, 이를 확인할 수 있는 모형들을 통하여 살펴보는 노력을 하고 있었다.

다섯째, 성과결과에 대한 환류를 통한 책임성 확보와 관련하여 모두 높은 수준으로 나왔다. 특징적인 것은 평가 선진국의 경우 예산 배정에 활용하는 수준이라고 한다면 우리나라는 조직 및 개인의 성과에 따른 인센티브 정도에 그치는 경향이 있다.

이러한 결과를 종합하여 보면, 우리나라는 선진국과 비교하여 볼 때 상당부분 성과관리를 위한 노력과 성과에서 크게 뒤쳐져 보이지는 않는다. 하지만 성과관리를 위

| 표 2 | 성과관리 사례의 비교 |

분석대상	분석기준	비교대상					
		미국 에너지부	캐나다 서부경제 변화부	영국 문화 · 미디어 · 스포츠부	농림부	건교부	기획 예산처
성과개념	정확성	○	○	○	○	△	△
임무/비전과 목표(전략 및 성과) 그리고 활동 간의 관계	체계성	○	○	○	○	○	○
성과지표의 설정 및 측정	성과지표 의 적실성	○	○	○	△	△	△
	측정의 정확성	○	○	○	△	△	△
정책(사업)/활동과 성과 간의 관계	인과성	△	○	△	△	△	△
성과결과에 대한 환류	책임성	○	○	○	○	○	○

(해당정도=○: 높음, △: 보통, ×: 낮음)

한 평가 측면에서 다양한 성과관리 방법에 의한 성과 측정은 있지만 성과관리를 위한 평가에 관한 이해가 부족하거나, 이에 대한 고려가 적음을 확인할 수 있다. 특히, 성과관리에서 성과개념, 성과지표의 설정 및 측정, 정책(사업)/활동과 성과 간의 인과성 관계 확인에서 부족한 측면이 보인다.

우리나라의 성과관리를 위한 평가는 성과 측정 수준에 머무르고, 성과 측정에 있어서도 타당성을 확보하지 않은 주관적 측면이 다분히 존재하여 사실상 성과관리를 위한 평가가 아직은 초보적인 수준이라 할 수 있다. 반면 다양한 우수사례는 물론 지속적인 관심과 개발에 대한 열의가 있어서 충분히 선진국 보다 특성화 된 성과관리를 위한 평가를 할 수 있는 가능성이 존재한다고 할 수 있다.

Ⅳ. 우리나라에 있어서 성과관리를 위한 평가의 문제점 및 개선방안

1. 문제점

우리나라에 있어서 성과관리를 위한 평가의 문제점은 다음과 같다.

첫째, 성과에 대한 개념이 부정확하게 사용되고 있다. 우리나라의 경우, 성과관리를 위한 일체 활동의 결과로서 인식하고 있다. 반면에 평가 선진국의 경우 성과목표 대비 달성도로서 투입 혹은 결과 측면을 살펴보고 있었다. 이러한 성과 개념의 부정확성으로 인하여 제한적인 방법(성과지표에 의한 측정)에 따른 측정은 물론 평가 과정을 간과하게 되는 경향이 있었다.

둘째, 성과지표의 설정에 대한 근거 제시가 부족하고, 엄밀한 성과 측정을 위한 노력이 부족하다. 성과관리에서 가장 중요한 사항 중의 하나가 제대로 성과를 측정하는 것이다. 이것이 가능하기 위해서는 측정하고자 하는 바를 측정하기 위한 성과지표의 올바른 선정과 이에 대한 엄밀한 측정이 필요하다. 외국의 경우 이에 대하여 규정하거나 자료를 제시하기를 요구한다. 그런데 반해 우리나라는 이에 대한 사항이 강조되지 않고 있는 경향이 있다.

셋째, 성과관리의 방법이 난무하는 경향이 있다. 물론 이러한 방법으로 인하여 성과관리가 보다 체계적으로 이루어지는 긍정적인 측면도 존재한다. 하지만 이러한 다양성 속에는 성과관리 방법이 추구하거나 지향하는 성과 및 성과관리에 대한 다양한 정의를 사용하게 되어 성과관리에 대한 혼란을 야기시킬 수 있다. 이는 곧 성과관리에 대한 신뢰성을 저하시키는 원인이 되기도 한다. 뿐만 아니라 현재 사용되고 있는 BSC, BPM, 6시그마 등의 성과관리 방법은 성과관리를 위한 평가 부분을 제대로 다루지 않고, 성과 측정 수준에 머물러서 제대로 된 성과정보를 도출하는데 한계점이 있다.

넷째, 성과관리를 위한 평가 과정이 거의 없다. 즉, 정책/활동과 성과 간의 인과성을 증명하는 노력이 거의 없다는데 문제점이 있다. 이론적 고찰에서 언급하였듯이 성과관리가 제대로 이루어지기 위해서는 이러한 부분에 대한 성과정보가 도출되어야 하는데 이러한 평가 부분이 생략되거나 성과 측정의 수준에서 머무르고, 이를 마치 평가로 인식하는 측면이 존재한다.

평가 선진국에서 미국의 경우 GAO에서 사업평가를 권유하거나 캐나다의 경우 논리모형을 사용하고 영국에서 정기적인 모니터링 등을 사용하고 있기 때문에 우리나라와 비교하여 볼 때 보다 인과성 확인의 노력이 두드러진다고 할 수 있다.

2. 개선방안

이상에서 살펴 본 우리나라 정부기관에서 성과관리를 위한 평가의 문제점들은 다음과 같은 학문적, 실무적 그리고 교육·훈련적 차원에서 해소할 수 있다.

첫째, 학문적 차원에서 성과관리에 관한 기존의 주관적인 이론과 성과관리와 평가의 연계방법 그리고 성과관리 방법론 및 성과관리를 위한 평가방법에 관한 재검토 내지 새로운 관점의 연구가 요구된다.

먼저, 성과관리에 관한 기존의 주관적인 이론에 관한 재검토 및 새로운 연구가 요구된다. 성과관리가 기관 및 구성원의 당면과제를 개선하는 일 뿐만 아니라 장기적인 발전을 위한 전략적 활동을 포함하는 제반 활동의 책임성을 규명하는 작업이기 때문에(Hartle, 1993; Institute of Personnel Management, 1992; Poister, 2003) 보다 객관화된 이론이 요구된다. 이를 위해 성과관리 및 성과관리를 위한 평가에 관한 귀납법적인 사례연구방법이 아닌 연역적 일반이론이 필요하다. 특히, 기존의 성과관리에 관한 논의에 대한 근본적인 검토가 필요하다. 무엇보다도 성과 및 성과관리에 대한 정확한 개념 정의와 그에 준한 관련 이론의 개발이 요구된다.

다음으로, 성과관리와 평가의 연계방법에 대한 연구가 요구된다. 성과관리는 성과관리를 위한 활동의 결과는 물론 활동과 결과 간의 인과성에 관한 정보를 환류 함으로써 가능하다(Hartle, 1995; Mackay, 2007). 이는 사실상 성과관리에 평가가 내재되어 있음을 의미하는 것인데, 실제에 있어서는 엄밀한 의미에서 성과관리를 위한 평가가 이루어지고 있지 못하고 있다. 이처럼 성과관리와 평가 간의 연계성을 확보하기 위해서는 기존의 성과관리와 정책평가 간의 학문적 혹은 실무적인 연계가 이루어져야 한다. 특히, 최근에 강조되는 행정관리, 정책평가, 감사 및 예산 등의 연계를 주제로 하는 연구는 물론 시범적 적용 사례의 개발·분석 및 확산 등의 노력이 필요하다. 기존에는 단순히 개별 분야가 강조되고, 다른 부분을 일부분만 적용하는 수준이었으나면 이제는 종합적 혹은 통합석 수준까지 연계하는 방법을 개발하는 노력이 요구된다.

마지막으로, 성과관리 방법론 및 성과관리를 위한 평가방법에 대한 연구 및 개발이다. 기존의 성과관리와 달리 최근에는 성과를 인사 및 예산 등과의 연계가 강조되면서 성과관리를 위한 평가를 중시하게 되었다(Hartle, 1995; Poister, 2003; Mackay, 2007). 이는 보다 통합된 형태의 성과관리가 수행되어야 함을 시사한다. 이에 따라 성과관리의 방법론에 대한 연구 및 개발이 더욱 절실해지고 있다. 게다가 성과관리를 위한 평가의 방법에 관한 이론적 논의는 물론 실제 적용이 부족하지만 이에 관한 수요는 증가하고 있는 실정이어서 이러한 성과관리를 위한 평가방법에 대한 연구 및 개발도 시급히 이루어져야 할 것으로 지적되고 있다.

둘째, 실무적인 차원에서 성과관리가 제대로 이루어지기 위해서 필요한 부분에 대한 규정을 추가하는 노력이 필요하다. 특히, 성과지표의 설정의 적실성과 성과지표 측정의 정확성 내지 타당성을 높일 수 있도록 유도하거나, 성과관리를 위한 평가에서 인과관계를 검증할 수 있는 평가방법을 사용하도록 권고하는 규정이 마련될 필요가 있다.

미국의 경우 GPRA에서 성과지표의 측정과 관련하여 측정값을 입증하고 타당성을 높이기 위한 방법을 설명하도록 언급하도록 하고 있다(GPRA SEC. 3). 그리고 캐나다의 경우에도 성과 이슈와 연계된 지표의 파악은 물론 각각의 지표에 대하여 어떻게, 누구에 의하여, 언제 정보가 수집되고, 입증되고, 분석될 것인지를 상술하도록 하고 있다. 뿐만 아니라 자료의 품질을 보장할 방안을 약술하도록 하고 있다. 그리고 평가계획의 내용에 전반적인 평가 접근방법을 제시하고, 자료 원천, 방법론 및 자료 수집의 책임을 포함하는 내용을 담는 것을 요구하고 있다. 또한 영국의 경우 PSA에 의하여 성과지표와 성과목표에 대한 합의과정이 포함되도록 하고 있어서 이러한 성과지표의 적실성을 높이고 있다. 우리나라의 경우에도 이와 관련된 구체적인 사항을 제시하도록 하는 규정 방안도 문제해결을 위한 개선방안이 될 것이다.

셋째, 교육·훈련적인 차원에서 성과관리를 위한 평가 관련 전문가의 육성이 요구된다. 앞서 소개한 학문적인 차원과 구분되는 점은 학자와 실무자들이 만나는 지식 공유 및 창출이 일어나거나 전문적으로 이와 관련된 전문가를 양성하는 측면이 교육적인 차원에서 보다 강조된다. 이를 위해서 이와 관련된 다른 국가의 정부 및 연구기관과 상호교류하거나, 국내에서 기존의 경영관리 및 정책평가 연구기관 간의 협력적 연구 사업은 물론 교육·훈련 및 컨설팅을 통한 관련 지식의 축적 및 확산을 촉진하는 것이다. 그리고 관련 학회에서 이와 관련된 세미나 또는 워크숍 개최를 통하여 실무자 그룹과 학자 그룹 간의 이해를 좁히거나, 새로운 대안을 개발하는 장을 조성하는 것이 필요하다. 실제로 한국정책분석평가학회와 한국정책학회에서 성과관리를 위한 평가에 관한 기획세미나를 운영하고 있다. 이외에도 직접적인 전문가 육성을 위하여 공공부문의 교육·훈련기관 및 연구기관이나 대학에서 성과관리를 위한 평가과정의 신설 및 관련 내용을 수업내용에 포함시키는 방안도 고려될 수 있다.

V. 결 론

지금까지 성과관리의 본질과 함께 성과관리를 위한 평가의 핵심 사항을 살펴보고 다음에 주요 선진국의 성과관리를 위한 평가 사례와 우리나라의 주요 기관의 사례를 토대로 우리나라의 문제점과 이를 극복하는 대안이 무엇인지를 살펴보았다.

우리나라가 선진국과 비교하여 드러난 가장 두드러진 문제점은 다음과 같다. 성과에 대한 개념이 부정확하여 성과관리 상의 성과 측정의 단계에 머물러서 실질적인 성과관리를 도모하지 못한다는 점이다. 그리고 성과지표의 적실성과 성과 측정의 정확성이 다른 나라에 비하여 상대적으로 저조하여 그 성과 측정의 결과에 대한 신뢰성을 저해하고 있다. 뿐만 아니라 다양한 성과관리의 방법의 난무로 인하여 성과 및 성과관리의 개념이 명확하지 않거나 혼재하고, 이러한 방법에서 성과관리를 위한 평가는 단순한 성과 측정의 수준에만 머무르고 있다. 또한 성과관리를 위한 평가가 제대로 다뤄지지 않고 있다는 가장 큰 문제점을 지니고 있다.

이에 대한 개선방안으로 먼저, 학문적 차원에서 성과관리에 관한 기존의 주관적인 이론과 성과관리와 평가의 연계방법 그리고 성과관리 방법론 및 성과관리를 위한 평가 방법에 관한 재검토 내지 새로운 관점의 연구 수행을 제시하였다. 다음으로, 실무적인 차원에서 성과지표의 설정의 적실성과 성과지표 측정의 정확성 내지 타당성을 높일 수 있도록 유도하거나, 성과관리를 위한 평가에서 인과관계를 검증할 수 있는 평가방법을 사용하도록 권고하는 성과관리 상의 규정 마련의 개선안을 제시하였다. 마지막으로, 교육·훈련적인 차원에서 성과관리를 위한 평가 관련 전문가의 육성 방안을 제시하였다.

결론적으로 성과관리를 위한 평가가 이론으로나 실무적으로 확립되어 있지 못한 우리나라에 있어서 무엇보다 성과관리와 평가에 관한 본질적 이해가 필요하다. 특히 성과관리에서 성과관리를 위한 평가의 중요성을 인식해야 한다. 또한 성과관리를 위한 평가의 목적을 조직 관리에 한정하여 생각하는 경향을 극복하여야 한다. 즉, 성과관리를 위한 평가가 성과관리의 목적이 되어서는 안 되며, 이러한 평가활동이 제대로 이루어져서 조직 관리가 잘 이뤄지고 이를 통하여 실질적인 책임성 강화는 물론 경쟁력 강화가 이루어지도록 해야 한다. 아울러 실질적으로 성과관리를 위한 평가가 본래의 목적을 달성하기 위해서는 성과정보가 정치적으로 이용되어서는 안 된다. 책임성 확보를 위한 정치적 압력으로 성과정보가 생성·활용되면 조직 및 국가 경쟁력을 저해할 수밖에 없게 되며, 성과관리 자체가 부실하게 된다. 따라서 성과관리의 성공적 정착을 위해 성과관리를 위한 평가를 발전시켜야 한다.

참고문헌

국무조정실. (2006). "성과관리 우수사례 심의자료" 내부자료.

김경주·김병수. (2003). "EVMS 도입에 따른 국내 기성지급 관행의 문제점과 그 개선에 따른 (EVMS의) 비용-효과 평가방안에 대한 연구." 대한토목학회 <대한토목학회논문집>, 23(5), pp.643-648.

김동욱·최성락·전별. (2004). "우수사례 파급정책의 성과평가에 대한 연구: Fisher의 프로그램 검증 수준 평가." <행정논총>(서울대학교 행정대학원 한국행정연구소), pp.1-22.

김병섭. (1999). "지방자치단체의 MBO(목표관리제)와 TQM(종합적 품질관리)." 대한지방행정공제회 <지방행정>, 48(545), pp.50-56.

김성렬·박재홍·서영미. (2005). "전략이행수단으로서 BSC의 성공요소." LGCNS 엔트루정보기술연구소 <Entrue Journal of Information Technology>, 4(2), pp.35-44.

김순기·이창대·신성호. (2006). "BSC 시스템의 구축 (균형성과표의 도입, 개발, 그리고 성공요인)." 한국경영학회 <경영교육연구>, 10(1), pp.65-80.

김용훈·오영균. (2006). "정부기관 BSC 전략체계도에 관한 연구." 한국행정연구소 <행정논총>, 44(3), pp.249-270.

김찬동. (2006). "평가의 개념을 도입한 성과감사." 한국행정학회 학술대회 발표논문집, pp.835-850.

김철회·조만형·김용훈. (2006). "정부부처에 대한 BSC 적용사례와 시사점: 비판적 검토를 중심으로." 서울행정학회 <한국사회와 행정연구>, 16(4), pp. 69-88.

박성용. (2005). "시·군 통합정책의 성과평가: 경상북도 시·군 통합지역을 사례로." (성균관대학교 대학원), pp.128-161.

백종섭. (2003). "지방정부의 다면평가 도입실제와 개선방안" <행정논총> Vol. 41, No.4, pp.223-252.

서경훈·천홍말·변지석. (2006). "BSC 도입 프로젝트 수행 시 고려해야 할 주요 성공요인." 한국경영정보학회 춘계학술대회, pp.975-984.

서현주·김갑용·한순경·안광조. (2006). "실시간 기업(RTE) 구현을 위한 균형성과표(BSC)와 6Sigma의 연계: D사 SEM 구축 사례를 중심으로." 한국경영정보학회 <Information Systems Review>, 8(3), pp.245-259.

송건섭·이곤수. (2004). "광역자치단체의 성과평가: DEA와 SURVEY 방법론 적용." <한국행정학보> (한국행정학회), pp.179-200.

신 열. (2005). "지방공사 의료원의 성과분석." (한국정책분석평가학회 기획세미나), pp.74-100.

안영진. (2001). "6시그마와 TQM의 특성에 관한 연구." 한일경상학회<한일경상논집>, 제 22권, pp.279-325.

양기용. (2004). "미니포럼: 지방정부의 성과관리 개혁을 위한 과제." <행정포커스> (한국행정연구원), pp.30-37.

윤수재·김길수. (2005). "정부성과평가시스템에서의 BSC 모델 활용방안." 한국행정연구원 <KIPA연구보고>, pp.1-149.

이선표·윤종원. (2006). "균형성과표와 서비스 품질에 대한 연구." 한국세무학회 <세무와회계저널>, 7(2), pp.213-233.

이윤식. (2005). "성과 관리 및 평가 연구에 관한 단상" 한국행정연구원 <행정포커스>. 3/4, pp.4-8.

_____. (2006). "우리나라 정부의 정책평가방법에 관한 개선방안 연구," <정책분석평가학회보>제16권 제3호, pp.1-32.

이윤식·오철호. (2000). 정보화사업에 대한 평가모형 및 방법론 탐색, <정책분석평가학회보>제10권 제2호, pp.1-19.

이윤식 외. (2006a). <정부성과관리와 평가제도: 주요 선진국 사례를 중심으로>. 서울: 대영문화사.

이윤식 외. (2006b). <정책평가: 이론과 적용>. 서울: 법영사.

이찬구. (2005). "지적자본과 공공 연구기관의 성과평가." (성균관대학교 국정평가연구소 개소기념 학술세미나; 2005.11.18), pp.1-23.

장상수. (2003). 다면평가 제도에 관하여(1) <지방행정>Vol 52, No.594, pp.56-59.

전백승. (2004). <우리 나라와 외국의 성과주의 예산제도>. 서울: 한국행정연구원.

정규석. (2000). "경영혁신 기법에서의 TQM의 위상." 한국품질경영학회 <품질경영학회지>, 28(1), pp.132-150.

정재동. (1998). "TQM과 행정개혁." 고려대학교 정부학연구소 <정부학연구>, 4(1), pp.228-258.

천홍말·변지석. (2006). "BSC프로젝트에 있어서 도입활동과 실행활동 간의 조절적 연할: 컨설턴트집단과 종업원집단 간의 비교분석을 통하여." 한국경영정보학회 춘계학술대회, pp.210-218.

한국행정연구원. (2005). "권두언" <정부업무평가의 새로운 패러다임>. pp. ix-xiv.

Christine T. Ennew, Geoffrey V. Reed and Martin R. Binks. (1993). Importance Performance Analysis and the Measurement of Service Quality. *European Journal of Marketing*, Vol.27, No.2. pp.59-70.

DOE. (1995). *Guidelines for Performance Measurement*. U.S. Department of Energy Office of Policy & Office of Human Resources and Administration.

GAO. (1998). *The Results Act: An Evaluator's Guide to Assessing Agency Annual Performance Plans*. Washington, D.C.: General Accounting Office.

_____. (2005). *Performance Measurement and Evaluation: Definitions and Relationships*.

Hartle, Franklin. (1995). *How to Re-emgineer your Performance Management Process*, Korgan Page: London.

Institute of Personnel Management. (1992). *Performance Management in the UK-An Analysis of the Issues*. IPM: London.

Mackay, Keith Robin. (2007). *How to Build M&E Systems to Support Better Government*, The World Bank: Washington D.C.

OECA. (2002). *Using Performance Measurement Data as a Management Tool*. Office of Compliance OECA.

OMB. (2004). *The Federal Government Is Results-Oriented: A Report to Federal Employees*. Washington, D.C.: U.S. Government Printing Office.

Poister, Theodore H. (2003). *Measuring Performance in Public and Nonprofit Organizations*, Jossey-Bass: San Francisco, CA.

Williams, S. (1991). *Strategy and Objectives*(in the Handbook of Performance Management)(ed. F Leale), IPM: London.

▶ ▶ ▶ **논평**

서영빈((사)한국평가감사연구원 연구위원 겸 사무국장)

1. 머리말

대체로 많은 사람들이 성과관리가 공공부문에 합리적 인사관리, 구성원 역량강화, 업무개선, 지속적 성과 향상, 중장기 비전설정, 국민책무성 향상 등의 효과를 가져올 것으로 기대하고 있다(윤기웅 외, 2015). 그로인해 우리나라에서도 2006년 제정된 「정부업무평가기본법」에 기초하여 중앙 및 지방 정부와 공공기관에서 성과관리를 시행하고 있다. 동 법은 우리나라의 평가제도에 대한 근본적인 개혁과 동시에 성과관리를 도입하고 이를 통한 정부 및 공공 부문의 개혁을 견인하였다는데 중요한 의의를 지닌다. 그럼에도 불구하고 성과관리를 시행한지 약 10여 년이 지난 오늘날에도 동 제도에 대한 부정적인 인식이 적지 않아 성과평가결과의 수용성이 낮은 것으로 드러나고 있으며 그에 대한 개선이 요구되고 있다(홍형득, 2016).

저자의 논문 역시 출간당시에 우리나라에서 성과관리를 통해 타당한 성과정보를 창출하고 있지 못하여 현장에서의 수용성이 낮다는 점을 지적하고 있는데, 이는 일찍이 성과관리가 도입·활용된 이후 드러나고 있는 가장 심각한 문제 중의 하나로 볼 수 있다. 그 이유로 저자는 성과관리의 핵심인 성과평가를 실시하지 않은 채 지표에 의한 성과측정에 그침으로 인하여 성과의 원인을 규명하지 못하기 때문이며, 그런 배경에는 성과평가에 관련된 이론과 방법이 부재하기 때문임을 지적하고 이에 대한 개선이 요구된다고 주장하고 있다.

이처럼 본 논문의 저자는 정책평가분야의 전문가로서 다양한 부문의 정책평가를 연구해오면서 동 법의 제정과 초기 집행에서 많은 역할을 수행해 온 과정에서 학문적·실무적인 면에서 나타나는 성과관리의 혼란을 극복하고자 "성과관리를 위한 평가"에 관한 이론과 방법을 제시하였다. 여기서는 저자의 논문을 보다 정확하게 이해할 수 있도록 저자의 주장에 대한 논의를 확장하고, 저자의 주장이 현재 우리나라의 성과관리에 어떻게 기여할 수 있는지를 알아보기 위하여 저자의 논문을 심도 있게 고찰해 보고자 한다.

2. 논문의 주요 내용에 대한 이해

저자의 논문에서 "성과관리를 위한 평가"의 개선방안을 제시하기에 앞서 성과에 대한 정확한 정의를 제시하고 있다. 저자는 성과란 "실적의 목표달성 정도 혹은 특정 활동의 목표대비 부가가치 결과"라고 정의하며, 성과를 단순히 활동의 결과로 보는 것은 적절하지 못한 것으로 지적하고 있다. 그 이유로 단순한 활동 또는 업무의 결과 는 "성과측정에 대한 판단 기준이 부재"하여 성과관리가 불가능하게 되기 때문이다. 이처럼 성과의 정의를 목표 달성의 개념으로 살펴볼 때, 목표는 성과를 판단할 수 있 는 준거로서 작용하게 되며, 이때 시스템과정의 산출이나 결과뿐만 아니라 투입 및 처리 활동까지도 성과관리의 범위에 해당함을 주장한다.

이를 기초로 "성과관리를 위한 평가"에 대한 이론적 논의를 통해 성과관리를 위 한 평가가 성과평가와 어떤 차이점을 보이는지 살펴보고, 성과관리를 위한 평가의 구 성요소를 제시하고 있다. 저자의 논문에서 제시하는 성과관리를 위한 평가는 성과정 보를 창출하는 과정에서 성과측정과 함께 성과관리의 핵심적인 절차 중 하나라고 볼 수 있다(Nielsen and Ejler, 2008).[1] 저자의 논문은 성과정보를 창출하는 과정에서 성과 관리계획에 의해 선정된 지표들에 의하여 측정하는 성과측정에 그치는 현실을 지적 한다. 이처럼 성과측정만을 통해 산출된 정보는 성과의 인과성을 밝히고 있지 못하기 때문에 어떤 부분을 왜 그리고 어떻게 개선할지에 대한 정보를 제공해주지 못해서 조 직의 업무의 개선 등을 통한 성과의 증진이라는 성과관리의 본질적 목표를 제대로 달 성할 수 없게 만든다는 것이다. 게다가 성과측정만을 통해 성과정보를 산출하는 것은 성과지표의 선정 근거가 명확하지 않은 경우 성과관리 자체의 유용성을 저하시키는 문제를 초래하게 됨을 지적한다. 성과관리상의 지표(성과지표)는 대체로 지표의 타당

---

[1] 보다 구체적으로 서술하면 성과관리는 다음과 같은 세 가지 요소로 구성된다(Hunter and Nielsen, 2013). 첫째, 성과 리더십(Performance Leadership)으로 성과관리에 대한 다른 연구에 서 제시하는 바와 같이 성과관리를 통해 성과를 증진시키고자 하는 리더십의 요인이 매우 중 요하게 작용한다. 이때 리더십은 기관장뿐만 아니라 운영 관리자들(operational managers)도 해당한다. 둘째, 관리구조(Management Structure)로서 책임성 구조(accountability system)와 성 과주의 예산(performance budgeting)이다. 이는 성과에 대한 내용을 가지고 계획을 수립하고 집행(업무 및 서비스 전달)하는 운영적 틀(operational framework)을 의미한다. 셋째, 성과 정 보 및 지식의 생산(Information and Knowledge Production)으로서 측정(measurement)과 평가 (evaluation)가 여기에 해당한다. 이처럼 성과관리의 구성요소에 기초하여 성과관리를 살펴 볼 때 성과 리더십의 지지 하에서 성과를 높이기 위한 관리구조를 운영하는데 핵심이 되는 성과 정보(performance information)를 창출하는 성과정보 생산과정이 그 기초가 됨을 알 수 있다.

성이나 측정의 정확성이 엄밀하게 검증된 지표들이 아닌 관리적 측면에서 선정되는 경우가 많기 때문에 그런 지표에 의한 성과를 정확하게 측정하기 어렵다는 것이다 (Hunter and Nielsen, 2013: 9).

저자의 논문은 위에서 지적한 성과측정의 한계를 극복하기 위해 "성과관리를 위한 평가"의 필요성을 강조한다. 즉, 성과관리가 "계획된 장·단기 목표가 얼마나 경제적·능률적·효과적으로 달성되었는지를 판단"함과 동시에 "업무 및 활동과 결과 간의 인과관계를 확인하는 데까지 나아가야 함"을 주장한다. 성과관리가 조직의 비전이나 목적을 달성하기 위한 업무의 개선 방향 등을 찾아가는 자기 수정 과정(self-correcting process)이며, 자기 문제의 해결을 위한 정확하고 타당한 처방이 필요하기 때문에 인과관계의 규명은 매우 중요한 의미를 가진다.

저자의 논문은 이 같은 성과의 인과관계 규명을 위해 요구되는 "성과관리를 위한 평가"가 일반적인 정책평가와 공통적으로 적용 가능한 평가이론에 기초하여 평가 방법을 원용할 수 있다고 보고 정책평가의 절차인 평가 목적의 식별과 평가 기준의 결정, 평가대상 정책의 구조분석, 정책평가의 이론적 모형 수립, 자료의 수집 및 분석, 평가 결과의 종합 및 정책적 제언에 맞춰서 성과관리를 위한 평가를 수행할 것을 제안한다. 이런 성과관리를 위한 평가가 필요한 배경을 이해하기 위하여 국·내외 성과관리사례들을 비교분석을 실시하였는데, 그 분석틀로서 성과의 개념에 대한 정확성, 임무/비전과 목표 그리고 활동 간의 체계성, 성과지표의 정확성 및 적실성과 측정의 적합성, 정책(사업)/활동과 성과 간의 인과성, 성과에 대한 환류(책임성)를 제시한다.

3. 성과관리와 정책평가의 연계에 대한 논의와 우리나라 성과관리의 현주소

저자 연구의 요지는 성과정보창출활동에서 성과측정과 더불어 성과관리의 핵심 요소인 "성과관리를 위한 평가"를 수행할 필요가 있다는 것이다. 그런데 이를 오늘날 보편적으로 행해지고 있는 성과측정에 의한 성과관리와 정책평가 간의 차이를 무시한 채 성과관리 과정에서 매번 인과성을 확인하는 작업의 필요성을 강조하는 것으로 이해하기보다는, 최근에 강조되고 있는 성과평가에 기초한 성과관리를 위해서는 정책평가(program evaluation)와의 연계 및 보완적 활용이 필요한 것으로 받아들이는 것이 바람직하다. 즉, 성과관리와 정책평가의 본질을 직시한 보완적 활용에 대하여 심도 있는 논의의 필요성을 역설하였다고 볼 수 있다. 성과관리와 정책평가의 보완적 활용에 대해서는 해외에서도 연구의 대상이 되고 있는 점을 비추어볼 때(Nielsen and

Ejler, 2008; Hatry, 2013; Hunter and Nielsen, 2013; Moynihan, 2013; Kroll, 2018), 저자의
논문이 다루고 있는 주제의 적실성과 의의를 어느 정도 짐작해볼 수 있다.

성과관리와 정책평가는 공공관료에게 정부 서비스의 효과성과 효율성을 증진시
키는데 필요한 정보를 제공한다는 측면에서 유사하지만, 그럼에도 불구하고 역사나
목적, 방법 등 여러 측면에서 차이를 보인다(Hatry, 2013: 23; 이광희·윤수재, 2012). 이
는 성과관리와 정책평가는 정부 서비스의 효과성과 효율성을 제고시키는데 필요한
정보를 산출한다는 목적 하에서 각각의 고유한 접근법의 특징을 감안한 보완적 활용
이 요구됨을 시사한다. 성과관리와 정책평가의 차이점을 정리하면 <표 1>과 같다.

표 1 성과관리와 정책평가의 비교

구분	항목	정책평가	성과관리
구조 및 기획	빈도	비정기적	정기적, 지속적
	범위	일부 사업	대부분의 사업
	대상	투입, 처리, 산출, 결과, 영향	투입, 처리, 산출
	비용	각 연구마다 대체로 높음	분산됨
자료 수집 및 분석	자료 수집 방법	연구, 인터뷰, 서베이, 정보시스템	서베이, 정보시스템
	자료 분석 방법	기여도 분석, 시계열, 회귀분석, 실험 설계	기여도 분석, 시계열
	인과성	주요 목적이 됨	가정됨
활용	전술적 의사결정	낮음(실시간 데이터 부족)	높음(실시간 데이터 존재)
	전략적 의사결정	높음	낮거나 중간

출처: Hatry(2013: 27)와 Nielsen and Ejler(2008: 175)에서 재구성

이상의 차이점에 기초하여 성과관리와 정책평가의 보완적 활용의 유형을 제시하면 다
음과 같다(Nielsen and Hunter, 2013: 120). 첫째, 순차적 보완(sequential complementarity)
으로 성과관리를 통해 드러난 질문들을 정책평가를 통해 해결하거나, 정책평가를 통
해 성과에 대한 지속적인 모니터링이 필요한 정보를 제공하는 것이다. 둘째, 정보의
보완(information complementarity)으로 성과관리와 정책평가가 동일한 대상에 대한 정
보를 산출하고, 산출된 정보를 분석·종합하여 활용하는 것이다. 셋째, 조직적 보완
(organizational complementarity)으로 하나의 행정부서에서 성과관리와 정책평가를 동
시에 수행하여 둘 간의 연결이 일어나며 끊임없이 공유하는 것이다. 넷째, 방법론적

보완(methodical complementarity)으로 정보산출과정에서 비슷한 과정과 도구를 사용하는 것이다. 다섯째, 계층적 보완(hierarchical complementarity)으로 국가적(national) 혹은 정책 수준(policy-level)의 성과관리를 통한 정보가 지방정부의 수준에서 평가의 목적으로 보완적으로 활용되는 것이다.

여기서 저자의 논문은 성과관리 이론의 개선을 위한 선결조건으로 방법론적 보완을 중점적으로 다룬다. 이를 위한 대표적인 방안을 살펴보면 다음과 같다. 첫째, 논리모형이나 프로그램 이론 등에 기초한 사업이론의 분석을 통해 적절한 수준에서 성과측정을 수행해야 한다는 것이다(Perrin, 1998: 376). 둘째, 평가설계를 활용하여 내적 타당성의 위협요인을 제거함으로써 인과성을 규명해야 한다는 것이다. 이와 같은 방법론적 보완은 성과관리를 위한 평가를 수행하는 과정에서 업무나 정책 활동과 결과 간의 인과관계를 규명하는데 도움을 주며, 더 나아가서 아직 이론이나 방법이 제대로 정립되어 있지 못한 성과평가의 이론적 개발 및 발전에도 도움을 줄 것이다.

성과관리와 정책평가의 연계와 보완적 활용의 측면에서 우리나라의 현주소를 살펴보면, 「정부업무평가기본법」을 통해 3~5년 단위의 성과관리전략계획과 1년 단위의 성과관리시행계획이 수립되며(제5조, 제6조), 이를 매년 자체평가와 연계해서 실시하도록 되어 있기 때문에 제도적인 연계는 어느 정도 갖춰진 것으로 볼 수 있다. 그러나 실무적으로 여전히 성과관리와 자체평가가 별개로 운영됨으로 인해 행정적 비효율성이 발생하며, 비판의 대상이 되고 있다. 이런 점은 여전히 우리나라의 성과관리가 지표위주의 관리방식에 머물러 있어서 조직 및 개인의 성과를 증진시키려는 노력보다 설정된 지표의 점수를 잘 받기 위해 단순 숫적 목표 달성에 중점을 두는 목표전치(goal displacement)현상 등과 같은 부작용(Perrin, 1998: 371)이 발생하고 있음을 보여준다(윤기웅 외, 2015; 이광희 외, 2015: 163). 이는 결국 앞서 언급하였던 성과관리 시스템의 문제로서 구성원의 낮은 신뢰수준이나 성과관리제도 운영에 대한 부정적 인식을 초래하게 되었음을 알 수 있다. 또한 저자의 논문이 출간된 2007년 이후로 성과관리에 대한 연구는 지속적으로 수행되고 있으나, 성과관리와 정책평가 간의 연계에 대한 논의는 극히 간헐적이고 부분적으로 이뤄졌고, 관련 연구들도 대체로 앞서 제기한 문제들을 언급하는 수준에 그쳐 문제해결을 위한 구체적인 방안을 제시하는데 여전히 미흡한 것으로 드러나고 있다.

4. 향후 연구에 대한 제언

지금까지 논의한 바와 같이 저자의 논문의 주요 주장인 성과관리와 정책평가의 보완적 활용은 학문적으로나 실무적으로 매우 필요한 연구임에는 틀림없다. 그럼에도 현재 우리나라에서는 이를 위한 충분한 조건들이 여전히 갖춰지지 못한 실정이며, 저자의 논문에 대한 후속적인 연구로서 성과관리와 정책평가의 보완적 활용이 가능하기 위한 다음과 같은 노력들이 요구된다. 첫째, 인과관계를 규명하기 위한 방법인 평가이론의 개발이 요구된다. 다시 말하면, 어떻게 정책과 성과 간의 인과관계를 규명할 수 있는지에 대한 다양한 접근법을 개발하려는 노력이 필요하다. 이는 평가이론을 원용하는 성과관리를 위한 평가에 도움을 줄 뿐만 아니라 성과평가의 이론 및 방법의 개발로 확장이 가능할 것이다. 둘째, 실무현장에서 정책평가가 보다 활성화되기 위한 각종 연구들이 수행되어야 한다. 현재 우리나라에서 엄밀한 의미의 정책평가(program evaluation)는 거의 이루지고 있지 않기 때문에 저자의 논문에서 주장하는 성과관리와 정책평가의 보완적 활용은 여전히 요원하다고 볼 수 있다. 이에 대한 연구를 통해 정책평가를 활성화하는 것이 급선무다. 셋째, 현재 우리나라에서 「정부업무평가기본법」에 기초하여 시행되고 있는 성과관리와 자체평가 간의 연계성에 대한 실태, 즉 자체평가가 성과관리의 일환으로 이루어지고 있는지에 대한 분석과 그에 대한 적실성 높은 개선방안에 대한 연구가 보다 활발하게 이루어 질 필요가 있다. 왜냐하면 그런 노력이 정부업무 및 정책 활동의 성과를 제대로 밝혀내는데 필수적이기 때문이다.

참고문헌

윤기웅, 김재근, 공동성. (2015). 과제 특성에 따른 성과평가제도의 성과(인식) 차이 분석: 정부업무평가제도에 대한 공무원 인식조사를 토대로. <한국지방자치연구>, 17(3): 27-54.

이광희, 박현석, 이은종. (2015). 「평가의 타당성 제고를 위한 성과측정 매뉴얼 개발 연구」. 한국행정연구원 보고서.

이광희, 윤수재. (2012). 성과관리와 평가체계의 관계에 대한 비교 연구: 캐나다와 한국 사례를 중심으로. <행정논총>, 50(1): 37-65.

홍형득. (2016). 지방자치단체 성과관리의 연구와 실제의 특징 분석. <국가정책연구>, 30(2): 57-81.

Hatry, H. P. (2013). Sorting the Relationship among Performance Measurement, Program Evaluation, and Performance Management. In S. B. Nielsen & D. E. K.

Hunter (Eds.), *Performance Management and Evaluation*. New Directions for Evaluation, 137, 19−32.

Hunter, D. E. K., and Nielsen, S. B. (2013). Performance Management and Evaluation: Exploring Complementaries. In S. B. Nielsen & D. E. K. Hunter (Eds.), *Performance Management and Evaluation*. New Directions for Evaluation, 137, 7−17.

Kroll, Alexander and Donald P. Moynihan. (2018). The Design and Practice of Integrating Evidence: Connecting Performance Management with Program Evaluation. *Public Administration Review*, 78(2): 183−194.

Moynihan, Donald P. (2013). Advancing the Empirical Study of Performance Management: What We Learned From the Program Assessment Rating Tool. *The American Review of Public Administration*, 43(5): 499−517.

Nielsen, S. B., and David E. K. Hunter. (2013). Challenges to and Forms of Complementarity Between Performance Management and Evaluation. In S. B. Nielsen & D. E. K. Hunter (Eds.), *Performance Management and Evaluation*. New Directions for Evaluation, 137, 115−123.

Nielsen, S. B., and Nicolaj Ejler. (2008). Improving Performance? Exploring the Complementarities between Evaluation and Performance Management. *Evaluation*, 14(2): 171−192.

Perrin, Burt. (1998). Effective Use and Misuse of Performance Management. *American Journal of Evaluation*, 19(3): 367−379.

총액배분·자율편성 예산제도와 국가재정운용계획의 효과성 분석 및 개선방안에 관한 연구: 국민체육진흥기금 (2010~2014년) 사례를 중심으로

총액배분·자율편성 예산제도와
국가재정운용계획의 효과성 분석 및
개선방안에 관한 연구:
국민체육진흥기금(2010~2014년) 사례를 중심으로[*]

유홍림(단국대학교 공공관리학과 교수)

◈ 프롤로그 ◈

지난 참여정부(2003. 2. 25~2008. 2. 24)는 '투명하고 일 잘하는 정부'라는 비전하에 정부 경쟁력을 강화하고 공공서비스의 품질을 높이기 위하여 (역대 다른 행정부에 비해) 다각적인 분야(예, 행정, 인사, 재정세제, 지방분권, 전자정부, 기록관리 분야 등)에서의 혁신을 체계적으로 그리고 지속적으로 추진해 왔었다. 그럼에도 불구하고, 십수 년이 지난 시점에서, 필자는 그러한 노력들이, 참여정부가 기대한 만큼, 정부부문의 일하는 방식 및 대국민 행정서비스에 의미있는 긍정적 변화를 가져왔는지? 나아가 그러한 변화들이 제도화되었는지? 아니면 일회성으로 끝나고 말았는지? 등에 대해 의문이 들었다.

이러한 의문을 풀기 위하여 (종래의 부처별 예산요구를 받아 조정을 시도하는 Bottom-up 방식과는 달리, 지출총액을 먼저 결정하고 나서 분야별·부처별 지출한도를 설정한 다음, 사업별 계수 조정에 착수하는 방식인) 총액배분 자율편성(Top-down) 예산제도와 (종래의 단년도 위주의 정책과정과 예산편성방식으로는 중장기적 국가발전이나 우선순위를 고려한 전략적 국가

* 이 논문은 2016년 『한국사회와행정연구』 제27권 제1호에 게재된 글을 수정·보완한 것이다. 이 연구는 2016학년도 단국대학교 대학연구비 지원으로 연구되었음. 본 논문의 작성에 유은철(한국체육진흥공단) 박사가 제공해 준 자료 및 기관 배경 지식이 크게 활용되었음.

재원배분이 불가능하다는 문제인식에서 시작된) 국가재정운용계획을 분석의 주된 대상으로 선정하였다. 선정 이유는 상기 두 제도는 2007년 이래 정부예산 개혁 조치의 일환으로 도입되어 지금까지도 실행하고 있는 몇 안 되는 참여정부의 세부 혁신 과제들인 동시에 제도 도입의 취지내지는 기대 효과가 제대로 실현되고 있는지의 여부는 물론 그 수준을 비교적 구체적으로, 심지어 계량적으로 확인할 수 있다는 판단에서 비롯되었다.

이 같은 판단 하에 선정된 상기 두 제도를 대상으로 추진 배경 및 과정, 추진체계, 제도 도입의 효과, 제도의 성공 및 장애 요인 등에 대해 살펴보고, 향후 운영방향에 대한 시사점을 찾아내려고 하였다. 나아가 국회심의과정을 포함한 예산편성의 전 과정을 검토한 뒤, 그 결과를 토대로 합리적 예산 편성을 위한 개선안을 제시해 보려는 것이 본 연구의 목적이었다. 이 목적의 달성을 위해 국민체육진흥기금을 실증분석의 대상으로 삼았으며, 연구대상기간은 2010년~2014년까지의 5개년이었으며, 비교분석의 기준은 중기사업계획제출안, 지출한도, 요구안, 정부안, 최종예산액이었고, 비교대상은 정부 총지출, 체육부문 국가예산 등이었다.

이러한 분석 과정을 거쳐 예산편성의 전 과정에서 ① 예산 부처의 모호한 지출한도 설정, ② 예산 편성에 있어서의 부처의 자율성과 책임성 결여, ③ 부처의 예산 관련 업무 부담 증가, ④ 국가재정운용계획의 낮은 실효성, ⑤ 증액위주의 국회 예산 심의, ⑥ 국가체육예산의 체육기금에의 높은 의존도 등의 문제점들을 발견해 냈다. 이어서 이러한 문제점들의 개선을 위해 ① 지출한도의 합리적 설정, ② 부처 자율편성 존중, ③ 국가재정운용계획의 연동방식 지양 및 연동기간의 축소, ④ 국회 예산 심의과정의 투명화, ⑤ 체육기금의 재정건전성 지속방안 마련 등을 제안했었다.

이처럼 본 연구는 '총액배분 자율편성 예산제도'와 '국가재정운용계획'에 관한 관련 선행 연구들도 극히 부족하고, 상기 두 제도의 부분적 측면에 대한 분석에 그친 연구들이 대부분인 상황 속에서, 예산편성의 전 과정을 분석하면서 단계별로 나타나는 현상들을 종합적으로 분석하여 문제점들을 찾아내고, 그들에 대한 개선방안들을 도출했다는 기여는 있었다고 여겨진다.

그럼에도 불구하고 필자 스스로도 인정하는 몇몇 한계점들은 지니고 있다고 하겠다.

먼저, 특정기간(2010~2014)의 체육기금만을 대상으로 실증적 분석을 하였기에 일반화 가능성이 취약하다는 점이다.

둘째, 논문의 제목부터 내용 곳곳에 '효과성 분석'이라는 용어를 사용했지만, 무엇을 효과성으로 볼 것인지에 대한 사전적 정의가 명료하게 제시되어 있지 않으며, 분석 대상 제도들이 보여준 기대 효과의 수준을 판단할 수 있는 기준을 제시하지 않았다는 점이 역시 한계이다.

셋째, 총액배분 자율편성 예산제도를 도입할 당시, 본 연구에서 명시 또는 암시했던 기대효과보다 더욱 중요하고 의미가 큰 기대효과들이 있었다. ① 예산편성과정에 있어서의 부처의 자율성 및 책임성 제고, ② 국가 차원의 전략적 재원배분, ③ '과다요구·대폭삭감'이라는 비합리적 관행의 불식, ④ 바람직하지 않은 로비활동의 감소, ⑤ 예산 부처와 부처 간 효율적 업무분담, ⑥ 효과적 구조조정의 가능 등등이 그 예들이다. 이러한 기대효과들은 실증적 분석을 통해서는 확인할 수 없는 것들이기에, 예산 편성을 담당했던 예산 부처 및 사업 부처 공무원들을 대상으로 하는 대대적이면서 심층적인 설문 및 인터뷰 조사가 시행됐어야 했다.

넷째, (돌이켜보니) 실증분석을 통해 찾아낸 문제점들에 대한 개선방안으로 제시한 것들의 대부분이 지극히 막연하고 실효성이 불분명한 수준이었다. 예를 들면, 중기재정운용계획의 국회에의 제출 의무는 형식적으로 부과되어 있는 반면, 전체 예산의 방향 및 배분 원칙 등에 대한 심의 규정은 부실했기에, 국가재정운용계획의 실효성에 대해 의문을 갖게 하는 동시에 거시경제 분석 및 전망 등 경제 예측 능력의 제고 필요성이 있다는 식이었다. 등등.

이상에서 기술한 문제점들이 극복되고, 의미 있는 후속 연구들이 완성하게 이루어지려면 다각적인 학문적 노력들이 펼쳐져야 하겠지만, 여기에서는 단 두 가지만을 제시하고자 한다. 먼저, 가급적 많은 사례들이 추가적으로 분석되어야 할 것이다. 이 때, 대상 부처도 부문별로 선정하고, 특별회계·기금의 유형도 다양화하는 등의 노력을 통해 대표성을 높여 연구결과에 대한 일반성이 제고되었으면 한다. 또한 본 논문과 같은 유형의 연구를 제대로 하기 위해서는 장기적인 시간과 많은 노력이 필요하기에 철저한 연구 설계와 정교하게 구조화된 설문 도구 등이 사전에 준비되어야 할 것이다. 왜냐하면, 예산 편성 및 심의 과정에 있어 각 단계별 수치들과 함께 당시의 배경 및 상황들을, 그 것도 최소 5개년에 걸쳐 예산부처, 사업부처는 물론 국회에서 수집해서 분석해야 하기 때문이다.

I. 서 론

정부가 추진하는 정책들은 점차 다양화 · 대형화되어가고 있는데, 그에 사용가능한 예산은 여전히 한정되어 있다. 따라서 어떻게 · 어디에 · 누구에게 배분하느냐? 하는 문제는 실무자나 학자에게는 오랜 고민거리이다. 예를 들어 키(V. O. Key, 1940: 1137~1138)는 일찍이 'X달러를 B사업이 아닌 A사업에 배정해야 하는 이유와 기준에 대한 연구가 필요하다'며 합리적 예산편성의 중요성을 강조한 바 있다. 그러나 윌다브스키(A. Wildavsky, 1961: 183)는 '상기 물음에 대한 해답을 얻기 위해 많은 시도가 있었지만, 그 어느 누구도 성공하지 못했다'고 고백한 바 있으며, 심지어 몇몇 학자들은 정부 재원의 합리적 배분은 원초적으로 불가능하다고 주장하기도 했다.[1] 그럼에도 불구하고 합리적 예산편성을 위한 연구는 지속되어야 한다. 왜냐하면 자원 재배분이라는 속성을 지닌 예산의 확보는 정부업무 수행에 있어 필수적이며, 예산은 한정된 자원이기에 효율적 사용이 담보되어야 하기 때문이다.

이런 맥락에서 본 연구는 2007년 이래 정부예산 개혁의 일환으로 도입 · 사용하고 있는 총액배분 · 자율편성 예산제도와 국가재정운용계획[2]의 효과성은 물론 국회심

---

1) 국민들에게 공권력을 행사하고, 필수 행정서비스를 제공하며, 재정적으로 지원하는 조직(Hyman, 2002: 5)인 정부부처가 이윤을 추구하는 것은 바람직하지 않을 뿐 아니라 추구하려는 시도 자체가 불가능하다. 왜냐하면 사업과 부처의 성과평가를 위한 객관적 정보의 확보조차 어렵기 때문이다(Gilmour & David, 2005: 169).

2) 국가재정운영계획은 중기적 시계에서 재정운영의 기본 방향을 정립하기 위한 중기재정계획 제도(Mid−Term Expenditure Framework; MTEF)의 한 유형이며(강태혁, 2010: 125), 중기재정 관리체계 또는 중기재정운용제도라고도 불린다. 명칭마다 의미나 강조점에서 약간의 차이가 있지만, 본 연구에서는 「국가재정운용계획」으로 통일해 사용하고자 한다. 이러한 국가재정운용계획은 총액배분자율편성 예산제도와 불가분의 관계가 있다. 왜냐하면 국가재정운용계획이 없으면 총액배분자율편성 예산제도(일명 Top−down 예산편성제도)를 시행할 수가 없고,

의과정을 포함한 예산편성의 전 과정을 검토한 뒤, 그 결과를 토대로 합리적 예산 편성을 위한 개선안을 제시하고자 한다. 이 목적의 달성을 위한 본 연구의 범위 및 방법 그리고 논의 순서는 다음과 같다: 첫째, 예산과 기금의 개념 및 역할에 이어, 총액배분·자율편성 예산제도, 국가재정운용계획, 예산편성과정에서의 국회 역할 등에 대한 이론적 검토와 각 주제별 선행연구 분석을 거쳐, 본 연구의 차별성을 밝히려 한다. 둘째, 총액배분·자율편성 예산제도의 효과성을 살펴보기 위해 국민체육진흥기금(이하 체육기금)의 2010년~2014년 예산편성과정을 대상으로3) 연도별로 지출한도대비 정부안 증감액 비교, 신규 사업과 종료사업 현황을 분석하고자 한다. 셋째, 국가재정 운용계획의 효과성 분석을 위해서는 이전 연도에 수립한 국가재정운용계획과 특정 연도에 실제 확정된 계획과의 차이비교, 체육기금과 우리나라 전체 국가재정운용계획 규모 간의 추이 비교 등을 시도할 것이다. 넷째, 예산편성과정에 있어 국회의 역할을 검토하기 위해 정부예산, 체육부문 국가예산, 체육기금 총지출의 연평균 증가율, 정부안 대비 최종 확정 예산의 증감액 비교, 체육기금의 국회 증감액 현황 등을 분석할 것이다. 마지막으로, 이상의 분석결과를 토대로 특징적 문제점들을 확인한 후, 총액배분·자율편성 예산제도를 비롯해 국가재정운용계획, 국회 심의과정, (체육)기금 예산편성 등에 관한 개선안을 제시하고자 한다.

본 연구가 체육기금을 분석대상으로 삼은 이유는 다음과 같다: ① 2007년 국가재정법4) 제정을 계기로, 일반회계·특별회계와 같은 국가예산과 기금이 통합 관리됨에 따라 이들 간의 구분 실익은 줄어든 반면,5) 기금의 규모와 역할은 강화되고 있다.

Top-down예산을 편성하기 위해선 국가재정운용계획이 존재해야 하기 때문이다(배득종·유승원, 2014: 327).

3) 지금까지 예산 편성에 관련된 국내 연구는 드물게나마 존재하나, 구체적 사례를 대상으로 한 실증분석 연구는 찾기 어려운 실정이다. 따라서 국민체육진흥기금이라는 실제 사례를 분석하여 예산편성 제도 및 과정에 대한 개선방안을 모색하려는 시도는 본 연구가 지닌 또 다른 의의라고 하겠다.

4) 「예산회계법」 및 「기금관리기본법」을 통합하여 국가재정운용을 위한 기본 틀인 국가재정법(법률 제8050호 2006.10.4. 제정, 2007.1.1. 시행)이 마련된 배경은 다음과 같다: ① 성과관리제도·예산총액배분 및 자율편성제도의 도입, 국가재정운용계획의 수립 등을 통하여 재정의 효율성을 도모하며, ② 재정정보의 공표 확대 및 조세지출예산제도의 도입 등으로 재정의 투명성을 제고하고, ③ 추가경정예산 편성요건의 강화 및 국가채무관리계획의 수립 등을 통하여 재정의 건전성을 확보하기 위함.

5) 「국가재정법」 제13조(회계·기금간 여유재원의 전입·전출) ①항 ('정부는 국가재정의 효율적 운용을 위하여 필요한 경우에는 다른 법률의 규정에 불구하고 회계 및 기금의 목적 수행에 지장을 초래하지 아니하는 범위 안에서 회계와 기금 간 또는 회계 및 기금 상호간에 여유재원을 전입 또는 전출하여 통합적으로 활용할 수 있다') 등에 의해 구분이 모호해졌다. 또한 예산

② 체육기금은 국민 체육진흥에 직접적인 영향을 미치는 한편, 체육시설 · 체육지원 예산의 증감에 대한 국민의 체감도가 타 분야(예, 경제, 국방 분야 등)에 비해 높은 편이다. ③ 최근 들어 체육기금이 국가체육예산에서 차지하는 비중이 급증하고 있다. 그리고 ④ 2014인천아시아경기대회, 2015광주하계U대회, 2018평창동계올림픽대회와 같은 국제대회의 성공적 개최 및 효율적 사후관리를 위해서는 한정된 규모의 체육기금예산을 합리적으로 편성 · 사용해야 하기 때문이다.

Ⅱ. 이론적 논의 및 체육기금의 운용 현황

1. 관련 개념 검토

지금부터는 본 연구의 주요 개념들인 예산, 기금, 총액배분 · 자율편성 예산제도, 국가재정운용계획, 국회 예산심의 과정 등에 대한 핵심 위주의 이론적 논의와 함께 본 연구의 방향과 내용을 밝히고자 한다.

1) 예산과 기금

공공재원 배분의 주요 선택기제(Mikesell, 1999: 65)인 예산의 정의는 다음과 같다: ① '한정된 기간 내에서 필요한 자원과 사용가능한 자원의 추산을 포함한 목표와 연관된 사업수행을 위한 계획'(Lynch, 1985: 6), ② '공공자금의 지출과 수입에 대한 계획'(Coe, 1989: 49), ③ '정부의 수행 업무와 의도의 재정적 반영'(Wildavsky, 1961: 184) 또는 ④ '정부의 정책달성을 위한 한정적 시기의 사업을 위한 금액', 등. 이러한 맥락에서 정부예산(budget)은 정부가 추구하는 정책목표의 달성을 위해서 활용 가능한 재원을 정부의 각 부처와 사업에 배분한 금액으로서 국회 의결을 거쳐 확정된 것이라 할 수 있다(소병희, 2008: 317). 이렇듯 정책과 예산은 불가분한 관계이기에 모든 예산은 과세 대상과 금액을 비롯해 신규 및 감축 · 폐지 대상 사업이 선정과 같은 나양한 성책분제에 대한 결정을 반영한다(Bland & Rubin, 1997: 95).

이 같은 예산에는 "정치적" 특성이 내포되어 있다. 즉 예산은 합리적이고 분석적인 산물이 아닌 이해관계자들 간의 타협과 조정의 산물에 가깝다는 의미이다. 이러한 특성은 "예산 연구"는 "정치 연구"의 다른 표현(Wildavsky, 1961: 190)이라거나, 공공지출 · 세입 증대 · 융자 등에 대한 결정은 기계적 합리성의 산물이 아니라 개인 · 이익

안과 기금운용계획안을 동일한 일정과 절차에 따라 처리되고 있다.

집단·정당의 이해관계와 대의절차를 내포하는 정치적 산물(Mikesell, 1999: 18)이라는 주장들에서도 찾아진다. 그러나 이러한 예산의 정치적 특성이 예산 편성의 합리성 제고라는 당위성을 부정하거나 합리성 제고 노력을 포기하는 빌미가 되어서는 곤란하다. 왜냐하면 정책 목표의 효과적 달성을 위해서는 예산 편성의 합리성 확보가 필수적이기 때문이다. 예산의 또 다른 주요 특성은 일단 지출이 이루어지면, 그 지출로 인한 수혜 집단은 그런 지출을 마치 당연한 권리(entitlement)로 여기며, 그 지출의 중단 시도에 큰 저항에 보인다는 점이다(소병희, 2008: 566-567). 이러한 특징은 시계열분석을 통해 전년도 예산이 차년도 예산에 정(+)의 영향을 미친다는 사실을 밝힌 진상기·오철호(2015)의 연구에서도 확인된다. 이러한 특성이 기존사업의 폐지와 감축은 물론 신규 사업의 시행을 어렵게 만드는 주요 원인이다.

정부는 주로 예산(일반회계·특별회계 등) 운용을 통해 정책의 목적을 달성하고자 한다. 하지만 지속적이고 안정적인 자금지원이 필요한 특정 사업의 경우에는 예산과는 별도로 정부가 직접 기금을 조성하여 운용하거나, 민간이 조성·운용하고 있는 기금에 출연하기도 한다(신해룡, 2012: 34). 이러한 기금은 개별 법률에 근거해야만 설립할 수 있는데, 이는 꼭 필요한 경우에 국회 승인을 얻어 기금을 운영하겠다는 의미이다. 기금제도는 1961년 예산회계법의 제정으로 처음 도입되었고, 1991년 「기금관리기본법」 제정으로 그 틀을 갖췄다(김춘순, 2014a: 61). 기금의 수는 1961년 3개가 설치된 이후 매년 증가하다가 1993년 114개를 정점으로 점차 감소되고 있다. 2014년 현재 금융성 기금 9개를 포함해 총 64개 기금이 운영되고 있으며, 정부예산에서 105조, 약 30%를 차지하고 있다(기획재정부, 2014: 4).

2) 총액배분·자율편성 예산제도와 국가재정운용계획

총액배분·자율편성 예산제도, 일명 Top-down 예산편성제도[6]는 종래의 부처별 예산요구를 받아 조정을 시도하는 Bottom-up 예산제도[7]와 달리, 지출총액을 먼저 결정하고 나서 분야별·부처별 지출한도(ceiling)를 설정한 다음, 사업별 계수 조정에 착수하는 방식을 취한다(배득종·유승원, 2014: 329). 즉 지출총액을 결정하고 전략적 재원배분을 위해 분야별·부처별 지출한도를 설정한 다음, 동 한도 내에서 각 부

---

6) Top-down 예산편성방식은 본래 영국과 스웨덴에서 재정적자 해소를 위한 재정규모 통제의 필요성에 의해 도입했다고 한다(박영희·김종희, 2008: 174).

7) Bottom-up 예산제도는 국가재원의 비효율적 배분, 부처의 자율성 제한, 그리고 재정적자 및 국가채무 증가라는 문제점을 안고 있었다(김상헌·문병기, 2007: 19-20).

처가 사업별로 재원을 배분하는 제도를 말한다(김춘순, 2014: 370). 이 제도의 기대효
과로는 ① '과다요구 · 대폭삭감'이라는 비합리적 관행의 불식, ② 예산운영의 배분적
효율성 확보, ③ 금액에서 정책 중심으로의 예산편성, ④ 각종 칸막이 장치들의 무용
화, ⑤ 재정사업의 안정적 추진 가능(나중식, 2006: 145-147) 등이 있다.

또한 국가재정운용계획은 제2차 대전 이후 급증하는 행정수요와 재정규모를 억
제하면서, 한정된 재원을 합리적으로 배분하려는 목적으로 1950년 말경 유럽에서 도
입되었다(김영훈, 1988: 3). 이 같은 국가재정운용계획은 정부사업에 대한 계획은 미래
예측 결과를 토대로 다년도로 작성되는 반면 관련 예산은 1년 단위로 편성 · 집행되기
에 발생되는 문제점 해소와 함께 정부사업과 예산을 효율적으로 연계시켜 책임 있게
집행하기 위해 중장기적 관점에서 재정을 계획적으로 운영할 필요성 때문에 생겨났
다(이영조 · 문인수, 2013: 430).[8] 이처럼 국가재정운용계획은 종래의 단년도 위주의 정
책과정과 예산편성방식으로는 중장기적 국가발전이나 우선순위를 고려한 전략적 국
가재원배분이 불가능하다는 인식에서 시작되었다(권오성, 2013: 48).

그러나 국가재정운용계획 역시 실제 시행과정에서는 도입 취지를 살리지 못하고
있다. 현재 국가재정법에 따르면, 중기재정운용계획은 예산안과 함께 매년 정기국회
에 제출토록 되어 있으나, 이를 심의하기 위한 특별 조항은 없는 실정이다. 즉 예산안
심의는 상임위원회에서 부처 단위별로 이뤄지나, 전체 예산의 방향 및 배분 원칙 등에
대해선 검토 · 논의되지 않으므로 국가재정운용계획에 대한 실질적 심의는 이뤄지지
않는다고 보아야 마땅하다(이민호 · 이정희, 2012: 119). 이 같은 문제점은 국가재정운용
계획의 실효성내지 구속력에 대해 의문을 갖게 하는 동시에 거시경제 분석 및 전망
등 경제 예측 능력의 제고 필요성이 있음을 반증한다고 하겠다.

국가재정운용계획은 당해 연도를 포함한 향후 5년을 대상으로 재정운용에 관한
계획을 수립한 후 매년 연동시켜 계획을 수정하는 방식으로 운영되고 있다. 이 같은
방식은 이미 수립한 계획의 현실성을 높여준다는 장점은 있지만, 기존의 계획을 특별
한 원칙이나 근거 없이 수정하면서도 이에 대한 타당하고도 충분한 설명은 요구되어
지지 않고 있기에 중장기적 관점에서 계획을 수립하겠다는 국가재정운용계획의 도입
및 운용 취지에는 어긋난다고 하겠다(하연섭, 2014: 125).

---

8) 우리나라의 중기재정계획은 1982년 제5차 경제개발계획의 수립과 함께 구「예산회계법」제16
조를 근간으로 하여 처음 작성되었는데, 당시에는 동 계획이 공공부문투자에 역점을 두었기
때문에 중기재정계획과 경제개발계획의 기간이 일치했었다(김춘순, 2014a: 287). 그러나 다년도
지출체계에 따라 수립된 중기재정운용계획을 단년도 예산편성과 연계시키려는 노력은 2004년
에 도입된 국가재정운용계획부터라고 할 수 있다.

3) 국회 예산 심의

정부가 예산안 편성을 담당한다면, 국회는 정부 예산안을 심의·확정하는 역할을 수행한다. 이는 국민의 세금으로 정부가 시행하려는 사업을 국회가 통제·감독한다는 의미일 것이다. 그리고 헌법 제57조는 "국회는 정부의 동의 없이 정부가 제출한 지출예산 각항의 금액을 증가시키거나, 새 비목을 설치할 수 없다"고 규정되어 있는데 이는 국회의 주요 역할이 예산안에 대한 심의·검토를 통한 감액임을 명백히 밝히고 있다고 하겠다. 이 같은 국회의 예산심의·견제 기능이 충실히 수행되고 강화되어야만 불필요한 사업의 폐지, 예산낭비의 억제 등에 기여할 수 있을 것이다.

이런 맥락에서 볼 때 정부 예산안에 대한 국회 심의과정에서의 증감 현황은 국회의 정부에 대한 견제역할의 수행 정도를 파악할 수 있는 하나의 척도가 될 것이다. 그러나 우리나라의 예산편성과정에서 정부안 대비 최종 확정액이 증액 및 감액을 포함해 3% 넘게 조정된 경우는 드물다는 사실(<표 7> 참조)을 감안할 때, 예산의 대체적 내용과 규모는 기획재정부와 부처 간 예산편성 협의과정에서 결정된다고 해도 과언이 아니다. 이러한 사실을 놓고 볼 때, 국회는 예산결정을 주도하기보다는 반응적 역할(reactive role)에 그치고 있으며,[9] 나아가 정부예산안에 대한 심의 및 견제 기능을 충실히 수행하고 있다고 보기는 어려울 것이다.

또한 우리나라는 Top-Down 예산편성제도를 취하고 있는 서구 국가들(대부분 의원내각제를 택하고 있지만)과는 달리, 예산당국이 소관부처와 협의를 끝낸 예산안에 대해 또다시 국회 상임위·예결위 심사 과정을 거쳐야 하는데, 이 과정에서 정치적 고려가 개입되어 예산안이 증대되는 경우가 종종 발생된다(권민경·김병섭, 2009: 164). 앞서 밝혔지만, 의회의 예산 심의과정은 삭감 지향적 성격을 취해야 하지만, 정치적 의도나 의원 자신의 개인적 이해(예, 지역구 민원 해결) 때문에 정부안에는 없었던 신규 사업의 포함 및 기존 사업 예산(안)의 증액 등이 이루어져 전체 예산규모가 팽창되는 사례들마저 종종 나타난다는 것이다(원구환, 2014: 136). 이른바 쪽지예산이 이러한 현상을 대변하는데, 이는 사업성·효과성에 대한 엄밀한 검토 부족으로 인해 부실한 예산 편성과 집행을 초래하는 주요 원인이 되고 있다.

---

9) 이는 행정부가 편성한 예산(안)에 통합적·포괄적 접근대신 예산(안)의 특정 부분에 관심을 집중한다는 뜻이다. 즉 국회는 정책이나 사업의 변경보다 예산(안) 금액의 부분적 조정(marginal adjustment)에 매달리는 경우가 대부분이며, 설사 정책이나 사업을 변경하더라도, 그 규모는 매우 작음을 가리킨다(윤영진, 2010: 237).

2. 선행연구 검토와 본 연구의 차별성

이제부터는 '기금제도 및 운영'을 시작으로 총액배분 · 자율편성 예산제도에 이어, 국가재정운용계획, 국회 예산심의 내용 및 과정에 관련된 주요 선행연구들을 간략하게 검토하고자 하며(상세 내용은 <참고 1> 참조), 이 과정을 통해 본 연구의 차별성도 함께 밝혀보고자 한다.

기금관련 선행연구로서 정창률(2010)은 주요 공공기금인 국민연금의 기본 속성을 도출해낸 뒤, 이에 주목하여 금융기관 이해관계에 부합하는 지배구조에 대한 재검토 필요성을 주장했다. 그리고 김종세(2011)는 지방자치단체 기금 운영의 투명성과 안정성 강화를 위한 제도 도입, 기금 통폐합, 기금 성과분석 실시 등을 제안했다.

총액배분 · 자율편성 예산제도와 관련해, 윤성식(2006)은 정부조직을 독립기관, 사업부처, 비사업부처, 청 단위기관 등 4개 그룹으로 분류한 뒤, 상기 제도의 효과에 대해 살펴보았는데, 사업부처와 정책집행적 성격이 강한 청 단위기관에서 예산 요구액 감소나 예산 요구 증가율 하락 등의 효과가 있음을 밝혀냈다. 오영균(2007)은 주인－대리인(principal－agent) 개념을 사용해 분석한 결과, 총액배분 · 자율편성 예산제도는 국회의 예산심의 기능을 약화시킨다면서 사전예산제도의 도입을 주장했다. 이어서 함성득 외(2010)는 총액배분 · 자율편성 예산제도가 2005년 이후 교육과학기술부 교육예산의 점증적 예산편성 관행을 전반적으로 개선시키고 있음을 밝혔다.

국가재정운용계획과 연관된 연구로서 김성태(2008)는 중기재정계획제도의 도입 배경과 변천과정, 실태와 문제점 등을 살펴본 뒤 국가재정운용계획 수립을 위한 공식적 기구설립, 구체적 목표 설정 등과 같은 개선안을 제시하였다. 또한 이원희 · 주기완(2011)은 중기지방재정계획과 국가재정운용계획과의 목적, 세수추계방식, 법조문, 운영 측면의 비교를 통해 중기지방재정계획의 실태와 문제점을 살펴보고, 순기조정 · 참여내실화 · 실효성 확보 · 사후관리 방안 등을 제언했다.

마지막으로 국회 예산심의와 관련하여 신무섭(2009)은 전라북도의 국고보조금과 국가사업예산 증대 노력 과정에서 행정편의주의 · 낭비 · 책임성 결여 등이 발견되었으며, 예산(안) 삭감이라는 규범적 역할이 기대되었던 국회가 오히려 전라북도의 국비예산을 증대시켰다고 밝혔다. 김춘순 · 박인화(2012)는 2010~2012 회계연도 국회 예산과정을 분석한 결과, 국회 확정 예산이 정부안보다 4,800억 순감되었으며, 총수정률은 3년 평균 1.94%로 나타났으며, 또한 감액의 경우 기금이 예산회계의 2.36배, 증액은 예산회계가 기금의 4.14배로 나타났다며 기금의 감액이 주를 이루고 있음을 밝했다. 이어서 박정수(2013)는 국회 예산심사가 국가 전체의 거시적 차원이 아닌 지역구 중심의 미시적 차원에서 이루어지고 있으며, 예산의 최종 결정은 합리적 심의과정보다는 정치적 고려가 비중 있게 영향을 미치고 있다고 분석하였다.

지금까지 살펴본 선행연구 검토 결과를 요약해 보면, 예산 분야는 이론적·학문적 연구보다는 제도 운용 현황, 문제점 도출 및 개선방안 제시와 같은 실제적·실용적인 연구들이 대부분이며, 기금과 관련해서는 기금의 특성에 부합하는 제도의 도입과 운용이 주로 요구되었다. 그리고 총액배분·자율편성 예산제도, 국가재정운용계획에 관한 연구는, 그 숫자 자체도 부족하지만, 제도의 부분적 측면에 대한 분석이 대부분인 반면 예산편성 단계별로 나타나는 현상들을 종합적으로 분석한 경우는 거의 없는 편이다. 한 마디로 특정 국면에 대한 국지적 분석에 그쳤기에 상기 제도들의 효과성을 제대로 파악해내지 못했다는 판단이다.

3. 체육기금의 설치 배경 및 운용 현황

체육기금은 「국민체육진흥법」 제19조(기금의 설치 등)에 근거해 설치되었고, 동 기금의 관리 주체는 서울올림픽기념국민체육진흥공단이다. 체육 예산의 경우, 일반회계 대비 체육기금이 차지하는 비율과 규모는 매년 증가 추세를 보이고 있다.

<표 1>에서 보듯이, 체육 분야의 중앙정부 예산은 '08년 5,973억 원에서 '14년 1조 719억 원으로 6년 사이에 5,554억 원이 늘어나 107.5%의 증가율을 보였다. 또한 체육부문 국가예산대비 체육기금 비중은 '08년도 60.8%에서 '14년 86.1%로 급증했는데, 그 주요 원인은 국고사업의 기금사업으로의 이관과 스포츠토토의 매출 증가에 따른 체육기금의 수입 증가에 있다. 또한 체육기금사업에서 국고사업으로의 이관은

표 1 체육 분야 예산 국가예산 대비 체육기금 비율 현황

(단위: 백만원, %)

구분	'08년	'09년	'10년	'11년	'12년	'13년	'14년
체육 부문	234,340	213,519	152,879	155,866	151,615	171,682	148,839
국가예산	39.2	33.5	20.4	18.1	17.1	15.6	13.9
국민체육	362,997	423,676	596,819	706,387	734,403	926,518	923,030
진흥기금	60.8	66.5	79.6	81.9	82.9	84.4	86.1
총 계	597,337	637,195	749,698	862,253	886,018	1,098,200	1,071,869

* 총지출 기준(사업비, 기타경비와 기금운영비 포함)
* 국고는 일반회계와 광역지역발전특별회계를 합한 금액

표 2 2010-2014년 체육기금 사업의 국고이관 내역

(단위: 백만원)

구분	사업명	기금(전년)	예산(당해년)
체육기금 → 광특 ('13년 → '14년)	합 계(3건)	67,000	39,716
	○운동장 생활체육 시설지원	59,000	38,554
	○농어촌 복합체육 시설지원	3,000	480
	○레저스포츠시설 지원	5,000	682
총계(3건)		67,000	39,716

표 3 2010-2014년 체육 분야 국고사업의 체육기금이관 내역

(단위: 백만원)

구분	사업명	예산(전년)	기금(당해년)
일반→체육기금 ('09년→'10년)	합 계(3건)	41,727	51,405
	○국가대표종합훈련장 조성	34,420	26,458
	○태권도공원 조성	5,307	20,000
	○장애인 종합 체육시설 운영 지원	2,000	4,947
일반→체육기금 ('12년→'13년)	합 계(2건)	2,685	7,498
	○선수촌 시설보강	1,585	1,398
	○2014인천장애인아시아경기대회지원	1,100	6,100
일반→체육기금 ('13년→'14년)	합 계(5건)	61,523	68,131
	○국가대표선수양성(전액이관)	33,949	37,286
	○전국체전시설 건립(전액이관)	13,182	14,043
	○국제대회참가(전액이관)	5,416	5,555
	○스포츠산업육성(일부이관)	2,779	2,467
	○장애인체육육성지원(일부이관)	6,197	8,780
총계(10건)		105,935	126,434

'10~'14년 5년간 670억 원(3건)에 그쳤으나, 국고(일반회계·광특회계사업)의 체육기금 사업으로의 이관은 1,059억 원(10건)이나 되었다(<표 2>, <표 3> 참조).

이상의 논의와 검토에 이어서, 체육기금의 예산 편성상의 전 과정(중기사업계획서 제출─지출한도 설정─정부안 수립/국가재정운용계획 제출─국회의 심의·결정 단계)을 종합 적으로 검토해 찾아낼 특성과 문제점들을 토대로 개선방안을 제안하고자 한다.

Ⅲ. 분석 틀

총액배분·자율편성 예산제도의 효과성 분석을 위해, 기획재정부의 지출한도 대비 실제 수립된 정부안의 규모와 증감 비율을 확인한다. 이어서 연도별 신규 사업의 국가재정운용계획·정부안·최종 예산에의 반영 상황과 종료사업 대비 신규 사업 현황을 파악한다. 일반적으로 신규 사업은 사업추진의 필요성을 납득시키기 어렵고, 한정된 예산 하에서는 기존사업의 축소 등이 이뤄져야 하므로 신규 사업의 예산 반영은 쉽지 않다. 그러나 신규 사업의 반영비율 변화를 통해 기존사업에 대한 재검토를 비롯한 예산편성과정에서의 신축성 정도를 파악할 수 있기 때문이다.

국가재정운용계획에 대한 효과성 분석을 위해, 이전연도에 수립했던 국가재정운용상의 특정연도 계획 예산액과 확정 예산액의 비교를 통해 그 차이를 살펴본다. 미래 예측이 어렵다는 점은 인정하지만, 계획 예산액과 확정 예산액 간의 격차가 크다면 그 제도의 효과성이 낮다고 판단할 수 있기 때문이다.

마지막으로 총지출의 정부안 대비 국회 확정액을 비교해 국회예산심의과정에서의 증·감액 현황을 분석한다. 이러한 단계별 분석을 통해 국회심의과정에서 나타난

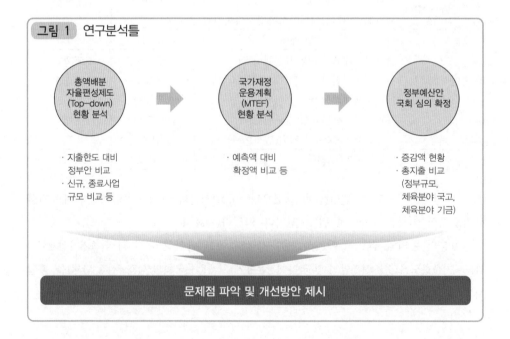

그림 1 연구분석틀

'10년~'14년 체육기금의 지출총계 예산[10]의 특성을 찾아내려고 한다.

이상의 기술 내용과 순서를 감안해 작성한 연구 분석의 틀은 <그림 1>과 같다. 그 틀에는 각각의 제도별로 도입 목적과 기대효과의 달성 여부를 판단하기 위해 채택한 기준들이 명시되어 있고, 분석 흐름(순서)이 암시되어 있다.

Ⅳ. 분석결과

1. 총액배분·자율편성 예산제도의 효과성 분석

총액배분·자율편성 예산제도의 현황 분석을 위해 체육기금을 대상으로 중기사업계획서 제출안,[11] 기획재정부의 지출한도, 지출한도를 반영한 부처요구안, 기획재정부가 확정한 정부안, 국회가 심의·의결한 최종예산[12]들을 비교했다(<표 4> 참조).

| 표 4 | 중기사업계획서 제출안, 지출한도, 부처요구안, 정부안, 최종 현황 |

(단위: 백만원)

연도	구분	제출안(당초) ~1월 31일	지출한도(시안) ~3월 31일	부처안(요구) ~5월 31일	정부안(기재부) 120일전	최종(국회) 30일전
'10년	O 총계(총예산)	1,011,295	756,286	752,599	767,799	837,799
	– 총지출	406,421	406,530	412,170	517,093	596,819
	· 사업비(투·융자 포함)	386,608	386,873	392,513	497,915	577,641
	· 기금운영비	19,813	19,657	19,657	19,178	19,178
	– 기금간거래	0	200,000	200,000	200,000	200,000
	– 여유자금운용	604,874	149,756	140,429	50,706	40,980

---

10) 지출총계는 사업비, 투·융자, 기금운영비로 구성되는 총지출, 공공자금관리기금예탁과 같은 내부거래(기금간 거래)와 통화·비통화 금융기관 예치와 같은 보전거래(여유자금운용) 총3개 부문으로 나뉘는데, 본 연구에서는 총지출만을 비교대상으로 삼을 것이다. 그 이유는 총지출은 지출이 수반되므로 실질적 예산의 성격을 지니나, 기금 간 거래와 여유자금운용은 예산이 수반되는 지출이 아닌 단순한 자금의 흐름이기 때문이다.

11) 국가재정법 제28조(중기사업계획서의 제출)에 의하면, 각 중앙관서의 장은 매년 1월 31일까지 당해 회계연도부터 5 회계연도 이상의 기간 동안의 신규 사업 및 기획재정부 장관이 정하는 주요 계속사업에 대한 중기사업계획서를 기획재정부 장관에게 제출하도록 되어 있다.

12) 국회법 제84조의2(기금운용계획안의 회부 등) ①에 의하면, 국회는「국가재정법」제68조 제1항의 규정에 의하여 제출된 기금운용계획안을 회계연도개시 30일전까지 심의·확정하도록 되어 있다.

'11년	○총계(총예산)	592,348	699,800	764,724	842,524	842,524
	- 총지출	552,078	532,610	532,610	645,343	706,387
	· 사업비(투·융자 포함)	512,800	493,182	513,182	543,592	604,636
	· 기금운영비	19,278	19,428	19,428	21,751	21,751
	- 기금간거래	20,000	20,000	0	80,000	80,000
	- 여유자금운용	20,270	147,190	232,114	117,181	56,137
'12년	○ 총계(총예산)	918,001	815,504	918,440	948,203	948,203
	- 총지출	725,851	580,068	580,068	664,556	734,403
	· 사업비(투·융자 포함)	703,836	558,053	558,053	642,122	711,969
	· 기금운영비	22,015	22,015	22,015	22,434	22,434
	- 기금간거래	0	0	0	0	0
	- 여유자금운용	192,150	235,436	338,372	283,647	213,800
'13년	○ 총계(총예산)	1,023,417	917,902	967,203	979,881	979,881
	- 총지출	714,784	712,121	712,121	825,666	926,518
	· 사업비(투·융자 포함)	692,076	689,413	689,413	802,053	902,905
	· 기금운영비	22,708	22,708	22,708	23,613	23,613
	- 기금간거래	0	0	0	0	0
	- 여유자금운용	308,633	205,781	255,082	154,215	53,363
'14년	○ 총계(총예산)	906,287	1,092,434	1,202,746	1,202,124	1,201,324
	- 총지출	765,290	766,595	766,595	858,155	923,030
	· 사업비(투·융자 포함)	741,401	742,706	542,706	632,861	697,736
	· 기금운영비	23,889	23,889	23,889	25,294	25,294
	- 기금간거래	0	0	200,000	200,000	200,000
	- 여유자금운용	140,997	325,839	236,151	143,969	78,294

분석결과, 중기사업계획서(제출안) 상의 총지출 규모와 지출한도의 총지출은 2012 년(△145,783백만원, △20.1%)을 제외하고는 0.03% 증액에서 3.53% 감액까지 그 차이 가 크지 않았다. 이는 기획재정부가 부처의 중기사업계획서 제출안을 감안하여 지출 한도를 책정한다는 의미이며, 부처는 2010년[13])을 제외하고는 기획재정부에 의해 축

---

13) 2010년의 경우에도 부처요구안은 기획재정부의 지출한도를 56억원을 약간 넘었을 뿐이다.

소·제시된 지출한도에 맞춰 예산을 요구하고 있음을 알 수 있다. 이렇듯 지출한도를 감안한 부처안을 제출 이후에는 기획재정부와의 예산 협의과정을 거치면서 정부안이 다시 증가되는 추세를 보였다. 최소 845억원(2012년, 14.6%), 최대 1,135억원(2013년, 15.9%)이 증가하였고, 연평균 1,026억원(17.1%)이 증액되었다. 물론 기획재정부와 부처 간 예산협의과정을 거치면서 어느 정도 증액될 순 있겠지만, 그 연평균 증액 규모가 부처요구안 대비 17.1%에 이른다면 제도의 도입취지가 무색해진다고 하겠다.

이어서 (체육기금) 예산편성단계별 신규사업 현황을 파악하기 위해 중기사업계획서 제출안, 지출한도, 부처요구안, 정부안, 최종예산별로 신규사업(세부사업 기준)의 수와 그 수가 총사업 수에서 차지하는 비율을 확인하였다(<표 5> 참조).

분석결과, 중기사업계획제출안과 지출한도에서는 신규사업이 2012년 이후에는 편성되지 않았으며, 부처요구안, 정부안, 최종예산으로 갈수록 신규사업 예산액이 증가하였다(2014년도 제외). 즉 지출한도에 구속받지 않은 채, 별도로 부처의 요구안에 신규사업을 요청하고, 기재부와 협의하여 정부안에 반영시키는 현상이 빈번하게 나타나고 있다. 또한 중기사업계획서와 지출한도 단계를 거쳐 부처안에 반영한 신규사업과 정부안의 신규사업의 규모와 개수가 다르고, 2010년부터 2012년까지는 증가한 반면, 2013년과 2014년은 감소하는 등 일관성 있는 추세가 찾아지지 않았다.

표 5 **체육기금의 예산 편성 단계별 신규사업 현황**

(단위: 백만원, %)

구분	중기사업계획서 제출안(당초)		지출한도 (시안)		부처안 (요구)		정부안 (기재부)		최종 (국회)	
	금액 (비율)	건수 (비율)	금액 (비율)	건수 (비율)	금액 (비율)	건수 (비율)	금액 (비율)	건수 (비율)	금액 (비율)	건수 (비율)
'10년	14,057 (3.5)	3 (5.9)	3,993 (1.0)	2 (3.8)	54,121 (13.1)	9 (16.1)	56,207 (10.9)	10 (16.9)	62,195 (10.4)	9 (15.5)
'11년	14,000 (2.5)	1 (1.9)	5,000 (0.9)	1 (1.9)	6,700 (1.3)	2 (3.7)	8,172 (10.9)	3 (5.6)	8,822 (1.2)	3 (5.6)
'12년	0 (0.0)	0 (0.0)	0 (0.0)	0 (0.0)	13,840 (2.4)	2 (3.8)	47,791 (7.2)	6 (10.7)	51,191 (7.0)	6 (10.7)
'13년	0 (0.0)	0 (0.0)	0 (0.0)	0 (0.0)	4,909 (0.7)	5 (8.2)	26,725 (3.2)	4 (6.8)	32,325 (3.5)	4 (6.8)
'14년	0 (0.0)	0 (0.0)	0 (0.0)	0 (0.0)	76,844 (10.0)	9 (15.0)	72,811 (8.5)	7 (12.3)	77,241 (8.4)	7 (12.3)

표 6   체육기금의 연도별 종료사업 대비 신규사업 현황

(단위: 백만원)

구분	종료사업		신규사업		신규사업-종료사업	
'10년	26,092	6건	62,195	9건	36,103	3건
'11년	28,005	7건	8,822	3건	△19,183	△4건
'12년	114,294	3건	51,191	6건	△63,103	3건
'13년	4,711	1건	32,325	4건	27,614	3건
'14년	80,821	5건	77,241	7건	△3,580	2건
계	253,923	22건	231,774	29건	22,149	7건

이어서 한정된 정부 예산에 신규사업의 반영 가능성을 높이려면 기존사업의 종료여부도 중요 변수이므로 연도별 종료사업대비 신규사업 현황을 분석해 보았다(<표 6> 참조). 그 결과, 5년간 22건(2,539억원)이 종료되고, 신규 반영된 것은 29건(2,318억원)에 그쳤음이 파악되었다.

2. 국가재정운용계획의 효과성 분석

이전연도에 작성된 국가재정운용계획과 당해 연도에 확정된 실제 예산액을 비교해 보면 국가재정운용계획의 예측 정확성 수준을 확인해 볼 수 있다.

표 7   연도별 체육기금의 국가재정운용계획안과 실제 예산액의 비교

(단위: 백만원)

수립연도	구분	'10년	'11년	'12년	'13년	'14년
'09년 (09-13)	○ 총계(총예산)	837,799	592,348	688,123	707,646	
	- 총지출(사업비+기금운영비)	596,819	552,078	535,535	591,800	
	- 기금간 거래	200,000	20,000	100,000	0	
	- 여유자금운용	40,980	20,270	52,587	115,846	
'10년 (10-14)	○ 총계(총예산)		842,524	918,001	790,757	874,675
	- 총지출(사업비+기금운영비)		706,387	725,851	603,579	655,838
	- 기금간거래		80,000	0	0	0
	- 여유자금운용		56,137	192,150	187,178	218,837
'11년 (11-15)	○ 총계(총예산)			948,203	1,023,417	1,048,935
	- 총지출(사업비+기금운영비)			734,403	714,784	784,350
	- 기금간거래			0	0	0
	- 여유자금운용			213,800	403,797	264,585

'12년 (12–16)	○ 총계(총예산)				979,881	906,287
	– 총지출(사업비+기금운영비)				926,518	765,290
	– 기금간거래				0	0
	– 여유자금운용				53,363	140,997
'13년 (13–17)	○ 총계(총예산)					1,201,324
	– 총지출(사업비+기금운영비)					923,030
	– 기금간거래					200,000
	– 여유자금운용					78,294

상기 <표 7>을 작성·분석해 본 결과, 2010년 12월 8일에 확정된 2011년의 총지출 예산액은 7,064억원이었는데 2009년[14]에는 5,521억원으로 예측되어, 무려 27.9%나 증액되었다. 2011년 말에 확정된 2012년도의 총지출은 7,344억원인데 2009년에는 5,355억원, 2010년에는 7,259억원으로 계획되었다. 2012년 말에 확정된 2013년도의 총지출은 9,265억원이었던 반면, 2011년 7,148억원, 2010년 6,036억원, 2009년 5,918억원으로 계획되어 2009년에 비해 156.6%의 증가를 보였다. 2013년 말에 확정된 2014년도의 총지출은 9,230억원인데 2012년은 7,653억원, 2011년은 7,844억원, 2010년은 6,558억원이라고 중기계획을 수립한 바 있다. 이는 2010년도에 수립한 규모에 비해 40.7%나 증가한 수치이다. 이처럼 실제 확정된 예산액과 국가재정운용계획상의 금액 간에는 적지 않은 차이를 보이고 있다.[15]

3. 국회 심의·확정 단계 분석

예산과정에서의 국회 역할을 살펴보기 위해, 국회 심의·확정에 따른 국가재정 총지출, 문화·체육·관광 부분의 총지출, 체육예산(일반회계＋광역지역발전특별회계) 총지출, 체육기금 총지출에 대한 정부안 대비 최종 예산액 증감현황, 체육기금의 국회 심의과정에서의 증감액 분석을 실시하였다(<표 8> 참조).

---

14) 특정 연도의 예산은 직전 년도에 편성되므로, '09~'13 국가재정운용계획은 2009년에 2010년 정부예산안 제출시 수립된다. 2009년 말 국회에서 최종 승인되면 '09~'13 국가재정운용계획도 확정되는 것이다.

15) 이 같은 현상의 원인을 정권교체기 또는 새로운 정부의 국정기조 변화 등에서 찾아보려고도 시도도 해보았으나, 이명박 정부의 임기가 2008년 2월 25일~2013년 2월 24일이었음을 감안할 때, 설득력이 낮았다.

| 표 8 | 부문별 총지출의 정부안과 최종예산의 연평균 증가율 |

(단위: 조원, 백만원, %)

구분	'10년	'11년	'12년	'13년	'14년	연평균 증가율
○국가재정 총지출(정부안)	291.8	309.6	326.1	342.5	357.7	5.2
○국가재정 총지출(최 종)	292.8	309.1	325.4	342.0	355.8	5.0
○문화·체육·관광부문 총지출(정부안)	3.7	4.1	4.4	4.8	5.3	9.4
○문화·체육·관광부문 총지출(최 종)	3.9	4.2	4.6	5.0	5.4	8.5
○체육예산(일반+광특)총지출(정부안)	151,478	156,366	151,515	171,682	148,839	△0.4
○체육예산(일반+광특)총지출(최 종)	152,879	155,866	151,615	171,682	148,839	△0.7
○체육기금 총지출(정부안)	517,093	645,343	664,556	825,666	858,155	13.5
○체육기금 총지출(최 종)	596,819	706,387	734,403	926,518	923,030	11.5

우선 국가재정, 문화·체육·관광부문, 체육예산, 체육기금 총지출[16]의 2010년~2014년의 연평균 증가 추세를 파악해 본 결과, 국가재정 총지출의 정부안은 연평균 증가율이 5.2%, 최종의 증가율은 5.0%이었고, 이중 문화·체육·관광 부문 총지출의 정부안과 최종의 연평균 증가율은 각각 9.4%, 8.5%였다. 이어서 일반회계와 광역지역발전특별회계로 구성된 체육예산 총지출의 정부안과 최종의 연평균 증가율은 △0.4%, △0.7%로 감소추세를 보였다. 그러나 체육기금 총지출의 정부안과 최종의 연평균 증가율은 13.5%, 11.5%로 가파른 증가 추세를 보였다. 이는 체육기금의 증가세가 국가재정 총지출 증가세보다 2배 이상인 반면 체육예산은 오히려 감소 추세를 나타냄으로써 체육 분야 예산의 체육기금에의 의존도가 심화되는 경향을 보이고 있다.

다음으로 정부안과 국회가 확정시킨 최종 예산의 증감 현황을 비교한다.

하기 <표 9>에 의하면, (2010년을 제외한) 정부총지출은 정부안 대비 최종 예산이 순감된 반면, 체육기금의 경우에는 국회 의결과정을 거치면서 예산규모는 순증하고 있었다.[17] 즉 체육기금의 정부안대비 국회 확정액의 증가 비율은 최저 7.6%(2014년), 최고 12.2%(2013년), 5개년 평균 10.7%이었으며, 금액으론 최저 610억, 최대 1,009

---

16) 예산액에 있어 정부 지출은 조 단위이고, 체육예산·기금은 억 단위이지만 이 둘의 직접적 비교가 아닌 증감 비율의 확인이 주된 목적이므로 논리의 적용에는 큰 무리가 없으리라 판단된다.

17) 이 분석결과는 전체 예산을 대상으로 분석한 김춘순·박인화(2012)의 연구와는 상충된 결과를 보이고 있다. 그들은 2010-2012회계연도 예산안을 분석하여 국회는 정부안보다 평균 4,800억원 순감된 예산을 의결했지만, 세부적으로는 기금은 연평균 1조 3,900억원 순감, 예산회계는 9,000억원 순증되었음을 밝힌 바 있다.

| 표 9 | 부문별 총지출의 정부안 및 전년예산 대비 최종예산의 증감 현황 |

(단위: 조원, 백만원, %)

구분		전년 (A)	정부안 (B)	최종 (C)	정부안대비(C-B)		전년대비(C-A)	
					증감금액	비율	증감금액	비율
'10년	○정부 총지출	284.5	291.8	292.8	1.0	100.3	8.3	102.9
	○문화 · 체육 · 관광 총지출	3.5	3.7	3.9	0.2	105.4	0.4	111.4
	○체육예산 총지출	213,519	151,478	152,879	1,401	100.9	△60,640	71.6
	○체육기금 총지출	423,676	517,093	596,819	79,726	115.4	173,143	140.9
'11년	○정부 총지출	292.8	309.6	309.1	△0.5	99.8	16.3	105.6
	○문화 · 체육 · 관광 총지출	3.9	4.1	4.2	0.1	102.4	0.3	107.7
	○체육예산 총지출	152,879	156,366	155,866	△500	99.7	2,987	102.0
	○체육기금 총지출	596,816	645,343	706,387	61,044	109.5	109,571	118.4
'12년	○정부 총지출	309.1	326.1	325.4	△0.7	99.8	16.3	105.3
	○문화 · 체육 · 관광 총지출	4.2	4.4	4.6	0.2	104.5	0.4	109.5
	○체육예산 총지출	155,866	151,515	151,615	100	100.1	△4,251	97.3
	○체육기금 총지출	706,387	664,556	734,403	69,847	110.5	28,016	104.0
'13년	○정부 총지출	325.4	342.5	342.0	△0.5	99.9	16.6	105.1
	○문화 · 체육 · 관광 총지출	4.6	4.8	5.0	0.2	104.2	0.4	108.7
	○체육예산 총지출	151,615	171,682	171,682	0	100.0	20,067	113.2
	○체육기금 총지출	734,403	825,666	926,518	100,852	112.2	192,115	126.2
'14년	○정부 총지출	342.0	357.7	355.8	△1.9	99.5	13.8	104.0
	○문화 · 체육 · 관광 총지출	5.0	5.3	5.4	0.1	101.9	0.4	108.0
	○체육예산 총지출	171,682	148,839	148,839	0	100.0	△22,843	86.7
	○체육기금 총지출	926,518	858,155	923,030	64,875	107.6	△3,488	99.6

억, 5개년 평균 753억이 증액되었다.

정부 총지출, 문화 · 체육 · 관광 총지출, 체육예산 총지출, 그리고 체육기금 총지출에 있어서 정부(예산)안 대비 최종예산의 증가율을 비교해 보면 체육기금의 증가율이 가장 높음을 알 수 있다. 특히 체육예산 즉, 체육부문 정부예산의 정부안 대비 최종액이 거의 유사하다는 점을 감안한다면 체육기금의 정부안 대비 최종액의 증가 비율은 타 부문에 비해 이례적으로 높다고 하겠다. 그러나 전년대비 최종 확정액의 증감에서는 일관성 있는 추세는 찾아지지 않는다. 즉, 정부 총지출과 문화 · 체육 · 관광의 총지출은 전년대비 지속적으로 증가 추세를 보이고 있으나 체육예산과 체육기금의 전년대비 확정총지출에서는 일관성 있는 추세가 보이지 않는다.

| | 표 10 | 체육기금 국회 증감액 현황 |

(단위: 백만원, 개)

구분	'10년	'11년	'12년	'13년	'14년	계
증액	82,638	61,044	69,847	100,852	64,925	379,306
(사업 수)	10	16	14	11	17	68
감액	2,912	0	0	0	50	2,962
(사업 수)	2	0	0	0	1	3
총계	79,726	61,044	69,847	100,852	64,875	376,344
(사업 총계)	12	16	14	11	18	71
정부안 대비 증감률	15.4% 증	9.5% 증	10.5% 증	12.2% 증	7.6% 증	10.7% 증

마지막으로 2010년~2014년간 체육기금의 정부안 대비 국회 증감액 현황은 위 <표 10>과 같다(구체적 내역은 <참고 2> 참조). 이를 종합해 보면, 5년간 68개 사업에서 3,793억원이 증액될 때 감액은 3개 사업에서 30억원에 불과했고, 정부안 대비 증가율은 최하 7.6%, 최고 15.4%에 달했다.

V. 문제점 및 개선방안

1. 문제점

1) 총액배분·자율편성예산제도 상의 문제점

(1) 지출한도 설정 근거의 모호성

다음 연도 예산편성을 위해 각 부처는 1월 말까지 중기사업계획을 제출해야 하고, 기획재정부는 3월 말까지 지출한도를 포함한 예산안편성지침을 제시하도록 되어 있다. 특히 지출한도의 설정은 총액배분·자율편성 예산제도에 있어 매우 중요한 역할을 수행한다. 하지만 지출한도 설정에 허용되는 기간이 2개월에 그쳐 합리적이고 면밀한 검토가 가능할까 하는 염려와 함께 부처가 제출한 중기사업계획서만을 토대로 지출한도를 설정하는데 무리가 없을까하는 우려가 따른다.

이러한 염려와 우려가 현실적으로 작용한 탓인지, 지출한도 설정 후 정부안이 제출되기까지 부처와 기획재정부는 지속적인 협의 과정을 거치면서 지출한도 대비 정부안의 규모가 매년 크게 증가하고 있음을 사례분석을 통해 확인했다. 한 마디로, 부처의 중기사업계획서와 기재부의 지출한도 및 정부안 간의 논리적 연관성(기준, 근거)을 찾기는 어려웠다. 또한, 비록 국가재정전략회의에서 논의되어 합의되었다고는 하지만, 연평균 17.1%에 이르는 증액 규모는 지출한도를 설정하는 의의를 찾을 수 없게 만든다고 하겠다. 이 같은 문제점은 총액배분·자율편성 예산제도의 효용성은 물론 그 제도 자체를 위협하고 있다고 하겠다.

(2) 예산 편성에 있어 부처 자율성 제약

앞서도 언급하였지만, 총액배분·자율편성 예산제도의 도입으로 가장 기대되었던 효과는 예산편성에 있어서의 부처자율성이었다. 그러나 지출 한도가 주어져 제도 도입 이전처럼 예산 요구에 대한 재정 당국의 통제와 조정, 특히 신규 사업에 대한 간섭 행태는 여전하다고 하겠다(김춘순, 2014a: 384; 윤영진, 2010: 155).[18] 이미 <표 5>에서 보았듯이, 중기사업계획서 제출안(당초)과 지출한도(시안) 설정 단계까지 반영되지 않았던 신규사업들이 부처 요구안에 포함되어 있었다.[19] 이렇듯 신규사업이 반영되지 않은 지출한도의 부여는 예산편성시 부처의 자율성을 제약하는 한계로 작용할 뿐만 아니라 지출한도의 효용성은 물론 총액배분·자율편성 예산제도의 실효성에 의문을 갖게 하는 또 다른 근거가 될 것이다.

2) 국가재정운용계획의 낮은 실효성

미래를 정확히 예측하기란 어렵기 때문에 예측 값과 실제 값 간에는 어느 정도의 차이가 있게 마련이다. 하지만 그 차이가 크다면 예측 도구로서의 유용성은 낮다고 하겠다. <표 7>를 통해 예측 연도가 길어질수록 예측 값과 실제 값 간의 격차가 점차 커짐을 확인했는데, 이 같은 현상은 특정 연도의 예산(안)을 5년 단위로 연동시켜 작성되어야 할 국가재정운용계획이 이전 년도에 작성된 계획으로부터 영향을 거의 받지 않는다는 사실에서 기인했다고 보아야 할 것이며, 이 점이 국가재정운용계획의

---

18) 이밖에 총액배분·자율편성 예산제도의 핵심 요소인 '지출한도'가 지니고 있는 아래의 현실적 한계들 때문에 제도의 도입 취지를 살릴 수 없다: ① 지출한도 설정을 위한 국가재정운용계획 수립 및 토론회는 재정 당국으로부터의 지출한도(시안) 부여 시한(통상 3월 31일) 이후인 6월에 실시되고 있다. 따라서 재정 당국이 부여한 지출한도가 사실상 잠정치로 운영되고 있기에(권민경·김병섭, 2009: 165) 지출한도에 대한 검토가 정교하게 이루어졌다고 보기 어렵다. ② 지출한도 결정과정에서 개별사업들에 대한 검토가 이루어진 이후 예산 요구 단계에서 사업 내용이 변경되는 경우, 중기계획상의 액수와 편성된 예산의 액수가 일치되지 않는 경우도 종종 발생한다. 한 마디로 지출 한도가 엄격하게 지켜지지 않는다는 의미이다.
19) 물론 부처의 입장에서는 1월 말까지 중기사업계획서에, 나아가 지출한도 통보 이후 부처요구안 제출 시한에 맞춰 약 2개월 만에 신규 사업을 검토·반영시키기에는 시간이 촉박하다는 점도 있겠지만, 본격적 예산협의 단계인 부처요구안 이후 단계가 더 중요하다는 그간의 학습효과도 작용했으리라 여겨진다.

실효성에 의문을 갖게 만든다고 하겠다.

이밖에 국가재정운용계획이 내포하고 있다고 여겨지는 문제점들은 다음과 같다. 첫째, 우리나라 국가재정운용계획 수립 시스템에는 어떤 과정을 거쳐 계획이 최종 확정되는 것인지에 대한 명백한 규정이 없다(강태혁, 2010: 160). 단지 매년도 예산안과 함께 정부는 회계연도 개시 90일 전까지 계획을 수립하여 국회에 제출토록 규정되어 있을 뿐이다. 둘째, 국가재정운용계획은 5년 단위로 연동시켜 계획을 작성한다지만 연동에 관련된 일련의 원칙들을 갖추지 못하고 있다(신해룡, 2011: 96). 셋째, 국가재정운용계획에서는 총지출, 총수입, 국가채무, 경제성장률, 재정수지 등과 같은 주요 경제·재정 총량지표의 전망치들이 계속 수정되고는 있지만, 변경 사유 및 배경에 대한 설명은 부족한 편이다(신해룡, 2011: 96). 넷째, 국가재정운용계획은 국회 제출에 의의를 두는 반면, 차년도 예산 수립에 거의 모든 역량을 집중하고 있는 듯하다. 단지 국회에서 확정된 차년도의 예산액을 정부안에서 확정액으로 수정하는 정도에 그치는 등 차기 년도 국가재정운용계획을 심도 있게 검토·수정되지 않고 있기에 그 이후 연도의 국가재정운용계획은 정부안과 큰 차이가 없다. 마지막으로, 정부의 재정정책 의지에 대한 홍보 수단으로 사용되어질 수도 있다. 예를 들면 연동이 시작되는 년도의 예산을 처음에는 과다하게 계획했다가, 실행 연도가 다가올수록 재정수지의 균형을 맞춰 나가 재정건전성 유지에 대한 정부의 의지를 표방할 수 있을 것이다.

3) 증액위주의 국회 예산 심의

국회는 정부 예산안에 대한 심의·견제 기능을 충실히 수행함으로써 불요불급한 사업의 폐지 및 예산낭비의 억제 등에 기여해야 할 의무가 있다. 그러나 분석결과(<표 8, 9, 10> 참조), 체육기금의 예산액 심의시 국회는 본연의 역할에서 벗어나 정부안대비 예산액을 증액시키는 행태를 보여 왔다. 이처럼 예산당국과 부처가 협의하여 수립된 예산안이 국회에서 증액된다면, 당초 수입에 대응하는 지출을 계획했던 정부안에 체육기금의 추가적 지출이 더해져야 함으로 체육기금의 재정건전성이 악화되는 결과가 초래된다. 나아가 부처가 사용을 고려하지 않았던 사업비가 예기치 않게 신설·증액된 상황이었기에 부실 또는 미비한 사업계획으로 인해 불용, 이월 등을 발생시키기도 한다.

4) 국가체육예산의 체육기금에의 높은 의존

국가 총지출이 2010년 292.8조원에서 2014년 355.8조원으로 21.5% 증가한 반면, 체육부문 국가예산은 2010년 1,529억원에서 2014년 1,488억원으로 약 3%(40억원)나 감소하였다. 또한 체육분야 국가예산(일반·광특 예산＋체육기금)은 2010년 7,497억원에서 2014년 1조 719억원으로 증가한 반면, 체육분야 국가예산에서 일반회계, 광특회계가 차지하는 비율은 2008년 39.2%에서 2014년 13.9%로 크게 감소하였다. 이는 체육부문 일반회계 예산을 줄여 타 부문 일반회계 예산으로 전환하는 대신 예산확보가 상대적으로 용이한 체육기금으로 일반회계 사업을 이관시킨 결과일 것이다. 한마디로, 체육분야 국가예산의 체육기금에의 의존도가 점차 심화되고 있다. 물론 체육기금의 증가도 주요 원인 중에 하나이겠지만, 체육분야 일반·광특회계가 감소하는 반면, 체육기금예산이 급증하는 현상은 체육기금의 재정건정성 악화, 일반회계가 수행하여야 하는 사업의 감소 등을 초래한다는 점에서 문제의 소지가 있다.

이와 함께 국가 총지출이 2010년부터 2014년까지 연평균 5.0% 증가한 반면, 체육기금은 같은 기간 동안 11.5%나 증가했다는 사실에도 주목할 필요가 있다[20]. 특정 분야 사업에 대한 안정적·지속적 자금 조달이 기금의 특성임을 감안하면, 급격한 체육기금 예산의 증가는 체육기금의 수입 조달과정에서 문제를 발생시킬 수 있다. 예를 들면 체육기금의 수입을 충당하는 경륜·경정·스포츠토토 사업의 과열을 가져올 수 있다는 지적이다.

2. 개선방안

1) 지출한도의 합리적 설정과 부처 자율편성 존중

Top－down 예산제도의 기본적 특징은 예산 총액이 먼저 결정된 후 예산 배분이 이루어진다는 점이다. 즉 분야별 한도액(sectoral ceilings)이 설정된 다음 특정 분야의 구체적 사업들에 대한 예산 배분이 이루어지므로, 각 단계의 예산배분은 직전 단계에서 결정된 한도액에 의해 제약을 받게 마련이다(하연섭, 2014: 115). 하지만 앞서 살펴본 체육기금예산의 경우, (부처와 기재부가 협의를 거친) 정부안은 지출한도 대비 평균 17.1%의 증액이 이루어졌다. 이처럼 실제보다 낮게 설정된 지출한도에 구속받

---

20) 2014인천아시아경기대회, 2018평창동계올림픽대회 등 국제대회 유치에 따른 영향도 일부 있겠지만, 해당 기간만의 예외적 현상은 아닌 것으로 여겨진다.

지 않은 채 부처와의 협의과정을 거치면서 예산액이 증가되는 것이 보편적인 현상이라면, 지출한도의 설정 의미는 물론 총액 범위 내에서 부처 자율적으로 예산을 편성한다는 Top-down 예산제도의 도입 취지가 무색해졌다고 하겠다. 따라서 기획재정부는 전년도 최종 예산규모, 중기사업계획서 등을 종합적으로 검토하여 실질적인 구속력을 가진 지출한도를 설정하여야 하며, 부처는 현실화된 지출한도의 규모 내에서 자율편성 기조를 조성해 나가야 할 것이다.

또한 기획재정부는 부처가 제출한 예산요구안을 원점부터 검토하는 방식을 취하고 있다. 이러한 방식은, 합리적인 예산편성을 위해 불가피한 측면도 없진 않지만, 부처의 자율편성기조를 원천적으로 봉쇄하고 있다고 해도 과언이 아니다. 따라서 기획재정부는 부처의 자율편성권을 최대한 존중하고 강화시키는 방향으로 현재의 부처 예산안 검토 방식을 개선하여야 할 것이다. 이를 위해선, 각 부처는 예산 당국과의 협의과정이나 국회의 심의과정을 거치면서 증액될 가능성을 염두에 두고, 불요불급한 사업비는 포함시키면서 필수적 예산은 고의로 누락시키는 등의 편법 사용부터 근절하려는 의지부터 보여야 할 것이다.

2) 국가재정운용계획의 연동방식 지양 및 연동기간의 축소

원래 국가재정운용계획은 차기 연도의 계획을 수립할 때 불가피한 부분적 수정은 허용하되, 직전 년도의 계획을 기초로 하여 연동시켜야 한다는 인식이 전제되어 있다. 그러나 현실에서는 전년도 계획에 구속받지 않고 자유롭게 수정할 수 있으며, 그 변경 사유마저 밝혀야 할 의무가 없는 실정이다. 그 결과, 앞서의 사례분석에서도 확인되었듯이, 매년 확정되는 국가재정운용계획과 (그 이전 년도에) 예측한 계획 간의 괴리가 적지 않게 나타난다. 따라서 중장기 차원에서 사업계획을 수립하겠다는 국가재정운용계획의 취지를 살리지 못하고 있다고 하겠다.

이에 연동방식의 국가재정운용계획을 주기적 국가재정운용계획으로의 전환을 고려할 필요가 있다. 예를 들어 대통령 임기를 주기로 하여 국가재정운용계획을 수립한다면 정권의 책임성이 강화될 것이며, 임기 종료 후 정권의 성과에 대한 평가도 가능하므로 국가재정운용계획의 실효성이 크게 제고될 것으로 판단된다. 또한 우리나라도 국가재정운용계획의 작성 주기를 현재의 5년에서 3년으로 축소함으로써 국가재정운용계획의 실효성을 높이고 활용도를 강화하는 방안을 적극 고려해 볼 필요가 있다. 참고적으로 캐나다, 스웨덴, 독일, 영국 등은 예산연도를 포함한 3년을 중기재정계획의 대상기간으로 삼고 있다(신해룡, 2011: 93). 이와 함께 이전 년도에 세운 계획을 부득이하게 수정해야 한다면 그에 대한 구체적이고 타당한 사유(예, 경제 여건이나 정책의 변화에 따른 전망치 변화와 정책변화 등)의 국회 제시를 의무화한다면 국가재정운용계획이 보다 신중하게 작성될 것이다(배득종 · 유승원, 2014, 371).

3) 국회 예산 심의 강화

이미 언급했지만, 우리나라 헌법 제57조는 "국회는 정부의 동의 없이 정부가 제출한 지출예산 각항의 금액을 증가하거나 새 비목을 설치할 수 없다'고 규정하고 있다. 이는 국회의 예산 심의는 원칙적으로 증액이 아닌 감액 위주로 이루어져야 한다는 의미를 함축하고 있다고 여겨진다. 하지만 앞의 사례분석을 통해, 비록 정부의 동의가 전제되지만, 국회의 예산심의과정에서 증액이 빈번하게 이루어짐을 확인하였다. 국회에서의 증액이 문제되는 이유는 특정 사업에 대한 타당성 검토는 생략된 채 정치적 이해관계가 작용되는 경우가 많기 때문이다. 그 결과, 사업비만 증액되었지, 이를 집행할만한 인적 · 물적 자원이 확보되지 않아 집행률 부진 등 예산의 합리적 사용을 제약한다. 또한 사업추진의 당위성과 의지가 취약한 관계로 사업의 목표 달성이 어려워지기 쉽다.

이에 국회 해당 상임위 또는 예결위는 정부 예산안에 대한 면밀한 검토 · 심의를 위해, 예산 증액 제안자 명단을 포함한 심의과정을 공개하여 책임성을 강화하고, 예산심의기간을 늘리는 동시에 현재 비상임위원회인 예산결산위원회를 상임위원회로의 전환을 검토할 필요가 있다.

4) 체육기금의 재정건전성 지속방안 마련

국가재정법이 2007년 1월 1일 제정된 이후, 국가예산과 기금의 관리가 강화되고, 국가예산과 기금 간 이관이 활발해지고 있다. 이 같은 현상은 체육기금에서도 뚜렷하게 나타나고 있다. 체육예산의 체육기금으로의 이관은 '10~'14년 5년간 1,059억 원(10건)이었던 반면 체육기금에서 체육예산으로 이관된 내역은 670억 원(3건)이었다. 이마저도 일반회계가 아닌 체육시설 건립과 관련한 광역지역발전특별회계로의 이관이었다(<표 2>, <표 3> 참조). 이에 따라 체육부문의 국가예산이 차지하는 비율이 2008년 39.2%에서 2014년 13.9%로 꾸준히 감소하는 반면, 체육기금의 비중은 2008년 60.8%에서 2014년 86.1%로 급증하고 있다(<표 1> 참조). 비록 체육기금의 자체수입이 증가하고 있다지만, 이 같은 체육기금 비중의 급격한 증가 추세는 체육 분야의 지속적 · 안정적 자금지원을 위해 조성된 체육기금의 재정안정성을 훼치는 원인이 될 수 있다.

또한 기금의 대대적인 지출을 유발하는 국제대회 개최 등의 관련 예산이 요구되지 않아 기금에 여유자금이 존재할 경우, 주무부처인 문화체육관광부 내 자금사정이 열악한 다른 기금으로의 이관 가능성도 예견된다. 이처럼 타 기금으로의 출연은 국민체육진흥이라는 체육기금의 존재 목적과 건전한 재정구조를 헤칠 수 있기에 지양되어야 할 것이다.

이러한 문제의 해결을 위해 체육부문 국가예산의 비중이 낮아지는 추세를 억제하고, 국가 전체적으로 시행하여야 하는 사업은 국가예산으로, 생활체육·전문체육 등 체육부문에 특화된 사업은 체육기금으로 사용한다는 등의 원칙이 지켜져야 할 것이다. 나아가 대규모 국제대회 완료 후 신규 사업의 발굴, 기존사업의 규모 확대 등과 같은 체육기금 본래의 목적사업에 기금이 사용되어야 할 것이다.

Ⅵ. 결 론

정부정책의 실행에 반드시 수반되어야 하는 예산의 효율적 편성을 위해 국가재정법 제정을 비롯해 국가재정운용계획, 총액배분·자율편성 예산제도 등의 예산 개혁 제도들이 도입·시행된 지 8년이 경과되었다. 이러한 제도들의 효과성 검증을 위해 체육기금을 사례로 삼아 분석하였다. 연구대상기간은 2010년부터 2014년까지의 5개년이었으며, 비교분석의 기준은 중기사업계획제출안, 지출한도, 요구안, 정부안, 최종예산액이었고, 비교대상은 정부 총지출, 체육부문 국가예산 등이었다.

먼저 예산, 기금, 총액배분·자율편성 예산제도, 국가재정운용계획, 국회 예산 심의 등과 같은 주요 개념들에 대한 이론적 검토를 시도한 다음, 선행연구 분석을 통해 부처의 중기사업계획서 제출안 단계부터 국회의 심의·결정 단계에 이르기까지 나타난 특성과 문제점을 도출하여 개선방안을 제안할 수 있는 토대를 마련하였다.

이어서 총액배분·자율편성 예산제도의 효과성을 살펴보기 위해 연도별로 총액한도대비 정부안 증감액 비교, 예산 편성단계별 신규사업 현황을 비교해 보았다. 그리고 국가재정운용계획상의 예측값과 실제값 비교, 체육기금과 우리나라 전체 국가재정운용계획 규모의 추이 비교, 신규사업 반영비율 등을 통해 국가재정운용계획의 효과성을 검토해 보았다. 그리고 국회 심의과정에 대한 검토를 위해 총지출의 연평균 증가율, 정부안 대비 최종 확정액의 증감액 비교, 체육기금의 국회 증감액 현황을 분석하였다. 이상의 비교 분석 결과를 요약해서 차례로 제시하면 다음과 같다.

먼저 중기사업계획서상의 총지출규모와 지출한도와의 차이는, 2012년을 제외하고는, 크지 않았으나 지출한도를 준수한 부처안 제출 이후 예산당국과의 협의과정에서 정부안이 증가하는 현상이 뚜렷했다. 그리고 이전연도에 계획한 국가재정운용계획안과 특정 연도의 실제 예산액과는 적지 않은 차이를 보였다. 이어서 국회 심의·확정과 관련, 체육기금 총지출의 정부안과 최종의 연평균 증가율은 13.5%, 11.5%로 매우 가파른 증가 추세를 보이고 있는 반면 체육부문 국가예산은 감소 추세를 나타내고 있음을 확인하였다. 마지막으로 체육기금은 정부안대비 국회 확정액이 감소하는 경우는 없었으며, 증가규모 비율은 최저 7.6%, 최고 12.2%였으며, 증가한 금액은 최저 610억, 최대 1,009억에 달했다. 같은 기간 정부 총지출이 정부안 대비 확정액이 증가한 해는 2010년이 유일했고, 나머지 4년은 모두 감액된 것을 감안하면 체육기금의 증가율은 이례적으로 높은 것으로 여겨진다.

이러한 분석 결과를 토대로 ① 모호한 지출한도 설정과 형식적 부처자율 예산편성, ② 국가재정운용계획의 낮은 실효성, ③ 증액위주의 국회 예산 심의, ④ 국가 체육예산의 체육기금에의 높은 의존도를 문제점으로 제시하였다. 이어서 이들의 개선을 위해 ① 지출한도의 합리적 설정과 부처 자율편성 존중, ② 국가재정운용계획의 연동방식 지양 및 연동기간의 축소, ③ 국회 예산증액 심의과정의 공개·문서화, ④ 체육기금의 재정건전성 지속방안 마련 등을 제안한 바 있다.

본 연구는 예산편성과정에서 나타나는 현상에 대한 분석을 실시함으로써 예산개혁 조치의 일환인 총액배분·자율편성 예산제도와 중기재정운용계획의 효과를 살펴보았다는 점에서 의의가 있다고 하겠다. 또한 구체적 사례인 체육기금에 대한 실증적 분석을 통해 타 기금 또는 분야에도 적용 가능한 새로운 연구 관점을 제시했다는 시도에서 타 선행연구와의 차별성도 찾을 수 있을 것이다.

그러나 특정기간(2010~2014)의 체육기금만을 분석대상으로 삼았다는 점은 본 연구의 결과를 일반화시키기에는 일정한 한계로 작용할 수도 있는 것이다. 또한 총액배분·자율편성 예산제도와 중기재정운용계획의 '효과성'에 대한 명백한 정의와 함께 효과성 여부를 판단할 수 있는 범위 내지 기준값을 제시하지 못했다는 사실(물론 이에 대한 현실적인 해결책을 찾기란 쉽지 않겠지만, 이론적인 측면에서의 한계임은 분명함으로) 역시 또 다른 한계로 지적될 수 있을 것이다. 이밖에 국회의 (예산)심의과정에서의 문제점 지적과 개선방안 제안을 예산편성과정상의 문제점 지적과 개선방안 제시보다 비중 있게 다루어졌으며, 국회심의과정에서조차도 국가재정운용계획에 관련된 비중이 총액배분 자율편성 예산제도보다 높았다는 점도 추후 보완되어야 할 것이다.

참고문헌

강태혁. (2010). 「한국예산제도론」. 서울: 율곡출판사.

권민경·김병섭. (2009). 탑다운 예산제도의 자율성 변화 분석. 「한국행정연구」, 18(4): 145-170.

권오성. (2013). 「재정건전성을 위한 지출 및 채무 제한제도 도입에 관한 연구」. 서울: 한국행정연구원.

기획재정부. (2014). 「2014년도 기금현황」.

김상헌·문병기. (2007). 「총액배분자율편성(Top-down) 예산제도 사례분석」. 정부혁신지방분권위원회.

김성태. (2008). 우리나라 중기재정계획의 실효성 제고방안. 「재정학연구」, 1(4): 269-305.

_____. (2010). 「재정준칙 도입에 관한 연구: 정치적 지대추구행위와 장기재정추계를 중심으로」 서울: 한국개발연구원.

김영훈. (1988). 예산개혁을 위한 중기재중계획제도의 시도. 「사회과학논총」 19: 3-9.

김종세. (2011). 지방자치단체 기금의 효율적 관리방안. 「법학연구」 42: 25-43.

김춘순 (2014). 「국가재정 이론과 실제」. 서울: 학연문화사.

김춘순·박인화. (2012). 국회 예산과정 분석과 확정예산의 정책적 함의. 「재정정책논집」, 14(2): 125-154.

나중식. (2006). 「재무행정론」. 서울: 형설출판사.

박영희·김종희. (2008). 「新재무행정론」. 서울: 다산출판사.

박정수. (2013). 국회 예산심사제도 평가와 개선방안. 「사회과학연구논총」, 29(1): 301-332.

배득종·유승원. (2014). 「신재무행정」. 서울: 박영사.

소병희. (2008). 「재정학」. 서울: 박영사.

신무섭. (2009). 지방자치단체의 국가예산 증대노력과 그 결과: 전북을 중심으로 한 예비적 연구. 「한국자치행정학보」, 23(2): 1-21.

신해룡. (2011). 「예산개혁론: 21세기 나라살림 개혁의 청사진」. 서울: 세명서관.

_____. (2012). 「예산정책론-예산결산과 재정정책」. 서울: 세명서관.

오영균. (2007). 예산총액자율편성제도 예산제도와 국회예산심의에 관한 연구: 사전예산제도도입을 통한 국회심의권강화를 중심으로.「한국공공관리학보」, 21(3): 91-112.

원구환. (2014). 「재무행정론」. 서울: 대영문화사.

윤성식. (2006). 정부혁신의 이론과 사례: 총액배분자율편성예산제도. 「한국행정과 정책연구」, 4(2): 29 – 50.

윤영진. (2010). 「새 재무행정학」. 서울: 대영문화사.

_____. (2014). 「새 재무행정학 2.0」. 서울: 대영문화사.

이민호 · 이정희. (2012). 「재정건전성을 위한 세입관리 및 세출관리 개선방안」. 서울: 한국행정연구원.

이영조 · 문인수. (2013). 「재무행정론」. 서울: 대명출판사.

이원희 · 주기완. (2011). 중기지방재정계획 실효성 제고 방안. 「한국지방논집」, 16(2): 177 – 212.

정창률. (2010). 국민연금 기금의 근본성격에 관한 연구: 다양한 위상과 가능성 고찰. 「사회복지정책」, 37(1): 51 – 73.

진상기 · 오철호(2015). 예산형성 과정에 있어서의 '정치 · 행정 요인'의 재발견: 한국고등교육 예산의 시계열회귀분석을 중심으로. 「한국행정연구」, 24(1): 103 – 137.

하연섭. (2014). 「정부예산과 재무행정」서울: 다산출판사.

함성득 · 이상호 · 양다승. (2010). 총액배분자율편성제도의 효과에 관한 실증적 연구: 교육과학기술부 교육분야 예산의 점증성을 중심으로. 「행정논총」, 48(4): 295 – 323.

허명순. (2013). 지방자치단체의 재정수지 결정요인. 「한국지방재정논집」, 18(3): 91 – 118.

Bland, Robert L. & Rubin, Irene S. (1997). *Budgeting: A Guide for Local Governments*. Washington DC: ICMA.

Coe, Charles K. (1989) *Public Financial Management*. New Jersey: Prentice – Hall, Inc.

Gilmour, John B. & Lewis, David E. (2005). Assessing Performance Budgeting at OMB: The Influence of Politics, Performance, and Program Size. *Oxford University Press*. JPART 16: 169 – 186.

Hyman, David N. (2002). *Public Finance, A Contemporary Application of Theory to Policy*, Seventh Edition. Ohio: South – Western, Thomson Learning.

Key, V. O., Jr. (1940). The Lack of a Budgetary Theory. *American Political Science Review* 34: 1137 – 44.

Lynch, Thomas D. (1985). *Public Budgeting in America*, Second Edition. New Jersey: Prentice – Hall, Inc.

Mikesell, John L. (1999). *Fiscal Administration* Fifth Edition. FL: Harcourt Brace College Publishers.

Wildavsky, Aaron. (1961). Political Implications of Budgetary Reform. *Public Administration Review*. 21(4): 183 – 90.

| 참고 1 | 선행연구 주요 내용 |

구분	연구자 (연도)	연구주제	주요 내용
기금제도 및 운영	정창률 (2010)	국민연금 기금의 근본 성 격에 관한 연구: 다양한 위상과 가능성 고찰	국민연금의 공공기금 혹은 국부기금의 성격에 주목. 금융기관 이해관계에 부합하는 방향으로 지배구조가 변하는 것은 위험하다고 지적. 국민 연금이 가지고 있는 다양한 가능성을 중심으로 국민연금기금 지배구조 재논의의 필요성 주장
	김종세 (2011)	지방자치단체 기금의 효 율적 관리방안	기금제도의 법적 근거, 지방자치단체 기금의 운 영 및 분류, 기금의 정책적 방향을 살펴보고, 기 금운용의 문제점 도출. 기금운영의 투명성 및 안정성 강화를 위한 제도 마련, 지방자치단체 기금 통폐합, 기금운용위원회의 전문성 확보, 지 방자치단체관리 기금 성과분석 실시 제안
예산총액 배분· 자율편성 제도	윤성식 (2006)	정부혁신의 이론과 사례: 총액배분자율편성예산 제도	정부조직을 독립기관, 사업부처, 비사업부처, 청 단위기관 등 4개 그룹으로 분류해 분석한 결과, 독립된 헌법기관으로서 행정부의 통제에서 벗어 나 있는 독립기관과 비사업부처는 예산요구액의 변화율에 유의미한 차이점이 나타나지 않았고, 사업부처와 정책집행부처인 청단위기관은 총액 예산제도의 효과 즉, 예산요구액 감소나 예산요 구액의 증가율이 낮아진 것으로 나타남
	오영균 (2007)	예산총액자율편성제도 예산제도와 국회예산심 의에 관한 연구: 사전예 산제도도입을 통한 국회 심의권 강화를 중심으로	정보 비대칭의 확대로 인해 예산총액배분자율편 성제도는 주인인 국민과 국민의 대표자 역할이 기대되는 국회의 예산심의기능을 약화시키는 부 정적인 영향을 미침. 국회차원의 제도적 대응방 안으로 정보 확보를 위한 사전예산(pre-budget) 제도의 도입을 주장
	함성득 외 (2010)	총액배분자율편성제도 의 효과에 관한 실증적 연구: 교육과학기술부 교 육분야 예산의 점증성을 중심으로	2001년부터 2010년까지 교육 분야 예산을 대상 으로 통계분석 실시, 총액배분자율편성제도가 시 행된 2005년 이후 교육과학기술부 교육 분야 사 업들의 점증적 예산편성관행이 전반적으로 개선 되면서 예산배분의 효율성이 제고되는 등 기대효 과가 일정부분 발휘되고 있었음

국가 재정 운용 계획	김성태 (2008)	우리나라 중기재정계획의 실효성 제고방안	중기재정계획제도의 도입배경과 변천과정, 국가재정운용계획의 실태와 문제점 분석. 개선방안으로 국가재정운용계획의 수립을 위한 공식적인 기구설립, 중기재정계획 재정관리에 대한 구체적 목표 설정, 정책과 중기계획의 연계강화, 철저한 사후관리, 국회 역할 확대, 재정 종합전산망 구축 등을 제시
	이원희 · 주기완 (2011)	중기지방재정계획 실효성 제고 방안	국가재정계획과의 비교를 통하여 중기지방재정계획의 저해요인을 살펴봄. ① 국가재정운용계획, 지방자치단체의 투융자 심사일정과의 순기 연계, ② 거버넌스의 재설계, 심의위원회 운영의 합리성 제고, 참여예산제와의 연계성 강화를 통한 참여의 내실화, ③ top down 방식에 의한 우선순위 반영 등의 실효성 제고방안 제시
국회 예산 심의	신무섭 (2009)	지방자치단체의 국가예산 증대노력과 그 결과: 전북을 중심으로 한 예비적 연구	전라북도가 국가예산을 증대시키려고 노력하는 과정에서 ① 행정편의주의, ② 낭비, ③ 책임의 결여 등의 부수적인 결과를 초래하였다고 지적. 특히 국회가 지방자치단체의 국가예산 증대에 긍정적으로 작용한다는 점 확인. 국회는 예산을 삭감하는 규범적 역할을 기대할 수 있는데 실제는 전북의 국가예산을 증대시킨다고 지적
	김춘순 · 박인화 (2012)	국회 예산과정 분석과 확정예산의 정책적 함의	2010-2012회계연도 국회 예산과정 분석 결과, 국회 확정 예산이 정부안 보다 4,800억원 순감(-0.16%), 감액과 증액 모두 반영한 국회 예산안 총수정률은 3년 평균 1.94%를 나타냄. 감액의 경우 기금이 예산회계의 2.36배이지만, 증액은 복지 분야와 SOC 분야의 예산사업 증액에 따라 예산회계가 기금의 4.14배로 나타남
	박정수 (2013)	국회 예산심사제도 평가와 개선방안	예산심사는 미시적 지역구 중심의 행태를 보이고 있으며 정치적 논쟁이 중요한 위상으로 자리잡고 있어 예산심의가 최종 예산결정에 실질적인 영향을 미치지 못하고 있는 것으로 분석. 개선방안으로 별도 위원회 설립, 예산결산특별위원회 상임위 전환, 예산심사기간 연장, 예결위 계수조정소위원회 회의내용 공개 등 제시

참고 2 년도별 체육기금 국회 증감 주요 사업 현황

2010년	증액	국제대회 개최지원(603억원), 2011대구세계육상선수권대회 지원(81억원), 태권도공원 건립지원(70억원) 등
	감액	레저스포츠 시설지원(5억원 감액, 45억→40억), 자전거유스호스텔 조성(24억 전액 삭감)
2011년	증액	국제대회 개최지원(213억원), 2011대구세계육상선수권대회 지원(136억원), 국가대표종합훈련장 지원(77억원) 등
	감액	–
2012년	증액	생활체육프로그램 지원(171억원), 2014인천아시아경기대회 지원(150억원), 2015광주하계U대회 지원(93억원), 국제대회 개최지원(60억원) 등
	감액	–
2013년	증액	2014인천아시아경기대회 지원(615억원), 생활체육프로그램 지원(186억원), 국제대회 개최지원(59억원) 등
	감액	–
2014년	증액	2014인천아시아경기대회 지원(266억원), 2015광주하계U대회 지원(105억원), 2014인천장애인아시아경기대회 지원(60억원), 국제대회 개최지원(19억원) 등
	감액	생활체육 국제교류 지원(0.5억원 감액)

▶ ▶ ▶ 논평

이재완(호서대학교 법경찰행정학부 교수)

1. 서 론

최근 우리 사회를 보면 저출산·고령사회의 도래와 함께 실업률 증가로 인해 국가재정 지출은 증가하고 있으나, 경기침체로 인해 국가재정 수입은 한계에 부딪쳐 있다. 이러한 수입과 지출의 이중 압박으로 인해 우리 국가재정은 상당한 위기에 직면해 있다. 국가재정의 위기는 비단 어제, 오늘의 일만은 아니다. 그럼에도 불구하고 공공선택론자들의 주장처럼 국가재정과 관련된 주요 행위자들은 이러한 위기에 아랑곳하지 않고 자신의 이익을 극대화하기 위해 국가재정 자원을 서로 차지하려고 경쟁해 왔다. 이러한 사익추구 경쟁을 완화하고 국가재정 자원을 장기적인 관점에서 효율적으로 활용하기 위한 개혁 논의가 꾸준히 진행되어 왔다. 국가재정 운영의 합리화와 효율화를 위한 개혁의 일환으로 추진된 것이 바로 3＋1 예산제도이다. 1년 단위의 재정운용을 5년 단위의 중장기적인 관점으로 전환하고자 하는 '국가재정운용계획', 통제 중심의 예산 편성에서 상향식의 예산 편성 및 개별사업 검토방식으로의 전환을 지향하는 '총액배분자율편성 예산제도(top－down budget)', 투입 중심에서 성과 중심으로의 전환을 꾀하는 '성과관리예산제도(performance budget)', 그리고 이들을 뒷받침하고 재정정보를 투명하게 제공하기 위한 '디지털예산회계시스템'이 그것이다. 그 중에서도 방만하고 비효율적인 관행을 개선하기 위한 국가재정운영계획과 총액배분자율편성제도는 예산집행기관의 자율적인 의사결정에 의한 재정개혁 조치로 많은 기대를 모았다. 국가재정운용계획은 예산과 기금을 통합하여 5개년 단위의 연동계획(rolling plan)을 수립하고, 중장기적인 관점에서 정책에 기초하여 국가재정 자원을 전략적으로 배분하고자 하는 것이다. 그리고 총액배분자율편성예산제도는 중앙예산기관이 국가의 중장기적인 계획에 따라 예산 총액과 각 분야별 예산 배분 규모(이를 지출한도라 한다)를 결정하고, 각 부처는 자신에게 배분된 예산 한도 내에서 자율적으로 예산을 편성하여 운영하는 방식이다.

우리나라의 현행 예산편성 및 심의 과정을 살펴보면, 회계연도 개시 전전년 12월 말에 기획재정부(이하 기재부)는 각 부처(엄밀히는 중앙행정관서)에 국가재정운용계획 수립지침을 통보하고, 각 부처는 회계연도 개시 전년도 1월 말까지 중기사업계획서를 기재부에 제출한다. 이에 따라 기재부는 국가재정운용계획 시안을 수립하고 3월말에 예산편성지침을 각 부처에 통보하고, 재정전략회의를 4월에 개최하여 지출한도를 4월말까지 각 부처에 통보한다. 이제 각 부처는 예산편성지침에 따라 지출한도 내에서 예산요구서를 작성하여 5월 말까지 기재부에 제출하는 예산요구를 하게 된다. 이후 6월부터 8월까지 각 부처와 기재부는 예산안 협의와 보완을 하고 국무회의 의결을 거쳐 회계연도 개시 120일 전(9월 2일)까지 국회에 제출한다. 국회로 넘어온 예산안은 상임위 예비심사와 예결위 종합심사를 거쳐 회계연도 개시 30일 전(12월 2일)까지 본회의 의결을 거쳐 확정된다. 그 후 기재부는 예산 배정계획을 수립하여 정기배정계획 및 수시배정사업을 확정하게 된다. 이와 같은 예산편성 및 심의 과정에서 국가재정운용계획과 지출한도가 매우 중요한 역할을 한다. 두 제도는 국가재정의 중장기적인 계획과 단년도 중심의 예산이 부합할 수 있도록 하여 건전한 운영과 효율적인 자원배분을 지향하고 있다.

이 논문은 총액배분자율편성예산제도와 국가재정운용계획이 우리나라 예산과정에서 기대한 대로 작동하고 있는지를 2010년부터 2014년까지 5개년 간의 국민체육진흥기금 운용 사례를 대상으로 분석한 후, 제도 도입의 취지를 충실히 살리기 위한 개선방안을 제시하고 있다.

이하에서는 이 논문의 주요 내용을 간략히 정리하고, 이 논문이 갖는 학문적·정책적 기여는 무엇인지 살펴볼 것이다. 그리고 제도가 도입된 지 상당한 시간이 지난 오늘날 이 개혁 제도들이 어떤 의미를 가지는지를 검토하고, 향후 연구를 위한 방향을 간단히 제언하고자 한다.

2. 해당 논문의 주요 내용

이 논문은 크게 이론적 논의 및 체육기금의 운용 현황을 정리한 부분과 총액배분자율편성예산제도 및 국가재정운용계획의 효과성을 분석한 부분, 분석결과로 나타난 문제점과 개선방안을 제시한 부분 등 셋으로 이루어져 있다.

첫 번째 파트에서 예산은 정치적 특성을 지니고 있고, 일단 지출이 이루어지면 수혜집단은 당연한 권리로 여기기 때문에 기존사업의 폐지나 감축은 물론 신규사업의 시행을 어렵게 만든다고 한다. 그리고 총액배분자율편성제도의 기대효과로 ① '과다요구·대폭삭감'이라는 비합리적 관행의 불식, ② 예산운영의 배분적 효율성 확보, ③ 금액에서 정책 중심으로의 예산편성, ④ 각종 칸막이 장치들의 무용화, ⑤ 재정사업의 안정적 추진 가능 등을 들고 있다. 또한 국가재정운용계획의 도입 취지를 정부

사업과 예산을 효율적으로 연계시켜 책임 있게 집행하기 위해 중장기적 관점에서 재정을 계획적으로 운영하고자 하는 필요성이라고 소개한다. 국회 예산심의는 정치적 고려나 의원 자신의 개인적 이해 등이 개입되어 전체 예산이 팽창되는 사례가 종종 나타난다고 하였다. 그러면서 선행연구들이 제도의 부분적 측면만을 분석하였을 뿐 예산편성 단계별로 나타나는 현상들을 종합적으로 분석하지 않고 있으며, 제도의 효과성을 제대로 파악하지 못했다고 지적한다.

　두 번째 파트에서는 국민체육진흥기금을 대상으로 총액배분자율편성예산제도 및 국가재정운용계획의 효과성을 분석하였다. 선행연구들 대부분은 두 제도의 효과성을 측정가능한 형태가 아닌 추상적인 수사(rhetoric)들로 표현하고 있다. 개혁적인 제도로서 지향하는 바가 무엇인지 대중들이 쉽게 인지할 수 있는 장점이 있으나, 과학적 검증을 해야 하는 학자들에게는 그리 매력적이지는 않았다. 그에 반해 이 논문은 선행연구들에서 제시한 기대효과들 중 가장 중요한 가치를 갖는 효과를 중심으로 측정가능한 형태로 조작화하려고 노력하였다. 먼저 총액배분자율편성예산제도의 효과성은 과다요구 · 대폭삭감의 비합리적 관행 불식을 중심으로 기획재정부의 '지출한도대비 실제 수립된 정부안 증감액', '종료사업 대비 신규사업 현황(신규사업 반영비율)'으로 조작화하였다. 분석결과, 지출한도 대비 정부안 증감액은 차이가 크지 않아서, 기재부가 제시한 지출한도에 맞춰 예산을 요구하고 있어 과다요구 · 대폭삭감 관행이 개선된 것으로 보았다. 그러나 부처안 제출 이후 기재부와의 협의 과정을 거치면서 정부안이 다시 증가하여 제도 도입의 취지가 무색해진다고 비판한다. 신규사업의 경우 지출한도에 구애 받지 않고 부처가 요청을 하고 있으며, 그 요청이 기재부와의 협의 과정에서 반영되는 현상이 빈번하여 과다요구 관행이 여전함을 지적하였다. 다음으로 국가재정운용계획의 효과성은 정부사업과 계획 간의 연계를 중심으로 '이전 연도에 수립한 국가재정운용계획과 특정 연도에 실제 확정된 계획과의 차이'로 조작화하였다. 분석결과, 실제 확정된 예산액과 국가재정운용계획상의 금액 간에는 적지 않은 차이를 나타내어 연계성이 떨어진다고 지적하였다.

　세 번째 부분에서는 총액배분자율편성예산제도의 문제점으로 지출한도 설정 근거의 모호성, 예산편성에 있어서 부처 자율성 제약을 지적하였다. 그리고 국가재정운용계획의 경우 실효성에 의문이 있는데, 어떤 과정을 거쳐 계획이 최종 확정되는지 불명확하다는 점, 연동과 관련된 일련의 원칙이 구비되어 있지 못한 점, 주요 경제 · 재정 총량지표 전망치의 변경사유 및 배경에 대한 설명이 부족하다는 점, 국회에서 차기 년도 국가재정운용계획을 심도 있게 검토 · 수정하지 않는다는 점, 그리고 정부재정정책 의지의 홍보수단으로 사용될 수 있다는 점 등이 문제라고 지적하였다. 나아가 국회에서의 예산심의가 증액위주라는 것이 체육기금의 재정건전성을 악화시켰으며, 국가체육예산이 체육기금에 지나치게 높은 의존을 하고 있어 체육기금 재정건전성 악화와 조달과정의 문제, 일반회계가 수행해야 할 사업의 감소 등을 초래하는 문제가 있다고 지적하였다. 그리고 이들 문제점에 대응하는 식으로 개선방안을 제시하고 있다. 먼저, 총액배분자율편성예산제도의 경우 지출한도의 합리적 설정과 부처 자율성 존중이 필요하고, 국가재정운용계획의 경우 연동방식 지양과 연동기간의 축소가 필요하다고 한다. 그리고 국회의 예산심의를 강화하고, 체육기금의 재정건전성을 지속적으로 확보하기 위해 체육기금의 본래 목적사업에의 사용 등 사용 원칙 준수 등의 방안이 마련되어야 한다고 주장하였다.

3. 해당 논문의 기여

이 논문이 가지는 학문적·정책적 의미는 다음과 같은 몇 가지로 정리할 수 있다. 우선 학문적 측면에서 총액배분자율편성예산제도와 국가재정운용계획을 다룬 기존 연구들에 비해 훨씬 더 높은 구성개념 타당성(construct validity)을 갖추고 있다는 점이다. 다른 기존 연구들은 대개 전년도와 비교한 예산편성액의 증감을 기초로 그 효과를 가렸을 뿐이다. 반면 이 논문은 각 부처의 당초 제출안, 지출한도(시안), 부처 요구안, 기재부 정부안, 최종제출안 등 단계적·시기적으로 구분하여 어떠한 단계에서 변질이 이루어지는지를 분석하였다. 이러한 접근에 의해 지출한도를 기준으로 부처의 예산 편성요구안, 기재부와의 협의를 통해 확정한 예산편성안 등을 비교하여 효과를 분석하였다는 점에서 과다요구와 대폭삭감을 포괄하여 측정하였다는 점에서 매우 의미 있는 연구이다.

다음으로 정책적 측면에서 개혁처방 시 원래 의도했던 것과는 달리 비의도적인 효과가 나타날 위험성을 제시하고 있다는 점이다. 2003년부터 정부가 재정제도를 개혁하겠다는 의지를 가지고 선진국들이 시행하는 제도를 전이(transfer)하였다. 아무리 좋은 제도라 해도 사회문화적 환경이 맞지 않으면 제대로 작동하지 않고 오히려 역기능만 더 크게 나타났었던 사실을 여러 차례 경험한 터라 찬반 논란이 있었으나 우여곡절 끝에 도입되었다. 이 논문은 개혁에 대한 관료들의 저항에 의해 실패를 경험할 가능성을 제시하고 있다. 혹자는 우리나라 관료들은 자율성과 역량이 매우 높기 때문에 어떠한 개혁적 처방을 제시하더라도 교묘하게 변질시켜 자신들에게 유리하도록 만든다고 평가한 바 있다. 이 논문은 제도 운용자인 관료들에 의해 제도의 변질이 존재하는지를 분석하였다는 점에서 매우 흥미로운 연구이다. 총액배분자율편성예산제도의 경우 지출한도 대비 정부안 증감액은 크지 않지만, 기재부와의 협의 과정에서 다시 증감액이 확대되는 양상을 나타내어 관료들의 타성(inertia)과 저항을 통해 충분히 제도를 변질시킬 능력이 있음을 방증하고 있다.

그리고 정책적 측면에서 기존의 규범적 처방들과는 달리 실증적인 분석에 기초하여 개선안을 제시하고 있다는 점에서 보다 현실적인 처방이 가능하다는 점이다. 종종 개혁정책들은 관료들의 저항은 물론이고 정치세력의 변동에 의해 좌초되거나 변질되는 경우가 많았다. 이 논문은 제도 도입 이후 정치세력의 교체까지 이루어진 다소 개혁의 추동력이 떨어진 상태라고 할 수 있는 2010년~2014년까지 5개년도의 국민체육진흥기금 사례를 대상으로 총액배분자율편성제도와 국가재정운용계획의 효과성을 분석하여 제도 운영의 실태와 문제점을 파악하고 개선방안을 제시하였다는 점에서 상당한 의미를 갖는다. 자칫 흐지부지될 수 있는 재정개혁에 대해 실증적인 분석을 통해 제도 도입의 취지를 되살릴 수 있는 처방을 제시하여 지속적으로 악화되고 있는 국가재정을 추스릴 수 있는 계기를 마련하였다는 점은 평가받을 만하다. 최근 근거기반 정책(evidence-based policy)이 행정 및 정책 현장에서도 큰 반향을 불러일으키고 있는데, 이와 같은 실증적인 근거 제시는 앞으로 개혁을 위한 제도적 처방을 제시하는데 있어 중요한 초석이 될 것이다.

4. 최근 상황과의 비교

2004년 시범 도입된 이래 국가재정 자원의 합리적 · 효율적 배분을 위해 국가재정운용계획과 총액배분자율편성예산제도는 현재 우리나라 예산과정의 핵심 제도로 자리 잡고 있다. 그러나 도입 초기부터 권민경 · 김병섭(2010)은 통제과잉을 초래하여 각 부처 관료들의 자율성이 오히려 축소되었다고 비판하였다. 그런데 최근 들어 그 입지가 흔들릴 수 있다는 적신호가 나타나고 있다. 문재인 정부 들어 하향식(top-down) 예산편성이 사회정책보다 경제정책을 우선시했다는 비판이 집권여당 내에서 나오고 있다. 새 정부가 국정운영의 3대 핵심 축으로 삼고 있는 성장 · 고용 · 복지를 위해 상향식(bottom-up) 예산편성으로 전환해야 일자리와 저출산 정책을 재정 논리에 구애 받지 않고 펼칠 수 있다고 한다. 이러한 주장에 대해 한 편에서는 예산편성의 컨트롤타워가 약화되어 재정 건전성이 악화될 위험이 커질 것이라고 비판한다.

이들 간의 논쟁은 사변적 논리에 기초한 것일 뿐 실증적인 근거는 없다. 이런 점에서 이 논문이 가지는 의미는 더욱 크다. 고용노동부와 보건복지부의 일자리와 저출산 정책이 국가재정운용계획과 지출한도 때문에 경기변화와 사회변동에 능동적으로 대처하지 못했는지, 혹은 기재부와의 예산안 협의 과정에서 부처안보다 정부안이 증가하지는 않았는지를 분석할 필요가 있다. 분석을 위한 데이터들이 공개되기 시작하였다. 기재부는 재정정보공개시스템인 '열린 재정'(http://www.openfiscaldata.go.kr)을 구축하여 재정 관련 자료들을 공개하고 있다. 여기서 [재정통계]−[상세재정통계DB]−[예산]−[데이터자료] 아래 [세출/지출 예산편성현황(총지출,순계)] 메뉴로 들어가면 2006 회계연도부터 2018 회계연도까지의 소관−회계−계정−분야−부분−프로그램−단위사업별로 '전년도당초금액, 금년도정부안, 금년도국회확정' 데이터를 볼 수 있다. [재정통계]−[상세재정통계DB]−[예산]−[문서자료] 아래 [국가재정운용계획]에 들어가면 2004년부터 '국가재정운용계획'과 '그 첨부서류'를 pdf파일로 공개하고 있다. '지출한도−부처안−정부안−국회확정액'으로 분류하여 재정정보가 공개되지 않아 아쉬움이 남는다. 추후 재정정보공개시스템이 발전적으로 진화하기를 기대한다.

현행 공개 수준에서는 전년도당초금액, 금년도정부안, 금년도국회확정 데이터를 가지고 예산편성의 증감, 국회심의과정에서의 증감만을 살펴볼 수 있다. 최근 김문정(2018)은 2018년도 고용노동부의 예산을 위의 세 가지 데이터를 가지고 분석하였다. 그 결과, 예산은 정부안보다 국회확정액이 1,369억원 증액된데 반해, 기금은 국회확정액이 정부안보다 916억원 감액되었으며, 특히 일자리안정기금 지원 사업은 최저임금 인상에 따른 신규사업으로 2조 9,708억원이 편성되는 등 일자리를 중시하는 정책 우선순위가 반영되었다고 평가하였다. 엄밀한 의미에서 이 논문과는 달리 총액배분예산제도나 국가재정운용계획의 효과성은 볼 수 없지만, 국정운영기조와 예산편성의 부합성, 예산과정의 정치성 등은 충분히 분석할 수 있으므로 이런 류의 연구들이 활발히 이루어질 것으로 보인다.

5. 향후 연구에 대한 제언

어느 시대, 어느 나라든 항상 개혁 처방들이 도입되고 있다. 그러나 이러한 개혁 조치들이 모두 성공할 수는 없다. 문제는 무엇이 성공인지를 판단하기가 어렵고, 같은 결과라도 사람들끼리 자신의 정치적 입장이나 사회적 지위에 따라 달리 평가한다는 것이다. 그렇기 때문에 정책평가는 어려운 작업이다. 하지만 개혁 처방의 도입 당시 기대되었던 효과를 중심으로 평가를 한다면 어느 정도 동의가능한 결과를 도출할 수 있을 것이다. 이런 의미에서 이 논문이 가지는 의의가 있다. 물론 이 논문은 국민

체육진흥기금이라는 하나의 회계를 사례로 분석하였기 때문에 문화체육관광부 부처 단위의 예산이나 나아가 행정부 전체의 예산을 분석하면 결과가 달라질 수 있을 것이다. 즉 부분을 분석한 결과와 전체를 분석한 결과가 반대일 수 있는 심슨의 역설(Simpson's Paradox)이 나타날 가능성을 배제할 수 없다. 함성득 · 이상호 · 양다승(2010)은 교육예산을 분석한 결과, 총액배분자율편성제도의 도입으로 자원배분이 전략적으로 이루어지고 점증주의도 완화되었지만, 세부사업별로는 효과가 일관되지 않는다고 하였다. 따라서 추후 연구에서는 보다 포괄적인 범위에서 총액배분자율편성예산제도와 국가재정운용계획의 효과에 대한 분석이 필요하다.

그리고 향후 예산편성의 시기별 · 단계별 정보, 즉 '지출한도-부처안-정부안-국회제출액'으로 분류하여 재정정보가 공개된다면 중앙행정관서를 대상으로 한 체계적인 분석이 가능해질 것이다. 이렇게 되면 이 논문이 가질 수 있는 일반화의 문제는 물론 심슨의 역설의 존재 가능성 등의 문제를 해결할 수 있을 것이다. 날이 갈수록 정부 부처를 포함한 공공기관의 정보독점이나 비밀주의가 완화되고 정보공개나 정보공표의 범위도 확대되고 있어 머지않은 장래에 연구가 가능할 것으로 보인다. 이럴 경우 추후 연구에서는 과다요구 · 대폭삭감을 넘어 예산운영의 배분적 효율성, 정책 중심으로의 예산편성, 각종 칸막이 장치들의 무용화 등을 분석할 수 있을 것으로 기대한다.

참고문헌

권민경 · 김병섭. (2010). 탑다운 예산제도의 자율성 변화 분석. 한국행정연구, 18(4): 145-170.

김문정. (2018). 청년 일자리 사업 예산의 현황과 쟁점. 보건복지포럼, 256: 22-36.

배득종 · 유승원. (2014). 신재무행정(제3개정판). 서울: 박영사.

원구환. (2014). 재무행정론(개정판). 서울: 대영문화사.

한국일보. (2017). 복지 · 고용 부처 '예산편성 주도' 기대감 … "재정 건전성 악화" 논란도. 06.05.

함성득 · 이상호 · 양다승. (2010). 총액배분자율편성제도의 효과에 관한 실증적 연구: 교육과학기술부 교육 분야 예산의 점증성을 중심으로. 행정논총, 48(4): 295-323.

정책분야 연구사업 및 자문 활동의 3자연합 현상: 문제해결 역량과 이론적 통칙화 측면에서

정책분야 연구사업 및 자문활동의 3자연합 현상: 문제해결역량과 이론적 통칙화 측면에서[*]

김인철(한국외국어대학교 행정학과 교수)

✣ 프롤로그 ✣

사회과학의 학문적 역할은 두 가지로 나뉜다. 사회문제의 설명과 예측에 적용할 이론을 개발하고 통칙화(Theory Developing)하는 것이 그 하나이고, 문제 현장에서 해법을 찾아 해결 역량을 강화하는 이른바 사회공학(Social Engineering)이 또 다른 하나이다.

학문적 수요가 팽창하고 있는 정책학은 이 두 가지 사회과학적 사명 중 후자에 경도된 지식 생산에 열중하고 있다. 정부 정책과 관련된 연구사업이나 자문활동에서 ① 정책학자는 ② 담당 관료와 ③ 사업자와 함께 3자연합을 형성한다. 이들 3자는 현안을 함께 분석하여 해법을 합의 도출하고 이 해법을 관리 통제 시행할 수 있도록 큰 덩어리의 사회문제를 하위 단위의 작은 문제들로 분할한다. 담당 관료의 현장 중심적 분석 규준과 정책학자의 분절된 전문적 식견이 사업 시행자의 비용편익 기법에 입각한 경영 마인드와 결합하여 그들간의 관리 전략을 마련하는 것이다. 그런데 정책의 대상이 되는 사회문제란 상호의존적이고 원인–결과 간의 인과성도 대단히 복합적이라 3자연합에 의한 사회 공학적 시각으로는 도저히 설명도, 예측도, 문제해결도 난망하다. 하위단위로 분할된 사업의 수행 과정에서 사회적 비용·편익의 재편 현상이 무수히 일어나고 이로 인해 복잡다단한 이해관계의 충돌 현상이 지속된다. 이 같은 상황에서는 3자연합의 문제해결 방식이 본래의 사회문제 해소를 오히려

* 이 논문은 2007년 『한국정책학회보』 제16권 제2호에 게재된 글을 수정·보완한 것이다. 본 논문은 2006년도 한국외국어대학교 학술연구지원비에 의하여 이루어진 것임.

더욱 그르칠 수도 있다는 것을 몇 가지 정책 실패 사례를 통하여 확인한다.

한편, 이른바 3자연합의 이론적 젖줄에 해당하는 순수 '정책학 분야'의 지식생산 경로와 통칙화 수준도 점검해야 한다. 분석 기법 자체의 동의와 방법론적 연대에 의존한 실증적 계량분석에 열중해 온 정책분야 연구는 지식의 집합체라기보다 지식생산을 위한 연구 방법체계로 호도되고 있다. 이는 정책학의 과학화 수준이 정부 사업을 제대로 자문하여 사회문제 해결을 이룩하기에 역부족이며 매우 미흡한 상태라는 것을 의미한다. 이에 정책학자들이 多규범적 학제 연구와 방법상의 다원주의를 수용하여 학문적 교호 면적을 넓혀가면서 이론적 통칙화를 우선적으로 성장시킴으로써 종국적으로 문제해결 역량을 동반 향상 시키는 이른바 사회학습(Social Learning) 차원의 연구 정향을 제안한다. 연구대상은 정책 자체(내용)가 아니라 정책 과정 중심적이어야 하고 정책학자들은 3자연합의 굴레에서 벗어나는 학자적 품격을 지켜야 한다. 그러기 위해서는 당분간만이라도 용역사업과 자문활동에 관여하던 도구적 지식생산자에서 스스로를 자유롭게 하여 사회과학도 본연의 이론개발자적 사명을 감당해야 한다.

I. 정부사업 연구에 대한 성찰

모든 정부사업에서 사회정의와 공익구현의 원칙이 실제로 지켜지는 것은 아니다. 정책모 순은 실로 다양하게 나타나며 의제설정 및 정책형성과정에서 작동하는 동원된 편견(mobilized bias)이나 무(無)의사결정(non decision-making)현상에 국한되지 않는다. 정책집행게임을 굳이 상정하지 않더라도 정부사업이 항시 원안대로 집행되지 않으며, 또 꼭 원안대로 집행되어야만 사회의 총체적인 후생이 향상되는 것도 아니다. 평가자의 편견과 방법적 오류, 대상기관의 의도적인 오염시도 등을 고려하면 합리적인 사업평가마저도 정책과정의 선순환에 필수조건이 아닐 수 있다는 생각까지 든다. 이렇듯 정책과정 자체는 외형적인 민주적 정치체제가 배태하는 여러 모순을 그대로 떠안고 있다고 보아도 무방하다. 정책과정을 정치과정과 별로 다를 바 없는 모순 덩어리로 보는 이유가 바로 여기에 있다. 그런데도 정작 정책학 연구에서는 정책과정을 마치 정치과정과 확연히 구별되는 별도의 영역인 것으로 간주하면서 자체분화와 양적팽창을 지속하고 있다. 사회과학분야에서 상대적으로 수요가 매우 큰 매력 있는 학술시장으로 성장해 오고 있는 것이다. 주지하는 바와 같이 사회과학의 학문적 사명은 크게 두 가지로 나뉜다. 설명과 예측에 적용할 이론을 개발하고 통칙화하는 작업(theory developing)이 그 하나이고, 사회현장에서의 문제해결역량을 강화하고 실천하는 것(social engineering)이 또 다른 하나이다. 이에 우리나라 정부사업에 대한 연구정향과 지식생산경로를 ① 문제해결능력 향상과 ② 이론적 체계화 차원에서 한번 점검해 보는 것이 본 연구의 목적이다.

용역사업과 자문활동, 그리고 순수학술연구 등 다양한 경로를 통하여 생산되는 정책학 지식체계는 그 외형적 발전에 부합할 만큼 사회문제 치유역량과 학문적 과학성(또는 이론적 통칙화 수준)을 향상시키는데 성공하고 있는가? 보다 구체적으로, 현장중심적인 자문활동과 연구용역과정에서 이른바 '3자연합'[1]은 본질적으로 사회문제 해결자적 수요를 제대로 감당할 수 있을 만큼 학제적 협업과 맥락적 사고에 능통한가? 다른 한편, 순수 정책학 분야에서 그간 축적해온 지식체계는 현장중심의 연구용역 및 자문활동에 필요한 과학적 지식을 제공하는 젖줄로서의 이론적 통칙화에 성공하고 있는가? 다양한 채널을 통하여 축적되어온 그간의 지식체계에 대한 이러한 물음들에 자기성찰의 입장에서 답하여 보고자 한다.

Ⅱ. 연구용역 및 정책자문 3자연합

1. 정책자문가 및 연구용역자 입장

정책자문 위원이나 연구용역사업의 계약당사자로서 학자가 자발적으로 혹은 때에 따라서는 본의 아니게 수용하는 세 가지 조건이 있는데 이는 정책학의 이상 실현을 가로막으면서 동시에 정부사업 실패의 원인이 된다는 지적이 있다(허범, 2002: 305-306). 문제 지향적인 학문성격에서 비롯된 정책자문 활동이라면 1) 도구적 합리성(instrumental rationality)을 수용해야 한다는 것이 학자들의 대체적인 인식인 듯하다. 명시된 목표를 달성할 수 있는 대안들을 제안·비교·평가하여 최적의 것을 선택한다는 논리이다. 목표가치의 타당성은 따질 겨를이 없는 경우가 허다할 것이다. 이러한 도구적 합리성 이면에는 연구자의 2) 기술관료적 지향성(technocratic orientation)이 자리 잡고 있다고 보아야 한다. 정책결정자나 집행 관료를 고객으로 보고 고객관리차원

---

1) 학자, 담당관료, 사업시행자 간에 구성되는 연합현상으로 아래에서 구체적으로 설명함.

에서 그들의 눈높이에 합당한 도구적 지식생산에 참여하게 된다는 것이다(Landau & Schulman, 1984: 3-9). 정책 실패와 성공에 대해 학술적 도의적 책임을 정책담당자와 공동으로 지는 상황에서 현장 중심적이면서 실용적인 처방을 제안하는 입장에 서게 되면 학자의 객관성과 독립성은 그만큼 훼손당할 여지가 커진다. 이렇게 기술관료적 눈높이에 맞추다 보면 부득이 3) 분석적 오류(analytical errors)를 범할 가능성은 더더욱 높아진다. 현장에서 다루게 될 단순 문제로 분석단위를 쪼개는 과정에서 정책문제를 맥락상황에서 분리시키고 다원적인 목적을 축소하거나 단일화 시켜버린다. 분석의 편의상 축조된 문제는 더 이상 실제문제가 아니고 행동차원의 현장 관리문제로 변형되고 만다. 이렇게 도구적 합리성과 기술관료적 지향성, 그리고 분석적 오류가 상호작용하는 곳에서는 변형된 현장문제를 최소 비용으로 해결하는 최적수단이나 행동을 선택하는데 초점을 맞출 수밖에 없다. 사업시행상의 능률성과 경제성, 그리고 고객인 정책담당자의 수용가능성을 연구의 기준으로 삼기 때문에 관리 분석에 치중하게 되고 대선 맥락성과 윤리분석은 배제시키게 된다. 인간존엄에 대한 규범적 타당성 검토나 정치과정에서의 수용가능성(혹은 실천여력) 등은 이른바 고위관계자의 정책판단에 맡기는 것으로 보아 자연히 연구자의 관심대상에서 멀어질 수밖에 없다(허범, 2002: 303-306). 관리차원의 행동 지향적 권고안들은 포괄적 거시적 안목이 필요한 고위정책관료나 정치가의 지적 수요를 만족시키기에는 너무 미시적이고 현장 중심적이라는 것이다. 의도적으로 단순화 시킨 문제에 하위분석단위를 채택함으로써 문제 해결의 맥락적 안목을 약화시키고 동시에 생산된 지식의 외연적 타당성(external validity)도 제고하지 못하는 2중 부담을 떠안게 된다는 것이다(Sartori, 1970: 1040-1046).

이 같은 연구 자세는 논리 실증주의적 과학요건을 충족시키려는 성향이 관련 학자들에게 강하게 작용하고 있기 때문이라는 지적에 주목해야 한다(허범, 2002: 307). 그러므로 해소책은 연구자가 실증주의적 성향을 제거 또는 극복할 수 있을지 여부에 달려있다. 그런데 연구자들의 탈 실증주의를 향한 변화가능성은 그리 높아 보이지 않는다. 남당공무원, 연구분석가, 그리고 사업시행자가 형성하는 3자 연합의 상호교호와 공동인식을 살펴보면 그 이유를 비교적 세세히 밝힐 수 있을 것이다.

2. 3자연합의 상호교호와 공동인식

정책사업에 관여하는 당사자는 3부류로 나눌 수 있다. ① 정책결정자와 집행관료 등이 포함되는 정책담당자; ② 현장에서 사업을 실행하는 기관, 예를 들어 재개발사업을 지원하는 금융기관, 고속도로건설에 참여한 건설업체, 정신병 치료를 담당하는 공립병원이나 제약회사 등 시행 기관·업체; ③ 정책자문을 맡은 학자들로 구성되는 연구 분석가(정책학자)가 이들이다. 정책과정에서 이들 3자는 연합을 이루면서 관계당사자가 된다. 각 당사자는 타(他) 당사자와 성격상 각기 다른 고유의 잣대와 인식기준이 있을 것이다. 그러함에도 불구하고 3자 간에 해당 사업에 대한 공통이해와 통주관적 해석을 확보할 수 있기를 바랄 것이다. 연합 당사자 간의 견해가 전적으로 부정교합 상태에 있다면 해당 사업은 한 발짝의 진전도 후퇴도 할 수 없기 때문이다. 3자가 어떤 조합으로 관계를 맺든 쌍방에 최소한의 상호교호(channeling)를 유지시켜주는 몇 가지 공동인식이 있다는 것이다. 상호교호와 공동인식은 곧 해당정책을 중심으로 한 3자간의 연결고리인 셈이다.

1) 문제분할과 전문해법에 대한 효능감

3자는 주어진 정책사업 범위 내에서 각기 다른 임무와 역할을 가지고 활동한다. 다만 그들은 정책과정을 서로 이견을 조율하여 합의하는 방향으로 진전시키고 또 통제해 나가야 할 하나의 시스템으로 간주한다. 큰 덩어리 사회문제는 세 당사자끼리 관장할 수 있을 만한 규모의 시스템(하위 문제영역)으로 분할되어 있다. 이 시스템은 또 다른 3자 연합이 관장하는 다른 시스템의 운영결과와 합쳐진다고 본다. 각각의 시스템에서 개별적으로 작용한 결과는 전체적으로 통합되면서 큰 덩어리 문제가 해소된다는 것이다. 마치 복합증세를 보이는 환자를 종합병원의 진료과목에 맞추어 증상을 분해하고 전문의마다 소견대로 내과, 외과, 정신과적 처치를 해 나가면 개별진료효과가 합쳐지면서 환자 증세가 결과적으로 호전된다는 진료과목별 분리치료법 논리가 사회문제의 해결에도 적용될 수 있다는 것이다.

전문해법에 대한 자신감은 큰 덩어리 사회문제를 정부의 기관분류 및 부처편성기준에 맞추어 분할하는 데서부터 출발한다. 사회문제와 정부부처 활동(예를 들어 고속도로건설)간의 상관성, 즉 정책원인과 대응사업 간의 내적 타당성을 따지는 이론적논거(sound theory)가 얼마든지 있다는 것이다.[2] 정부활동으로 나타나는 순수한 사업효과 즉, 사업내용과 사업효과와의 인과관계도 다양한 검증방식을 통하여 과학적으로 증명해 낼 수 있다고 본다. 시스템 관리차원에서 보아도 해당사업의 성과를 정확히 측정하고 그 결과에 따라 동 사업의 수정·보완·확대·종결 등을 합리적으로 선택해 나갈 수 있어 편리하다는 것이다.

---

2) 정책문제와 대응조처간의 내부적 타당성을 검토하는데 적용되는 이론의 체계화정도(통칙화수준)에 대해서는 구체적으로 후술하기로 한다.

또한 다양한 편익과 비용을 합리적으로 비교할 수 있는 분석기법의 존재와 방법적 기재를 믿는다. 다른 사업시스템이 작동하면서 이쪽 사업시스템으로 튀어 넘어온 문제점이나 부수현상(spillover effects)도 잘 관리하고 통제할 수 있을 것으로 본다. 나아가 그들이 선택한 재량행위와 전문처치를 통하여 나타나는 사회적 후생가치와 비용가치를 산출해 내는 검산능력도 믿는다. 다만 이 때 분석대상은 직접적이고 식별가능한 비용과 편익에 국한시킨다. 식별이 전혀 불가능하거나 한참 뒤에 나타나는 현상들은 현재 정책 당사자(3자연합)들의 분석대상이 아닐뿐더러 책임영역에 속하지도 않는다는 것이다. 현재로서는 예측불가능하며, 증명할 수도 없는 문제점이 미래에 나타나게 되면 그 때가서 새로이 구성될 3당사자가 다루게 될 또 다른 정책원인으로 간주하면 된다는 것이다. 예측 및 검증능력이 매우 제한적이라는 것을 스스로 인정하는 셈이다. 그럼에도 불구하고 이들은 스스로 쪼개고 처치하고 다시 꿰맨 사회문제는 복잡다단한 이해관계를 풀면서 별다른 갈등 없이 사회적 합의를 이끌어 낼 수 있을 것으로 간주한다. 3당사자가 의존하는 이른바 전문기법과 관리전략은 민주적인 절차와 방식까지도 얼마든지 대체해 나갈 수 있을 것으로 보고 있는 것이다.

2) 경영 마인드에 입각한 분석규준

3자연합의 당사자들은 정부사업의 결정과 집행단계를 기업제품의 개발·생산·판매과정과 유사한 절차로 인식하는 경향이 있다. 이 같은 경영 분석적 사고는 우선 시장에서의 소비자 집단과 정부사업의 대상주민을 엇비슷하게 간주하는데서 출발한다. 개인소비자는 자유거래 시장에서 금전수단의 등가교환원칙에 따라 각개약진 형태로 상품을 구매한다. 상품에 대한 다양한 시장정보나 기업홍보자료가 충분히 제공되기 때문에 자신에게 어떤 상품이 유용할 것인지를 판단하고 그 기대에 부응할 것으로 예상되는 상품을 선택하게 된다. 실제 효용가치에 따라 동일상품의 지속적 구매여부를 결정할 자격과 권리도 소비자 개인이 가진다. 문제는 3자연합에 속한 당사자들도 정책과정에서 이와 비슷한 경영자적 인식이 들어맞을 것으로 보고 있다는 점이다 정책대상자로서의 주민집단도 서로 동일한 수단과 비슷한 역량(예를 들면 선거에서의 투표참정권)을 가지고 정책사업의 존폐여부를 결정할 수 있는 자격과 권리를 가지는 것으로 본다(Cobb and Elder, 1971: 895-900). 소비자가 시장을 상당부분 장악할 수 있는 것과 같이 대상주민도 마치 해당 정부사업을 원하는 방향으로 변경시킬 수 있을 것으로 간주한다. 그 같은 상황은 대상주민이 소비자집단과 같은 정도의 관심과 지식을 가지고 사업정보를 정확히 해독하면서 사업성과를 척척 예상할 수 있을 때나 가능할 것인데도 말이다. 한편, 제품선택과정에서 소비자 집단끼리 이해관계의 충돌현상은 별로 나타나지 않는다. 다양한 품종과 가격대별 상품이 쏟아져 나오기 때문에 소비자는 자신의 필요와 선호, 그리고 구매능력에 맞춘 선택을 하기만 하면 된다. 그러한 가운데 다양한 소비자 집단의 제품구매와 소비성향의 순 집합적 결과는 제품생산의 확대·축소·종결 등을 결정하는 판단기준이 되면서 동시에 기업 경영실적을 좌우하는 주요인이 된다. 이 같은 논리를 그대로 공공분야에 적용하여 3자 연합은 해당 정책사업의 수정·보완·확대·종결 조처가 주민요구의 순 집합에 따라 이루어지는 정부의 판단과 결정사항인 것으로 보고 있다. 다수결 원칙에 따라 사업 존폐여부를 결정할 권리와 자격이 해당주민의견의 순 집합(다수견해)에 있다고 보는 것이다. 그러나 문제는 그리 간단치가 않다. 자율적 소비생활과는 달리 공공영역에서 특정 사업의 지속과 중단이 가져 오는 사회적 비용편익의 재편현상으로 이해관계의 충돌현상이 극명하게 나타나는 경우가 허다하기 때문이다. 사업의 변경여부를 경영분석적 규준을 적용하여 3자끼리 단편적으로 결정해서는 안 되는 이유는 비단 여기에 그치지 않는다.

아래에서는 문제분할과 전문해법에 대한 효능감, 그리고 경영마인드에 입각한 분석기법이 실제 정책과정에서 어떻게 작용하며, 어떠한 결과를 초래하는지 몇 가지 사례를 통하여 파악해 보고자 한다. 한국사례에 더해 미국의 경우까지 들추는 것은 비교횡단적인 사례해석이 보다 일반화된 정책실패 배경을 규명하는데 도움이 될 것으로 보았기 때문이다.

III. 정부사업 3자연합의 사례분석

1. 대도시 교통정책과 대중교통이용자

A시장은 대중교통망 개선에 사용해야 될 시(市) 예산을 상당부분 자가용전용도로 확장에 배정한다. 지하철확장과 버스노선의 증설등 대중교통망 개선사업을 포기하는 대신 이른바 벨트웨이(도시외곽순환고속도로)를 연장하는데 정치생명을 건다. 도로건설로 비롯된 주변지역 의 환경파괴와 지가상승 등 심각한 기회비용문제는 당시 몇몇 진보적 도시사회학자들의 관심 대상이었지만 대부분 묵살되었다. 시 교통국의 주요통계자료는 A시장의 업적을 긍정적으로 평가하는 방향으로 왜곡 되어갔다. 주로 민자 유치를 통해 도로를 건설하려는 A시장과 도로통행료 징수사업에 투자하는 엘리트 사업가의 입장이 합치된 것이다. 정경유착을 정치기반으로 삼은 A는 한정된 예산으로 시의 복잡한 교통문제를 개선한 상징적인 교통전문가로 부상하면서 다선(多選)

시장이 된다. 그에 도전했던 B후보는 지하철과 노선버스 등 대중교통망의 확장을 공약으로 내걸고 사업에 필요한 자금을 충당하기 위해 교통세 개인부담금을 A보다 2배 가까이 배정하겠다고 선언한다. B후보의 신념에 찬 대중교통수단의 강화공약은 교통세 부담을 우려하는 다수의 흑인과 저소득층으로부터 번번히 외면당한다. A의 정책에 자가용 운전자들은 만족 하였고, 자가용이 없는 저소득층도 불만이 별로 없었다. 당장 높은 교통 부담금을 물지 않아도 된다는 이유 때문에 대중교통과 아무상관 없는 자가용 도로망을 건설하는 A시장을 지지했던 것이다. 흑인과 저소득층에 돌아가는 직·간접의 피해와 불이익에 관한 정보와 자료는 차단되었고 그러한 자료를 객관적으로 해석해 낼 관심과 능력이 시 공무원과 유권자들에게 없었다. 다수 주민들은 어떤 교통대책이 그들에게 유익한 것인지 알지 못하였고, 선거과정은 진정한 의미의 다수결 원칙이 작동하지 않았다. 결과적으로 다수 유권자들은 그들 이익을 대변할 후보를 스스로 탈락시켜버린 셈이다(Stone. 1985: 489-490).

2. 마약중독자 치료법

마약퇴치사업이 난관에 부닥치자 뉴욕주 마약치료·감호병원은 메타돈유지법을 채택하기로 한다. 당시 임상병리기술로는 메타돈이라는 치료제에 '중독되지는 않지만 강한 마약성분이 다량 함유되어 있다는 것'을 확인할 수 없었다. 메타돈 치료를 받은 많은 마약 중독자들은 겉으로 완치된 것처럼 보였기 때문에 퇴원하여 가정으로 돌아갈 수 있게 되었다. 시 의료계는 괄목할만한 마약퇴치 성과를 거둔 것으로 전국적인 주목의 대상이 되었고 각 주(州)마다 메타돈 유지법을 앞 다투어 채택해 나간다. 세월이 제법 흐른 뒤 뉴욕 주는 갑자기 마약중독자가 늘어나기 시작한다. 정신질환과 관련된 범죄비율도 급격히 증가하였다. 메타돈 프로그램으로 완치된 것으로 보였던 환자들이 되돌아 온 것이다. 주사요법 프로그램의 도움을 더 이상 받을 수 없게 되자 체내에서 약기운이 완전히 떨어지게 되고 이를 견디다 못해 이번에는 메타돈보다 더 심한 약물중독에 빠져들게 된 것이다(Stone. 1985: 490). 메타돈을 지속적으로 처방받았을 때의 환자들은 다른 마약성분인 메타돈의 약효를 누렸을 뿐 결코 완치된 것이 아니었던 것이다. 결국 메타돈 유지법을 지속적으로 채택할 것인지, 그 효과를 성공적으로 보아야 할 것인지에 대해 주정부마다 각기 다른 연구결과와 입장을 발표하면서 지금까지 논란이 지속되고 있다.

3. 버스통학의 교육차별 방지효과

일부 사회학자와 교육학자들은 대단위 학군내의 버스통학(busing) 방식으로 공립학교 학생을 인종적으로 섞어서 교육시키면 피부색깔에 따른 교육차별이 완화된다는 연구결과를 지금도 믿고 있다. 그런데 다(多)인종 학교에서 흑인과 라틴계 학생은 학습능력이 우수한 백인과 아시아계 아동들로부터 소외감과 열등감을 느끼게 되고, 반면 우수학생들은 학교에서 열등학생들과 어울리면서 학습의지(경쟁심)가 사라지고 있다는 통계결과가 나온 것이다. 교육 기회의 균등과 차별금지법에 따라 인종 간 교육내용과 질적 차이를 줄이기 위해 도입된 대단위 학군 버스통학방식이 신종 인권문제(우수아동의 역차별과 열등아동의 패배감)와 공립교육의 절적 저하를 동시에 유발한다는 분석도 등장하고 있다(Stone. 1985: 490–491). 모든 공립학교 아동들에게 팽배한 좌절감을 어떻게 극복해 나갈 것인지에 대한 견해가 분분한 가운데 백인과 아시아계 일부 학부모는 자녀를 아예 사립학교에 보내면서 비싼 등록금을 부담하는 재정적 고통을 겪기도 한다. 우수아동이 빠져나간 공립학교 중에는 공동화 현상이 나타나는 곳마저 생기고 있다.

4. 정신병동 감축관리와 경찰 방법기능

대도시 정선보건위원회의 건의를 받은 한 광역자치단체는 정신요양소와 감호시설의 연간 예산을 대폭 삭감하는 감축관리를 시도한다. 당장 정신병 증상이 현저하지 않은 잠재적 환자 들은 병원과 감호소를 떠나 귀가하라는 지시를 받게 된다. 가족의 보호를 받기 어려운 형편에 있는 병자들은 병원에서 길거리로 나앉는 신세가 되어버린 것이다. 감축관리로 인해 환자 수용능력이 크게 줄었다. 또 간호기능도 이전 같지 않아 완치 퇴원자 수가 줄어드는 대신 대기환자는 나날이 늘어갔다. 시간이 경과하면서 해당 경찰청 관내의 범죄율과 노숙자 정신질환 발생빈도가 급격하게 늘어나게 된다. 대응차원에서 경찰이 방범업무와 관련예산을 대폭 늘이지 않으면 이들 정신질환자들이 저지르는 범행으로 지역주민의 안전이 위태로울 지경에 이르게 된다. 정신치료·감호기능을 약화시킨 감축관리로 인해 상관관계가 별로 없어 보이는 방법업무가 늘어나고 지역주민이 그 피해를 고스란히 떠안게 된 것이다(한국일보 2005년 6월 15일 35면).

5. 대도시 재개발 사업

재개발사업은 해당지역 원주민에게 쾌적한 주거환경을 제공하면서 동시에 무주택자에게 양질의 소형주거공간을 마련해 주는 다목적 주택정책이다. 부동산 붐이 일기 전이었던 초창기에는 이러한 사업목적을 부분적으로 이루기도 하였다. 그러나 상황은 변하고 사업은 변질되어 갔다. 재개발사업의 주요단계(사업 지정고시, 사업허가 및 확정 단계 등)마다 이른바 입주권(딱지)가격이 큰 폭으로 상승한다. 영세 원주민은 아파트 입주권을 큰 평수로 신청하였다가 추가 평수분3)에 대한 비용마련이 여의치 않은 상태에서 큰 웃돈(프리미엄)으로 입주권을 구입하겠다는 외부투자자가 나타나면 소위 딱지를 팔아넘겨 버린다. 입주권을 처분한 원가옥주는 주로 재개발 지역 내 무주택자로 전락하거나 경제 집적도가 낮은 곳으로 이주하게 된다(김헌민. 1996: 143 – 148). 곳에 따라서는 원가옥주의 재 입주비율이 30% 미만으로 나타나기도 한다(이윤식 · 김병준.1990: 1274 – 1279). 대부분의 큰 평수와 중간평수의 아파트는 개발업자나 금융기관의 지원을 받는 외부투기세력들이 장악하게 된다. 사업추진과정에서 원주민은 전혀 원하지 않았던 비용과 불편을 끌어안게 되고, 개발에 따른 이익과 혜택은 외부투자자, 개발업자, 금융기관이 서로 나누게 된다. 그럼에도 불구하고 정부는 동 사업이 무주택자에게 내 집을 마련해 주고, 지역주민의 숙원인 주거환경 개선에 기여하였다는 외피적 통계자료를 발표한다. 관계 학자와 담당관료, 그리고 건설업체와 금융기관 등 이른바 재개발사업의 3자연합 당사자는 동 사업이 내용적으로 어떻게 변질되어 가는지 대개 이해하고 있지만 그렇다고 사업을 중단시킬 수도 없고, 또 묘수에 해당하는 개선방안을 찾아내지도 못하는 실정에 놓이게 된다.

6. 수도권 교통체증과 고속도로 건설

1980년대 초까지 명절 때마다 경부고속도로를 통해 서울을 빠져나가는 귀성객이 경험하는 격심한 교통체증현상은 중부고속도로를 건설하게 된 주된 배경이었다. 만성적인 교통 혼잡을 줄이기 위해서는 대규모 고속도로의 추가건설이 불가피하다는 권고가 이어졌던 것이다. 중부고속도로가 개통된 1987년 추석 귀향길에 또 한바탕 소동이 벌어졌다. 서울을 벗어나는 데 소요된 시간은 절반으로 줄었는데 경부와 중부고

---

3) 예컨대, 10평짜리 원가옥에 대한 재개발 보상으로 25평형 아파트까지만 입주권을 추가부담 없이 배정한 경우에 50평형 아파트를 원가옥주가 신청한 상태라면 잔여 25평분은 자비 부담하고 입주함.

속도로가 만나는 남이분기점에서 생긴 병목현상으로 대전권을 통과하는데 이전의 두 배가 훨씬 넘는 시간이 걸린 것이다. 서울시와 경기도에서 합동으로 마련한 교통대책 (추가고속도로 건설)이 충청남도와 대전의 교통체증 원인이 되어버린 것이다. 다시 2001년 남이분기점 이남의 교통집중을 분산시키기 위해 건설된 대진(서울 진주 간)고 속도로를 건설하였지만 문제는 쉽사리 해결되지 못하였다. 남이분기점에서 곧 바로 연결되지 않고 훨씬 남쪽으로 내려간 곳에서 연결되었기 때문에 수도권에서 이입된 대규모 교통량을 바로 분산시키기 못한 것이다. 엄청난 민자유치 규모에 비추어볼 때 대진고속도로 이용 교통량이 기대치를 훨씬 밑도는 것도 문제이다. 여러 지역을 거치 도록 통과구간을 설정함으로써 최종 목적지까지의 주행거리가 오히려 더 길어지는 이른바 우회현상이 생겼기 때문이다. 이용차량 부족으로 휴게소에 입점한 상점은 파 산지경에 이르고, 통행료 징수를 통한 건설비의 상환도 어렵게 되었다. 수도권의 고 질적인 교통체증문제가 지역휴게소의 채산성 악화와 민자기업 투자금 상환불가라는 예측하지 못한 현상으로 전환되어 버린 것이다(매일경제 2006년 9월 23일자 사회면).

Ⅳ. 사례가 남긴 교훈

사례를 통해 얻을 수 있는 교훈은 우선 사회문제가 결코 단순하지 않으며 아주 복잡하게 얽혀있다는 것이다. 정책과정에서 문제의 성격이 근본적으로 바뀌기도 하고 책임소재가 예상치 못한 곳으로 전이되기도 하며, 이해관계와 비용편익이 수시로 재 편되는 것을 보았다. 다수결의 원리가 어떻게 왜곡되어 작용하는지도 살필 수 있었 다. 그런데, 3자간에 연합된 정책 당사자들 중에서도 특히 학자들이 주목하고 또 인 정하여야 할 부분이 있다. 공학적 문제분할 방법과 단선적 인과론, 그리고 경영 기법 적 사고를 가지고서는 당면 문제를 근원적으로 해결하거나 치유하기가 어렵다는 것 이다. 정책과정은 본질적으로 정치과정과 동일하기 때문에 사회학습(social learning) 차원의 이해와 인식이 부족하면 제대로 된 문제해법의 가닥을 잡을 수 없다는 것이다 연구정향상의 인식전환을 요구하는 부분이므로 보다 구체적인 내용을 아래에 정리해 본다.

1. 예측불가의 상호의존 및 인과성

주지했던 바와 같이 우리사회는 상호의존적이어서 이해관계가 복잡하게 얽혀 있 다. 원인과 결과간의 인과성도 단순하지 않고 이해도 잘 안 된다. 자동차 전용도로를 건설하면 대중 교통수단이 부실해 진다. 정신병동 예산을 줄이면 경찰방범업무가 늘어난다. 공립학교 버스를 타면 신종 인종 역차별 현상이 나타나고 학습능력도 저하된다. 재개발 사업을 추진하면 해당지역의 원주민과 무주택자가 외지로 내몰리게 된다. 수도권의 원활한 교통흐름은 다른 지방의 교통체증 원인이 된다. 전혀 예측이 불가능한 경로를 거쳐 엉뚱해 보이는 곳에까지 예상치 못한 결과를 야기하는 것이다. 하도 복잡다단해서 공유할 만한 상식선의 해법이 쉽게 떠오르지 않는다. 그만큼 나눌 수 있는 인식의 범위(shared awareness)도 제한적이다. 그러므로 개별 사업이 생성하는 가치와 기회비용을 마치 경영실적산출하듯이 계산하려 한다면 그러한 계산은 정확하지도 않으려니와 공공문제에 대한 인식상의 오류가 될 가능성이 크다는 것이다.

사업시행에 따른 새로운 여건의 변화에 대처하는 방어적(혹은 공격적) 행위들은 더 심각한 문제를 불러일으키기도 한다. 재개발 사업이 추진되면 시세차액을 노리는 투기세력이 입주권 웃돈거래를 부추기게 되고 원가옥주는 이에 발맞추어 전매방식으로 당장의 이익을 챙기려 한다. 고속도로 건설과정에서 각 지역유지(有志)들의 입김이 작용하여 통과구간이 기획당시 보다 많이 늘어나게 되면 주행거리를 따지는 장거리 운전자가 줄어들게 되어 휴게소 운영부실과 투자비용 상환지체라는 새로운 골칫거리를 맞이하게 된다. 대도시 대중교통망 확충을 역설하는 시장후보를 대중교통이용자들 스스로 앞장서서 다수결의 이름으로 낙선시켜 버린다. 높은 교통 부담금 징세를 우려한 어설픈 자기 방어적 대응이 빚은 결과이다. 이렇듯 사회문제는 단순히 한 가지 직접적인 이유에서 비롯되는 경우는 많지 않다. 문제들끼리 서로 뒤엉켜 화학반응을 일으키고 몇 차례 단계를 거치면서 스스로 또 다른 문제의 원인이 되기도 하고 또 결과가 되기도 한다.

한편, 사업이 한창 진행 중일 때나, 혹은 아예 사업종료 이후에 그 사업과 별 상관없는 쪽으로 책임이 전가되기도 한다. 정신감호소의 감축관리가 기능상 성격이 완전히 다른 경찰업무를 가중시켰고 또 선량한 지역주민의 안전을 위태롭게 하지 않았는가? 수도권 교통체증 완화조치로 인해 발생한 지역교통체증을 대전권 주민들은 영문도 모른 채 한참 동안이나 겪어야 했다. 교육차별 금지를 명분으로 도입된 버스통학 제도는 장거리 통학에 따른 피로누적과 함께 학생들에게 상대적 좌절감을 경험케 하였고, 장기적으로는 학습능력까지 저하시켰다. 약효에 대한 검증기술이 부족한 탓에 메타돈 유지법은 완치된 것으로 여겼던 마약중독자를 더욱 심각한 궁지로 몰아넣기도 하였다. 때늦은 피해는 그러한 피해를 감수할 준비도 의지도 없는 사람들에게 전달되지만 당장 구제방법도 없고 그렇다고 특별한 보상절차를 밟을 수도 없게 된다.

요컨대 제한적인 지식과 기술, 그리고 한정된 예측력을 가진 전문가의 분석과 진단이 더 큰 사회적 폐해를 불러일으키기도 한다는 것이다. 사회문제는 복잡한 상호의존관계에 놓여있고 이에 따라 인과성 예측이 아예 불가능한 영역이 존재한다는 사실을 인정하지 않으면 안 된다.

2. 정책과정에 대한 사회학습

시민은 소비자와 다르고 사회는 시장과 분명히 다른 속성을 가지고 있다. 기업과 정부의 성격차이를 고전적으로 정의한 G. Allison의 입장을 재삼 거론하려는 것은 아니다(1982: 13-33). 정부사업은 재화와 용역의 생산라인과 판로를 분석대상으로 삼는 기업경영과는 성격적인 차이가 있다는 것이다. 우선 정부행위는 기업 제품처럼 최종적인 소비재로 전달되는 경우가 그리 많지 않다. 기존의 이해관계를 뒤집고 부담과 편익을 새로운 조합으로 변경하는 과정적 행위로 보는 것이 옳다. 사회현상이 워낙 변화무쌍하기 때문에 정부의 목표와 수단도 조응적으로 변화한다. 정부활동은 다시 해당주민이나 집단의 대응행위를 유발한다. 다자(多者)간의 영향력과 대응행위가 교차하는 가운데 협상과 타협이 곳곳에서 이루어진다. 이 과정을 시장의 제품생산과 물류과정쯤으로 이해한다면 그것은 사회가 얼마나 복잡다단하게 얽혀 있는지를 모르는 (혹은 의도적으로 무시한) 처사라는 것이다.

정책과정은 이득을 극대화하고 손해를 최소화시키려는 이해당사자들의 행위가 집합되는 곳이다. 이러한 개별적 편견(잣대)의 동원현상은 다양한 배경과 연유에서 찾을 수 있다. 강자간의 연합과 약자들의 무지가 작용하기도 한다. 대도시 자동차 전용도로를 건설하려는 시장과 통행료사업자간의 정경유착에서도, 이 정경유착의 의미를 간파하지 못하는 유권자의 무지함에서도 발견된다. 재개발사업에서 건설사와 금융기관의 담합에서, 그리고 원가옥주와 투기꾼간의 음성적 거래행위에서도 찾을 수 있다. 사업실패의 책임을 애꿎은 분석가의 예측실수나 주민의 불순응에 뒤집어 씌우는 경우도 있다. 정신병동의 감축관리가 몰고 온 사회적 피해(정신병 환자들의 범법행위증가)를 경찰의 업무태만 탓으로 돌리면서 정신보건사업의 실패를 자인하지 않으려 했던 자치단체는 그 단적인 사례이다. 대진 고속도로를 잘도 만들어 놓았는데 운전자들이 얼마나 편리한지를 몰라준다고 건설교통부 담당자들은 불평을 늘어놓는다.

이러한 전투적 각개약진이 벌어지는 상황에서 해당 공무원에게는 제대로 대처해 나가야 할 이유도 동기도 사라져 버린다. 사업방식과 경로, 책임소재에 대한 다양한 해석이 가능하고, 정책결정자도 수혜집단도 일반주민도 모두 무지하거나 의도적이다.

애초예산은 잘못 배정되어 있고 이해가 충돌하는 집단 간의 절충점을 찾기도 쉽지 않다. 선거가 정기적으로 있고, 보직인사도 수시로 있기 때문에 진중하게 문제를 숙고할 처지도 못된다. 대도시 교통국 직원은 내심 대중교통망 확충의 필요성을 인지하고 있지만 대중이 별다른 이의를 제기하지 않는 상황에서 시장과 통행료사업주가 쳐 놓은 그물에 걸려 한 발짝도 움직이지 못한다. 시장이 정해놓은 시정(市政)목표를 담당 공무원이 보조를 맞추면서 현실과 동떨어진 사업 우선순위가 정해져 버리는 것이다. 그리고 한참 후에 다가온 교통대란에 직면하고서야 때늦은 낭패함을 자인하게 된다. 현실 문제는 목표나 포부, 이를 향한 아이디어처럼 조작 가능한 영역이 아니라는 것을 뒤늦게 깨닫게 된다. 공무원에게 사명감을 고취시키고 기술적인 전문성을 강조한다고 나아질 것이 별로 없다는 주장까지 나온다(Stone. 1985: 491-494). 인력이나 기술역량의 제고 문제가 아니기 때문이라는 것이다. 담당 공무원의 설득으로 주민이 모든 것을 이해하고, 전문성과 기술발전으로 더 나은 서비스가 제공된다. 주민 만족도가 높아지고, 합리적인 평가분석을 통하여 제기된 문제를 점검하고 또 해소해 나가는 그러한 정책과정을 기대하는가? 그것은 민주주의(democracy)와 우리사회의 복합성(social complexity)이 절대로 조화될 수 없다는 것을 스스로 인정하는 셈이다(Lindblom, 1980: Behn, 2003: 586-606).

정부사업은 우리가 서로 얼마나 쉽게 피해를 주고받은 이해관계에 있는지, 그리고 부분적인 변화가 전체사회에 어떻게 작용하는지를 이해시키는 중재적 매체이다. 그러므로 능률적으로 집행하여 그 정책효과를 구현해 내는 것이 핵심이 아니다. 하나의 정책을 놓고 얼마나 우리 사회가 상호의존적인지를 학습해 나가는 것이 더 중요하다는 것이다. 교육문제를 버스통학에 맞추고 공립학교를 별도의 기관으로 떼어내어 논의하기보다는 교육의 질과 인종차별, 통학소요시간과 이에 따른 신체적 부담, 학부모의 시민의식 고양문제 등이 총체적으로 논의 되어야 공교육문제를 본질적 입장에서 접근하게 된다는 것이다. 그러므로 정책과정은 모든 직간접 관련자들이 서로의 이익과 관점이 어떻게 같고 다른지를 이해하면서 보다 나은 결정 룰을 찾아가는 상호학습과정인 셈이다(강황선, 2006: 29-37: Gordillo, 2004: 305-320). 경영분석기법은 생산율 향상과 이윤율 증가를 파악하는데 용이할지 모르지만 복잡한 이해관계를 어떻게 조정하고 조율해 나가야 하는지에 대한 학습과정에서는 적실한 해법을 제시하지 못한다. 진정한 해법은 정치과정으로서의 정책과정을 연구대상으로 학제적 접근을 해 나가는 길에서 찾아야 한다. 이러한 관점에서 3자연합의 젖줄에 해당하는 순수학술 정책학 분야의 연구정향과 방법론적 특성은 어떤 상태에 있는지 점검해 보기로 한다.

이는 곧 연구 용역사업과 자문활동이라는 현장에 제공되는 이론과 지식의 과학화 수준을 가늠하는 길이기 도하다.

V. 3자연합의 이론적 젖줄: 순수학술분야의 지식체계

1. 연구정향과 방법론

주지하는 바와 같이 정책학은 가치지향성, 맥락성, 문제지향성에 기초하기 때문에 다(多) 학문적이고 다방법론적인 접근과 협업이 필수적이다(이명석, 2006: 5-8). 그런데 실제 분위기는 기대와 다른 듯하다. 학제적 연계망에 의해 수행되어야 할 연구주제가 행정학/정책학(두 학회 소속회원 60% 이상 중복)분야의 학자들에 의해 주도되고 있는 것이 현실이다. 학 문 간의 장벽이 너무 높아 학제적 커뮤니케이션이 잘 이루어지지 않는다.[4] 연구주제 선정에 있어서도 연구퍼즐의 개체화 현상이 뚜렷하게 나타난다. 실천적 현안에 대한 자문성격의 연구가 많아 동일한 주제를 놓고도 이른바 자문목적에 따라 분석단위나 분류방식이 다르다. 같은 주제인데도 문제의 성격이 완전히 다른 것처럼 보이기도 한다. 전공영역의 연대, 개발된 연구방법의 적용가능성 등에서 퍼즐선택의 타당성을 찾다보니 연구주제는 다양하게 선택되는 면이 있지만 정작 연구대상의 개별화와 분석단위(혹은 분석수준)의 불연속현상이 심각해져 버린 것이다(김준한·강명구, 1992: 13).

분석단계에서 편의상 정책문제를 몇 가지 주요요인간의 인과론적 현상쯤으로 단순화시키곤 한다(김영평, 1984: 95-96; 김웅진, 1990: 320; John Wilson, 1983:106-121). 퍼즐을 분해시킨 다음 그중 일부분(쪼개진 잔해의 일부)만을 의도적으로 채택하여 데이터에 의존하는 검증지향의 계량분석대상으로 삼는다는 말이다(Landau & Schulman, 3-5; Stone, 1985: 484-489). 미시단위(configurative level)에서 관리과학적 최적화를 지향하는 실증 연구는 급속히 늘어나는데 반해 중간적(중범위) 분석수준 이상에 해당하는 연구업적이 미진하다. 체계적인 이론개발에 필수적인 '분석수준의 균형 잡힌 연쇄화'에 실패하고 있는 것은 아닌지 유의해 볼 때이다.[5]

---

4) 실제 근년의 정책학회보에 게재된 논문 중 학문연합이나 학제 간 협업에 의한 연구는 전체 게재 연구 중 6%에도 미치지 못하여 1992년 이전 10년간의 연구경향(2.4%)과 비교할 때 크게 개선되지 못하였다(목진휴·박순애, 2002: 327; 박광국, 2002: 350-351: 김인철, 1992: 1055).
5) 최근 행정학보나 정책학회보에 게재되는 논문은 대부분이 계량적 방법을 사용하고 있으며 가치 이입적이거나 윤리문제를 다루는 질적인 방법을 선택한 논문은 홀대받고 있다고 지적한 논의도 있다(박광국, 2002: 349).

미시단위의 연구대상에 경제성·능률성 위주의 기업관리 분석법을 적용할 경우 주어진 문제의 정치사회적 의미나 상황맥락에 대한 논술은 줄어들게 된다(김인철, 2002: 343-346). 작고 분할된 정책문제를 놓고 계량적으로 재구성하여 얻는 지식은 분절적이기 때문에 지식의 통합이나 학술적 연대는 그만큼 어려워진다. 학자들의 지적 협력이나 상호확인(반복적인 검·반증작업)기회가 많이 줄게 된다는 것이다. 이렇게 본다면 우리나라 정책학 논문은 규범탐색 및 가치정향을 포함한 근원적이고 탈 겸풍적인 논의를 배척한 채 그저 경험적 설명이 가능한 연구퍼즐을 선택하여 주로 분석기법 자체의 동의와 방법론적 연대에 의존하는 연구에 열중하고 있다는 비판을 변하기 어렵다(김웅진, 1990: 315-319; 허범, 1981: 163). 정책학이 지식의 집합체라기보다 지식을 생산하는 연구방법체계 쯤으로 간주되는 이유를 놓고 깊이 고민해 보아야 한다.

2. 통척화·체계화 수준

통직화된 이론체계가 정립되기에는 우리나라 정책학의 학문적 역사가 너무 짧다는 것을 먼저 인정해야 한다. 우리 문제를 다루면서 선진국에서 검증된 이론과 개념을 그대로 적용하는 외국맥락 종속적인 학술활동을 하고 있다는 의미심장한 지적(박흥식, 2002: 335-341)에도 귀 기울여야 한다. 우리와 비슷한 사회경제적 여건, 정치 행정적 조건을 가진 국가에 대한 비교분석이 절대적으로 부족한 것이 사실이다(박광국, 2002: 347-351). 주로 미국등지 에서 수학한 경험과학자들이 능률성에 초점을 맞춘 전술판단을 통하여 정책분석의 길을 찾는 경향이 짙다는 것도 인정해야 한다(허범, 1981: 164; 김웅진, 1990: 323). 특정변수의 존재를 증명해 내기위하여 조작 가능한 모든 변수들을 분석에 포함시키는 이른바 무의식적 사색가(unconscious thinkers)의 길을 걷기도 하였다(Sartori, 1970: 1033). 정반대로, 계량화 할 수 없는 현상이면 마치 인지할 수 없거나 중요하지 않은 것으로 간주해 버리기도 하였다. 계량화 가능성이 곧 현상의 인지와 심각성을 재는 기준이 되어버린 셈이다. 한 연구의 내용이 또 다른 연구에 의해서 그 이론적 외연성을 입증(또는 반증)해 나가기 위해서는 유사하거나 동일한 연구주제를 공동으로 사용하는 분위기가 형성되어 있어야 한다. 또 유사하거나 동일한 분석모형을 서로 반복해서 활용하여 그 타당성을 비교 검증해 내는 것도 필수적이다. 그러한 과정을 통해 통주관적 검·반증과정을 거치게 되고 반복·규칙·항상성을 살피는 단계에 이르게 될 것이며 연구결과는 가히 통칙의 반열에 들어서게 되는 것이다. 그러나 우리나라 정책학 연구의 경우 연구대상이 단절(개별화)적이거나 분석틀이 특화되어 있어(서로 너무 달라) 학자들끼리 연구결과를 서로 비교하거나 참조하기 어렵게 되어 있다. 그러므로 우리나라 정책분야에서 생산되는 지식은 엄정한 의미에서 연역적으로 인정되는 통착화단계라기 보다는 학자개인의 견해를 주장하거나 증명하는 '단순한 귀납적 사실의 발견 단계'로 보아야 한다. 요컨대, 용역분야나 자문활동에 이론적 젖줄 역할을 하기에는 통칙화 수준이 미달 상태라는 것을 인정해야 한다.

VI. 문제해결역량 향상과 이론적 통칙화를 향하여

1. 정책과정 중심적 연구대상

Landau 와 Schulman은 정책학의 과학화를 위해서는 연구대상을 '과정'(process)과 '내용'(policy)으로 분명히 구분해야 한다고 주장한다(1984). 만일 구체적인 정책내용(사업)을 연구대상으로 삼을 경우, 연구자는 도구적 지식생산에 가담하게 되어 연구의 객관성과 독립성을 유지하기 어렵다는 것이다. 그렇다면 어떻게 도구적 연구정향으로부터 자유로워질 수 있는가? 객관성과 독립성을 유지하는 것은 연구대상에 대한 학자들의 선택의지에 달린 문제로 보인다. '정책내용'(과제 또는 사업)보다는 '정책과정'을 연구대상으로 채택하는 입장을 견지하면 된다.6) 문제해결 역량을 드높이고 동시에 통칙화된 이론체계 구축을 위해서는 당분간 정책내용보다 정책과정에 부득이 연구초점을 맞추어야 한다는 말이다. 동시에 이론화 기반이 어느 정도 마련될 때까지 당분간만이라도 처방적 권고나 자문성격의 지식생산에 대한 관심을 열세의 위치(완전히 관심을 거두지는 못하더라도)에 두는 것도 바람직하다(안청시, 1978: 115: Lasswell & Caplan, 1965: ix-x). 정책과정을 공학적 해법이나 경영관리차원에서 처방하기보다 정치과정적 맥락의 본질과 특정을 해석하는데 치중하자는 것이다. 한 가지 고민거리는 '정책과정'이야말로 경험적 접근을 통해 객관적 사실을 검증하는 논리실증주의의 연구대상에 정확히 부합된다는 점이다(허범, 2002: 303). 그렇다고 논리실증주의를 극복하기 위해 정책내용(정책자체)을 계속 주된 연구대상으로 삼을 수는 없는 일이다. 실증주의 폐해가 존재한다는 것을 인정해야 하지만 실증주의로부터 완전히 떠날 수도 없는 것 또한 현실이다(Fischer, 2003: 209-227). 다행히도 해결책이 있을 것으로 보인다. '정책과정' 을 연구대상으로 삼되 가치중립적인 실증주의를 보완하는 차원에서 다

---

6) 학계의 현실은 반대로 움직이고 있는 듯하다. 특정정책내용이나 대안을 권고하는 연구가 지속적으로 늘어나고 있다. 1991년 이전 25년 동안 학회지 연구의 53%이던 정책내용중심 연구가 1992-2001년 사이 10년 동안은 66%로 증가된 것이 이러한 학계의 분위기를 반영하고 있다(목진휴·박순애, 2002: 327-330: 김인철, 1992: 1053-1055).

규범적 학제 연구방식을 강화하는 것이다.

2. 학제간의 겸쟁 및 협업

실증적 분할주의를 보완하는 통합이론 구축을 위해서는 우선 방법상의 다원주의를 수용하여 정책과정에 대한 간주관적 이해의 폭을 넓혀나가야 한다(이명석, 2006: 7: 김주환, 2002: 315: 허범, 1999: 322 – 325: 송희준, 1992: 26). 분석단위(level of analysis)를 조금 높여서 채택할 필요도 있다. 추상성(abstraction level)을 높이려면 '정책내용' 대신 '정책과정'을 주 분석대상으로 삼는 것이 바람직하다. 나아가 여러 학문분야 연구자들 간에 과제선택과 분석모형 및 이론상의 공유면적을 넓혀가며 체계적인 검·반증의 기반을 조성해 가는 것이다. 정책학도가 항상 연구·자문의 중심적 역할을 해야 한다는 태도도 반성해야 한다. 다양한 형태의 방법론적 분석 기제를 활용하여 공동담론의 장에서 학술적인 경쟁과 협업이 이루어지려면 '정책학자 중심적 사고의 틀'부터 깨뜨려야 한다.

Ⅶ. 결 언

정책분야 용역사업과 자문활동에서 적실성을 따지고 현장 중심적 지식을 강조하는 것은 일면 수긍되는 부분도 있다. 많은 경우에 기술적·도구적 자문을 통해 바람직한 변화기준과 해법이 등장하기도 하기 때문이다. 그러나 이와 같은 사회 공학적 역할에 안주하는 이른바 3자연합적 풍토는 문제해결 역량도 키우지 못하면서 자칫 통칙화된 이론개발까지 더디게 만들 수 있다는 점이 간과되어서는 곤란하다. 이는 사례분석에서 터득한 교훈이기도 하다. 그렇게 되면 학문적 과학화의 지연이라는 기회비용까지도 학계에서 고스란히 떠안아야 한다. 그러므로 경영 분석적 시각에서 정책내용(정책과정 대신)을 분석대상으로 삼고, 배타적 분석 방법을 채택하여 늘틀성 일변도의 도구적 지식을 생산하는 라인이라면 이제 가동중단을 생각해야 한다. 해결책은 비교적 단순해 보인다. 순수학술 연구 분야부터 먼저 변해야 한다. 상위 단위의 정책과정을 대상으로 반복적인 검·반증작업을 시도하는 새로운 학제 협업적 생산라인을 설치하는 것이다. 정책과정을 분석대상으로 하여 외연성과 설명력이 동시에 높은 이론적 통칙을 축적해 나갈 수 있을 것이다. 연구용역과 정책자문 분야에도 이론적으로 타당성이 검증된 현장지식을 제공하게 된다. 이른바 3자연합 쪽에 전달하는 지식의 젖줄이 튼튼해지는 것이다. 이론체계화와 학문적 과학화에 진전이 이루어지면 자연히 문제해결 역량까지도 동반 향상되는 일석이조의 결실을 거두는 셈이다. 정책학 분야에서 이론개발 의무와 사회 공학적 사명을 동시에 실천하게 될 것이다.

참고문헌

강황선. (2006). "정책학습 촉진을 위한 지방자치단체의 상과평가제도". <정책분석평가학회 보>. 16(2): 27-56.

김명수. (2000). <공공정책평가론>. 서울: 박영사.

김주환. (2002). "정책학의 과거, 현재, 미래". <한국정책학회보>. 11(1): 313-318.

김준한·강명구. (1992). "한국 정책학 교육의 실태". 한국정책학회 창립학술대회 발표논문.

김영평. (1984). "정책연구의 성격과 범위". <한국행정학보>. 18(1): 91-102.

김웅진. (1990). "지식생산경로의 폐쇄성: 정치현실과 정치학적 시각". <한국정치학회 보>. 24(특별호): 311-324.

김인철. (1992). "한국정책학 분야의 연구내용과 그 성격'. <한국행정학보>. 26(4): 1049-1067.

_____. (2002). "정책학의 자리매김을 위하여". <한국정책학회보>. 11(1): 343-346.

김헌민. (1996). "도시재개발이 저소득층의 주거입지에 미치는 영향". <한국행정학보>. 30(3): 137-152.

이명석. (2006). "네트워크 사회의 정책학". <정책분석평가학회보>. 16(1): 1-23.

목진휴·박순애. (2002). "한국정책학회보 10년의 발자취". <한국정책학회보 >. 11(1): 319-332.

박광국. (2002). "정책학의 발전을 위한 제언". <한국정책학회보>. 11(1): 347-351.

박흥식. (2002). "한국정책연구의 이론과 현실, 그리고 적실성 간의 부정합성에 대하여". <한국정책학회보>. 11(1): 337-341.

안청시. (1978). "정책학의 발전적 과제에 대한 고찰". <한국정치학회보>. 12: 111-127

이윤식·김병준. (1990). "재개발사업의 평가". <한국행정학보 >. 24(3): 1265-1280.

송희준. (1992). "한국의 공공정책 연구의 내용과 성격에 대한 분석". <한국정책학회 보>. 창간호: 63-84.

허 범. (1981). "정책형성의 상위논리". <한국정치학회보 >. 15: 161-172. (1982). <정책학의 문제지향성>. 성균관대 사회과학연구소(편저). <현대사회과학의 이

해>. 15−53. 서울: 대왕사. (1999). "정책학의 패러다임에 관한 연구". <정책학의 정체성. 한국적 정책학과 미래의 정책학>. 한국정책학회 동계학술대회 발표논문집. 317−327.

_____. (2002). "정책학의 이상과 도전". <한국정책학회보>. 11(1): 293−309.

Allison Jr. G. (1982). Public and Private Management: Are They Fundamentally Alike in All Unimportant Respects? In F. Lane (ed.) *Current Issues In Public Administration (2nd ed.).* 13−33. New York: St. Martin's Press.

Behn, R. (2003). "Why Measure Performance? Different Purpose Require Different Measure". Public Administration Review. 63(5): 586−606.

Cobb, R. and C. Elder. (1971). "The Politics of Agenda−Building: An Alternative Perspective for Modern Democratic Theory". *The Journal of Politics.* 33: 892−915.

Fischer, F. (2003). Beyond Empiricism: Policy Analysis as Deliberative Practice. In Hajer, M and H. Wagenaar (eds). *Deliberative Policy Analysis. Understanding Governance in the Network Society.* 209−222. Cambridge: Cambridge Uni. Press

Gordillo, G. & K. Anderson. (2004) "From Policy Lessons to Policy Actions". Public Administration and Development. 24: 305−320

Landau, M. & P. Schulman. (1984). "Political Science and Public Policy". paper presented at the Annual Meeting of the American Political Science Association: 1−20

Lasswell, H. & A. Kaplan. (1965). *Power and Society. A Framework for Political Inquiry.* New Haven: Yale Univ. Press.

Lindblom, C. (1980). *The Policy−making Process* (2nd ed.). New Jersey: Prentice Hall.

Popper, K. (1972). *Conjectures and Reputations: The Growth of Scientific Knowledge.* London & Henley: Routledge & Kegan Paul.

Sartori, G. (1970). "Concept Misformation in Comparative Research". *The American Political Science Review.* 64(4): 1033−1053.

Stone, C. (1985). "Efficiency Versus Social Learning: A Reconsideration of The Implementation Process". *Policy Studies Review.* 4(3): 497−503. Wilson, J. (1983). *Social Theory.* New Jersey: Prentice−Hall.

▶ ▶ ▶ **논평**

문명재(연세대학교 행정학과 교수 겸 미래정부연구센터 소장)

1. 서론: 정책연구 목적의 이중성과 비판적 성찰

우리나라 행정학자나 정책학자는 왜 '주인－대리인 이론'이나 '쓰레기통 모형'같은 이론을 만들어내지 못할까? 이는 정책연구에 관심을 가진 정책학자(행정학자)라면 한번쯤 해봄직한 자괴적인 질문이다. 이는 '정책연구의 본질적 목적은 무엇이며 학자는 무엇을 추구해야 하는가?'라는 질문과 연관되어 있다. 김인철 교수의 논문 "정책분야 연구사업 및 자문활동의 3자연합 현상"은 이론적 통칙화라는 학문의 본질적 목적을 뒤로하고 사회문제해결을 위한 도구적 기능학문으로 전락해가고 있는 현재 정책연구에 대한 자기성찰에서부터 출발한다. 세계 어느 나라학자보다도 정책결정과정에 활발히 참여하며 다양한 정책연구를 수행하는 우리나라 학자가 국제학계에서 내세울만한 정책/행정이론을 내놓지 못한 것에 대한 반성이자 후배에게 전하는 충고이다.

저자는 정책연구의 본질적 목적인 '사회문제를 해결하는 도구적 실용성'과 '정책연구의 이론적 수월성' 사이에 존재하는 불균형에서부터 우리나라 정책연구가 당면한 문제의 근본 원인을 찾는다. 즉, 단편적이고 방법론에 치중한 정책분석이 넘쳐나는 반면에 이론화 작업에 대한 본질적 고민은 점차 줄어드는 정책연구 공동체의 문제를 명료하게 진단하면서, 지나치게 단선적이며 근시안적인 정책연구가 넘쳐나는 우리 학계의 현실을 경고하고 있다. 저자는 문제해결역량과 이론적 통칙화의 균형적 발전을 위해서 단기적으로는 도구적 지식생산의 비중을 절제하고 '정책과정'에 초점을 맞춘 연구를 적극적으로 수행할 필요가 있다고 제언한다. 김인철 교수의 논문은 정책연구의 목적을 재확인하고 정책연구자의 본연의 자세를 회복할 수 있는 이정표를 제시해준다는 점에서 의의가 크다. 본 논평은 김인철 교수의 논문의 개요와 주요 내용을 정리하고 이론적 기여점을 제시한 후에 우리나라 정책연구의 보편성과 특수성을 중심으로 현주소를 진단하고 저자의 연구를 확장할 수 있는 미래정책연구의 방향을 전망하고자 한다.

2. 해당논문의 개요 및 주요내용

1) 3자연합적 관점에서 본 우리나라 정책연구의 현주소

저자는 본 논문의 기본목적을 '문제해결능력 향상'과 '이론적 체계화' 측면에서 우리나라 정부사업에 대한 연구정향과 정책지식의 생산경로를 고찰하고 평가함으로 써 향후 정책연구의 방향을 제시하는 것이라고 밝히고 있다. 이를 위해 아래와 같은 세 가지 자기성찰적 질문을 던지고 이에 대한 해답을 구하기 위하여 국내외 정책연구 사례를 살펴보고 있다.

1) 용역사업과 자문활동, 그리고 순수학술연구 등 다양한 경로를 통하여 생산되는 정책학 지식체계는 그 외형적 발전에 부합할 만큼 사회문제 치유역량과 학문 적 과학성(또는 이론적 통칙화 수준)을 향상시키는데 성공하고 있는가?
2) 현장중심적인 자문활동과 연구용역과정에서 이른바 '3자연합'(정책결정자와 관료, 정책실행기관, 정책연구자)은 본질적으로 사회문제 해결자적 수요를 제대로 감 당할 수 있을 만큼 학제적 협업과 맥락적 사고에 능통한가?
3) 순수 정책학 분야에서 그간 축적해온 지식체계는 현장중심의 연구용역 및 자문 활동에 필요한 과학적 지식을 제공하는 젖줄로서의 이론적 통칙화에 성공하고 있는가?(p.30)

현실참여적 성격이 강한 정책연구에서는 연구자가 특정한 행정가치에 대한 본질 적인 고민을 반영하기보다는 도구적 합리성(instrumental rationality)을 지나치게 강조 하는 경향이 있다. 또한 고객인 공무원을 비롯한 정책결정자들의 입장에서 연구를 수 행하는 기술관료적 지향성(technocratic orientation)이 높아짐으로써 객관적 연구의 가 능성을 저해하고, 분석적 오류(analytical errors)를 범하기도 한다. 이에 대한 문제 제 기를 통해 저자는 한국의 많은 정책학자들이 참여하고 있는 정책연구용역과 정책자 문이 자칫 순수학술연구와 이론적 통칙화의 기본가치인 객관성, 내·외적 타당성 등 과학적 임격싱을 준수하지 못하게 만들 가능성에 대한 경종을 울리고 있다.

2) 3자연합적 관점에서 국내외 정책실패 사례 예시

두 번째 자기성찰적 질문은 정책사업에 관여하는 3자연합의 상호교호과정에서 나타나는 문제분할과 전문해법에 대한 오류적 효능감이나 불완전한 분석기법이 정책 실패로 이어질 수 있다는 점과도 관련된다. 이러한 점을 구체적으로 살펴보기 위하여 여섯 가지 국내외 사례를 3자연합적 관점에서 예시적으로 살펴보고 있는데 이를 간 단하게 정리하면 아래와 같다.

첫째, 미국의 대도시 교통정책결정과정에서 대중교통이용자의 입장보다는 기업가의 입장이 적극적으로 반영된 사례이다. 민자유치 도로를 통해 심각한 교통문제를 해결하자는 주장이 대중교통수단 확대 주장보다 우위에 서게 된 사례를 통해, 대다수 국민의 편익보다 특정 엘리트 사업가의 입장이 현실 정책에서 더 강하게 반영될 수 있다는 점을 지적한다. 둘째, 장기적 효과를 간과하고 단기적 마약중독자 치료효과를 강조한 사례이다. 단기적 정책효과분석에 따른 정책 확산으로 말미암아, 장기적으로는 정책이 실패할 수 있다는 점을 보여준다. 셋째, 교육차별을 완화하기 위한 버스통학방식 개선이 오히려 교육차별과 갈등을 악화시키는 등 의도하지 않은 부정적인 결과(unintended consequences)를 야기할 수 있다는 점을 보여준 사례이다. 넷째, 정신병동 감축이 이후 범죄증가에 영향을 미칠 것을 예측하지 못한 사례로서 정책을 집행한 특정한 시점 이후에 예측하지 못한 의외의 결과가 나타날 수 있다는 점을 보여주는 사례이다. 다섯째, 영세 원주민의 소외 문제를 제대로 고려하지 못하고 추진한 대도시 재개발 사업 사례로서, 일단 정책을 시작하면 집행과정에서 다양한 문제가 발생하더라도 이를 효과적으로 해결하면서 추진하지 못하게 된다는 것을 보여준 사례이다. 마지막으로 다양한 이해관계자의 입장을 반영하여 통과구역을 정하다보니 주행거리가 길어지거나 교통량이 기대에 미치지 못하게 되는 등 교통체증문제를 본질적으로 해결하지 못하였던 실패 사례를 포함한다.

예시된 사례는 주로 정책문제의 복잡성, 불확실성, 다기성, 상호의존성 등이 증가하기 때문에 단선적인 정책분석 중심의 정책연구가 정책문제를 해결하기는커녕 오히려 정책실패로 이어질 가능성이 높다는 점을 시사한다. 정책실패 가능성을 줄이기 위해서 저자는 예측불가한 사회현상의 상호의존성/인과성에 대한 체계적인 이해와 함께 정책과정에 대한 사회적 학습이 필요하다는 점을 강조한다.

3. 학문적 기여점

정책분석 분야는 연구 분야의 특성상 이론적 관심과 실무적 관심이 동시에 접점을 형성하며 발전해왔다. 날로 복잡해지는 사회문제에 대한 효과적 해결책을 모색하기 위해 정책집행자의 실무경험, 학자의 이론적 이해, 그리고 분석적 전문성의 균형적 연계를 강조하는 소위 Practicademics(실무를 뜻하는 'practice'와 학문을 뜻하는 'academics'의 합성어)에 대한 관심이 높아지고 있다(Posner, 2009). 최근 증거기반의 정책(evidence-based policy)에 대한 관심이 높아지면서 이론과 실무의 균형적 연계는 학문적 발전을 위해서도 바람직하다고 보여진다. 그러나 안타깝게도 우리나라의 정책

연구는 실무와 이론의 균형점을 찾지 못하고 이론이 실무적 정책연구의 포장지로 전락한 경우가 잦다. 도구적 합리성에 대한 높은 관심과 이론화에 대한 정책학자들의 상대적으로 낮은 관심을 고려할 때, 저자가 제시하고 있는 문제점들은 그동안 빠르게 성장한 우리 정책학계가 앞으로 보강해야 할 약점이다.

이는 한국행정의 보편성과 특수성을 조화시키며 이론적 발전을 지향하는 '한국행정의 한국화'(김현구, 2013)에 대한 고민과도 밀접하게 관련되어 있다고도 볼 수 있다. 어쩌면 저자는 '한국행정의 한국화' 논의의 연장선상에서 그동안 한국 정책학자가 정교한 정책이론 개발에 소홀한 것은 도구적 합리성을 중심으로 단기처방적 정책연구에 경도되었기 때문이라는 진단서를 우리 학계에 처방하고 있는지도 모른다. 저자는 우리나라의 정책맥락과 정책과정을 정확하게 반영한 정책이론을 개발함으로써 정책연구를 정상화시키는 것이 필요하다고 믿는다. 이러한 노력이 결국 장기적으로 정책문제 해결에도 더욱 크게 기여할 수 있다고 보는 것이다. 우리 정책연구의 체질을 바꾸고 이론적 통칙화를 위한 토양을 만들기 위해 '당분간만이라도 용역사업과 자문활동을 통한 도구적 지식생산의 비중'을 줄이자는 저자의 주장에는 절실함과 비장함마저 묻어있다.

우리나라 정책연구의 불균형적 취약구조를 보강하고 지속가능한 성장과 3자연합의 건강한 선순환적 시스템을 구축하기 위해서는 저자의 진단서를 신중하게 검토할 필요가 있다. 단기적이고 단순처방적 정책연구보다는 긴호흡을 가지고 정책이론적 토대를 강화하는 연구를 보다 적극적으로 수행해야 한다. 처방적 정책연구를 수행하더라도 형식적 정책제언에 그치기보다는 연구결과가 기존 정책이론에 대한 재해석, 재구성 그리고 새로운 정책이론개발로 적극적으로 이어질 수 있도록 이론적 고민도 병행해야 한다. 특히 저자가 주문한대로 정책에 대한 단선적인 연구에서 벗어나 면밀하게 정책과정을 살펴서 이론적 통칙화를 위한 노력을 경주하는 것이 결국은 우리사회의 문제해결에 더 큰 공헌을 할 수 있다. 이를 위해서는 정책현상에 나타나는 인과성(causation), 사회문제 해결을 위한 정책도구의 선택과 관련 정치적 현상(instrumentation), 정책의 결과에 대한 평가(evaluation)를 종합적으로 반영하는 정책설계(policy design)적 관점에서 정책이론적 토대를 강화한 후에 정책실무적 시각을 연계한 정책연구를 종합적으로 수행할 필요가 있다(Linder and Peters, 1989; Howlett and Mukherjee, 2017).

4. 논의의 확장과 전망

1) 학·정정책연계적(Scholar–Official Policy Nexus) 정책스타일과 한국의 정책연구

한국행정학/정책학의 특징을 한마디로 규정하기는 어렵지만 다른 나라 학계와 비교할 때 가장 두드러지는 점 중의 하나는 실무적 연구가 이론적 연구에 비해 비중이 크고 행정/정책학자의 현실참여가 많다는 점이다. 긍정적으로 평가하자면 응용사회과학인 행정학/정책학이 이론적/규범적 수준에 머물지 않고 분명하게 현실의 정책문제해결에 공헌하거나 공헌할 수 있는 기회를 많이 가지고 있다는 점이다. 이는 우리나라가 다른 나라와는 확연히 구분되는 유교적 전통이 남아있는 정책스타일을 가졌기 때문이다. 즉, 유교사회를 거치면서 학자(scholars)와 국정에 참여하는 왕의 신하(Officials)가 구분이 되지 않는 학·정정책연계(Scholar – Official Policy Nexus)가 강한 정책스타일이 여전히 유지되고 있기 때문에 정책형성, 정책결정, 정책집행, 정책평가 등 다양한 정책과정에서 다른 나라보다 확연하게 학자들의 관여와 참여가 높다(Moon and Hwang, 2018). 학자들의 현실정치참여에 대한 비판적인 사회적 인식이 점차 높아지고 있는 추세임에도 불구하고, 이러한 학·정 정책연계적 특성은 당분간 지속될 것으로 보인다. 여전히 우리나라의 대통령실, 행정부의 정치적 임명직, 국회의원 구성원 중 학자출신이 차지하는 비중이 다른 나라에 비해서 월등하게 높다는 사실은 이러한 예상을 뒷받침해준다.

학·정정책연계가 강한 특징은 이론적 통칙화 노력의 부족으로 인해 이론과 실무의 불균형을 야기할 뿐만 아니라, 3자 연합에서 때로는 연구자가 점해야 할 이론적 비교우위를 약화시키기도 한다. 따라서 우리나라 정책의 3자연합적 특성과 정책스타일 그리고 정책연구의 미래방향을 구체적으로 고민하려는 노력이 필요하다. 지나친 학·정정책연계가 건강한 학문공동체를 해치고 정책연구 본연의 목적을 변질시키지 않도록 학문공동체 구성원 각자가 자성적·자구적 노력을 기울일 필요가 있다. 학·정정책연계의 강점이 우리 학계의 약점이 아니라 이론적 통칙화를 위한 강점이 될 수 있도록 실무적 정책연구를 수행하면서 이를 이론화 작업과 과학적 연구로 승화시키는 노력을 기울여야 한다.

2) 사회문제의 난제성(wickedness)과 정책연구의 방향

사회문제를 해결하는 정책연구는 문제의 본질적 특질에 대한 정확한 이해에서 출발한다. 특히 최근 사회적 난제(wicked problems)라고 표현되는 최근의 정책문제는 단순한 정책수단으로 해결될 수 없기 때문에 단기적이고 단순한 정책처방은 오히려 문제를 악화시키기 십상이다. 따라서 사회적 난제의 특성을 종합적으로 이해하는 것이 우선이다. Peters와 Hoornbeek(2005)은 정책문제의 특징과 관련된 기준인 해결가능성(solubility), 복잡성(complexity), 규모(question of scale), 이해관계자의 구분가능성(divisibility), 재정적 해결성(monetarization), 정책행위의 범위(scope of activity), 그리고 상호의존성(interdependencies) 등의 측면에서 정책문제는 더욱 복잡해지고, 상호의존적이고 재정적인 문제로 쉽게 해결할 수 없을 뿐만 아니라 단순한 정책도구가 아닌 유관 정책분야를 아우르는 종합적인 정책도구 묶음(package of policy instruments)을 설계해야 함을 강조한다. 이와 관련하여 최근 다양한 정책도구에 대한 개별적인 연구와 함께 특정 정책문제를 해결하기 위하여 다양한 국가에서 활용하고 있는 정책도구에 대한 비교연구가 이루어지고 있다. 물론 각 국가의 맥락적 변수를 고려한 정책도구의 선택이나 각 국가의 정치·경제·사회적 배경을 고려한 정책스타일(policy style)과 정책결정의 특성에 대한 연구도 함께 이루어지고 있다(Howlett and Tosun, 2018).

3) 정책분석, 정책과학, 그리고 정책설계

정책연구는 크게 두 갈래로 나누어진다. 한 갈래는 자료분석을 통해서 특정한 정책의 원인과 효과를 중점적으로 연구하는 정책분석(policy analysis)으로 발전했고 또 다른 갈래는 정책과정과 이해관계자간의 관계 등을 연구하는 정책과학(policy science)으로 발전했다. 전자는 통계적 분석과 경제학을 근간으로 후자는 정치학을 근간으로 발전했다. 혹자는 정책분석과 정책과학의 중간지대에 정책도구(policy instrument)와 정책설계(policy design)가 위치한다고 본다. 또한 최근에는 실험연구방법을 중심으로 정책연구를 수행하려는 경향이 두드러졌다. 단순하게 정책관련 자료를 분석하는 정책분석이나 정책과정을 분석하는 정책과학이 아니라 특정한 정책내용이 정책대상인 인간의 행동에 어떻게 영향을 미칠 것이며 결국 어떤 정책효과가 나타날 것인지를 가늠해보는 연구를 통해 도구적 합리성의 깊이와 폭을 확장하는 것을 목적으로 한다. 이러한 연구를 통해 정책내용과 정책과정 뿐만 아니라 정책수단과 정책관련 인간행동을 종합적으로 검토하면서 실무와 이론의 균형점을 추구하고자 한다. 특히 유럽을 중심으로 실험 방법론에 기반한 다양한 정책연구가 수행되고 있으나 아직 우리나라 정책학계에서는 관련 연구가 거의 부재하다. 이미 해외 선진국에서는 Behavioral Public Policy나 Journal of Behavioral Public Administration 등 실험을 통한 행태적 연구만을 대상으로 하는 행정/정책관련 학술지까지 등장했다. 이러한 최근 학계의 흐름을 고려한다면, 향후 우리나라 학계에서도 관련 연구방법과 연구경향에 관심을 기울여 궁극적으로 문제해결역량과 이론적 통칙화를 균형적으로 추구할 필요가 있다.

참고문헌

김현구 (편). (2013). 한국행정의 한국화론. 서울: 법문사.

Howlett, M. and Mukherjee, I. (2017). Policy Design: From Tools to Patching. Canadian Public Administration. 60(1). pp. 140－144.

Howlett, M. and Tosun, J. (eds). (2018). *Policy Styles and Policy－ Making: Exploring the Linkages,* London: Routledge.

Moon, M.J. and Hwang, C.H (2018). Scholar－Official Policy Nexus and Confucian Policy Styles in South Korea. (2018). In *Policy Styles and Policy－ Making: Exploring the Linkages,* Howlett, M. and Tosun, J. (eds). London: Routledge.

Peters, B.G. and Hoornbeek, J. A. (2005). The Problems of Policy Problems. In *Designing Government: From Instruments to Governance.* Eliadis, P., Hill, M. and Howlett, M. (eds). McGill－Queen's University Press.

첨단기술개발 정책결정에 있어서 경제적 동기와 정치적 결과: 통산성의 초LSI 연구조합 설립 정책결정 사례분석 연구

첨단기술개발 정책결정에 있어서 경제적 동기와 정치적 결과: 통산성의 초LSI 연구조합 설립 정책결정 사례분석 연구[*]

염재호(고려대학교 행정학과 교수)

∼ 프롤로그 ∼

이 논문은 정책에 대한 이해가 지나치게 단순화되고, 많은 경우 선입견에 의해 이루어지는 것을 밝히기 위해서 쓴 글이다. 최근에는 행동주의 경제학이 주목을 받으면서 인간과 조직의 복잡한 행태에 대해 보다 심층적인 연구가 많이 이루어지고 있다. 하지만 이전에는 단순한 가정이나 전제를 바탕으로 관료의 행태나 정책현상을 분석한 경우가 많았다. 특히 인간의 행동이나 관료조직의 특성에 대한 단순한 이해, 경제적 합리주의와 같은 단순한 전제가 복잡한 사회현상에 대한 이해를 왜곡시키곤 했다. 정책과 조직이론을 연구하면서 그런 문제의식에서 이 논문을 쓰게 되었다.

1980년대 일본의 경제성장은 국가론의 이론적 대두와 함께 일본 정부와 엘리트 관료의 효율성에 대한 관심을 끌었다. *Japan As Number One*이라는 Ezra Vogel 교수의 책과 함께 일본 통산성 MITI에 대한 Charlmers Johnson 교수의 국가주의적 시각이 일본의 정책을 이해하는 교과서처럼 되었다. 일본

---

[*] 이 논문은 1990년 『한국행정학보』 제24권 제1호에 게재된 글을 수정·보완한 것이다.
이 논문은 필자의 정치학 박사학위 논문 *A Bureaucratic Organization In a Network Setting: MITI and Japanese Industrial Policy For High Technology*(Stanford: Stanford University, Ph. D, Dissertation)의 chapter 3. "Policy Bureau For a Knowledge−Intensive Industry: A case of the Policy Making Process of the VLSI Project"를 수정 보완한 것이다. 1989年度 韓國行政學會 年例學術大會 發表된 이 논문의 討論에 참가해 주신 여러 교수들께 감사드린다. 특히 좋은 지적과 평을 해 주신 姜信澤, 李佳鍾, 金玄九, 崔炳善 敎授께 고마움을 표한다.

엘리트 관료들의 뛰어난 합리적 행위가 정책을 효과적으로 운영하여 일본 경제의 급성장을 가능하게 했다는 것이다. 이는 거시적 차원이나 단순한 관찰에서는 그럴듯해 보인다. 하지만 자세히 들여다 보면 서구적 시각에서 일본의 정책을 편향되게 관찰하고 지나치게 단순화하여 이해한 것이었다.

정책은 많은 경우 복잡한 요소들이 다양한 층위(layer)에서 상호작용하며 나타나는 유기물과 같은 존재이다. 어떤 문제가 있을 때 그 문제에 대해 합리적으로 접근하여 가장 객관적인 해결책을 마련하여 정책이 결정되고 집행되는 것이 아니다. 이미 Graham Allison 교수는 *Essence of Decision*에서 다양한 시각과 접근방법에서 정책을 분석할 수 있다는 것을 보여주었다. 단순히 합리적인 경제적 동기만으로 정책이 이루어지지는 않는다는 것이다.

이 논문에서는 일본의 대표적인 첨단산업정책 "VLSI 프로젝트"에 대해 분석했다. 통산성 관료들의 합리적인 정책접근으로 매우 성공적인 정책인 것으로 일반적으로 알려져 있지만 보다 구체적으로 분석해보면 엄청나게 많은 정치적 요소들이 개입되어 있음을 알 수 있다. 정책결정은 단일 주체에 의해 이루어지는 것이 아니라 복잡한 요소들의 상호작용에 의해 나타나고, 그 배경에는 신제도주의에서 이야기하는 제도적 특성들이 반영되어 나타난다. James March 교수가 이야기하는 조직의 행태, 더 나아가서는 쓰레기통 모형에서 이야기하는 특성들이 정책과정에서는 종종 잘 들어난다. 문제해결을 위한 경제적 합리성으로 정책이 이루어지는 것이 아니라 관료조직의 탐색행위, 관료정치, 관할권 다툼, 다층적 목표들이 한데 어우러지며 정책이 나타나게 되는 것이다.

이러한 정책결정과정의 내부를 잘 들여다보기 위해서는 많은 자료와 인터뷰를 바탕으로 사례연구를 하는 것이 필요하다. 필자는 이를 위해 일본 히토츠바시대학의 산업경영연구소에서 일년 이상 연구원으로 있으면서 통산성 관료들을 인터뷰하고 다양한 문헌자료들을 검색하여 정책과정에 참여했던 사람들의 증언과 반도체산업의 당시 상황을 파악했다. 한 가지 사실이 확인되면 다음 사실을 확인하기 위해 자료들을 더 뒤지고, 정책결정과정에서 겉으로는 잘 드러나지 않은 숨겨진 정치적 의도나 관료들의 행태를 파악하려고 노력했다.

사례를 분석하는 과정에서 일본의 정책결정과정에 나타난 다양한 네트워크의 특성을 파악할 수 있었다. 특히 정부와 기업간의 네트워크 관계는 장기간

형성된 일본 정책모형의 제도적 특성을 잘 보여주고 있다. 정부의 국가주의적인 일방적 정책운영이 아니라 기업과의 유기적이고 장기적인 신뢰관계를 통한 정책운영이 정책의 효과성을 높여주는 것을 잘 볼 수 있었다.

더 나아가 이 연구를 통해 이후 연구에서는 과학기술정책에 대한 전반적인 관심을 확장할 수 있었다. 과학기술정책은 경제적 합리성에 의해 결정될 것같지만 실제로는 정책의 객관적인 결과를 예측할 수 없는 정책이기 때문에 어느 정책 못지 않게 상징성이 강하고 그 과정에서 정치적 특성이 매우 강하게 나타난다. 정부의 과학기술투자나 연구개발사업의 정책효과에 대한 문제가 끊임없이 제기되는 것도 바로 이러한 정책적 특성 때문이다.

우리나라의 많은 산업정책과 과학기술정책이 경제적 동기에 의해 이루어지는 것처럼 보이지만 결정과정이나 집행은 정치적 동기가 크게 작용하고 있는 것을 잘 알 수 있다. 지역별 혁신센터, 연구단지, 과학기술 메가 프로젝트, 광주과기원을 위시한 지역별 과학기술원 설립, 대규모 연구개발 사업 등은 경제적 동기가 바탕이 된 것같지만 결국은 정치적 결과로 나타나는 경우가 대부분이다.

정책연구는 드러나지 않은 정책결정과정과 집행과정의 문제를 정확하게 파악하고 이를 일반적 개념과 이론화로 발전시켜 정책에 대한 보다 정확한 이해를 하기 위한 것이다. 정책을 연구하는 입장에서 이런 현상들에 대한 치밀한 분석을 통해 객관적 현상을 잘 밝히고 더 나아가 국가재정이 낭비되지 않도록 하는 것이 응용학문을 하는 학자적 소명일지 모르겠다.

I. 머릿글

Schumpeter가 경제발전에 있어서 기술혁신의 역할을 강조한 이래 많은 경제학자들은 기술혁신을 초래하는 원인이 무엇인가를 탐구해 왔다(Schumpeter, 1934; Nelson & Winter, 1982; Rosenberg, 1982). 특히 완전경쟁하의 시장기구가 기술혁신을 일으키는데 기능적인가, 또는 소위 시장의 실패(Market Failure) 현상이 나타나 효과적인 기술혁신을 저해하는 것은 아닌지에 대한 논의가 활발히 이루어져 왔다. 이러한 논의는 기술혁신과 정부의 역할과의 관계를 규명하고 기술혁신을 유도하는 데 있어서 정부의 기능은 무엇인지를 묻게 되었다.

기술혁신과 정부의 역할에 대한 이러한 일반 논의는 최근 유전공학과 전자공학 등과 같은 첨단기술 산업의 비약적 발전과 미래에 대한 가능성 때문에 새롭게 연구의 대상으로 주목을 받게 됐다. 즉 첨단산업의 발전은, 반도체 산업의 기술혁신이 다른 산업에 미치는 엄청난 파급효과(Spillover Effect)의 예와 같이, 개별적인 기술혁신(Characteristic innovation)이라기 보다는 새로운 산업혁명을 초래할 만한 포괄적이고 총체적인 기술혁신(Generic Innovation)의 성격을 띠고 있기에 이에 대한 정부의 역할에 많은 정치경제학자들의 관심이 모아지고 있는 것이다(Sahal, 1983).[1]

한편 추종을 허락치 않던 미국의 기술, 산업의 경쟁적 우위가 전후 서서히 붕괴되기 시작했으며, 특히 일본의 자본주의 경제체제에의 편입은 새로운 세계 경제질서를 구축하기에 이르렀다. 이제 일본은 단순히 뒤쫓아 오던 입장(Catch – Up Status)을 벗어나 많은 분야에 있어서 첨단기술 개발의 선도적 입장에 서게 됐다(Okimoto, 1983; Okimoto & Saxonhouse, 1987). 이러한 일본의 비약적 성장을 많은 정치경제학자들은 후발 산업국에 있어서의 발전국가적 특질로서 일반화시켜 논의하고 있으며, 특히 국가의 역할 또는 보다 더 구체적으로 통산성의 적극적 개입이 경제의 비약적 발전의 원동력이 되었다고 보는 견해가 서구에서 지배적이 되었다.

이러한 두가지 입장, 즉 기술혁신에 있어서 시장실패에 대한 정부의 역할을 논의하는 경제학적 입장과 후발 산업국에 있어서 정부의 역할을 강조하는 발전국가적 모형의 공통적인 특징은 정부의 기능을 정책결정의 접근방법중 합리적 모형의 입장에서 이해하고 있다는 것이다. 다시 말하면, 시장실패라는 문제가 존재하고, 경제발전이라는 목표가 주어지면, 정부는 이의 해결을 위해 보다 적극적이고 합리적인 방법을 동원해 문제를 해결한다는 것이 기본 시각이다. 일본의 정치경제를 보는 전형적인 시각도 이에 근거해 Chalmers Johnson 같은 학자는 일본 산업발전에 있어서 정부의 역할을 "계획된 합리성 모형(Plan – Rational Model)"으로 이해하고 있다(Johnson, 1982;

---

1) 첨단기술 산업은 다음과 같은 특징 때문에 종종 시장의 합리성이 사회의 합리성과 일치하지 않는 시장의 실패현상이 나타나곤 한다. 즉 첨단기술산업은 (1) 고도의 전문화된 기술을 요구하고, (2) 기술변화의 속도가 매우 빠르며, (3) 매우 짧은 생산생존주기(Product Life Cycle)를 갖고 있으며, (4) 학습곡선(Learning Curve)이 또한 짧으며, (5) 막대한 생산설비투자를 요구하며, (6) 투자에 대한 높은 위험 부담율과 불확실한 투자효과(ROI: Return On Investment)를 갖고 있으며, (7) 기술개발 성공시에 나타나는 독점적 이익 등으로 경쟁적 개발로 인한 높은 R&D 투자율을 요구하며, (8) 시장의 광범위성으로 인한 국제적 경쟁이 나타나고, (9) 다른 산업에 미치는 파급효과가 막대하다는 일반적 특징을 갖고 있다.

Johnson, 1977).

그러면 과연 이러한 논거는 정당한 것인가? 기술혁신에 있어서 시장의 실패를 바로 잡기 위한 수단으로 정부의 개입은 언제나 경제적 합리성에 근거한 바람직한 정책이라고 정당화될 수 있는 것인가? 이 곳에서는 일본의 첨단기술 산업정책 중 가장 대표적으로 성공한 사례라고 하는 "超LSI(Very Large Scale Integrated Circuit) 연구조합" 설립 정책결정 과정에 대한 분석을 바탕으로 이러한 기본적 질문에 답을 모색해 보고자 한다.

II. 문제의 제기

일본에 있어서 통산성의 첨단기술 산업정책중 가장 많이 언급되는 것의 하나가 "超LSI 연구조합" 설립정책이다. VLSI 프로젝트라고도 하는 이 연구조합 설립계획은 소위 제4세대 반도체 기술을 개발하기 위해서 통산성과 일본의 주요 반도체 회사들이 공동으로 참여한 기술개발 정책이었다. 이 계획의 성공적 산물이라고 하는 64K DRAM(Dynamic Random Access Memory) 반도체의 개발은 일본에서 뿐만 아니라 미국에서도 높이 평가되어, VLSI 프로젝트는 공동연구조합을 통한 통산성의 합리적인 산업정책의 대표적인 사례로 손꼽히고 있다.

이 프로젝트가 특히 우리의 관심을 끄는 것은 다음의 몇가지 이유에서이다. 첫째, 이 프로젝트의 중요성은 단순히 64K DRAM 반도체 기술개발을 성공적으로 이룩했다는 사실보다 이것이 일본뿐 아니라 미국의 기술개발 정책에 상징적인 영향을 초래했다는 점이다. 일본 국내적으로는 이 프로젝트의 성공적 결과에 힘입은 통산성의 정책결정자들이 소위 "제5세대 컴퓨터 프로젝트(The Fifth Generation Computer Project)"라고 하는 또 하나의 널리 알려진 기술개발 정책을 의욕적으로 추진했다는 것이다 (Feigenbaum & McCorduck, 1984).[2] 또한 미국도 이 프로젝트의 성공에 자극을 받아 "VHSIC(Very High Speed Integrated Circuit) Program"과 Stanford 대학에 국방부와 19개의 정보산업 기업이 참가하는 "CIS(Center for Integrated System)"를 설립한 것과 같은 연구조합 설립을 통한 기술개발 정책을 펴게 되었다(Fong, 1983).[3]

---

2) 실제로 VLSI 프로젝트를 입안한 당시의 통산성 전자정책과 과장이 나중에 다시 전자정책과 과장의 자리로 돌아와 추진한 것이 "제5세대 컴퓨터 프로젝트"이다.

3) 미국은 이전까지 독과점 규제정책을 엄격히 적용했으므로, 공동연구조합의 설립이 사실상 불가능했었는데 이와 같은 새로운 산업정책의 추진으로 첨단기술 산업에 있어서 공동 연구개발이 가능하게 되었다.

둘째로, 흥미있는 사실은 통산성은 이 프로젝트에 있어서 단순히 기술개발의 비용만을 부담한 것이 아니라, 실제로 이 계획의 조직과 관리의 면까지 깊숙이 개입했다는 점이다. 만약 그랬다고 한다면, 일반 관료들로 구성된 통산성이 프로젝트 집행에 있어서 전문적 기술을 요하는 이 일에 어떻게 참여할 수 있었으며, 또 왜 참여하려고 했는지 하는 의문이 일게 된다.

셋째로, 특이한 사실은 이 프로젝트에 대한 통산성의 집착이 매우 강하게 나타났다는 것이다. 뒤에 자세히 설명이 되겠지만, 원래 이 프로젝트를 기획한 것은 통산성이 아니었고 郵政省의 하부기관인 日本電信電話公社(NTT: Nippon Telegraph and Telephone Corporation; 앞으로는 NTT라고 쓰겠음)였다. 만약 통산성이 단순히 시장기능의 실패만을 수정하여 바람직한 기술개발이 이루어지게 하려면 NTT가 원래 계획한 프로젝트를 그냥 내버려 두지 왜 굳이 자기의 프로젝트로 바꾸려고 했을까? 통산성과 개별기업들이 이 프로젝트에 그토록 적극 참여하려 했던 동기는 무엇이었을까?

끝으로, 중요한 것은 이 프로젝트의 결과에 대한 전적인 공로는 통산성에 있다고 일반적으로 평가되고 있다는 것이다. 그 중에서도 특히 통산성의 정책결정자들이 매우 합리적이고 선견지명이 있었다는 것이 흔히 지적되는 사실이다. 그렇다면 통산성의 이 프로젝트에 대한 적극적인 개입이 없었다면 64K DRAM의 개발은 안 이루어졌을까? 또한 통산성의 정책결정자들은 일반적으로 이야기되는 다른 행정관료와는 달리 매우 합리적인 정책결정을 가능케 하는 남다른 특성을 갖고 있는가?

이러한 기본적인 문제의식을 갖고 이 곳에서는 특히 이 프로젝트의 정책결정 과정에 촛점을 맞추어 문제를 분석해 보려고 한다.

III. 초LSI연구조합에 대한 기존의 연구들

超LSI연구조합 설립 정책과정을 분석하기 위해서는 먼저 기존에 이에 대해 어떤 연구들이 있었는지를 한번 살펴보는 것이 중요하다.

한마디로 말해 초LSI연구 프로젝트가 성공적인 정부와 기업간의 공동 기술개발 연구 프로젝트였다고는 자주 언급되고 있지만 이에 대한 구체적인 연구는 극히 미미했다라고 말할 수 있다.

얼마 안되는 연구들, 또는 이 프로젝트에 대해 언급한 자료들은 크게 세 부류로 나눌 수 있다. 먼저 일본의 첨단산업 또는 정보산업에 대해 언급할 때 일반적으로 이야기되는 내용들이다. 즉 서구의 학자들에 의해 종종 피상적으로 또는 과장되어 통산성의 합리성과 산업활동에의 적극적 개입을 강조하기 위해 언급되는 내용들이다. 둘째의 부류는 실제로 이 프로젝트에 참여했던 사람들에 의한 회고록적인 내용들이다. 참여자들이 주로 프로젝트의 집행과정을 서술하거나 효율적인 관리나 성공적인 결과를 부각시키기 위해 쓰여진 것이 대부분이다. 끝으로, 극히 그 수는 적지만, 몇 개의 연구는 어떻게 공동연구조합이라는 조직이 효율적으로 관리될 수 있는가 하는 것을 경영학적 또는 관리과학적 측면에서 분석하고 있다.

먼저 첫번째 집단으로, 미국의 산업정책학자들은 이 프로젝트가 정부와 기업간의 의욕적인 협동의 산물이라고 말하고 있다. Borrus, Millstein, 그리고 Zysman은 초LSI 프로젝트를 이렇게 평하고 있다.

> 초LSI 프로그램과 미국 반도체 시장의 일본의 침투는 기술집약적 그러고
> 지식집약적 산업에 있어서 비교우위를 확보하려는 의도적 국가전략의 일
> 환이다…… 초LSI 프로그램은 일본의 산업에 있어서 과정기술 개발과 고
> 도의 기술 개발에 있어서 확고한 방향과 보조를 제공해 주었다(Borrus,
> et., 1983, p.183과 p.182; 밑줄 부분 강조는 첨가).

Gresser 또한 이 프로젝트에서 통산성 관료들의 합리적인 행위와 정보산업에 미친 커다란 영향을 다음과 같이 강조하고 있다.

> 초LSI 프로젝트는 제5세대 컴퓨터 프로젝트 이전에 실시된 매우 경쟁적인
> 기업간의 공동연구를 잘 조정한 가장 정교한 정부의 시도를 대표한다고
> 하겠다. …… 초LSI 프로그램은 정보산업의 생산기술을 완전히 파악하는
> 데 엄청난 공헌을 했다(Gresser. 1984, p.136과 p.138).

이러한 초LSI 프로젝트에 대한 평가는 기술혁신에 있어서의 정부의 역할을 강조한 것이다. 하지만 이러한 단순한 평가는 이 프로젝트에 있어서 통산성의 역할을 과대평가하기 쉽다. 성공적인 결과를 갖고 단순히 그 원인을 통산성 관료들의 정교한 정책결정의 결과라고 단정하는 것은 성급한 판단이라고 할 수 있다.

두번째 부류의 연구는 이 프로젝트에 실제 참가했던 관리 담당의 책임자였던 네바시 마사또(根橋正人)전무이사와 연구소 소장을 맡았던 타루이 야수오(垂井康夫)에 의해 주로 이루어졌다(垂井, 1980, 1982; 00, 1980). 이 프로젝트는 기술개발에 대해 단

순히 보조금을 지급하던 것으로부터 벗어나 공동 연구소를 설립하여 기술을 개발한 최초의 시도였기에 기술개발 자체에 대한 성과 못지 않게 프로젝트 관리의 측면이 대단한 관심의 초점이 되었다.

프로젝트 관리 책임자로서 네바시의 관심은 어떻게 하면 연구소 내에 일하기 좋은 분위기를 만드는가 하는 일이었다. 또한 타루이의 관심은 기술적 문제에 대한 것으로 연구과제의 구체화와 연구원의 조직화, 연구결과 배분 등에 관한 것이었다. 한마디로 네바시와 타루이의 글은 프로젝트 집행과정에 관한 보고와 연구성과에 대한 기술적 보고인 것이다.

세번째 부류의 연구는 초LSI 프로젝트를 보다 논리적으로 분석한 경영학자들의 글인데 이마이(今井, 1984)와 사카키바라(Sakakibara, 1983)의 연구가 대표적이다. 사카키바라는 이 프로젝트를 경영 조직의 측면에서 분석했는데, 어떤 관리적 요소들이 프로젝트를 성공적으로 마치게 했는가 하는 것에 주로 관심을 두었다. 그는 프로젝트 집행과정에서 주요한 관리상의 요소로 人事, 계획, 프로젝트 조직의 공식화, 평가체계, 의사소통, 지도력 등을 들어 분석을 했다. 반면에 이마이의 연구는 산업정책의 수단으로서 공동연구 조합의 경제적 효용성에 대해 논의했다. 그는 초LSI 기술개발 계획의 효용성으로 파급효과같은 經濟的 動因이 있다는 점을 지적하지만, 이것을 일반화하기에는 문제가 있다고 주장한다. 왜냐하면, 이 프로젝트의 경우 통산성이 경쟁적인 기업들을 공동으로 연구할 수 있게 유인한 데에는 나름대로의 독특한 환경적 요인이 개재되어 있다는 것이다.

비록 이마이의 이와 같은 지적이 산업정책의 역할로서의 초LSI 프로젝트를 보다 잘 이해하는데 도움을 주고 있지만, 이것은 정책결정에 대한 논의로서가 아니라 경제적 효용성의 면에서 분석한 것이기에 이곳의 분석과는 거리가 있다. 또한 전체적인 초LSI 프로젝트의 연구는 극히 제한되어 있고, 정책결정 과정에 대한 논의는 전혀 되어 있지 않아 이에 대한 구체적인 분석이 필요하다고 하겠다.

IV. 연구방법

정책결정 과정에 대한 연구는 참여관찰, 정책 결정자에 대한 인터뷰, 정책결정 과정에 대해 출간된 문헌조사등 다양한 방법이 동원될 수 있지만 이 곳에서는 주로 문헌조사에 의한 방법을 연구방법으로 사용하기로 했다. 그 주요 이유로서는 첫째, 프로젝트가 성립된지 꽤 오랜 시간이 경과했기 때문에 그 당시의 정책 결정자를 찾아

인터뷰를 하는데 제약이 있었고, 둘째, 일반적으로 통산성 관료들은 한 가지 정책 결정에 참여한 후 곧 다음 정책결정 과정에 참여하기에 지난 정책 결정 과정에 대한 기억이 대개 희미하고[4], 셋째, 초LSI 프로젝트의 경우, 많은 사람들의 관심을 끈 계획이었기에, 프로젝트 운영과 성과에 대한 것뿐 아니라, 비록 체계적으로 연구된 내용은 아니라 할지라도, 정책결정 과정에 대한 많은 정보들이 출판되었기에 문헌 조사에 의한 연구가 의미가 있다고 보았기 때문이다.

분석에 사용된 주요 자료들은 다음과 같다.

(1) 초 LSI 프로젝트에 대한 학자 및 참여자들의 연구 및 자료들

(2) 정부및 공공기관에 의해 발행된 자료들: 예를 들면 통산성에서 발행하는『通産ジャーナル』(通産Journal), 日本電子計算機株式會社(JECC: Japan Electronic Computer Company)가 발행하는『コンピューター・ノート(Computer Note)』, 日本情報處理開發協會가 펴내는 機械情報産業總覽 과『コンピューター白書』(Computer 白書) 등.

(3) 컴퓨터 산업에 대한 전문지들: 예를 들면『コンピュートピア』(Computopia),『日經コンピューター』(日經Computer) 등.

(4) 경제신문과 산업신문들: 예를 들면 日本經濟新聞, 日刊工業新聞, 日經産業新聞 등.

(5) 컴퓨터 산업에 대한 신문기사들을 모아 발행되는『コンピューターダイジェスト』(Computer Digest) 등.

이러한 자료들은 정책결정 과정에 대한 다양한 수준의 정보를 제공해준다. 이곳에는 초LSI 프로젝트 정책결정 과정에 대한 내부 이야기와 실화들에 대한 구체적인 자료들이 포함되어 있기도 하고, 산업신문들과 같은 전문지들은 정책결정의 정치적 과정에 대한 연대기적 자료를 제공해 주기도 한다.

V. 초LSI 프로젝트의 내용

초LSI 프로젝트는 통산성의 주도하에 1976년부터 1980년까지 새로운 반도체 기술을 개발하기 위해 마련된 공동연구 계획이다. IBM이 새로운 컴퓨터 기종에 사용될

---

4) 한 통산성 관료와의 인터뷰에 의하면, 그들은 언제나 일에 쫓기기 때문에 대부분의 경우 정책이 집행되는 과정도 신경을 쓸 수 없다고 한다.

고성능의 반도체 개발에 착수하려고 하자 일본 정부와 일본의 컴퓨터 산업계는 공동
으로 이에 대처하기 위한 수단으로 초LSI 연구조합을 설립하여 새로운 반도체 기술을
개발한 것이다.

다섯개의 주요 컴퓨터 회사가 참여했고 이 회사들은 두개의 큰 그룹으로 다시 나
뉘어져 후지쯔-히타치-미쯔비시가 한 팀이 되고 NEC-토시바가 한 팀이 되어 이
프로젝트에 참여했다. 전자의 그룹은 컴퓨터 개발 연구소(CDL: Computer Development
Laboratories)를 형성했고, 후자의 그룹은 NEC-토시바 정보 시스템(NTIS: NEC-Toshiba
Information Systems)을 형성했다.

전체 예산으로 730억엔이 소요됐으며, 그중 통산성이 약 40%에 달하는 290억엔
을 부담했다. 연구개발 프로젝트 팀은 약 100명의 엔지니어들로 이루어졌으며, 각 기
업과 통산성 산하의 電子技術綜合硏究所에서 약 20명씩의 엔지니어들이 참여했다
(그림 1 참조).

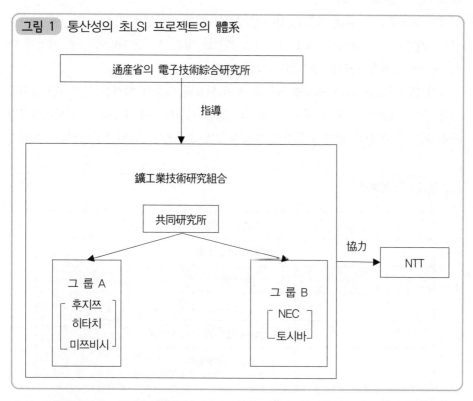

그림 1 통산성의 초LSI 프로젝트의 體系

通産省의 電子技術綜合硏究所

指導

鑛工業技術硏究組合

共同硏究所

協力

NTT

그룹 A
후지쯔
히타치
미쯔비시

그룹 B
NEC
토시바

出處: 日經産業新聞. 1975년 9월 17일.

LSI 프로젝트는 1961년부터 시행된 鑛工業技術研究組合法에 근거하여 설립되었다. 초LSI 프로젝트의 기본계획에 의하면 초LSI 기술개발은 통산성의 전자기술종합연구소의 지도아래, 경쟁관계에 있는 5개의 컴퓨터 회사에서 모인 엔지니어들과 전자기술종합연구소의 엔지니어들이 초LSI의 기본 기술을 공동 연구소에서 개발하는 것을 원칙으로 하고, 동시에 응용기술은 각 그룹별로, 즉 CDL과 NTIS의 연구소를 중심으로, 개개의 기업이 자유롭게 개발하는 것을 원칙으로 했다. 또한 NTT도 원래 비슷한 계획을 추진했었으므로 초LSI 프로젝트는 NTT의 초LSI 기술개발 계획과 협조하는 것으로 했다.

주요 연구 과제로는 微細加工技術, 半導體 結晶技術, 設計技術, 프로세스 技術, 試驗-評價 技術, 디바이스(Device) 技術이 있었다(그림 2 참조). 이중 설계 기술의 전부와 프로세스 기술, 시험-평가 기술, 디바이스 기술의 일부가 각 그룹간의 공동 연구소에서 개발되는 것을 제외하고는 모두 초LSI 기술 연구조합의 공동 연구소에서 개발하는 것을 원칙으로 했다.

이 프로젝트의 원래 계획은 1976년에 프로젝트 집행을 위한 기초작업을 마무리하고. 1977년과 1978년에 주로 기본적인 연구를 마친 후, 1979년에 기술 개발에 대한 평가와 수정을 하려는 것이었다(그림 3 참조).

이 프로젝트는 비록 초기에 연구소 부지 확보와 다양한 배경을 가진 엔지니어들 간의 조화, 적절한 연구 주제의 선택, 파견된 엔지니어들과 母企業 엔지니어들과의 관계 조정 등과 같은 난제들이 있었으나, 비교적 순조롭게 초LSI 기술 개발의 목표를

그림 2 研究課題

| 微細加工技術 |
| 半導體 結晶技術 |
| 設計技術 |
| 프로세스 技術 |
| 試驗-評價技術 |
| 디바이스 開發技術 |

* 점선 안친 부분이 超LSI 프로젝트 共同研究所에서 행하는 基礎연구들
出處: 垂井(1982). p.144.

| 표 1 | 超LSI 프로젝트 開發計劃表 | | | |

1976	1977	1978	1979
研究課題의 選擇 및 評價	基礎技術		高性能化를 위한 技術向上
	基礎技術의 評價		技術向上研究
	應用技術 研究		
	應用技術試驗		技術評價
	應用技術 開發 및 評價		
	半導體生産	裝置生産	

出處: 日經産業新聞, 1976년 3월 16일.

향해 나아갈 수 있었다고 네바시 전무이사는 회고하고 있다(根橋, 1980).

이렇게 진행된 초LSI 프로젝트는 1980년 3월 11일 초LSI 技術研究組合 이름으로 초LSI 기술에 관한 중요한 연구 성과를 얻었다고 발표했다. 그 주요한 내용으로는 高速電子 빔 描畫裝置(High Speed Electronic Beam Lithography Device), 高性能 드라이 에칭 裝置(High Quality Dry Etching Device), 電子 빔 描畫 소프트 웨어 시스템(Electronic Beam Lithography Software System), 레이저 走査形 디바이스 解析 씨스템(Laser Scanning Device Analysis System), 赤外線走査方式 IC 濕度分布測定(Infrared Scanning Method for IC Humidity Distribution Measurement System), 超高速 패턴 發生裝置(Very High Speed Pattern Generation Prototype) 등이 있다(日輕工業新聞, 1980년 3월 12일). 이상의 성과를 거둔 이 프로젝트로 1,000건 이상의 특허가 출원됐고, 약 460편의 연구 논문이 발표됐으며, 또한 경쟁 기업간의 공동 연구라고 하는 놀라운 조직상의 혁신을 이룩했다는 점에서 높이 평가되고 있다.

Ⅵ. 초LSI 프로젝트의 정책결정과정

초LSI 프로젝트는 위와 같은 성과로 볼 때 아주 순조롭게 진행된 통산성의 고도의 합리적인 정책결정의 산물처럼 보이나, 자세히 살펴 보면 매우 복잡한 환경적 변수들로 둘러싸인 가운데서 정책결정이 이루어졌다는 것을 알 수 있다. 무엇 보다도 NTT가 먼저 이 프로젝트를 계획하고 있었다는 것, 그 당시 컴퓨터 산업의 국내시장 전면개방을 맞이해 산업구조의 재개편이 요구되고 있었다는 점, 또한 이 프로젝트 정책결정 과정에서 주요 컴퓨터 기업중의 하나인 오끼전기공업(沖電氣工業)을 프로젝트

참여에서 제외시킨 사실 등이 정책결정 과정에 있어서 통산성의 심각한 제약 요소로서 작용했다. 그러므로 정책결정 과정에 대한 세심한 검토없이 초LSI 프로젝트가 통산성의 관료들이 컴퓨터 산업에 대해서 갈등없이 정교하게 계획을 세운 합리적 산업정책이었다고 결론짓는 것은 문제를 지나치게 단순화시켜 이해한 것이라고 할 수 있다. 따라서 이 곳에서는 프로젝트의 정책결정 과정을 진행된 순서에 따라 자세히 살펴봄으로써 통산성의 첨단산업에 대한 정책결정의 특질을 고찰해 보고자 한다.

1. 초기의 단계: NTT의 계획

앞에서 이야기한 바와 같이 초LSI 기술 개발을 공동 연구조합 형식으로 하자는 것은 원래 통산성의 아이디어가 아니라 NTT의 착상이었다.

NTT는 電氣公社情報處理시스템 1(DIPS 1: Denden Kosha Information Processing System 1)의 개발을 마친 후, IBM이 준비하고 있던 소위 제4세대 컴퓨터 시스템(또는 Future System)에 대항하기 위해 DIPS 2 개발을 계획하고 있다고 1975년 1월 발표했다. DIPS 1 계획을 마친 후 미국 업계의 현황을 돌아보기 위해 미국을 다녀온 NTT의 요네자와(米澤) 총재가 IBM이 새롭게 준비하고 있는 Future System 계획을 보고 충격을 받아 1월 초에 귀국한 후 이런 계획을 발표하게 된 것이다. 이 계획은 제4세대 컴퓨터의 자체 개발을 촉진하기 위해 LSI(Large Scale Integrated Circuit)의 기초 연구를 포함한다고 했다.[5]

비록 이러한 계획의 발표는 통산성의 영역을 침범하는 것이라고도 볼 수 있으나, NTT는 이미 DIPS 1 개발 계획을 통해 어느 정도 컴퓨터 업계와 관련을 맺고 있었고, 또한 앞으로는 컴퓨터와 통신의 관계가 불가분의 관계로 발전할 것이라는 논리로 자신의 입장을 정당화했다.[6] 따라서 NTT는 제4세대 컴퓨터 시스템을 위한 반도체의 독자적 개발을 위해 새로운 프로젝트가 필요하지만 그것은 어디까지나 통신분야에 국한한 것이라고 강조했다. 이것이 초LSI 개발에 대한 NTT의 최초의 공식적인 입장

---

5) 원래 이것은 제4세대 컴퓨터를 위한 LSI라고 불리웠으나 후에 VLSI(또는 超LSI)라고 다시 이름이 붙여졌다.

6) 그 이전까지는 통산성과 NTT가 속해 있는 우정성과의 사이에 NTT는 통신산업정책을 담당하고 통산성은 전자산업을 담당한다는 잠정적 합의가 이루어져 있었다. 하지만 두 분야간의 경계가 그리 쉽게 그어지는 것은 아니다. 기술상의 유사성도 있지만 생산업체 자체가 두 가지 분야로 나누어져 있지 않기에 행정 관할 영역을 나누는 것이 그리 쉽지 않다. 따라서 두 산업에 공통적으로 관계가 있는 기술, 즉 반도체 기술같은 것은 행정 관할 면에 있어서 언제나 분쟁의 소지를 안고 있는 분야라고 할 수 있다.

표명이었다.

그 해 4월 5일 NTT는 초LSI 기술 개발 계획을 NTT의 연구소를 통해 추진한다고 발표했다. NTT는 또한 이 계획에는 이미 DIPS 1 개발 계획에 참여했던 후지쯔, 히타치, NEC 같은 컴퓨터 회사들이 참여하게 될 것이라고 했다. NTT 갖고 있던 기본 구상은 이런 것들이었다.

(1) 1975년 가을까지 무사시노(武蔵野)에 있는 NTT의 電氣電信硏究所에 LSI 생산에 절대적으로 필요한 클린 룸(Clean Room)을 설치한다.

(2) 계획에 참가하는 기업들과 연구소 사이에 기술원조, 기술정보의 교류를 촉진한다.

(3) NTT의 시설을 기업들에 적극적으로 개방한다.

(4) NTT는 계획을 추진하기 위해 3년간 약 100억엔을 투자한다(日經産業新聞, 1975년 4월 5일).

이에 대한 컴퓨터 업계의 반응은 매우 호의적이었다. 그러한 프로젝트는 IBM의 Future System에 대항하기 위해 필요한 LSI 기술 개발에 많은 도움을 줄 것으로 판단됐다.

이와 같은 계획은 순조롭게 진행되어 4월 28일에는 NTT가 후지쯔, 히타치, NEC와 처음으로 회합을 갖고 기술 개발 협력은 반도체 개발 중 메모리부분(memory part)에 국한시키기로 합의를 봤다. 회합에서는 NTT의 다음과 같은 보다 구체적인 계획도 제시되었다.

(1) 이 계획으로 1975년부터 향후 3년간 200억엔을 투자한다.

(2) 이 계획으로 64K 비트 집적 회로(IC: Integrated Circuit)를 개발한다.

(3) 연구개발 계획에 따라 무사시노에 있는 NTT의 전기통신연구소에 5개의 硏究部會를 조직한다(日經産業新聞, 1975년 4월 28일).

이러한 NTT의 준비계획은 최소한 1975년 여름까지는 아무런 난관없이 순조롭게 그리고 신속하게 진행되었다.

2. 통산성의 개입

한편 이러한 NTT의 계획에 대해 통산성은 원칙적으로 찬성을 표명하면서 조용히 사태의 추이를 관망하고 있었다. 그러던 중 4월 초에 IBM의 Future System에 대

항하기 위해 LSI 기술 개발에 통산성과 우정성, 그리고 NTT가 상호 협력을 하기로 합의를 봤다는 뉴스가 흘러 나왔다(日刊工業新聞, 1975년 4월 8일). 그러나 이에 대해 NTT측에서는 "도대체 (NTT) 총재도 모르는 일인데 누가 통산성과의 개발협력에 합의를 봤다고 하느냐"며 뉴스의 근원에 대해 강한 의문을 제기했다(コンピュートピア, 1975년 4월호, p.92).

이러한 때에 통산성은 1975년 말로 예정된 컴퓨터 시장의 완전 국내개방을 맞아서 국내 업계의 힘을 강화하기 위해 컴퓨터 업계를 두 개의 그룹으로 재개편하겠다는 계획을 발표했다(日刊工業新聞, 1975년 3월 23일).[7] 또한 통산성이 LSI 기술개발에 참여하겠다는 계획을 발표한 다음날 모리구찌(森口) 통산성 機械情報産業局長이 초LSI 프로젝트와 컴퓨터 업계의 재개편 문제를 상의하기 위해 요네자와(米澤) NTT 總裁와 회합을 갖기로 했다는 뉴스가 다시 흘러 나왔다.

이렇게 혼돈된 상황이 계속되자 최초에 NTT의 계획을 환영했던 컴퓨터 업계는 상당히 정치적인 상황이 벌어지는 것을 감안해 어느 편도 들수 없는 입장에 빠지게 됐다.

한편 통산성이 초LSI 프로젝트를 자신의 것으로 만들려고 하는 강한 의지를 간파하고, 또한 기술개발에 있어서 정부의 중복 투자에 대한 국민들의 비판을 의식한 요네자와 총재는 6월 11일 기자회견을 열어 다음과 같이 NTT의 입장을 명확히 했다.

(1) 컴퓨터 부분에서는 통산성과 협조하겠지만 NTT는 초LSI 개발계획을 이미 올해부터 시작하고 있다.

(2) NTT가 금년부터 시작한 초LSI 개발은 단지 IBM의 Future System에 대항하기 위한 컴퓨터 개발뿐 아니라 電子交換機나 畵像通信 등 앞으로의 광범위한 전기통신 기술의 혁신을 불러 일으키는 역할을 하기 때문에 제4세대의 국산 컴퓨터를 겨냥한 통산성의 초LSI 개발과 전혀 중복되는 것이 아니다.

(3) 통산성이 컴퓨터 업계를 두 그룹으로 재개편한다는데 대해서는 그것은 NTT의 소관 사항이 아니고 통산성이 고려할 사항이다

(4) 현재로서는 초LSI 기술개발에 대해 논란을 벌이는 것보다는 하루라도 빨리 기술개발을 서두르는 것이 중요하다.

(5) 또한 이 프로젝트가 진행되는 과정에서 토시바, 미쯔비시, 오끼의 참여를 고려하겠다(日刊工業新聞, 1975년 6월 12일).

---

7) 그 당시 일본의 컴퓨터 업계는 통산성의 산업구조 정책에 따라 1971년 가을 이래로 3개의 그룹으로 나뉘어져 있었다. 미쯔비시와 오끼가 한 그룹이고, 후지쯔와 히타치가 한 그룹을 이루고 있었으며, NEC와 토시바가 또 하나의 그룹을 이루고 있었다.

이와 같이 NTT는 자기가 초LSI 프로젝트를 이미 시작한 장본인으로서 통산성에 대항하여 개발계획을 추진하겠다는 입장을 분명히 했다고 할 수 있다.

3. NTT의 후퇴

그러나 NTT의 이러한 입장은 6월 말경에 갑자기 바뀌어 통산성과의 대결을 피하고 후퇴하기 시작했으며, 반면에 통산성은 초LSI 프로젝트 계획에 대해 꾸준하고 빠른 진전을 보이기 시작했다. NTT가 후퇴하게 된 원인에 대해서 여러가지 이유들이 있을 수 있겠지만 가장 큰 이유는 통산성과의 정치적 대결을 피하고자 한 데에 있다고 하겠다. 이 프로젝트의 정책결정 과정이 정치화되는 것은 NTT에 대해 아무런 실익을 주지 못하기 때문이다. 다음 장의 분석에서 자세히 언급하겠지만 NTT가 궁극적으로 추구하는 것은 이윤이지 통산성처럼 정책이 갖는 상징적 효과가 아니기 때문이다.

일본의 컴퓨터 업계는 NTT의 후퇴가 명확해지자 통산성의 초LSI 프로젝트에 참여하기 위해 이에 걸맞는 기술개발 조직을 재구성하기에 서두르기 시작했다. 특히 NTT의 원래 계획에서 빠져 있었던 컴퓨터 회사들은 경쟁적으로 초LSI 기술개발을 준비하기 위한 조직들을 경쟁적으로 만들기 시작했다. 예를 들면 토시바는 전자계산기 사업부내에 회사내의 모든 초LSI 개발 담당자들을 모아 "GSI(Giant Scale Integration) 開發推進本部"를 6월 16일 만들었고, 미쯔비시는 6월 18일 "LSI 委員會"를 출범시켰으며, 오끼는 우선 초LSI 기술개발의 실력을 양성한다는 명목으로 6월 20일 "綜合LSI 開發計劃委員會"를 발족시켰다. 이와 같이 각 컴퓨터 회사들이 앞을 다투어 통산성의 초LSI 프로젝트에의 참여를 위해 전력을 가다듬고 있었다.

7월 15일에는 통산성 장관과 NTT총재와의 회합이 있었고 여기에서 초LSI 기술개발을 국가적 프로젝트로 발전시키자는데 합의를 보았다. 또한 통산성은 이곳에서 처음으로 자신의 계획을 발표했다(日經産業新聞, 1975년 7월 16일). 초LSI 프로젝트는 鑛工業技術硏究組合法에 의거해 공동 기술개발로 이루어지며, 5개의 컴퓨터 회사중 오끼는 결국 빠지게 된다고 했다. 또한 개발보조금의 염출 방법, NTT의 원래 계획과의 조정 문제등 자세한 것은 5개의 참여회사들과 상의하여 정하겠다고 밝혔다.

통산성은 NTT와 5개 참여회사들과의 조정끝에 9월 16일 다음과 같이 초LSI 프로젝트의 기본 구상을 구체화했다.

(1) 이 계획을 위해 공동 연구소를 설립한다(그림 1 참조).
(2) 연구 과제는 微細加工技術, 현재보다 훨씬 순도가 높은 실리콘 결정을 만드는 기술, 컴퓨터를 이용한 기본 디바이스의 설계기술을 대폭 개선, 제어기술

과 과정기술의 비약적 향상, 素子의 시험평가 기술의 정밀 고도화, 이상의
기술을 총동원한 高速, 高密度의 論理-記憶素子의 개발 등이다.

(3) 통산성은 향후 4년간 450억엔을 보조한다(日經産業新聞, 1975년 9월 17일).

그 후로 통산성은 구체적 연구과제의 선택, 연구부지 확보, 연구소장 및 관리 책
임자 선정등의 구체화 과정을 거쳐 1976년 3월 11일에 마침내 초LSI기술개발연구조
합이 탄생하게 되었다.[8]

VII. 초LSI 프로젝트 정책결정과정의 분석

이곳에서는 이상의 정책결정 과정을 그 당시 정책결정을 둘러싸고 있던 환경적
요소를 간략하게 살펴보고, 주로 세가지의 측면, 즉 관료조직의 논리를 갖고 있던 통
산성의 행태와 시장의 논리를 갖고 있던 컴퓨터 업계의 행태와 정책결정 과정에서의
NTT의 반응을 중심으로 분석해 보려고 한다. 분석에 있어서의 기본 입장은 정책결정
의 여러가지 접근방법중 주로 합리적 모형을 부정하는 입장을 따르려고 한다.[9]

1. 환경적 상황

1975년의 일본 컴퓨터 업계는 매우 긴장된 상태에 놓여 있었다. 먼저 그동안
IBM 370 시리즈에 대항하기 위해 마련된 신형 컴퓨터 시스템 개발 계획을 위한 통산
성의 보조금이 1975년 말로 끝나게 되었다.[10] 이러한 대형 프로젝트의 종결은 당시
의 일본 컴퓨터 업계로서는 통산성의 새로운 개발 계획을 기대할 수밖에 없는 상황이

---

8) 보다 구체적인 연대기적 서술은 Yeom(1989), pp. 119-122 참조.
9) Van De Ven은 정책결정에 있어서 주요한 접근방법으로는 세가지의 "R"이 있다고 한다. 즉 합
   리적 모형(Rational Model)과 그럴듯한 모형(Reasonable Model: 이 모형은 Simon과 March가 말
   하는 제한된 합리성을 바탕으로 하는 만족모형과 같은 개념)과 무작위 행위(Random Model:
   이 모형은 March의 Garbage Can Model과 같은 개념)를 말한다(Van de Ven, 1983).
10) 통산성은 국내 컴퓨터 업계를 보호 육성하기 위해 1960년대 초부터 주로 보조금 지원을 위주
    로 한 일련의 산업정책을 실시했었는데 1975년은 1972년부터 4년간에 걸쳐 약 600억엔을 보
    조해 주었던 신형 컴퓨터 시리즈 개발 계획이 끝나는 해였다(실제로는 예산 회기상의 문제로
    1976년 초에 끝남). 이러한 통산성의 컴퓨터 업계에 대한 보조 정책은 대형 프로젝트로서 한
    프로젝트가 끝나야 다음 프로젝트로 넘어가는 長期 프로젝트였고 당시까지 국제 경쟁력의 면
    에서 매우 취약했던 일본의 컴퓨터 업계는 기술개발에 있어서 통산성의 이러한 보조 정책에
    크게 의존했다(일본 컴퓨터 산업정책에 있어서 대형 프로젝트의 比重復姓에 대해서는 Yeom,
    1986 참조).

었다. 비록 신형 컴퓨터 시스템 프로젝트가 성공리에 끝난다고 하더라도 아직까지는 일본의 컴퓨터 업계가 자생력을 갖추지 못한 상태였기 때문이다.

둘째, 통산성은 1975년 말까지 국내 컴퓨터 시장의 제품 수입과 자본투자 규제를 완전히 자유화할 계획으로 있었다. 이것은 미국등 서구의 개방압력에 따른 마지못한 조치였기에 일본 정부로서나 일본 컴퓨터 업계로서나 개방에 따른 새로운 모종의 조치를 강구하게 하는 분위기였다.

셋째, 일본 컴퓨터 업계로서는 1980년까지 개발하기로 되어 있는 IBM의 Future System 계획이 앞으로의 컴퓨터 산업계에 미칠 영향을 고려하여 업계 전체적으로 그에 대항할 전략적 계획을 준비할 필요성을 모두 느끼고 있었다, 간단히 말하면 이와 같은 환경적 요인들이 통산성과 일본 컴퓨터 업계로 하여금 초LSI 프로젝트에 적극적으로 참여하게 한 간접적 동기가 되었다고 하겠다.

2. 통산성의 관료조직론적 논리

초LSI 프로젝트의 정책결정 과정에서의 통산성 관료들의 행태는 관료조직론적 논리에 주로 의존했다고 보겠다. 즉 관료조직은 일반적으로 정책결정에 있어서 합리성을 제약하는 일련의 조건들에 의해 영향을 받는다는 것이다. 정책의 목표는 종종 모호하고, 정보는 제한되어 있으며, 관료조직 내부는 割據主義 등에 의해 지배당하고 있으며, 정책환경은 정치적 요소들로 복잡하게 얽혀 있다는 것이다(March, 1981). 따라서 정책결정 과정에 있어서 관료들의 행태는 탐색 행위, 최적 대안 선택보다는 만족 대안 선택, 정책의 합리성보다는 상징적 의미 강조, 장기적 계획보다는 단기적 계획, 관료조직의 권한영역 확대등과 같은 제한된 합리성(Bounded Rationality)에 크게 의존하게 된다는 것이다(March, 1978).

이러한 논리에 비추어 이곳에서는 超LSI 프로젝트의 정책결정 과정에 있어서 통산성 관료들의 행태를 다음의 몇가지 면에서 분석해 보려고 한다.

1) 딤색행위(Searching Behavior)

초LSI 프로젝트의 정책결정 과정에 있어서의 통산성 관료들의 행태는 과학 기술 정책의 경제학적 접근방법에서 흔히 이야기하는 경제적 논리에 근거한 것이 아니었다. 오히려 정치적 立地를 넓히려는 과정속에서 적절한 수단을 탐색하다가 얻어낸 결과라고 하는 것이 더 타당할 것이다.

1970년대의 石油危機를 벗어난 후 통산성의 산업정책은 1970년대 중반부터 그

때까지의 資本集約的(Capital‒Intensive) 중화학공업 중심의 산업육성 정책에서 知識集的的(Knowledge‒Intensive) 첨단산업 중심의 산업육성 정책으로 탈바꿈했다. 이와 함께 통산성은 그때까지의 規制中心的인 官廳(Regulatory Bureau)의 이미지에서 政策中心的인 官廳(Policy Bureau)으로의 이미지 쇄신에 노력해 왔다. 따라서 첨단산업의 核이라고 할 수 있는 컴퓨터 산업의 육성에 진력해 왔는데, 거의 매 예산회기마다, 또는 적어도 현재 진행중인 프로젝트가 거의 끝나갈 무렵이 되면, 370 시리즈에 대항하는 신형 컴퓨터 개발 계획이 끝나감에 따라 통산성은 컴퓨터 업계를 위해 무언가 새로운 계획을 세울 필요가 있었던 것이다. 새로운 프로젝트와 정책은 한마디로 말해 정책관청으로서의 통산성의 存立名分(raison d'etre)이었다.

또한 통산성은 새로운 정책으로 자기의 행정권한 영역안에 있는 산업에 혜택을 줌으로써 통산성과 기업간의 연계관계(Network Relationship)를 공고히 할 필요가 있는 것이다. 이러한 면에서 볼 때 통산성으로 하여금 초LSI 프로젝트라는 새로운 정책을 수립하게 만든 요인은 단순히 IBM의 적극적인 새로운 반도체 기술개발 계획보다는 NTT의 컴퓨터 산업계에 대한 통산성의 영역 침범에 있다고 봐도 과언이 아니다.

이렇게 새로운 정책형성을 추진하려고 하고 있을 때 통산성이 처음으로 생각한 정책은 産業構造政策이었다. 즉 앞 절에서 언급한 것과 같은 어려운 환경적 상황에서는 컴퓨터 업계의 구조를 재조정하는 정책을 통해 외국의 컴퓨터 기업에 대해 경쟁력을 키우기 위한 자극을 줄 필요가 있다는 것이다. 그러나 이와 같은 산업구조정책은 단순히 회초리(Stick)만으로는 기업의 강한 반발이 예상되기에 새로운 프로젝트를 통해 어느 정도의 혜택(Carrot)을 줌으로써 소기의 목적을 달성할 수 있는 것이다.11)

따라서 산업구조정책과 함께 통산성이 많이 활용하던 또 하나의 정책인 기술개발 보조정책(R&D Subsidy Policy)을 통산성은 고려하게 되었다. 특히 연구개발 투자의 효과가 불확실하고 전망이 흐린 경우에 기술개발 연구비는 컴퓨터 산업의 기초연구에 많이 흘러 들어갔다. 이러한 기술개발 연구비 지원은 아직 취약한 위치에 있던 일본 컴퓨터 산업계에 많은 도움을 주었고 통산성의 입장에서는 컴퓨터 업계와의 연계관계를 돈독히 함으로써 컴퓨터 업계에 대한 확실한 행정권 행사를 보장받을 수 있다는 장점이 있었다.

---

11) 이러한 산업구조 조정정책은 산업이 어려운 환경에 직면해 있을 때마다 통산성이 종종 활용해 오던 일종의 산업정책에 있어서의 표준운용절차(S.O.P: Standard Operating Procedure)와 같은 것이었다. 이러한 산업구조 정책을 통해서 통산성은 업계와의 연계관계도 공고히 하고 국민들로부터 자원의 효율적 배분을 도모한다는 인정도 받을 수 있는 것이다.

이러한 면에서 볼 때 초LSI 프로젝트는 통산성 행정관료들의 정책 탐색행태의 산물인 것이다. 컴퓨터 산업계를 보조하고 다른 기관으로부터 영역 침범을 당하지 않기 위한 긴급한 요구속에서 통산성이 선택한 것은 그동안 익숙해 왔고 또 효과적이었던 정책수단에 의존하는 것이었다. 초LSI 프로젝트를 통해 통산성은 컴퓨터 업계의 구조 개편을 이룰 수 있음과 동시에 업계에는 연구개발비 보조라는 혜택을 주게 되고, 또한 만약 프로젝트가 성공적이 됐을 경우 정책관청으로서의 명분도 서게 되는 것이다.

더군다나 예산안 제출의 시간적 압박과 NTT가 초LSI 프로젝트를 주도하려고 하는 사실은 통산성으로 하여금 정책대안을 충분히 검토한 다음에 결론을 내린 합리적 결정을 하기 보다는 제한된 탐색에 의한 선택을 하게 한 것이다.12) 이런 면에서 초LSI 프로젝트의 정책결정 과정은 장기적 계획에 의한 정교한 통산성의 전략이라기 보다는 단기적인 문제해결의 결과라고 보는 것이 정확할 것이다.

2) 모호한 목표

비록 통산성이 일본의 컴퓨터 업계를 자기의 행정권한하에 두고 이끌어 간 것은 분명하지만 컴퓨터 산업에 대한 전문지식을 갖추고 광범위한 계획과 전략을 수립할 만한 능력을 가진 人的資源이 없기 때문에 기술개발 정책을 세우는데 있어서 분명한 정책목표와 집행방법을 갖고 있는 것은 아니다. 특히 이것은 컴퓨터 산업과 같은 첨단산업의 경우는 더욱 그러하다.

초 LSI 프로젝트의 경우만 하더라도 통산성은 프로젝트 계획을 세우는데 있어서 대부분의 기술적 내용들은 NTT의 것들에 비해 많이 뒤떨어져 있었다. 우선 초LIS 기술개발에 있어서 NTT는 현실성을 감안해 메모리부분(memoy part)의 개발을 강조한 반면 통산성은 논리 부분(Logic part)의 개발을 목표로 하는 거대한 계획을 세웠다.13) 비록 전문가들이 초LSI 기술개발에 있어서 논리 부분에 강조를 두는 것은 더 힘들고 가망성이 없다고 전망했으나 통산성은 다음 세대의 컴퓨터를 위한 기술개발이리는 인상적인 주장을 통해 예산당국과 일반 국민들을 설득하기 위해 그와 같은 무리한 목표를 상정했다.

---

12) 합리적 모형의 일반적인 전제로는 (1) 명확하게 주어진 목표가 있고, (2) 목표를 성취하기 위한 일련의 대안들이 있고, (3) 각 대안에 대한 결과를 예측할 수 있는 효용함수가 존재하고, (4) 대안선택의 경우 최적의 효과를 나타내는 일반원칙이 존재한다는 것이다(March, 1981).
13) 일반적으로 기억 능력을 향상시키는 기술을 개발하는 것이 보다 쉽고 현실적이라고 이해되었으나 통산성은 프로젝트의 중요성을 부각시키기 위해서 많은 경우에 완전한 이해없이 무리하게 높은 목표를 세워 놓곤 했다.

단지 복잡한 환경적 상황하에서 무언가 멋진 정책을 찾으려고 한 것 같다. <표 2>의 통산성이 생각하던 초LSI 기술에 대한 서술을 보면 통산성의 초LSI 프로젝트의 목표가 얼마나 모호하고 거창한 것인지 알 수 있다. 예를 들어 통산성의 초LSI 기술에 의한 기억능력은 그당시 기준으로 볼 때 불가능한 것인 몇 메가바이트에 달했다. 반면 NTT의 초LSI 기술에 대한 개념은 훨씬 현실적 이어서 64K DRAM에 국한되어 있었다(표 2 참조). 또한 통산성의 구체적인 기술상의 목표는 변동적이었다. 초LSI 기술의 논리 부분에 대해서도 처음에는 몇만개의 논리 출구(Logic Gate)를 만든다고 했다가 나중에는 200에서 300개의 논리 출구를 만들겠다고 수정을 했다(표 2와 표 3을 비교). <표 2>에 의하면 통산성은 초LSI 프로젝트를 통해 용량, 속도, 크기, 가격, 신뢰도등 모든 면에서 엄청난 기술적 진보를 가져 올 것이라고 이 프로젝트를 정당화시켰다. 바꿔 말해 관료조직의 특성으로 모호한 정책목표를 갖고 정책의 상징적 의미를 극대화하려는 성향을 잘 반영해 준 것이라 하겠다.

반면에 NTT의 계획은 훨씬 구체적이고 현실적이었다. 논리 부분이 아니라 기억 부분의 개발을 목표로 했고, 그것도 64K DRAM으로 목표를 잡았으며, 개발도 새로운 연구소의 설립이 아니라 기존의 NTT 연구소를 사용하는 것으로 했으며, 예산도 훨씬 적게 책정했다(표 3 참조). 한마디로 말해 NTT의 계획은 거창한 것은 아니나 실현 가능한 것이었다. 이와 같이 통산성의 초LSI 프로젝트에 대한 계획의 목표가 모호하고, 비현실적이며, 가변적이었다는 사실은 통산성의 정책결정자들이 정교한 계획에 의해 합리적인 정책을 수립했다기 보다는 전문적 기술의 검토없이 급히 정책 수립을 했다는 것을 말해 주고 있는 것이다.

표 2　通産省이 推定한 超LSI 기술의 性能

		LSI	超LSI
性 能	記 憶	4K 비트	수백만 비트
	論 理	100개 출구	수만개의 출구
速 度		8/10 백만분의 초	2/10 백만분의 초
컴퓨터의 크기		설합장	계산기
價 格		1비트당 1엔	1비트당 0.05엔
신 뢰 도			1/100 失敗率

出處:『コンピュートピア』1976년 3월, p. 93.

표 3	超LSI 프로젝트에 대한 通産省과 NTT案 比較	
	通産省	NTT
組織構造	5개의 會社와 2개의 연구소 (CDL과 NTIS)로 이루어진 共同研究所 設立	3개의 會社와 협력하면서 NTT의 電氣通信研究所를 中心으로 함
豫算案	900억엔 投資, 通産省은 그중 반인 450억엔 投資	NTT의 電氣通信研究所에만 200억엔 投資
開發焦點	論理部分 200-300 論理出口	64K DRAM 記憶能力에 限함

3) 행정관할구역

흔히 파킨슨의 법칙으로 대표되는 행정관할 구역의 확대 성향은 이 초LSI 프로젝트의 정책결정 과정에서도 잘 나타나고 있다. 즉 관료조직은 자기의 영향력의 행사범위를 유지하거나 확장하기 위해 노력한다는 것이다(Parkinson, 1962). 다운스도 이러한 관료조직의 특성을 다음과 같이 서술하고 있다.

관료조직은 사회적으로 아무 소용도 없는 영역 분쟁에 엄청난 시간과 정열을 들인다. 개별적 관료조직의 입장에서 볼 때에는 자기의 영역을 지키고 확장한다는 것이 미래의 예기치 못한 상황이나 바람직하지 못한 변화에 적응하는데 드는 비용을 줄일 수 있다는 면에서 합리적인 방법이라 할 수 있다. 사실 그렇다. 관료조직은 자신들의 눈으로 볼 때에도 실제로 중요한 것임에 틀림없는 일들보다도 어떤 다른 일들을 위해 싸우는 것을 느끼게 된다. 그러나 이것은 불확실성 때문에 나타나는 어쩔 수 없는 결과이기도 하다(Downs, 1967, p.216).

이 프로젝트의 정책결정 과정에서도 통산성은 NTT가 통산성 영역하에 있는 컴퓨터 산업에 침입하는 것에 대해 매우 촉각을 곤두세웠다. 비록 통산성은 자기의 관할 산업에 대해 강한 영향력을 행사하고 있으면서도 아이러니컬하게도 NTT의 영향력에 대해서는 몹시 못마땅한 반응을 보였다, 한 통산성의 관료는 NTT가 초LSI 계획을 발표하자 이렇게 평을 했다.

우리는 1968년에 NTT가 기술개발 프로젝트를 하겠다고 했을 때 그것을 받아주었다. 왜냐하면 그 당시는 업계의 능력이 아주 낮은 상태였고 따라서 어떤 형태든 도움이 필요한 때였기 때문이다. 하지만 이제는 컴퓨터

업계도 어느 정도 힘을 축적했기 때문에 NTT에서 구체화하고 있는 컴퓨
터 개발계획 같은 것은 더 이상 필요없다(日經産業新聞, 1975년 6월 30일).

소위 "나와바리(繩張り 영향력의 범위)"라고 하는 것이 관료조직의 존재 기반이기
에 통산성은 초LSI 프로젝트 정책결정 과정에서 컴퓨터 업계에 대한 유일한 행정권한
을 가진 관청이라는 것을 보여 주었다. 따라서 앞에서 제기한 왜 통산성은 원래 NTT
가 계획한 프로젝트를 NTT가 수행하게 내버려 두지 않았느냐는 물음에 대한 답은
경제적 합리성의 면으로만 볼 때에는 이해하기 어렵고 바로 이러한 권한 영역의 확보
의 측면에서 보아야 이해가 가능할 것이다.[14]

4) 목표의 다양성과 환경적 요인의 이용

관료조직은 종종 원래 의도했던 목표를 성취하기 위해 외부의 환경적 요소들을
이용하곤 한다. 다운스도 그러한 현상을 정확히 지적한 바가 있으나, 관료조직은 긴
급하거나 어려운 문제가 있는 경우 원래의 의도를 감추고 마치 정책을 糖衣錠에 싸
인 것과 같은 형태로 제시하곤 한다(Downs, 1967, p.183).

앞 절에서 설명한 환경적 요소들은 일본의 컴퓨터 업계가 통산성의 초LSI 프로젝
트를 통한 산업구조 정책을 받아들이도록 하는데 IBM의 Future System개발의 위협
을 이용하여 원래의 의도를 성취시켰다. 또한 1976년 부터 시작되는 국내 컴퓨터 시
장의 전면개방은 컴퓨터 업계로 하여금 살아남기 위한 수단으로 초LSI 프로젝트에 적
극 참여하게 하는 동기를 부여해 준 것이다. 바꿔 말하면 통산성은 초LSI 프로젝트에
엄청난 보조금을 투여함으로 해서 컴퓨터 업계를 재개편하는 작업을 아무런 부작용
없이 순조롭게 진행할 수 있었던 것이다. 따라서 초LSI 프로젝트는 기술개발 성과의
면뿐만 아니라 일본 컴퓨터 업계의 재개편 작업에도 공헌했다고 하겠다.

3. 컴퓨터 업계의 시장의 논리

일본 컴퓨터 업계는 1975년 벽두부터 불안정한 상태에 놓여 있었다. 1974년 말
부터 제기된 컴퓨터 산업계 이원화안에 대한 통산성의 끈질긴 요구는 업계의 분위기
를 불확실한 상태에 놓이게 했다. 동시에, 앞에서 언급한 바와 같은, IBM Future

---

14) 사실 NTT와 통산성과의 관할 영역 확보에 관한 분쟁은 그 후에도 끊임없이 일어나, 1985년의
VAN(Value Added Network) 허가를 둘러싼 분쟁은 소위 VAN戰爭이라고도 일컬어지는 매우
유명한 사건이 되었다(川北, 1985).

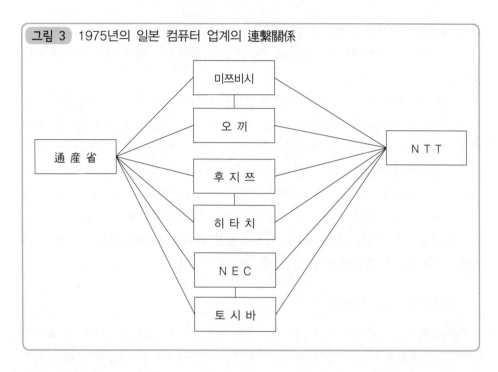

그림 3 1975년의 일본 컴퓨터 업계의 連繫關係

System에 대한 소문, 컴퓨터 시장의 완전자유화 계획 등은 일본 컴퓨터 업계에 대한 위협적인 요소들이었다.

또한 제품생산의 非分離로 인한 통산성과 NTT와의 연계관계상의 중복성은 컴퓨터 업계로 하여금 불편한 위치에 있게 했고, 특히 1975년 초 통산성과 NTT와의 관할 분쟁 때에는 더욱 그러했다(그 당시의 일본 컴퓨터 업계와 통산성, 그리고 NTT와의 연계관계는 그림 3 참조).

1) 프로젝트 참가동기와 연계관계

이러한 상황에서 초LSI 프로젝트에 참가하는 것은 컴퓨터 업계로서는 死活이 걸린 문제였다. 이 프로젝트에 참가한다는 것은 초LSI 기술개발에 있어서 통산성의 보조를 받는다는 사실뿐 아니라, 경쟁기업간의 앞선 기술도 얻을 수 있고, 초LSI 기술개발 과정에서 축적될 관련 기술들을 생각해 보면 매우 중요한 사실인 것이다. 실제로 첨단기술의 성격상 약간의 기술상의 낙후도 개별 기업으로서는 치명적인 타격이 될 수 있기 때문이다.

더군다나 프로젝트에 참가하지 못한다는 것은 통산성과 컴퓨터 업계와의 연계관계에서 탈락한다는 것을 의미하기에 그 영향은 더욱 크다고 하겠다. 일본 사회의 문화적 성격과 통산성이 그동안의 산업정책을 통해 행한 행태를 보면 연계관계에 속한다는 것의 의미는 단순히 한 기술개발 프로젝트에 참여하는 것 이상의 의미를 지닌 것이다.[15]

따라서 후지쯔, 히타치, NEC 같은 기업들은 NTT가 처음에 초LSI 프로젝트 계획을 발표하면서 그들을 참여시킨다고 했을 때 무척 안심을 했다. 반면에 토시바, 미쯔비시, 오끼등은 NTT의 초LSI 프로젝트는 공동개발이 되어야 한다고 주장하면서, 프로젝트 참여에의 강한 의사를 밝혔다. 하지만 이미 NTT의 초LSI 프로젝트에 참여하기로 된 나머지 세 회사는 NTT의 DIPS 1 계획에 자신들이 이미 참여했던 연계관계 및 기득권을 내세우면서 전체 컴퓨터 업계의 공동 개발에 강하게 반발했다. 이와 같이 프로젝트에 참여하는 것은 컴퓨터 업계에 강한 유인을 제공해 주었고, 또한 이 과정에서 연계관계의 중요성은 두드러지게 나타나고 있었다.

2) 오끼의 탈락과 연계관계

한편 한 가지 재미있는 관찰은 여섯개의 주요 컴퓨터 업체중 유일하게 오끼만 NTT의 프로젝트뿐 아니라 통산성의 프로젝트에서도 탈락됐다는 사실이다. 비록 NTT와 통산성이 모두 오끼의 시장 점유율과 생산능력 그리고 연구개발비가 다른 업체에 비해 뒤떨어지기 때문이라고 그 이유를 지적하고 있지만, 그것이 오끼가 제외된 주요 이유인것 같지는 않다. 왜냐하면 오끼는 그 후 초LSI 기술 개발에 다른 어느 컴퓨터 회사에 못지 않게 연구비 투자를 했으며, 실제로 1974년도의 일본 컴퓨터 업계 시장 점유율을 보면 통산성의 프로젝트에 참여했던 미쓰비시보다 오히려 높게 나타나고 있다.[16] 따라서 오끼가 프로젝트에 참여하지 못하게 된데에는 이러한 경제적 요인 이외의 다른 정치적 요인이 작용한 것으로 볼 수 있다. 정치적 요인 중 가장 가능성이 높은 것은 그 당시 오끼가 생산과 기술협력에 있어서 지나치게 미국의 컴퓨터 회사인 Univac과 가까웠기 때문이라는 사실이다.

이것은 통산성과 산업간의 관계에 있어서 경제학에서 이야기하는 자원의 효율적 배분 등과 같은 경제적 합리성의 기준에 의한 정책결정이 아니라 많은 경우 정치적 요인, 특히 일본의 경우는 위에서 지적한 것과 같은 조직간의 연계에 의해 좌우된다

---

15) 일본 사회의 연계관계에 관한 논의는 Lifson(1986), Yoshino & Lifson(1986), Imai & Itami(1984), Murakami(1988), Okimoto(1986), Yeom(1989) 특히 Chapter 2 참조.

16) 1974년의 일본 전자산업계(컴퓨터 업계를 포함한 전체)의 시장점유율 분포를 보면 IBM(28.8%), 후지쯔(19.8%), 히타치(16.1%) NEC(11.7%), Univac(9.4%), 토시바(5.0%), 오끼(2.5%), Burroughs(2.3%), 미쯔비시(1.9%)로 오끼의 시장 점유율이 미쯔비시보다 높은 것으로 나타났다.

는 사실이다.

또한 이와 같은 연계관계의 특징은 거래의 양상이 일시적인 거래(Spot Market Transaction)가 아니라 장기간의 거래(Long Term Transaction)에 의존한다는 것이다. 즉 구성원간의 신뢰관계는 지속적이고, 균형을 이룬, 반복적인 거래로부터 생긴다. 따라서 이 연계관계에 있어서 보상과 처벌은 장기간에 걸쳐서, 점증적이고, 암시적으로 나타난다.

오끼의 경우도 이와 같은 연계관계속에서 비록 이번에는 프로젝트에 참여하지 못했지만 그 후의 행태에 비추어 새로운 보상과 처벌을 결정하게 되는 것이다. 그래서 NTT는 오끼에게 기존의 NTT와 네개의 통신장비 업체(즉 그림 4에 있는 네 개의 컴퓨터 업체)와의 연계체제를 유지하는 입장에서 NTT 프로젝트에서 개발되는 기술의 일부를 제공하겠다고 약속했다(日經産業新聞, 1975년 6월 17일). 또한 통산성도 오끼에게 미니 컴퓨터의 장비와 컴퓨터 부대제품의 판매에는 도움을 주겠다고 약속했다(日刊工業新聞, 1975년 6월 25일).

이와 같은 이유때문에 처음에 NTT의 프로젝트에 끼지 못했던 토시바, 미쯔비시 등도 앞에서 설명한 것처럼 6월 중에 초LSI 기술개발을 준비하기 위한 연구체계를 갖추어 놓았던 것이다.

이러한 기대감에 의한 행동은 연계관계의 성격상 가능한 것이다. 연계관계의 구성원인 기업들은 통산성과 오랜 관계를 유지해 왔었기 때문에 프로젝트에 참여할 새로운 기회를 대비해 이와 같은 준비를 하고 있었다. 따라서 NTT의 프로젝트에서 제외되었던 회사들은 더욱 더 초LSI 기술개발을 위한 준비를 하고 있었고 마침내 오끼를 제외하고는 모두 통산성의 프로젝트에 참여할 수 있게 된 것이다.

4. NTT의 입장

1970년대에 NTT는 구체적인 컴퓨터 관련제품 기술개발 계획에 있어서 통산성보다 기술상의 우위를 니다내고 있었다. NTT의 R&D 프로그램들은 통산성의 것보다 훨씬 구체적이고 현실적이었다. NTT는 비록 나중에 자기 자신의 프로젝트를 통해서 통산성의 것과 비슷한 초LSI 기술의 개발을 이룩했지만 어쨌든 초LSI 기술 개발의 우선권은 통산성에게 넘겨준 것이다.

왜 기술상 우위에 있었으면서도 그렇게 중요한 초LSI 프로젝트를 통산성에게 양보를 하게 됐는지에 대해서는 몇 가지 이유를 생각해 볼 수 있다. 첫째, 그 당시 NTT는 公社였기 때문에 公共組織의 성격과 私企業的인 요소를 동시에 갖고 있었다. 공공조직으로서 일반의 평판도 중요했지만 그에 못지 않게 NTT의 입장에서 중요한 것은 기술상의 업적과 경제적 이윤이었다. 다른 관료조직과는 달리 훨씬 현실적인 이해에 민감했던 것이다. 둘째로, 첫번째의 이유와 상통하는 것으로서, NTT와 통산성은 모두 공공조직이었지만 NTT는 상품과 기술을 생산하고 그것으로부터 이윤을 얻어내야 하는 公社였고 통산성은 정책이 바로 상품인 순수한 관료조직이었다. 통산성의 업무, 즉 정책의 생산은 모든 관료조직이 그러하듯 법에 위반되는 것을 제외하고는 그 성과를 측정할 만한 기준이 없어서 대개 평가가 잘 이루어지지 않는 것이 일반적인 경향이다. 반면에 NTT의 업무에 대한 평가는 매년 손익계산에 의해 이루어지고 있고, 실제로 NTT는 1975년 당시 그 전년도의 적자 운영때문에 업무에 부담을 느끼고 있었다(日經産業新聞, 1975년 7월 8일). 따라서 NTT로서는 일반의 높은 평판보다는 실제 이익이 더 필요한 것이다. 셋째, NTT의 컴퓨터 산업계와의 연계관계는 통산성의 것과는 질적인 차이를 나타내고 있다. 요네자와 총재가 1975년 6월 12일 기자회견에서 밝힌 바와 같이 컴퓨터 업계의 전반적인 산업구조에 대해서 NTT는 크게 관심을 갖고 있지 않았다. 비록 NTT도 업계와의 불안정한 관계에서 발생하게 될지도 모르는 불확실성을 줄이기 위해 좋은 연계관계를 유지하려고 노력하고 있는 것은 사실이지만, 컴퓨터 업계로 볼때 가장 크고 확실한 顧客의 입장에 있는 NTT는 분명히 통산성의 입장과는 다르다. 한 마디로 요약하면, 통산성은 정책 수단을 통해 영향력을 행사하려는 관료조직이지만, NTT는 기술 및 서비스 상품을 생산하고 통신 장비를 다량으로 구매하는 會社組織인 것이다. 이러한 면에서 볼 때 비록 기술개발에 대한 대외적 명성은 얻지 못하지만 통산성의 주도하에 통산성이 연구비를 보조하여 기술개발을 하는 것은 궁극적으로 개발비를 안 들이고도 기술개발로 인한 반사이익을 얻게 되기 때문에 NTT로서는 굳이 통산성과 정치적 분쟁을 야기시킬 필요가 없었던 것이다.

이와 같은 조직상의 성격 때문에 NTT는 초LSI 프로젝트 개발계획의 주도권을 통산성에 넘겨주고 싸움에서 후퇴하게 된 것이다. 결국 NTT는 자기의 관심을 통신장비에 관련된 초LSI 기술의 개발에 국한하기로 했다, 따라서 비록 NTT도 초LSI 기술을 자체적으로 개발하기는 했지만 통산성의 프로젝트에 비해서는 그 성과에 대해 주목을 받지 못했다. 이러한 사실을 단적으로 표현해 주는 것이 NTT의 전기통신연구소의 연구원들이 종종 통산성의 초LSI 기술개발 결과에 대한 논문을 접할때 그것이 어디서 본듯한 내용이고 결국은 자기 자신들이 개발한 것과 똑같은 것임을 확인한 후 역시 통산성은 선전에는 뛰어나다라고 평하는 사실에서 잘 나타나고 있다(下田, 1984, pp. 119－120).

Ⅷ. 맺는 글

이상의 초LSI 프로젝트의 정책결정 과정을 통해 우리는 첨단기술 개발정책이 경제적 합리성의 동기에서 출발하지만 그 결과는 정치적 게임의 산물인 것을 보았다. 특히 일본의 통산성 관료의 합리적 특성에 대한 서구학자들의 지나친 神話(Myth)는 이러한 구체적 정책결정 과정을 살펴볼 때 수정되어야 한다고 할 수 있다. 통산성 관료들의 행태도 정책결정 과정에 있어서 다른 일반 관료들과 마찬가지로 관료조직의 논리에 크게 좌우된다는 것이다. 또 하나의 발견은 통산성과 산업과의 연계관계가 정책결정에 중요한 요인으로 작용한다는 사실이다.

이 논문은 사례연구의 형태를 취하고 있기에 분석적이라기보다는 서술적인 성격을 띠고 있는 한계를 지니고 있다.17) 따라서 이곳에서는 사례연구가 갖는 방법론상의 한계 때문에 위의 예를 갖고 정책결정에 대한 엄격한 일반 법칙을 추론하기 보다는 그것을 통해서 정책결정에 대해 담겨진 뜻(Policy Implication)을 끝으로 이야기함으로써 글을 맺으려고 한다.

위의 초LSI 프로젝트 정책결정과정 분석을 통해 기술혁신과 정부의 역할에 대한 정책상의 담겨진 뜻을 몇 가지 살펴보면 우리는 크게 두 가지 면에서 의미를 찾아 볼 수 있을 것이다. 하나는 일본의 정책결정과정에 있어서의 통산성 관료들의 행태이고, 다른 하나는 기술혁신과 정부의 역할에 대한 일반적 논의이다.

먼저 이 사례를 통해 우리는 기존의 일본 정치경제 연구에 있어서 정책의 결과나 그 밖의 상황만을 갖고 통산성 관료들의 정책결정 과정상에서의 행태를 합리적 행동이라고 유추하여 확대해석했다는 점을 지적할 수 있다. 이것은 많은 경우 정책결정 과정에 대한 세밀한 분석이 부족했었기 때문이다. 즉 통산성의 관료들도 다른 관료조직의 정책결정 참여자들과 마찬가지로 정책결정 과정에 있어서 여러 가지로 합리성이 제약을 받는 위치에 있다는 사실을 정책결정 과정에 대한 구체적 분석없이는 알기

---

17) 이와 더불어 또 하나의 한계로는 이 논문의 연구방법론이 경제적 동기와 정치적 결과에 대한 이론적 설명을 생략하고 일본의 산업정책에서 흔히 이야기되는 경제적 합리성의 논의(小宮, 1984)를 일단 보편적으로 인식되는 일반론이라는 전제로부터 출발했다는 점이다. 이것은 이 논문의 접근방법이 경제적 동기와 정치적 결과에 대한 이론적 틀로부터 출발했다기 보다는 사례연구를 통해 정책결정에 있어서 관료조직의 특성을 추출하는 귀납적 방법을 썼기 때문에 나타난 것이다. 논문구성상의 이러한 문제는 연말학술대회의 토론에서 잘 지적되었으나 지면 및 시간의 제약 등과 함께 경제적 동기와 정치적 결과에 대한 이론적 논의가 이 논문의 여러 군데에서 언급되고 있으므로 논문전체를 새롭게 재구성하지는 않았다.

어렵다는 것이다.

둘째로 정책결정 과정에 있어서 통산성 관료들의 행태는 經濟的 動機(Economic Rationale)를 명분으로 하지만 실질적으로는 관료조직이 갖는 정치적 성격때문에 정책결정 과정이 다분히 정치적 결과(Political Consequences)의 산물이 된다는 것이다. 따라서 기술혁신의 經濟的 動因만을 이야기하면서 발전국가 모형에 의해 통산성 관료들의 행태가 계획적이고 합리적인 정책결정이라고 해석하는 것은 무리가 있다는 것이다.

셋째로, 그렇기 때문에 통산성의 정책결정 과정을 이해하는데 있어서는 합리적 모형이 갖는 특성보다는 관료조직이 갖는 일반적인 성격, 특히 제한된 합리성을 바탕으로 한 정책결정 이론들이 보다 적절한 해석의 틀이 될 수 있다. 이곳의 예인 초LSI 프로젝트의 예만 보더라도 탐색행위, 모호한 목표, 권한의 영역분쟁, 목적의 중복성과 위협적인 환경 조건의 이용 등이 정책결정 과정에서 두드러지게 나타나는 양상이다.

끝으로, 기술혁신과 관계되는 부분은 아니나, 통산성은 정책결정에 있어서 산업과의 연계관계를 많이 이용한다는 사실이다. 이러한 특징은 소위 行政指導 등의 개념과 연결되어 일본의 정책결정 과정에서 많이 나타난다(Johnson, 1982).

다음으로 기술혁신과 정부의 역할에 대한 의미인데, 먼저 행정부의 기술혁신에 대한 역할은 경제학적 이유, 즉 기술개발에 있어서 불확실하고 낮은 연구개발비 투자 효과, 기술개발이 갖는 공공재적 성격, 막대한 연구개발 투자의 요구 등 시장실패의 보완에 따른 이유에도 불구하고 극히 제한되어 있다는 사실이다. 첫째, 첨단기술 개발정책에 있어서 행정관료들의 전문 지식에 대한 이해의 한계 때문에 경제적 합리성에 의한 정책결정보다는 정치적이거나 관료조직의 특성에 따른 정책결정이 나타나기 쉽다는 것이다. 특히 첨단기술의 경우는 미래에 대한 예측이 거의 불가능하기에 정책결정상의 모호성이 다른 정책에 비해 심하다고 하겠다.

둘째, 이와 같은 성격 때문에 정책결정자들의 행태를 설명하는데 있어서 Niscanen 등이 주장하는 행정관료조직의 "豫算極大化(Budget Maxization)" 원칙보다는 "象徵極大化(Symbol Maximization)"의 원칙이라는 개념이 더 적절하게 나타난다는 것이다 (Niskanen, 1971). 구체적 사실에 근거하기 보다는 전문가 집단을 누가 더 많이 활용하는가 라든지, 멋있는 미래상을 어떻게 제시할 것인가 라든지, 아니면 일본이나 미국의 예에서 쉽게 발견할 수 있는 것처럼 정책이나 프로젝트의 이름을 인상적으로 만드는 것이다.[18)]

---

18) 예를 들면 미국의 "Star Wars Program"이나 일본의 "제5세대 컴퓨터 프로젝트", "시그마(Sigma) 프로젝트", "테크노폴리스(Technopolis) 프로젝트" 등이다.

끝으로 이와 같은 첨단기술의 성격으로 이에 대한 정책결정이 언제나 합리성의 동기에서 출발하지만 오히려 더 정치적 결과의 산물이 될 수 있다는 것이다. 이러한 점에서 이에 대한 연구는 정책결정의 여러 접근방법 중 합리적 모형보다는 오히려 쓰레기통 모형같은 상징성과 무작위성을 강조하는 모형의 적용이 더 설명력을 갖고 있다고 하겠다.

이러한 면에서 볼때 일본 통산성의 최근의 탈바꿈은 아주 시사적이다. 첨단산업 정책의 특성을 그들은 소위 Vision Making이라는 한마디로 대변하고 있기 때문이다 (Yeom, 1989). 다시 말하면 일본관료들이 이해하는 기술혁신에 있어서의 정부의 역할은 구체적(concrete)이기 보다는 상징적(symbolic)이고, 직접적(direct)이기 보다는 간접적(indirect)이고, 계획적(planned)이기 보다는 유도적(indicative)이고, 규제적(regulatory)이기 보다는 조정적(coordinating)이어야 한다는 것이다.

참고문헌

今井賢一. (1984). "行政革新から見た最近の産業政策" 小宮隆太郎 他著 「日本の 産業政策」(東京: 東大出版會).

小宮隆太郎 他著. (1984). 「日本の 産業政策」(東京: 東大出版會).

川北隆雄. (1985). 「官僚の 權限とな何か? 通産・郵政戰爭」(東京: 教育社).

下田博次. (1984). 「IBMとの十年戰爭」(東京: PHP研究所).

垂井康夫. (1980). "共同研究所における研究とその成果" 電子材科 別册 「超LSI注目 基礎技術」.

垂井康夫. (1982). 「ICの話」(東京: 日本放送出版協會).

根橋正人. (1980). "超LSI開發" 「マネジメント」.

『コンピューター ダイジェスト』(Computer Digest)

『コンピューター・ノート (Computer Note)』

『コンピューター白書』

『コンピュートピア』(Computopia)

『通産ジャーナル』(通産Journal)

日刊工業新聞

日經コンピューター

日經産業新聞

日本經濟新聞

Borrus, Michael, James E. Millstein, and John Zysman. (1983). "Trade and Development in the Semiconductor Industry: Japanese Challenge and American Response," in John Zysman and Laura Tyson, eds., *American Industry in International Competition: Government Policies and Corporate Strategies* (Ithaca: Cornell University Press).

Downs, Anthony. (1967). *Inside Bureaucracy* (Boston: Little, Brown and Company).

Feigenbaum, Edward A. and Pamela McCorduck. (1984). *The Fifth Generation: Artificial Intelligencies and Japan's Computer Challenge to the World* (New York: A Signet Book, New American Library).

Fong, Glenn R. (1983). "Industrial Policy Innovation in the United States: Lessons From the Very High Speed Integrated Circuit program." (Mimeo, Prepared for Delivery at the 1983 Annual Meeting of the American Political Science Association, Chicago, Sept. 1−4. 1983).

Gresser, Julian. (1984). *Partners in Prosperity: Strategic Industries for the U.S and Japan* (New York: McGraw−Hills).

Imai, Ken−ichi and Hiroyuki Itami. (1894). "Interpenetration of Organization and Market: Japan's Firm and Market in comparison with the U.S.," *International Journal of Industrial Organization*, Vol.2. pp. 285−310.

Johnson, Chalmers. (1977). "MITI and Japanese International Economic Policy," in Robert A. Scalapino, ed.. *The Foreign policy of Modern Japan* (Berkeley: University of California Press).

Johnson, Chalmers. (1982). *MITI and the Japanese Miracle: The Growth of Industrial Policy, 1925−1975* (Stanford: Stanford University Press).

Lifson, Thomas B. (1986). "The Ties Which Bind: Interpersonal Networks and the Management Process in Japan ⋯ Some Implications for Japan's External Linkages" (Tokyo: mimeo, paper presented to Japanese Political Economy Research Committee).

March, James G. (1978). "Bounded Rationality, Ambiguity, and the Engineering of Choice." *Bell Journal of Economics*, Vol.9.

March, James G. (1981). "Decision Making Perspective: Decisions in Organizations and Theories of Choice." in Andrew H. Van de Ven and William F. Joyce, eds., *Perspectives on Organization Design and Behavior* (New York: John Wiley & Sons).

Murakami, Yasusuke. (1988). "A Tale About Diffusion of Social Exchange: Cultural Patterns in Postwar Japanese Economy" (Stanford: Mimeo).

Nelson, Richard R. and Sidney G. Winter. (1982). *An Evolutionary Theory of Economic Change* (Cambridge, MA: Belknap Press of Harvard University Press).

Niskanen, Jr., William A. (1971). *Bureaucracy and Representative Government* (Chicago: Aldine—Atherton).

Okimoto, Daniel I. (1983). *Pioneer and Pursuer: The Role of the State in the Evolution of the Japanese and American Semiconductor Industries* (Stanford: Occasional Paper, Northeast Asia—United States Forum on International Policy).

Okimoto, Daniel I. (1986). "Regime Characteristics of Japanese Industrial Society," in Hugh Patrick, ed.. *Japan's High Technology Industries* (Seattle: University of Washington Press).

Okimoto, Daniel I. and Gary R. Saxonhouse. (1987). "Technology and the Future of the Economy," in Kozo Yamamura and Yasukichi Yasuba. eds.. *The Political Economy of Japan: Volume 1. The Domestic Transformation* (Stanford: Stanford University Press).

Parkinson, C. N. (1962). *Parkinson's Law and Other Studies in Administration* (Boston: Houghton Mifflin).

Rosenberg, Nathan. (1982). *Inside the Black Box: Technology and Economics* (Cambridge: Cambridge University Press).

Sahal, Devendra. (1983). "Invention, Innovation, and Economic Evolution," *Technology Forecasting and Social Change*, Vol.23. pp.213—235.

Sakakibara, Kiyonori. (1983). "From Imitation to Innovation: The Very Large Scale Integrated (VLSI) Semiconductor Project in Japan" (MA: M.I.T. University, Sloan Working Paper).

Schumpeter, Joseph A. (1934). *The Theory of Economic Development* (Cambridge,

MA: Havard University Press).

Van de Ven, Andrew H. (1983). "Three R's of Administrative Behavior: Rational, Random and Reasonable (and the greatest of three is reason)", in Richard H. Hall and Robert E. Quinn, eds., *Organization Theory and Public Policy* (Berverly Hills: Sage Publications).

Yeom, Jaeho. (1986). "A Bureaucratic Organization in Network Settings: Japanese Industrial Policy for Computer and Semiconductor Industry" (Tokyo: Mimeo, Hitotsubashi University, Institute of Business Research).

Yeom, Jaeho. (1989). "A Bureacratic Organization in a Network Setting: MITI and Japanese Industrial Policy for High Technology" (Stanford: Ph.D. Dissertation, Stanford University).

Yoshino, M.Y. and Thomas B. Lifson. (1986). *The Invisible Link: Japan's Sogo Shosha and the Organization of Trade* (Cambridge: The MIT Press).

▶ ▶ ▶ **논평**

정병걸(동양대학교 공공인재학부 교수)

1. 첨단기술과 공공정책: 일본 통산성의 초LSI 프로젝트

논문은 일본의 가장 성공적인 첨단기술정책이자 합리적 산업정책의 대표적 사례로 꼽히는 초LSI(Very Large Scale Circuit) 연구조합 설립 정책결정과정을 분석하고 있다. 최근 과학기술정책이 정책연구의 대상으로 자주 논의되고 있지만, 당시에는 찾아보기 힘들었던 첨단기술개발정책을 대상으로 했다는 점에서 드문 연구다.

논문의 의의와 성격을 이해하기 위해서는 우선 연구 대상으로서 일본 통산성의 초LSI 프로젝트가 갖는 의미를 살펴볼 필요가 있다. 첫째, 한국은 일본과 산업발전 궤적이 유사한 만큼 산업지원정책도 유사성이 많다. 이에 따라 한국과 일본을 동일한 정치경제의 특성을 가진 국가로 인식하는 경우도 있다(Johnson, 1987). 실제로 일본이나 미국에서 성공적이었던 정책내용이 한국에서 답습되는 현상도 빈번하게 나타나고 있다(염재호, 2002: 218-219). 예를 들면 1992년에 종결된 우리나라의 64M DRAM 기술개발 공동연구조합은 바로 일본 통산성의 초VLSI 공동연구조합을 모방한 것이다. 따라서 일본의 첨단기술 정책결정과정은 추격자로서 한국의 첨단기술 정책과정을 이해하는데 중요한 선행 자료라고 할 수 있다. 둘째, 초LSI프로젝트가 기술혁신에 대한 정부개입에서 나타나는 정책결정상의 문제를 매우 잘 보여주는 사례라는 점이다. 통산성의 초LSI 프로젝트는 첨단기술 정책의 성공사례로 가장 많이 언급되는 것 중 하나다. 일본이라는 특수한 상황에 대한 분석이지만 첨단기술 정책결정과정의 전형적 양상을 보여준다는 점에서 우리에게도 적용할 수 있는 일반화의 조건을 갖춘 사례라 할 수 있다.

2. 합리성의 신화: 포장된 현실과 숨겨진 정치

논문이 제기하는 기본적인 질문은 무엇이 어떻게 정책을 만들어 내는가 하는 것이다. 공공정책의 과정에서 정책의 성격과 내용을 결정하는 핵심 요소의 하나는 정책 행위자인 정부부처다. 일본의 성공에 큰 관심을 가졌던 서구 학자들은 초LSI연구조합의 성공을 정부와 기업간의 의욕적 협동의 산물이며, 통산성의 합리적 판단과 정교한 정책결정의 결과라고 보았다. 하지만 논문은 초LSI 프로젝트의 성공이 선견지명 있는 통산성 관료들의 합리적 결정의 결과라는 신화(myth)를 반박하고 있다.

초LSI 프로젝트는 제한된 탐색의 산물로 합리적 정책결정과는 거리가 있는 관료적 행태의 결과였다. 논문에서도 밝히고 있듯이 정책 목표는 종종 모호하고, 정보는 제한되어 있으며, 관료조직 내부는 할거주의 등에 의해 지배당하며, 정책환경은 정치적 요소들로 복잡하게 얽혀 있다는 것이다(March, 1981). 따라서 정책결정과정에서 관료의 행태는 탐색행위, 최적대안보다 만족대안 선택, 정책의 합리성 보다 상징적 의미 강조, 장기적 계획보다 단기적 계획, 관료조직의 권한영역 확대 등과 같은 제한된 합리성에 크게 의존하게 되는 것이다(March, 1978).

마찬가지로 초LSI 프로젝트도 경제적 동기가 아니라 정치적 동기의 산물로, 새로운 정책을 통해 통산성의 권한 영역 안에 있던 컴퓨터업계에 혜택을 줌으로써 기업과 연계관계를 공고히 하고 통산성의 존재명분을 강화하려는 시도였다. 통산성은 정책이 갖는 상징적 효과도 중요하게 생각했다. 규제중심기관에서 정책중심 기관으로 이미지를 쇄신하고 정치적 입지를 넓히려는 의도가 있었던 것이다. 따라서 정책결정과정에 대한 세심한 검토 없이 초LSI 프로젝트가 통산성의 합리적 정책의 결과라고 결론 내리는 것은 문제를 지나치게 단순화시켜 이해한 것이라고 주장한다.

3. 연구의 의의와 기여

우리는 어떤 현상을 특정한 관점에 따라 분석한다. 이때 관점의 전제가 단순할수록 사실을 있는 그대로 설명하는지 여부와 관계없이 어떤 현상이나 상황을 간결하고 명쾌하게 보여줄 수 있다. 그런 점에서 합리성을 전제하고 이를 바탕으로 정책을 분석하고 설명하는 것이 가장 손쉬운 방법일 수 있다. 그러나 공공정책은 분석적, 합리적 과정의 산물이 아니라 비분석적이고 비합리적인 과정의 산물인 경우도 많다. 이때 공공정책은 계획의 실현이 아니라 지지나 설득을 위한 수단이 된다. 따라서 논문은 현실을 있는 그대로 드러내기 위해 합리모형과 달리 합리성은 제약되며, 상징성이 강조되고, 관료조직의 권한영역 확대를 추구하는 제한된 합리성에 의존한 정책결정을 강조하고 있다.

논문이 제기하고 있는 논점에 근거할 때 논문의 의미는 정책의 합리성과 정책동기로서의 정치, 정책대상으로서의 기술, 기술혁신과 정부 역할 등으로 구분해 볼 수 있다. 첫째, 관료적 논리와 정책의 상징성 같은 정치적 동기의 작동을 보여줌으로써 합리모형에 따른 설명의 한계와 규범적 차원에 머물렀던 과학기술 정책 연구의 한계를 극복했다. 정책연구에 있어서 합리성은 중요한 논의 주제다. 하지만 현실의 정책을 합리성의 결과로 해석하는 것은 분명한 한계가 있다. 특히 과학기술은 합리성의 산물이며 전문가의 영역이라는 인식이 강해서 기술개발을 위한 지원이나 바람직한 제도설계와 같은 규범적 주장을 담은 연구가 다수를 차지한다. 따라서 정책의 숨겨진 진실을 드러내는 분석과 평가는 극히 드물다. 하지만 과학기술이 관료가 주도하는 정책이 되는 경우 정치적 동기의 작동은 불가피하다. 따라서 합리적 모형보다 쓰레기통 모형과 같은 상징성과 무작위성을 강조하는 모형이 더 설명력 있다. 이런 점에서 논문은 현실을 가감없이 드러내고 정책의 한계를 이해하는 분명한 관점을 제시하고 있다.

둘째, 기술혁신정책을 기술육성이라는 관점이 아닌 현실 논리의 작동 과정이라는 관점에서 다룬 선도적 연구라는 점이다. 우리나라에서 중장기적 관점의 과학기술정책은 1980년대부터 시작되었으며, 과학기술 첨단화를 위한 주요 정책은 1990년대 들어 본격 추진되었다. 이때부터 국가연구개발사업 규모가 확대되고 과학기술부 외에 산업자원부, 정보통신부를 비롯한 여러 정부부처가 연구개발에 새롭게 참여하기 시작했다. 따라서 논문이 발간된 1990년 전후 시점은 과학기술정책 연구의 초기였으며 연구 초점도 과학기술 육성 방안에 있었다. 따라서 논문과 같은 관점에서 기술개발정책을 다룬 연구는 거의 없었다. 이런 상황에서 첨단기술정책을 정책연구의 영역으로 끌어들였다는 점에서 연구의 지평을 넓히는 선구적 연구라 할 수 있다.

셋째, 정부개입이 불가피한 것으로 받아들여지던 상황에서 기술개발에 대한 정부개입의 한계를 여지없이 드러냈다는 점이다. 시장실패 가능성이 높은 첨단기술은 정부의 적극적 개입과 지원이 강조된다. 하지만 첨단기술은 높은 불확실성과 미래 예측의 곤란 때문에 불확실성이 높아 시장실패를 보정하려는 정부 역할은 일정한 한계가 있다. 그럼에도 전문지식에 대한 이해가 부족한 관료가 정책을 주도할 경우 경제적 합리성보다 관료조직의 논리에 따라 정책을 결정할 가능성이 높다. 과거나 지금이나 과학기술은 경제성장의 핵심 동인으로 정부개입이 당연시된다. 이런 상황에서 첨단기술정책을 정치적 동기의 결과로 설명함으로써 이후 우리의 첨단기술정책에서 드러날 정부개입이 한계를 잎서 세기했다는 점에서 예지적 연구라 할 수 있다.

4. 정책연구에서 관료조직 논리와 정치적 동기의 유용성

논문 발간 시기와 현재 사이에는 상당한 시차가 있다. 그간 현실은 크게 달라졌고 정책 연구도 질적, 양적으로 매우 다양해졌다. 그럼에도 논문의 관점과 설명은 여전히 유효성과 적실성을 가지고 있다. 합리성은 정책을 정당화하는 중요한 요소지만 외형적으로 합리적인 것으로 보이는 정책이 실제로는 합리성과 거리가 먼 경우가 많다. 논문은 외형적으로 합리적 결정의 산물로 보이는 초LSI 프로젝트가 실제로는 관료조직 논리에 바탕을 둔 제한된 탐색의 결과로 정책 목표나 집행방법이 뚜렷하지 않은 채 추진되었다고 주장한다.

논문이 제기한 탐색 행위, 모호한 목표, 관할구역의 확대 성향 등 관료조직 논리는 여전히 현실의 정책을 설명하는데 유효하다. 논문의 전제와 주장은 현재의 다양한 정책 연구 흐름과 연결되는데 부분적으로는 다중흐름모형의 논의와 연결된다. 통산성의 초LSI 프로젝트 정책과정은 합리모형을 부정하는 다중흐름모형의 논의와 매우 유사한 특성을 가지고 있기 때문이다. Kingdon(1995)의 다중흐름모형(policy stream)을 활용한 대부분의 국내 연구는 정치의 흐름을 가장 중요한 요소로 보고 있다(최성락·박민정, 2012). 정치적 흐름과 함께 정책선도자로서 부처의 의도가 중요한 작용을 한다고 지적하고 있다(성욱준, 2013; 임다희·권기헌, 2015). 관할영역의 확장과 부처의 위상 강화를 추구하는 관료적 논리와 관료정치는 여전히 정책에 중요한 영향을 미치고 있다(김상태·한상연, 2018). 관료들이 부처의 중요성 부각과 업무의 정당성 확보를 위해 정책을 만들어낸다는 점에서 명목적 목적과 함께 부처의 위상강화라는 실질적 목적을 이해하는 것이 정책의 진상을 파악하는데 중요하다(김명환, 2017). 이런 점에서 논문의 관점과 설명은 여전히 유효하다.

상징극대화가 정책결정 행태를 설명하는 주요 요인이라는 주장도 여전한 설득력을 가지고 있다. 상징성은 정책의 정당성 확보에 중요하게 활용되며(성지은·김주환, 2005), 상징성이 정책 수용성을 높인다는 사실(서인석·정규진, 2014)도 상징극대화 추구가 관료조직의 정책결정 행태를 설명한다는 논문의 주장을 뒷받침한다. 합리성의 산물로 여겨지는 과학기술정책도 상징성을 갖는 경우가 많다(정병걸·성지은, 2005). 첨단기술개발이 갖는 상징성이 부처의 존재명분을 강화하는데 매우 유용하기 때문이다.

논의를 확장하면 통산성과 관할영역 내 기업과의 연계관계는 이해를 같이하는 정부-기업 네트워크와 정책지지연합의 작동 방식에 대한 논의와 연결된다. 관할영역 안에 있는 기업에 혜택을 줌으로써 지지기반을 확보하고 이를 바탕으로 부처의 영향력을 유지, 확대하는 것이다. 논문에서 밝히고 있듯 통산성이 정책결정에서 산업과의 연계관계를 많이 이용했다는 점은 통산성과 프로젝트 참여 기업들이 네트워크를 통해 일종의 정책지지연합을 형성하고 있었음을 알 수 있다. 정책네트워크나 정책옹호연합에 대한 논의가 구체화되지 않은 상황에서 이미 정책결정에서 정책네크워크와 정책지지연합의 작동방식과 논리를 보여주고 있었던 것이다.

5. 향후 연구에 주는 함의

정책결정자들의 행태를 설명하는데 예산극대화보다 상징극대화가 더 적절하다는 주장은 향후의 정책연구에 중요한 지침을 주고 있다. 4차산업혁명, 빅데이터, 인공지능 같은 첨단과학기술이 정책의 주요 주제로 등장하는 상황에서 관련 정책이 장밋빛 미래를 제시하고 있지만 그러한 주장에 내재된 본질을 파악할 필요가 있다. 여전히 프로젝트나 정책이 갖는 상징성을 최대한 활용하기 위해 특정한 의미를 부여하고 이를 존립명분으로 활용하는 것이 아닌지 분석해 볼 필요가 있다. 그런 의미에서 본다면 틀 짓기와 의미부여의 과정으로서 정책의 사회적 구성(social construction) 관점(Ingram, Schneider, & Deleon, 2007)에서 접근해 볼 필요도 있다.

첨단기술정책과 관련해서는 논문의 관점을 다양한 주제들과 연결해 볼 수 있다. 우리나라의 기술정책은 전문성으로 인해 관료와 일부 전문가가 좌우하는 것으로 상정되었지만(김영삼, 2002: 50), 다양한 행위자가 참여하는 상호작용과정을 통해 정책과정이 전개되는 방향으로 변화하고 있다(황병상·강근복, 2004; 김인자·박형준, 2011). 관할 부처의 동기가 정책을 설명하는 중요 변수이기는 하지만 다양한 행위자의 참여와 상호작용이 존재한다는 점에서 논의를 정책네트워크로 확장하는 것도 필요하다. 나아가 과학기술 규제정책 분석(김인자·박형준, 2011)에서 보듯 다중흐름모형과 정책옹호연합모형(Sabatier & Weible, 2007)의 결합도 가능하다. 첨단기술개발정책의 결정과정과 함께 변동과정을 설명해 줄 수 있기 때문이다.

기술개발정책에서 나타나는 상징성은 여전하다는 점에서 관료적 논리가 현재의 상황에서 어떻게 작동하는지를 살펴보는 연구도 필요하다. 우리나라에서 과학기술정책은 50년의 역사를 가지고 있다(김은미·이찬구, 2018: 35). 그런데 과학기술에 대한 정책연구는 여전히 과학기술 육성을 위한 정책이 주를 이루고 있다. 최근 과학기술정책의 새로운 흐름으로 사회적 난제 해결에 과학기술을 적극 활용하는 '정책을 위한 과학기술'(Science and Technology for Policy) 논의기 등장했다. 이는 기술개발성책이 관료만의 관할과 통제에서 벗어날 필요가 있음을 의미한다. 따라서 새로운 관점의 과학기술과 혁신정책의 추진과정에서 관료적 논리가 어떻게 작동하는지를 파악하는 것도 중요한 연구주제가 될 수 있다.

참고문헌

김명환(2017). 정책 장, 틀 짜기, 문제 정의 및 정책의 사회적 형성. 「한국정책학회보」, 26(4): 397-412.

김상태·한상연(2018). 균열적 대립과정의 시각으로 본 한국의 공적개발원조(ODA) 정책과정과 관료정치. 「아태연구」, 25(1): 29-59.

김은미·이찬구(2018). 과학기술정책 연구의 현황과 지식구조 분석. 「기술혁신학회지」, 21(1): 33-63.

김인자·박형준(2011). 과학기술 규제 정책의 형성과 변동 과정분석: 「생명윤리 및 안전에 관한 법률」을 중심으로. 「한국정책학회보」, 20(1): 111-150.

염재호(2002). 정책의 유사성과 제도의 차이: 공동연구개발의 한일정책평가. 고려대학교 아세아문제연구소, 「한일공동연구총서 4」: 217-242.

서인석·정규진(2014). 정책명칭, 상징, 그리고 수용: 수도권 지역의 쓰레기매립장과 자원순환센터 간 인식적 차이를 중심으로. 「한국행정학보」, 48(2): 81-108.

성욱준(2013). 개인정보보호법 입법 과정에 관한 연구: 정책흐름모형을 중심으로. 「한국정책학회보」, 22(2): 151-179.

성지은·김주환(2005). 청계천복원사업에 나타난 상징정책 분석. 「한국행정학보」, 39(1): 261-285.

임다희·권기헌(2015). 정책결정에 있어서 Kingdon의 다중흐름모형의 실증적 접근: 한국의 대외원조 정책을 중심으로. 「한국정책학회보」, 24(1): 201-224.

정병걸·성지은(2005). 과학기술과 상징정치: 참여정부의 과학기술 정책을 중심으로. 「한국정책과학학회보」, 9(1): 27-48.

최성락·박민정(2012). Kingdon 정책흐름모형 적용의 적실성에 대한 연구. 「한국정책연구」, 12(1): 119-137.

황병상·강근복(2004). 과학기술 정책과정의 정책네트워크 분석: 핵융합 연구개발정책 사례를 중심으로. 「한국정책학회보」, 13(2): 175-204.

Ingram, Helen, Schneider, Anne L.& Deleon, Peter(2007). Social Construction and Policy Design. In Sabatier, Paul A. (ed.), *Theories of the Policy Process*, 2nd ed., 93-126, Boulder, Colorado: Westview Press.

Johnson, Charlmers(1987). Political Institutions and Economic Performance: The Government-Business Relationship in Japan, South Korea, and Taiwan. In

Deyo, Frederic C. (ed.), *The Political Economy of the New Far East Asian Industrialism*, 136 – 164, Ithaca: Cornell University Press.

Kingdon, John W. (1995). Agendas, Alternatives, and Public Policies. Little Brown and Company.

March, James G. (1978). Bounded Rationality, Ambiguity, and the Engineering of Choice. *Bell Journal of Economics*, 9(2): 587 – 608.

March, James G. (1981). Decision Making Perspective: Decisions in Organizations and Theories of Choice. In Van de Ven, Andrew & Joyce, William F. (eds.), *Perspectives on Organization Design and Behavior*, 205 – 244, New York: John Wiley & Sons.

Sabatier, P. A. & Weible, C. M. (2007). The Advocacy Framework. in P. A. Sabatier(ed.), *Theories of Policy Process*, 189 – 220. Cambridge: Westview Press.

위험인식과 정책수용:
원자력 지식수준의 조절효과를 중심으로

위험인식과 정책수용:
원자력 지식수준의 조절효과를 중심으로[*]

목진휴(국민대학교 행정학과 명예교수)

❧ 프롤로그 ❧

원자력 문제는 우리사회의 '뜨거운 감자'이다. 원자력발전은 경제성이나 환경성 등의 측면에서 상대적으로 효용성이 높다고 하지만 전력의 생산에 우라늄을 원료로 사용한다는 문제를 안고 있기 때문이다. 원자력 문제는 기술의 문제이지만 사회적 의미를 분리해서 논의할 수 없다. 최근에는 원자력과 관련된 정책연구도 기술적 그리고 사회적 측면에서 진행되어 왔다. 이 연구는 원자력에 대한 위험인식과 정책수용의 관계에 원자력에 대한 지식수준이 조절적 효과를 보이는지를 알아보는데 목적이 있다. 이러한 관계의 설정은 기본적으로 행동심리학에서 논의하는 인지와 행동의 기본구도를 원자력 문제에 적용하여 그 의미를 확인하는 노력이다. 이 연구에서 검증하는 가설은 "원자력 문제에 대한 지식수준은 원자력 위험인식과 원자력 정책의 수용도의 관계에 조절적 영향을 초래할 것이다"로 설정되며 부가적으로 "원자력 지식수준의 정합성 유형에 따라 지식수준의 조절적 영향의 유무 혹은 정도는 다르게 나

---

[*] 이 논문은 2017년 『한국정책학회보』 제26권 제2호에 게재된 글을 수정·보완한 것이다.
이 연구는 2016년도 국민대학교 교내연구제도의 도움을 받았으며, 자료의 분석에 활용된 설문조사는 2015년도 한국연구재단의 원자력 기초인력 육성 및 지식확산사업의 일환으로 이루어졌다. 이 연구의 초고는 American Society for Public Administration의 2017년 연례학술대회에서 발표되었다. 이 연구의 과정에서 연구주제의 도출이나 자료수집 등에 도움을 준 KDI 정책대학원의 이태준교수, 수원대학교의 정원준교수, 국민대학교 행정정책학부에 최근 합류한 김병준교수, 국민대학교 국정관리전략연구소의 김인수박사와 김희경박사, 국민대학교 대학원에 재학 중인 이기태, 그리고 University of Kentucky의 Martin School of Public Policy and Affairs의 박사과정에 재학 중인 목주영에게 감사를 표한다. 그러나 이 연구의 여러 부족함은 여전히 저자의 몫이다.

타날 것이다"라는 가설도 검증된다. 이 연구에 활용된 설문조사는 2015년 중
반 on-line 방식으로 이루어졌다. 이 조사의 표본은 전국에 거주하는 19세
이상의 일반인으로 사전에 사회조사를 위해 모집된 대상자를 지역별로 층화
한 다음 연령과 성별을 보존하는 방식을 택해 선발된 1,056명이다. 이 목표표
본의 숫자에 도달하기까지 약 6,600여 명의 대상에게 설문지가 제공되었고
최종설문 응답률은 약 16%가 된다.

  우선 이 연구에서는 원자력이 위험하다고 느끼면 느낄수록 원자력발전과
관련된 정책의 수용에 부정적인 결과를 초래된다는 점이 확인되었다. 이러한
결과는 지금까지의 연구결과와 매우 유사하다. 시간과 공간을 달리한 자료임
에도 불구하고 이러한 결과가 확인된다는 점은 원자력과 관련된 국민들의 인
식이 위험을 중심으로 형성되어 있음을 확인하게 된다. 그러나 원자력에 대한
위험인식은 주관적일 뿐만 아니라 잠재적이며 간접적인 경험을 통해 인지되
기 때문에 객관적인 수준에서의 위험과는 무관하다는 특징이 있다. 그렇기 때
문에 위험에 대한 막연한 인식이나 다른 지역 혹은 다른 국가에서 발생하는
사고가 엄청난 위험으로 인식되는 것이다. 이러한 원자력 위험에 대한 간접성
이나 주관성의 문제를 정책적 수단으로 해소하기는 쉽지 않을 것이다. 특히,
원자력은 안전하다는 점을 강조하는 것으로 일반인들의 주관적 위험인식의
수준을 낮추기는 역부족이라는 점을 정책적 차원에서 고려해야 한다. 이러한
점은 원자력은 위험할 수 있으나 안전하게 관리될 수 있다는 접근 전환의 필
요성을 제기한다. 원자력이 안전하다는 점에 더해 원자력이 위험을 내포하고
있지만 안전하게 관리되어 안심할 수 있다는 인식으로 전환할 수 있는 방안
으로 원자력과 관련된 필수적인 지식을 정확하게 전달하는 방안을 강구할 필
요가 있다. 이러한 노력은 안전과 안심의 논의를 전문가에 국한할 것이 아니
라 일반국민과 공유하는 것이 원자력 위험인식의 부정적인 영향을 정책수용
의 과정에서 최소화할 수 있을 것이고 이는 국민들이 원자력을 좀 더 잘 알
수 있게 하여야 한다는 점을 지적한다.

  원자력과 관련된 지식수준이 정책수용에 직접적인 영향을 줄 수 있다는 가
능성은 이 연구에서 확인되지 못했다. 결과적으로 원자력에 대해 많이 알고
있다는 점 하나로는 정책수용에 긍정적인 모습을 보일 것이라는 추측은 지나

치다는 점을 확인한다. 그러나 지식수준의 정합성 여부로 집단을 구분해 보면, 지식수준은 경우에 따라 일반국민이 가지고 있는 위험인식이 부정적으로 정책수용에 대한 초래하는 영향을 상당히 줄여 준다는 점을 이 연구의 결과는 입증하고 있다. 즉, 지식수준 변수는 위험인식과 정책수용의 관계에서 긍정적 조절 효과를 보이는 것이다. 원자력에 대한 인식수준과 행동의지의 관계에서 지식수준이 조절적인 역할을 한다는 점의 확인은 향후 정책소통도구의 마련에 중대한 시사점을 제공하고 있다. 특히, 실제 자신이 알고 있는 것보다 더 많이 알고 있다고 생각하는 집단의 경우, 지식수준은 정책수용에 부정적인 영향을 초래한다는 점의 확인은 정책적 측면에서 중요한 함의를 지닌다. 이는 정책 문제를 잘 알고 있지 못하면서도 자신의 잘못된 혹은 일부에 국한된 지식을 근거로 정책을 부정적으로 본다는 사실을 확인해 주기 때문이다. 이에 더해 위험인식의 영향을 증폭시키는 결과도 함께 제시하는 점은 정책소통의 과정에서 실제지식과 예상지식의 격차를 줄여줄 수 있는 지식소통의 방안 모색을 요구한다. 이에 더해 어떤 지식이 소통의 도구에 포함되어야 하고 어떤 방식으로 전달되어야 할 것인지에 대한 고민도 정책적으로 이루어져야 할 것이다.

빈도분석의 결과에서 확인된 중간응답의 분포경향은 향후 원자력 관련 정책과정에서 중요하게 고려되어야 할 요소이다. 앞에서 논의한 바와 같이 원자력 관련 위험에 관한 질문에 대한 중간응답 분포가 원자력정책 수용도에 대한 중간응답 분포에 비해 훨씬 좁다. 이러한 결과는 설문조사의 응답자들이 원자력 이슈에 대한 자신과의 관련성을 심리적 거리감이라는 측면에서 접근하고 이해했을 가능성을 제기한다(Trope & Liberman, 2010). 주어진 정책문제가 자신에게 직접적인 위험을 초래할 수도 있다는 인식을 하게 되면 응답자들은 자신의 인식경향을 보다 분명하게 보인다는 것이다. 이 점은 향후 원자력 관련 정책의 과정에서 정책관련자들은 정책수용의 경우를 정책대상자들이 자신과 가깝게 혹은 직접적인 연관성을 형성할 수 있도록 제시한다면, 중간적 인식을 가질 수 있는 정책대상자가 정책수용의 방향으로 인식을 바꿀 가능성을 제가하는 것이다.

이와 병행하여 지식질문에 '모르겠다'라고 응답하거나 오답을 제시한 응답자가 누구인지, 또는 그들은 정책 문제를 어떻게 인식하고 있는지 등에 대한 추가 연구도 필요하다. 만약에 지식이 부재하거나 부정확한 지식을 가진 응답자들이 원자력과 관련된 문제에 대해 부정적인 인식을 가지고 있다면 이로 인해 초래되는 결과는 중대한 문제가 될 수 있다. 정부와 관련 기관은 원자력과 관련된 충분한 지식을 제공하거나 잘못된 지식을 교정하려는 노력이 필요할 것이고 이를 위해 그런 경우에 해당하는 응답자의 속성이나 인식 그리고 행동의 여러 측면을 분석하여야 될 것이다. 이런 이유로 설문에의 응답포기나 거부, 혹은 중간응답을 포함한 응답자들의 응답행태에 대한 추가적인 연구가 필요하다.

이 연구의 결과는 정책대상자인 국민들이 정책 문제를 잘 알고 자신의 입장을 보다 분명하게 표현할 수 있는 기제를 정책관계자들이 마련하면서 정책대상자들과 정책소통을 하는 것이 필수적이라는 점을 재확인한다. 즉, 정책문제에 대한 올바르고 충분한 지식을 갖춘 정책대상자들은 정책문제가 비록 자신에게 부담을 초래하거나 위험의 요소가 있음에도 정책수단에 대해 상대적으로 우호적일 수 있다는 점이다. 이렇게 지식의 중요성을 논의하다보면 "ignorance more frequently begets confidence than does knowledge"라는 Charles Darwin(1871: 3)의 명언이나 '무지한 귀신에겐 부적도 불통이다'는 우리의 오랜 속담을 기억하게 된다. 궁극적으로 적절한 지식의 전달과 함양이 대부분의 문제에 대해 올바른 판단을 이루어 내는 길이라고 지적한 Kruger & Dunning(1999)의 주장이 원자력과 관련된 정책문제에도 어김없이 적용됨을 확인하게 된다.

I. 연구의 배경과 목적

"알아야 면장을 한다"는 속담이 있다. 우리가 매일매일 직면하는 여러 현상에 대한 지식이 있고 없음은 현상의 인지와 이해와 더불어 현상을 판단하거나 행동 여부를 결정하는데 결정적인 영향을 초래하고, 결국 지식은 경쟁사회의 생존에 중요한 의미를 부여하는 도구가 될 수 있다는 것이다. 정책의 측면에서 본다면 정책입안자나 정책대상자를 포함한 정책관련자들이 정책의 내용을 알고 있는가 혹은 모르고 있는가에 따라 정책의 출발에서 종료까지의 정책과정이 달라질 수 있다는 것을 의미한다.

정책문제에 대한 지식은 정책문제의 의미가 무엇인지, 정책문제에 대해 어떤 판단을 해야 하는 것인지, 혹은 판단에 따른 행동을 어떻게 해야 할 것인지를 결정하는데 중요한 근거가 된다. 예를 들어, 원자력에 대해 어느 정도 알고 있는지는 원자력과 관련하여 발생하는 문제에 대한 인식의 기초가 된다. 만약에 우리가 일상생활에서 노출되는 자연방사선의 정도가 건강검진을 위한 X-Ray 촬영에 노출되는 정도보다 낮다는 점을 알고 있다면(한국원자력환경공단, 2016), 건강검진에서 X-Ray 촬영을 위험하다고 생각하지 않을 것이다. 즉, 원자력과 관련된 올바른 지식은 X-Ray 촬영이 위험하지 않다는 판단을 할 수 있는 근거를 제공하고 다른 사람들에게도 이의 사용을 추천하는 행동을 할 수 있도록 한다.

이 연구는 원자력과 관련된 지식의 정도가 원자력 문제에 대한 인식과 이에 따른 행동의지의 관계에 어떤 영향을 초래하는지를 알아보는데 목적을 둔다. 구체적으로 이 연구에서는 설문조사 응답자들의 원자력에 대한 지식 정도가 원자력이 초래하는 위험에 대한 인식과 이에 따른 원자력 발전과 관련된 정책 수용성의 관계에 어떤 변화를 초래하는지, 즉 관계의 조절효과가 있는지의 여부를 확인하는데 초점을 둔다. 특히, 이 연구는 원자력 관련 지식질문에 대한 정확한 답을 알고 있는 정도(실제 지식)와 자신이 알고 있으리라고 생각하는 정도(예상 지식)와의 격차로 응답자를 구분해 볼 때, 원자력 위험인식과 원자력 관련 정책 수용성의 관계에서 지식수준의 조절효과가 다르게 발생하는지를 확인하고 이의 정책적 의미를 찾는다.

이 연구에서 지식의 문제를 원자력에 대한 인식과 행동의 구조에 놓고 분석하는 것은 향후 원자력 문제의 해법을 찾는 과정에서 일반 국민들이 원자력에 대해 보다 정확한 지식을 바탕으로 원자력 문제의 해법 모색에 참여할 수 있도록 하는 설득의 근거를 마련하는 노력이기 때문이다. 이 연구에 활용된 설문조사는 2015년 중반 on-line 방식으로 이루어졌다. 이 조사의 표본은 전국에 거주하는 19세 이상의 일반인으로 사전에 사회조사를 위해 모집된 대상자를 지역별로 층화한 다음 연령과 성별을 보존하는 방식을 택해 선발된 1,056명이다. 이 목표표본의 숫자에 도달하기까지 약 6,600여 명의 대상에게 설문지가 제공되었고 최종설문 응답률은 약 16%가 된다.[1]

---

1) 설문조사는 One-line 설문조사 전문기관인 Trend&Research에서 실시하였다. 설문조사를 위한 표본추출방식에 대한 구체적인 자료나 설명은 www.trendmr.com에서 확인할 수 있다.

II. 원자력 문제와 기존의 연구

원자력 문제는 우리사회의 '뜨거운 감자'이다. 원자력발전은 경제성이나 환경성 등의 측면에서 상대적으로 효용성이 높다고 하지만 전력의 생산에 우라늄을 원료로 사용한다는 문제를 안고 있기 때문이다. 전력발전의 원료로 우라늄을 사용하는 과정에서 발생하는 높은 열과 방사선은 매우 위험하다. 전력발전의 과정은 물론이고 그 후에라도 사용후핵연료가 방출하는 방사선에 노출되는 경우, 심각한 건강의 문제와 환경의 재앙을 야기한다. 뿐만 아니라 원자력발전의 과정에서 발생하는 사고 역시 치명적인 결과를 초래한다. 예를 들어 러시아의 체르노빌이나 일본의 후쿠시마처럼 원자력발전소에서 발생하는 사고는 그 원인과 무관하게 치명적이다. 이러한 사고는 발생 당시의 피해는 차치하고라도 장기간 방사능의 문제와 삶의 문제를 해결하는데 엄청난 사회적 비용을 요구하고 있다.

원자력 문제는 기술의 문제이지만 사회적 의미를 분리해서 논의할 수 없다. 최근에는 원자력과 관련된 정책연구도 기술적 그리고 사회적 측면에서 진행되어 왔다. 기술적 연구는 원자력 발전이나 폐기물의 처분에 대한 기술공학적 측면을 다루는 연구로서 기술적 접근과 기술적 해법을 제시하고 있다. 과학기술의 문제는 일반적으로 하나의 문제에 하나의 해법을 추구하지만 원자력 문제는 문제를 보는 시각은 문제에 대한 해법도 다양할 뿐만 아니라 동일한 결과에 대한 해석이 다양한 경우도 발생한다. 과학기술적 문제에 이러한 경우가 발생한다는 것이 이상하게 보이지만 국내외 연구를 종합해 보면 동일한 문제에 대한 다양한 결론이 도출되고 있다는 점이 확인된다. 과학기술적 문제에도 과학기술을 넘어서는 다른 측면이 고려될 수도 있다는 설명도 있다.[2]

원자력 문제에 대한 사회적 연구는 정책문제에 대한 사회 환경 혹은 상황의 고려라는 측면에서 진행되어 왔다. 아무리 정책적으로 필요한 사업이라도 해당지역주민이 수용하지 않으면 문제가 된다. 성수에 입지하고 있는 중·저준위 방사성폐기물처분장의 입지 선정과정에서 입지가 예상되었던 지역 주민들의 극심한 반대는 입지 선정이 20년이나 표류하도록 만드는 결정적인 이유가 되었다. 왜 지역주민들이 정부의 제안을 수용하지 않았는지에 대한 연구가 다양하지만, 대부분의 연구는 지역주민이 정부

---

2) 예를 들어 위험에 대한 과학기술적 판단은 하나이겠지만 위험을 느끼는 정도를 과학기술의 측면에서 고려하게 되면 위험의 인지적 혹은 주관적 요소가 개입되게 되고 이로 인해 결과가 달라질 수도 있다는 생각이다.

가 추진하는 정책에 대한 이해도가 낮았다는데 초점을 둔다. 지역주민들의 잘못된 인식이나 지식 그리고 정책문제에 대한 낮은 이해도는 지역주민의 문제로 보기는 어렵다. 오히려 정부가 충분하고 적절한 방식으로 주민들에게 정부정책의 의미나 효과 또는 지역에의 영향 등에 대해 설명하지 못했다는 점이나 지역에 중대한 영향을 초래하는 정책을 정부가 일방적으로 추진함으로 인해 지역주민들이 정책과정에서 소외되었기 때문이라는 점도 중요한 원인으로 지적하고 있다. 결국 정부의 일방적·하향식 정책과정이 원자력 정책의 추진과정을 주도하고 이의 결과로 정책실패 혹은 정책표류가 발생하게 된 것이다(이기태·목진휴, 2016).

원자력 문제와 관련된 정책의 수용 또는 불용의 입장을 취하는 주민의 속성에 관한 연구도 사회학적 연구의 다른 방향이다(정주용·정재진, 2011). 연구의 주요 초점으로 누가 왜 그런 입장을 취하며 입장의 변화를 위해 어떤 정책적 노력이 필요한지에 두고 있다. 대부분의 연구에서는 원자력발전소나 폐기물처분장이 위치하는 지역의 주민들이 반대의 입장을 취하는 반면 일반 국민들은 찬성의 입장을 확인하고 있다. 입지지역의 주민들도 원자력발전의 필요성에는 동의하지만 발전소의 입지가 자신이 거주하는 지역이 되면 반대의 입장을 보이는 경향이 있다. 사회일반 연구에서는 이러한 현상을 지역이기주의의 발로라고 하지만, 그렇게만 볼 수 없다는 주장도 있다(Pol, et. al., 2006).

소위 NIMBY 혹은 PIMFY라고 알려진 현상은 우리 사회에서 다양하게 발견된다.3) 예컨대, 장애인시설이나 교정시설의 입지문제를 놓고 해당지역 주민들이 보이는 입장은 NIMBY의 경우이다. 여러 이유가 존재하지만, 실질적으로는 사회적 선호도가 낮은 시설의 입지로 인한 지가의 하락 등이 반대의 중요한 원인이 된다. 잠재적 위험도가 높은 원자력발전소와 같은 시설의 입지도 예외가 아니다. 그러나 동일한 정책영역이라 하더라도 PIMFY적 현상을 보이는 경우도 있다. 예를 들어, 원자력 관련 시설이라 하더라도 원자력 관련 연구시설의 입지에는 지역주민들이 선호도를 보일 뿐만 아니라 어떤 경우에는 비선호시설 입지의 조건으로 연구시설과 같은 선호시설의 입지를 요구하기도 한다.4)

---

3) NIMBY는 Not In My Back Yard의 약자로 자신의 거주 지역에 비선호시설이 입지하는 것을 반대하는 현상을 의미한다. 반대로 자신의 거주 지역에 선호시설이 입지하기를 선호하는 현상을 PIMFY(Please In My Front Yard)라고 한다.
4) 광역지방자치단체인 경상북도는 지난 수년간 원자력 cluster 사업을 진행하고 있다. 사업의 초점은 원자력 관련 시설이 다수인 경상북도에 원자력 연구시설 등을 집적하는데 있으며 도정의 중요한 일부로 진행하고 있다.

원자력과 관련된 사회정책적 연구를 종합해 보면, 원자력 정책문제에 대한 해당지역 주민이나 국민들의 인식에는 분명한 경향이 있다는 점이다. 특히, 원자력 문제에 대해 긍정적 혹은 부정적 입장은 계층, 성별, 연령, 거주지역 등과 같은 속성에 따라 다르게 나타날 뿐만 아니라 긍정과 부정의 인식이 정책에 대한 만족과 불만족 혹은 정책결정의 수용과 불용에 중대한 영향을 초래한다는 결과를 제시하고 있다. 최근의 사회심리학의 연구 결과는 사람들이 자신을 어떻게 인식하고 있는지(Trope & Liberman, 2010), 공동체에서의 자신의 위치를 어떻게 설정하고 있는지(Markus & Kitayama, 1991), 위험에 대한 사회문화적 인식의 차이를 보이는지(Douglas & Wildavsky, 1982)[5] 혹은 정책문제에 대한 정보의 원천이나 종류 또는 전달 및 공유의 수단(김병준·이태준, 2015)이 무엇인지에 따라 원자력 정책에 대한 만족 혹은 불만의 양상이 다르게 나타나고 이에 따라 자신의 행동에 대한 인식을 달리 한다고 보고 있다. 이 연구에서는 지금까지의 사회심리적 측면에서의 연구노력을 인간의 인지와 판단 그리고 행동이라는 연속선상에서 검토하면서 정책문제에 대한 '지식'이 이러한 관계에 어떤 의미를 부여하는지 알아본다.

Ⅲ. 연구모형과 가설의 설정

<그림 1>에는 원자력과 관련된 위험인식이 원자력 수용성에 영향을 초래하는 구도가 제시되어 있다. 특히, 원자력 관련 지식이 이러한 관계에 조절적 영향을 초래할 것으로 설정되어 있으며, 인식조사의 응답자들의 배경변수도 인식과 행동의 관계에 의미를 부여할 것이라고 포함되어 있다. 이러한 관계의 설정은 기본적으로 행동심리학에서 논의하는 인지와 행동의 기본구도를 원자력 문제에 적용하여 그 의미를 확인하는 노력이다(Ajzen, 1991).[6] Ajzen의 이론은 인간의 행동에 영향을 주는 인간의

---

5) 위험의 문화이론(cultural theory of risk)이라고 하며 grid와 group을 축으로 하여 사람의 위험인식을 구분한다. grid에서는 사회의 규범이나 위계가 개인에 미치는 영향을 그리고 group은 사회의 집단성 정도를 높고 낮음으로 구분하여 위험을 보는 시각으로 4개의 집단으로 분류한다. 이에 따르면 위계주의자(높은 grid/높은 group), 평등주의자(낮은 grid/높은 group), 개인주의자(낮은 grid/낮은 group), 그리고 운명주의자(높은 grid/낮은 group)는 각각 자신과 사회를 보는 시각에 따라 위험을 다르게 인식한다는 것이다. 이는 위험의 주관적 인식에 개인과 사회의 의미를 적용한 경우이며 이를 문화이론이라고 한다.
6) 방법론적으로 볼 때, 이 연구는 인지와 행동의 인과관계에서 지식이 관계를 조절하는 의미가 있는지를 알아보는 것이다. 인지와 판단의 관계와 판단과 행동의 관계는 궁극적으로 연결의 관계가 됨으로 인지와 행동의 관계에서 지식의 조절기능을 확인한다면 인지와 판단 혹은 판

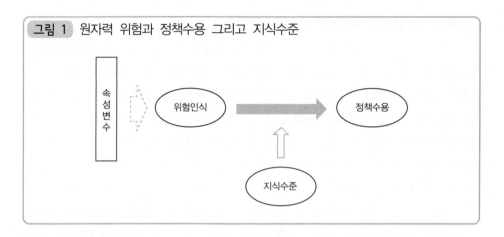

그림 1 원자력 위험과 정책수용 그리고 지식수준

속성변수

위험인식

정책수용

지식수준

의도가 어떤 관련성을 형성하는지에 초점을 둔다. 즉, 인간의 행동은 태도, 규범 그리고 조절을 바탕으로 형성된다는 것이다. 태도는 특정 행동에 대한 개인의 신념과 희망하는 결과에 대하여 느끼는 긍정적·부정적 감정으로 정의하고 있다. 규범은 주관적인 것으로 개인이 자신의 주위에 있는 친구, 동료, 상사 등에 대해 갖는 기대에 대한 개인적 관점을 의미한다. 개인의 행동에 대한 내부적·외부적 통제 요건을 포함한다.

<그림 1>이 제시하는 구도의 첫 번째 고리는 위험에 대한 인식이다. 인식은 사람들이 일상생활에서 발생하는 현상을 직면하면서 받는 느낌이나 인상 등을 의미한다. 예컨대, 후쿠시마원자력발전소가 폭발했다는 소식을 접하면서 사고가 발생했다는 점을 알게 되고 이에 따라 '사고가 발생했다'든지 아니면 '원자력 발전소의 사고'라는 점을 알게 되는 것이다. 이러한 현상은 사람이 직면하는 현상이나 문제 등과 관련하여 매우 자연스럽게 발생한다. 어떤 경우는 그 느낌이 매우 강렬하고 다른 경우는 그렇지 않을 수 있다. 어떤 사람은 그 느낌을 자신과 결부하여 받아들일 수 있고 다른 사람은 그렇지 않을 수 있다. 사람들이 현상을 인지하고 느끼는 방식이나 정도가 주관적이기 때문이다. 현상의 객관적 상태가 느낌의 강약에 영향을 초래할 수는 있지만 대부분의 경우 사람들은 자신의 과거 경험이나 자신이 기존에 알고 있는 현상에 대한 지식을 바탕으로 느낌을 다르게 받게 된다. 이렇듯, 발생하는 현상을 인지하는 것은 자연스럽게 이루어지게 되나 이러한 인지를 통한 느낌이나 이해는 사람에 따라

단과 행동의 관계에서의 지식의 역할을 검증해 볼 수 있는 근거를 마련할 수 있다. 이는 '지식'이 관계의 어느 영역에서 조절의 의미를 가지는가에 따라 정책적 노력으로서의 지식문제는 다른 모습을 보일 수 있기 때문에 이 연구에서의 단계에 대한 방법론적 접근의 정책적으로 중요한 의미를 갖는다. 지식이 인지와 판단 그리고 판단과 행동의 관계에서도 조절의 기능을 보일지에 대한 추가 연구를 기대한다.

상황에 따라 다르게 된다.

'행동'은 직면한 사안에 대한 평가의 결과에 따라 달라지는데 일반적으로 소극적 혹은 적극적 행동으로 구분할 수 있다. 미국 지방정부 행정서비스에 대한 주민들의 만족 혹은 불만이 지역주민들의 어떤 행동의지를 유발하는지를 연구한 연구에 따르면, 지역주민들은 이탈(exit), 항의(voice), 충성(loyal), 태만(neglect) 중 하나 혹은 그 이상의 행동의지를 보인다는 것이다(Hirshman, 1970). 김서용·박원수(2005)에 따르면, 직장 내부에서 발생하는 불공정한 대우인 불만족 요인에 대한 조직구성원의 반응유형이 성별 혹은 학력 등과 같은 사회구조변수와 조직변수로 분류될 수 있는 직무만족, 조직몰입, 또는 직무투자 등에 따라 다를 뿐만 아니라 조직의 문화적 요인도 영향을 초래하고 있음을 보여 주고 있다. 원자력과 관련된 행동의 사례로 원자력 관련 정책문제에 대한 수용 여부가 설정된다. 원자력 인지의 사례로 원자력에 대한 위험인식을 활용한다.

원자력에 관한 지식수준은 원자력 위험인식과 원자력 정책수용의 관계를 조절하는 것으로 설정된다. 즉, 위험인지와 정책수용의 관계에서 그 관계의 강약 정도를 조절할 것으로 예상하는 것이다. 인과관계의 분석에서 조절변수의 기능은 독립변수와 종속변수에 공히 영향을 초래하여 인과관계 전체에 의미를 부여하는 것이다. 원자력에 관한 지식수준이 원자력 위험과 수용의 관계에 조절적 영향을 할 것인지는 현상에 대한 지식과 인식의 연관성에서 찾을 수 있다. 지식은 인식과 판단 그리고 행동의 근거가 된다. 즉, 현상에 대해 알고 있는 경우에는 현상을 보는 시각이나 이에 대한 후속 행동에도 영향을 준다는 것이다(Piaget, 1964). 이러한 점을 감안하여 이 연구에서는 지식수준의 조절 기능을 설정하고 이의 의미를 자료분석을 통해 탐색하는데 초점을 둔다.

어떤 현상에 대한 지식은 다양한 경로를 통해 획득된다. 예를 들어, 해저지진으로 인해 해일이 발생하는 지역에선 최선의 피난처가 높은 곳이라는 점을 사람들은 경험을 통해 알고 있다. 반면에 지진이 발생하지 않는 지역에 거주하는 사람들은 그러한 지식을 서적을 통해 얻기도 한다. 누군가가 무엇에 대해 '알고 있다'라고 말한다면 다음의 두 가지 경우 중 하나일 가능성이 높다. 즉, '자신이 지식을 가지고 있다고 생각하는 것' 또는 '자신이 실제 지식을 가지고 있는 것'이다. 자신의 생각과 실제가 다를 수 있는 것은 자신이 문제에 대해 정확하게 알고 있다고 생각할 수 있으나 사실은 그렇지 않은 경우도 존재하기 때문이다. 이러한 현상은 지식의 대상이 복잡하고 과학적인 내용을 포함할 경우에 빈번하게 발생한다. 예를 들면, 원자력과 같은 정책영역은 과학적 측면과 사회적 측면을 포함하며, 1차적(경험·직관) 지식과 2차적(학습·논리) 지식으로 구분될 수도 있는 복잡하고 쉽게 획득되기 어려운 지식의 영역에 해당한다(Kahneman, 2011). 그러므로 사회일반적인 정책문제와는 달리 원자력에 대해 정확하게 알고 있는 경우와 정확하게 알고 있다고 생각하나 그렇지 못한 경우가 발생하게 된다. 그러므로 이러한 지식의 간극 혹은 격차의 존재는 정부의 정책운영과정에서 정책대상과의 소통을 위한 내용이나 방식의 결정에 중요한 의미를 부여할 수 있다. 이 연구에서는 지식수준의 실제와 지식수준의 예상 사이에 발생할 수 있는 차이가 위험인식과 정책수용의 관계에 어떤 의미가 있는지를 확인한다.

지식의 의미에 대한 연구는 정치적 현상이나 개인의 제품구매나 평가 혹은 정책문제에 대한 인식의 차이를 설명하는 요인으로 광범위하게 활용되고 있다. 특히, 인과관계의 설명에서 독립변수로서 뿐만 아니라 그 관계의 강약의 정도를 조절하는 조절변수로서도 사용된다. 예를 들어 정치적 지식이 정치적 행동에 미치는 영향에 관한 것으로 정치적 소신이나 가치의 결집을 개념화하는데 역량이 있는 사람들이 그렇지 못한 사람들에 비해 정치적 입장의 개진에 더 적극적이라는 연구(Carpini & Keeter, 1997; Converse, 1964)나 정치적 정교화의 수준이 정치적 신념과 정치에 대한 태도에 조절적 영향을 초래한다는 연구(Goren, 2001)도 있다. 상품에 대한 지식, 기업에 대한 지식과 상품의 구매의도, 상품수용, 이미지에 대한 수용, 브랜드의 이미지 간의 관계에 관한 연구가 경영학에서는 광범위하게 이루어져 왔다(조재수, 2015; 유세란 외, 2014; 조정식 외, 2013; 전종근 외, 2013; 이학식, 2014; 최자영, 2014; 이병관, 2009a, 2009b; 유현정 외, 2013; 윤성욱, 2011; 김충현, 2015; 이태민, 2009; 이병관, 2009; 백승익 외, 2014). 예를 들어, 브랜드 태도에 대한 영향요인 분석에서 브랜드 지식의 조절효과를 분석하였으며(조재수, 2015; 유세란 외, 2015), 충동구매 및 후회에 대한 영향분석에서는 소비자 지식이 조절변수로 설정되기도 하였다(전종근, 2013). 이병관(2009)은 제품의 평가와 제품 속성 간의 관계를 분석한 연구에서 소비자 지식을 조절변수로써 사용하였다. 이와 같이 경영학분야에서 지식변수는 상품의 구매의도 및 구매의향, 상품의 편익 인식을 높이는 결과를 초래할 뿐만 아니라 이들의 관계를 조절하는 변수로 활용되고 있다.

원자력의 수용이나 위험인식에 관한 연구 중에는 지식의 의미를 분석한 경우가 빈번하게 존재한다(박천희·김서용, 2015; 김근식·김서용, 2015; 김서용 외; 2014, 김서용·김근식, 2014; 임채홍·김서용, 2014; 김주경 외, 2014; 고대유·김영곤, 2016; 이형민·박진우·한동섭, 2015; 김인숙, 2012). 김주경 외(2014)는 원자력 수용성과 영향요인 간의 관계 분석에서 한·미 원자력 협정에 대한 지식의 매개효과를 분석하였으며, 박천희·김서용(2014)는 지식을 객관적 지식과 주관적 지식으로 구분하고 원자력 수용성에 영향을 초래하는 조절변수로 활용하였다. 김인숙(2012), 고대유·김영곤(2016), 김서용·김근식(2014), 김서용·김근식(2014), 임채홍·김서용(2014), 김근식·김서용(2015), 그리고 박천희·김서용(2015)의 연구에서는 원자력과 관련한 지식을 원자력 수용성 및 위험인식에 영향을 미치는 독립변수로 설정하고 연구를 수행하였다. 특히, 박천희·김서용(2015)은 원자력의 수용성 결정과정에 국민들이 자신의 원자력 지식을 객관적 그리고 주관적 지식으로 구분하여 어떤 유형의 지식이 어느 정도나 활용되었는지를 분석하였다. 뿐만 아니라 Sjöberg & Drottz-Sjöberg(1991)는 원자력발전소 등과 같은 관련 시설의 종사자들의 원자력 관련 지식과 이의 영향에 대한 연구에서도 원자력 지식이 의미 있는 차이를 만들어낸다는 결과도 보고하고 있다. 원자력과 관련하여 만족하거나 혹은 원자력 관련 정책 사안에 대한 수용 여부에 관한 연구 중 지식의 의미를 다룬 연구들은 지식이 원자력 수용성 제고에 어떠한 영향을 가져왔는지에 초점을 두고 있다(박천희·김서용, 2015).

기존 연구의 일반적인 결과를 종합하면, 원자력에 대한 지식의 증가가 원자력과 관련하여 예상되는 위험에 대한 지각의 수준을 낮추고 정책수용성을 증가시키는 것으로 보는 경우도 있으나, 반면에 일부에서는 위험지각 경감의 의미가 크지 않다는 결과도 함께 제시되고 있다. 인과관계의 분석에서 독립변수뿐만 아니라 조절 및 매개변수로써 다양하게 활용된 지식변수는 경우에 따라 통계적 의미가 있는 경우도 있고 그렇지 못한 경우도 있다. 특히, 응답자들은 자신의 기존 지식과 합치되는 지식의 경우에 한해 원자력의 위험과 수용의 관계에 지식의 의미를 부여한다는 연구결과도 함께 확인되었다. 그러나 지식의 다른 측면인 실제지식과 예상지식과의 차이 혹은 일치, 즉 지식의 정합성 정도가 원자력 관련 정책에 대한 일반 국민의 수용성 여부에 조절적 영향을 초래하는지에 대한 연구는 전무하다는 점을 지식과 관련된 기존문헌의 분석과 정리 결과로 확인할 수 있다.

인식조사의 응답자들의 기본적인 속성변수도 집단 구분의 목적으로 모형의 분석에 포함되어 있으며, 연구결과의 정책의미가 집단별로 구분될 필요가 있는지의 여부를 판단하는 자료로 활용된다. 속성변수로 포함된 성별, 학력, 또한 거주지역은 다른 연구에서도 활용된 변수로써 사회적 문제에 대해 남성과 여성의 시각이 다를 수 있으며, 학력이 높은 경우에는 사회적 문제에 대한 지식의 정도가 높은 경우가 빈번하다는 경우도 있다(Flynn et. al., 1994). 또한 사회적으로 기피시설이나 선호시설의 입지에 대한 입장은 자신이 그러한 지역에 거주하는가에 따라 다르다는 연구결과도 있다

(왕재선·김서용, 2013). 이러한 속성변수의 의미와 지식변수의 조절기능을 감안하여 이 연구에서 제시된 인지, 판단, 그리고 행동의 인과관계는 원자력 문제에 적용되어 다음과 같은 가설로 설정된다.

　가설 1: 원자력 정책의 수용성에 원자력 위험인식은 부정적인 영향을 초래할 것
　　　　　이다.

　가설 1-1: 성별, 학력, 또는 거주 지역으로 구분되는 응답자의 배경요인에 따라
　　　　　　원자력 정책수용의 경향은 달라질 수 있을 것이다.

　가설 2: 원자력 문제에 대한 지식수준은 원자력 위험인식과 원자력 정책의 수용
　　　　　도의 관계에 조절적 영향을 초래할 것이다.

　가설 2-1: 원자력 지식수준의 정합성 유형에 따라 지식수준의 조절적 영향의
　　　　　　유무 혹은 정도는 다르게 나타날 것이다.[7]

1. 변수의 측정

　이 연구의 검증모형에 포함된 요인(변수)들의 측정지표는 <표 1>에 제시되어 있다. 표에서 보는 바와 같이 원자력 위험 인지와 정책수용에 대한 측정문항은 모두 4개씩 포함되었다. 모형에 포함된 요인의 측정지표가 둘 이상인 경우는 요인분석을 실시하여 단일변수로 전환하였다.[8]

　우선 이 연구의 종속변인인 정책수용은 원자력 발전의 필요성, 불가피성, 추가건설에 대한 입장, 그리고 거주지역에 발전소의 입지에 대한 입장을 알아보고 그 결과를 종합한다. 원자력 발전의 필요성과 불가피성은 현재의 상황에 대한 인식을 측정하고 발전소의 추가건설과 자신이 거주하는 지역에의 발전소 입지 질문은 미래 상황에 대한 인식을 측정한다. 현재와 미래의 상황을 종합하여 응답자들이 원자력 발전에 대

---

7) 지식의 정합성이란 원자력 관련 지식문제에 대한 실제점수와 예상점수가 일치함을 의미한다. 실제지식이 예상지식보다 높거나 낮으면 지식의 부정합성은 과다 혹은 과소로 구분되는 것이다. 지식의 정합성이 있는 경우에도 평균 이상의 점수와 평균 미만의 점수로 나누어 높은 정합성과 낮은 정합성으로 구분된다. 그러므로 지식의 정합성 정도는 높은 혹은 낮은 정합성과 과다 혹은 과소 부정합성의 4가지 유형으로 나누어진다. 가설의 검증에서도 전체집단을 4개로 나누어 분석이 진행된다. 4개의 집단이 어떻게 구분되는지는 자료분석에서 별도로 논의된다.

8) 요인분석은 탐색적 혹은 확인적 요인분석으로 구분되나, 이 연구에서는 사전에 구성된 논리구조의 지표들의 정합성을 확인하는 확인적 요인분석기법을 활용한다. 이는 위험인식이나 정책만족을 확인하기 위해 포함된 설문문항이 자체적으로 논리적 연계성을 가지기 때문이다. 요인분석에 포함된 지표의 Cronbach$-\alpha$값이 위험인식은 0.809, 그리고 정책수용은 0.900이 되고 이는 신뢰성 측정의 보편적 기준인 0.6을 넘기 때문에 요인 구성의 신뢰성이 확보되었다고 볼 수 있다.

| 표 1 | 연구모형 측정 변수/요인 | |

변수/요인	설문지표	응답기준
정책수용	원자력발전의 필요성 원자력발전의 불가피성 원자력발전소의 추가건설 원자력발전소의 입지	① 전혀 동의안함 ② 동의안함 ③ 보통임 ④ 동의함 ⑤ 매우 동의함
위험인식	1. 원자력 발전 의존은 사고 가능성 감수 2. 원자력 개발은 향후 문제 유발 가능성 높음 3. 원자력 발전소 추가건설은 위험 4. 원자력 이용/개발은 위험	
지식수준	원자력 관련 10개 문제	실제 정답수, 예상 정답수
속성변수	성별	남자 혹은 여자
	학력	대학원졸업, 대재, 고교졸업
	거주 지역	원전 비소재, 원전 소재

* 설명: 설문지에 포함된 설문지표의 정확한 표현은 부록에 제시되어 있음

한 수용성을 어느 정도나 보이는지를 알아보는 것이다.

모형의 독립변인인 위험인식은 원자력의 이용과 개발에 대한 일반적인 위험과 원자력 발전과 관련된 위험인식을 포함하고 있다. 사고발생의 가능성이나 미래 원자력의 문제발생 가능성 그리고 발전소를 추가적으로 건설하는 사항에 대한 위험인식을 종합하여 원자력과 관련된 전체적인 위험인식의 정도를 측정한다. 이 연구에 포함된 구체적인 지표는 앞에서 논의한 기존 연구에서 빈번하게 사용된 지표 중에서 추출되었다.

응답자의 속성변수로 성별, 학력, 그리고 거주지역이 포함되었다. 기존의 연구에서 확인된 속성의 차이가 위험인식과 정책수용의 관계를 변화시킬 수 있다는 가능성을 반영하고 응답집단을 구분하는 목적으로 분석에 포함되었다. 특히, 원자력 관련 정책에 대한 인식이 속성에 따라 다르게 확인된다면 정책의 집중화 혹은 맞춤화가 가능할 것으로 보기 때문이다.

지식수준은 원자력 관련 10개의 문제에 대한 정답의 숫자이다. 원자력과 관련된 지식을 묻는 질문은 2013년도에 시행된 원자력 바로알기를 위해 마련된 교재에 포함된 원자력 관련 교과내용을 참고하였다(목진휴 외, 2013). 이 교재는 원자력을 바로 알기 위해 친핵과 반핵의 입장을 최대한 반영한 중립적인 시각에서 원자력에 관한 기초지식을 전달하기 위해 마련되었다. 이 연구에 포함된 10개의 지식질문은 과학적 지식

과 사회적 지식 혹은 자신과 직접적인 관련이 있는 질문과 그렇지 않은 질문의 경우로 구분될 수 있다. 예를 들면, 원자력발전 연료의 교체주기를 묻는 질문은 과학적 지식을 묻는 경우이나 원자력발전소를 수출한 나라를 물어보는 질문은 사회적 지식을 알아보기 위한 경우이다. 방사능 물질의 하나인 Iodine이 어떤 질병을 초래하는 질문은 자신과 매우 밀접한 질문이나 대부분의 과학기술적 질문은 자신과는 직접적인 연관성이 낮은 질문에 해당한다.[9]

원자력 질문에 대한 자신의 대답이 어느 정도나 정답일까를 묻는 질문은 자신이 정답일 것이라고 생각하는 예상하는 지식의 정도를 측정한다. 자신이 예상하는 정답의 숫자는 실제 정답의 숫자와 비교하여 실제와 예상이 합치하는 정합의 경우나, 그렇지 못한 부정합의 경우로 구분할 수 있다. 가설의 설정에서 설명되었듯이 이 연구는 지식수준의 정합성 유형에 따라 응답자들이 인식과 행동의 관계에서 지식수준의 의미를 다르게 해석할 수도 있는 가능성을 탐색한다.

2. 설문결과의 빈도분석

이 연구에 포함된 변수와 요인들에 대한 설문응답자의 전체적인 인식은 빈도 표와 기초통계의 형식으로 <표 2>와 <표 3>에, 지식수준에 대한 분포는 <그림 2>에 제시되어 있다.[10] <표 2>에는 이 연구의 종속변수인 원자력발전정책 수용성에 관한 설문의 응답에 대한 빈도가 마련되어 있다. 원자력정책 수용성은 원자력발전의 필요성과 불가피성, 원자력발전소의 추가건설과 원자력발전소의 입지에 대한 수용성으로 구성되어 있다.

---

9) 설문지에 포함된 원자력 지식 질문에는 4개의 답안문항이 제시되었고 그중 하나의 답안 문항이 정답으로 제시되었다. 각 질문에 대해 답안문항으로 '모르겠다'를 포함하였다. 그러므로 질문에는 정답과 오답 그리고 '모르겠다'의 경우가 발생하게 된다. 이 연구에서는 '모르겠다'는 오답으로 처리하고 정답의 경우로만 원자력 지식의 수준을 측정하였다. 원자력 지식관련 질문의 구체적인 내용은 부록으로 마련되어 있다.

10) 설문조사결과가 제시된 모든 빈도표의 전체 응답자는 1,056명이며 무응답자가 없으므로 합계의 항목은 제외된다. 무응답자가 없는 것은 설문조사를 on-line으로 실시하였기 때문이다. 즉, 다음 질문에 응답하기 위해선 질문에 대한 응답이 반드시 표기되어야 하기 때문이다. 이 연구를 위한 표본은 경영이나 홍보 등의 영역에서 인식조사를 위해 사전에 구축된 표본집단의 일부를 사용하여 진행되었고 조사에 대한 성실성은 설문조사기관의 사회적 신뢰도를 근거로 볼 때 확보되었다고 간주할 수 있다.

| 표 2 | 원자력발전에 대한 정책수용도 | | | |

(단위=빈도(%))

응답 l 설문	필요성	불가피성	추가건설	N/Pimfy*
적극 부동의	21(2.0)	40(3.8)	85(8.0)	200(18.9)
부동의	84(8.4)	116(11.0)	196(18.6)	309(29.3)
보통	354(33.5)	409(38.9)	538(50.9)*	364(34.5)
동의	529(50.1)	441(41.8)	204(19.3)	161(15.2)
적극 동의	68(6.4)	50(4.7)	33(3.1)	22(2.1)

* '보통'의 응답으로 '현상유지'가 사용됨. N/Pimfy는 자신의 거주 지역에 원자력발전소 추가건설에 적극 반대(적극 부동의)와 적극 찬성(적극 동의)의 항목으로 질문되었음.

우선, 원자력발전정책의 전반에 대한 응답자의 인식은 부정적이지만은 아니라는 점이 표에서 가장 주목된다. 즉, 정책전반에 대한 동의가 높게 나타나고 있어 원자력 정책 전반에 대한 수용도가 상대적으로 높다고 볼 수 있다. 구체적으로 보면, 정책전반에 대해 반대의 입장(25.0%)이 찬성의 입장(29.1%) 보다 낮을 뿐만 아니라 약 과반의 응답자(45.9%)가 보통(중간 입장)의 입장을 보인다는 점이다. 설문의 응답자들은 또한 원자력발전이 필요하고 불가피하다는 점에 대해 높은 비율로 동의하고 있다. 예를 들어, 원자력발전의 필요성에 대한 응답에서는 56.5%가 동의하고 있으며, 불가피성에 대해서도 46.5%가 동의하고 있다. 그러므로 원자력발전에 대한 국민들의 일반적인 동의 정도는 상당히 높다는 것이 이 연구를 통해 확인된다.

약 과반에 달하는 설문의 응답자들은 원자력발전소의 추가건설에 50%가 중립적인 반응을 보인다. 그러나 추가로 건설되는 원자력발전소가 자신이 거주하는 지역에 위치한다면 반대한다고 응답하는 응답자는 50% 정도가 된다. 자신의 지역이라도 원자력발전소의 건설에 동의한다는 응답은 17.3%에 불과하다. 발전소의 입지와 관련된 응답만을 놓고 보면, 소위 말하는 NIMBY적이다. 그러나 NIMBY와 PIMFY가 응답항목의 싱반된 입상으로 구성되어 있으므로 여전히 약 20%에 해당하는 응답자들이 수용의사를 표명하고 있다.[11] 이러한 측면에 더해, 원자력발전의 필요성이나 불가피성에 대해 매우 높은 찬성률을 보인다는 점은 향후 원자력발전정책의 운영에 있어 다행스러운 부분이라고 볼 수 있다.

---

11) NIMBY는 Not In My Back Yard의 약어로 반대의 입장을 나타내는 PIMFY는 Pease In My Front Yard의 약어이다. 입지에 반대하는 응답항목은 NIMBY, 찬성하는 항목은 PIMFY로 대표된다.

빈도 표에서 가장 주목되는 부분은 원자력발전소의 추가건설에 대해 50.9%의 응답자가 중간적인 입장을 보인다는 점과 반대(26.6%)와 찬성(22.4%)의 차이가 극히 미미하다는 점이다. 이러한 결과는 응답자들이 원자력발전의 필요성과 불가피성에 동의하고 있기 때문이라고 본다. 결국, 정책담당자들은 원자력발전소 추가건설에 중간적 혹은 유보적 입장을 가진 집단에게 원자력발전의 필요성과 불가피성을 충분하고 적실하게 홍보하고 설득하게 되면 원자력발전소의 추가건설에 대한 국민적 동의를 높일 수 있을 것이라는 가능성을 이 연구의 인식조사결과가 시사한다.

이 연구에서 독립변인인 원자력의 위험에 대한 인식은 <표 3>에 보는 바와 같이 상당한 불안감으로 정리된다. 예를 들어 원자력 발전으로 사고의 위험성이 높다는 설문에는 응답자의 70.4%가 동의하거나 적극적으로 동의하고 있다. 이러한 인식은 원자력 발전과 관련하여 발생하는 운영 중지나 고장 등을 일본이나 구소련에서 발생한 사고와 구분하지 않고 인식하기 때문(서혁준·정주용, 2013)이라고 볼 수 있는 반면에 위험의 규모는 객관적인 사실을 바탕으로 하나 위험이라는 인식은 주관적으로 받는 느낌 때문이라는 설명도 가능하다(Slovic, 2000). <표 3>에서 제시된 응답결과를 종합해 보면, 이 연구의 대상자들은 적어도 인식의 측면에서 원자력의 위험을 매우 심각한 수준으로 받아들이고 있다는 점이 주목되며 이러한 결과는 기존의 연구와도 유사하다(왕재선·김서용, 2013).

응답자들은 원자력 발전과 관련된 사고에 대한 위험인식과 원자력 발전소의 건설에 대한 위험인식을 매우 유사한 수준으로 보여주고 있다. 즉, 위험이 높다는 점에 동의하는 응답자의 응답비율이 70.4%로 동일하다. 어쩌면 우연일 가능성이 높을 수도 있지만, 이러한 결과는 원자력 발전소의 건설이 원자력 관련 사고의 발생가능성을 현저히 높일 것이라는 인식을 응답자들이 하고 있기 때문에 두 설문 문항에 대한 응답이 매우 유사하게 나타났다고 보아야 한다. 그러나 원자력 발전과 관련된 사고의

표 3 원자력 위험인식

(단위=빈도(%))

응답 ǀ 설문	고의존도 위험	사고발생 위험	원전건설 위험	원자력이용 위험
적극 부동의	13(1.2)	6(0.6)	11(1.0)	19(1.8)
부동의	120(11.4)	61(5.8)	76(7.2)	126(11.9)
그저그럼	313(29.6)	246(23.3)	246(23.3)	411(38.9)
동의	495(46.9)	547(51.8)	547(51.8)	395(37.4)
적극 동의	115(10.9)	196(18.6)	196(18.6)	105(9.9)

가능성을 발전소의 건설과 결부하여 인식한다는 것은 인식의 오류일 가능성이 높다. 그러므로 이렇게 잘못 형성된 원자력 사고와 원자력 발전소 건설의 왜곡된 인식 관계를 해소할 수 있는 정책적 방안이 필요하다고 본다.

이 연구에서는 설문항목에 동의하지 않지만 그렇다고 부동의하지도 않는 경우에 선택할 수 있는 중간적 입장을 제시하고 있다. 설문의 응답자들은 당장은 아니지만 경우에 따라선 추후에 동의 혹은 부동의를 할 수 있거나 아니면 설문항목 응답의 어느 쪽에도 생각이 기울어지지 않은 경우에 중간응답항목을 택하게 된다. <표 2>와 <표 3>에 제시된 빈도분석의 결과는 흥미롭다. 우선, 원자력 관련 위험에 관한 질문에 대한 중간응답 비율은 23.3%(고의존성)에서 38.9%(사용관련 위험)의 분포를 보이는 반면, 원자력정책 수용도와 만족도에 대한 중간응답 비율은 33.5%(원자력발전의 필요성)에서 50.9%(원자력발전소 추가건설)의 분포를 보인다. 정책 수용성과 만족도의 중간응답 분포의 폭이 원자력 관련 위험인식에 대한 중간응답분포보다 훨씬 넓다.12) 이러한 현상은 위험에 대한 일반인의 인식이 자신을 중심으로 실제적 혹은 잠재적 또는 직접적 혹은 간접적 피해의 가능성을 염두에 두기 때문이라고 볼 수 있다(Slovic, 2000). 반면에 정책에 대한 일반적 혹은 구체적 수용성이나 만족도는 자신과의 직접적 연관성이라는 측면에서는 위험보다는 심리적으로 멀게 느껴지는 상대적 거리감을 형성할 수 있기 때문이다(Trope & Liberman, 2010). 이렇게 보면, 응답자들은 설문항목을 자신과 어느 정도나 직접적인 관련성이 형성될 수 있는지 혹은 자신의 경우에 어느 정도나 구체적인 의미가 있는지를 기준으로 응답에 자신의 입장을 보다 분명하게 표현할 것인지를 결정하는 지도 모른다는 점을 이 설문의 결과는 조심스럽게 지적하고 있다.

원자력에 관련된 지식을 묻는 문항은 총 10개로 이 중 과학기술적 질문이 6개이며 사회적 질문은 4개로 구성되어 있으며 조사의 결과는 <그림 2>에 제시되어 있다.13) 질문에 대한 정답의 빈도를 분석한 결과, 원자력발전소 수출국이나 방사능과 암 발생의 관계 등과 같은 사회적 지식에 대한 정답률이 상대적으로 높게 나타났다. 특히, 자신과 직접적인 관계가 있을 수 있는 암 발생에 대한 지식문제의 정답률은 53.0%에 달하고 있다. 반면에 원자력 발전을 위한 원료의 교체주기에 대한 질문에는

---

12) 기초통계에서는 동일 분포에서 발생하는 최저 응답과 최고 응답의 차이를 범위라고 한다. 예를 들어 원자력 위험인식의 중간응답 범위는 15.6%P이며 정책수용성과 만족도의 중간응답의 범위는 17.4%P이다.
13) 지식문항에 사용된 질문은 부록에 포함되어 있다.

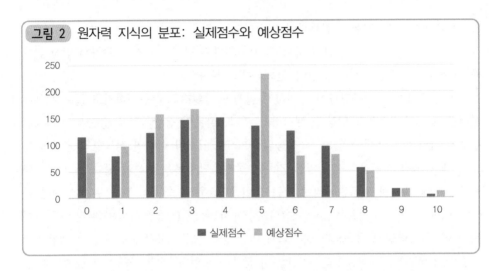

그림 2 원자력 지식의 분포: 실제점수와 예상점수

전체 응답자의 16%만이 정답을 알고 있다. 이렇게 보면, 원자력과 관련된 지식의 과학기술성은 일반인으로 하여금 지식의 취득 혹은 숙지를 어렵게 만드는 지식임을 확인한다. 일반적으로 과학적 지식이 자신과 상대적으로 밀접하게 연관되어 있는 사회적 지식에 비해 어렵게 느껴지고 있는 현실을 잘 반영하고 있다. 이 점은 향후 원자력 관련 지식의 전달이나 소통에 대상을 구분하여 맞춤형 지식의 전달이 필요할 것이라는 중요한 시사점을 제공한다.

<그림 2>에는 원자력지식의 실제와 예상 점수의 점수별 빈도가 제시되어 있다. 실제지식과 예상지식의 평균점수는 10점을 만점으로 할 때, 각각 3.95점과 3.88점이다. 자신이 예상한 점수에 대한 자신감은 53.4%가 된다. 예상점수에 대한 자신감이 50% 이상이라는 점을 고려한다면, 실제점수나 예상점수의 평균은 상당히 낮은 점수라고 할 수 있다. 그림에서 보는 바와 같이, 실제점수와 예상점수가 빈도의 측면에서 상당히 유사하다.[14] 10문제 중 1문제에도 정답을 제시하지 못한 응답자가 114명인데 반하여 자신이 1문제도 맞추지 못할 것이라고 예상한 응답자는 85명이다. 실제 자신이 전혀 모르고 있음에도 전혀 모를 것이라는 예측은 주저하고 있는 것이다. 그

---

14) 실제점수와 예상점수의 평균비교를 위한 대응표본 t-검증의 결과는 두 점수 사이에 통계적 유의도가 존재하지 않는다는 점을 확인하고 있다. 그림에서와 같이 실제지식과 예상지식을 분포를 보면 흥미로운 현상을 확인할 수 있다. 예를 들어, 23%에 해당하는 234명의 응답자들이 지식문제에 대한 자신의 예상점수를 5점으로 택했고 예상점수 5점은 전체분포의 mode에 해당한다. 그러나 실제점수를 보면, 전체응답자 중 151명이 4점을 획득하였고 이 점수는 분포상의 mode에 해당한다. 결국, 예상점수와 실제점수의 격차가 전체적으로 예상점수 방향으로 기울게 된 이유로 두 점수 사이의 mode 값 차이로도 확인된다는 것이다.

런가하면 적어도 자신이 5문제 정도에는 정답을 제시할 것이라고 예상한 응답자는 234명으로 실제 5문제에 정답을 제시한 응답자인 137명보다 약 100명 정도가 많다. 이렇게 보면 응답자들은 실제점수보다는 예상점수를 다소 높게 설정한 것으로 자신의 지식정도를 과대평가하는 경향을 보인다.[15] 이러한 경향은 정답의 숫자가 6개를 넘어서게 되면 줄어든다. 즉, 실제점수가 높은 응답자들은 자신의 지식수준을 낮게 예상하고 있다는 것이다. 그럼에도 10문제 모두에 정답을 예상한 응답자는 12명이나 된다. 실제점수와 예상점수의 상관계수가 0.703으로 매우 높다는 점을 통해 응답자들은 자신의 실제지식과 예상지식 간의 격차를 크게 보이지 않고 있다는 점을 확인할 수 있다. 이러한 현상은 응답자들의 원자력에 관한 지식수준이 낮을 뿐만 아니라 과학적 지식의 영역으로 인해 정답에 대한 자신감도 상대적으로 낮음에 기인한다고 볼 수 있다.

다음의 <그림 3>은 원자력 관련 지식문제에 대한 응답자의 정답점수와 예상점수의 분포를 도식화 하여 원자력 지식의 실제와 예상의 정합성 정도를 구분하여 보여준다. 실제점수와 예상점수의 '높음'과 '낮음'을 기준으로 구분해보면 다음의 유형이

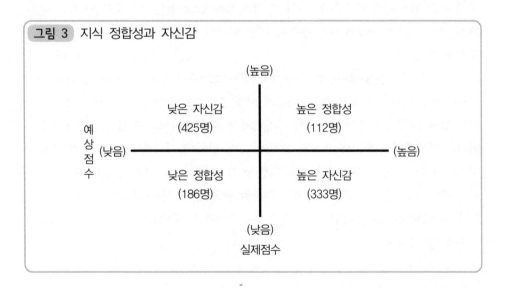

그림 3 지식 정합성과 자신감

---

15) Kruger & Dunning(1999)에 의하면 일반인들은 자신의 지식에 대해 평균이상일 것이라는 추정을 한다고 한다. 그들은 이러한 현상을 평균이상효과(above-average effect)라고 하면서 사람들이 자신에 대해 일정부분 과대자신감(overconfidence)을 보인다고 실험연구를 통해 확인하고 있다. 특히, 지식의 수준이 낮은 집단에게서 이러한 현상이 빈번하게 확인된다고 보고하고 있다. 이러한 현상을 종합하여 지식연구에서의 Dunning-Kruger effect라는 심리학 영역이 형성된다.

가능해진다. 첫째는 실제점수와 예상점수가 동일한 집단이다. 이 집단은 중간점수인 5점을 기준으로 정합성이 높은 집단과 정합성이 낮은 집단으로 구분된다. 다음으로 실제점수와 예상점수가 동일하지 않은 집단으로 실제점수가 예상점수보다 높아 자신의 지식에 대해 자신감이 낮은 집단과 그 반대인 자신감이 높은 집단으로 구분된다. 이렇게 보면, 실제지식과 예상지식의 높고 낮음을 기준으로 4가지 유형의 집단이 형성된다.

이 연구의 설문조사에 응답한 1,056명의 원자력지식 질문에 대한 정답점수와 예상점수 자료를 종합한 결과를 보면, 원자력 지식에 정합성을 보이는 응답자는 총 298명으로 전체의 28.2%이며 반면에 실제점수와 예상점수가 일치하지 않는 경우는 71.8%이다. 특히, 자신의 지식에 자신이 과신하는 경우가 전체의 31.5%나 되는 333명으로 확인된다. 지식의 정합성이 있는 집단을 다시 높은 정합성과 낮은 정합성으로 구분해 보면, 정합성을 보이는 응답자의 37.6%인 112명이 5점 이상의 점수를 받았다. 지식 수준의 실제와 예상의 정합성이 보이지 않는 응답자의 56.1%인 425명이 원자력에 대한 자신의 지식을 과소평가하는 것으로 나타났다. 원자력에 관한 자신의 지식을 과다하게 혹은 과소하게 평가하거나 아니면 정확하게 알고 있는 집단들이 원자력 위험에 대한 인식과 관련 정책에 대한 수용에 대한 입장이 다를 수 있다는 점은 어렵지 않게 추정할 수 있다.

이 연구에서는 응답자 전체를 4개의 집단으로 구분하고 지식수준이 위험인식과 정책수용의 관계에 조절적 영향을 다르게 보일 것인지를 알아본다. 이러한 시도는 국민들이 정확하지 않은 지식을 근거로 원자력과 관련된 정책적 문제에 접근하고 있을 것인지의 여부를 확인하는데 분석적 목적이 있다. 만약에 이러한 현상이 발생한다는 점이 확인된다면, 이는 정부의 원자력 관련 정책운영에 적지 않은 부담을 줄 것이라는 점을 시사한다. 결국 이 연구의 결과는 원자력 관련 정책운영자에게 정책관련 지식의 격차가 정책문제를 보는 국민의 인식에 영향을 초래하는 중대한 요소가 된다는 점을 확인하게 할 것이다.

Ⅳ. 연구모형의 검증

<그림 1>에서 제시된 연구모형의 검증은 우선 원자력정책 수용도의 결정요인을 평면적으로 확인하는 분석과 지식수준의 조절효과를 검증하는 분석으로 구분되어 실시되었다. <그림 1>에서 설정된 원자력 정책 수용성 결정요인모형은 다중회귀분

| 표 4 | 원자력정책 수용성 결정요인 |

변수 / 계수	B	β	t	유의확률
(상수)	0.030	−	0.210	0.834
위험인식	0.509	0.509	19.091	0.000
지식수준	0.011	0.026	0.956	0.339
성별	0.082	0.041	1.484	0.138
교육수준	0.035	0.032	1.172	0.242
거주지역	0.031	0.018	0.682	0.496
모형요약	F 값=76.203 Adj. R^2=0.263			

석을 통해 검증되었다. <표 4>에는 원자력발전 정책수용성에 원자력 위험인식과 원자력 지식수준이 영향을 초래할 것이며 응답자의 속성에 따라 그 영향이 다를 것이라는 가설 1과 가설 1−1의 타당성을 검증한 결과가 제시되어 있다.

모형에 포함된 독립변수들이 정책수용을 설명하는 정도를 보여주는 수정된 R^2의 값은 0.263으로 모형설명력은 비교적 높은 수준이다. 원자력정책에 대한 수용도, 즉 원자력발전의 필요성이나 불가피성과 추가발전소건설과 입지에 대한 응답자의 수용정도는 원자력을 얼마나 위험하게 인식하고 있는지에 따라 부정적으로 영향을 받는 것으로 확인된다. 반면에, 응답자들의 원자력 지식수준이나 성별 등과 같은 속성은 통계적으로 의미가 없다. 비록 통계적 유의성은 확인되지 못하지만, 거주지역을 제외한 모든 변수들이 초래하는 영향의 방향은 긍정적으로 나타나고 있다. 정리하자면, 응답자가 누구인가 혹은 그들이 어느 정도나 원자력에 대한 지식을 가지고 있는가에 관계없이 원자력에 관한 위험을 보는 시각이 원자력 관련 정책수용 여부와 정도를 결정하는 가장 중요한 요인이라는 점이 분석의 결과로 확인되었다. 결과적으로 원자력 위험인식의 부정적 영향을 설정한 가설 1은 자료로 확인되었으나 속성 등의 영향을 예상한 가설 1−1은 기각된다. 그럼에도 통계적 유의성을 보이지 못하는 지식수준이나 교육수준이 원자력 정책 만족도에 긍정적인 경향을 보이는 점은 원자력발전관련 정책수용도와 관련된 정책과정에서 세심하게 살펴야 할 부분이다.

원자력과 관련한 위험인식과 정책수용의 관계를 지식변수가 조절할 것인가라는 가설 2의 검증을 위해 위계적 다중회귀분석을 실시하였다. 변수의 조절효과는 3단계의 위계적 회귀분석을 통해 확인된다. 우선 모형 1은 독립변수가 종속변수와 인과관계를 형성하는지를 확인하여 관계를 분석할 의미가 있는지를 판단하는데 활용된다. 모형 2에서는 조절변수도 별도의 독립변수로 포함하여 의미를 분석한다. 이 경우 역시, 조절변수가 종속변수에 영향변수로 간주될 수 있는지를 확인한다. 마지막으로 모형 3에서는 독립변수와 조절변수 그리고 독립변수와 조절변수의 상호작용변수를 포함한 모형의 적합성을 검증한다.

조절변수 혹은 상호작용변수가 모형 2와 모형 3의 분석에서 각각 통계적으로 의미가 있는 R^2 변화량을 보여야 조절변수로서의 의미가 있다고 하나(노경섭, 2013), 조절변수와 독립변수의 상호작용변수가 모형 3에서 통계적 의미가 있는 R^2 변화량을 보이는 것만으로도 조절변수가 기존의 관계를 조절하는 기능을 수행하는 것으로 해석될 수 있다(Baron & Kenny, 1986). 이 연구의 초점인 지식수준의 조절기능을 확인하기 위해선 각 단계의 위계적 선형회귀방정식은 다음과 같은 형식을 택한다.[16)]

모형 1: 정책수용 $= a + b_1$위험인식
모형 2: 정책수용 $= a + b_1$위험인식 $+ b_2$지식수준
모형 3: 정책수용 $= a + b_1$위험인식 $+ b_2$지식수준 $+ b_3$위험*지식

<그림 1>의 연구모형에 포함된 지식수준변수가 위험인식과 정책수용의 관계에서 조절기능을 하는지를 확인하기 위해 설문조사의 전체 응답자 그리고 지식정합성 여부로 구분한 응답자로 구분하여 위계적 회귀분석이 실시되었고 그 결과가 <표 5>에 제시되어 있다.

표에서 보는 바와 같이, 전체응답자 집단 그리고 지식정합성 여부로 구분한 응답자 집단 모두에서 모형의 전환으로 발생하는 R^2 변화량은 모형 2를 제외하고선 통계적으로 유의미하다. 즉, 모형 1의 독립변수에 더하여 지식변수, 즉 원자력 관련 문제

표 5 지식수준의 조절효과 모델요약

집단구분	전체응답자		지식정합 응답자 (실제=예상)		지식부정합 응답자 (실제≠예상)	
모형구분	수정된 R^2	R^2 변화량	수정된 R^2	R^2 변화량	수정된 R^2	R^2 변화량
모형 1	0.262	0.263a	0.266	0.268a	0.260	0.260a
모형 2	0.262	0.001	0.272	0.008b	0.259	0.000
모형 3	0.300	0.038a	0.315	0.046a	0.296	0.038a

ª 〈 0.000, ᵇ 〈 0.05, ᶜ 〈 0.10

16) 여기에서는 모형의 단순한 제시를 위해 속성변수는 포함하지 않았으나 실제 분석에서는 모든 속성변수가 포함되어 분석되었다.

의 정답으로 측정된 원자력 지식수준이 새롭게 위계적 회귀분석에 추가됨으로써 모형 2의 설명력을 높이지는 못하지만, 모형3에서 상호작용변수의 일부로서의 지식수준은 기존의 원자력에 대한 위험인식과 정책의 수용의 관계에 조절적 역할을 하는 것으로 확인된다. 그럼으로 이 연구의 분석결과는 가설 2가 예상한 원자력 위험인식과 정책수용의 관계를 지식수준이 상호작용변수로서 조절하는 역할을 수행하고 있음을 확인한다.

지금까지의 위계적 회귀분석결과에 따르면, 원자력에 대한 지식수준이 전체적으로 원자력에 대한 위험인식과 정책수용의 관계에 조절적 기능을 하고 있음이 확인되었다. 즉, 지식수준은 위험인식과의 상호작용을 통해 원자력 위험인식이 정책수용에 미치는 부정적인 영향을 극복하는데 상당한 영향을 준다는 것이다.[17] 그러나 자신이 생각하는 지식의 수준과 실제 수준에 차이가 발생하는 것이 일반적인 현상이며 이에 따라 현상이나 사물을 인식하고 행동하는 것이 다를 수 있다는 점을 감안한다면(Kruger & Dunning, 1999), 응답자들이 어떻게 구분되는가에 따라 정책수용성에 대한 지식수준의 독립변수로서 혹은 조절변수로서의 의미가 다를 수 있을 것이라는 가설 2-2를 검증해 볼 필요가 발생한다. 만약에 응답자들이 보여주는 지식정합성 유형에 따라 지식수준의 조절적 영향이 다르게 확인된다면, 정책관계자는 정책대상을 구분하여 정책지식의 전파나 정책소통의 과정을 구축할 수 있을 것이기 때문이다.

<표 6>에는 우선 설문응답자를 지식의 정합성(실제점수와 예상점수가 동일)과 부정합성(실제점수와 예상점수가 동일하지 않음)으로 구분하여 <그림 1>의 원자력 위험인식과 정책수용의 관계에서 지식수준의 조절기능을 검토한 위계적 회귀분석결과가 제시되어 있다.[18]

<표 7>에는 지식수준의 조절효과를 분석한 위계적 회귀분석결과가 제시되어 있다. 설문응답자를 전체를 대상으로 한 결과와 이들을 지식의 정합성 여부를 기준으로 구분한 결과는 전체적으로 매우 유사하나 경우에 따라 차이가 발견된다. 우선, 회귀분석모형은 설명력이 약 30%를 상회하며 통계적으로도 유의도가 확보되고 있음이 확인된다. 많지 않은 독립변수가 포함된 점을 고려하면 원자력 발전과 관련된 설명변수들의 설명력은 낮지 않다. 특히, 원자력에 대한 위험인식이 모든 경우에 통계적으

17) 지식수준의 조절효과가 긍정적이라는 점은 <표 6>의 전체응답자를 대상으로 한 분석결과에서 확인된다. 여기에서는 설명의 간결성을 위해 모형분석결과를 별도의 표로 제시하지 않았다.
18) <표 6>과 <표 7>에는 위계적 회귀분석의 모형3 결과만 제시되어 있는데 이는 지식수준의 조절효과를 속성변수와 함께 보는 것이 이 연구의 목적이기 때문이다.

표 6 지식수준의 효과: 응답자 유형구분(β 값)				

모형	변수	응답자의 구분		
		전체	지식정합	지식부정합
3	위험인식	-0.194^a	-0.272^a	-0.138^b
	지식수준	0.012	0.077	-0.029
	지식*위험	-0.371^a	-0.326^a	-0.417^a
	성별	-0.045^c	-0.076	-0.038
	교육수준	0.036	0.037	0.035
	거주지역	-0.021	-0.060	-0.007
모형요약	F 값	76.758^a	24.185^a	53.974^a
	수정된 R^2	0.301	0.319	0.301

유의수준: $^a \langle$ 0.00, $^b \langle$ 0.05, $^c \langle$ 0.10

참고: 위험인식과 정책수용은 요인 값, 지식위험은 상호작용변수임

로 의미 있는 부정적인 영향력을 보이는 점은 정책의 수용에 정책과 관련된 위험을 어떻게 인지하는지가 중요하다는 일반적인 인식과 일치하는 결과를 보여 준다. 정책문제에 대한 지식의 정도가 정책수용에는 일관된 영향력을 주지 않는다는 점도 분석결과로 유추할 수 있다. 전체응답자를 대상으로 본다면 지식수준은 긍정적이나 통계적으로 유의하지 않다. 그러나 지식이 정합한지를 기준으로 구분하면 그 경우는 차이를 보인다. 예를 들어, 지식이 정합한 집단은 지식수준이 긍정적인 반면에 정책지식의 정합도가 없는 집단은 지식수준은 정책수용에 부정적인 영향을 초래한다. 결과적으로 지식변수가 모두 통계적인 의미를 보여주지는 않지만 지식수준의 정합성과 부정합성의 차이가 지식수준이 위험과 수용의 관계에 차별화된 영향을 줄 수 있을 것이라는 가능성을 주시할 필요가 있다.

　<그림 3>에서 제시된 원자력 관련 지식 문제에 대한 실제점수와 예상점수 사이의 관계는 4개의 집단으로 구분된다. 즉, 점수가 높은 수준에서 정합하는 집단, 점수가 낮은 수준에서 정합하는 집단, 실제점수가 예상점수보다 낮은 부정합 집단(과다자신감 집단), 그리고 실제점수보다 예상점수가 높은 부정합 집단(과소자신감 집단)으로 분류되는 것이다. 다음의 <표 7>은 지식 질문에 대한 실제와 예상 점수로 구분한 4개 집단에서 지식수준이 원자력 위험과 정책수용성의 관계에 조절적 영향을 주는지를 분석한 결과가 제시되어 있다.[19]

---

19) 조절변수의 적합성을 검증하는 <표 5>와 같은 형식의 모형요약은 모든 모형에서 조절변수

4개 집단의 분석결과 중 높은 점수대에서 지식 정합성이 형성되는 집단의 모형 설명력이 가장 높으나 낮은 점수대의 동일한 집단의 경우에서 가장 낮은 모형 설명력이 나타난다. 즉, 높은 지식정합집단의 조정된 R^2은 0.372인 반면에 낮은 점수대의 지식정합집단은 0.269에 해당한다. 그러므로 높은 점수대의 지식정합집단 모형의 설명력이 약 10% 포인트의 차이로 높다. 지식부정합집단의 경우는 과소 혹은 과대 경우 모두 지식정합집단의 가운데 정도에서 설명력을 보인다. 어떠한 경우라고 하더라도 모형의 설명력이 25% 정도를 상회한다. 이는 원자력 정책 수용성을 설명하는 변수로서 위험인식과 지식수준 그리고 이들의 상호작용변수가 의미 있다는 점을 지적하고 있다.

지식정합성의 여부로 설문응답자를 구분하여 볼 경우에도 지식수준 변수가 조절변수로서 혹은 독립변수로서의 역할을 하는지에 대한 해석은 <표 7>의 모형 3에서 확인할 수 있다. 우선, 지식변수가 독립변수로서 낮은 정합성 집단과 과대 지식비정합집단에서 통계적 유의도를 보인다. 그러나 지식정합집단에서는 지식수준이 긍정적인 반면에 지식부정합집단에서는 부정적인 영향을 정책수용에 초래하는 것으로 확인된다. 반면에 높은 수준의 지식정합집단과 과소 지식부정합집단에게는 지식변수가 정책수용에 긍정적이기는 하지만 통계적 유의도를 보이지 않는다. 위험인식변수는 과대 지식부정합집단을 제외하고 모든 경우에서 부정적이며 통계적으로도 유의미한 영향을 정책수용에 초래하는 것으로 보인다. 지식 과대부정합집단의 경우에는 오히려 긍정적이나 통계적으로 의미가 없다. 지식수준과 위험인식의 상호작용변수는 높은 점수 지식정합집단을 제외하고선 모든 경우에 통계적으로 유의미한 부정적 영향을 초래한다.

<표 7>의 분석결과를 종합하면, 지식변수의 조절적 역할이 지식의 정합성으로 구분해 본 집단의 경우에도 확인된다. 뿐만 아니라 지식수준의 독립변수적 의미가 지식 정합성이 있는 집단에서는 긍정적으로 나타나지만 자신의 지식을 과다하게 예상하는 집단에서는 부정적이리는 점이 상반된다. 또한 위험인식과 지식수준의 상호작용변수는 위험인식 변수의 부정적 영향을 절대적으로 흡수하는 것으로 나타난다. 예를 들면, 지식과다부정합의 경우, 모형 2의 부정적 위험인식변수를 모형 3에서는 긍정적으로 바뀌게 한 것이다.

모형 3에서 독립변수로서의 지식수준이 낮은 점수 지식정합집단에선 긍정적이나

로서 지식변수의 통계적 의미를 내포하고 있어 별도의 표로 제시되지 않는다. 또한 <표 7>의 분석결과에서도 대부분의 모형에서 조절변수가 통계적으로 유의미하기 때문이다.

| 표 7 | 지식수준의 효과: 지식정합성 유형구분(β 값) |

모형	변수	지식정합집단		지식부정합집단	
		낮은 점수	높은 점수	과소	과대
1	위험인식	-0.440^a	-0.623^a	-0.556^a	-0.459^a
2	위험인식	-0.451^a	-0.626^a	-0.552^a	-0.451^a
	지식수준	0.075	0.092	0.076b	-0.099^b
3	위험인식	-0.200^a	-0.293	-0.354^a	0.043
	지식수준	0.105c	0.070	0.062	-0.097^b
	지식*위험	-0.352^a	-0.341	$-0.204c$	-0.590^a
	성별	$-0.160b$	0.028	-0.052	-0.038
	교육수준	0.064	0.006	0.018	0.062
	거주지역	-0.053	-0.049	-0.051	0.042
모형요약	F 값	12.370^a	11.948^a	33.501^a	27.145^a
	수정된 R^2	0.269	0.372	0.315	0.321

유의수준: ^{a} 〈 0.00, ^{b} 〈 0.05, ^{c} 〈 0.10

과다 지식부정합집단에서는 부정적이며 통계적으로 유의미하다는 점은 정책적으로 상당히 중요한 함의를 지닌다. 즉, 자신이 실제는 잘 알고 있지 못하지만 잘 알고 있다고 생각하는 경우에는 원자력에 대해 많이 안다는 것이 원자력 정책을 부정적으로 평가하도록 한다는 것이다. 반면에 비록 지식수준이 낮다고 하더라도 자신이 알고 있는 정도와 예상하는 정도가 일치하는 집단의 경우에는 원자력 지식수준이 높으면 높을수록 원자력 정책을 우호적으로 받아들인다는 것이다. 결국, 이 분석의 결과는 자신의 지식을 과다하게 신뢰하는 집단의 지식정도는 정책문제를 보는 시각을 부정적으로 만드는 결과를 초래한다는 주장을 가능하게 한다. 정책수용도를 높이기 위한 수단으로 정책지식의 제공을 고민하는 정책책임자는 어떤 내용과 방식으로 이러한 지식수준의 부정합성을 줄일 것인가에 대한 고민을 하여야 될 것이다.

V. 분석결과의 정책적 함의

이 연구는 원자력에 대한 위험인식과 정책수용의 관계에 원자력에 대한 지식수준이 조절적 효과를 보이는지를 알아보는데 목적이 있다. 우선 이 연구에서는 원자력이 위험하다고 느끼면 느낄수록 원자력발전과 관련된 정책의 수용에 부정적인 결과가 초래된다는 점이 확인되었다. 이러한 결과는 지금까지의 연구결과와 매우 유사하다. 시간과 공간을 달리한 자료임에도 불구하고 이러한 결과가 확인된다는 점은 원자력과 관련된 국민들의 인식이 위험을 중심으로 형성되어 있음을 확인하게 된다. 그러나 원자력에 대한 위험인식은 주관적일 뿐만 아니라 잠재적이며 간접적인 경험을 통해 인지되기 때문에 객관적인 수준에서의 위험과는 무관하다는 특징이 있다. 그렇기 때문에 위험에 대한 막연한 인식이나 다른 지역 혹은 다른 국가에서 발생하는 사고가 엄청난 위험으로 인식되는 것이다. 이러한 원자력 위험에 대한 간접성이나 주관성의 문제를 정책적 수단으로 해소하기는 쉽지 않을 것이다. 특히, 원자력은 안전하다는 점을 강조하는 것으로 일반인들의 주관적 위험인식의 수준을 낮추기는 역부족이라는 점을 정책적 차원에서 고려해야 한다. 이러한 점은 원자력은 위험할 수 있으나 안전하게 관리될 수 있다는 접근 전환의 필요성을 제기한다. 원자력이 안전하다는 점에 더해 원자력이 위험을 내포하고 있지만 안전하게 관리되어 안심할 수 있다는 인식으로 전환할 수 있는 방안으로 원자력과 관련된 필수적인 지식을 정확하게 전달하는 방안을 강구할 필요가 있다. 이러한 노력은 안전과 안심의 논의를 전문가에 국한할 것이 아니라 일반국민과 공유하는 것이 원자력 위험인식의 부정적인 영향을 정책수용의 과정에서 최소화할 수 있을 것이고 이는 국민들이 원자력을 좀 더 잘 알 수 있게 하여야 한다는 점을 지적한다.

　원자력과 관련된 지식수준이 정책수용에 직접적인 영향을 줄 수 있다는 가능성은 이 연구에서 확인되지 못했다. 결과적으로 원자력에 대해 많이 알고 있다는 점 하나로는 정책수용에 긍정적인 모습을 보일 것이라는 추측은 지나치다는 점을 확인한다. 그러나 지식수준의 정합성 여부로 집단을 구분해 보면, 지식수준은 경우에 따라 일반국민이 가지고 있는 위험인식이 부정적으로 정책수용에 대한 초래하는 영향을 상당히 줄여 준다는 점을 이 연구의 결과는 입증하고 있다. 즉, 지식수준 변수는 위험인식과 정책수용의 관계에서 긍정적 조절 효과를 보이는 것이다. 원자력에 대한 인식수준과 행동의지의 관계에서 지식수준이 조절적인 역할을 한다는 점의 확인은 향후 정책소통도구의 마련에 중대한 시사점을 제공하고 있다. 특히, 실제 자신이 알고 있는 것보다 더 많이 알고 있다고 생각하는 집단의 경우, 지식수준은 정책수용에 부정적인 영향을 초래한다는 점의 확인은 정책적 측면에서 중요한 함의를 지닌다. 이는 정책 문제를 잘 알고 있지 못하면서도 자신의 잘못된 혹은 일부에 국한된 지식을 근거로 정책을 부정적으로 본다는 사실을 확인해 주기 때문이다. 이에 더해 위험인식의 영향을 증폭시키는 결과도 함께 제시하는 점은 정책소통의 과정에서 실제지식과 예상지식의 격차를 줄여줄 수 있는 지식소통의 방안 모색을 요구한다. 이에 더해 어떤 지식이 소통의 도구에 포함 되어야 하고 어떤 방식으로 전달되어야 할 것인지에 대한 고민도 정책적으로 이루어져야 할 것이다.

빈도분석의 결과에서 확인된 중간응답의 분포경향은 향후 원자력 관련 정책과정에서 중요하게 고려되어야 할 요소이다. 앞에서 논의한 바와 같이 원자력 관련 위험에 관한 질문에 대한 중간응답 분포가 원자력정책 수용도에 대한 중간응답 분포에 비해 훨씬 좁다. 이러한 결과는 설문조사의 응답자들이 원자력 이슈에 대한 자신과의 관련성을 심리적 거리감이라는 측면에서 접근하고 이해했을 가능성을 제기한다(Trope & Liberman, 2010). 주어진 정책문제가 자신에게 직접적인 위험을 초래할 수도 있다는 인식을 하게 되면 응답자들은 자신의 인식경향을 보다 분명하게 보인다는 것이다. 이 점은 향후 원자력 관련 정책의 과정에서 정책관련자들은 정책수용의 경우를 정책대상자들이 자신과 가깝게 혹은 직접적인 연관성을 형성할 수 있도록 제시한다면, 중간적 인식을 가질 수 있는 정책대상자가 정책수용의 방향으로 인식을 바꿀 가능성을 제시하는 것이다.

이와 병행하여 지식질문에 '모르겠다'라고 응답하거나 오답을 제시한 응답자가 누구인지, 또는 그들은 정책 문제를 어떻게 인식하고 있는지 등에 대한 추가 연구도 필요하다. 만약에 지식이 부재하거나 부정확한 지식을 가진 응답자들이 원자력과 관련된 문제에 대해 부정적인 인식을 가지고 있다면 이로 인해 초래되는 결과는 중대한 문제가 될 수 있다. 정부와 관련 기관은 원자력과 관련된 충분한 지식을 제공하거나 잘못된 지식을 교정하려는 노력이 필요할 것이고 이를 위해 그런 경우에 해당하는 응답자의 속성이나 인식 그리고 행동의 여러 측면을 분석하여야 될 것이다. 이런 이유로 설문에의 응답포기나 거부, 혹은 중간응답을 포함한 응답자들의 응답행태에 대한 추가적인 연구가 필요하다.

이 연구의 결과는 정책대상자인 국민들이 정책 문제를 잘 알고 자신의 입장을 보다 분명하게 표현할 수 있는 기제를 정책관계자들이 마련하면서 정책대상자들과 정책소통을 하는 것이 필수적이라는 점을 재확인한다. 즉, 정책문제에 대한 올바르고 충분한 지식을 갖춘 정책대상자들은 정책문제가 비록 자신에게 부담을 초래하거나 위험의 요소가 있음에도 불구하고 정책수단에 대해 상대적으로 우호적일 수 있다는 점이다. 이렇게 지식의 중요성을 논의하다보면 "ignorance more frequently begets confidence than does knowledge"라는 Charles Darwin(1871: 3)의 명언이나 '무지한 귀신에겐 부적도 불통이다'는 우리의 오랜 속담을 기억하게 된다. 궁극적으로 적절한 지식의 전달과 함양이 대부분의 문제에 대해 올바른 판단을 이루어 내는 길이라고 지적한 Kruger & Dunning(1999)의 주장이 원자력과 관련된 정책문제에도 어김없이 적용됨을 확인하게 된다.

참고문헌

고대유·김영곤. (2016). "원자력 지식수준과 수용성에 관한 연구: 차세대 원전에 대한 대학생들의 인식을 중심으로". <한국정책분석평가학회보>. 26(1): 57-84.

김근식·김서용. (2015). "원자력 발전소 연장운행의 정치경제학: 원전주변지역주민들의 경제적, 정치적 차별지각을 중심으로". <지방행정연구>. 29(4): 295-336.

김서용·임채홍·정주용·왕재선·박천희. (2014). "후쿠시마 원전사고이후 원전사고와 원자력에 대한 위험판단 분석: 위험지각패러다임과 위험소통모형의 통합적용을 통해". <한국행정연구>. 23(4): 113-143.

김서용·김근식. (2014b). "후쿠시마 원전사고 이후 세계인의 원자력 수용성 태도변화 분석". <한국정책학회보>. 23(3): 57-89.

김서용·박원수. (2005). "EVLN(Exit, Voice, Loyalty and Neglect)의 문화적 기반에 대한 연구". <한국행정연구>. 14(3): 73-102.

김인숙. (2012). "원자력에 대한 위험인식과 지각된 지식, 커뮤니케이션 채널의 이용, 제 3자 효과가 낙관적 편견에 미치는 영향: 일본 후쿠시마 원전사고를 중심으로". <언론과학연구>. 12(3): 79-106.

김주경·고대유·김영곤·송하중. (2014). "원자력 수용성에 영향을 미치는 요인에 관한 실증연구: 한·미 원자력 협정의 매개효과를 중심으로". <한국위기관리논집>. 10(3): 1-24.

김충현·도은혜. (2015). "공익연계 마케팅의 메시지 유형 효과 연구: 설득지식 수준과 기존 브랜드 선호도의 조절효과를 중심으로". <광고학연구>. 26(2): 61-88.

노경섭. (2014). <제대로 알고 쓰는 논문 통계분석 SPSS & AMOS 21>. 한빛아카데미.

류재성. (2012). "정치이념의 정책선호 결정에 있어 정치지식의 역할". <한국정치연구>. 21(2): 53-86.

목진휴. (2013). "국내 원자력 전문인력 대상 커뮤니케이션 증진 프로그램 개발 및 운영". 한국연구재단.

목진휴·이태준·김병준. (2015). "원자력 에너지 정책 요소 만족도와 정책 전반 만족도의 관계에 관한 연구: 비보상형·비선형 모델의 적용 가능성을 중심으로". <한국정책분석평가학회보>. 25(4): 29-55.

백승익·배순한·송윤영. (2014). "온라인 구전정보 수용에 있어서 소비자의 관여도와 지식수준의 조절효과에 대한 연구: 모바일 어플리케이션 시장을 중심으로". <Entrue Journal of Information Technology>. 13(3): 21-34.

박천희·김서용. (2015). "원자력 수용성 결정에서 지식의 효과와 기능: 객관적 지식과 주관적 지식을 중심으로". <행정논총>. 53(3): 117-150.

왕재선·김서용. (2013). "후쿠시마 원전사고 이후 원자력 수용성 및 인식구조 변화에 대한 탐색적 분석". <한국행정학보> 47(2): 395-424.

유세란·고재윤. (2014). "외식브랜드 확장시 모브랜드 이미지와 지각된 적합성이 확장브랜드 태도에 미치는 영향: 소비자 지식의 조절역할". <외식경영학회>. 17(2): 277-298.

유현정·이은희·차경옥. (2013). "소비자의 친환경소비 및 친환경정보 요구도에 관한 연구". <소비자정책교육연구>. 9(4): 107-134.

윤성욱·유명길·서미옥. (2011). "판매원 언어적 메시지의 측면성 효과: 설득지식과 쇼핑목적의 조절효과를 중심으로". <소비자학연구>. 22(3): 297-316.

이병관. (2009a). "제품평가에 미치는 제품의 내재적 속성과 외재적 속성의 역할: 소비자 지식의 조절 효과를 중심으로". <광고학연구>. 20(4): 263-277.

_____. (2009b). "시간적 거리감과 소비자 제품지식이 속성-편익의 중요도 지각에 미치는 효과연구". <한국심리학회 학술대회 자료집>. 388-389.

이태민. (2009). "모바일 인터넷 서비스 충성도 형성과정의 구조적 관계에서 소비자 지식수준의 조절효과". <상품학연구>. 27(3): 29-47.

이학식·박지은·윤나라. (2014). "가격-품질 관계에 대한 심리적 거리와 제품지식의 조절적 영향". <마케팅연구>. 29(1): 197-224.

이형민·박진우·한동섭. (2015). "PR커뮤니케이션의 담론 경쟁과 편향적 언론 보도: 원자력 이슈에 대한 여론에 미치는 효과를 중심으로". <광고학연구>. 26(6): 233-261.

임채홍·김서용. (2014). "원전비리 사건의 부정적 효과와 신뢰기제 분석". <한국행정연구>. 23(3): 131-159.

산업통상자원부. (2015). <제7차 에너지 기본계획>.

서혁준·정주용. (2013). "후쿠시마 원전사고와 반핵활동의 양상변화". <아시아연구>.

16(3): 93 – 124.

전종근·이태민·박철. (2013). "모바일 상거래 서비스 특성이 충동구매와 후회에 미치는 영향: 소비자 지식의 조절효과를 중심으로". <소비자학연구>. 24(1): 179 – 196.

정주용·정재진. (2011). "후쿠시마 원전사고 이후 대국민 원자력 수용성 변화". <한국 정책학회 추계학술대회>.

조재수. (2015). "색상 이미지 불일치성 정도에 따른 소비자들의 브랜드 태도에 미치는 효과: 브랜드 지식의 조절효과를 중심으로". <광고PR실학연구>. 8(2): 168 – 190.

조정식·홍혜현. (2013). "관여도와 사전지식수준에 따른 여성 잡지의 제품 퍼블리시티 효과연구". <홍보학연구>. 17(4): 249 – 289.

최석현·윤상진. (2015). "연령별 투표율 차이에 관한 탐색적 연구: 정치지식을 중심으로". <동서연구>. 27(4): 29 – 53.

최유석. (2011). "한국인의 사회복지에 대한 인식과 분산: 정치적 성향과 정치적 지식의 역할을 중심으로". <사회복지정책>. 38(1): 57 – 83.

최자영·김용범. (2014). "긍정적 리뷰에 대한 저항 반응: 신제품의 혁신성과 소비자 지식의 조절효과 분석". <광고학 연구>. 25(8): 293 – 311.

한국원자력환경공단. (2016). <사용후핵연료 이야기 70>.

Ariely, Dan. (2008). *Predictably Irrational*. New York: Harpercollins Publishers.

Ajzen, I. (1991). "The Theory of Planned Behavior". *Organizational Behavior and Human Decision Processes*. (50): 179 – 211.

Baron, Reuben M. & David A. Kenny. (1986). "The Moderator – Mediator Variable Distinction in Social Psychological Research: Conceptual, Strategic, and Statistical Considerations". *Journal of Personality and Social Psychology*. 51(6): 1173 – 1182.

Carpini, M. X. D., & Keeter, S. (1997). *What Americans Know about Politics and What It Matters*. Yale University Press.

Converse, P. E. (1964). "The Nature of Belief Systems in Mass Publics". In D. Apter (Ed.), *Ideology and Discontent*. New York: The Free Press.

Converse, James M. (1976). "Predicting No Opinion in the Polls". *Public Opinion Quarterly*, 40: 515 – 530.

Darwin, C. (1871). *The Descent of Man*. London: John Murray.

Douglas, M., & Wildavsky, A. (1983). *Risk and Culture: An Essay on the Selection of Technological and Environmental Dangers.* University of California Press.

Flynn J, Slovic P, & Mertz CK. (1994). "Gender, Race, and Perception of Environmental Health Risks". *Risk Analysis.* 14(6): 1101–1108.

Goren, P. (2001). "Core Principles and Policy Reasoning in Mass Publics: A Test of Two Theories". *British Journal of Political Science.* 31(1): 159–177.

Hirschman, A. (1970). *Exit, Voice and Loyalty: Responses to Decline in Firms, Organization, and State.* Cambridge: Harvard University Press.

Kahneman, Daniel. (2011). *Thinking, Fast and Slow.* Macmillan.

Kruger, J., & David Dunning. (1999). "Unskilled and Unaware of It: How Difficulties in Recognizing One's Own Incompetence Lead to Inflated Self–Assessments". *Journal of Personality and Social Psychology,* 77(6): 121–1134.

Luchak, A. A. (2003). "What Kind of Voice Do Loyal Employees Use". *British Journal of Industrial Relations.* 41(1): 115–134.

Markus, Hazel Rose & Shinobu Kitayama. (1991). "Culture and the Self: Implications for Cognition, Emotion, and Motivation". *Psychological Review.* 98(2): 224–253.

Piaget, Jean. (1964). "Cognitive Development in Children". *Journal of Research in Science Teaching.* 2(3): 176–186.

Pol, E., A. Di Masso, A. Castrechini, M. R. Bonet., & T. Vidal. (2006). "Psychological Parameters to Understand and Manage the NIMBY Effectual". *European Review of Applied Psychology.* 56(1): 43–51.

Sjöberg, Lennart & Britt–Marie Drottz–Sjöberg. (1991). "Knowledge and Risk Perception Among Nuclear Power Plant Employees". *Risk Analysis.* 11(4): 607–618.

Slovic, Paul. (2000). *The Perception of Risk: Risk, Society, and Policy.* London, England: Earthscan Publications.

Trope, Yaacov & Nira Liberman. (2010). "Construal–level Theory of Psychological Distance". *Psychological Review.* 117(2): 440–463.

Waters, Erika A., Jennifer L. Hay, Heather Orom, Marc T. Kiviniemi, & Bettina F. Drake. (2013). "'Don't Know' Responses to Risk Perception Measures: Implications for Under–served Populations". *Medical Decision Making.* 33(2): 271–352.

부 록

이 연구에서 활용한 설문항목의 질문구성은 아래와 같다.

• 원자력발전정책 수용도 관련 설문항목

정책수용성 관련 질문은 필요 대 불필요(1번 항목), 찬성 대 반대(2번과 4번 항목), 그리고 증가 대 축소(3번 항목)로 응답을 구분하였으나 동의와 부동의(5번 항목)의 5점 척도의 구성과 내용이 동일하다.

1. 우리나라 실정에 비추어 볼 때, 원자력 발전이 필요하다고 생각하십니까? 필요하지 않다고 생각하십니까?

2. 우리나라 여건을 고려할 때, 우리나라에서 전기를 만드는 발전방식으로 원자력 에너지를 이용하는 것에 대해 찬성하십니까? 반대하십니까?

3. 앞으로 우리나라에서 원자력 발전소 수를 늘려야 한다고 생각하십니까? 줄여야 한다고 생각하십니까?

4. 귀하께서 거주하시는 지역에 원자력 발전소가 건설된다면, 귀하께서는 이에 대해 찬성하시겠습니까? 반대하시겠습니까?

• 원자력정책 만족도 관련 설문항목

만족도 관련 모든 문항에 대한 응답항목은 ① 매우 불만족, ② 불만족, ③ 중간 수준, ④ 만족, ⑤ 매우 만족으로 제시되었으며, 5개의 질문으로 구성된 설문항목은 다음과 같다.

1. 우리나라의 원자력 안전 정책(발전 및 폐기물관리)에 대하여 얼마나 만족하십니까?

2. 원자력의 활용(의료, 식품, 첨단산업 이용 등) 측면에서 원자력 정책에 대해 얼마나 만족하십니까?

3. 원자력의 경제성이라는 측면에서 원자력 정책에 대해 얼마나 만족하십니까?

4. 원자력에 대해서 제시되는 친환경적 요인(CO_2 배출의 최소화)들에 대하여 얼마나 만족하십니까?

• 원자력 위험인식 관련 설문항목

원자력 위험인식에 관한 설문은 5개의 응답항목은 ① 전혀 동의 안함, ② 동의 안함, ③ 보통임, ④ 동의함, ⑤ 매우 동의함으로 제시되었다.

1. 원자력 발전에 대해 계속 의존하는 것은 위험한 사고가 일어날 수 있는 가능성을 감수하는 것이다.
2. 원자력 개발은 향후 많은 문제(예, 후쿠시마 원전사고)들이 유발될 가능성이 높다고 생각한다.
3. 더 많은 원자력 발전소가 건설된다는 것은 위험한 것이라 생각한다.
4. 원자력 이용 및 개발은 위험한 것이라 생각한다.

• 원자력 지식 관련 질문항목

원자력지식 관련 질문은 각각 1개의 정답을 포함하고 있으며 지식이 전혀 없을 경우를 예상하여 '모르겠다'를 별도의 응답항목으로 제시하였다. 각 문제의 정답은 괄호 안에 마련되어 있다.

1. 우리나라가 최초로 원자력발전소를 수출한 국가는 어느 나라인가? (아랍에미레이트)
2. 원자력의 국제적 공동관리를 통해 군사적 전용을 막고 평화적 이용증진을 위해 설립된 국제기구는 무엇인가? (IAEA)
3. 원자력 발전소의 최초 운영허가기간이 지났다 하더라도 평상시 유지보수가 잘 되어있어 안전에 문제가 없다고 판단되어 운영허가 기간을 연장하는 것은 무엇인가? (계속운전)
4. 원자력 발전에서 배출된 사용후 핵연료로부터 핵분열생성물을 제거하여 플루토늄과 우라늄을 추출하는 것을 의미하는 것은? (핵연료 재처리)
5. 원자력 발전은 화력 발전에 비해 어느 정도의 CO_2 배출이 있다고 보입니까? (100분의 1)
6. 원자력발전의 연료교체 주기는 다음 중 무엇일까요? (12~16개월)
7. 핵물질의 어떤 측면이 발전 또는 무기화를 가능하게 하는가? (농축도)
8. 방사능의 일종인 요오드(Iodine)는 아래의 어떤 경우에 영향을 미치는가? (갑상선암)
9. 방사능 물질의 세기가 반으로 줄어드는데 걸리는 시간을 무엇이라고 하나? (반감기)
10. 원자력 발전에 사용되는 원료는 무엇인가? (우라늄)

▶ ▶ ▶논평

송하중(경희대학교 행정학과 명예교수)

사실을 바탕으로 하는 정책

① 정책은 사실을 바탕으로 한다. ② 정책은 미래 자원 투입의 방향을 정하는 행위로서, 과거의 조치들과 현재 사실을 바탕으로 수립, 집행한다. ③ 정책은 보다 나은 미래를 지향하면서 공동체의 동의하에 자원 투입의 방향을 정하는 행위이다. 이를 위해 과거의 조치들과 그 결과를 검토하고 현재 상황을 정확히 파악하여 확인된 사실을 바탕으로 정책을 수립하고 집행한다.

①과 ②에서 나아가 ③의 서술에 걸맞는 정책이라면 부작용의 가능성은 상대적으로 낮다. 혹시 그 정책이 예상했던 궤적을 벗어나더라도 정책의 제 단계에서 ③에 충실했다면 이를 비난하기는 쉽지 않다. 그럼에도, 수많은 정책은 실패하거나 역방향으로 진행되는 것을 우리는 본다. 정책 형성 및 집행 과정 어디에선가 ③에서 제시하는 요소들이 미흡할 때 실패 및 낭비 가능성은 더욱 커진다. 이와 같은 정책 결함은 '완벽한' 정책을 추구하는 데 드는 비용(시간, 인력, 재원 등)이 너무 크다거나, 불가피하게 도래할 현상에 대처하기 위해 취하는 조치와 같은 현실적 한계 때문이라고 할 수도 있다.

정책 실패는 정책을 수립, 추진하는 측에 그 원인이 있는 경우가 많지만, 정책 대상인 이해관계자가 문제일 수도 있다. 보다 넓은 범위에서는, 정책에 간접적으로 영향을 받는 국민의 의식과 행동 기제들에 기인하기도 한다. 이것은 ③에 서술한 바 '공동체의 동의'를 얻는 과정과 관련된 이슈이다. 특정 정책에 대해 국민들이 상황을 정확히 알고 판단한다는 전제는 결코 당연한 것이 아니다. 사실을 모르고 있거나 다르게 알고 있는 경우는 물론, 알고 있다고 하더라도 이를 액면 그대로 받아들이지 않고 감각적으로 사실을 왜곡 판단하는 경우 등의 문제가 있을 수 있다.

본 논문의 탐구 대상과 연구 방법상 착안점

목진휴 교수의 논문－위험인식과 정책 수용－은 위와 같은 정책학의 고민을 분석하고 대처 방안을 모색하려는 한 시도이다. 논문은 구체적으로 지난 수년간 우리 사회의 뜨거운 감자로 여겨져 온 '원자력'을 둘러싼 복잡한 상황과 전개된 정책을 탐구의 대상으로 삼고 있다.

목교수가 논문에서 구명하고자 하는 바는 명확하다. 원자력과 관련된 지식의 정도가 원자력 문제에 대한 인식과 이에 다른 행동의지의 관계에 어떤 영향을 초래하는지 알아보고자 하는 것이다. 구체적으로 1) 원자력에 대한 지식과 2) 원자력에 대한 위험인식, 3) 그리고 원자력 발전과 관련된 정책 간의 관계를 분석하였다. 분석에 사용한 자료는 1056명을 표본으로 한 국민인식 조사 결과이다.

논문은 '원자력 지식이 위험 인식 및 원자력 정책의 수용성에 조절적 변화를 얼마나 초래하는지'를 밝히고자 하면서 아래와 같이 가설을 설정하였다.

가설 1. 원자력 정책의 수용성에 원자력 위험인식은 부정적인 영향을 초래할 것이다.

가설 2. 원자력 문제에 대한 지식 수준은 원자력 위험인식과 원자력 정책 수용도의 관계에 조절적 영향을 초래할 것이다.

원자력 입장에서 논문의 의미: 원자력에 대한 뒤엉킨 주장들

이 논문에서 분석한 구체적 정책 사안은 지금 우리 사회를 들끓게 하는 원자력을 어떻게 할 것인가에 대한 것이다. 에너지 문제는 공동체의 유지와 활성을 좌우하는 결정적 이슈이고, 원자력은 우리 에너지 정책에서 빼놓을 수 없는 부분이다.

원자력에 대한 사실과 인식에서 가장 핵심적인 측면은 그 경제성과 안전성에 대한 것이다. 다른 에너지원에 비해 원자력은 생산 단가가 낮고 지속적 안정적 공급이 가능하다는 점이 가장 두드러진다. 이 점에서 원자력은 우리 산업화 시기와 그 후의 발전 단계에도 중요한 기여를 하였다. 그런데, 원자력의 이러한 기여를 인정하면서도 그것의 잠재적 위험 때문에 안전성이 항상 논란의 대상이 된다. 이 딜레마 상황에서 어느 쪽을 강조할 것인가는 매우 예민한 사항이다.

문재인 정부 들어서 탈핵을 표방하는 정책 기조가 채택되었고, 이것은 기존의 원자력을 옹호하는 입장에 선 측으로부터 강한 반발을 불러 왔다. 그리고 그것은 과학적, 산업적 요소 외에도 국내외 정치 상황과 엮여서 더욱 복잡해 졌다. 혼란스러운 상황하에서 당장 현안이 되었던 신고리 5, 6호기 건설 추진 여부는 '공론화'라는 방법으로 국민의 뜻을 파악하는 과정을 거쳤다. 그러나 이것은 원자력, 나아가서 에너지 전체 차원에서는 아직 작은 부분의 해법을 찾은 것에 불과하다. 문재인 정부가 주장하는 60년에 걸친 탈핵은 지금 예상하는 바와 같이 진행된다고 결코 장담하기 어려운 것이다. 원자력에 대한 찬반 입장 모두가 쉽지 않은 앞날을 예상하고 있다.

여기에서 목교수의 논문이 착안한 바는, 과연 찬반 입장에 서있는 이들의 판단이 적절한 것인가, 사실을 제대로 알고 하는 것인가 등이다. 즉, 이들의 판단 근거가 되는 지식은 올바른 것인가 물어보는 것이다. 올바른 지식으로 원자력이 위험하다고 하면 원자력에 대한 반대 입장에 서는 것이 논리적으로 타당하다. 그러나 만일 사실과 다른 과대/과소화된 인식이 판단의 근거라면 찬반 입장에 서는 것은 잘못된 것일 수 있다. 이와 같은 논리로 목교수는 올바른 지식이 위험 인식으로 연결되는지 알아보고자 하였다.

분석 결과와 의미: 올바른 지식에 근거한 정책

논문이 확인한 바는 우선 원자력이 위험하다고 느낄수록 원자력 정책 수용성이 낮아진다는 것이다. 이것은 기존의 연구 및 우리 통념에 부합되는 것으로 확인 자체로서 의미가 있다. 가설 2와 관련하여 논문에서 주목할 것은 기존에는 시도하지 않았던 '지식의 정합성'이슈이다. 위험하다는 느낌이 객관적 사실이라기보다 주관적/잠재적/간접적 경험을 통해서 생긴 것일 때의 문제를 분석, 이해해 보고자 한 것이다. 이를 위해 수행한 인식 조사에서는 10개의 문제(원자력과 관련된 사회적 지식 4개, 과학기술적 지식 6개)를 묻고, 자신의 정답수를 예상하게 한 뒤, 실제점수와 예상점수의 괴리 정도에 따라 응답자를 4개 집단으로 구분하였다. 4집단 구분에 따른 분석 결과는 1) 실제로 알고 있는 것보다 자신이 더 많이 알고 있는 것으로 생각하는 집단은 원자력 정책을 부정적으로 평가, 2) 지식 수준과 자신의 예상 수준이 일치하는 경우에는 원자력 지식 수준이 높으면 원자력 정책을 우호적으로 받아들인다는 것으로 요약된다. 이는 잘 알지 못하면서, 잘못되거나 편협되게 받아들인 것을 올바른 지식으로 여기고 정책에 부정적으로 반응하는 문제의 심각성을 확인하게 한다. 또한, 올바르고 충분한 지식을 갖춘 정책대상자들은 그 잠재적 위험부담에도 불구하고 정책에 우호적인 입장을 취할 수 있다는 점을 보여준다.

이와 같은 분석 결과는, 왜곡된 지식에 바탕을 둔 정책대상자들의 주관적 인식을 통제하고 올바르고 충분한 지식에 근거한 판단을 내리게 해야 한다는 주문을 지지하는 것이다. 그리고 이것은 지금 심각한 상황의 원자력이 앞으로 당면할 어려움에 대처할 정책을 추진하는 과정에서 간과해서는 안 될 중요한 측면을 제시하고 있다.

사실과 인식에 대한 논의

스웨덴 의사인 Hans Rosling 교수의 책(Factfulness, Flatiron Books, 2018)은 목교수의 논문이 파헤치고자 하는 바에 많은 시사점을 준다. Rosling 교수는 우리가 안다고 생각하는 것들 중에서 많은 부분의 오류 가능성을 재미있게 보여준다. 전세계 빈 곤충 비율, 여성의 초등 교육 이상 비율, 현시점에서 전세계적 기대 수명 같은 질문 을 하고 각각 3 가지 선택지에서 고르게 한 결과, 조사한 10여개 선진국들에서 오답 율이 놀랄 만큼 높았다. 예를 들어, '지난 20년동안 전세계 절대빈곤층의 비율이 어떻 게 변했나?' 1) 두배 늘었다. 2) 그대로, 3) 절반으로 줄었다.에서 절반으로 줄었다는 사실을 제대로 맞춘 대한민국 사람은 4%에 불과했다.

2010년에 Matt Ridley가 쓴 The Rational Optimist는 현재의 인류 사회가 과거 와 얼마나 다른가를 보여준다. 그는 이 책에서 놀랄만하게 향상된 우리 시대의 긍정 적 측면들에 대해 많은 사람들이 비관적으로 인식하고 있다고 지적한다.

의사인 Rosling교수나 과학작가인 Ridley는 오늘날의 상황을 공인된 실체(지표 등)들로 제시하였다. 그들 외에도 유사한 입장에 서있는 논문 및 저술들이 많이 있다. 이들이 하나같이 강조하는 바는 사실을 제대로 보자는 것이다. 그리고 거기에 근거하 여 판단하고 앞날을 예측, 설계하자는 것이다.

실제로 과학적 사실과 사람들에 대한 인식의 괴리를 측정한 조사 보고도 있다. Pew Research Center에서 발표한 바로는, '원자력 발전을 늘려야 한다'고 생각하는 비율이 미국 과학자(AAAS 멤버)들은 65%인데 반해 일반인들은 45% 정도이다. 이외 에, 인간이 진화해 왔다고 믿는 과학기술자들은 98%인데 일반인은 65%가 진화론을 믿는다.

위험을 보는 일반인과 과학기술자들의 접근 방식을 서술한 Peter Sandman에 의 하면 과학전문가는 위험을 예상되는 여러 결과들과 그 각각에 대한 발생 확률을 곱한 것[Risk $= \sum$Probability $\times$ Consequences]으로 보는 반면 일반인들은 위험을 위해와 분노의 합 [Risk $=$ Hazard $+$ Outrage]으로 받아들인다[위해(hahzard): 실제 일어난 인 명 재산상의 손실 등, 분노(outrage): 노여움, 위험의 성격에 따라 달라짐].

개인 차원에서는 물론 집단 및 조직 차원에서도 사실 왜곡, 자의적 해석, 아전인 수격 판단 등은 없을 수 없다. '합리성'을 전제로 하는 경제인 가설에 집착한다면 이와 같은 사실-인지 불일치는 예외적 사례로 치부해 버릴 수 있다. 그러나 우리 이성의 한 계를 인정한다면 이와 같은 오류는 우리의 선택, 행위 등에서 개인이나 조직을 막론하 고 일상적으로 나타나는 현상일 따름이다. 사이먼 교수의 선구적 연구, Kahneman - Tversky의 1978년 논문 및 그 이후의 수많은 행동경제학, 진화심리학 연구에서는 우 리 행동의 일견 '비합리적' 요소들이 어떻게 작동하는지 밝히고 있다. 그리고 그러한 패턴의 상당 부분은 인간이 생존을 위해 진화해 오면서 축적된 행태라는 것을 인정하게 되었다.

많은 경우 우리는 사실을 분명히 알지 못한 상태에서도 사물에 대한 판단을 내린다. 또, 오늘날 매체를 통해 전파되는 수많은 '사실'들이 상당히 주관적인 기준에 의해 가공되어서 전달된다는 것을 우리는 알고 있다. 그럼에도 우리는 거기에 우선 감정적으로 반응하게 된다. 옳고 그름에 대한 판단, 호 불호에 대한 판단을 내린다. 나중에 드러난 바에 의하면 억울하게 매도당한 사람/집단들이 있다는 것을 알고 미안해하지만 그것은 그때 뿐이다. 뉴스를 보고 감각적으로 받아들인 뒤에 그 이슈에 대해 긴밀한 이해관계가 있지 않다면 초기 감각만을 유지하고 있게 마련이다.

원자력에 대한 두려움과 위험에 대한 인식은 사실 막을 방법이 없다. 그 등장이 수십만 인명 살상으로부터 시작되었으니 태생적 한계인 것이다. 그럼에도 오늘날 원자력 발전 및 방사성 관련 의료, 산업 등의 혜택은 엄청나다. 그런데 그 역할에 대한 비난과 옹호가 첨예한 갈등을 불러오는 현재의 상황은 어떤 방식으로든지 해결책을 찾아내야 한다. 그리고 그 과정에서 정부는 주요한 역할을 해야 한다. 균형잡힌 정책으로 이해관계자를 포함한 국민적 지지를 받아야 한다. 이 과정에서 적극적인 사실관계 확인과 잘못된 인식을 불식시키는 노력이 경주되어야 한다. 만일 국민이 원자력의 실체와 장단을 잘 알고 있으면서 반대한다면 원자력은 존재 정당성을 상실한 것이어서 퇴출되어야 한다. 반대로 실체를 아는 국민들이 원자력의 안전성을 확보하고 활용하기를 원한다면 그 방향으로 나아가야 한다. 이러한 논리 하에 이 논문은 지식 – 위험성 – 정책 수용성 간의 관계를 밝힌 것이다. 조사 자료나 분석이 수긍하기 어려운 부분이 없지 않으나, 현재 여건 하에서 도출할 수 있는 타당한 분석 결과를 보여 주었다. 제대로 된 지식을 전제로 정책이 수립, 집행되어야 한다는 점을 확인했다는 점에서 논문의 의미가 크며, 앞으로 관련 연구가 더 나오기를 기대한다.

참여정부에서의 자치경찰제 도입 실패에 관한 연구

참여정부에서의 자치경찰제 도입 실패에 관한 연구[*]

참여정부에서의 자치경찰제 도입 실패에 관한 연구[*]

참여정부에서의 자치경찰제 도입 실패에 관한 연구[*]

참여정부에서의 자치경찰제 도입 실패에 관한 연구[*]

참여정부에서의 자치경찰제 도입 실패에 관한 연구[*]

참여정부에서의 자치경찰제 도입 실패에 관한 연구[*]

양영철(제주대학교 행정학과 교수)

～ 프롤로그 ～

1. 논문의 의의

본 논문은 몇 가지 점에서 의의가 있다고 본다.

첫째, 경험적 연구이지만 현장에서 일어난 사건, 자료, 토론내용 등 공개된 자료 뿐만 아니라 비공개된 자료도 중요한 연구자료로 활용한 연구다. 대체로 이와 같은 현장중심 논문은 공무원들이 작성하는 경우가 많다. 그러나 공무원들은 해당 사무나 기관에 대한 평가가 매우 우호적이어서 객관적인 평가를 하기 어렵다. 그러나 저자는 오랫동안 대통령위원회 자치경찰위원장을 하였기 때문에 비교적 합리적인 관점에서 볼 수 있었다는 점과 함께 행정학을 하였기 때문에 변수 선정이 현실적일 수 있었다. 따라서 본 연구는 이론적 기반에서 현장 연구를 하였기 때문에 지금도 이 분야의 많은 연구자들이 인용을 하고 있다.

둘째는 참여자들의 역학관계를 다단계의 과정과 변수를 통하여 분석하였다는 점이다.

본 논문은 정책참여자 중 자치경찰의 모형을 결정짓는데 가장 중요한 정책결정자인 대통령, 국가경찰, 광역자치단체, 기초자치단체를 선정하였고, 이들이 추구하는 정책목표와 그리고 이들 갖자가 갖는 정책수단을 각각 4개의 변수를 선정하여 분석하였다는 점이다. 그리고 이 분석은 또 다시 정책참여자들 간의

[*] 이 논문은 2009년 『한국지방자치학회보』 제21권 제1호에 게재된 글을 수정·보완한 것이다. 이 연구과제는 삼정(森井) 이왈옥 발전기금으로 수행되었음.

역학관계, 즉 지지와 반대 관계를 분석하였다는 점이다. 이러한 역학관계를 분석할 수 있었던 것은 300회 넘는 회의, 200회 넘는 세미나, 공개토론회 등의 과정을 직접 주관하거나 관찰한 기록들을 수집하였기 때문에 가능하였다.

셋째는 질적 분석의 장점을 최대화하려고 노력하였다는 점이다.

행정학계를 비롯한 사회과학에서는 양적 분석이 대세다. 그 추세는 더욱 강하게 가고 있다. 그러나 본 연구의 주제인 실패의 원인을 찾는 과정과 결과는 양적분석이 불가능하거나, 설령 하였다 하더라도 실체적인 면을 많이 놓쳤을 것이라 확신한다. 왜냐하면, 이렇게 다단계 과정은 변수 선정과 단계마다 정책참여자들과의 끊임없는 대화와 관찰을 통해서만이 가능하다는 것을 이번 논문을 쓰면서 더욱 느껴졌다. 장관이나 경찰청장, 심지어 자치단체장들도 아직까지는 대통령 앞에서 아니요라고 할 정도의 분위기는 아니다. 그러나 대통령 앞을 벗어나면 자신들의 조직의 방어 등을 위하여 대통령에게 대답한 것과는 정반대의 의견을 서슴 없이 내놓는다. 이 또한 질적 분석이 왜 필요한가를 말해 준다 하겠다.

2. 요 점

본 연구는 자치경찰을 도입하는 과정에서의 역할관계를 분석한 연구이다. 대통령 중심제 하에서 자치경찰제 도입은 대통령에게는 집행력이 분산을, 경찰청장은 조직의 축소를, 광역자치단체장은 도입단위가 기초자치단체인 점을 들어 자치경찰의 도입, 그리고 확대실시에 대하여 반대를 한다. 그러나 대통령은 집행력이 분산보다 지방분권이라는 국정과제를 실현시킨다는 점에서 자치경찰을 찬성하고, 경찰청은 대통령의 지시이기 때문에 소극적 찬성으로, 광역자치단체는 어쩌든 자신들의 구역 내의 기초자치단체들에게 새로운 조직이 신설되기 때문에 역시 소극적으로 찬성하게 된다. 이렇게 정책결정은 조직자체에 반대와 찬성 요소가 엉켜있기 때문에 이에 대한 분석도 복잡한 단계를 통하여 이루어질 때 실제적인 역학관계를 파악할 수 있었다. 이 복잡한 관계를 각 행위자들의 목표와 수단이라는 변수, 그리고 상대방의 목표와 수단, 또한 대통령 중심국가라는 환경 등을 고려하면서 각각 자치경찰모델을 제시하였다. 이러한 각각의 모델은 대통령이 조정하여 경찰청의 조직은 최소한으로 축소하고, 광역자치단체에게는 감독과 조정권의 권한을 부여하여 기초 자치단체 중심의 자치경찰 안을 정부안으로 채택하였다. 그러나 이 안은 국회에서 사장이 된다. 여당 국회의원들은 자치경찰 도입하는 자당의 기초자치단체의 장 수가 야당에 비해 월등하게 적기 때문에 다음 선거에 불리하다고 판하여 반대를 한다. 야당은 분권을 국정 최대 국정과제로 삼은 노무현 정부가 역대 정부들이 하지 못했던 자치경찰제 도입이라는 큰 업적을 인정하고 싶지 않았다. 이러한 여야의 계산이 맞아서 결국 17대 국회에서 두 차례의 심의만을 하고 임기를 끝내면서 자치경찰법은 자동적으로 폐기가 된다. 이 과정에서 자치경찰로 인하여 이익보다 손실이 많다고 판단한 경찰청과 광역자치단체장들은 국회의원들에게 은근하게 반대 로비를 하게 된다. 그리고 정권 후반기를 맞는 대통령은 이들을 통제할 힘이 없을 뿐만 아니라 점차로 경찰권이 필요한 사태가 지속적으로 발생함에 따라 국가경찰권의 축소에 대해서 생각을 바꾸게 된다. 전형적인 무의사결정의 사례다. 도입당사자인 기초자치단체는 힘이 없기 때문에 자치경찰제를 도입할 동력을 찾을 수가 없게 된다. 지방자치제 실시에서 충분조건이라고 할 수 있는 자치경찰제 도입은 지지하는 기관도 감소할 뿐만 아니라 기초자치단체도 힘이 없어 요구정도가 점차로 약해지게 되어 결국 실패하게 된다는 것이 본 연구의 개요다.

3. 오늘의 의의

다시 자치경찰제 도입에 대한 논의가 활발해 지고 있는 현 시점에서 본 연구는 여러 면에서 많은 정책적 시사점을 주고 있다. 자치경찰에 대한 주요 참여자가 누구이며, 그리고 각 참여자가 원하는 목표와 수단은 무엇인지, 그리고 결정하는 과정에서 국회의 예상되는 태도를 예견할 수 있다는 점을 고려하여 문재인 정부의 자치경찰제 도입 안을 만들고 있다. 본 연구가 이론 중심 또는 제도 소개 중심이거나 양적인 분석에 이루어진 연구였다면 본 연구가 현재 자치경찰도입과정에서 많은 도움을 주지 못했을 것이라 생각한다.

4. 후속연구 현황

자치경찰의 연구가 경찰학계가 아닌 지방자치와 행정학 연구 영역으로 전환되고 있다. 이전까지 자치경찰의 개념은 국가경찰 속에 있는 지방의 경찰로 정의되고 있었다. 따라서 자치경찰에 대한 연구는 경찰학 연구자들에 의하여 이루어 졌고, 법안도 경찰법 내의 한 장으로 편성되어 있었다. 그러나 지금은 자치경찰은 자치단체내의 경찰권을 가진 조직으로 확실하게 정립하였다는 점 이다. 이후에 자치경찰은 지방자치와 행정학계에서 더욱 활발하게 이루어지 고 있고, 석사논문은 물론이거니와 박사논문, 저서도 계속 나오고 있고 그 확 장성은 자치경찰의 실시와 함께 크게 활성화될 것이라 사료된다.

5. 후학들에게

첫째는 질적 연구에 대한 관심을 가질 때 지금의 양적 중심의 학계 연구가 균형을 잡힐 것이라는 점과 함께 정책과정 연구 중 본 연구처럼 역학관계를 분 석할 때는 양적인 연구보다 질적인 연구가 훨씬 적합하다는 점을 말하고 싶다.

둘째, 정부기관의 위원회 또는 관료 등 정책과정의 참여할 기회가 있다면 그 자료를 잘 정리하고 그리고 동료들 간에 공유하였으면 한다. 정부 정책에 참여하는 학자들에게는 그 자료들이 평범한 자료일 수 있겠지만 그렇지 않은 동료들에게는 참으로 중요하고 의미 있는 자료였다는 것을 많이 느낀다. 이러 한 자료공유는 학계의 동질성, 동료성을 높이고 이 과정에서 이루어지는 연구 는 정책과정에 크게 도움을 줄 것이다. 이렇게 될 때 행정학계의 연구는 적실 성이 높아지고 그러면서 점점 추락해지고 있는 행정학의 필요성이 반전되지 않을까 생각된다.

I. 서 론

1. 연구의 목적 및 의의

바람직한 상태의 정착 내지 회복을 목표로 출발하는 정책은 언제나 성공, 또는 실 패만 하는 것이 아니다. 정책은 성공과 실패를 반복한다고 할 정도로 부침이 심하다. 란 다우(M. Landau)는 "정책은 가설적"이라고 설파하고 있다. 이 말을 다르게 표현하자 면, 정책은 성공할 수도 있지만 실패할 수도 있다는 의미다. 역설적으로 정책에는 실 패가 함축되어 있다(송하진외, 2006: 16). 본 연구는 정책의 실패에 관한 연구다. 정책

실패의 원인은 정책의 유형과 연구자의 관점에 따라서 천차만별일 정도로 다양하다. 본 연구는 「자치경찰제도」라는 주제를 통하여 정책실패를 진단하고자 한다.

자치경찰은 지방분권에서 매우 중요한 주제 중의 하나다. 지방자치가 교육과 치안에서부터 시작하였다고 할 정도로(H. Wallace et al, 1995: 4) 지방자치에 있어서 자치경찰은 충분조건이라고 할 수 있다. 극단적으로 말하면 지방자치를 실시하는 나라치고 자치경찰제도를 실시하지 않은 나라가 없다.

우리나라는 1952년 전쟁의 와중에서도 지방자치를 실시할 정도로 지방자치에 대한 역사가 만만치 않음에도 불구하고, 자치경찰은 논의만 있어 왔을 뿐 건국 후 지금까지 국가경찰이 지역치안까지 독점하고 있다. 국가경찰의 독점은 지방자치단체의 집행력 부족, 지역실정과 동떨어진 치안행정으로 인한 비능률 등 치유할 수 없을 정도의 역기능을 나타내고 있다(정부혁신지방분권위원회, 2003: 157). 우리나라에서도 자치경찰의 필요성을 인식하여 도입을 추진하려는 움직임이 없었던 것은 아니다. 김대중 정부에서는 입법 직전까지 갔었다. 본 연구의 대상인 노무현 정부에서는 임기 중반에 자치경찰법 안이 국회에 제출되기까지 하였다(행정자치부, 2007: 17-20). 그러나 자치경찰법 안은 제17대 국회의 임기만료로 자동 폐기되어 자치경찰제 도입은 결국 실패하였다.

본 연구는 정책 실패의 원인을 정책 참여자들 간의 갈등에 초점을 두었다. 왜냐하면, 저자가 그 간 자치경찰제 도입과정에 직접 참여하여 관찰한 결과, 자치경찰제도 도입의 실패 이유는 정책참여자들의 정책목표 간에 갈등이 가장 큰 원인이라고 생각하기 때문이다. 본 연구는 이러한 전제하에 우선 자치경찰제 도입 과정에 주요 정책참여자는 누구이며, 그리고 이들이 지지하는 목표와 이 목표를 달성하기 위하여 투입하는 정책적 수단은 무엇인지에 대하여 살펴 볼 것이다. 이후에 쟁점화 된 정책 수단들이 정책 전환 과정을 거쳐 결정된 각각의 자치경찰 안(모형)이 각 정책참여자들과 어떻게 연관되어 갈등을 일으키며, 자치경찰제 도입을 실패하게 하였는지에 대하여 기술할 것이다.

현재 이명박 정부는 노무현 정부의 실패한 자치경찰제안과 거의 동일한 자치경찰 제도를 100대 과제에 포함하여 추진하고 있다.[1] 따라서 본 연구는 일반적인 정책실패 사례를 분석한다는 점 외에도 이명박 정부에서 새로 추진하는 정책과정을 이해

---

1) 청와대 홈페이지(http://www.president.go.kr/kr/policy/tasks/100.php), 제17대 대통령인수위원회 백서 1, 2008. p.83(http://www.president.go.kr/kr/policy/data/paper1.pdf), 대한민국 정부, 이명박정부 100대국정과제, 2008. p.11 이명박정부는 100대 국정과제속에 자치경찰실시를 포함시켰으며 2009년 하반기 시범실시, 2010년 하반기 전면실시를 목표로 자치경찰제를 추진하고 있음

하는데 도움을 줄 수 있다는 점에서 연구의 의의를 찾을 수 있다.

2. 연구의 방법

본 연구에서 자치경찰의 개념은 "자치단체가 자신의 능력과 조직 및 인력으로 자치단체에 속한 자치경찰사무를 처리하는 제도"로 출발한다(양영철, 2008:37). 즉, 자치단체가 자치경찰의 조직, 인력, 재정, 기능에 대한 권한과 책임을 갖는다는 인식하에서 출발한다. 반면에 국가경찰은 중앙경찰, 즉 중앙정부가 조직, 인력, 재정, 기능에 대한 권한과 책임을 지는 경찰을 말한다.

본 연구는 경험적 연구를 지향한다. 따라서 주요 자료는 정책적 자료가 될 것이다. 우선저자가 참여정부의 자치경찰 전 과정에 직접 참여하여 얻은 관찰 자료가 주요 자료가 될 것이다. 저자는 이 과정에서 정책참여자 간 동태적인 과정을 직접 관찰한 자료인 각종의 공문서, 보고서, 자체 토론자료 등을 활용하였다. 이 자료는 본 연구의 갈등관계를 기술하는데 활용되었다.

두 번째 자료는 문헌연구이다. 문헌연구는 자치경찰에 대한 연구문헌과 세계 자치경찰의 비교자료를 비롯한 경찰과 관련된 다수의 자료이다. 그 간 국내외에서 연구된 자치경찰에 대한 논문들은 본 연구에 도움을 주었으며, 저자가 두 차례의 외국 자치경찰 방문을 통해 얻은 자료 또한 본 연구에서 각국의 자치경찰을 비교하는데 활용하였다.[2]

우리나라는 아직까지 자치경찰제도가 도입되지 않았기 때문에 사례연구가 전무하다. 대부분의 자치경찰에 대한 논문은 도입 모형에 대한 연구다. 때문에 자치경찰 도입에 따른 관계기관의 반응을 추적하는데 큰 어려움이 있었다. 본 연구는 이러한 한계를 극복하기 위하여 서술한 바와 같이 경험적 자료를 많이 활용하였다.

본 연구의 범위는 참여정부에서 제시되었던 3가지의 자치경찰 도입 안이다. 각각의 안은 대통령 위원회가 주도하는 정부안, 국가경찰이 주도하는 경찰청안, 광역자치단체가 제시하는 광역자치단체 안이다. 이 세 조직은 모두 정부기관에 속하지만 자치경찰 도입에 대한 기관의 입장은 확연하게 다르다. 대통령은 대통령의 공약을 수행하는 입장에서, 경찰청은 자신의 조직을 수비하는 입장에서, 광역자치단체는 조직의 확대를 위한 공격적 입장에서 각각의 자치경찰 안(모형)[3]을 제시하고 있다. 결국 이러

---

2) 저자는 정부혁신지방분권위원회 자치경찰T/F팀 일원으로 2003. 12월과 2004. 5월에 스페인, 이태리, 프랑스, 그리스 경찰기관을 방문하여 자치경찰운영현황을 살펴보았다. 방문보고서는 정부혁신지방분권위원회, 선진국 자치경찰운영사례 현지시찰 결과 보고서, 2004.5 참조.
3) 자치경찰연구에 대한 논문에서는 안과 모형을 같은 의미로 사용하고 있어서 본 연구에서 같이 사용하고 있음을 밝힌다. 그러나 정책이라는 측면에서 보면 결정되기 전이기 때문에 본 연

한 목표 차이가 자치경찰의 도입을 실패하게 하는 큰 원인으로 작용한다. 따라서 이 세 안의 내용과 이에 따른 각 기관의 찬·반 반응을 분석하면 자치경찰의 도입 실패 원인을 찾을 수 있다는 전제하에 연구를 진행하였다.

이를 위하여 본 연구는 선행연구의 검토를 통하여 과거 자치경찰제 도입 과정에서 제시되었던 안과 각 안에 따른 각 이해 기관의 반응을 살펴보았고, 이후 본 연구의 분석틀을 설정하여 참여정부에서 제시되었던 3가지 자치경찰 안을 분석하였다. 본 연구의 분석틀은 정책분석모형 중 체제모형(systems model)을 원용하였다. 본 연구가 체제모형을 선택한 이유는 체제모형이 정책참여자를 중심으로 한 과정모형이기 때문이다(최봉기, 2008: 256).

본 연구는 체제모형을 이용하여 정책의 구성요소인 정책참여자, 정책목표, 정책수단, 정책대상 집단을 분석단위로 설정하고, 이들의 서로 결합하였을 때 발생하는 갈등관계를 분석하여 자치경찰제도 도입의 실패 원인을 살펴보았다. 다만, 본 연구는 미 실현된 정책에 대한 사례연구로서 정책참여자와 정책대상 집단이 중복되는 경우가 많기 때문에 정책 대상 집단은 정책참여자로 통합하였다.

II. 선행연구의 검토 및 분석틀의 모색

1. 선행연구의 검토

본 연구를 진행하기 전에 자치경찰에 대한 선행연구를 검토하였다. 선행연구들은 기술한 바와 같이 자치경찰제도가 도입되기 전이기 때문에 주로 도입 모형 등 이론연구에 치중하고 있었다. 선행연구를 정리하면 다음과 같이 요약할 수 있다.

첫째, 자치경찰 도입의 당위성에 대한 연구이다.

이들 연구들은 대체로 지방분권의 의의와 연계하여 자치경찰도입의 필요성을 강조하는 내용이 주가 된다. 이기우(1998)는 현행 지방자치제도를 경찰제도와 관련하여 문제점을 분석하면서 자치경찰제도입의 정당성을 자치경찰제 도입을 반대하는 주장과 대비하면서 제시하고 있다. 김해룡(2003)은 비록 자치경찰제도의 도입과정에서 나타나는 문제점을 중심으로 연구하고 있지만, 서두에 자치경찰 도입의 당위성을 지방분권과 연계하여 강조하고 있다. 다른 논문들 대부분이 왜 자치경찰제를 도입하여야 하는가에 대한 언급이 없이 도입을 당연시하는 전제하에 방안을 제시하고 있는 점과

구에서는 안이라고 표현하였음.

비교가 된다. 장기붕(2005)는 경찰을 권력적 차원에서 인식하여 지금처럼 중앙집권화 된 경찰 권력의 역기능을 고려할 때 자치경찰제의 도입을 통하여 경찰 권력을 분권화 하여야 한다는 주장을 하고 있다.

둘째, 자치경찰의 도입 모형에 대한 제안이다.

이황우(1995, 1999)는 경찰의 제도를 지방분권화 된 체제, 중앙집권화 된 체제, 통합체제로 분류하면서 이 체제에 따라서 자치경찰모형이 다르다는 주장과 함께 한국에 도입되어야 할 자치경찰모형과 그 내용에 대하여 기술하고 있다. 김성호·안영훈·이호(1998)는 자치경찰의 이론적 연구와 함께 우리나라에 적합한 도입 모형을 제시하고 있으며, 이상원(1999)은 경찰작용을 중심으로 경찰을 대륙계와 영미계로 구분하여 기술한 후에 우리나라의 도입 모형으로 절충형인 일본의 모형을 제시하고 있다. 이관희(2001)는 프랑스, 독일, 일본, 영국, 미국 등 선진 외국의 자치경찰 제도를 소개한 후에 지금까지 자치경찰제 도입과정에서 나타난 쟁점사항을 분석하고, 우리나라에 적합한 도입 모형을 제시하고 있다. 이러한 유형에 속하는 그 외 연구들은 문재우(2003), 박희방(2005), 양영철(2005) 등이 있다.

셋째, 자치경찰의 도입과정에 대한 기술이다.

최기문(2000)은 우리나라 자치경찰제도 도입과정에 대한 상세한 기술을 하고 있다. 김진혁(2004)은 한국경찰제도의 발달과정을 기술하면서 이 과정에서 나타난 문제점을 고려할 때 자치경찰의 필요성을 주장하고 있다. 조성택(2005)은 지금까지 우리나라의 자치경찰제 도입에 대한 논의 및 추진과정을 상술하면서 이 과정에 나타난 제 문제를 고려한 모형을 제시하고 있다. 김보환(2006)은 한국경찰의 변화과정을 역사적 관점에서 기술하면서 자치경찰의 필요성을 제시하고 있다.

넷째, 자치경찰제의 도입을 전제로 한 운영에 대한 연구이다.

박성수(2001)는 자치경찰제 도입시 예산 확보 방안을 외국의 예와 비교하면서 자치경찰재정교부금 제도 신설 등 독립재원 확보 방안을 제시하고 있다. 허경미(2003)는 영국과 일본의 사치경찰 제도를 소개하면서 참여정부의 초기에 제시했던 경찰청 안의 문제점을 조직, 인사, 재정 외에 자치경찰의 권한 및 수사권에 대한 문제점까지 제시하고 있다. 심익섭(1999)은 미래지향적 자치경찰제의 모습을 실시단위, 위원회구성, 사무배분, 인사 방향에 대하여 제시하고 있으며, 문성호(2004)는 자치경찰에서 국가경찰로 전환한 스웨덴 경찰제도를 소개하면서 자치적 요소와 국가적 요소의 융합의 중요성을 제시하고 있다. 정덕영(2006)은 자치경찰실시로 인한 인력수급정책을 제시하고 있고, 안용훈(2007)은 자치경찰의 실시를 지역별로 필요한 재정, 인력, 조직

등 운영 매뉴얼을 제시하고 있다. 이외에도 자치경찰법안의 입법안에 대한 비판과 제언을 통한 자치경찰제도의 운영에 대한 연구로는 이주희(2003), 이윤호(2005) 등이 있다. 하미승·심기환(2008)은 치안서비스 결정변수를 다중회귀분석을 통해서 분석하여 경찰조직의 분권성, 경찰의 자율적 권한, 수사 및 지휘권 독립, 정치적 중립성, 경찰의 인사권 독립, 책임성, 적응성과 투명성, 직무태도, 협력체계, 주민통제와 자치의회의 통제 등의 변수가 유의미하다는 연구결과를 제시하고 있다.

다섯째, 자치경찰제도의 도입과정에서 나타난 각 기관 간의 갈등에 의한 자치경찰도입 실패에 대한 연구이다. 자치경찰의 도입 실패에 대한 연구는 최종술(2001, 2002)외에는 거의 없다고 해도 과언이 아니다. 최종술은 김대중 정부에서의 자치경찰 도입 실패요인을 법무부와 검찰, 청와대와 중앙정부, 지방자치단체의 반응, 정치권의 반응을 중심으로 분석하고 있다.

상기 선행연구를 분석해 보면, 대체로 외국의 모형 소개와 역대 정부에서 제시되었던 모형과 모형 제시와 관련된 과정이 중심으로 연구가 이루어지고 있음을 알수 있다. 또한 선행연구는 대체로 자치경찰제도의 소개 등 제도적 측면에 치중하고 있음을 알 수 있다. 다만 최종술(2001)의 연구만이 본 논문과 마찬가지로 자치경찰 도입 과정에서 이해기관 간의 갈등이 자치경찰제 도입의 실패를 가져왔다는 동태적인 분석을 하고 있다. 최종술의 연구와 본 연구의 차이는 전자가 김대중 정부를 대상으로 하고 있는 반면, 본 연구는 노무현 정부의 자치경찰 안을 대상으로 분석하고 있는 점이다. 김대중 정부에서의 자치경찰 안(모형)은 소위 경찰청안 하나이지만 노무현 정부에서 제시된 모형은 연구범위에서 밝힌 바와 같이 정부안, 경찰청안, 광역자치단체안 등 3가지 안이기 때문에 본 연구는 비교연구라는 점에서 다르다. 또한 최종술의 연구도 본 연구와 마찬가지로 제 변수를 통하여 분석하였다는 점에서 동일하지만, 본 연구는 정책결정자뿐만 아니라 정책분석의 기본 요소인 정책목표, 정책수단, 정책집단 등으로 세분하여 분석하였다는 점에서 다르다. 즉 본 연구는 당사자들 간의 갈등요인이 구체적으로 무엇인가에 대한 것을 정책이 가지고 있는 기본적인 요소들을 통하여 분석하였다는 점에서 큰 의의를 두고 있다. 제주특별자치도의 자치경찰은 제주특별법에 의해서 운영되는 기관이기 때문에 본 연구대상에서 제외시켰다.

2. 분석의 모색

기술한 바와 같이 본 연구는 정책 참여자를 중심으로 한 과정 연구이기 때문에 체제모형을 원용하였다. 체제모형의 기본은 다음 그림과 같이 투입, 전환, 산출, 환류

그림 1 체제모형의 과정

투입 → 전환 → 산출 → 환류 → 투입

과정을 의미한다.

본 연구와 관련하여 제 과정을 개념 규정하는 차원에서 약술하면 다음과 같다. 정책과정의 주도는 정책 참여자다. 본 연구에서 연구대상의 정책 참여자는 대통령, 경찰청, 광역자치단체, 기초자단체를 말한다. 투입은 각 정책 참여자들의 요구와 지지를 의미한다. 이 중에서 요구는 정책 참여자들의 목표를 의미한다고 할 수 있으며, 지지는 각 정책참여자들이 동원하는 자원의 정도를 말한다. 본 연구에서의 정책 참여자의 목표는 선행연구와 자료등의 분석을 통하여 실현가능성, 조직변동, 자율성, 영향력 유지 등으로 선정하였다.

전환은 정책 수단의 변형과정을 말한다. 본 연구에서 선정한 정책 수단은 기능, 인사, 정부 간의 관계(IGR), 도입단위다. 본 연구는 이들 수단이 가지고 있는 요소, 즉 하위수단이 전환과정을 통하여 어떠한 자치경찰 안으로 나타나는지를 살펴보았다.

산출은 정책 결정을 말한다. 본 연구에서는 참여정부에서 제시된 자치경찰 정책 결정 모형인 경찰청안, 정부안, 광역자치단체안을 산출로 한정하였다. 이 안으로 한정한 이유는 지금까지 우리나라에서 정식으로 제시되었던 자치경찰 안은 이 세 가지 모형에서 벗어난 안은 없었기 때문이다. 자치경찰제 도입은 참여정부까지는 항상 경찰청이 주도를 하여 왔기 때문에 참여정부직전까지의 우리나라 자치경찰모형은 단독모형이라고 할 수 있는 '경찰청안'만이 있었을 뿐이다(신현기, 2005: 288~308). 그러나 참여정부에 들어서면서 자치경찰모형은 대통령이 주도하는 정부안, 광역자치단체가 제출한 광역자치단체 안이 제시되면서 자치경찰 안이 다원화되었다(양영철, 2008: 135~201).

환류는 결정된 안이 적용되는 과정에서 나타난 현상을 말한다. 결정된 정책이 입법화되어 시행되면 제도회된 깃이고 그렇지 않으면 정책 도입은 실패한 것이다. 왜냐하면 공공정책은 정부의 제도에 의해서 채택되고, 집행되고, 강제되어야 정책으로 성립된다. 그리고 대부분의 정책은 하나의 제도로 표현된다(송하진외, 2006: 43~44).

본 연구는 제시된 자치경찰 안들이 환류과정에서 정책 참여자들의 반응, 즉 어떠한 갈등관계를 나타내고 있느냐를 분석하였다. 이 과정에서 정책 참여자들이 자신들의 목표에 비추어 제시된 모형에 대한 수용 또는 저항하는 내용을 살펴보았다. 이 분석을 통하여 자치경찰 도입이 실패된 원인과 재도입 성공을 위한 조건을 함의 차원에

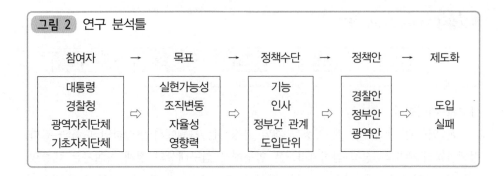

그림 2 연구 분석틀

| 참여자 | → | 목표 | → | 정책수단 | → | 정책안 | → | 제도화 |

| 대통령
경찰청
광역자치단체
기초자치단체 | ⇨ | 실현가능성
조직변동
자율성
영향력 | ⇨ | 기능
인사
정부간 관계
도입단위 | ⇨ | 경찰안
정부안
광역안 | ⇨ | 도입
실패 |

서 제시하였다. 상기의 내용을 요약한 분석틀은 다음 <그림 2>와 같다.

참여자, 목표, 정책수단, 정책안에 대한 변수 선정과 내용에 대해서는 후술할 것이다. 다만 본 연구는 자치경찰제 도입이 실현되지 않았기 때문에 분석의 범위가 정부 내의 체제에 한정될 수밖에 없으므로 환경에 대한 부분은 분석에서 제외하였다.

Ⅲ. 자치경찰제 도입 정책의 정책적 요소

1. 주요 정책참여자

정책 과정은 정책 참여자가 정책 요소를 활용하면서 진행된다. 누가 정책 과정에 얼마만큼, 어떻게 영향을 미치는가를 아는 것은 정책 과정의 내용을 이해하는 데 가장 중요한 요소 중의 하나이다. 그렇기 때문에 정책과정에서의 정책참여자에 대한 분석은 그 자체의 어려움에도 불구하고 정책과정에 대한 연구가 시작되면서 계속 중점 연구 대상으로 삼고 있다(Hofferhert, 1974; 25).

본 연구는 정책참여자를 정부 내 공식참여자로 한정하였다. 그리고 본 연구에서는 공식적 참여자를 중앙과 지방으로 구분하였다. 왜냐하면 자치경찰제 도입이 중앙의 권한을 지방으로 이관하는 정책이기 때문에 정책참여자는 중앙과 지방으로 구분하는 것이 바람직하기 때문이다. 중앙의 정책결정자는 경찰권의 행사와 직접 관련이 있는 국회, 대통령, 검찰, 경찰청이며 지방은 자치경찰권을 이관 받는 광역자치단체와 기초자치단체로 구분할 수 있다. 이를 약술하면 다음과 같다.

1) 대통령

대통령은 행정부 수장이기 때문에 자치경찰정책과정에서 가장 중심에 설 수밖에 없다. 지금까지 우리나라에서 경찰의 분권화는 국정운영의 기조를 일대 변화시키는 것으로 인식하고 있다. 따라서 자치경찰의 실시와 중단의 결정은 대통령에서 시작하여 대통령에 의하여 마무리될 수밖에 없다. 김대중 정부(조창현, 1996: 49~61)와 노무현 정부에서 자치경찰제 도입이 상당히 구체화된 것도 두 대통령이 대선 공약에서부터 집권 내내 자치경찰제 도입을 강조하였기 때문이다. 따라서 자치경찰의 도입과정에서 가장 중요한 정책참여자는 대통령이라고 할 수 있다.

참여정부에 들어서서는 여당이 아니라 대통령이 주도를 하는 정부주도형 자치경찰 도입이 이루어 졌다(제16대 대통령직인수위원회, 2003). 노무현 대통령은 자치경찰 도입을 지방분권의 주요 주제로 선정하고, 대통령자문 정부혁신지방분권위원회로 하여금 자치경찰제도 도입 방안을 조속하게 만들도록 지시하였다. 뿐만 아니라 대통령은 위원회에서 만든 자치경찰 도입 안을 직접 보고 받았으며, 관련 부처와 여당의원을 설득하는데 앞장을 설 정도로 자치경찰 도입에 적극성을 보였다. 노무현 대통령의 자치경찰에 대한 이런 적극성이 자치경찰법 안을 정부안으로 확정짓고 국회에 제출할 수 있었던 동인 중에 가장 중요한 동인이 되었고 할 수 있다.4)

2) 국가경찰

기술한 바와 같이 우리나라는 국가경찰 독점체제이다. 따라서 자치경찰의 실시는 국가경찰의 분권화를 의미하기 때문에 국가경찰은 자치경찰제 도입에 직접적인 당사자가 된다. 자치경찰의 내용 정도에 따라서 국가경찰의 권한, 조직, 인력, 예산의 이관이 결정되며, 이는 결국 국가경찰의 축소 정도를 결정한다. 따라서 경찰청은 항상 자치경찰제 논의가 이루어질 때마다 예민해질 수밖에 없다. 일단 자치경찰제가 실시되면 국가경찰 독점체제가 무너지게 되고 국가경찰의 인력과 사무를 자치단체로 이관해야 하기 때문이다.

그러나 국가경찰은 자치경찰제 도입과정에서 언제나 주도권을 행사하였다. 조직 개편에서 통상적으로 자치경찰은 국가경찰의 조직, 인원, 재정, 권한을 이관 받아 창설하는 것이기 때문에 국가경찰은 조직개편의 대상자로 남아 있어야 함에도 불구하고 자치경찰 도입을 주도하였다(경찰개혁위원회 실무연구팀, 1999; 경찰청 치안연구소, 2004).

---

4) 대통령이 자치경찰제도 도입 과정에서 적극 관여한 내용에 관해서는 다음을 참조하였음. 정부혁신지방분권위원회 자치경찰 T/F팀(2004), 자치경찰제 도입방안(대통령보고자료); 정부혁신지방분권위원회 자치경찰 T/F팀(2004), 자치경찰제 도입방안대통령보고결과(대통령지시사항), 노무현 대통령 경찰의 날 기념식사(2007년 10월 19일).

3) 검 찰

검찰은 자치경찰 도입 과정에 직접적인 정책 참여자라고는 볼 수 없다. 그러나 자치경찰제 도입 시 마다 경찰과의 수사권 독립문제가 나타나기 때문에 검찰도 자치경찰제 도입에 관심을 가질 수밖에 없었다(경찰청 내부자료, 2006; 이황우, 2007: 504~505; 정진환, 2006:504~506; 김일수, 2007). 검찰과 경찰의 수사권 독립에 대한 격론은 자치경찰 도입에 결정적인 영향을 미쳐 자치경찰 도입을 무산시키고 있는 실정이다(최종술, 2001).

4) 국 회

국회는 자치경찰제도를 최종적으로 결정하는 기관이기 때문에 자치경찰제 도입 과정에 주요 정책참여자 중에 하나가 될 수밖에 없다. 우선 여야에 관계없이 국회의원들은 일단 자치경찰의 설치에 대해서 거부감을 가지고 있다. 국회의원은 지역의 자치단체장을 정치적 경쟁자 혹은 잠재적 경쟁자로 인식한다. 따라서 자치경찰이 설치되면 자치단체장의 힘이 현저하게 증가될 것이라고 생각한다. 또한 국회의원들은 자치단체장이 경찰권을 가지고 있으면 경찰의 특성상(Colleen Lewis, 1999: 16~17) 자신의 의정활동과 선거과정을 감시하는 등 매우 불리하다고 생각한다. 이러한 점들이 국회의원들이 자치경찰 안에 대하여 매우 민감하게 관심을 가지게 하고 있다. 이러한 민감성은 지금까지 자치경찰제 모형이 국가경찰의 통제 하에 있거나 영향력이 매우 약한 자치경찰모형을 탄생시키는 역할을 하여 왔다.

또한 역대 정당의 경우를 보면 여당은 국가경찰을 시위 진압 등 질서유지와 선거시 잠재적 지지자라는 차원에서 국가경찰의 해체나 약화를 반대하며, 반면에 야당은 이러한 이유로 자치경찰을 통한 국가경찰의 약화를 기하려 한다(양영철, 2008: 127~128).

5) 지방자치단체

지방자치단체는 자치경찰제가 도입될 경우 운영주체이기 때문에 주요 정책 참여자가 된다. 자치경찰제 실시로 지방자치단체는 국가경찰로부터 지역 치안에 대한 자치권을 부여받게 된다. 이에 따라 자치단체는 국가경찰로부터 조직, 인력, 예산 등을 이관 받아서 집행력 강화, 지역실정에 맞는 치안 서비스 제공 등 서비스 제공 주체로서 중요한 역할을 수행하게 된다.

그러나 자치경찰제 도입단위가 어느 곳, 즉 광역자치단체인 시·도이냐, 아니면 기초자치단체인 시·군·자치구이냐에 따라서 견해가 달라진다. 참여정부 이전에는 도입단위가 광역자치단체였지만, 참여정부의 도입단위는 기초자치단체이기 때문에 이로 인하여 각 자치단체가 자치경찰 도입에 대한 자세가 달라질 수밖에 없다.

6) 본 연구의 주요정책참여자의 선정

본 연구에서는 주요 정책참여자로 상기 기술한 정책참여자 중에 검찰과 국회는 제외시켰다. 검찰은 자치경찰제 도입에 결정적인 역할을 하고 있는 것은 사실이다. 검찰의 수사권 일부를 국가경찰에 이관하지 않기 때문에 국가경찰은 역시 자치경찰에 대한 권한과 인력을 이관하지 않는 명분 일부를 제공하고 있는 것도 사실이다. 그러나 이 관계는 국가경찰과 검찰, 즉 중앙 부처내의 사무배분에 관한 문제이지 자치경찰처럼 중앙과 지방자치단체간의 문제는 아니기 때문에 검찰을 제외시켰다.

국회는 자치경찰제 도입여부를 최종결정하는 기관이지만 이미 기술한 바와 같이 자치경찰에 대해서는 어느 모형이든지 반대하거나 적어도 비협조[5]를 통한 무 의사결정을 하고 있다. 따라서 자치경찰제에 관한한 국회는 변수가 아니라 상수라고 할 수 있기 때문에 분석의 여지가 없다고 판단하여 제외시켰다.

2. 정책목표

정책 목표란 정책을 통하여 달성하고자 하는 바람직한 상태를 말한다. 정책 참여자들은 정책과정을 통하여 얻고자 하는 목표를 가지고 있다. 자치경찰의 경우도 마찬가지다. 자치경찰 실시로 인하여 각 정책 참여자들은 자신들의 설정한 목표를 달성하기 위하여 진력한다. 이러한 점을 고려할 때 우리나라의 역대 자치경찰 도입 과정에서 각 정책참여자들이 설정했던 주요 목표를 각종 논문과 문헌, 공문서를 통하여 선정한다면 다음과 같다.

---

5) 2005년 4월 20일 자치경찰도입에 따른 당정협의가 끝난 후에 열린우리당은 기자회견을 통해 "자치경찰실시는 현재 자치경찰제에 전제되는 여러 여건 변화, 즉 경찰과 검찰의 수사권 조정 문제, 기초자치단체장의 정당공천 배제여부의 문제, 자치경찰제 도입단계에 대한 논란, 행정체제 개편에 관한 논란 등의 여건을 감안하여 좀더 여유를 가지고 심도있게 논의하자고 매듭을 지었다."고 발표하였다. 열린우리당의 소극적인 태도가 이후에도 계속 되었다(연합뉴스 보도자료 2005년 4월 20일).
임시회의 대비 고위당정회의에서도 열린우리당은 자치경찰제도입은 검경수사권독립문제가 해결되는 과정을 보면서 처리하겠다고 하는 등 역시 소극적이었다(열린우리당, 임시국회 대비 고위당정회의결과 브리핑, 2006년 2월 2일).

1) 실현 가능성

실현가능성이란 정책대안이 정책으로 채택되고 그 내용이 충실히 집행될 가능성을 의미한다. 즉 정책으로서의 채택가능성과 채택된 후의 집행가능성이 그 내용이 된다(이종수 외, 2005). 지금까지 자치경찰제 도입에 대한 많은 논의가 이루어지고 공식적으로 여러 대안들이 제시되었지만 결국 실현되지 못하였다. 아무리 좋은 정책도 실현되지 못한 정책은 정책설계에 커다란 하자가 있다는 의미다. 따라서 실현가능성은 자치경찰제 도입에 있어서 가장 중요한 기준이라고 해도 과언이 아니다. 특히, 행정부 수반인 대통령은 자신의 공약 및 정책 실현이라는 차원에서 실현가능성은 중요한 목표로 선정할 수밖에 없다(정부혁신지방분권위원회a, 2004). 정부안은 너무 실현가능성에 초점을 두었다고 하는 비판을 받을 정도로 대통령은 자치경찰제 실현가능성에 최우선 목표를 두었다고 할 수 있다(문성호, 2006: 3-5).

2) 조직규모의 변동: 확대·축소·유지

정부혁신에 가장 강력한 영향을 주는 저해요인은 조직 내 부서의 이해관계이다. 혁신에 따라서 신분상 또는 업무상의 위협이 느껴질수록 또는 혁신에 따라 업무 영역 간 갈등이 초래될수록 혁신은 더욱 어려워진다(윤경준, 2006: 128~129). 즉, 정책참여자들은 조직규모의 변동에 따라서 자신의 신분, 업무 성격 등이 달라지기 때문에 저항하거나 찬성하는 것이다. 당연히 조직규모가 커지면 권한과 인원이 늘어나고 따라서 승진기회가 많아지는 등 선순환이 되기 때문에 조직구성원들은 정부혁신에 대해서 적극적으로 수용할 것이다. 반대로 조직규모가 축소되면 악순환이 반복되어 결국 자신의 신분과 업무에 불안감을 주게 되기 때문에 정부혁신에 저항하게 된다. 따라서 정책참여자들은 조직규모의 확대를 위하여 노력하게 될 것이다.

정부안에 따르면, 자치경찰제가 도입되면 국가경찰은 우선 인력 5천 명과 치안센터 일부, 교통안전시설관리권 등이 이관된다. 정부안이 채택되는 경우 기초자치단체는 자치단체 당 최대 125명, 최소 15명이 증가하여 조직이 미비한 규모로 증가될 것이며, 역시 국가경찰도 조직과 권한이 최소한으로 축소되게 된다(행정자치부 자치경찰제실무추진단, 2007: 114). 그러나 광역자치단체 안이 채택된다면 국가경찰의 약 55%인 약 5만 명의 국가경찰이 16개 광역자치단체로 이관되는 동시에 조직과 권한이 이관이 된다(유기준의원실, 2006: 35). 따라서 광역자치단체 안이 채택된다면 국가경찰 조직은 크게 축소될 것인 반면에 광역자치단체의 조직은 크게 증가할 것이다. 결론적으로 광역자치단체와 경찰청이 자치경찰제 도입으로 인하여 조직 규모 변동에 가장 영향을 받게 된다고 할 수 있다.

3) 자율권: 확대 · 억제

자율권은 조직운영과 관련이 있다. 해당자치단체에 자치경찰의 조직, 인사, 재정에 대한 권한이 어느 수준으로 자율 및 자치권을 가지게 되느냐 하는 점은 자치경찰제 도입 모형을 결정하는데 매우 중요한 요인이 되어 왔다.

조직의 설치 권한에서부터 시작하여 조직 운영에 대한 감독 권한의 규모, 자치경찰공무원의 선발주체, 자치경찰공무원의 국가공무원 및 지방공무원 여부와 비율, 재정운영에 대한 교부금의 신설 및 보조금의 비율 등은 자치경찰 운영기관의 자율 및 자치권을 측정하는 중요한 요소가 된다(양영철, 2005: 356-364).

자치경찰제 도입을 주도해 왔던 경찰청안은 줄곧 국가경찰이 주도하는 자치경찰 조직운영 모델을 주장했다. 간부공무원의 국가경찰공무원화, 국가에 의한 지방경찰청장과 일선 경찰서장 임면, 자치단체의 자치경찰 조직 운영에 대한 관여 최소화, 보조금에 의한 운영 등을 국가경찰의 통제 하에 두는 형태이다(허경미, 2003: 258-268). 그러나 정부안은 철저하게 기초자치단체에게 자치경찰 조직운영권을 부여하고 있다(행정자치부 자치경찰제실무추진단, 2005: 16~32). 광역자치단체도 역시 마찬가지로 조직운영에 자율권을 최대한 부여하고 있다. 따라서 자치경찰조직운영권 여부는 지방자치단체와 밀접한 관계가 있다고 하겠다.6)

4) 영향력 행사: 확대 · 축소 · 현상유지

자치경찰제도입은 정부혁신 중에 하나라고 할 수 있다. 혁신은 인위적으로 기존의 질서를 타파하고 새로운 질서를 구축하려고 하는 것인 만큼 혁신과정에서 저항은 불가피하다. 조직이든 집단이든 특정한 제도나 질서를 바꾸려 할 때 그러한 변화를 통해 손해를 보게 되는 개인이나 집단은 저항하기 마련이다(안병철, 2008: 55).

국가경찰이 자치경찰 안을 작성할 때마다 영향력의 퇴조를 가장 경계하였다. 영향력 행사란 업무에서의 상하관계 유지 여부라고 할 수 있다. 구체적으로 말하면, 경찰의 업무상 국가경찰이 자치경찰을, 광역자치단체가 기초자치단체를 감독과 통제할

---

6) 자치경찰법안(유기준 의원 대표발의), 의안번호 3625, 2005. 12. 14 이 법안은 광역자치단체연합인 전국 시·도지사협의회는 광역자치단체가 도입단위로 하는 자치경찰법안을 작성하여 유기준의원의 의원 발의로 제출하였음.

수 있는 관계여부를 말한다고 할 수 있다.

국가경찰은 협소한 국토와 중앙집권적 전통, 광역범죄의 증폭, 남북관계의 대치 상황 등을 들어서 경찰업무는 통일성을 유지해야 한다고 계속 주장하여 왔다(이관희, 2001:23-24). 즉, 자치경찰제를 실시하되 국가경찰이 최상부에서 통일적으로 통제하면서 영향력을 행사하여야 한다는 것이다. 작금에는 국가경찰은 자치경찰실시가 불가피한 점을 인정하면서도 적어도 자신들의 영향력을 유지하는 것을 목표로 설정하여 지방경찰위원회 구성에 관여, 감사권 확보, 선발 및 교육훈련의 관여, 무기사용의 허가 등을 통하여 자치경찰를 국가경찰의 통제 속에 두려고 진력을 다하고 있다. 광역자치단체도 비록 정부안이 자치경찰제 도입단위가 기초자치단체이지만 해당 기초자치단체에 영향력을 미칠 수 있는 대안을 계속 요구하고 있다. 그래서 정부안은 광역자치단체에 치안행정위원회를 설치하여 자치경찰운영의 기본적인 사항을 의결하도록 하고 있다.

정책참여자와 정책목표와의 관계를 정리한 내용이 <그림 3>이다. 대통령은 실현가능성을, 경찰청은 조직변동의 최소화 및 영향력 유지를, 광역자치단체는 조직이 확대되고 자율성 보장과 기초자치단체에게 영향력 유지를, 기초자치단체는 자율성이 보장되고 조직규모가 증대되는 방향이 보장되는 자치경찰제 안을 각각 요구하고 있다.

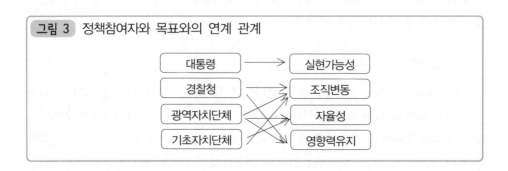

그림 3 정책참여자와 목표와의 연계 관계

3. 정책수단

정책수단이란 정책목표를 달성하기 위해 사용하는 각종의 자원, 즉 인적자원 및 물적 자원을 포함한 각종의 전략과 지식, 기술, 정보, 신용, 시간 등 유·무형의 제 조건을 의미한다. 이러한 정책수단은 국민들에게 직접 영향을 미치기 때문에 이를 둘러싼 이해관계자의 갈등은 치열하다. 즉 정책목표달성을 위해 어떠한 정책수단을 사용할 것인가의 문제는 정책결정과정에서 가장 핵심적 문제다(최봉기, 2008: 57).

정책요소는 통상적으로 보면 해당 국가의 통치체제에 따라서 많이 달라진다. 즉, 영미법체계와 대륙법체계에 따라서 정책요소의 강도가 달라진다는 것이다. 대체로 영미법체계를 지닌 국가의 자치경찰은 자치단체중심으로 정책요소가 운영되는 반면에 (한국형사정책연구원, 2005), 대륙법체계를 지닌 국가에서는 정책요소가 국가경찰중심으로 운영된다는 것이다(이상원, 1999: 169−170). 대륙법체계를 지닌 우리나라는 지금까지 논의과정에서 정책요소들이 어떻게 제도화하려고 노력하였는지에 대해서 살펴보고자 한다. 우리나라 자치경찰제 도입과정에서 주요 정책수단으로 제시되었던 내용은 이외로 간단하다.

그 간의 논문과 보고서 등을 종합해 보면 대체로 기능(사무), 조직운영, 인사, 국가경찰 및 중앙정부와의 관계, 도입단위 등으로 나타난다.7) 이중에서 조직운영은 정책결정구조가 위원회 형이냐 독임제 형이냐에 대한 내용이다. 그러나 이 부분은 자치경찰제 도입과정에서 제도화의 실패에 영향을 미칠 정도로 큰 영향이 없다고 판단하여 제외시켰다. 따라서 본 연구에서는 주요 정책수단으로서 기능, 인사, 정부 간 관계 (IGR), 도입단위로 한정하여 분석하였다.

1) 기 능

학자에 따라서 경찰의 기능은 범죄방지, 질서유지, 범법자에 대한 대응, 사회악에 대한 강력한 대처, 재산과 생명의 보호 및 평화 수호 등으로 제시되고 있다. 이들의 주장을 종합해 보면 경찰의 역할은 보호하는 것과 서비스를 제공하는 것으로 요약할 수 있다(K. K. Das · A. Verma, 2003: 1).

자치경찰의 기능도 이 차원에서 논의될 수밖에 없다. 근대 경찰 이래 대륙법 체계나 영·미법 체계 또는 절충형 체계나 어느 국가에서든지 사전적·예방적 임무인 질서 유지기능과 사후적·진압적 기능인 법 집행 기능의 두 가지를 경찰의 기본 기능으로 이해하고 있다(정진환, 2006: 153; 이황우, 1995: 3).

자치경찰기능은 미국과 같이 상기의 경찰기능을 전부 수행하는 경우와 반면에, 스페인이나 이태리 자치경찰과 같이 지역교통, 지역경비, 지역방범 등 사전·예방적 기능의 행정경찰중심인 경우가 있다. 그리고 일본과 같이 자치경찰이 국가경찰의 통

---

7) 이에 대한 내용은 기술한 선행연구논문이나 본 연구에서 참고문헌으로 제시하고 있는 각종 보고서에서 거의 동일한 내용으로 다루고 있다. 본 논문에서는 논문면수의 제한으로 상술은 생략하겠음.

제 범위 내에 있으면서 대부분의 경찰기능을 수행하는 경우도 있다.[8]

경찰기능의 범위에 따라서 자치경찰제 내용이 크게 달라진다. 예를 들면, 경찰청 안과 같이 일본자치경찰처럼 사법, 행정경찰기능을 전부 수행하는 경우에는 도입단위가 광역이 될 수밖에 없으며 국가경찰이 주도하는 방향으로 나갈 수밖에 없다. 이러한 모형이 채택이 된다면 광역자치단체나 국가경찰에는 조직변동이 크게 일어날 수 있으나 진정한 자치경찰이 아니라는 자치단체의 반발로 인하여 실현가능성이 낮을 수밖에 없다. 광역자치단체안도 경찰청안과 마찬가지로 경찰기능 대부분을 수행하기 때문에 경찰과 광역자치단체에 조직변동이 크게 일어나지만 조직이 크게 축소되는 경찰청과 지나치게 권한 비대를 우려하는 대통령과 국회의 반대로 실현가능성이 현저하게 줄어든다.

2) 인 사

인사는 조직구성원의 충원, 능력개발, 사기앙양 과정을 말한다. 우리나라 자치경찰제 도입과정에서 쟁점사항은 자치경찰 소속 공무원의 신분이 국가경찰 공무원인가, 지방자치경찰공무원인가의 여부다.

일본의 자치경찰인 경우 과장급인 총경(우리나라 경정에 해당) 이상은 국가공무원이며 총경이하 공무원은 지방공무원이다. 그리고 자치경찰 최고 책임자인 도·도·부·현 경찰본부장은 국가공안위원회가 임명한다(김형만 외, 2007: 139~140). 미국의 자치경찰은 전 직원이 지방공무원임과 동시에 경찰책임자도 자치단체에서 임명하거나 지역주민들이 선출한다. 절충방식으로는 스페인을 들 수 있는데 스페인 자치경찰은 자치경찰공무원 전원이 지방공무원이지만 자치경찰 최고 책임자는 국가경찰 간부 중에서 임명하되 임명권자는 지방자치단체장이 되는 경우도 있다(스페인 경찰조직법 제43조 제1항).

일부 간부공무원이 국가공무원인 경우에는 국가경찰이 자치경찰에 대한 영향력을 강하게 가질 수 있다는 점과 반면에 해당 자치단체에는 자율성이 줄어들 수밖에 없는 상충 효과가 발생하게 된다.

3) 정부와의 관계

자치경찰제 도입에서 정부와의 관계(Inter Government Relations: 이하 IGR)는 국가

---

8) 일본 경찰법 제36조 제2항(책무).

경찰과 자치단체경찰과의 관계가 종속적 관계인가, 아니면 병렬적·독립적 관계인가에 대한 내용이다. 이를 중심으로 분류를 하면 다음과 같이 세 가지 모형으로 분류가된다.

첫째, 국가경찰이 주도하는 모형이다. 자치경찰 조직을 국가경찰의 본류에 속하도록 하여 직·간접적인 통제를 하는 모형을 말한다. 일본의 자치경찰 모형이 이에속한다(허경미, 2003: 247). 이 때문에 일본자치경찰은 진정한 의미의 자치경찰이 아니라 국가경찰의 연장이라고 평가받는다(이강종, 2004: 143).

둘째, 자치단체가 주도하는 모형이다. 이 모형은 국가경찰에서 독립하여 병렬적인 관계를 설정하는 모형이다. 이 모형은 경찰을 국가경찰과 자치경찰로 이원화하는모델로서 미국, 스페인, 이태리 등의 자치경찰 모형을 말한다(행정자치부 자치경찰제 실무추진단, 2006).

셋째, 절충형이다. 국가경찰과 자치단체와의 직·간접적인 관계를 유지하면서도조직운영은 독립적으로 하는 모형을 말한다. 영국의 자치경찰 모형이 이에 속한다(김형만외, 2007: 259~286). 이 모형은 국가(내무부)와 지방자치단체, 자치경찰의 관계는삼각체제를 유지하면서 상호협력과 견제를 하는 방법으로 조직을 운영하면서도 집행자체의 조직은 독립적이며 운영도 독립적으로 이루어지는 모형이다.[9]

본 연구는 국가경찰이 주도하는 종속적 관계인 경우와 자치경찰이 주도하는 병렬적·독립적 관계인 경우를 분석단위로 삼았다. 왜냐하면, 절충형도 실제로는 병렬적·독립적 관계 속에 포함되어도 큰 문제가 없기 때문이다.

국가경찰 또는 상위 자치단체와의 관계가 종속적이냐 아니면 독립적·병렬적이냐에 따라서 해당 자치단체의 자율성과 국가경찰 및 상위 자치단체의 영향력 유지여부가 결정된다고 할 수 있다.

4) 도입단위

자치경찰의 도입단위란 자치단체계층 중 어느 계층에서 자치경찰을 실시하느냐의 문제다. 도입단위 유형은 세 가지가 있다.

첫 번째 유형은 광역자치단체에 도입하는 안이다. 치안사무는 광역적 사무가 많기 때문에 광역자치단체가 도입단위가 되어야 한다는 주장이다. 일본자치경찰과(경찰개혁위원회 실무연구팀, 1999: 56·57) 참여정부 이전의 자치경찰 모형은 광역자치단체

---

9) 최근에는 사원체제로 전환되었음.

가 도입단위였다(경찰개혁위원회, 1999).

두 번째 유형은 기초자치단체가 도입단위이어야 한다는 주장이다. 기초자치단체는 행정서비스를 직접 주민에게 전달하는 마지막 기관이다. 기초자치단체가 도입단위일 때는 주민밀착, 현지성, 주민참여와 통제의 장점이 있다고 주장한다(서범규, 2004: 46). 기초자치단체가 자치경찰 도입단위가 되는 대표적인 나라가 미국(김형만외, 2003: 379~385)과 영국(C. Lewis, 1999: 2~15)이다.

세 번째 유형은 병렬적·선택형이다. 병렬적·선택형 국가란 자치경찰의 설치와 운영이 필수가 아닌 선택적이며, 광역자치단체와 기초자치단체가 서로 종속적인 관계가 아니라 병렬적인 관계를 형성하고 있는 나라를 말한다. 대표적인 국가가 스페인과 이태리라고 할 수 있다. 스페인은 이러한 선택제가 활성화되어 17개의 광역자치단체 중 3곳만이 자치경찰을 설치하였고, 약 8천 1백 개의 기초자치단체 중 5천 5백 개 정도만 자치경찰을 운영하고 있다. 그러나 이 수도 늘 변동이 있다. 최근에는 광역자치단체인 경우 4곳에서 3곳으로 줄어드는 등 자치단체의 결정에 따라서 자치경찰실시 자치단체수가 변동이 되기 때문이다(안영훈, 2005: 99~100). 이태리도 스페인과 크게 다르지 않다.

우리나라의 자치경찰 도입에 대한 논의에서 쟁점 중에 가장 큰 쟁점 사항이 도입단위다. 도입단위가 광역이면 수행기능 범위가 넓어질 수밖에 없고 기능이 크면 권한과 인원이 자치단체에게 크게 이관될 수밖에 없다. 이렇게 되면 광역자치단체의 조직규모가 확대되고 권한은 강화된 하나의 국가적 모습을 갖춘 자치단체가 되어 결국 중앙정부와 국회가 채택하려 하지 않는다. 만약에 채택하려면 국가경찰이 자치경찰을 통제하는 모형으로 가기를 원한다. 그러나 국가경찰이 통제하는 자치경찰은 광역자치단체가 자율성 제약의 이유로 거부하게 된다. 결국 실현가능성이 희박하게 된다. 상기의 내용을 정리하면 다음 <그림 4>와 같다.

기능의 범위는 실현가능성과 조직변동에 영향을 미치며, 자치경찰공무원의 신분

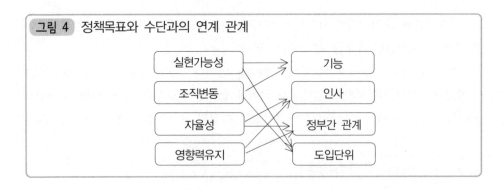

그림 4 정책목표와 수단과의 연계 관계

구성은 자치단체의 자율성과 국가경찰의 영향력 유지에 영향을 미친다. 정부 간의 관계도 역시 자율성과 경찰청과 상위 자치단체의 영향력 유지에 영향을 미치며, 도입단위는 실현가능성과 조직변동에 영향을 미치게 된다.

IV. 정책대안과 갈등의 내용

1. 경찰청안의 내용과 갈등관계

1) 경찰청안의 내용

경찰청은 자치경찰제 도입에 대해서는 항상 소극적이다. 이는 국가경찰의 입장에서 보면 현재와 같이 국가경찰이 국가 및 지방 치안을 독점하는 것이 최상의 구도라고 인식하기 때문이다. 그러나 지방자치가 실시되면서 새로운 정권이 들어설 때마다 자치경찰 도입은 주요 과제로 선정되기 때문에 국가경찰인 경찰청도 자치경찰제 도입에 대해서 반대할 수만은 없다.

참여정부가 시작되자마자 2003년 4월 경찰청은 경찰청혁신위원회 내에 자치경찰분과위원회를 두어 자치경찰제 도입 안을 만들기 시작하였다. 국가경찰이 자치경찰안을 만드는 원인은 노무현 대통령이 지방분권을 강조하고, 수사권 독립과 자치경찰 실시를 연계하여 자치경찰을 추진하였기 때문이다.[10] 경찰청이 만든 안은 국가경찰 중심의 자치경찰운영인 일본모형과 거의 일치하고 있다(경찰청 경찰혁신기획단, 2004).

<그림 5>에서 보는 바와 같이 경찰청은 자치경찰제를 어쩔 수 없이 도입하긴 하나, 조직과 권한을 가장 적게 자치단체로 이관하면서 자치경찰에 대한 영향력은 계속 유지할 수 있도록 하는 목표를 설정하였다. 경찰청은 이 목표를 달성하기 위하여 정책수단을 다음과 같이 활용하고 있다. 기능은 사법 및 행정 경찰 기능을 모두 수행하되, 인사는 자치경찰의 과장급인 경정이상은 국가공무원으로, 경감이하는 지방공무원으로 보하여 영향력을 계속 행사할 수 있도록 하고 있다. 또한 정부와의 관계에서는 광역자치단체의 관여 최소화, 실질적인 운영 등의 내용으로 되어 있는 국가경찰이 주도하는 모형으로 만들어서 조직변동의 최소화를 기하고 있다(허경미, 2003: 258-268). 도입단위는 광역자치단체 하에 상기의 목적을 달성하는데 적합한 인프라로 활용하고 있다.

---

10) 연합뉴스(2003.1.17.), 노무현 대통령 당선자는 17일 "경찰의 수사권 독립을 위해서는 자치 경찰제 도입을 통한 권한 분산이 전제되어야 한다고 말했다. 즉, 자치경찰제 도입으로 중앙에 집중된 권한을 분산시키면서 각 지방에서 일부 범죄에 대한 수사권 인정과 방법, 순찰 위주의 업무가 이루어지도록 해 '시민의 경찰'상을 구현해야 할 것"이라고 말했다.

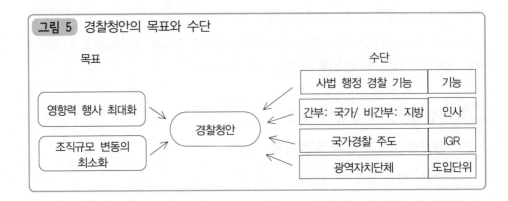

그림 5 경찰청안의 목표와 수단

이 안은 역대정권에서 경찰청이 내놓은 자치경찰안과 큰 차이가 없는 안이다. 이 안은 자치경찰을 국가경찰산하에 두고 실제로 관리하겠다는 것이다. 이 안의 최대 약점은 지방자치 원리와는 거리가 멀다는 것이다(이주희, 2003: 4).

2) 경찰청안에 대한 갈등관계

우리나라 자치경찰에 대한 논의는 해방 후 약 30여 차례 있어 왔다(최기문, 2000: 43－47; 양영철, 2005: 347－8; 김영환, 2004: 114－117; 정균환, 1996: 236－239). 그리고 이 과정은 국가경찰이 주도하였다. 따라서 자치경찰제 안은 자연스럽게 경찰청이 유리한 안으로만 만들어질 수밖에 없었다. 이 안에 대한 수용여부에 대한 내용이 다음 <그림 6>이다.

결론을 먼저 말한다면 경찰청 안에 대해서 찬성하는 조직은 경찰청 밖에 없다. 경찰청은 자치경찰제를 스스로 만들었기 때문에 기능과 정부안의 관계에서 국가경찰

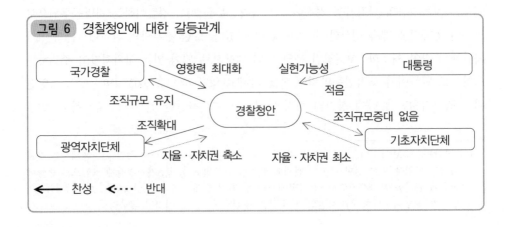

그림 6 경찰청안에 대한 갈등관계

이 주도하기 위한 방향으로 만들었다. 때문에 국가경찰 조직규모는 줄어들지 않으면서 영향력 최대화, 적어도 영향력 유지라는 목표를 달성한 것이다.

반면에 다른 기관은 반대가 심하다. 광역자치단체는 실시단위가 되었기 때문에 조직규모가 확대된다는 점에서는 찬성이다. 하지만 조직운영이 국가경찰중심이기 때문에 광역자치단체는 결국 재정적 부담만 가중될 뿐 운영에 대한 자율권이 매우 협소하기 때문에 반대할 수밖에 없다.

대통령은 분권을 국정목표로 하고 있는 참여정부에서 지방자치단체에게 자치경찰 조직 운영에 대한 자율권이 없는 경찰청안의 실현가능성이 전혀 없다는 것을 누구보다 잘 알고 있기 때문에 반대를 하지 않을 수 없다. 또 다른 참여자인 기초자치단체는 경찰청 안에서는 모든 면에서 제외되었기 때문에 반대할 수밖에 없다. 특히, 참여정부에서는 분권의 기본원칙이 기초자치단체 우선 원칙인 보충성의 원칙을 지방분권특별법에 명시해 놓았기 때문에 기초자치단체는 자신들을 무시하는 제도를 수용할 수가 없음은 당연하다.

결국 국가경찰이 제시하는 자치경찰모형은 정책참여자 중 오직 국가경찰만이 수혜집단이기 때문에 채택될 수 없었다. 이 안은 정부안이 만들어지는 과정에서 일찍 소멸되었다.

2. 정부안

1) 정부안의 내용

노무현 대통령은 자치경찰제 도입을 지방분권과제 중 최우선 과제로 선정하여 추진하도록 대통령 자문 정부혁신지방분권위원회에 지시하였다. 이에 정부혁신지방분권위원회는 자치경찰T/F팀을 만들어서 다음 <그림 7>과 같은 정부안을 제54차 국정과제회의에서 확정하였다(정부혁신지방분권위원회b, 2004).

분권을 국정 원리로 삼은 참여정부는 자치경찰모형은 자치단체의 지율 및 자치권의 확대와 실현가능성을 목표로 삼았다. 따라서 정부안의 목표는 실현가능성 제고와 자치단체의 자치경찰조직운영의 자율권 확대라고 할 수 있다.

지금까지 자치경찰제도 도입에 중심 안이었던 국가경찰 안은 자치경찰을 실시하되 자신들의 통제와 감독 하에 두는 국가경찰중심의 자치경찰이었다. 이 안은 참여정부의 기조와는 전혀 다른 안이었다. 참여정부는 보충성의 원칙하에 기초자치단체를 도입단위로 하였다. 또한 기능은 교통·방범·경비라는 행정경찰중심으로 한정하여 기초자치단체의 행·재정능력으로 수행할 수 있도록 하였다. 또한 자치단체의 자율 및 자치권을 확대하기 위한 방안으로 자치경찰공무원도 모두 지방공무원으로 보하도록 하였고 자치경찰대장의 선임도 자치단체가 스스로 선임하도록 하여 자치권을 보장하였다(이종배, 2005: 16-34).

이러한 안은 행정자치부의 자치경찰제실무추진단이 법률제정과정을 주도하여 2005년 11월 3일에 자치경찰법 안으로 국회에 제출되었다.

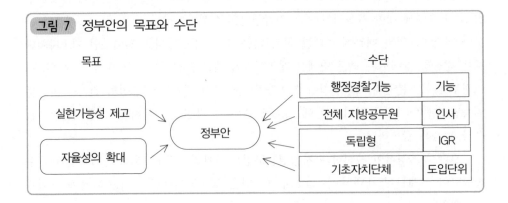

그림 7 정부안의 목표와 수단

2) 정부안에 대한 갈등

정부 안은 2005년 11월 3일에 자치경찰법 안으로 국회에 제출되었다. 정부안에 대한 갈등관계를 보면 다음 <그림 8>과 같다.

정부안의 최대 정책수혜집단은 기초자치단체다. 때문에 기초자치단체는 당연하게 이 안을 환영하였다. 대통령도 물론 이 안이 국정과제인 자치경찰제의 실현가능성이 매우 높기 때문에 적극적 찬성이었다. 또 이 안에 대하여 적극적으로 수용한 기관

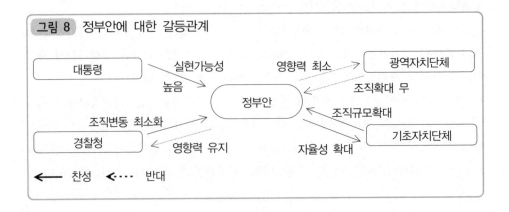

그림 8 정부안에 대한 갈등관계

은 국가경찰이다. 국가경찰은 수사권을 쟁취하기 위해서는 자치경찰도입을 찬성해야 하는데 정부안은 국가경찰에게 최소한의 충격만을 주고 있 때문에 수용하지 않을 수 없다. 정부안은 현재의 국가경찰공무원 5%인 약 5천 명 정도를 지방자치단체로 이관하고, 자치경찰 기능인 교통, 방범, 경비도 지방자치경찰과 협약에 의해서 처리하도록 하였기 때문에 기능도 완전하게 이관한 안도 아니었다. 특히, 국가경찰은 이 정도의 미미한 손해로 수사권 독립의 명분을 선점할 수 있기 때문에 이 안에 대해서 적극적일 수밖에 없다. 그러나 국가경찰은 이후에 이 정권에서도 검찰로부터 일부 수사권 독립을 얻을 가능성이 없다고 판단하기 시작하자 정부안의 도입에 대해서 소극적으로 대처해 나가기 시작했다.

　　반면에 광역자치단체는 격렬하게 거부하였다.[11] 광역자치단체는 지금까지 자치경찰제도는 도입단위가 항상 광역자치단체이기 때문에 기초자치단체 중심의 정부안은 매우 충격적이었다. 광역자치단체는 광역자치경찰의 필요성과 당위성을 주장하면서 광역자치단체를 도입단위로 하는 안을 만들어서 제시하였고, 나중에는 유기준의원안으로 자치경찰법 안을 만들어서 국회에 제출하면서 정부와 갈등을 유발하였다.

　　결론적으로 말해서 이 안은 광역자치단체만 확실하게 반대를 할 뿐 크게 반발하는 기관이나 단체는 없었다. 그러나 자치경찰실시에 대하여 탐탁하게 여기지 않은 국회의원과 여당의 실질적인 반대로 인하여 이 안은 무산되었다.

3. 광역자치단체안의 내용과 갈등관계

1) 광역자치단체안의 내용

　　정부안의 자치경찰제도에 대해서 가장 강력하게 반대를 하는 기관은 광역자치단체였다. 광역자치단체는 실시단위를 광역자치단체로 해야 한다고 주장하였다. 광역자치단체는 지금까지 논의되었던 자치경찰제의 실시단위가 모두 광역자치단체인데 왜 참여정부만 기초자치단체로 하느냐고 의문을 제기하였다

　　광역자치단체는 16개 시·도지사로 구성된 전국 시·도지사협의회는 자치경찰제도는 시·도지사 소속하에 합의제 의결기관인 시·도 경찰위원회를 설치하여 시·도 경찰청을 관리·운영하도록 하는 안이 바람직하다고 주장한다.[12] 이 안은 일부만 수

---

11) 내일신문, 2004.8.30, 연합뉴스, 2004.10.8., 시·도지사협의회는 현재 정부가 논의하고 있는 기초자치단체 소속의 자치경찰제도 도입안을 폐지하고 광역자치단체의 소속으로 자치경찰제를 도입할 것을 강력하게 촉구했다.
12) 광역자치단체들은 공동의견('05. 4 시·도 공동의견 제출), 선언문('05. 6 시도지사 제주선언

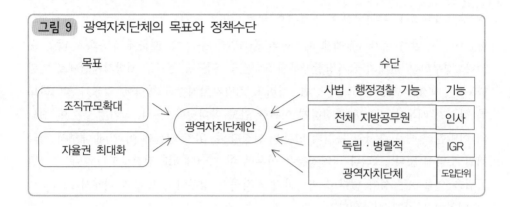

그림 9 광역자치단체의 목표와 정책수단

정하여 한나라당 국회의원인 유기준의원안으로 명칭을 바꾸어서 2005년 12월 14일에 국회에 제출했다(유기준 의원실, 2006).

광역자치단체 안이 지향하는 목표와 이를 달성하기 위한 수단을 종합하면 <그림 9>와 같다. 광역자치단체 안이 지향하는 목표는 조직규모의 확대와 자율권 최대화였다. 이를 달성하기 위하여 기능은 경찰기능 대부분인 사법·행정경찰기능을 수행하는 자치경찰제 도입을 주장하고 있다. 또한 자율권을 최대화하기 위하여 자치경찰공무원 전원이 해당 자치단체공무원으로 보하도록 하고 있으며, 국가경찰과의 관계는 독립적·병렬적 지위를 유지하도록 하고 있다(신봉기, 2006: 27-31).

광역자치단체 안은 이러한 과감하고 획기적인 안임에도 불구하고 국가경찰관 대폭 이관에 따른 갈등, 국가경찰과의 업무 배분에 따른 갈등, 광역과 기초에 자치경찰관 설치 운영에 따른 낭비 등이 큰 문제로 지적되었다(신봉기, 2006: 35-39).

2) 광역자치단체의 안(유기준의원안)에 대한 갈등

광역자치단체가 제시한 자치경찰안은 실시단위가 광역자치단체일 뿐만 아니라 지금까지 자치경찰 모형 중 가장 강력한 지방분권형 모델이다. 이 안은 자치경찰은 완전하게 국가경찰로부터 독립한 기관일 뿐만 아니라 국가경찰의 일선기관인 지구대까지 흡수하고 국가공무원도 총 정원의 55%인 5만 명을 이관하는 안이다. 자치경찰의 최고 지휘자인 시·도 경찰 본부장도 광역자치단체장이 임명할 뿐만 아니라 기초자치단체인 시·군·구에 설치된 자치경찰대도 광역자치단체의 자치경찰이 지휘·감독하도록 하고 있다.

문), 공동성명서('05. 10 시도지사 공동성명) 등을 발표하면서 자치경찰의 광역자치단체 도입을 강력하게 주장하였다.

이러한 광역자치단체안이 채택되었을 때의 갈등관계가 <그림 10>이다. 이 안의 최대수혜집단은 광역자치단체이다. 반면에 가장 큰 비용부담집단은 국가경찰이다. 이 안이 채택되면 국가경찰은 조직과 인력이 반으로 축소된다. 따라서 이 안에 대해 가장 반대하는 집단은 국가경찰이다. 다음으로 이 안을 거부하는 정책 참여자는 대통령과 기초자치단체다. 대통령의 입장에서 보면 이 안은 대대적인 분권을 이룬다는 점에서는 긍정적이라고 생각할 수 있으나, 국가경찰이 너무 축소되는 문제는 통치권 수비 문제와 관계가 깊기 때문에 수용할 수 없다(양영철, 2007).

기초자치단체도 이 안을 수용할 수 없다. 가장 실현가능성이 높은 정부안의 도입 단위가 기초자치단체로 확정이 되어 있기 때문에 이 안을 수용할 필요가 없는 것이다. 반면에 국회는 여전히 이 안에 대해서도 뚜렷한 당론이나 방침을 정하지 않고 방관만 하고 있었다(국회 행정자치위원회, 2006).

결론적으로 말하면 광역자치단체의 자치경찰모형은 광역자치단체 이외는 지지세력이 없다. 특히 이 안은 대통령이나 국가경찰이 완강하게 반대하기 때문에 실현가능성이 없다. 결국 이 안도 정부안과 마찬가지로 국회에서 공청회 한번 하는 정도에서 심의 보류되다가 17대 국회와 함께 사라졌다.

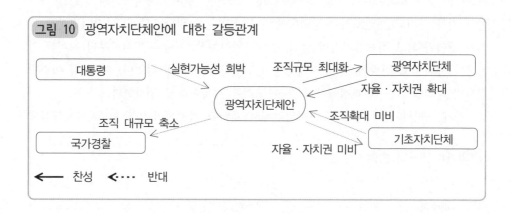

그림 10 광역자치단체안에 대한 갈등관계

V. 함 의

지금까지 분석한 내용을 종합해 보면 경찰청안은 정책참여자 중 오직 경찰청만 찬성하고 나머지 참여자는 반대하였다. 정부안은 대통령, 기초자치단체, 경찰청이 찬성한 반면에 광역자치단체가 반대하였다. 광역자치단체 안은 광역자치단체만 찬성하고 나머지 정책참여자인 대통령, 경찰청, 기초자치단체 등이 반대를 하고 있다. 이에 대한 내용이 <그림 11>이다.

결국 정책참여자간 이러한 복잡한 갈등이 자치경찰제 도입을 실패하게 하였다. 이는 역으로 아직까지 우리나라의 행정 및 정치체제가 정책참여자 간의 이러한 갈등을 수용하지 못하고 있다고 말할 수 있다. 본 연구는 이러한 갈등을 수용할 수 있도록 하여 자치경찰제 도입을 성공적으로 제도화하기 위해서는 어떠한 대안이 선행되어야 하는가를 제시하는 것으로 결론을 맺고자 한다.

첫째, 대통령은 최고 정책참여자로부터 지지를 얻어야 한다. Clinton 및 Bush 정부의 정책 사례 연구에서 본 대통령의 정책 성공비결은 첫째, 확고한 의지, 둘째는 조기 출발, 셋째가 최고 정책결정자(top level)로부터의 지지라고 결론내리고 있다(J. d. Breul·John M. Kamensky, 2008: 1009－1010). 노무현 정부는 자치경찰제 도입을 확고한 의지를 가지고 정권초기에 강력하게 추진하였다. 그러나 대통령은 자치경찰제 도입에 관련된 최고 정책참여자인 국회, 광역자치단체장, 여당 지도자로부터 지지를 얻는데 실패하였고 이것이 결국 자치경찰제 도입을 실패하게 하였다. 이 점이 이명박 정부의 자치경찰 도입 과정에서 최우선 고려할 사항이라고 생각한다.

둘째, 협상능력의 제고다. 참여정부에서 채택될 가능성이 가장 높은 자치경찰제

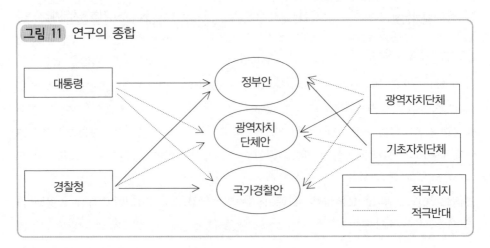

그림 11 연구의 종합

안 정부안이었다고 할 수 있다. 정부안에서 광역자치단체에게 만족할 만한 정책수단이 가미되었다면 자치경찰제법 안이 제정은 가능하였다고 말할 수 있다. 반면 광역자치단체는 자치경찰제 도입이 얼마나 중요하고 어려운 과제임을 인식하여 일단 도입하여 시행하면서 보완한다는 생각을 가졌으면 하는 아쉬움이 있다. 즉, 자치경찰제도가 결국 해당 광역자치단체 소속 기초자치단체의 제도라는 생각을 가졌다면 도입의 과정은 쉬웠을 것이라 사료된다. 이러한 상호 간의 인식부족은 협상능력의 부족이라고 생각된다. 자치경찰도 일종의 자원배분이기 때문에 정책참여자간의 협상능력 제고가 문제해결에 중요한 요소라고 생각된다.

셋째, 정책목표의 단순화가 필요하다. 상기에서 보는 바와 같이 정책참여자들은 복수이상의 목표를 가지고 있다. 복잡한 목표는 기하급수적 경우의 수를 산출할 수밖에 없으며 이를 만족시킬 수 있는 대안을 찾는 길은 불가능에 가깝다. 특히, 본 연구에서 보면 경찰청의 목표는 결국 현상을 유지하면서, 국가경찰의 최대 과제인 수사권 독립이라는 다른 정책참여자인 검찰과의 갈등까지 해결하려 하고 있다. 따라서 국가경찰은 수사권 독립이 보장되지 않은 자치경찰제 방안은 결코 수용하지 않는다는 것이 실제의 목표이자 정책수단이다. 따라서 자치경찰제도의 도입 성공을 위해서는 국가경찰은 수사권 독립과 같은 또 다른 목표는 분리하여 추진하는 목표의 단순화 노력이 선행되어져야 할 것이다.

넷째, 최상위 목표에 대한 인식제고다. 추진하고 있는 정책이 지향하고 있는 최상위 목표가 무엇이냐에 대한 점검이 정책추진 과정 내에 이루어져야 한다. 자치경찰제도 도입이 지방분권의 필요·충분조건을 충족하기 위한 최상위 목표가 있다. 따라서 이러한 최상위 목표를 충족하기 위한 차원에서 차 하위 목표와 수단이 고려되어야 함에도 불구하고 정책참여자들은 자신들의 조직 목표에 집착하였다. 이 점이 자치경찰제 도입 실패에 커다란 원인으로 제공되었다. 이명박 정부는 광역자치단체의 불만을 받아드려 광역자치단체가 해당 기초자치단체의 자치경찰조직을 직·간접으로 관여할 수 있는 방안을 모색하고 있다. 그러나 광역자치단체가 다른 것을 양보하더라도 도입단위는 광역자치단체가 되어야 한다는 지금의 주장을 포기할 수 없는 한 이명박 정부에서도 역시 자치경찰도입은 난관에 부딪힐 수밖에 없다.

중심 지방자치단체인 광역자치단체가 지방분권이라는 최상위 목표보다 자신의 조직 확대, 자율권 신장이라는 하위 목표를 우선시 한 자세는 목표와 수단의 전도현상을 만들었다고 할 수 있다. 이 전도현상은 결국 대통령과 국가경찰이 아닌 기초와 광역자치단체 즉 지방정부의 지위강화 기회를 무력화시키는 우를 범하게 만들었다.

따라서 지방자치단체들은 중앙권한 및 조직이관이라는 지방분권정책에서는 지방정부 간의 충돌이나 갈등을 미연에 방지하기 위하여 매 과정마다 최상위 목표에 대한 점검이 필요하다.

본 연구는 질적 분석을 통한 사례연구이다. 따라서 이로 인한 연구의 한계가 있다. 특히 본 연구가 분석틀로 제시한 내용들은 체제분석이론을 참고하여 분석하였다. 그러나 체제이론의 원용의 타당성 등에 대한 충분한 설명과 그리고 정책요소의 선정과정 등에 대하여 상술하지 않았기 때문에 이로 인한 논리성 부족이 본 연구의 결점이면서 한계라고 생각한다. 다만 본 연구는 기술한 바와 같이 기존의 자치경찰연구도 부족할 뿐만 아니라 유효한 자료 또한 한계가 있기 때문에 연구의 틀을 논리적으로 작성하는데 한계가 있었다고 생각하며 이것을 더욱 정치하게 만드는 일을 후속연구 과제로 제시하고자 한다. 또한 자치경찰제 도입 최종 결정권자인 국회를 상수로 설정하여 제외시킨 점도 본 연구의 한계일 수도 있다는 점을 인정하고자 한다. 이에 대한 후속 연구 또한 필요한 부분이라고 여긴다.

참고문헌

경찰개혁위원회 실무연구팀. (1999). 「자치경찰의 이해」.

경찰개혁위원회. (1999). 「총괄·전체회의(제1권)」.

경찰청 경찰혁신기획단. (2004). 「자치경찰제 도입추진상황」.

경찰청. (2006). 수사구조개혁추진상황과 경찰의 입장. 내부자료.

경찰혁신기획단 자치경찰추진팀. (2003). 「선진국의 경찰제도」. 217-228.

김보환. (2006). 한국 경찰의 패러다임 변화와 역사 기록의 쟁점 및 과제. 「한국경찰학회보」 제11호.

김성호·안영훈·이호. (1998). 「자치경찰제의 준거 틀과 모형설계」(서울: 한국지방행정연구원).

김영환. (2004). 「자치경찰제도론」(서울: 현남).

김일수. (2007). 검경수사권 조정자문위원회의 회고와 전망. 「형사정책연구」 18(3).

김진혁. (2004). 한국경찰체제의 발달과정 및 향후 과제. 「한국경찰학회보」 (7).

김해룡. (2003). 지방분권과 지방자치경찰제도. 「한국경찰학회보」 6.

김형만외 8인. (2003). 「비교경찰제도론」(서울: 법문사).

문성호. (2004). 자치경찰제 도입의 쟁점과 방향. 「정책과 지식」(143), 서울대학교 행정
　　대학원 한국정책지식센터.

＿＿＿. (2006). 자치경찰법안에 관한 공청회 진술 자료.

문재우. (2003). 한국의 자치경찰제 모형 설정에 관한 연구. 한국공안행정학회보」. 15.

박성수. (2001). 자치경찰제 도입에 따른 경찰 예산 확보에 관한 연구. 「한국경찰학회
　　보」 (4).

박희방. (2005). 「지방자치경찰제에 대한 인식과 도입 방향」 충북대학교 대학원 박사학
　　위논문.

서범규. (2004). 「참여정부 자치경찰도입안의 주요쟁점에 관한 분석」 한양대학교 지방
　　자치대학원 석사학위논문.

송하진·김영평. (2006). 「정책성공과 실패의 대위법」(서울: 나남출판).

신봉기. (2006). 자치경찰법안의 주요내용, 유기준의원실. (2006). 자치경찰법 제정안
　　공청회 자료.

유기준의원실. (2006). 자치경찰법 제정안 공청회 자료.

신현기. (2005). 자치경찰론(서울: 웅보출판사). 288－308.

심익섭. (1999). 미래지향적 지방자치경찰제도의 도입 방안. 「한국지방자치학회보」 11(4).

안병철. (2008). "혁신의 저항요인", 「한국사회와 행정연구」 19(3), 55.

안용훈. (2005). 「유럽형 자치경찰제도 모델 분석」 치안연구소.

＿＿＿. (2007). 자치경찰 인적자원 확충 및 능력개발 방안. 자치경찰제 추진 평가 토론
　　회, 행정자치부.

양영철. (2005). 참여정부의 자치경찰 창설과 운영방안. 「한국사회와 행정연구」 15(4),
　　서울행정학회.

＿＿＿. (2007). 자치경찰제 도입 과정상 나타난 갈등과 해결방안. 행정자치부 주최 자
　　치경찰제 추진평가 토론회

＿＿＿. (2008). 「자치경찰론」(서울: 대영문화사).

유기준의원실. (2006). 자치경찰법 제정안 공청회 자료. 국회의원회관 대회의실.

윤경준. (2006). 「혁신과제추진상의 저해요인 분석」(서울: 한국행정연구원).

이강종. (2004). 「주요국가의 경찰관리」(서울, 육성사).

이기우. (1998). 지방자치경찰제도의 개선방안. 「한국지방자치학회보」 10(1).

이관희. (2001). 한국경찰의 자치경찰제 도입방안. 「한국공안행정학회보」 9. 23－24.

이상원. (1999). 한국경찰의 자치경찰화를 위한 소고. 「한국공안행정학회보」 4. 169－170.

이윤호. (2005). 자치경찰법안의 주요 내용. 「자치경찰법안 공청회(자료집)」, 행정자치부 자치경찰제 실무추진단.

이종배. (2005). 자치경찰법안의 주요 내용. 「자치경찰법안 공청회(자료집)」, 행정자치부 자치경찰제 실무추진단.

이종수·윤영진외. (2005). 「새행정학」(서울: 대영문화사).

이주희. (2003). 경찰지방자치제도에 대한 입법론. 2002 한국지방자치학회 동계학술대회.

이황우. (1995). 지방화시대에 따른 자치경찰제 도입 모형에 관한 연구. 「한국공안행정학보」(4).

_____. (1999). 우리나라 실정에 맞는 자치경찰제도. 자치경찰제도 공청회, 치안연구소.

_____. (2007). 「경찰행정학(제5판)」(서울: 법문사).

장기붕. (2005). 경찰권력의 분권방안. 「한국경찰학회보」(10). 180.

정균환. (1996). 「자치경찰」(서울: 신유영사).

정덕영. (2006). 자치경찰제 실시와 경찰인력 수급 방안에 관한 연구. 「한국경찰학회보」(11).

정부혁신지방분권위원회. (2003). 「지방분권로드맵」.

_____. (2004). 선진국 자치경찰운영사례 현지시찰 결과 보고서.

_____. (2004). 자치경찰제도입 방안. 제54회 국정과제 회의자료 및 지시사항.

_____. (2004). 자치경찰제의 도입과 운영. 제54차 국정회의 자료.

정부혁신지방분권위원회·한국지방행정연구원. (2004). 「이제는 지방분권시대!」.

정진환. (2006). 「경찰행정론」(서울: 대영문화사).

제16대 대통령직인수위원회. (2003). 「대화」.

제주특별자치도. (2006). 「제주자치경찰의 이해.

조성택. (2005). 한국의 자치경찰제 모형에 관한 이론적 탐색. 「한국경찰학회보」(9).

조창현. (1996). 「지방자치시대의 경찰의 위상과 역할」(서울: 한양대 지방자치연구소).

최기문. (2000). 「한국적 자치경찰제 확립방안에 관한 연구」 동국대학교 대학원 박사학위논문.

최봉기. (2008). 「정책학개론」(서울: 박영사).

최종술. (2001). 자치경찰제에 대한 논의의 중단과 원인에 관한 연구. 「한국공안행정학회보」(12).

_____. (2002). 우리나라 자치경찰제 도입의 갈등요인에 관한 연구. 「정부학 연구」 8(2).

하미승·심기환. (2008). 「지방정부연구」 12(3).

한국형사정책연구원. (2005). 「주요국의 자치경찰제도와 한국의 자치경찰법안 연구」연구총서.

행정자치부. (2007). 자치경찰제 추진평가 토론회.

행정자치부 자치경찰제 실무추진단. (2005). 「자치경찰법안 공청회자료집」.

_____. (2006). 「유럽의 자치경찰제도」.

_____. (2007). 「자치경찰표준운영모델 개발에 관한 연구」.

허경미. (2003). 경찰청 자치경찰제안의 문제점 및 대안. 「한국공안행정학회보」 16.

Carl Klockers. (1985). The Idea of Police(Beverly Hills: Sage Publication).

Charles Reith. (1956). A New Study of Police History, (Edinburg, UK).

Colleen Lewis. (1999). Complaints Against Police(Sydney: Hawkins Press), 16−7.

Dennis J. Stevens. (2003). Applied Community Policing in the 21st century (Boston: Pearson Education). 3.

Harvey Wallace, Cliff Roverson, Craig Stechler. (1995). Fundamentals of Public Administration(N.J: Prentice −Hall), 4.

Jonathan d. Breul, John M. Kamensky. (2008). Federal Government Reform: Lessons from Clinton's "Reinventing Government" and Bush's "Management Agenda" Initiatives, PAR, 68(6), 1009−1010.

Kilip K. Das, Arvind Verma. (2003). Police Mission(Scarecrow Press, Inc.,), 1.

Richard I. Hofferhert. (1974). The Study of Public Policy(N.Y.:The Boss Merril Co.), 25.

▶ ▶ ▶ **논평**

이기우(인하대 법학전문대학원 교수)

1. 서 론

김대중 정부에서 자치경찰도입을 약속한 이래 역대 정부에서 모두 자치경찰의 도입을 주요 지방분권의 주요과제로 설정하고 추진하였으나 노무현 정부에서 제주도에 자치경찰을 시범 실시한 것을 제외하고는 모두 실패하였다. 지방자치는 주민에 근접한 지방정부가 현장에서 신속하고 다양한 해법을 모색하여 지방간 정책경쟁을 통해서 아래로부터 위로 국가를 혁신하기 위한 정치제도이다. 이를 위해서 주민생활에 가장 근접한 현장에 있는 시·군·자치구에서 최소한 교육, 소방, 경찰 등 주민생활에 불가결한 사무가 부여되어야 한다. 하지만 우리나라에서는 이러한 기능이 광역지방정부에 부여되어 있거나 국가에서 수행하고 있어 주민의 체감자치와 자기책임성을 약화시키고 있다. 노무현 정부에서 자치경찰의 도입을 위해 적극적인 노력을 했음에도 불구하고 실패한 원인의 분석과 정책적인 함의를 찾아보는 것은 앞으로 자치경찰의 도입을 실현하기 위하여 매우 필요한 연구라고 본다.

2. 논평대상 논문의 개요

1) 자치경찰 도입의 정책적 요소 분석

노무현 정부에서 자치경찰의 도입 실패원인을 정책참여자간의 이해관계의 대립에서 나오는 갈등에서 찾고 있다. 이러한 이해관계를 저자는 먼저 정책참여자를 선정하고, 자치경찰의 정책목표와 정책수단이 정책참여자에게 어떤 이해관계를 갖는지를 분석함으로써 정책참여자간의 협력관계 내지 갈등관계를 분석하여 자치경찰도입의 실패원인을 찾고 그 정책적인 함의를 제시하고 있다.

저자는 주요정책참여자로 대통령, 국가경찰, 지방자치단체로 설정하고 검찰과 국회는 제외하였다. 지방자치단체는 광역지방자치단체와 기초지방자치단체가 자치경찰의 실시단위에 따라 서로 상반된 이해관계를 가질 수 있으므로 분리하여 다루고 있다. 검찰은 수사권에 관하여 경찰과 관계는 있지만 중앙정부와 지방정부의 관계와 직접 관계가 없기 때문에 제외시켰다. 국회는 입법권자로 자치경찰에 관한 법률을 제정하는 입장에 있기 때문에 제외시켰다.

저자는 정책목표로 실현가능성, 참여자의 조직규모의 변동, 자치경찰의 자율성, 참여자의 영향력 등으로 설정하고 정책참여자가 어떤 정책목표를 중요시하는지 연관관계를 분석한다. 대통령은 자치경찰 공약이행을 위해 실현가능성을 중요시하고, 국가경찰은 조직과 영향력을 가능한 유지하려고 한다. 광역지방자치단체는 자치경찰을 통하여 조직을 확대하고, 자율성을 강화하되 기초지방자치단체에 대한 영향력을 확대하려고 하며, 기초지방자치단체는 조직확대와 자율성강화를 중시한다고 분석한다.

저자는 정책목표를 실현하기 위한 정책수단으로 자치경찰의 기능, 자치경찰의 인사, 정부간 관계(국가주도, 지방주도, 절충형), 도입단위(기초중심, 광역중심, 병렬형) 등을 설정하여 정책목표와의 관계를 분석한다. 정책수단인 기능은 실현가능성과 조직변동에 영향을 미치고, 인사는 자율성과 국가경찰의 영향력에 영향을 미친다고 한다. 도입단위는 실현가능성과 조직변동에 영향을 미치는 것으로 분석하고 있다.

2) 정책대안별 갈등내용

저자는 제4장에서 노무현 정부시절에 제안되었던 3가지 자치경찰모형의 내용을 소개하고, 각 모델별로 나타난 갈등내용을 분석한다. 경찰청안과, 정부안, 광역자치단체안이 그에 속한다.

경찰청안은 국가경찰의 영향력과 조직을 최대한 유지하기 위한 정책목표를 실현하기 위하여 정책수단을 결정한 안으로 실시단위를 광역자치단체로 한다. 경찰청안은 대통령이나 광역지방자치단체, 기초지방자치단체의 정책목표와 대립되어서 국가경찰을 제외한 다른 정책참여자들의 지지를 받지 못하고 갈등관계를 형성하여 실현되기 어려웠다.

이에 대하여 정부안은 행정경찰을 중심으로 하여 기초지방자치단체를 실시단위로 한다. 실현가능성과 지방의 자율성 확대를 목표로 하였는데 대통령과 기초지방자치단체는 적극적으로 찬성하였고, 경찰청도 조직손실이 크지 않아 찬성하였으나 자율성확대에 대해서는 소극적이었다. 광역자치단체는 기초단위 도입에 대해 석극적으로 반대하였다. 광역자치단체안은 실시단위를 광역으로 하고 자율성을 확대하는 안으로 광역자치단체들만 찬성하고 대통령과 국가경찰, 기초지방자치단체가 반대하였다.

3) 저자의 정책적 제언

저자는 이러한 분석을 통하여 정책참여자들 간의 갈등관계가 자치경찰의 도입에 실패한 원인이라고 분석하면서 자치경찰의 성공적인 도입을 위해 다음과 같은 대안을 제시한다. 먼저 대통령은 최고 정책참여자인 국회, 자치단체장, 여당지도자 등의 지지를 확보하고, 정책참여자간의 협상능력의 제고해야 하며, 수사권 독립 등을 제외시켜 정책목표를 단순화하고, 최상위목표인 지방분권에 대한 인식이 제고되어야 한다.

3. 대상 논문의 학문적 기여점과 정책적 시사점

본 논문은 체제분석이론에 바탕을 둔 질적 분석을 통한 사례연구이다. 노무현정부에서 중점과제로 추진했던 자치경찰이 실패한 요인을 질적 분석을 통해서 찾아내고, 차기 정부인 이명박 정부에서 실패를 반복하지 않기 위한 정책적 함의를 제안하고 있다는 점에서 시기적으로 매우 적실성이 높은 논문이다. 문재인 정부에서도 자치경찰의 도입을 중요 지방분권과제로 설정하고 있다는 점에서 현재도 마찬가지다. 특히 이 논문은 정책참여자간의 정책목표와 정책수단을 둘러싼 이해관계의 대립을 갈등의 요인으로 보고, 이를 해소하기 위한 방안을 찾아야 한다는 제언을 한다. 이런 연구는 비단 자치경찰문제뿐만 아니라 다른 정책의 추진에 있어서도 적용할 수 있는 확장성이 큰 연구라고 볼 수 있다.

저자가 지적한 것처럼 정책요소의 추출에 있어서 충분한 논증과 설명이 없는 아쉬움이 없는 것은 아니지만 정책참여자, 정책목표, 정책수단 사이의 연관관계를 복합적으로 분석하려는 시도는 그동안 지방분권분야에서 자주 사용하지 않았던 연구방법이고, 시사점이 적지 않다는 점에서 선구적인 의미를 갖는다고 하겠다. 본 연구의 몇 가지 정책적 함의를 살펴본다.

저자가 제안한 것처럼 최상위 정책에 대한 인식을 제고하고 협상능력을 제고하는 것이 정책의 성공적인 추진을 위하여 매우 강조되어야 한다고 본다. 지방분권의 최종적인 정책목표는 보충성의 원칙을 실현하여 국가의 과부하를 해소하여 국가의 기능을 회복하고, 지방의 자기책임성을 통하여 문제해결의 다양성과 주민의 자기책임성을 높이려는 데 있다. 자치경찰도 국가경찰의 과부하와 획일성을 극복하고, 지방적 특수성을 반영하여 다양성을 확보하고, 지방의 치안을 위해 주민들이 직접 참여하고 책임을 지도록 하려는데 있다. 이런 측면에서 보면 저자가 적절하게 분석한 것처럼 광역지방자치단체와 기초지방자치단체간에 갈등관계가 아니라 협력관계가 형성되었어야 한다. 많은 선진국에서 광역자치경찰과 기초지방자치경찰이 병존하고 있다. 이론적으로 보더라도 보충성의 원칙에 따르면 기초지방자치단체가 감당할 자치경찰업무가 있고, 광역지방자치단체가 감당할 자치경찰업무가 따로 있다. 따라서 기초지방자치단체와 광역지방자치단체의 관계는 한쪽에서 자치경찰을 실시하는 다른 쪽에서는 자치경찰을 포기해야하는 제로섬 관계에 있는 것이 아니라 각각 그 역량에 상응하는 자치경찰을 실시해야하는 병존관계에 있다. 그 뿐만 아니라 기초자치경찰을 실시하는 경우에도 광역지방자치단체는 조정과 보완적인 기능을 해야 한다. 이러한 점에서 보면 광역지방자치단체와 기초지방자치단체는 서로 갈등관계가 아니라 공동의 목표를 실현하기 위한 협력관계에 있다. 그럼에도 불구하고 광역지방자치단체와 기초지방자치단체가 갈등관계를 형성하고, 광역지방자치단체가 중심이 되어 별도의 자치경찰법안을 국회에서 발의하게 된 것은 최상위 정책목표에 대한 인식의 공유가 부족했고, 광역지방자치단체와 기초지방자치단체, 대통령간의 협의와 소통이 부족했다는 점을 지적하지 않을 수 없다. 물론 처음 자치경찰을 도입하는 과정에서 광역자치경찰과 기초지방자치경찰을 동시에 도입하는 것이 어려울 수 있으나 시차를 두고 순차적으로 도입한다는 점에 합의가 불가능했던 것으로 보이지는 않는다. 정부안이 광역자치단체의 자치경찰 실시를 배제하는 것이 아니었고, 광역자치단체안이 기초자치단체의 자치경찰을 배제한 것이 아니었음에도 불구하고 양자 간의 갈등이 컸다는 것은 협상력의 부재 내지 협상노력의 부족에서 원인을 찾을 수밖에 없다.

또한 당시에 검찰과 경찰간의 뜨거운 감자인 수사권독립 문제를 자치경찰실시와 연계시킨 것은 자치경찰의 실시를 어렵게 만든 요인 중의 하나라고 볼 수 있다. 경찰의 수사권 독립문제는 국가내부의 기관간의 문제이고 지방분권인 자치경찰과는 아무런 상관이 없음에도 이를 자치경찰실시와 연계시킨 것은 경찰을 설득하기 위한 수단의 하나로 선택한 것이라고 보여진다. 실제로 당시 노무현 대통령은 "비운만큼 채워준다"는 약속을 하기도 했다. 하지만 수사권독립문제는 쉽게 해결된 문제가 아니라는 점에서 수사권독립문제가 해결되지 않으면 경찰로 하여금 자치경찰의 실시를 반대하거나 연기할 명분을 주는 것이 되어 자치경찰의 실시에 도움이 되지 않고 오히려 장애로 작용할 수도 있다는 점이다. 노무현 정부에서 검찰과 경찰간 수사권독립을 위한 논의가 여러 차례 있었으나 해결책을 찾지 못한 것이 자치경찰도입에 어떤 영향을 미쳤는지도 검토할 필요가 있다.

4. 문재인 정부의 자치경찰추진과 비교

노무현 정부에서 제주특별자치도에 자치경찰을 도입한 것 외에는 전국적인 차원에서 자치경찰을 도입하는 데는 실패하였다. 특이한 것은 노무현정부에서 기초중심의 자치경찰을 추진해 왔음에도 불구하고 광역지방자치단체인 제주특별자치도에서 자치경찰의 시범실시를 하게 되었다는 점이다. 이는 제주도가 특별자치도로 출범하기 전에 기초지방자치단체인 시와 군을 폐지하였기 때문이다. 제주특별자치도는 기초자치단체인 동시에 광역지방자치단체로서 지위를 가지기 때문에 기초자치모델인 자치경찰을 시범실시하게 되었다.

제주자치경찰의 성과에 대해서는 상반된 평가가 있다. 원래 광역자치경찰을 통하여 수사권 중심의 자치경찰을 구상하는 입장에서는 '무늬만 경찰'이라고 부정적인 평가를 하고 있으나 주민의 방범과 경비 등의 생활치안과 교통, 식품, 위생, 건축, 환경, 관광 등의 행정경찰을 중심으로 기초지방자치단체의 경찰모델을 추진한 입장에서는 상당히 긍정적으로 정착되고 있다는 평가를 하고 있다. 제주도민들은 지난 12년 동안 생활치안이 많이 향상된 것으로 긍정적인 평가가 많은 편이다.

문재인 정부에서 자치경찰을 도입하겠다는 적극적인 의지를 표명하여 실시준비를 하고 있다. 노무현 정부와는 달리 기초자치단체의 생활치안과 행정경찰을 중심으로 하는 자치경찰이 아니라 수사권 등 사법경찰을 중심으로 하고 생활치안과 행정치안을 포함하는 광역자치단체를 중심으로 실시하는 기본방침을 정하고 있는 것으로 보여 진다. 문재인 정부에서는 먼저 경찰청에서 자치경찰도입을 준비하는 위원회를 설치하여 준비하여 왔으나 대통령 소속 자치분권위원회가 출범하면서 자치경찰에 관한 사무도 담당하고 있어 경찰청에서 준비한 것과는 상당한 부분에서 차이가 있을 것으로 보인다.

노무현 정부에서 실패경험을 되풀이 하지 않기 위해서는 저자가 제안한 정책적인 함의를 문재인 정부에서 충분히 감안해야 한다. 먼저 자치경찰도입의 목표를 단순화시켜야 한다. 문재인 정부에서는 경찰의 수사권을 검찰로부터 독립시키는 것을 전제로 비대해진 경찰권력을 견제하기 위하여 자치경찰을 실시하는 것으로 하여 노무현정부와 마찬가지로 자치경찰의 도입을 어렵게 하는 요인으로 될 수 있다. 검찰과 경찰간의 수사권독립은 중앙정부 내부의 기관간의 문제로 중앙정부와 지방정부간의 역할배분을 위한 자치경찰과는 직접 관련성이 없는 문제이다. 검찰과 경찰의 수사권 독립문제가 해결되지 못하면 자치경찰의 도입도 어렵게 되도록 정책목표를 복잡하게 하고 있다. 사실 검찰과 경찰 간의 수사권 독립문제는 문재인 정부에서 해결될 것을 기대하는 것이 쉽지는 않다. 자치경찰의 도입을 쉽게 하기 위해서는 수사권독립과 자치경찰의 실시문제를 분리하여 저자가 제안한 것처럼 정책목표를 단순화해야 한다.

다음으로 실시단위에 관하여 광역자치 중심의 자치경찰모델을 선택함으로써 노무현 정부의 기초지방자치중심의 자치경찰모델과 내용은 다르지만 광역자치단체와 기초자치단체간의 갈등을 유발할 위험성이 매우 높다는 점에는 차이가 없다. 경찰사무는 보충성의 원칙에 따라 기초자치사무와 광역자치사무, 국가경찰사무가 각각 별개로 존재한다. 대부분의 나라에서 기초단위와 광역단위에서 각각 자치경찰을 실시하는 이유도 보충성의 원칙을 따른 것이다. 이들 나라처럼 기초자치경찰과 광역자치경찰을 병렬적으로 도입하게 되면 광역자치단체와 기초자치단체의 관계는 갈등관계가 아니라 협조관계가 되어 자치경찰을 도입하는데 가장 강력한 동력이 될 수 있다. 하지만 광역단위만 자치경찰을 도입하고 기초를 배제하는 경우에는 도입실패의 요인이 될 수 있다.

5. 향후 연구를 위한 제언

본 논문에서는 노무현 정부의 자치경찰의 도입실패의 원인을 주요정책결정자간의 이해관계로 인한 갈등관계에서 원인을 찾고 이를 해결하기 위한 제언을 하고 있다. 특히 정책요인으로 주요정책참여자, 정책목표, 정책수단으로는 설정하고 상호간의 복합적인 갈등관계를 분석하여 자치경찰 도입의 실패원인을 도출하여 선행연구에서 찾아보기 어려운 연구의 독창성을 높게 평가할 수 있다. 하지만 앞으로 보다 설득력 있는 분석과 해결방안을 모색하기 위해서는 저자가 정책요소로 제시한 주요정책참여자, 정책목표, 정책수단을 적절하게 설정했는지에 대한 검토와 보완이 필요할 것으로 보인다. 특히 정책수단으로 제시한 요소들에 대해서는 보다 면밀한 검토가 필요하고 그 이유를 제시할 필요가 있다. 정책결정자간의 갈등이 정책추진성패에 미치는 영향이 동일하지 않고 상당한 차이가 있다는 점에서 가중치에 관한 고려도 필요할 것으로 본다.

여성의 사회적 권한향상을 위한 정책적 접근: 16개 시도의 여성권한척도(GEM)를 중심으로

여성의 사회적 권한향상을 위한 정책적 접근:
16개 시도의 여성권한척도(GEM)를 중심으로*

고숙희(세명대학교 공공행정학과 교수)

~~~~ 프롤로그 ~~~~

1995년에 개최된 유엔 제4차 세계여성회의를 계기로 하여 UNDP가 남녀평등정도를 측정하기 위한 남녀평등지수(GDI)를 개발한 바 있다. 당시 UNDP는 여성의 정치·경제활동 및 정책결정과정에 대한 참여정도를 점수로 환산한 여성권한척도(GEM: Gender Empowerment Measure)도 함께 발표하였다.

여성권한척도란 여성국회의원 수, 행정관리직과 전문기술직 여성비율, 그리고 남녀소득차를 기준으로 하여 여성의 정치·경제활동과 정책과정에서의 참여도를 측정하여 고위직에서의 남녀평등정도를 평가한 수치이다.

2008년에 이 문제에 관심을 가졌던 것은, 당시 우리나라의 경제적 성취가 세계 10위권이었던 데 비해, 조사대상국 75개국 중 53위라는 상대적으로 낮은 여성의 지위에 대한 문제의식 때문이었다. 왜 눈부신 경제성장이 자동적으로 여성권한의 향상을 가져오지 않는가에 대한 궁금함이 연구의 출발점이었다.

여성의 사회적 지위를 개선하기 위해 당시 정부도 상당한 노력을 하고 있었는데, 대표적인 것이 공공부분의 여성관리자 임용목표제 및 여성고용목표제, 각종 위원회 여성위원 30% 할당 등의 여성배당비율제도이다.

그러나 이러한 의도적인 정부의 노력도 당시에는 주로 중앙정부차원에 머물고 있었고, 지방자치단체 수준에서는 경책결정자의 정책의지 침투가 용이하지 않아, 중앙정부에 비해 여성고위직 진출이 더 어려운 상황이었다. 중앙

---

* 이 논문은 2008년 『한국정책학회보』 제17권 제1호에 게재된 글을 수정·보완한 것이다.

정부의 노력이 어느 정도 제도화되고 있는 시점이었지만, 지방은 여전히 고위직 여성참여의 사각지대에 머물고 있었다고 보아야 할 것이다.

여성권한척도 측정을 위한 주요 자료인 여성정치참여율, 행정관리직, 남성대비 여성의 임금비율 등의 당시 지역별 상황을 보면, 여성정치인 비율이 가장 높았던 지역은 광주, 가장 낮은 지역은 전남이었고, 행정관리직의 비율이 가장 높았던 지역은 서울, 가장 낮았던 지역은 광주, 강원, 충북, 충남이었으며, 전문기술직 비율이 가장 높았던 지역은 울산, 가장 낮았던 지역은 서울이었다. 그리고 남성대비 여성임금비율이 가장 높았던 지역이 울산, 가장 낮았던 지역이 경북이었다. 이러한 지표들을 가지고 16개 시도의 여성권한지표를 측정한 결과는 울산이 가장 높았고, 대구가 가장 낮은 수치를 보였다.

여성권한척도가 여성권한의 중요한 지표였던 당시와는 달리, 오늘날의 여성권한 관련 추세는 단순히 고위층에서의 대표성에 국한되지 않는다. 그도 그럴 것이, 오늘날에는 독일의 앙겔라 마르켈을 비롯하여, 영국, 뉴질랜드, 노르웨이, 아이슬란드 등 최고정치 지도자들 중 상당수의 여성들이 포진하고 있거나 포진한 바 있다.

그래서인지 UNDP에서는 2010년도부터 주로 고위직에서의 남녀평등을 판단하는데 주요 지표가 된 여성권한척도보다는 성불평등지수(GII: Gender Inequality Index)를 개발하여 발표하고 있다. 성불평등지수에는 여성권한과 노동, 사회참여 등이 법적으로 제도적으로 보장되고 있는지를 종합적으로 판단하고 평가하는 지수로서 여성권한척도에 비해 좀 더 폭넓은 지표이자 기본적인 인프라를 측정하는 것이다. 이와 유사하게 세계경제포럼(WEF)는 2006년부터 경제참여기회, 교육적 성취, 건강과 생존, 정치적 권한 등 전 영역에 걸쳐서 성별로 어떤 차이가 나는지를 수치화한 성격차지수(GGI: Gender Gap Index)를 제시하고 있다.

그중 가장 드라마틱한 여성관련 지표는 아마도 OECD가 발표하고 있는 성·제도·개발지수(GID: Gender, Institutions and Development)일 것이다. 이 지수는 UNDP의 여성개발지수(GDI)와 여성권한척도(GEM) 등 여성의 교육, 보건, 출산, 사회참여와 더불어 가족사회의 규범, 관습, 문화까지 총체적으로 여성의 권한을 평가하는 지표인데, 이 지표에서 우리는 한 때 162개 국

중 네덜란드와 함께 세계 4위까지 부상한 적도 있다. 이것이 의미하는 바는 고위직이나 임금부분에서 여성이 아직 불평등을 겪고 있기는 하지만 전체적으로 평가할 때 실질적인 남녀평등은 상당히 진척된 것이라고 볼 수 있겠다.

이처럼 현재는 여성의 권한을 판단할 때, 고위직에서의 성평등을 의미하는 여성권한척도를 훨씬 뛰어 넘어 전 영역에 걸친 성차별, 성격차로 범위가 넓어져 있다. 이러한 추세는 앞으로서 계속될 것으로 전망되고 있는데, 이러한 관점에서 보면 여성권한척도라는 것은 여성의 권한을 국제적으로 비교한 최초의 지표라는 점, 이것을 근간으로 하여 다양한 생활영역으로까지 성평등지표가 개발되고 있다는 점에 의의를 둘 수 있겠다.

I. 서 론

민주주의 국가에서 정부정책의 궁극적인 목적은 인간의 존엄성 향상이다(Lasswell, 1951, 10). 인간의 존엄성을 향상시키는 다양한 방법이 있지만 사회전체에 팽배에 있는 차별과 불평등을 제거하는 것도 중요한 수단이라고 볼 수 있다. 우리가 관심을 가져야할 불평등의 주요 대상 중 하나가 여성과 남성, 남성과 여성간 관계이다.

남성과 여성간에 존재하는 불평등 정도를 평가하는 방법은 다양하지만 그 기초가 되는 것 중 하나가 여성권한척도(GEM: Gender Empowerment Measure)[1]이다. 이것은 UN이 1995년도부터 발표하기 시작하였고 남성과 비교해서 주요 사회영역, 특히 정치·경제분야의 주요 정책결정과정에 여성이 얼마나 동등하게 참여하고 있는가를 나타내는 지표로서 전체 여성의 힘을 대표하는 지표이다.

우리나라는 경제규모가 세계 10위권에 진입해 있고 여성의 경제활동참가율이 60%를 넘고 있지만 2006년도에 UNDP에서 조사한 여성권한척도를 보면 조사대상 75개

---

1) 여성권한척도(GEM: Gender Empowerment Measure)는 1996년에 UNDP에서 발간한 (인간개발보고서 1995)에 처음 등장한 개념이다. Gender Empowerment Measure를 '여성권한척도'라고 번역했지만 실제로 이 자료가 사용되는 용도를 기준으로 보면 '성별권한지표'의 의미가 강하다. 따라서 엄밀히 말해서 GEM은 성과 관련된 권한척도이기 때문에 여성만을 의미하는 것은 아니지만 전세계적으로 모든 면에서 여성의 권한이 남성에 비해 뒤떨어지기 때문에 여성의 권한 정도를 의미하는 개념인 것처럼 사용되고 있다. 따라서 여기서도 여성권한척도라는 용어로 사용하기로 한다.

국 중 53위를 차지하여 하위권을 면치 못하고 있다. 1995년에 처음 여성권한척도가 발표된 이래로 조금씩 상승하고 있기는 하지만 여전히 개선의 여지가 많다.[2]

그러나 우리나라 여성권한척도는 작년 지방선거 이후 크게 향상되었다(고숙희, 2006). 이는 2006년 5.31지방선거 때 각 정당들이 여성을 비례대표 우선순위에 배정하여 여성의원 수가 크게 늘어난 바에 기인한다.

이러한 결과는 경제성장이 자동적으로 여성권한의 향상을 가져오는 것은 아니라는 것을 의미한다. 여성의 권한은 단순히 경제발전의 결과가 아니라 특정사회의 전통, 문화, 가치관 등 다양한 것들이 한데 어우러져서 만들어진 결과이다.

따라서 여성과 남성, 즉 양성이 평등한 사회를 만들기 위해서는 이러한 사회구성의 기반변화가 선행되어야 하는데 이것들의 변화는 많은 시간이 필요하다. 때문에 여성권한 향상에 관심을 가진 국가들은 대체로 평등을 목표로 하는 의도적인 국가정책 및 제도변화에 관심을 기울이고 있다.

이러한 관점에서 그동안 우리 정부도 여성권한을 향상시키기 위해 공공부문에 대해서는 여성관리자 임용목표제와 여성고용목표제, 각종 위원회 여성위원 30% 할당 등 여성배당비율제도(quota system)를 실시하였고 사부문에 대해서도 다양한 인센티브제를 실시하였다. 그러나 작년도 여성권한척도의 순위가 말해주는 것처럼 그 결과는 만족스럽지가 못하다.

이러한 낮은 여성권한척도 문제는 지방자치단체수준은 더 심각하다.[3] 중앙정부의 경우는 정책결정자의 정책의지 침투가 비교적 용의한 데 비해 지방정부는 상대적으로 그렇지 않기 때문으로 보인다.

이러한 문제의식에 입각하여 이 논문에서는 16개 시도의 여성권한척도를 산출하여 비교해 보고, 각 시도별로 여성의 사회적 권한을 향상시키기 위해서는 어떤 부문에 대한 특별한 노력이 필요한가를 검토하는 데 목적이 있다.

여기서 여성권한척도를 산출하는 방법은 유엔디피(UNDP)가 측정한 것과 동일한 변수와 방법을 이용하였다. 연구에 필요한 자료는 각 자치단체에 의뢰하여 수집한 것과 통계청, 여성부, 행정자치부 등에서 생산된 기초통계자료를 활용하였다.

---

2) 우리나라의 여성권한척도는 1995년도에 90위, 1999년도에 78위, 2003년도에 63위, 2004년도에는 68위, 그리고 2006년도에는 53위였다.
3) 2000년도에 고숙희(2000: 295-316)가 연구한 바에 의하면 충청북도의 GEM은 0.2383이었는데. 이 수치는 같은 해 우리나라 전체 GEM 수치 0.336보다 월등히 낮다. 2006년도에 재조사한 바에 의하면 서울과 경북은 각각 0.5256, 0.5037로서 우리나라 전체 GEM지수 0.502에 비해 높고, 충북의 경우는 0.4499로 낮게 나왔다(고숙희, 2006).

II. 여성권한척도의 개념과 변수, 그리고 분석틀

1. 여성권한척도의 개념

기본적으로 '권한을 형성한다는 것'(Empowerment)[4]은 능력(capability)의 확대에 달려있다(UN, 1996). 능력이 확대된다는 것은 선택기회의 확대를 의미하며 선택기회의 확대는 자유의 증대를 수반한다. 예컨데, 누구나 시장에서 식품을 구입할 수 있지만 너무 가난하여 구입할 능력이 없다면 그 자유는 아무 의미가 없다. 누구나 신문을 읽을 자유가 있지만 이 자유는 문자해독능력에 달려 있다. 이러한 권한은 또한 자신의 생활에 영향을 미치는 의사결정에 참여·승인할 수 있는 능력으로 이어진다.

그런데 이 권한은 주어진 것이 아니라 하나의 과정 개념이다(Marilee Karl, 1995: 14). 권한형성의 과정은 개인적일 수도 있고 집단적일 수도 있는데, 여성의 권한형성은 상호 강화 적 영향을 미치는 다음과 같은 여러 요소들의 연속된 과정이다(Marilee Karl, 1995).

첫째는 성의 평등을 향한 첫 단계로서 여성의 위치, 차별, 권리, 기회 등에 관한 의식형성 이고, 둘째는 능력향상 및 기술개발이다. 특히 사람과 제도를 관리하는데 필요한 기획, 의사 결정, 관리, 활동수행 능력면의 향상 및 개발이 필요하다. 셋째는 가정, 공동체, 사회에의 참 여와 통제력 및 의사결정권한의 확대이고, 넷째는 성간의 평등확대를 위한 행동이다. 즉 권한형성이라는 것은 의식화와 더 많은 참여, 더 많은 의사결정권한 및 통제력를 얻기 위한 일련의 과정인 것이다.

앞에서 언급한 바처럼 여성을 대상으로 광범위하게 권한을 측정하고 그것을 수치화(지표 화)하여 발표한 것은 UN 산하기관인 유엔계발계획(UNDP)의 '1995년도 인간개발보고서'(Humen Development Report 1995)가 처음이다.

이 보고서에서는 여성의 지위와 관련된 두 가지의 중요한 측정을 하였는데, 성별평등지수(GDI: Gender-related Development Index)와 여성권한척도가 그것이다

성별평등지수란 평균수명, 교육수준(문자해독률, 초등-고등교육 등록비율), 소득수준 등의 남여간 차이를 산출한 지수이다(UNDP. 1995). 이에 비해 여성권한척도란 남성과 비교해서 여성이 정치, 경제, 행정 영역에서 얼마만큼 권한을 행사하고 있는지

---

4) empowerment라는 단어는 power를 갖게 한다는 과정적 의미가 함의되어 있다. 그리고 power 자체도 권한 권력 등이 상호교체적으로 사용되는 용어이기 때문에 empowerment를 번역하는 것이 쉽지 않다. 여기서는 권한이라는 용어로 사용하지만 의미로 보아 권력과 상호교체도 가능하리라고 본다.

를 측정한 것이다.

성별평등지수가 여성능력의 확장에 초점을 두는데 비해 여성권한척도는 생활상의 유리한 기회를 얻기 위해 그러한 능력을 실제로 사용하는 것과 관련된 것이다(www://undp.org: 2006. 5. 3). 따라서 여성권한을 측정하는 방법은 여성의 경제, 정치, 전문적 활동에 대한 적극적 참여와 연관된다.

2. 여성권한척도의 지표구성

매년 유엔개발계획 보고서에 게제되는 여성권한척도는 정치참여 및 정치적 의사결정, 경제참여 및 경제적 의사결정, 경제자원에 대한 힘 등 3가지 부문으로 구성되어 있는데(http://hdr.undp: 2006. 8. 5) 그 관계를 다음 <표 1>과 같다.

표 1 여성권한척도의 구성지표

부문	정치참여 및 정치적 의사결정	경제참여 및 경제적 의사결정		경제자원에 대한 권력
지수	여성과 남성의 의회점유율 ↓	여성과 남성의 고위행정,관리직비율 ↘	여성과 남성의 전문,기술직 비율 ↙	여성과 남성의 소득점유율
EDEP	의회대표성의 EDEP ↘	경제참여의 EDEP ↓		소득의 EDEP ↙
	여성권한척도			

자료: hdr.undp.org(2006. 8. 5)
주: EDEP: Equally Distributed Equivalent Percentage

GEM은 정치·경제적 활동영역에서 남성에 대한 여성의 상대적 권한(relative empowerment)을 측정하기 위한 것이라는 점을 앞에서 밝혔다. 성별 사회적 권한을 측정하는데 있어서 유엔은 '동등배분비율'(equally distributed equivalent percentage: EDEP) 개념을 사용하고 있는데 '인구가중치를 적용한 평균개념'(population-werghted $(1-\varepsilon)$ averageing)을 의미한다.

1) 정치참여 및 정치적 의사결정

여성권한척도 산출을 위한 정치참여 및 정치적 의사결정은 의회의 여성점유율로 지수화된다. 의회의 여성점유율은 정치적 기회에의 접근성과 정치적 의사결정에의 참여가능성, 그리고 권력을 측정하기 위한 것이다.

의회의 여성점유가 의미를 갖는 이유는 여성이 제역할을 해준다면 정치과정에서 새로운 시각과 또 다른 우선순위를 적용함으로써 세상을 변화시킬 수 있을 것으로 보기 때문이다(Marilee Karl, 1995). 여성의 정치참여가 확대되면 정부부문이 그 동안 정치사회에서 간과되었던 여성에게 반응적이 됨으로써 결과적으로 사회내 모든 사람들의 요구에 좀 더 민감해질 수 있게 된다.

물론 정치에서 여성만이 여성의 이익을 위해 활동하는 것은 아니고, 또 경우에 따라 여성의원이 여성적 관점보다는 정당의 결정에 따라 투표를 하는 경우도 있긴 하지만 여성의원이 여성이익에 더 반응적인 것은 사실이다(Karin L. Tamerius, 1995).

1995년에 유엔이 정해 놓은 여성의 의석확보 권고치는 30%선인데, 2004년 기준으로 이 기준을 만족시키고 있는 나라는 스웨덴(45.34%)과 노르웨이(36.4%) 두 나라 뿐이다.5) 이 때문에 유엔여성발전분과(United Nations Division for the Advancement of Women: DAW)에서는 여성의 의회진출 및 관리직진출을 가로막는 장애물로,

첫째, 상대적으로 짧은 여성 정치참여의 역사적 전통과 캠페인, 공개토론, 대중매체 등에 대한 경험부족

둘째, 여성의 정치참여에 대한 부정적 태도의 팽배, 여성을 포함한 선거권자들의 여성후보자 및 정치인에 대한 신뢰·지원 부족

셋째, 가정과 사회에서의 전통적인 여성역할과 정치경력을 조합하는 경험미숙

넷째, 경제적 의존성과 재정 수단의 부족

다섯째, 일반적인 교육 및 특히 정치적 교육의 불충분

여섯째, 여성자신의 정치, 특히 고위직에서 참여를 꺼리거나 자신감 없음 등을 지적하면서(Marilee Karl, 1995: 64) 해결책을 촉구하고 있다.

2) 경제참여 및 경제적 의사결정

경제참여 및 경제적 의사결정은 전문직·기술직 및 고위 행정·관리직의 성별 점유율로 지수화 된다. 행정직과 관리직은 경제적 의사결정기회에의 접근성을 측정하기 위한 것이고, 전문직과 기술직은 경력개발에 필요한 기회여부를 판단하기 위한 것이다.

(1) 고위행정·관리직의 성별 점유율

조직에서 권한을 행사하는 일차적인 근거는 직위이다. 합법적인 권한행사가 직위

---

5) 우리나라는 2002년 총선결과 전체의원 299명 중 39명이 여성이 당선되어 현재 13%수준이며, 아시아에서 GEM이 가장 높은 일본도 9.9%선이다.

에 부여되어 있기 때문에(윤우곤, 1997: 303) 조직구성원들은 그 권력을 받아들일 의무가 있다고 생각하게 된다(박연호. 1998: 344). 따라서 조직 계층구조에서 높은 직위일수록 권한이 크다. 조직에서 고위직일수록 강제, 보상, 규범, 전문지식 등을 활용할 수 있는 권한이 더 많이 부여되기 때문에 권력형성에 중요한 원천이 되기 때문이다. 또한 권한은 리더쉽의 핵심이고(Georgia Duerst−Lahti & Rita Mae Kelly, 1995: 30) 이 리더쉽은 정책 및 의사결정권과 연관된다.

대부분의 여성들이 공공부문에서든 사부문에서든 낮은 계층에서 근무하고 있기 때문에 여성의 권력, 정책 및 의사결정직에서의 대표성이 매우 낮다. 1995년 기준으로 세계적으로 국가지도자, 주요기업의 최고관리자, 국제조직의 최고위층에서 여성이 차지하는 비율은 5% 미만이었다(Marilee Karl. 1995). 그 이후 여성점유율이 계속 상승하여 2004년 기준으로 OECD국가들의 여성각료 비율이 25.7%에 달하고 있다(한국일보, 2005. 8. 11). 그러나 우리나라의 경우는 2006년말 기준 여성 국회의원 및 고위임원을 합친 비율이 8.2%(www.kosis.kr/온라인간행물), 여성임원 비율은 4.4%(laborstat.molab.go.kr)로서 OECD국가들에 비해 고위행정, 관리직의 여성비율이 대단히 낮다.

여성이 고위행정직으로 진출하지 못하는 요인들은 개인적·조직적 차원에서 검토할 수 있다(Mani. Bonnie G., 1999: 524). 여성의 선택에 영향을 미치는 개인적 장애는 자녀교육, 가족, 동기, 가정에 대한 의무 등 성역할과 관련된 것이다. 여성에 대한 차별적 태도와 관습, 상대적으로 낮은 교육수준, 일과 가사·육아병행의 어려움 등이 그에 속한다.

조직적 차원에서의 장애요인은 행정부서에 여성이 점하고 있는 자리는 승진이 불리한 보직이라는 것과 관련된다. 남성들은 주로 지도적 역할을 하는 자리에 있는 반면 여성은 지원적·위임적 기능을 수행하는 경우가 많아 계선에서 권한을 가지거나 관리직으로 승진하는데 필요한 중요한 실무경험기회가 제한된다(Mary E. Guy: 1994: 82). 즉 사회복지업무, 간호업무, 초중등교육 등의 분야에서 일하는 경우가 많고 선발, 승신, 고충제도, 훈련, 경력발전기회, 직무분류 등 모든 제도들이 여성들로 하여금 발전전망이 낮은 '여성'직무범주에 속하는 일을 하도록 되어 있다. 뿐만 아니라 일단 한 번 여성과 연관되는 직무라는 것이 알려지면 그 직무는 권위를 상실하는 오염효과(contamination effect)까지 발생하고 있다(Mary E. Guy: 1994: 84).

또 다른 한편으로 공공관료조직에서 여성은 능력면에서 의심을 받고 있고(Katherine C. Naff, 1994), 성공하기 위해서는 남성처럼 행동할 것이 기대되고 있다(Cheryl Simrell King, 1995: 87: Mary E. Guy: 1994: 80).

기업의 경우도 정상에 도달하는데 남성에 비해 여성에게는 실수가 더 치명적으로 작용한다(The CPA Journal. 1998: 9). 경영학을 전공한 젊은 여성들은 교육과정 동안 비교적 평등한 관계에 익숙해 있다가 기업체에서 승진해 가는 과정에서 겪게 될 위험에 준비가 안돼 고전을 금지 못하는 자신을 발견하게 되는 경우가 많다.

전체적으로 여성의 경제참여는 계속 증가되어 왔지만 고용기회, 권리, 보수 등의 면에서 여전히 불평등은 남아 있다. 또한 여성관리자들의 수도 적고 노조간부도 드물기 때문에 여성의 모성보호나 직업의 안정성, 육아 등의 열악한 상황의 개선이 더 어렵다(Marilee Karl. 1995).

(2) 전문·기술직

전문·기술직의 권한은 다른 사람들이 가치를 부여하는 전문·기술에 관한 정보 보유정도에 의해 평가된다. 다시 말해서 다른 사람이 필요로 하는 전문적인 지식이나 기술을 가지고 있을 때 권한을 가지게 되는 것이다. 이 때 그 지식이나 기술에 관한 정보가 중요할수록, 그리고 그 정보를 얻을 수 있는 대안이 적을수록 전문적 권한은 강화된다(이창원·최창현, 1997: 288).

전문·기술직이 권한을 행사할 수 있는 것은 그들이 가진 전문성과 기술의 비대체성 때문이다(박우순, 1996: 373). 개인이나 집단이 가진 전문지식과 기술을 다른 사람이나 집단으로 대체할 수 없으면 개인이나 집단은 그 만큼 더 큰 권한을 행사할 수 있는 것이다.

3) 소득능력

여성권한척도 측정에서의 소득능력이란 남성 1인당 소득에 대한 여성 1인당 소득의 비율과 여성의 경제활동참가율, 그리고 1인당 GRDP를 이용하여 산출된다(www.undp.org: 2006. 8. 5). 즉 남성소득을 1로 보았을 때 여성소득이 몇 %에 해당하는가와 여성전체의 경제활동 참가율이 얼마나 되는가, 그리고 그 지역 혹은 국가의 1인당 소득이 얼마인가가 주요 변수이다. 성별평등지수에서도 소득을 측정하긴 하지만 소득이 기본적인 인간개발ᅳ수명, 문자해독률, 빈곤탈피ᅳ에 기여하기 때문에서 측정하는데 비해, 여성권한측도에서는 소득자가 좀 더 광범위한 가능성 및 대안들을 선택·활용할 수 있도록 하는 경제적 권력의 원천으로서의 의미를 갖는다(UNDP, 1995: 82).

3. 분석의 틀

이 논문의 목적은 16개 시도의 여성권한척도를 측정하여 비교하고, 그 결과를 통해 각 지역별로 여성의 사회적 권한향상을 위해 개선되어야 할 부문이 무엇인지를 밝히는데 있다. 이 목적을 위해 여기서는 UNDP에서 기준으로 선정한 변수와 방법을 그대로 적용해서 16개 시 도의 여성의 권한을 측정하기로 한다. UNDP는 남성 대비 여성정치인 비율과 남성대비 여성 고위 행정·관리직 비율, 남성대비 여성 전문·기술직 비율, 여성과 남성의 임금점유율 등의 변수를 활용하고 있다. 이 연구의 진행과정을 간략하게 표시하면 다음 <그림 1>과 같은 분석틀 형태가 된다.

그림 1 연구를 위한 분석틀

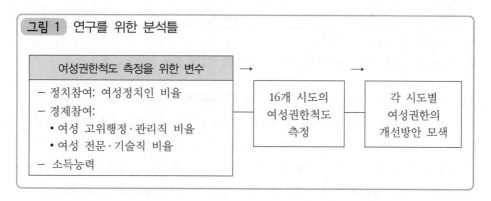

산출과정은 크게 3부문의 변수들을 이용하여 제1단계에서는 여성의 정치대표지수를, 제2단계에서는 여성 행정·관리직 점유지수 및 여성 전문·기술직 점유지수를 측정하고, 제3단계에서는 성별 소득분배지수를 계산한다. 그리고 제4단계에서는 이 3개 지수의 평균치를 산출하여 여성권한척도를 산출한다.

Ⅲ. 분석과 결과해석

제1단계: 여성대표지수 산출

여성권한척도 산출을 위한 주요 변수 중 하나가 여성정치참여비율이다. 이 때의 정치참여 정도는 의회의원 수를 의미하고, 의회의원 수는 전체의원 중 여성과 남성이 차지하는 비율로 나타낸다. 16개 시도의 여성 및 남성의 의회의원비율은 다음 <표 2>와 같다.

표 2 ┃ 의회의원들의 여남비율

(단위: %)

지역	여	남	지역	여	남
서울	25.2	74.8	강원	24.2	75.8
부산	23.3	76.7	충북	20.5	79.5
대구	21.6	78.4	충남	19.9	80.1
인천	21.5	78.5	전북	19.4	80.6
광주	32.3	67.7	전남	15.1	84.9
대전	23.7	76.3	경북	19.4	80.6
울산	30.4	69.6	경남	22.3	77.7
경기	22.7	77.3	제주	20.8	79.2

자료: 중앙선거관리위원회 홈페이지

주: 의회의원 비율은 광역자치단체의원과 기초자치단체 의원을 모두 합하여 산출한 것임

<표 2>를 보면 16개시도 중 광주의 여성의원비율이 32.3%로서 가장 높고 전남이 15.1%로서 가장 낮은 것을 알 수 있다. 여성의원수가 높다는 것은 여성정치참여의 동등지수를 높이는 것이기 때문에 여성권한척도에 결정적으로 영향을 미친다.

여성정치대표지수는 각 지역의 남여 인구비율을 고려해서 여성과 남성 의회의원수가 갖는 의미를 지수화한 것이다. 예컨대 서울시의 여성정치대표지수를 다음과 같이 계산된다.

- 지방의회 의원점유: $[0.495(74.8) - 1\ 0.505(25.2)^{-1}]^{-1} = 37.5131$
- 여성의원 점유지수: $37.5131/50 = 0.7503$

위와 같은 방법으로 계산된 16개 시도의 여성의원지수는 다음 <표 3>과 같다.

표 3 ┃ 각 시도별 여성정치대표지수

지역	지수	지역	지수
서울	0.7503	강원	0.7353
부산	0.7103	충북	0.6534
대구	0.6133	충남	0.6399
인천	0.6759	전북	0.6316
광주	0.8722	전남	0.5057

대전	0.7241	경북	0.6239
울산	0.8564	경남	0.6931
경기	0.7034	제주	0.6613

16개시도 중 여성정치대표지수가 가장 높은 곳은 광주로서 0.8722이고 가장 낮은 지역은 전남으로서 0.5057이다.

2. 제2단계: 고위행정관리자, 전문기술직 대표지수

1) 여성 고위행정 · 관리직 지수

UNDP에서 매년 산출하는 GEM에서는 고위행정관리직 비율 산출시 공무원의 경우는 3급 이상을, 관리자의 경우는 기업체의 임원급 이상을[6] 기준으로 하고 있다. 따라서 여기서도 그 기준을 준용하기로 한다. 16개 시도의 행정관리직 여성과 남성 비율은 다음 <표 4>와 같다.

표 4 행정 · 관리직의 여남비율

(단위: %)

지역	여	남	지역	여	남
서울	5.6	94.5	강원	2.2	97.8
부산	5.0	95.0	충북	2.2	97.8
대구	4.1	95.9	충남	2.2	97.8
인천	3.9	96.1	전북	5.0	95.0
광주	2.2	97.8	전남	5.1	94.9
대전	4.7	95.3	경북	4.7	95.3
울산	5.1	94.9	경남	4.6	95.4
경기	3.3	96.7	제주	4.4	95.6

자료: http://mogaha.go.kr/연보/백서; 2006여성통계연보
주: 3급 이상 여성공무원 비율은 통계가 있지만, 기업체의 여성 임원급 이상에 대한 시도별 통계는 존재하지 않아 전국통계치인 4.4%를 일률적으로 적용하였다. 통계자료는 상시근로자 1천명 이상 기업과 정부투자기관, 정부산하기관을 대상으로 조사한 것이다.

---

6) 임원급은 한국표준직업분류에서 기업고위임원분류를 따랐다. 한국표준직업분류에서 기업고위임원(02100)이라 함은 이사회나 관리기구에 의해서 설정된 지침의 범위내에서 기업 또는 단체를 대표하여 2명 이상 다른 고위임직원의 협조를 받아 경영방침을 결정하고 활동을 기획, 지휘 및 조정하는 자로 되어 있다.

행정관리직의 여성비율은 조사대상 16개 시도 중 서울이 5.6%로서 가장 높고 광주, 강원, 충북, 충남이 공히 2.2%로서 가장 낮은 비율을 보이고 있다. 2004년 기준으로 GEM 1, 2위 순위를 차지하고 있는 노르웨이와 스웨덴의 경우 행정관리직의 비율이 각각 28%, 31%를 차지하고 있다. 우리나라 전체로 보았을 때 2006년 말 현재전체 지방공무원 중 여성 공무원 비율은 27.7%이고 3급 이상은 2.0% 수준이다(행정자치부, 2006).

2) 전문·기술직 여성비율

여기서의 전문·기술직은 한국표준직업분류(대분류)에서의 '전문가'를 의미한다.[7] 각 시도별 전문기술적 구성비는 다음 <표 5>와 같다.

전문기술직의 경우는 울산이 64.3%로서 가장 높고 35.8%를 차지한 서울이 가장 낮다. 우리나라 여성의 전문기술직 비율은 GEM이 높은 노르웨이 등 기타 국가들과비교해도 그리 손색이 없는데 예컨대 2004년도 GEM 1위인 노르웨이의 경우 여성전

표 5 전문, 기술직의 여남구성비율

(단위: %)

지역	여	남	지역	여	남
서울	42.3	57.7	강원	52.7	47.3
부산	48.2	51.8	충북	44.1	55.9
대구	57.1	42.9	충남	45.5	54.6
인천	46.2	52.8	전북	52.7	47.7
광주	53.7	53.7	전남	43.2	56.8
대전	44.6	55.4	경북	45.6	54.4
울산	64.3	35.7	경남	53.3	46.7
경기	46.5	53.5	제주	50.0	50

자료: http://kosis.kr/온라인 간행물

---

7) 한국표준직업분류에 제시되어 있는 전문가는 전문기술직의 개념을 모두 포함한 개념이다. 한국표준직업분류는 전문가를 물리, 생명과학, 사회과학 분야에서 높은 수준의 전문적 지식과 경험을 기초로 과학적 개념과 이론을 응용하여 해당 분야를 연구, 개발 및 개선하고, 고도의 전문지식을 이용하여 의료진료활동과 각급 학교 학생을 지도하고 사업, 법률 및 사회서비스를 제공하며 예술적인 창작활동을 수행하는 자로 규정하고 있다. 전문가(대분류)에는 과학전문가, 컴퓨터관련 전문가, 공학전문가, 보건의료 전문가, 교육전문가, 행정·경영 및 재정전문가, 법률·사회서비스 및 종교 전문가, 문화·예술 및 방송관련 전문가 등 8개 중분류 직업이 포함된다.

문기술직 비율이 49%이고 2위인 스웨덴의 경우 50%선이다(http://hdr.undp.org). 2006년 3월 기준으로 우리나라 전체에서 여성전문인력이 200만명을 상회하고 있어(세계일보, 2006, 3.22) 이 분야의 발전은 매우 빠른 편이다.

고위행정관리자, 전문기술직 대표지수도 남여간 인구비율을 고려해서 고위행정관리직과 전문기술직 비율이 갖는 의미를 지수화한 것인데, 서울시의 경우를 계산하면 다음과 같다.

고위 행정관리직점유: $[0.495(94.4)-1+0.505(5.6)^{-1}]^{-1}=10.4797$

- 여성 고위 행정관리적 점유지수: $10.4797/50=0.2096$

    전문기술직점유: $[0.495(57.7)^{-1}+0.505(42.3)^{-1}]^{-1}=48.7391$

- 여성전문기술직 점유지수: $45.8370/50=0.9748$

    평균: $(0.2096+0.9748)/2=0.5922$

동일한 방법으로 계산한 다른 시도의 값은 다음 <표 6>과 같다.

16개 시도 중 여성 고위 행정관리직과 전문기술직을 합쳐서 가장 높은 수치를 보이고 있는 지역은 부산으로서 0.5949이고 가장 낮은 지역은 충북으로서 0.5366이다.

표 6 고위행정관리자, 전문기술직 대표지수

지역	지수	지역	지수
서울	0.5922	강원	0.5416
부산	0.5949	충북	0.5366
대구	0.5687	충남	0.5399
인천	0.5679	전북	0.5967
광주	0.5403	전남	0.5845
대전	0.5840	경북	0.5852
울산	0.5565	경남	0.5856
경기	0.5618	제주	0.5846

3) 제3단계: 여성 소득지수

여성권한척도를 산출하는데 있어서의 모든 통계자료는 남성 대비 여성비율의 관점에서 활용된다. 여성의 소득현황도 남성평균임금 대비 여성평균임금의 비율을 사용하게 되는데 현황은 다음 <표 7>과 같다.

| 표 7 | 남성 대비 여성임금비율 |

(단위: %)

지역	비율	지역	비율
서울	0.66	강원	0.67
부산	0.66	충북	0.65
대구	0.66	충남	0.64
인천	0.64	전북	0.70
광주	0.66	전남	0.64
대전	0.67	경북	0.60
울산	0.63	경남	0.63
경기	0.63	제주	0.67

자료: http://laborstat.molab.go.kr/매월노동통계

16개 시도 중 남성평균임금 대비 여성임금비율이 가장 높은 지역은 전북으로서 70%에 달하고 있고 가장 낮은 지역은 경북으로서 60%이다. 가장 높은 전북과 가장 낮은 경북간에는 10%의 차이를 보이고 있다. 그 외 여성소득지수를 계산하기 위해 사용한 통계는 다음 <표 8>과 같다.

| 표 8 | 여성소득점유지수 계산을 위한 각 연도별 통계치 |

	성별경제활동 여:남 인구비율(%)	남성대비여성 임금비율(%)	1인당 총생산 (GRDP)($)
서울	42.4:57.6	65.6	$18,102
부산	41.5:59.5	65.9	$12,478
대구	42.8:57.2	66.1	$10,319
인천	39.4:60.6	63.8	$14,196
광주	43.2:56.8	65.6	$12,131
대전	40.7:59.3	67.1	$12,563
울산	35.7:64.3	62.5	$35,959
경기	40.5:59.5	63.3	$14,821
강원	42.6:57.4	67.4	$14,541
충북	43.5:56.5	64.7	$16,751
충남	43.7:56.3	64.3	$23,970
전북	43.9:56.1	70.1	$13,190

전남	44.5:55.5	64.1	$21,361
경북	42.8:57.2	60.0	$21,229
경남	42.3:57.7	62.6	$17,144
제주	47.7:52.2	66.5	$14,329

자료: http://laborstat.molab.go.kr: www.kosis.kr
- 1인당 GRDP[8])계산의 경우 원화로 계산된 GRDP를 2005. 12. 31일 기준환율 1,024.36원으로 나눈 것임

<표 8>의 수치를 이용해서 서울시 여성의 EDEP 소득지수를 산출하면 다음과 같다.

① 평균임금대비 여성임금과 남성임금의 비율(W): $0.424(0.656)+0.576(1)=0.8541$
  평균임금대비 여성임금비율: $0.656/0.8541=0.7680$
  평균임금대비 남성임금비율: $1/0.8541=1.1708$
② 소득점유: {[(여성임금/평균임금)*여성경재활동인구비율]+[(남성임금/평균임금)*남성경제활동인구비율]=1이 됨}
  – 여성: $0.7680*0.424=0.3256$
  – 남성: $1.1708*0.576=0.6744$
③ 여성과 남성의 소득점유비율
  – 여성: $0.3256/0.424=0.7680$
  – 남성: $0.6744/0.576=1.1708$
④ 동등배분 소득지수(equally distributed income index)의 계산(UNDP에서 지수로 사용한 1인당 국내총생산(real GDP per capita)의 최저값이 100달러이고 최고값이 40,000달러임)
  – $[0.495(1.1708)^{-1}+0.505(0.7680)^{-1}]^{-1}=0.9256$
  – $0.9256*18,102=16,756$
  – $(16,756-100)/(40000-100)=0.4174$

위와 같은 방법으로 산출한 16개 시도의 여성 소득지수는 다음 <표 9>와 같다.

---

8) 지방자치제도 실시이후 각 시도들이 1인당 GDP가 아닌 1인당 지역내총생산(GRDP: Gross Regional Domistic Product)을 기준으로 소득을 산출하고 있기 때문에 여기서도 이 개념을 사용하였다.

표 9 여성소득지수

지역	지수	지역	지수
서울	0.4174	강원	0.3225
부산	0.2872	충북	0.3639
대구	0.1954	충남	0.5340
인천	0.2724	전북	0.2971
광주	0.2691	전남	0.4714
대전	0.2700	경북	0.4512
울산	0.7074	경남	0.3683
경기	0.3114	제주	0.3344

16개 시도 중 여성의 소득관련 지수가 가장 높은 지역은 울산으로서 0.7074이고 가장 낮은 지역은 광주로서 0.2691이다. 가장 높은 지역과 낮은 지역간의 편차가 0.4383에 달해 매우 큼을 알 수 있다.

4) 제4단계: GEM산출

여성권한지수는 앞에서 산출한 여성정치대표지수, 여성 고위행정·관리직과 전문기술인 지수, 그리고 소득점유지수를 합쳐서 3으로 나눈 값이다. 이렇게 계산을 하면 서울시의 경우는 0.5866이 나온다.

$$1/3*(0.7503+0.5922+0.4174)=0.5866$$

동일한 방법으로 산출한 각 시도의 GEM은 다음 <표 10>과 같다.

표 10 각 시도의 GEM

지역	지수	지역	지수
서울	0.5866	강원	0.5331
부산	0.5308	충북	0.5180
대구	0.4591	충남	0.5713
인천	0.5054	전북	0.5085
광주	0.5605	전남	0.5206
대전	0.5260	경북	0.5534

| 울산 | 0.7068 | 경남 | 0.5490 |
| 경기 | 0.5255 | 제주 | 0.5268 |

<표 10>에서 보듯이 16개 시도 중에서 울산시의 여성권한척도가 0.7068로서 가장 높고 대구가 0.4571로 가장 낮다.

이 지표는 각 지역의 여성의원비율, 행정관리직 및 전문기술직, 그리고 경제활동과 관련된 소득 등이 함께 어우러져 나타나는 것인데, 울산의 경우는 여성의원비율이 16개 시도 중 가장 높고, 전문기술직 비율 및 행정관리직 비율면에서도 다른 지역에 비해 뒤쳐져 있지 않다. 남성 대비 여성임금비율은 0.625로서 상대적으로 낮은 편이나 1인당 GRDP가 월등히 높은 것이 척도순위에 결정적으로 영향을 미쳤다고 볼 수 있다.

여성권한척도의 수치가 가장 낮은 대구의 경우는 여성의회의원 비율이 낮고 지역전체의 1인당 GRDP가 낮은 것이 척도순위에 영향을 미쳤다.

2006년도의 GEM 상위순위인 노르웨이, 스웨덴, 아이슬랜드의 경우 각각 0.932, 0.883, 0.866의 높은 수치를 보이고 있다(www.undp.org/hdr2006). 아시아국가들 중에서는 일본이 가장 높은 데 일본의 경우 2006년도 GEM순위는 75개 조사대상국들 중 42위이고 척도의 수치는 0.557이다(www.undp.org/hdr2006).

Ⅳ. 정책적 함의

각 시도별 GEM 수치의 원인을 살펴보면, 서울시는 16개 시도 중 2위로서 여성정치대표 지수와 고위행정관리직 및 전문기술직, 그리고 소득지수가 전체적으로 상위에 위치에 있다. 부산의 경우는 정치대표지수와 고위행정관리적 및 전문기술직 대표지수는 높은 편이나 소득지수가 낮아 9위에 머물고 있다. 대구는 최하위인데 고위행정관리직 및 전문기술직 대표지수만 중간정도이고 여성정치대표지수와 소득지수가 낮은 것이 원인이다. 특히 소득지수는 16개 시도 중 가장 낮다. 인천의 경우는 16개 시도 중 15위로 낮은 GEM 수치를 보이고 있는데, 여성소득지수의 절대적인 열세 때문이다. 광주는 4위로서 상위권인데 여성정치대표지수가 특별히 높아서 높은 순위를 차지하게 되었다. 대전의 경우는 10위로서 소득지수가 낮은 것이 전체 순위에 결정적인 영향을 미쳤다. 울산은 1위를 차지하였는데 여성정치대표지수, 고위행정관리직 및 전문기술직 지수, 그리고 소득지수가 모두 높다.

경기의 경우 11위인데 여성소득지수의 상대적인 열세가 순위에 결정적인 영향을 미쳤다. 강원도는 7위로서 고위관리직 및 전문기술직과 소득지수가 순위에 결정적인 영향을 미쳤다. 충북은 13위로서 여성정치대표지수, 고위행정관리직 및 전문기술직 지수, 그리고 소득지수 등이 전체적으로 열세를 면치 못하고 있다. 충남은 3위로서 소득지수가 높은 것이 전체 순위에 결정적인 영향을 미쳤다. 전북은 14위로서 소득지수가 낮은 것이 전체 순위에 크게 영향을 미쳤다. 전남은 12위인데 여성정치대표지수가 낮은 것이 전체 순위를 결정하였다. 경북과 경남은 각각 5위, 6위를 차지하고 있는데 여성정치대표지수, 여성고위행정관리직 및 전문기술직 지수, 그리고 소득지수 등 3개 모두에서 고르게 상대적인 우위를 차지하고 있다. 제주도는 9위로서 여성정치대표지수가 상대적으로 낮은 편이고 소득지수도 낮은 것이 순위결정에 영향을 미쳤다.

이렇게 시도별 여성권한척도를 비교해 본 결과 다음과 같은 몇 가지 정책적 함의를 도출할 수 있겠다. 첫째, 여성의원지수의 경우는 과거 여성권한지표 하락의 결정적인 원인으로 작용했지만(고숙희, 2000: 2006), 작년도 지방선거에서 여성에 대한 할당제를 실시한 이후 획기적인 증가현상을 보이고 있다(고숙희, 2006 참조). 그러나 아직도 충남, 전북, 전남, 경북 등의 경우는 남성의원에 대한 여성의원 비율이 10%선에 불과할 정도로 낮다. 이 4지역의 GEM지수에 가장 크게 영향을 미치고 있는 부문이다. 이 지역들에 경우는 여성단체나 시민 단체의 적극적인 활동이 요구된다.

둘째, 고위행정관리직 비율의 경우는 남성대비 여성비율이 현저하게 낮다. 가장 높은 서울의 경우도 5.6%에 불과하고 가장 낮은 지역인 광주, 강원, 충북, 충남은 2.2%에 불과하다. 같이 하나의 변수로 묶인 여성전문기술직의 경우는 우리나라가 다른 여타 선진국과 비교해도 그리 열악하지 않은데 비해, 여성 고위행정관리직의 경우는 16개 시도의 여성권한척도의 현 상태 유지에 결정적인 영향을 미친 변수로서 특히 관심이 필요하다. 2006년 말 기준 지방자치단체 3급 이상 여성공무원 비율은 3.6%로서 민간부문 관리직(임원급 이상) 비율 4.4보다 낮은 실정이다.

지방자치단체의 경우는 여성 고위행정·관리직 임명에 대한 압력이 중앙보다 약하다.[9] 따라서 이에 대한 자치단체장의 대응도 전반적으로 소극적인 듯하다. 이러한 지방의 낮은 여성 고위행정직비율에 대한 문제의식 때문에 행정자치부는 올해 초에 제2차 지방자치단체 관리 직 여성공무원 임용확대 5개년 계획을 확정한 바 있다. 1차

---

9) 중앙정부의 경우는 여성관리자 임용목표제, 양성평등 채용목표제 등 적극적인 균형인사정책에 힘입어 중앙행정기관 5급 이상 여성관리직이 2004년에 비해 2005년에는 40% 증가하였다(한국여성개발원, 2006: 47).

계획연도(2002-2006)의 시행결과 지방자치단체의 여성공무원의 절대수는 증가하였으나 관리직 여성공무원 비율은 2006년 6.1%(사무관 이상)로서 기대수준에 도달하지 못했다는 평가 때문이다(happymogaha). 이 때문에 행정자치부는 2011년까지 6급 이상 여성공무원을 16.5% 이상 확대임용하려는 계획을 세웠는데 매우 시의적절해 보인다.

셋째, GEM의 3개 축인 여성정치지수, 여성 고위행정관리직 지수, 여성소득지수 중 수치가 절대적으로 낮은 부문이 바로 여성소득지수이다. 여성소득지수에 영향을 미치는 변수는 남성대비 여성임금비율과 여성경제활동참가율, 그리고 1인당 GRDP인데 각 시도의 경우 남성대비 여성임금비율도 전북의 70%를 제외하고는 모두 60%선에 머물고 있고, 경제활동참가율도 60%선이다. 그리고 1인당 GRDP의 경우는 편차가 매우 심하여 가장 높은 울산의 경우는 2005년 기준으로 36,833천원($35,959)이고 가장 낮은 대구는 10,570천원($10,319)으로서 26,263천원($25,640)의 차이가 난다. 이 차이 때문에 울산시의 경우 남성대비 여성임금비율이 다른 지역에 비해 낮은 데도 불구하고 전체적인 GEM수치를 높이는데 기여하였다.

이러한 남성대비 여성힘의 약현상은 우리나라뿐 아니라 타 국가의 경우도 마찬가지이기 때문에 1995년도 UNDP의 인간개발보고서에서는 성불균형을 줄일 수 있는 5가지 전략을 제시하고 있는데, 여기서 다시 한국상황에서 GEM을 향상시키는데 적절한 사항들을 요약하면 다음과 같다(자세한 것은 Ok-Soon Lee, 2004).

첫째, 법적 차별을 없앤다. 공사영역에서 성평등을 보장할 수 있는 법적 틀의 완비가 중요하다. 성평등을 방해하는 제도적 장애요소들도 찾아내어 포괄적 정책개혁과 강력한 적극적 조치를 통해 제거해야 한다. 둘째, 사회 및 제도적 규범변화를 촉진한다. 오랜 역사를 가지고 있는 성역할에 근거한 행태적 및 제도적 규범이 공공영역에 대한 여성참여를 어렵게 한다. 가정에서의 여성과 남성간의 좀 더 평등한 책임배분이야말로 정치 및 경제영역에 있어서 여성참여기회를 보장하는 데 근본적인 것이다. 셋째, UN여성지위위원회에서 권고하는 핵심의사결정지위 점유율 30%를 제도화한다. 넷째, 여성교육에 대한 투자 등 여성기회향상에 필요한 주요 프로그램에 역점을 둔다. 다섯째, 여성의 경제적 및 정치적 기회에 대한 접근성을 높이기 위한 프로그램에 목표를 둔다.

V. 맺는 말

이 논문은 처음으로 우리나라 16개 시도 전체를 대상으로 여성권한척도를 측정하였다. 그 결과 여성정치대표지수, 여성 고위행정관리직 및 전문기술직 대표지수, 그리고 여성소득지수 등 3개 부문 모두에서 골고루 상위를 차지한 울산시의 여성권한 수준이 가장 높은 것으로 나타났다. 여성권한척도가 가장 낮은 지역은 대구로서 여성정치대표지수와 여성소득지수의 절대적 약세가 결정적인 요인으로 작용하고 있다.

매년 UN에서 나오는 자료들을 종합해 보면 우리나라 여성들은 경제발전에 비해 사회적인 면에서의 권한 및 지위는 하위권을 면치 못하고 있다. 이렇게 부진한 여성의 사회적 지위를 향상시키기 위해 정부에서도 여성할당제 등 다양한 정책을 실시하고 있으나 아직 전체여성으로 그것이 파급효과를 발휘하기에는 역부족인 듯하다. 더구나 다양한 여성정책이 역차별 및 실적제 훼손이라는 반대여론의 대상이 되기도 한다.

민주주의의 발전이나 참다운 참여가 여성과 남성간의 평등한 관계를 전제로 한다는 점에서 보았을 때 여성의 권한향상은 시급한 정책과제 중 하나임에 틀림없다. 특히 우리나라의 경우는 교육, 영양, 소득 등 인간개발 지표면에서는 여성이 높은 수준을 보이는 반면 이것이 GEM으로 전환되지 못하고 있다는 점에서 문제가 있다.

이러한 관점에서 이 논문은 전국 16개 시도 여성의 사회적 권한이 과연 어느 정도나 되나를 시론적으로 측정하였다는 데 의미가 있다. 전체적으로 GEM에 가장 큰 영향을 미치는 것은 여성소득지수였다. 여성 정치참여지수는 2006년 5.31지방선거 이전까지는 낮은 GEM의 결정적인 원인으로 작용했으나 선거에서 각 정당들의 의도적으로 여성의원을 비례대표 우선순위에 배정하여 많이 개선되었다. 여성행정관리직 및 전문기술직 비율의 경우, 여성행정 관리직 비율은 매우 낮지만 전문기술직 비율은 거의 국제수준에 도달하고 있어(스웨덴 50%, 노르웨이 49%, 오스트레일리아 55%, 일본 46%) 전체적으로 지수를 상승시키는 요인이 되었다. 그에 비해 소득의 경우는 남성대비 여성임금비율과 여성의 경제활동참가율 등이 모두 열악하여 지수의 상승을 가로막고 있다.

전체적으로 지방의 경우 여성권한 향상에 대한 정치적 압력이 중앙만큼 크지 않을 뿐 아니라 여성의 힘이 약하고 힘이 약하기 때문에 강력한 정책적 대응을 하지 못하고 정책적 대응이 약하다 보니 지방정부의 정책적 반응이 소극적으로 되는 약한 여성권한의 악순환이 되풀이되고 있다. 따라서 GEM을 높이기 위한 정부, 여성단체, 학계, 정계 등이 힘을 합하여 적극적인 정책적 조치를 강구할 필요가 있다.

GEM에 대해 유엔디피에서는 이 척도가 보편적인 처방적 지표가 아니라는 점을 명확히 하고 있다(undp.org: 1955: 2004). 즉 여성권한척도의 결과는 경제적 · 정치적 참여의 결과일 수도 있고, 여성의 진입을 막는 구조적 장벽 때문일 수도 있고, 또 사회 내에서 남녀가 각자 원하는 역할을 선택한 결과일 수도 있다는 것이다(UNDP. 1955: 83). 다시 말해서 남녀간에 선택의 기회를 공평하게 제공하려는 것이 목표이고, 정치적 · 경제적 영역에서 특정한 비율을 달성하려는 것이 목표가 아니라는 것이다. 때문에 UN은 각 국가들의 여성비율을 근거로 한 지표를 근거로 순위만 정할 뿐 그것에 대한 평가는 하지 않고 있다.

그리고 UNDP는 GEM이 가지는 한계도 지적하고 있는데, 예컨대 성평등이나 성권한 개념은 GEM이라는 하나의 지표로 나타내기에는 너무 복잡하다는 것이다(http://hdr. undp.org: 2006. 8. 5). 때문에 GEM은 다양한 측면을 적절히 반영하지 못하고 있는데 예로서 여성의 비시장적 활동에 대한 참여와 국가내 정치 및 행정의 하위수준에서의 여성참여를 포함하지 못하는 것이 그 예다.

그러나 이러한 한계에도 불구하고 여성참여 및 목표달성을 견지하는 하나의 유용한 도구로서는 쓰임새는 있다. 즉 UNDP가 여성권한척도의 순위만 정하고 평가를 하지 않고 또 처방적 지표가 아니라는 점을 밝히고는 있지만 실제로는 정책방향을 설정하는데 충분히 유용한 자료로 활용될 수 있고 또 활용되어지고 있다.

참고문헌

고숙희. (2000). <충북 여성의 사회적 권한 증대방안>. 박제창편. <정부와 여성참여>. 293-316. 서울: 법문사.

노동부. (1997). <1997노동백서>.

_____. (1999). <영세규모사업체근로실태조사보고서>.

_____. (1999). <임금구조기본통계조사보고서>

박연호. (1998). <현대인간관계론: 조직행동과 대인관계>. 서울: 박영사.

박우순. (1996). <현대조직론>. 서울: 법문사.

여성부. (2004). <여성인적자원개발 혁신방안연구>.

여성특별위원회. (1999). <1999 여성백서>.

윤우곤 (1997). <행정행태론>. 서울: 법문사.

이창원·최창현. (1997). <새조직론>. 서울: 대영문화사.

전국경제인연합회. (1997). <한국경제연감>.

충청북도. (1997). <제37회 충북통계연보>.

_____. (1999). <1999 충북여성통계>.

_____. (2005). <2005 충북여성통계>.

충청북도 법무통계담당관실. (1999). <1999년 주만등록안구통계>.

통계청. (1997). <한국통계연감>.

_____. (1998). <국제통계연감>.

_____. (1999). <경제활동인구연보>.

한국여성개발원. (2006) <공공부문 여성참여 확대정책의 발전방안>.

행정자치부. (1999). <행정자치부통계연보>.

_____. (2000). <행정자치부통계연보>.

_____. (2003). <여성과 공직 2002>.

_____. (2005a). <행정자치부통계연보>.

_____. (2005b). <행정자치백서>.

_____. (2006). <지방자치단체공무원 인사통계>.

King, Cheryl Simrell. (1995). Sex—Role Identity and Decision Styles: How Gender helps explains the Paucity of women at the Top. In Georgia Duerst—Lahti & Rita Mae Kelly(eds.). Gender Power, Leadership, and Governmance. Ann Arbor: The University of Michigan Press.

Duerst—Lahti, Georgia & Rita Mae Kelly. (1995). On Governance, Leadership, and Gender. In Georgia Duerst—Lahti & Rita Mae Kelly(eds.). Ann Arbor: The University of Michigan Press.

Guy, Mary E. (1994). "Organizational Archotecture. Gender and Women's Careers". Review of Public Personal Administration. 14(2): 79—90.

Karl. Marilee. (1995). Women and Empowerment: Participation and Decision Making. London: Zed Book LTD.

Naff, Katherine C. (1994). "Through Glass Ceiling: Prospects the the Advancement of Women in the Federal Civil Service". Public Administration Review. 54(6): 507—514.

Ok—soon, Lee. (2004). Query: Republic of Korea—Policy options to improve the GEM Ranking. http://hdr.undp.org.

Randall, Vicky. (1987). Women and Politics: An International Perspective. Chicago: The University of Chicago press.

Tamerius, Karin L. (1995). Sex, Gender, and Leadership in the Representation of Women. In Georgia Duerst—Lahti & Rita Mae Kelly (eds.). Gender Power, Leadership, and Governmance. Ann Arbor: The University of Michigan Press.

The Corporate state: A Women's CEO and Senior Management Summit. The CPA Journal. (1998). 9.

UN. (1994). Humen Development Report 1993.

UNDP. (1996). Humen Development Report 1995.

_____. (1997). Humen Development Report 1996.

_____. (2005). Humen Development Report 2004.

www.undp.org/unifem/gender.htm(2006. 8. 5)

www.undp.org/hdr 2006(2007. 9. 5)

www.undp.org/hdr 2005(2006. 8. 5)

www.undp.org/hdro/anatools.htm(2006. 8. 5)

www.mogef.go.kr(2006. 6. 4)

www.kosis.kr(2007. 8. 8)

www.mogaha.go.kr(2007. 8. 20)

http://laborstat.molab.go.kr(2007. 8. 13)

▶ ▶ ▶ **논평**

김영미(상명대학교 공공인재학부 교수)

1. 서론: 여성의 사회적 권한 측정의 새로운 시도

'여성'이라는 주제는 무척 포괄적이면서 다양성을 내포하고 있다. 성차별부터 시작해서 보건복지, 인권, 고용 등 여러 분야에 걸쳐 중요한 정책대상으로 등장하였고 정부의 적극적 주도 하에 본질적인 문제들을 해결하고자 노력하였다. 특히 여성의 저대표성 문제는 오랜 기간에 걸쳐 쟁점의 주류에 있으며 현재도 진행형이다. 북유럽국가들의 사회정책은 보다 진보적인 성향의 여성정책, 가족정책으로 이어지면서 여러 나라들의 관심을 받고 있다. '여성'이 정책적으로 전면에 등장하게 되는 현상은 세계 각 국가마다 유사한 양상을 보이고 있다. 기존의 여성문제가 사회적 및 정치적 대표성에 초점을 두었다면 최근의 추세는 여성의 복지 및 인력관리, 나아가서는 양성평등, 새로운 패러다임의 가족정책이라는 차원에서 보다 구체적인 대안 찾기를 시도하고 있다.

본 논문은 여성의 사회적 권한향상을 위해 한국의 16개 시도의 여성권한척도 (GEM: Gender Empowerment Measure)를 측정하였고, '여성의 정치참여'와 '경제참여', '경제자원에 대한 힘' 등 3개 부문을 축으로 각 지역별 지수의 차이를 밝히고 있다. 지난 2008년도 3월에 한국정책학회보에 본 논문이 게재되었는데, 여성 대표성 연구의 방법론, 측정의 딜레마를 뛰어넘어 지역별로 나타나는 여성권한척도를 측정하고자 시도한 점은 상당히 주목을 받았다. 당시에는 여성정책을 분석하고자 할 때 공공부문의 주요 통계자료가 '여성'만을 별도로 구분하여 생성되지 않다보니 주요 데이터를 분류하여 정리하는 작업의 시작도 만만치 않은 시점이었다. 이후 성인지예산, 성별분리 통계 작업 등 후속 조치가 이어져 현재 이르고 있다. 여러 가지 실증분석의 시도가 쉽지 않았던 시점에서 여성의 권한척도를 반영하여 지역별로 나타나는 여성의 위상을 측정하고 여성의 권한증대를 위한 정책을 제안한 점은 여성정책연구를 한 단계 끌어올리는 계기가 되었다.

일반적으로 여성정책의 쟁점은 여성차별을 중심으로 사회적 현상을 밝히는데 주력하였다. 특히 정치적 대표성 확보를 중심으로 여성정치인의 참여율을 제고하기 위한 입법 활동 등 정치학 분야에서 연구가 이루어졌다. 여성의 경제활동 인력 비율의 증가와 더불어 이에 대한 제도적 지원 방안 모색이 이루어지면서 행정학 분야에서도 여성의 대표성 제고를 위한 논쟁이 주목을 받기 시작했다. 행정직 여성 공무원의 현

실을 전제로 여성정책의 제도의 미진함을 다루는 주제 등이 주류일 때 UN의 여성권
한척도를 우리나라 지방자치단체에 반영하여 16개 시도에 직접 적용하고 차별화 된
결과를 도출하여 정책 제안을 시도한 점은 새로운 방법론의 적용과 분석의 차원을 한
단계 끌어올린 매우 고무적인 연구 결과라고 할 수 있다.

2. 해당 논문의 개요 및 주요 내용

(1) 여성권한척도를 적용한 측정의 시도

UN은 1995년 남성과 여성간에 존재하는 불평등정도를 평가하는 방법 중 하나인
여성권한척도(GEM: Gender Empowerment Measure)를 이용하여 주요 사회영역, 정치·
경제분야 및 주요 정책결정과정에서 여성의 참여 수준을 측정하여 발표하기 시작했
다. 이 지표는 사회적으로 여성의 힘을 측정하는 주요 지표로서 중요한 의의를 갖고
세계 여러 나라의 여성의 지위를 측정하는 지표로서도 영향력을 발휘하였다.

한국도 경제규모가 세계 10위권에 진입하였고, 여성의 경제활동 참가율도 60%를
넘어섰음에도 불구하고 2006년 UNDP의 여성권한척도는 조사대상 75개국 중 53위인
하위권에 머물렀다. 한국은 여성정책과 관련된 다양한 제도개선을 시도하였고, 중앙
정부차원에서 시작하여 지방자치단체에 이르기까지 세부 실행 과제 등을 제시하였지
만 실질적인 정책의 효과가 두드러지지는 않은 상황이었다.

2006년 5.31지방선거 때 각 정당들이 여성을 비례대표 우선순위에 배정하여 여성
의원의 수가 늘어난 사례가 있어 여성권한척도가 상승한 사례를 토대로 볼 때 여성의
권한은 자동적으로 이루어지기 보다는 사회구성의 기반변화가 선행되어야 함을 확인
하였다.

이에 본 논문은 다음과 같은 구성 지표를 토대로 실제 지방자치단체를 대상으로 여

표 1 여성권한척도의 구성지표

부문	정치참여 및 정치적 의사결정	경제참여 및 경제적 의사결정		경제자원에 대한 권력
지수	여성과 남성의 의회점유율 ↓	여성과 남성의 고위행정,관리직비율 ↘	여성과 남성의 전문,기술직 비율 ↗	여성과 남성의 소득점유율 ↓
EDEP	의회대표성의 EDEP ↘	경제참여의 EDEP ↓		소득의 EDEP ↙
		여성권한척도		

성의 권한척도를 검증하였다. 여성의 차별적 요소가 다양한 경로를 통해 논의되던 시점에서 쟁점을 중심으로 실질적인 변수를 도출하고 적용하여 여성권한척도를 이끌어낸 점은 여성정책 연구 분야에서 분석의 기제를 깊이 있게 볼 수 있는 토대를 만들었다.

(2) 여성권한 향상을 위한 제언

여성권한향상에 관심을 가진 국가들은 대체로 평등을 목표로 하는 의도적인 국가정책 및 제도변화에 관심을 기울이고 있다. 한국 정부도 여성권한 향상을 위해 공공부문의 여성관리자 임용목표제와 여성고용목표제, 각종 위원회 여성위원 30% 할당 등 여성배당비율제도를 실시하였고, 민간부문에서도 다양한 인센티브제를 실시하였다. 그러나 지방자치단체의 수준은 다소 심각한 현실을 보여주었는데 중앙정부 정책결정자의 정책의지와 비교했을 때 상대적으로 지방정부의 차이가 반영되고 있었다. 현황분석을 토대로 지방정부의 제도개선과 관련한 정책제언을 4가지로 압축하여 제시하였다.

여성권한척도는 첫째, 성의 평등을 향한 첫 단계로서 여성의 위치, 차별, 권리, 기회 등에 관한 의식형성이고, 둘째, 능력향상 및 기술개발이다. 사람과 제도를 관리하는데 필요한 기획, 의사결정, 관리, 활동수행 능력면의 향상 및 개발이 필요하다. 셋째, 가정, 공동체, 사회에의 참여와 통제력 및 의사결정권한의 확대이고 넷째, 성간의 평등 확대를 위한 행동으로 의식화와 더 많은 참여, 더 많은 의사결정권한 및 통제력을 얻기 위한 권한 행위를 강조하였다.

3. 이론적 기여점 및 정책적 시사점

UNDP의 '1995년 인간개발보고서'(Humen Development Report, 1995)는 2가지 측정을 하였는데, 성별평등지수(GDI:Gender−related Development Index)와 여성권한척도이다. 성별평등지수는 평균수명, 교육수준(문자해독률, 초등−고등교육 등록비율), 소득수준 등 남녀간 차이를 산출한 지수이며, 여성권한척도란 남성과 비교해서 여성이 정치, 경제, 행정 영역에서 어느 정도 권한을 행사하고 있는지를 측정한 것이다. 성별평등지수가 여성능력의 확장에 초점을 두는데 비해 여성권한척도는 생활상의 유리한 기회를 얻기 위해 그러한 능력을 실제로 사용하는 것과 관련된 것이다. 따라서 여성권한을 측정하는 방법은 여성의 경제, 정치, 전문적 활동에 대한 적극적 참여와 연관된다.

GEM은 정치·경제적 활동영역에서 남성에 대한 여성의 상대적 권한(relative empowerment)을 측정하기 위한 것이다. 성별 사회적 권한을 측정하는데 있어서 UN

'동등배분비율'(equally distributed equivalent percentage: EDEP) 개념을 사용하고 있는데 '인구가중치를 적용한 평균개념'을 의미한다.

본 논문은 한국의 16개 시도의 여성권한척도를 측정하여 비교하고 결과를 토대로 각 지역별로 여성의 사회적 권한향상을 위해 개선되어야 할 부문을 밝히는데 집중하였다. 여성권한척도 측정을 위해 정치참여(여성정치인 비율), 경제참여(여성 고위행정·관리직 비율, 여성전문·기술직 비율), 소득능력을 변수로 설정하였고, 16개 시도의 여성권한척도를 측정하여 각 시도별 여성권한의 개선방안을 모색하는 분석의 틀을 구성하여 적용하였다.

제1단계에서는 여성의 정치대표지수를, 제2단계에서는 여성 행정·관리직 점유지수 및 여성 전문·기술직 점유지수를 측정하고, 제3단계에서는 성별 소득분배지수를 계산하여 반영하였다. 제4단계에서는 이 3개 지수의 평균치를 토대로 여성권한척도를 산출하는 방식으로 전개되었다. 대상 지역은 서울, 부산, 대구, 인천, 광주, 대전, 울산, 경기, 강원, 충북, 충남, 전북, 전남, 경북, 경남, 제주 등 16개 지역으로 한정하고 이들 지역 간 결과를 중심으로 근본 원인을 도출하여 정책 대안을 모색하는 방식으로 개진되었다.

여성의 대표성 이론이 기존 공직에서의 대표성을 중심으로 논의가 이루어졌다면, 여성권한의 척도는 실제 현장의 차별적 상황을 명확하게 밝히고 보다 현실감 있는 정책대안으로 연계될 수 있음에 중요한 의의를 갖고 있다. 그런 점에서 여성권한척도를 적용하여 지역 간 차이를 검증하고 그 원인을 찾고자 노력했다는 점에서 이론적 및 정책적 함의가 높다고 평가된다.

4. 논의의 확장

각 시도별 여성권한척도를 비교해 본 결과 첫째, 여성의원지수의 경우 과거 여성권한지표 하락의 결정적인 원인으로 작용했지만, 여성할당제를 실시한 이후 획기적인 증가현상을 보여주는 것으로 나타났다. 특히 지역별로 남성의원 대비 여성의원의 비율이 낮은 지역, 지자체의 경우 낮은 여성고위행정·관리직 비율 등이 갖는 분석의 결과를 토대로 문제의식을 도출하였고, 이러한 다수의 연구결과는 정부의 여성공무원 임용확대 5개년 계획을 확정하게 하였다. 나아가 GEM의 3개축인 여성정치지수, 여성 고위행정·관리직 지수, 여성소득지수 중 수치가 절대적으로 낮은 부문이 여성 소득지수인데, 남성대비 여성임금비율의 차별적 요소를 제거하기 위한 시도가 반영되었다.

UN여성지위위원회에서 권고하는 핵심의사결정지위 점유율 30%의 제도화, 여성

교육에 대한 투자 등 여성기회향상에 필요한 주요 프로그램을 중심으로 후속조치가 반영될 수 있도록 다각적인 시도가 이루어졌다.

본 논문이 제시한 여성권한척도의 측정은 여러 분야에서 '여성'이라는 주제에 실질적인 현상을 분석하고 보다 구체적인 검증방법의 개발 및 접근을 할 수 있도록 주도적인 역할을 하였다. 지속적으로 '여성정책'의 현실을 반영한 아젠다의 개발 및 핵심 정책의 모색이 이루어지기 위한 시민단체의 노력도 이어졌다.

'여성'연구의 주제는 대표성 확보, 차별적 개선방안을 넘어서서 새로운 지능정보사회에서 보다 적극적이고 주도적인 역할을 보여주고 있다. 조직에서의 여성관리자의 위상 및 역할과 리더십양상 및 사회구성원으로서의 인권, 경제활동 구조의 변화에 따른 사회적 제도 개선 등 다각적인 차원의 접근이 연구로 이어지고 있다. 이전의 한정된 연구 범위를 넘어서서 보다 세분화된 주제로의 전이와 심층적인 문제의 본질을 다루는데 단초역할을 하였다.

5. 향후 연구에 대한 제언

최근 유엔개발계획(UNDP)이 전 세계 189개국을 대상으로 조사한 '2018년 성불평등지수(GII)'에서 한국은 지난해와 같은 10위를 기록했다고 발표하고 있다. 한국은 지난해에도 10위였으며, 아시아에서는 순위가 가장 높은 것으로 나타났다. '성불평등지수(GII)'는 UNDP가 각 국의 성불평등성을 측정하기 위하여 새로이 도입한 지수로, 기존 여성관련 지수로 발표하던 여성권한척도(GEM)와 남녀평등지수(GDI)를 대체한 것이다.

사회변화의 속도가 빠르게 전개되고 여성의 역할도 이전과 달리 사회 각 요소에서 큰 활약을 하는 것으로 평가된다. '여성정책 연구'는 연구결과에 힘입어 제도반영이 이루어지고 실질적인 사회의 인식변화에도 영향을 미쳐 가장 빠르게 변화한 정책영역으로 손꼽히고 있기도 하다. 그러나 여전히 존재하는 유리천장의 영역, 침해당하는 여성인권, 사이버 인권침해 등 또 다른 문제들이 새 아젠다로 제시되고 있다.

여성의 사회적 지위를 향상시키기 위한 정부역할의 순기능도 있지만 제도적 보완을 넘어서는 사회 구성원의 평등인식의 확대와 확산을 위한 가치체계의 반영 등 넘어야 할 연구 영역은 높이 자리 잡고 있다.

민주주의 발전이나 참다운 참여가 여성과 남성간의 평등한 관계를 전제로 한다는 점에서 볼 때 여성의 사회적 역할과 관련한 연구영역은 여전히 진행형이다.

행정학적 상상력의 인문적 기초

행정학적 상상력의 인문적 기초[*]

임의영(강원대학교 행정학과 교수)

～ 프롤로그 ～

행정학자들에게는 인문정신이라는 말이 낯설게 보일지도 모른다. 인문정신은 인간이 어떤 존재이고, 왜 살아야 하며, 어떻게 살아야 하는지에 대한 성찰을 내용으로 한다. 이러한 의미에서 보면, 인문학이나 사회과학은 물론이고 자연과학에도 인문정신이 배태되어 있다 할 것이다. 이 글은 제목처럼 '행정학적 상상력의 인문적 기초'를 탐구하는 데 초점을 맞추고 있다. 그렇다면 왜 하필 상상력인가? 우리가 익히 알고 있으며 추구하는 행정학의 목적은 '더 나은 세상'을 만드는 데 필요한 지식을 생산하는 것이다. '더 나은 세상'은 단순한 지식을 넘어서는 상상력을 필요로 한다. 아인슈타인의 말처럼, "지식보다 상상력이 더 중요하다. 지식에는 한계가 있지만, 상상력은 이 세상 전부를 아우르고, 진보를 자극하며, 발전을 가져오기 때문이다." 이러한 측면에서 우리가 던질 수 있는 질문은 "현재의 행정학은 우리에게 희망을 주고 있는가?" 하는 것이다. 행정학을 통해 '더 나은 세상'에 대한 희망을 가질 수 없다면, 학문으로서 행정학의 존재이유가 사라지게 될 것이다. '더 나은 세상'은 사람이 사람답게 사는 세상이다. 그러한 세상에 대한 상상이 가능할 때, 우리는 그것의 실현을 목말라 하지 않을 수 없다. '더 나은 세상'에 대한 상상은 인문정신의 본령이라 하겠다. 따라서 이글은 행정학적 상상력의 기초를 인문정신에서 찾고자 한다.

학문적 분업이 고도화된 상황에서 행정학은 행정현상 연구에 집중하고, 인문정신은 인문학분야에서 다루는 것이 효율적이라 생각할 수 있다. 그러나 인

---

[*] 이 논문은 2013년 『정부학연구』 제19권 제3호에 게재된 글을 수정·보완한 것이다.

문정신이 배제된 학문 활동은 맹목일 수밖에 없다. 그렇게 되면 행정학은 도구적인 기술로 치부되어버릴 수 있다. 다행히도 행정학의 발전과정을 보면, 일반적으로 생각하는 것 이상으로 인문적 자산이 적지 않다는 것을 알 수 있다. 요컨대 행정학 초창기의 정체성 모색에 대한 고민, 신행정학, 블랙스버그선언, 신공공서비스론, 공공가치론, 포스트모더니즘에 기초한 행정이론들은 인문정신에 보다 충실하려는 노력이라 하겠다. 이들은 '더 나은 삶' 또는 '좋은 삶'에 대한 상상력을 자극하고, 과학적 지식뿐만 아니라 규범적 지식에 대한 관심을 요구하며, 철저한 비판을 지향하고, 다양한 학문들 및 예술, 종교, 문학과의 교류를 장려하며, 교조주의의 함정에 빠지지 말 것과 냉소주의에서 벗어날 것을 요청한다.

최근 행정학에서는 과학주의와 시장주의의 굴레서 벗어나고자 하는 시도들이 적지 않게 이루어지고 있다. 과학적 지식은 사실에 근거한 인과법칙으로 표현된다. 문제는 인과적 지식만이 참된 것이고, 그 이외의 지식은 허구라는 과학에 대한 근본주의적 신념이 일반화되고 있다는 데 있다. 시장은 인간의 욕구를 충족시키는 데 필수적인 교환기제이다. 문제는 인간적 삶에 필요한 모든 가치들이 오직 시장을 통해서만이 가장 효율적으로 분배될 수 있다는 근본주의적 신념이 일반화되고 있다는 데 있다. 과학과 시장에 대한 근본주의적 신념이 행정학에 지배적인 영향을 미치고 있다. 근본주의적 신념은 교조적이고 폐쇄적이며 경직적이다. 그것은 자기 세계에 갇혀 다른 세상과 담을 쌓는다. 그것이 위태로운 이유는 다른 세상을 인정하지 않으며, 심지어는 다른 세상에 대해 공격적이기도 하기 때문이다. 과학과 시장에 대한 근본주의적 신념은 상상을 공상이나 망상으로 치부함으로써 '더 나은 세상'을 꿈꾸는 행정학의 본래적 기획을 위태롭게 한다. 이러한 문제의식을 토대로 하여 과학적 방법론에 국한되지 않고, 현상적, 해석학적, 비판이론석 방법으로 행정현상을 연구하려는 시도들이 이루어지고 있다. 이는 행정현상을 보다 다양한 방식으로 이해할 수 있는 계기가 될 수 있다. 그리고 시장주의를 근간으로 하는 신공공관리론을 비판적으로 넘어서고자 하는 연구들이 이루어지고 있다. 공공성에 관한 연구, 공공가치 및 사회적 가치에 관한 연구, 신공공서비스에 관한 연구, 신공공거버넌스에 관한 연구 등이 대표적인 예라 하겠다.

그렇다면 인문정신에 기초한 행정학적 상상력을 발휘하는 연구는 어떠한 것이어야 하는가? 기본적인 방향은 행정학의 연구풍토와 실제 행정을 인도하는 제도, 정책, 관행들이 사람들을 무엇으로 존재하게 하는가를 탐구하는 것이다. 그것들이 지배와 억압 그리고 불평등을 조장하고 있는 것은 아닌지, 인간을 계층화하고 특정한 인간집단을 주변화하여 소외시키는 것은 아닌지, 목적적 존재로서 인간을 수단적인 존재로 비하하는 것은 아닌지 등등에 대해 질문하고 답을 찾는 연구들이 이루어질 필요가 있다. 이러한 연구가 적절히 이루어지기 위해서는 관리자나 정책결정자의 입장이나 시각을 넘어서 관리대상이나 정책대상들의 입장에서 제도, 정책, 관행들을 연구해볼 필요가 있다. 요컨대 사회적 약자들의 관점에서 행정현상을 바라보고 문제를 정의하며 해법을 찾는 노력을 시도해볼 필요가 있다는 것이다. 이를 통해 우리들은 행정연구와 실천의 영역에서 배제되었던 사람들이 의미 있는 주체로 떠오르는 것을 경험할 수 있을 것이다.

I. 서 론

행정학에게 인문정신이란 무엇을 의미하는 것일까? 일반적으로 인문정신은 인간의 존엄성을 최고의 가치로 여기는 정신이다. 그러한 의미에서 보면, 어떠한 학문도 인문정신으로부터 자유로울 수 없다(Battersby, 1996). 따라서 행정학자는 인문정신이 행정학에 대해 갖는 의미를 적극적으로 성찰할 필요가 있다. 그럼에도 불구하고 행정학계에는 이러한 필요성에 대한 인식을 어렵게 하는 편견이나 관행이 존재한다. 첫째, 학문적 전문주의나 분업체계에 기대어 인문정신은 인문학의 연구대상이기 때문에 행정학에서 다룰 필요가 없다는 생각이 있을 수 있다. 그러나 인문정신에 접근하는 방식에 있어서 인문학과 사회과학은 다를 수 있다. 전자가 인문정신의 본질에 초점을 맞춘다면, 후자는 인문정신의 다양한 작용과 영향에 초점을 맞춘다. 예컨대 행정학에서는 인문정신의 본질보다는 그것이 행정에서 실현되는 방식에 초점을 맞춘다. 따라서 행정학은 인문정신의 본질에 대한 인문학적 연구 성과를 참고하여, 행정학의 특성에 맞게 인문정신에 대한 관심을 구체화할 필요가 있다. 둘째, 일반적으로 행정학은 사회과학이기 때문에 인문정신에 대한 관심을 거의 찾아볼 수 없을 것이라는 편견이 있을 수 있다. 그러나 행정학계에서는 학문적으로 정체성을 형성해가는 과정에서 인문학적 특성에 주목할 필요성을 강조하는 시도들이 있었다. 또한 행정학계에서는 인간의 존엄성이 위협을 받을 때마다 그것을 돌파하기 위한 이론적 노력을 게을리 하지 않았다. 이는 인문정신과 행정의 관계에 대한 연구를 위한 행정학적 자원이 적지 않다는 것을 의미한다. 셋째, 행정학계를 지배하는 관념이나 신념 혹은 패러다임이 인문정신에 대한 관심을 제약하는 요인으로 작용할 수 있다. 가령 현대의 행정을 지배하는 행태주의나 시장중심주의는 인간의 존엄성보다는 과학적 진리와 효율성을 지배적 가치로 내세움으로써 인문정신이 작동될 수 있는 기회를 원천적으로 차단하고 있다. 인문정신은 어떤 관념이나 신념이 인간의 존엄성에 미치는 영향을 비판적으로 바라볼 수 있는 관점을 형성하는데 도움을 준다.

이 글은 행정학에서 인문정신의 중요성에 대한 인식을 약화시키는 편견이나 관행을 극복하기 위해 계획된 것이다. 인문정신은 사회적 제도와 관행을 비판적으로 바라볼 수 있는 관점을 제공하고, 대안을 모색하는 상상력을 자극한다(Nussbaum, 2013). 행정은 다양한 이해관계, 가치관, 욕구, 의견 등이 갈등하는 환경에서 조정을 통해 합의와 질서를 창출하고, 정책과 제도를 형성, 운용하는데 결정적인 역할을 한다. 이러한 의미에서 행정은 매우 창조적인 일이라 하겠다. 인문정신과 더 나은 세상을 상상하는 능력은 행정에 있어서 매우 중요한 의미를 갖는다. 인문정신은 행정학적 상상력의 기초를 제공한다. 이글은 행정학적 상상력의 인문적 기초를 논증하는데 초점을 맞추고자 한다. 이를 위해 우선 인문정신과 사회과학 및 행정학의 본질적 관계에 대해서 논의하면서 인문정신과 사회과학적 및 행정학적 상상력의 관계를 살핀다. 다음으로는 현대행정학을 주도하는 신념으로서 과학주의와 시장주의가 인문정신에 대한 관심과 상상력에 미치는 영향에 대해 비판적으로 검토한다. 그리고 행정학 안에서 인문적 전통이 형성, 계승, 확산되는 일련의 흐름을 살피고, 그것을 통해 행정학적 상상력이 활성화될 수 있는 조건을 모색한다.

II. 인문정신과 사회과학적 상상력

1. 인문정신

인문정신의 의미에 대한 해석은 지역과 시대 그리고 사람에 따라 다양하다. 가령 동양적 전통에서 인문(人文)은 천문(天文)이나 지문(地文)과 대비되는 것으로서 인간다운 혹은 인간적인 삶의 원리를 밝히는 것이라 할 수 있다. 일반적으로 인간다운 혹은 인간적인 삶의 원리를 '도(道)'라 한다(김우창, 2003; 이승환, 2007). '도'는 인(仁), 자연, 애(愛), 법(法) 등 사상가마다 그 본질을 다양하게 해석하고는 있으나, 인간다운 삶의 의미를 지향하고 있다는 점에서는 큰 차이가 없어 보인다. ≪論語≫에 나오는 학습(學習) 개념은 인문정신의 핵심을 표현하는 것으로 볼 수 있다.[1] 배우는 것을 의미하는 학(學)은 성현의 가르침을 본받는 것(效)을 뜻한다. 습(習)은 마치 어린 새가 나는 것을 익히는 것처럼, 배운 것을 자신의 것이 될 수 있도록 끊임없이 익히는 것을 말한다. 따라서 학습이 의미하는 바는 '도'에 관한 성현의 가르침을 끊임없이 배우고 익혀, 그것을 실천하는 데서 삶의 즐거움을 찾으라는 것이다. 인문정신은 도에 대한 깨달음과 그것의 실천, 즉 지행합일(知行合一)을 통해서 현존질서의 한계를 뛰어넘어 인간이 인간다운 삶을 살 수 있는 더 나은 세상—예컨대 요순시대(堯舜時代) 같은 세상—을 추구하는 정신이라 할 수 있다. 이러한 의미에서 동양적 전통의 인문정신에는 인간다운 삶의 원리를 밝혀, 그 원리에 따라 현존하는 삶의 질서를 비판적으로 바라보고, 더 나은 세상을 추구하는 해방적 상상력이 작동하고 있다고 할 수 있다.

다음으로 서양의 인문정신에 대해 살펴보자. 서양에서 인문정신에 대한 의식적인 접근이 이루어진 것은 근대적 현상이라 할 수 있다. 다시 말해서 근대의 문을 연 르네상스는 인문정신에 대한 각성을 기반으로 하고 있다. 르네상스는 중세적 지배질서와 세계관이 담고 있는 한계에 대한 비판의식을 기반으로 하며, 고전적인 전통에 기대어 새로운 세계질서를 추구하는 시대적 흐름을 말한다. 15세기 이탈리아 대학에서 고전문헌을 가르치던 교사를 지칭하는 humanist에서 파생된 humanism(인문주의)은 고전연구에 가장 큰 중요성을 부여하고, 고전을 모든 문화 활동을 인도하는 공통의 표준과 모델로 생각하는 시대적인 경향을 의미한다(Giustiniani, 1985; Kraye, 2005). 르네상스 인문주의의 핵심은 고전 연구와 교육(라틴어 humanitas나 그리스어 paideia), 그리고 그것을 바탕으로 한 교양의 증진이다. 따라서 르네상스의 인문주의는 인간적 가치를 발견하고, 교육을 통해 그것을 실현하고자 하는 일련의 노력으로 볼 수 있다. 여기에서 문학, 역사, 철학, 예술 등을 통해서 인간적 가치를 발견하고자 하는 인문학(humanities)의 뿌리를 찾을 수 있다.

인문주의를 의미하는 르네상스적 휴머니즘은 인간에 관한 철학 혹은 인간 중심적인 이데올로기로 발전하게 된다.[2] 특히 이 과정에서 주목할 만한 것은 이성적 사

---

1) 學而時習之, 不亦說乎(≪論語集註≫, 27-28).
2) 르네상스 휴머니즘의 번역어로는 '인문주의(人文主義)'가 적절해 보인다. 이데올로기로서 휴머니즘의 번역어로는 '인본주의(人本主義)'나 '인간주의(人間主義)'가 적절해 보인다.

유의 주체로서 개인의 발견이라 하겠다. 고전적, 중세적 전통에서 인간은 공동체의 일원으로서 존재가치를 갖는 것으로 이해된다. 그러나 근대로 들어서면서 인간은 하나의 개인으로서 존재가치를 갖는 존재로 이해된다. 개인의 이성이 인간다운 삶의 근본원리를 찾는 기제로 제시된다. 계몽주의에서 이러한 관념은 절정에 이른다. 계몽주의는 이성적 사유를 통해 도달한 삶의 원리와 그 원리의 실천을 요구한다. 가령 임마누엘 칸트(I. Kant, 2005: 132, 161)는 인간이 이성적 사유를 통해 스스로 삶의 원칙을 세우고, 그 원칙을 실현하기 위해 노력하는 자율적 존재이며, 그러한 존재가 되어야만 한다고 주장한다. 이는 서양의 고전적 전통에서 인문정신의 맹아를 체계성과 헌신성, 즉 합리적 사유를 통해서 도달한 원칙과 그것을 실현하기 위한 헌신에서 찾은 강상진(2007)의 주장과 맥을 함께하는 것으로 볼 수 있다. 서양의 근대를 상징하는 르네상스와 계몽주의는 인간을 구속하는 중세적 지배질서의 질곡에 대한 비판의식을 바탕으로 하고 있다. 또한 단순히 비판에만 머무는 것이 아니라 새로운 질서를 모색하는 해방적 상상력이 작동하고 있다. 따라서 서양적 인문정신에는 비판의식과 해방적 상상력이 작동하고 있는 것으로 볼 수 있다.

동서양을 막론하고 인문정신은 기본적으로 인간의 존엄성을 전제로 한다. 다시 말해서 그것은 인간은 존엄한 존재이며, 존엄한 존재가 되어야 한다는 것을 대전제로 한다. 인간의 존엄성의 핵심은 '자율'이다. 정치적 권력이나 경제적 부의 불평등 혹은 사회구조적 배제에 의해 사람들이 자신의 삶의 원칙을 스스로 결정하지 못하고, 다른 사람들이 정해 놓은 길을 걷는 예속적인 삶을 살게 된다면 그것은 인간의 존엄성에 깊은 상처를 만들게 될 것이다. 자신의 삶의 원칙을 스스로 결정하고, 그 원칙에 스스로 복종할 수 있는 자율이 가능할 때, 인간의 존엄성은 실현될 수 있다. 동양의 도에 대한 깨달음과 그것의 실천이나 서양의 자율원칙은 그러한 의미에서 상통하는 바가 있다고 하겠다.

인문정신은 "인간을 존엄한 존재로 세우기 위해, 혹은 인간으로서 존엄한 존재가 되기 위해 우리는 어떤 앎을 추구해야 하며, 그것을 어떻게 실천해야 하는가?" 라는 '인문적 물음(humanistic question)'을 지속적으로 던지고, 그에 대한 답을 구하는 정신이라 하겠다. 인문적 물음은 현존하는 구속적인 삶의 질서에 대한 비판의식에서 제기되기도 하며, 비판의식을 촉발하기도 한다. 비판의식은 구속적인 질서로부터 자율성을 회복하는 것, 즉 모든 구속으로부터의 인간해방을 지향한다(Habermas, 1972). 비판의식은 철저하고 역동적이다. 다시 말해서 비판의식과 해방적 상상력의 계기로 작용하던 것이 다시 비판의 대상이 될 수도 있다. 가령 이성의 결핍을 비판하고 이성의 충만을 위한 사유를 전개한 계몽주의는 이성의 과잉으로 인해 비판의 대상이 될 수도 있다(Horkheimer and Adorno, 1972). 이상의 논의를 정리해보면, 인문정신은 자율적 존재로서 인간의 존엄성을 실현하는데 지향점을 두고 있으며, 비판의식과 해방적 상상력을 기제로 해서 작동하는 역동적인 정신이라 하겠다.

인문정신은 인문학의 전유물이 될 수 없으며, 모든 학문과 예술, 종교는 인문적 물음으로부터 자유로울 수 없다. 인문적 물음에 대한 의식 혹은 인문정신의 고양은 모든 학문적 노력의 기반이라 할 수 있다. 이제 사회과학을 지탱하고 있는 비판의식과 해방적 상상력에 대해 살펴보자.

2. 사회과학적 상상력: 인문적 물음에 대한 사회과학적 반응

인문적 물음과 사회과학은 어떠한 관계에 있는가? 사회과학의 창시자라 할 수 있는 어거스트 콩트(A. Comte)는 프랑스혁명 이후 사회전반의 무정부적 상황에서 '질서'를 추구하는 세력과 '진보'를 추구하는 세력 간의 갈등을 목도하면서, 실증주의라는 새로운 원리에 기대어 '질서를 기초로 하는 진보'의 가능성을 모색한다. 그에게 있어서 실증정신은 신학적 단계에서 형이상학적 단계를 거쳐 등장한 가장 진보된 인간정신이다. 실증정신을 내용으로 하는 과학을 실증과학이라 하며, 거기에는 수학, 천문학, 물리학, 화학, 생물학, 사회학이 위계적으로 존재하고, 사회학은 그 정점에 위치한다. 실증정신은 현실성, 유용성, 확실성, 정확성, 적극성, 상대성 등의 특성으로 집약된다. 그러나 콩트는 여기에 그치지 않고, 실증정신의 특성으로서 '동정/공감(sympathy)'을 포함시킨다. 실증정신의 도덕적 측면으로서 동정/공감이 포함되어야 실증정신이 완성된다고 본 것이다(Comte, 2001: 88-89; 신용하, 2012: 119-121). 그는 여기에서 더 나아가 실증정신에 따라 실재하지 않는 신이 아니라 실재하는 인류를 믿는 실증주의적 종교로서 인류교를 창설한다. 인류교는 '신에 대한 사랑을 인류에 대한 사랑으로 바꾸어 놓은(Comte, 2001: 403)' 종교이며, 인류에 대한 사랑은 도덕적인 사회를 만드는 모든 인간의 의무라는 것이다. 실증정신에 기초한 삶은 '사랑을 원리로, 질서를 기초로, 진보를 목적(Comte, 2001: 367)'으로 하는 삶이라는 것이다. 이러한 측면에서 보면, 사회과학은 인문적 물음에 대한 답을 구하려는 노력의 산물이었다고 할 수 있다.

이처럼 인문정신은 본질적으로 사회과학의 토대이며, 이상적인 사회에 대한 상상력을 자극한다. 상상력은 '감각되지 않는 어떤 것, 혹은 이전에 실재 안에서 완전하게 인식되지 않았던 어떤 것의 정신적 이미지를 형성하는 행위 혹은 능력'[3])을 의미한다.

---

3) www.merriam-webster.com/dictionary

다시 말해서 그것은 보이지 않는 것을 보는 행위 혹은 능력이다(임의영, 2006: 43-48). 인문정신에 충실한 이상사회는 개인과 사회가 조화를 이루고, 그 안에서 인간의 존엄성이 실현되는 사회이다. 그러한 사회를 완벽하게 실현하는 것은 불가능하기 때문에 지속적으로 상상력이 요구된다. 이처럼 보이지 않는 이상사회를 구상하는 행위나 능력을 '사회과학적 상상력'이라 부르고자 한다.

인문정신에 토대를 두고 있는 사회과학적 상상력은 어떠한 특성을 갖는가? 라이트 밀즈(C. W. Mills, 1968)에 의하면, 사회학은 사회라는 보이지 않는 대상을 연구하기 때문에 상상력이 필수적이라는 것이다. 사회학적 상상력(sociological imagination)은 사회구조의 구성요소와 요소들 간의 관계 그리고 사회구조의 역사적 기원과 시대적 의미를 탐구하고, 궁극적으로는 그러한 사회구조가 인간을 어떻게 혹은 무엇으로 존재하게 하는지를 드러내는데 결정적인 역할을 한다는 것이다. 현존하는 사회구조의 성격과 기원, 그리고 그것의 인간적 의미를 묻는 것은 현재적 한계를 확인하고 뛰어넘기 위한 전제가 된다. 그러한 의미에서 상상력은 비판과 더 나은 삶에 대한 이미지를 구상하여 미래에 투사하는 특성을 갖는다. 마틴 제이(M. Jay, 1996)의 '변증법적 상상력(dialectical imagination)'은 이러한 상상력의 특성을 명확하게 보여준다. '변증법적 상상력'은 유럽에서 태동한 비판이론(critical theory)을 영미권에 소개하기 위한 책의 제목으로서 비판이론의 핵심을 표현한 것이다. 변증법은 세계는 계속 변화하고, 그 변화의 동인은 세계에 내재한다는 원리이다. 이러한 의미에서 변증법적 상상력은 현재에 안주하는 것을 거부하고 새로운 세계를 구상하는 능력이라 하겠다. ≪변증법적 상상력(1996)≫의 서문에서 막스 호르크하이머(M. Horkheimer, 1971: xxvi)는 '근본적으로 현 세계와는 전혀 다른 세계에 대한 관심이 사회철학의 원동력'임을 지적한 바 있다. 비판이론이 공유하고 있는 변증법적 상상력은 자본주의사회에 내재하는 불평등한 권력관계(지배와 억압)로 인해 인간의 존엄성이 파괴(소외)되고 있다는 비판의식과 그것을 극복하기 위해서는 질적으로 새로운 사회로의 전환이 필요하다는 해방적 관심을 반영한 것이다. 이러한 의미에서 사회과학적 상상력은 익숙한 현 세계를 비판적으로 바라보며, 또 다른 세계를 구상하는 행위 혹은 능력이라 하겠다. 따라서 사회과학적 상상력에는 현재를 조건화한 과거와 현재의 한계를 뛰어넘는 미래의 이미지를 동시에 보기 때문에, 시간적으로 과거와 현재 그리고 미래를 아우르는 사유의 방식이라 하겠다.

행정은 정책과 제도를 통해 인간과 사회에 그 무엇보다도 커다란 영향을 미친다. 따라서 행정은 정책과 제도 그리고 그것들을 인도하는 이념이나 관념의 특성, 그것들의 기원과 시대적 의미, 그리고 그것들이 인간에 대해 미치는 영향이나 그것들이 생산하는 인간의 주체성에 대한 비판적인 검토를 통해서 그것들의 한계를 넘어서는 '다른 삶'의 가능성을 모색하는데 민감해야 한다. 이러한 의미에서 행정학적 상상력은 근본적으로 인문정신에 의해 인도되어야 한다. 인문정신이 없는 행정학은 맹목이다. 행정학이 스스로에게 인문적 물음을 계속 던진다면, 윤리적 전망을 가지고 더 나은 세계를 상상하는데 익숙하게 될 것이다. 그럼에도 불구하고, 행정학에서의 인문정신은 과학주의와 시장주의에 의해 위협을 받고 있다. 다음 장에서는 과학주의와 시장주의의 특성과 기원 및 시대적 의미, 그리고 인간적 효과를 살펴보고자 한다.

Ⅲ. 행정학을 지배하는 신념과 인문정신의 실종위기

"우리는 사람들을 사실의 인간, 사실만의 인간이 되도록 만들어줄 사실의 위원들로 구성된 사실위원회를 조만간 갖기를 희망한다. 상상이란 단어를 완전히 버리도록." — C. Dickens(2009: 19)

현대 행정학을 지배하는 신념 가운데 가장 영향력이 큰 것은 과학주의와 시장주의이다. 이장에서는 이들이 인문정신과 행정학적 상상력에 미치는 영향에 대해서 살펴보고자 한다.

1. 과학주의: 논리실증주의와 행태주의

과학주의(scientism)는 일반적으로 과학에 대해 종교적인 신념을 갖는 경향성을 말한다. 그리고 그것은 맥락에 따라 다양하게 사용된다. 미카엘 슈텐마르크(M. Stenmark, 1997)은 과학주의를 학문내적인 과학주의와 학문외적인 과학주의로 범주화한다. 먼저 학문내적인 과학주의는 비과학적 학문들이 자연과학으로 환원될 수 있으며, 궁극적으로 모든 자연과학들도 하나의 특정한 자연과학으로 환원될 수 있다는 신념을 말한다. 더불어 방법론적으로는 자연과학의 방법론을 다른 학문들까지 확장하려는 방법론적 일원론을 말한다. 학문외적인 과학주의는 인간생활의 대부분이 과학의 원리에 따라야 한다는 신념으로, 그 유형은 매우 다양하다. 가령 과학적 지식만이 참다운 지식이라는 인식론적 과학주의, 과학적으로 증명된 것만을 믿는 것이 합리적이라는 합리주의적 과학주의, 과학이 발견한 실재만이 존재한다는 존재론적 과학주의, 과학이 도덕문제를 완벽하게 설명할 수 있고, 전통적인 윤리를 대체할 수 있다는 가치론적 과학주의, 과학이 우리의 실존적인 문제를 다루는데 충분하다는 구원적 과학주의, 과학이 우리들의 모든 문제들을 해결할 수 있을 것이라는 포괄적 과학주의 등을 예로 들 수 있다.

　행정학은 학문적 출사표를 던질 때부터 과학에 지대한 관심을 가지고 있었다. 행정학의 과학화에 결정적인 기여를 한 사람은 허버트 사이먼(H. A. Simon)이다. 그는 ≪행정행태론 The Administrative Behavior(1945)≫에서 1920년대에 등장한 비엔나 학파의 논리실증주의(logical positivism)가 연구의 출발점임을 선언한 바 있다(45).[4] 사이먼이 행정학의 과학화를 위한 반석으로 삼은 비엔나 학파의 성격에 주목할 필요가 있다. 비엔나 학파를 주도했던 모리츠 슐릭(M. Schlick, 1930/31; 1932/33)은 논리실증주의가 형이상학적인 사변이 아니라 '검증'을 통해 명제의 의미를 밝히는 '철학의 전환점'을 마련하였다고 선언하였다. 그리고 비엔나 학파의 논리형성에 지대한 영향을 미친 루돌프 카르납(R. Carnap, 1932)은 '논리적 분석'을 통해 통일과학(unified science)이 가능하다는 신념을 가지고 있었다. "근본적으로 상이한 방법 혹은 지식의 상이한 원천을 가진 상이한 과학은 존재하지 않으며, 하나의 과학이 있을 뿐이다(144)." 따라서 비엔나 학파의 과학적 세계관은 두 개의 결정적인 특성을 가지고 있다. "첫째로 그것은 경험주의적이며 실증주의적이다. 직접적으로 주어진 것에 의존하는 경험을 통해서만이 지식은 존재한다. … 둘째로 과학적 세계관은 논리적 분석의 적용을 특징으로 한다. 과학적 노력의 목표는 경험적인 재료에 논리적 분석을 적용함으로써 통일과학에 이르는 것이다(Hahn, Neurath and Carnap, 1973: 309)." 논리실증주의는 과학적 방법을 적용함으로써 모든 학문을 (자연)과학으로 환원하는 목적을 추구하는 학문내적 과학주의가 전개되는 계기가 된다.

　행정학계에서는 논리실증주의보다는 행태주의(behavioralism)라는 표현에 훨씬 익숙하다. 행태주의는 기본적으로 논리실증주의의 정신을 공유하고 있으나, 그것의 기원은 미국의 정치학계에서 일어난 전통적인 정치학의 연구경향에 대한 저항운동에서 찾을 수 있다(Dahl, 1961; Eulau, 1968). 행태주의가 등장하게 된 정신적인 배경은 미국사회를 지배하는 실용주의, 사실지향적 사고, 그리고 과학에 대한 확신 등에서 찾을 수 있다. 행태주의가 등장하는데 중요한 계기가 된 것은 '정치적 행태' 연구의 중요성을 역설한 찰스 메리엄(C. Merriam)을 중심으로 하는 시카고대학교 정치학과 학자들의 노력에서 찾을 수 있다. 기존의 정치이론이나 정치사상 중심의 연구는 실질적으로 정치적인 문제를 해결하는데 도움이 되지 않으며, 과학성 자체도 미흡하다는 문제의식이 강하게 자리 잡기 시작한 것이다. 행정학의 과학화에 결정적인 영향을 미친

---

4) 사이먼은 1997년에 출판된 ≪행정행태론≫ 제4판에서 논리실증주의를 군이 옹호할 생각이 없으며, 자신의 입장은 경험주의적이며 특별히 특정한 학파에 속하는 것이 아니라고 선언한다(68).

사이먼은 바로 시카고대학교 정치학과에서 세례를 받았다.

행태주의가 갖는 중요한 특성은 데이빗 이스턴(D. Easton, 1962)에 의해서 '행태주의 신조'로 정리된 바 있다. 그 신조들의 핵심은 발견 가능한 행태적 규칙성(변수들 간에 일정한 관계)이 존재한다는 것, 변수에 대한 기술과 측정의 정확성이 중요하다는 것, 그리고 연구의 결과들은 다른 사람들에 의해 반복적으로 검증될 수 있도록 적절하게 조작화된 명제들로 구성되어야 한다는 것 등으로 요약될 수 있다(Riggs, Hanson, Heinz, Hughes, and Volgy, 1970). 이러한 행태주의의 핵심을 유지하기 위해서는 정치과학과 정치철학의 분리(Bookman, 1970), 사실과 가치의 분리, 혹은 경험적 분석과 규범적 평가의 엄밀한 분리가 필수적이다. 행태주의는 행정학계에서 행정학을 '행정과학(Administrative Science)'으로 만들기 위한 반석으로 인식되었다. 제임스 톰슨(J. D. Thompson, 1956)은 행정과학이 되기 위한 조건을 다음과 같이 정리한다. 과학은 측정, 수량화, 통계, 실험이 아니라 논리적, 추상적, 검증된 사유체계의 발전을 위한 연역적이고 귀납적인 기법에 초점을 맞춰야 한다는 것이 대전제이다. 그리고 구체적인 조건을 보면, 첫째, '관계'에 초점을 맞추라는 것이다. 측정이나 기술은 과학의 기본적인 기법이지만, 이들은 특정한 조건 하에서 현상들 간의 관계에 대한 보다 정확한 언명을 얻기 위한 것이라는 점을 명심해야 한다는 것이다. 둘째, '추상적 개념'의 사용을 지향해야 한다는 것이다. 과학은 일반화를 가능하게 하는 추상적인 개념을 통해서 관계에 대한 이해를 보다 단순화하는데 초점을 맞춰야 한다는 것이다. 셋째, 조작적 정의를 발전시키라는 것이다. 개념은 개념에 의해 지시된 현상에 대한 감각적 지각과 확인을 가능하게 하는 일련의 조작적 용어들로 정의되어야 한다는 것이다.

이제 인문정신의 관점에서 행태주의 패러다임에 내재하는 과학주의적인 태도가 갖는 의미를 살펴보자. 과학은 인과법칙을 발견하여, 현상을 설명하거나 미래를 예측함으로써 자연에 대한 인간의 통제력을 확보하는데 목적을 두고 있다. "지식이 곧 인간의 힘이다. 원인을 밝히지 못하면 어떠한 효과도 낼 수 없다(Bacon, 2001: 39)." 따라서 과학은 무지에서 비롯된 불안과 공포로부터 인간을 해방시키는 계기를 제공한다. 그러한 의미에서 과학은 인문적 물음에 충실하게 응답하고 있는 것으로 보인다. 그러나 논리실증주의와 행태주의는 과학을 통해서 자연만이 아니라 인간사회에서도 인과법칙을 발견할 수 있다는 '비과학적 신념(Hayek, 1989: 3)'을 일반화시키는 계기가 된다. 이로써 과학주의가 사회과학의 중심이념으로 자리를 잡게 된다. 과학주의는 자연을 지배하고자 하는 기술적 관심(technical interest, Habermas, 1972)을 인간에게까지 확장시킨다. 그렇다면 과학주의는 인문정신의 관점에서 어떠한 의미를 갖는가?

첫째, 인간의 행태에 대한 관찰을 통해 발견된 인과법칙은 자극과 반응의 반사개념으로 재해석될 수 있다. 반사는 무조건적인 것일 수도 있고, 학습을 통해 조건화된 것일 수도 있다. 프랜시스 베이컨(F. Bacon)의 지적대로 핵심은 원인, 즉 자극이다. 자극을 어떻게 제시하는가에 따라 반응행태는 다르게 나타나기 때문이다. 자극과 반응의 맥락에서 보면, 인간은 외부에서 주어진 반응에 대해 단지 반응하는 존재에 불과할 뿐이다. 따라서 환경결정론이 인간의 행태를 이해하는데 중요한 안내판이 된다. 환경결정론에 따르면, 인간은 스스로 행동을 촉발하는 능동적 존재(active being)가 아니라 자극이 주어질 때 반응하는 수동적 존재(passive being)로 이해된다.

둘째, 인간의 행태에 대한 연구는 개별적인 행태에 대한 관찰을 기초로 한다. 전체는 관찰할 수 없기 때문에, 관찰 가능한 개별적인 행태에 대한 정보의 합산을 통해 전체에 대한 지식을 얻을 수 있다고 믿는 방법론적 개체주의(methodological individualism)를 따르지 않을 수 없다. 개체주의에 따르면, 인간은 다른 사람들과 의미를 공유하며 살아가는 사회적 존재(social being)가 아니라 주어진 자극에 개별적으로 반응하는 고립된 원자적 존재(atomic being)로 인식된다.

과학주의담론은 인간의 주체성을 본질적으로 능동적이기보다는 수동적인 자아로, 사회적이기보다는 원자적인 자아로 생산한다(Harmon, 1981: 31참조). 이는 목적적 존재로서 혹은 자율적 존재로서 인간을 인식할 수 있는 가능성을 약화시킨다. 이러한 과학주의의 위협에 대한 에드문트 후썰(E. Husserl)의 경고는 인문정신의 핵심을 보여주고 있다.

> 먼저 전세기 19세기 말부터 나타난 학문들에 대한 일반적인 평가의 전환에서 우리의 논의를 시작하자. 이 평가의 전환이란 그 학문들의 학문적 성격에 관계하는 것이 아니라, 오히려 '학문일반이 인간의 현재에 무엇을 의미했고 무엇을 의미할 수 있는가'에 관계한다. 19세기 후반에는 근대인의 세계관 전체가 실증과학에 의해 규정되고 실증과학으로 이룩된 번영에 현혹된 채 이러한 세계관을 독점하는 것은 진정한 인간성에 결정적인 의미를 지닌 문제를 무관심하게 외면하는 것을 뜻한다. 사실학(事實學)은 사실인(事實人)을 만들뿐이다. … 결국 그 문제들은 인간의 환경세계나 인간 이외의 환경세계에 대해 자유로이 태도를 취하는 자로서의 인간, 즉 자기 자신과 환경세계를 이성적으로 형성하는 모든 가능성을 지닌 자유로운 인간에 관계한다. 이성이나 비이성에 대해 그리고 이러한 자유의 주

체인 우리 인간에 대해 학문은 도대체 무엇을 말해야 하는가? 단순한 물
질과학은 이점에 대해 아무것도 말하지 않는다는 점은 분명하며, 더구나
주관적인 것 모두를 제거한다(Husserl, 1993: 26-27).

행태주의는 정치와 행정이론의 본질을 과학의 관점에서 다시 규정하게 하였다.
그러다 보니 행태주의 정치학이나 행정학의 이론적 목적을 실현하기 위한 수단으로
서 상대적으로 과학적인 발전을 이룬 경제학의 이론들과 시장메타포들이 유용성을
갖게 된다(Ashcraft, 1977). 행태주의와 시장주의는 선택적 친화성을 갖는다. 이제 시
장주의에 대해 살펴보자.

2. 시장주의: 신공공관리

시장주의는 경제적인 가치(재화와 서비스)뿐만 아니라 사회적 가치의 생산과 분배
에 있어서 시장과 시장의 핵심적인 행위자인 기업이 가장 효율적인 기제라는 신념을
말한다. 시장주의는 '경제주의'와 '관리주의'로 구성된다. 행정학에서는 경제주의와 관
리주의가 결합되어 신공공관리론(혹은 정부재창조론)으로 전개된다(Hood, 1991: 5). 경
제주의는 세 가지 방식으로 이해될 수 있다(Ashley, 1983). 첫째는 변수경제주의(variable
economism)로서, 경제적 요인들과 정치적 요인들의 관계를 독립변수와 종속변수의 관
계로 보는 경향을 말한다. 일반적으로는 경제결정론이 이에 해당된다. 둘째는 논리적
경제주의(logical economism)로서, 정치의 논리를 경제의 논리로 환원하여 해석하는
경향을 말한다. 공공선택이론, 대리인이론, 거래비용이론 등을 이용하여 정치, 행정현
상을 연구하는 신정치경제학(혹은 신제도주의경제학)이 이에 해당된다. 셋째는 역사적
경제주의(historical economism)로서, 국가가 경제의 논리를 최우선으로 삼으며, 이론
화 과정에서는 이러한 경제 중심적 관점을 개념적으로 재현함으로써, 국가적 실천과
이론적 실천이 서로를 강화하는 경향을 말한다. 국가가 신자유주의적 경제논리를 최
우선으로 삼고, 이론의 영역에서는 이를 정당화하는 경향성에서 이러한 예를 볼 수
있다. 따라서 논리적 경제주의와 역사적 경제주의는 밀접한 연관을 갖는다.

이데올로기로서 관리주의는 다음과 같은 특성을 갖는다(Terry, 1998: 196). 관리주
의는 사회적 진보를 경제적 의미의 생산성 증가와 동일시한다. 그리고 생산성의 증가
는 테크놀로지에 의해 이루어지는 것으로 본다. 여기에서 테크놀로지는 물리적인 테
크놀로지와 사회적인 테크놀로지(정보관리, 조직관리)를 모두 포함한다. 이러한 테크놀
로지의 적용은 생산성의 이념에 따라 훈련된 노동력을 통해서만이 이루어질 수 있다.

관리는 조직의 독립적인 고유기능이다. 특히 생산성의 향상을 위해 기획하고 집행하며 측정하는데 핵심적인 역할을 한다. 따라서 기업의 성공은 관리자들의 질과 전문성에 의존한다. 이러한 중요한 역할을 수행하기 위해 관리자는 합당한 관리권한을 부여받아야 한다.

그렇다면 신공공관리론은 어떻게 등장하였는가? 1929년의 경제대공황이 발발하기 이전까지는 자유주의적 시장경제론이 우세했으나, 그 이후에는 시장실패에 대한 대안으로 케인즈주의에 입각하여 국가(정부)의 개입이 강화되었다. 그러나 1970년대에 오일 쇼크와 과잉생산으로 인하여 세계경제가 위기에 빠지면서 정부에 대한 신뢰가 떨어지게 되었다. 정부는 재정적자와 부패로 위기를 돌파할 수 있는 능력을 발휘할 수 없었다. 이처럼 정부실패가 현실화된 것으로 보이자, 다시 시장에 관심을 갖게된다. 그 관심은 과거의 시장주의로의 단순 회귀가 아니라 질적으로 전혀 다른 방향으로 전개된다. 다시 말해서 과거의 시장주의가 고전적 자유주의전통에 기초하여 '작고 약한 정부'를 강조했다면, 새로운 시장주의는 시장의 효율화를 위해 적극적으로 개입하는 '작지만 강한 정부'를 지향한다. 이를 정당화하는 이데올로기를 '신자유주의'라 부른다. 이를 배경으로 등장한 정부개혁의 논리가 신공공관리론이다. 신공공관리론은 이데올로기적으로는 신자유주의를 기반으로 하는 역사적 경제주의, 이론적으로는 공공선택론, 대리인이론, 거래비용이론 등에 의존해서 정치, 행정현상을 설명하려는 논리적 경제주의, 그리고 실천적으로는 기업에서 고도로 발전된 관리기법을 모방하여 정부의 행정체제를 관리체제로 대체하는 관리주의 등이 결합하여 구성된 것이라 하겠다. "신공공관리론의 아이디어는 경제적 합리주의의 언어로 표현되었고, 고위공직에 있는 새로운 경제관료 세대에 의해 증진되었다(Hood, 1995: 94)."

신공공관리론은 기본적으로 정부의 거대화와 대의민주주의가 가져온 시민의 정치적 소외를 고객에게 서비스를 잘하는 기업처럼 운영되는 정부에 의해 극복하려는 노력으로 볼 수 있다. 따라서 그것은 행정을 정치와 분리함으로써 비용-편익분석의 원리에 따라 이루어지는 관리체제로 대체하고, 일상적인 정치적 감시로부터 자유롭게 하고자 한다. 신공공관리론에 의해 공공부문과 민간부문의 차이는 본질적으로 사라지고, 관리가 두 부문을 가로지르게 된다(Box, 1999: 21). 신공공관리론의 원리는 다음과 같다. 책임과 권한의 영역을 명확히 설정함으로써 실질적인 전문적 관리가 가능하게 한다; 명확하고 측정가능한 성과기준을 마련한다; 과정보다는 결과의 통제를 중시한다; 조직은 관리가능한 단위로 분화한다; 비용감축과 성과향상을 위해 경쟁을 강조한다; 민간 부문의 관리스타일을 모방한다; 자원이용을 극도로 억제한다(Hood, 1991: 4-5).

인문정신의 관점에서 신공공관리론에 내재된 시장주의가 갖는 의미를 살펴보자. 먼저 시장주의담론에 의해 생산되는 인간의 주체성에 대해 살펴보자. 고전적 자유주의의 시장담론에서는 교환이 핵심원리로 인식되었으나, 신자유주의 담론에서는 경쟁이 핵심원리로 인식된다. 시장은 교환이 이루어지는 곳이 아니라 경쟁이 이루어지는 곳이다. 고전적 자유주의에서 교환은 인간의 타고난 본성으로 이해되고 있다. 따라서 경제인(economic man)은 교환하는 인간을 의미한다. 신자유주의에서 경쟁은 독점과 국가의 간섭으로부터 보호되어야 할 인공적인 관계로 이해된다. 따라서 경쟁은 국가의 간섭을 필요로 하는데, 그것은 단지 시장자체를 겨냥하는 것이 아니라 시장의 조건들을 규제하는 데 국한된다. 신자유주의는 인간의 주체성을 생산하는데 어떠한 방식으로 영향을 미치는가? 첫째, 신자유주의는 경제학적 사고를 사회의 모든 영역으로 확산시킨다. 그러다 보면, 경제적 합리성이 모든 행동의 지배원리로 작동하게 된다. 경제적 합리성은 비용 대비 효과를 극대화하는 선택행위를 의미한다. 사람들은 인생의 목적을 달성하기 위한 모든 노력들을 비용과 편익의 계산에 따라 평가하고 판단하게 된다. 둘째, 신자유주의는 노동자의 의미를 재규정한다. 다시 말해서 노동자는 '인간자본(human capital)'으로 규정된다. 따라서 노동의 대가로서 임금은 개인의 기술이나 능력 계발에 대한 초기투자를 바탕으로 얻은 수익으로 재규정된다. 신자유주의의 맥락에서 교환하는 인간으로서의 경제인은 '기업가(entrepreneur) 혹은 자신을 운영하는 기업가'를 의미하는 것으로 변질된다(Read, 2009). 이러한 인식을 기반으로 하고 있는 신공공관리론은 인간을 경쟁의 원리가 지배하는 시장에서 이익에 의해 동기화된 합리적 선택을 하는 존재로 본다. 그리고 정부를 재화의 공급자로, 공공관리자를 이윤을 추구하는 기업가로, 국민을 욕망을 추구하는 소비자 혹은 고객으로 인식할 것을 주문한다(Mitchell, 1968; Diver, 1982; Caroll, 1995; Box, 1999; deLeon & Denhardt, 2000).

신자유주의의 맥락에서 사람들이 통치되거나 스스로를 통치하는 양식으로서 '통치성(governmentality)'은 어떠한 특성을 갖는가? 통치성을 작동하게 하는 원리는 권리나 법이 아니라 이익, 투자, 경쟁이다. 예컨대 국가는 강제력을 동원하기 보다는 사람들이 자신의 손익을 계산한다는 단순한 사실에 기초해서 바람직한 행동에 대해서는 비용을 들이지 않게 하고, 바람직하지 않은 행동에 대해서는 많은 비용이 들도록 이익과 욕망의 흐름을 설계하기만 하면 된다. 그렇게 되면 사람들은 자발적으로 특정한 행동을 하게 된다. 이러한 의미에서 신자유주의의 맥락에서 통치성은 통치행위가 없이 이루어지는 통치라 할 수 있다. 이러한 통치성의 양식에서는 사람들이 적절하게 기능하도록 하기 위해 사람들에게 많은 자유로운 선택권을 부여한다. 미셸 푸코(M. Foucault)에 의하면 신자유주의적 통치술에서의 자유는 절대적 가치가 아니라 통치의 자원에 불과하다.

> 새로운 통치이성에는 자유가 필요하고 새로운 통치술은 자유를 소비합니다. 자유를 소비한다는 것은 요컨대 자유를 생산한다는 것이기도 합니다. 자유를 생산하고 조직화해야 한다는 것입니다. 따라서 새로운 통치술은 자유의 관리자로서 모습을 드러냅니다. 당연히 이것이 의미하는 바는 '자유로워야 함'이라는 즉각적인 모순을 갖는 명령이 아닙니다. … 제가 생각하고 있는 의미에서의 자유주의, 18세기에 형성된 새로운 통치술로서 특징지어질 수 있는 이 자유주의는 그 핵심에 자유[와 함께] 생산과 파괴의 관계를 함의하고 있다는 것입니다. 한편으로는 자유를 생산해야 합니다. 그러나 다른 한편으로는 자유를 생산한다고 하는 그 행동 자체가 제한, 관리, 강제, 협박에 기초한 의무 등의 확립을 함의하고 있는 것입니다(Foucault, 2012: 101 – 102).

인문정신의 관점에서 보면, 신자유주의적 자유는 진정한 의미의 자율성을 의미하는 것이 아니라 환상에 불과하다. 신자유주의적인 통치술은 역설적으로 개인을 자유의 철창(iron cage)에 가두는 것이다. 따라서 인간의 존엄성은 자유의 환상에 갇히게 된다.

3. 인문적 물음에 대한 반응들: 해방적 상상력의 억압

과학주의와 시장주의는 어떠한 앎과 삶을 요구하는가? 그러한 요구는 인간의 존엄성을 세우는데 어떠한 기여를 하는가? 과학주의와 시장주의는 과학과 시장에 대한 과잉된 신념 혹은 종교적 믿음을 말한다. 과학은 인과법칙을 찾아내고, 그것을 기초로 자연을 통제하는 기술적 관심의 인도를 받는다. 과학에는 대립하는 두 개의 가능성이 내재한다. 한편으로 과학은 무지에서 비롯되는 불안으로부터 인간을 해방시킬 수 있으며, 다른 한편으로는 자연뿐만 아니라 인간에 대한 통제를 가능하게 할 수 있다(Habermas, 1972). 과학에 대한 믿음이 과잉되면, 과학 이외의 앎을 추구하는 다양한 방식들에 대한 배타성이 더욱 강화되고, 과학은 과학주의로 종교화된다. 그렇게 되면, 과학에 내재된 인간에 대한 통제라는 구속적 계기를 제어할 수 있는 가능성이 약화된다. 인간은 통제 혹은 지배의 대상으로 전락할 가능성이 커진다. 특히 과학주의가 관료주의나 상업주의와 만나게 되면, 구속적인 현상태를 유지내지는 강화하고, 해방적 상상력을 억압함으로써 목적적 존재 혹은 자율적 존재인 인간의 존엄성에 매우 위협적인 것이 된다(Horkheimer and Adorno, 1972).

시장은 재화를 배분하는 다양한 방식들 가운데 하나로서 교환을 기본원리로 한다. 시장에는 두 개의 가능성이 내재한다. 한편으로 시장은 교환을 통해 필요를 충족시킬 수 있는 계기를 제공한다. 다른 한편으로 경쟁을 통해 더 많은 재화를 확보할 수 있는 축적의 계기를 제공한다. 인류역사에서 보면, 재화의 배분은 증여나 선물과 같은 호혜적 교환이나 권력기관에 의한 재분배, 그리고 시장에서의 교환 등 다양한 방식으로 이루어진다(Polanyi, 2001). 그러나 시장에 대한 믿음이 과잉되면, 시장 이외의 재화배분 방식들에 대한 배타성이 더욱 강화되고, 시장은 시장주의로 종교화된다. 본래 호혜적 교환과 재분배는 필요의 충족에 초점을 맞춘 것인데, 이들이 시장교환으로 대체되면, 필요의 충족이라는 교환의 해방적 계기는 위축되고, 경쟁을 통한 부의 축적이라는 구속적 계기가 더욱 강화될 수 있다. 부의 축적이 구속적 계기로 작동하는 이유는 그것이 부의 불평등을 가져오고, 있는 자의 없는 자에 대한 지배를 가져오기 때문이다. 추상적으로 시장은 자유경쟁이 이루어지는 공간이지만, 실제로 시장은 독점적인 대규모 기업의 자본에 의해 관리되는 공간으로 변화되고 있다. 이러한 의미에서 보면, 시장주의는 기업중심주의를 의미하는 것이다. 시장주의로부터 혜택을 받는 소수를 제외한 대부분의 사람들은 인간으로서의 존엄성을 유지하기가 더욱 어려워진다(Stiglitz, 2013).

과학주의와 시장주의가 인간의 존엄성에 위협적임에도 불구하고, 그것을 추구하는 세력들은 편리함과 성장의 혜택을 내세우면서 더 나은 대안이 있을 수 없음을 강변한다(Bauman, 2013). 시장주의를 사회의 모든 부문에 이식시키고자 하는 신자유주의의 선구자였던 마가렛 대처(M. Thatcher)의 "대안은 없다!(There is no alternative!)"라는 슬로건은 시사적이다. 신자유주의의 길 말고 다른 대안이 없다는 말은 신자유주의에 대한 비판이나 그것을 넘어서기 위한 더 이상의 상상력이 필요하지 않다는 말이다. 이처럼 과학주의와 시장주의는 인문적 물음을 회피함으로써 상상력을 억압한다. 행정학이 과학주의와 시장주의의 굴레에 갇히게 되면, 인문적 물음을 바탕으로 인간의 존엄을 위협하는 경향성에 대한 비판과 인간의 존엄을 다시 세울 수 있는 해방적 상상력을 발휘하기 어렵다. 그런 의미에서 우리는 시애틀(Seatle)의 반세계화운동의 슬로건에 주목할 필요가 있다. "다른 세상은 가능하다!(Another world is possible!)"과학이나 시장에 내재된 구속적 계기에 대한 비판과 해방적 계기의 복구, 과학 이외의 앎을 추구하는 다양한 방식들에 대한 개방, 시장 이외의 필요를 충족시키는 다양한 방식들에 대한 개방은 과학주의와 시장주의의 굴레로부터 벗어나는 계기를 상상하는 데 도움이 될 것이다.

Ⅳ. 행정학의 인문적 전통과 행정학적 상상력

> 공상이란 하나를 다른 것으로 볼 수 있고, 또 다른 것에서 하나를 볼 수 있는 능력을 뜻하는 소설적 용어이다. 달리 말하면 은유적 상상력이라 부를 수 있다. ― M. Nussbaum(2013: 90)

행정학을 지배하는 신념으로서 과학주의와 시장주의는 행정학에 내재된 인문정신이 작동할 수 있는 공간을 허용하는데 인색하다. 이 말은 '좋은 삶'에 대한 행정학적 비전 혹은 상상력이 발휘될 수 있는 계기를 찾기 어렵다는 것을 의미한다. 따라서 이장에서는 행정학의 인문적 전통을 살펴보고, 행정학적 상상력이 발휘될 수 있는 조건을 모색하고자 한다.

1. 행정학의 정체성 모색과 인문적 전통의 형성

행정은 정치와 분리되어 논의될 수 없다. 한편으로는 행정이 정치적으로 결정된 것을 집행하는 기능을 하기 때문이기도 하지만, 다른 한편으로는 정치적 결정과정에 적지 않은 영향을 미치기 때문이다. 쉘던 월린(S. Wolin, 2004)에 의하면, 정치는 다양한 사회세력들이 바람직한 정치질서의 형성을 위한 비전 혹은 사상을 제시하면서 자신들의 이해관계를 관철시키는 과정에서 발생한다. 이러한 의미에서 정치는 근본적으로 '좋음(the good)'의 비전에 의해 형성되고, 또 그것에 기여하는 활동이다. 따라서 정치는 윤리적 상상력을 기반으로 한다.

이러한 윤리적 상상력에 대한 인식은 드와이트 왈도(D. Waldo)를 통해 행정학에 접목된다. 첫째, 그는 행정이론의 가장 근본적인 판단기준으로 '좋은 삶에 대한 비전'을 제시한다(Waldo, 1948: 65). '좋은 삶'은 인간의 존엄성이 존중되고 실현될 수 있는 삶이다. 당대의 행정이론들은 한결같이 '좋은 삶'을 위한 조건으로서 '민주주의'를 말하고 있다. '인민의, 인민에 의한, 인민을 위한' 통치방식으로서 민주주의는 인간을 정치공동체의 주인으로, 다시 말해서 자기입법과 자발적 복종의 주체로 세우는 정치적 질서라는 것이다. 둘째, 그는 행정학을 사회과학의 범주에 포함시키면서도 행정학의 과학화를 추구하는 당대의 분위기와는 달리 과학적 기법의 한계를 명확히 인식하고, '사고하고 가치를 판단하는 인간'에 대한 연구는 그것과는 다른 것이어야 한다고 생각한다(1948: 181). 여기에서 우리는 인간을 단순한 관찰대상이 아니라 행동하는 주체로 인식할 것을 주문함으로써 학문의 방법에 있어서 인간성의 전모를 반영하려는 학문적 태도를 읽을 수 있다. 셋째, 그는 행정현상의 이해에 있어서 '관점 바꿔보기'를 방법론으로 제시한다(Waldo, 1956: 1). 이는 과학을 거부하는 것이 아니라 그것에만 집착함으로써 빠질 수 있는 편협성과 경직성의 함정에서 벗어나야 한다는 것이다. 그래서 그는 행정을 이해하는데, 자연과학은 물론이고 정치학, 경제학, 사회학, 인류학, 심리학, 역사학, 철학, 문학, 예술 등 다양한 관점들을 이용할 수 있다고 본다(1956: 26 – 49). 이는 다면적이고 복합적인 인간에 대한 입체적인 이해를 추구하려는 노력이라 하겠다.

행정학계에는 행정학을 인문학으로 보려는 노력도 있다. 마샬 디목(M. E. Dimock)은 "행정학은 철학이다(1958: 1)"라는 과감한 명제를 제시한다. 그가 말하는 철학은 세계의 본질에 대한 사유를 의미하는 것이 아니라, '제도적 생명력과 좋은 삶을 증진시키는 인간행위의 원리들을 발견하기 위해 노력하는 것(1958: 2)'으로서 윤리적인 의미를 갖는다. 또한 철학은 과학이 분석에 초점을 맞추는 것과는 달리 종합의 중요성에 주목한다. 유기체의 생명력은 분리된 기관들로 알 수 있는 것이 아니라 유기체 전체를 보고 알 수 있다. 이처럼 행정에 대한 종합적인 이해를 추구하는 철학은 행정의 전체를 보고, 그것에 생명력을 불어넣을 수 있다. 특히 철학은 '가치와 목표, 행정의 인간적 요소들, 그리고 목표와 수단의 일관성(1958: 4)'을 중요시한다. 디목은 윤리적 상상력을 행정학의 기초로 삼고자 한 것이다. 더불어 그는 행정에 대한 보다 입체적인 이해를 위해 행정학이 그 동안 익숙하지 않았던 분야에 보다 익숙해지고, 행정학을 사회과학의 범주에 가둘 것이 아니라 학문적 경계를 개방해야 할 필요성을 강조한다. "우리는 지금까지 과학의 여정에 있었지만, 이제 행정학이 본질적으로 인문학의 한 분야라는 사실을 깨닫는 것이 우리 자신에게 유익할 것이다. 행정학은 … 철학, 문학, 역사학, 예술 등과 같은 주제들과도 밀접한 관계에 있으며, 적어도 그러한 주제들과 밀접한 관계에 있어야 한다(Dimock, 1958: 5)."[5]

---

5) 행정학이 인문학 분야와 소통은 많지는 않았지만 픽션과 관련하여 의미 있는 노력들이 있기는 하다. 관료를 주인공으로 하는 소설의 분석(Friedsam, 1954), 문학적 접근이 행정에 주는 이점, 문학적 창의성의 세계와 전문적 학술세계를 연결시킬 수 있는 범례(Waldo, 1956; 1968c),

　　행정학의 정체성을 어떻게 규정할 것인가는 매우 중요한 문제이다. 주류행정학은 과학에 방점을 두고 행정학의 정체성을 규정하고자 하고 있으나, 다른 한편으로는 '좋은 삶'에 대한 윤리적 비전을 전제로 하는 행정학의 가능성을 모색하는 흐름도 존재한다. 이러한 흐름은 규범적인 차원에서 행정을 '행동철학(philosophy-in-action, Hodgkinson, 1978)'으로 규정하고, 이에 대한 연구는 과학을 넘어 인문학적 관점까지 흡수하여 이루어질 필요가 있음을 강조한다.

2. 행정학의 위기와 신행정학의 인문적 전통의 계승

　　1960년대는 '소용돌이의 시대(Waldo, 1971)' 혹은 '혁명의 시대(Waldo, 1968a)'라 할만하다. 급격한 변화의 시대에 부딪히게 되는 문제는 바로 인간의 존엄성과 직결된다. 예컨대 평등을 위한 정부의 노력이 역설적으로 불평등을 양산하고 있다는 인식(Frederickson, 1971; Waldo, 1972), 과학기술의 발달이 인간의 공동체적 감성을 파괴하고 있다는 인식(White, Jr., 1971), 그리고 과학기술의 발달에 편승하여 인간의 본성이나 도덕적 행위규범에 대한 사유를 게을리 하고 있다는 인식(Scott & Hart, 1973) 등은 인간의 존엄성에 대한 인문적 물음을 자극한다. "사회적 불평등을 해소하고, 인간의 공동체적 감성을 회복시키며, 적극적인 철학적 사유를 자극할 수 있는 지식은 무엇이며, 이를 실현하기 위한 방법은 무엇인가?" 이러한 물음에 민감하지 못한 행정학은 '정체성의 위기'를 경험하지 않을 수 없다(Waldo, 1968b).

　　당대에 등장한 신행정학(New Public Administration)의 기본정신이나 관점은 인문적 물음에 대한 행정학적 응답으로 이해될 수 있다. 신행정학의 기본정신은 행정학이 새로워져야 한다는 것이며, 그 '새로움'은 '보다 더 공적이고, 더 처방적이며, 더 고객 지향적이고, 더 규범적이며, 더 과학적인 이론의 추구'를 의미한다(Frederickson, 1971: 316). 그리고 신행정학의 기본적인 관점, 즉 '미노브룩 퍼스펙티브'는 다음과 같은 특성을 갖는다(Marini, 1971: 348-353). 첫째, 급격한 변화의 시대에 적실성(relevancy) 있는 행정학을 지향한다. 둘째, 후기실증주의(postpositivism)의 입장에서 가치은폐적인 행태주의와 주류 행정학의 절차적 중립성을 거부하고 사회적 형평성(social equity)과 같은 규범적 가치의 중요성을 강조한다. 방법론적으로 실존주의, 현상학, 인본주

　　소설장르로서 행정소설의 정의(Egger, 1959), 픽션의 신뢰성문제(Kroll, 1965), 픽션이 행정연구에 주는 도움과 픽션이 실제로 관리자에 미치는 영향(McCurdy, 1973; 1995), 픽션이 사회과학자가 행정에 대한 질문구성에 미치는 영향(McDaniel, 1978), 문학작품을 이용한 행정윤리교육의 가능성(Marini, 1992a; 1992b) 등과 관련된 연구들은 주목할 만하다.

의 심리학 등에 관심을 보이기 시작한다. 셋째, 행정환경의 급격한 변화에 적응하기
위한 방법으로서 노정과 참여를 강조한다. 넷째, 반계층제적인 감성에 반응하는 새로
운 조직형태를 모색한다. 다섯째, 고객지향적인 조직의 가능성을 모색한다.6) 사회적
격변 속에서 행정학의 위기를 돌파하기 위해 공공성, 처방성, 고객지향성, 규범성, 과
학성 등을 강조하면서 행정학의 새로운 길을 개척하고자 한 신행정학은 인간의 존엄
성에 절대적 가치를 부여하고자 했던 행정학의 인문적 전통을 계승하고 있는 것으로
볼 수 있다.

3. 행정학 다시 세우기와 인문적 전통의 확장

1980년대에 들어서면서 시장주의적인 행정개혁논리로서 신공공관리가 전지구적
인 경향으로 발전한다. 신공공관리는 근본적으로 행정의 효율화에 초점을 맞춘 것으
로, 평등과 민주주의의 가치를 위협할 소지를 가지고 있으며, 실제로 그러한 결과를

---

6) 이후 미노브룩회의는 20년을 주기로 1988년과 2008년에 개최되었다. 1988년에 열린 2차 미노
브룩회의에서는 행정학이 당면하고 있는 시대적 상황을 행정의 방향상실, 정부와 공무원에
대한 국민의 냉소적 태도나 비난의 확산, 시민과 공무원의 책임감 약화, 민영화에 대한 관심
의 증대, 세입의 감소 등으로 보고 있다(Mayer, 1989; Holzer, 1989). 2차 회의의 주요 논지는
다음과 같이 정리할 수 있다(Guy, 1989). 사회적 형평성에 대한 관심은 여전히 강하게 남아있
다. 민주적 가치들에 대해 그리고 그러한 가치를 실현하는데 있어서 행정의 중요성에 대해 큰
관심을 가지고 있다. 규범적 관점과 행태주의적 관점간의 논쟁은 줄어들지 않았다. 사회와 작
업장 안에서의 다양성을 기본적인 가치로 수용한다. 행정의 건설적인 역할에 제한적이지만
어느 정도의 희망(constrained hopefulness)을 가지고 있다. 행정환경의 복잡성과 문제의 긴박
성 때문에 장기적인 비전보다는 단기적인 비전에 관심을 갖는다. 학문의 할거주의가 지배적
이기 때문에 학제적이었던 행정학의 뿌리를 제대로 다루지 못하였다. 기업에 대한 태도가 적
대적이다. 인사제도의 문제점에 대해 특히 관심이 강하다. 기술적인 문제에 대해서는 관심이
미약하다. 정부가 해야 할 구체적인 일에 대해서는 충분히 논의하지 않았다. 2차 회의에서 발
표된 논문들은 Bailey & Mayer(1992)에 의해 편집·출판되었다. 2008년에 열린 3차 미노브룩
회의는 행정학이 당면하고 있는 시대적 상황을 기술혁신, 지구적 기후변화, 테러, 세계적인 물
부족, 쇠퇴하는 기반시설들, 세계 어느 곳에서든지 아웃소싱이 가능한 세계화, 정부 간 갈등을
유발할 수도 있는 권한위임, 네트워크화된 조직들의 발달 등으로 보고 있다. 1, 2차 회의가 주
로 국내적 차원에서 상황을 보았다면, 3차 회의는 국제적인 차원에서 상황을 보고 있다
(O'Leary, 2011). 그러다 보니 3차 회의의 주요논지는 1,2차 회의 때와 전반적으로 비슷하나,
국제적 차원에서의 행정에 대한 관심이 부각된 것이 특징적이라 하겠다. 3차 회의에서 발표된
논문들은 O'Leary, Van Slyke, Kim(2010)에 의해 편집·출판되었다. 본래 미노브룩회의의 유산
은 행정을 둘러싸고 있는 현실의 변화에 대한 인식 그리고 행정이 추구하는 가치에 기초하여
그러한 변화에 행정이 관여하고 있는 방식에 대한 비판적 통찰을 통해서 새로운 학문적 길을
모색하는 것이다. 그러나 두 차례에 걸쳐 이루어진 미노브룩회의는 이러한 비판적 성찰보다
는 시대의 변화에 따라 행정이 어떻게 변화되었는지를 회고적으로 평가하는 정도에 머무르고
있다는 인상을 지울 수 없다.

가져왔다. 따라서 신공공관리는 행정학계에 인문적 물음을 던지는 계기가 된다. 그것이 인간의 존엄성을 세우고 지켜나갈 수 있을 것인가? 아니라면 어떠한 지식을 추구해야 할 것인가? 이에 대해서는 블랙스버그 선언(Blacksburg Manifesto), 신공공서비스(New Public Service), 공공가치관리론(Public Value Management), 포스트모더니즘 등 다양한 노력들이 전개되는데, '행정학 다시 세우기'로 이들을 범주화할 수 있을 것이다.

첫째, 블랙스버그 선언은 '관료 때리기(bureaucrat bashing)'를 통해서 일반화되고 있는 행정무용론에 대해서 '행정의 중요성'을 재확인시키고 있다는 점에서 중요한 의미를 갖는다. 이는 행정을 다시 세우기 위한 토대를 규범에서 찾고 있으며, 특히 행정이 '정당성'의 문제에 보다 민감해질 것을 주문하고 있다. 그리고 정당성은 '민주주의'와 '헌법의 정신'에 기초해서 모색되어야 한다고 본다(Wambsley et al., 1990; Wambsley & Wolf, 1996). 둘째, 신공공서비스론은 신공공관리나 정부재창조의 논리에 따르면 비유적으로 '노젓기(rowing)'를 '조종하기(steering)'로 바꾸자는 것인데, 그것의 실질적인 의미는 행정인에게 배에 대한 책임을 강화하는 것이면서 동시에 더 많은 권력을 주는 것이라 본다. 따라서 조종하기를 강조하다 보면, 배의 실제 소유주인 시민에 대한 봉사의 정신을 망각하게 된다는 것이다. 신공공서비스론은 '봉사하기(serving)'로서 행정의 본질을 다시 복구하자는 것이다(Denhardt & Denhardt, 2000). 셋째, 공공가치관리론은 "공공관리자의 목적은 공공가치를 생산하는 것이다(Moore, 1994: 296)"라는 명제에 자극을 받아 형성되었으며, 그것은 특히 조직의 안과 밖에서 이루어지는 정치적 토론을 가장 중시한다(Smith, 2004). 정치적 토론은 가치에 대한 해석과 그것의 실현방식을 논의하는 것이기 때문에 공공가치관리의 중심적인 기제라 할 수 있다. 공공가치관리론은 "능률, 책임, 형평과 관련된 문제들에 대응하는 방법을 재정의하고, … 전통적인 행정이나 신공공관리보다 인간성(humanity)에 대한 더 충만하고 원만한 비전에 의존한다(Stoker, 2006: 56)." 마지막으로 포스트모더니즘은 비약을 허용하지 않는 과학적 사유와 대비되는 상상하기, 예외를 배제함으로써 정체성을 유지하는 총체적 사유와 대비되는 해체, 고정된 권역의 존중을 요구하는 전문적 사유와 대비되는 탈영토화, 그리고 자기중심적인 사유와 대비되는 타자 중심적 사유 등의 방법을 통해 행정학적 사유의 영역을 넓히고자 한다(Fox & Miller, 1995; Farmer, 1995; McSwite, 1997). 포스트모더니즘은 기존의 행정언어로 볼 수 없는 것을 볼 수 있는 가능성을 열어주고 있다는 점에서 중요한 의미를 갖는다.

행정학 다시 세우기의 핵심은 형식적인 민주주의가 아닌 실질적인 민주주의를 실현하는 데 초점을 맞추고 있다. 실질적 민주주의는 궁극적으로 주권자로서의 시민을 참다운 주인으로 세우는 것이다. 따라서 행정학 다시 세우기는 시민을 주인으로 세우고, 시민이 주인으로서의 역할을 할 수 있도록 노력하는 행정에 대한 이론으로서 행정학에 초점을 맞춘다(Schachter, 1995). 이는 시민이 삶의 주체로서 자율성을 발휘하는 목적적 존재로 거듭 나는 계기를 찾음으로써 인문적 물음에 응답하고자 하는 것이다.

4. 행정학의 인문적 전통과 행정학적 상상력의 조건

행정학적 상상력은 인문적 물음에 기초한다. 인문적 물음은 궁극적으로 인간의 존엄성에 초점을 맞춘다. 행정학적 상상력은 인간의 존엄성을 세우고 보장할 수 있는 '좋은 삶'에 대한 비전을 구상한다. 일반적으로 인문적 물음은 인간 존엄성의 위기를 감지할 때 던져진다. 행정학의 정체성에 대한 고민은 과학편향의 행정학이 인간에 대한 부분적인 이해를 토대로 이론을 구성하고 그것을 실제에 적용함으로써 왜곡된 결과를 가져올 수 있다는 위기의식을 반영하는 것이다. 신행정학은 행정학이 당대의 사회문제를 해결하는데 적절히 대응하지 못함으로써 궁극적으로 인간적 실존 혹은 인간의 존엄성을 보장하는데 도움이 되지 않는다는 위기의식을 반영한 것이다. 또한 행정학 다시 세우기는 시장주의의 확산이 경쟁을 극단으로 내몰고 사회적 불평등을 양산함으로써 인간의 존엄성을 심각하게 위협하고 있다는 위기의식을 반영한 것이다. 위기감은 인문적 물음을 던지게 만들고, 인문적 물음은 다시 '좋은 삶'에 대한 행정학적 상상력을 자극한다.

그렇다면 인문적 물음에 민감한 행정학, 다시 말해서 인간의 존엄성을 지향하는 비판의식과 해방적 상상력이 작동하는 행정학이 되기 위한 조건은 무엇일까? 앞에서 살펴본 행정학의 인문적 전통에서 몇 가지 조건들을 찾아보자. 첫째, 행정학의 연구목적과 관련하여, 행정현상에 대한 '이론적 지식(episteme)'과 처방을 위한 '기술적 지식(techne)'을 구성하는데 연구의 목적을 제한할 것이 아니라, 규범적으로 '좋은 삶'을 실현하는데 필요한 '실천적 지식(phronesis)'을 구성하는 데까지 확장시켜야 한다는 것이다. 이론적 지식, 기술적 지식, 그리고 실천적 지식은 서로를 제한하면서 지지하는 긴장과 조화의 관계에 있어야 한다. 실천적 지식이 결여된 이론과 기술은 천사가 아닌 악마에게도 봉사할 수 있다. 이론과 기술이 결여된 실천은 무모할 수 있다. 따라서 이론적 지식, 기술적 지식, 그리고 실천적 지식은 행정학 안에서의 학문적 분업체계에 따라 분리되어 추구되는 것이 아니라 분야를 막론하고 동시에 추구될 필요가 있다(이종범, 1977; 박종민, 2006).

둘째, 행정학의 연구방법과 관련하여, 인문정신이 요구하는 것은 '철저한 비판 (radical critique)'이다. 비판은 해석을 전제로 한다. 해석은 해석의 대상이 발현된 맥락 속에서 대상을 이해하는 것이다. 비판은 사회구조적인 맥락에서 어떤 지식이나 주의주장이 의존하고 있는 전제나 가정, 추구하는 이상이나 목적, 그리고 그것을 이루기 위한 방법을 대상으로 한다. 해석은 과학, 현상학, 비판이론, 포스트모더니즘 등 다양한 접근방법에 의존해서 이루어질 수 있다. 그런데 비판은 철저해야 한다. 그것이 의미하는 바는 해석의 방법 자체가 비판의 대상이 될 수 있다는 것이다. 과학, 현상학, 비판이론, 포스트모더니즘에 의존한 해석들이 논리적 일관성을 결여하거나 사회구조적인 권력관계를 정당화하는데 이용된다면, 당연히 비판의 대상이 되어야 한다는 것이다. 철저한 비판은 사회구조적 편견이나 편향이 인간의 존엄성에 흠결을 남길 수 있는 가능성을 제거하는데 초점을 맞춘다. 과학은 이미 논의된 것처럼, 기술적 관심에 따라 인간을 통제와 지배의 대상으로 전락시킬 위험성을 가지고 있다. 현상학은 의미생성의 주체를 중심에 두고 있으나, 그 주체가 사회적으로 형성되고, 그 때문에 무의식적으로 사회구조의 편견을 반영하는 의미생성에 참여함으로써 사회의 구조적 편견을 재생산할 위험성을 보지 못할 수 있다. 비판이론은 변증법의 논리에 따라 사회구조에 내재하는 모순과 그것의 극복을 통한 변혁을 추동하고 있으나, 변증법의 논리가 지향하는 동일화나 통일에 대한 집착은 차이의 폭력적 해소를 정당화함으로써 인간의 존엄에 위협이 될 수 있다는 것을 간과할 수 있다. 포스트모더니즘은 이성 중심적인 모더니즘의 폭력성을 해부하는데 집중하지만, 해석과 해체를 통한 절대적 상대화는 삶의 허무주의를 극단화할 위험성이 있다. 이처럼 인문정신은 다양한 접근방법들에서 구속적 계기를 비판적으로 드러내고 해방적 계기를 고양하는데 초점을 맞춘다.

셋째, 학문적 소통과 관련하여, 인문정신은 소통의 폭을 확대하고 그 깊이를 심화시킬 것을 요구한다. 다행히도 행정학은 본래 학제적인 성격을 갖는 학문으로서 다른 분야와의 학문적 소통에 익숙하며, 그러한 역량이 행정학의 존립과도 밀접하게 연관된다. 그러나 행정학의 학문적 소통은 다른 사회과학과 인문학의 일부와 제한적으로 이루어지고 있다. 인문정신은 기본적으로 인간에 대한 충분한 이해를 추구한다. 인문정신은 행정학이 인문학, 다른 사회과학, 자연과학, 그리고 문학, 예술, 종교 등과 창조적으로 소통할 것을 요구한다. 인간에 대한 충분한 이해를 통해서만이 실질적으로 인간의 존엄성을 실현할 수 있는 가능성을 높일 수 있기 때문이다. 예를 들어, 행정에 대한 문학적 접근은 이성적 지각과 감정적 이해의 융합을 통해 행정에 대한 이해를 심화하고, 많은 사람들의 삶의 경험을 간접적으로 체험할 수 있게 하며, 다른 사람의 눈으로 행정을 바라보고, 전문가로서 우리들이 알고 있는 것의 한계에 대한 인식을 얻을 수 있게 하며, 심리적, 도덕적 측면에서 의사결정에 대한 이해를 가능하게 하고, 전문적인 저작으로부터 얻을 수 없는 지혜를 갖게 한다(Waldo, 1956).

넷째, 패러다임적 사고와 관련하여, 인문정신은 패러다임에 대한 자기의식적 성찰을 요구한다. 패러다임적 사고는 하나의 패러다임에 집착하여, 경직되고 편협한 관점으로 세상을 보는 사고방식이다. 패러다임적 사고에 사로잡히게 되면, 관점의 다양성을 수용할 수 없다. 그리고 다른 학문들과의 소통에 있어서도 동일한 패러다임의 우산 아래 있는 이론들에만 범위를 제한하게 된다. 가령 경제학과의 소통에서도 행태주의와 시장중심주의적인 패러다임을 따르는 이론들에 범위를 제약함으로써, 경제학에서 발전된 다양한 패러다임과 소통할 수 있는 기회를 차단하게 된다. 무엇보다도 패러다임 자체에 대한 반성적 혹은 비판적 성찰을 불가능하게 한다(Hirschman, 1970). 따라서 행정학이 자기의식적인 학문으로서 발전할 수 있는 계기를 마련하기 위해서는 패러다임에 대한 비판적 성찰과 패러다임의 다양성을 수용할 수 있는 개방적인 자세가 필요하다.

다섯째, 행정학의 학문적 범주와 관련하여, 인문정신은 행정학이 사회과학의 굴레에서 벗어날 것을 요구한다. 여기에서 말하는 사회과학은 사회적 현상 속에서 인과적인 관계를 밝히거나 법칙을 찾으려는 학문이라 할 수 있다. 행정학을 행정현상에서 법칙을 찾는 사회과학으로 제한하게 되면, 실제로 행정이 다루는 대상에 대한 이해를 제한할 가능성이 있다. 행정은 다양한 가치관, 태도, 신념, 이해관계, 욕구 등을 가지고 함께 살아가야 하는 사람들을 대상으로 한다. 사람들은 다양한 방식으로 세상에 의미를 부여하면서 사회를 구성한다. 행정학은 그러한 다양성에 대응해야 하는 행정을 다루기 때문에 사회과학의 굴레를 넘어설 필요가 있다. 가령 행정학을 '인문학이면서 동시에 사회과학'으로 보려는 시도도 가능할 것으로 보인다(Dimock, 1958; Zald, 1991; 1993; 1996). 또는 학문분류체계를 근본적으로 재검토할 수도 있다. 연구대상을 중심으로 인문학, 사회과학, 자연과학으로 학문을 분류하는 전통적인 방식과 달리 하인리히 리케르트(H. Rickert)처럼 연구자의 가치관점에 따라 문화과학과 자연과학으로 학문을 분류할 수도 있다. 행정현상은 법칙을 추구하는 자연과학의 대상이 될 수도 있으며, 의미해석과 이해를 추구하는 문화과학의 대상이 될 수도 있다. 이러한 시도들은 행정학을 학문 분업적 전문주의의 틀에 묶어두는 편향에서 벗어나는데 도움을 줄 수 있을 것이다.

마지막으로, 특히 중요한 것으로 학문적 태도와 관련하여, 인문정신은 냉소주의에서 벗어날 것을 요구한다. 냉소주의는 어떤 대상에 대해 비판하면서도 여전히 그것을 포기하지 않는 태도를 말한다. 학문적 냉소주의는 학문에 내재된 문제에 대해 잘 알고 있고, 그 문제에 대한 비판에 대해 동의하면서도 여전히 이전의 태도를 고수하는 경향성을 말한다.

> 페터 슬로터다이크(Peter Sloterdijk)은 ≪냉소적 이성 비판 *Critique of Cynical Reason*(1983)≫에서 이데올로기의 지배적인 기능방식이 냉소적이어서 고전적인 이데올로기비판을 불가능하게 만든다는 테제를 제시한다. 냉소적 주체는 이데올로기적 가면과 사회적 현실 간의 거리에 대해 잘 알고 있으면서도 여전히 그 가면에 매달린다. 슬로터다이크가 제안한 것을 공식화하면, "그들은 자신들이 하고 있는 일에 대해 매우 잘 알면서도, 여전히 그것을 행한다."는 것이다. 냉소적 이성은 … 계몽된 허구의식의 역설이다. 사람들은 허구에 대해, 다시 말해서 이데올로기적 보편성 뒤에 숨겨진 특수한 이익에 대해 매우 잘 알고 있으면서도 여전히 그 허구를 버리지 않는다(Zizek, 1989: 29).

이러한 냉소주의가 극복되지 않는다면, 인문정신의 비판과 해방적 상상력에 근거한 대안들에 대해 동의하면서도, 기존의 관행에 매달림으로써 변화를 이루어낼 수 없다.

지금까지의 조건들을 살펴보면, 행정학의 인문적 전통 속에서 발견할 수 있는 행정학적 상상력의 활성화 조건은 다양성과 개방성을 수용함으로써 자유로운 정신이 비판과 해방적 상상력을 발휘할 수 있는 계기를 제공하려는 것이다. 인문정신은 자율적인 인간으로서 인간의 존엄성을 추구하는 것인데, 이를 위해서는 정신이 자유롭게 사유할 수 있는 조건이 마련되어야 한다는 것이다. 따라서 정신의 자유야말로 인문적 물음에 응답하기 위한 상상력을 발휘하는데 있어서 절대적인 조건이라 히겠다.

V. 결 론

지금까지 살펴본 바에 따르면, 인문정신은 학문적 분업체계에 따라 행정학에서 다루어져서는 안 되는 문제가 아니다. 또한 행정학 안에는 인문적 전통을 살펴볼만한 적지 않은 연구경향들이 존재한다. 그럼에도 불구하고 학문적 분업체계, 과학주의와 시장주의는 이러한 인문적 전통에 대한 관심을 제한하고 있는 것이 사실이다. 그러나 인문정신이 없는 행정학은 내용 없는 형식에 불과하며, 인간적인 희망을 기대하기 어렵다. 다시 말해서 인문정신이 없는 이론은 인문정신이 없는 행동을 장려함으로써 인간의 존엄성에 치명적인 결과를 가져올 수 있다. 행정은 정책과 법제도를 통해 사회의 관행과 사고방식에 결정적인 영향을 미치고 있다. 다시 말해서 행정은 단순히 조직의 관리행위를 넘어서 사회의 형성과 인간의 실존에 영향을 미치는 활동이라는 것이다. 따라서 인문적 물음에 민감하지 않은 행정은 인문적 물음에 민감하지 않은 사회를 형성하는 안내자가 될 것이다. 인문적 사유를 할 수 없는 행정과 사회는 더 나은 사회에 대한 상상력을 발휘할 수 없다.

행정은 다양한 이해관계자들과 다양한 관점들이 경쟁하기도 하고 협력하기도 하는 가운데 조정을 통해 합의를 도출하고, 그렇게 도달한 목표를 이루기 위해 다양한 대안들을 구상하고 선택하는 활동이다. 그러한 의미에서 행정은 단순히 기능적인 활동이 아니라 창조적인 활동이라 하겠다. 따라서 행정학의 당면과제는 상상력을 억압하는 편협한 '시장지향적 행정모델(market-oriented administration model)'을 넘어서는 것이라 하겠다. 과학주의와 시장주의에 묻혀있는 행정학자, 행정학과, 행정전문대학원들은 과학주의와 시장주의의 인큐베이터로 기능한다(Ghoshal, 2005; Huhen, 2008). 그곳에서는 책임 있는 행정가나 정치가보다는 기능적인 사회공학자를 양산한다. 이를 넘어서기 위해서는 인간의 존엄성에 대한 절대적인 책임을 토대로 행정학적 상상력을 자극하는 '인간지향적 행정모델(human-oriented administration model)'의 개발에 관심을 기울일 필요가 있다.

참고문헌

강상진. (2007). "서양 고중세의 인문정신과 인문학." 한국학술협의회 편, ≪인문정신과 인문학≫, 61-82. 서울: 아카넷.

공자. (2011). ≪論語集註≫. 성백효 역. 서울: 전통문화연구회.

김우창. (2003). "주체와 그 지평." 장회익 외, ≪삶, 반성, 인문학: 인문학의 인식론적 구조≫, 63-87. 서울: 태학사.

박종민. (2006). "한국 행정이론을 위한 비판적 성찰." 한국행정학회(편), ≪한국행정학 50년: 1956-2006≫, 37-59.

신용하. (2012). ≪사회학의 성립과 역사사회학: 오귀스트 꽁트의 사회학 창설≫. 파주:

지식산업사.

이승환. (2007). "동양의 학문과 인문정신." 한국학술협의회 편, ≪인문정신과 인문학≫, 28－44. 서울: 아카넷.

이종범. (1977). "행정학의 토착화에 관한 논거."「한국행정학보」 11: 198－223.

임의영. (2006). ≪행정철학≫. 서울: 대영문화사.

Ashcraft, R. (1977). "Economic Metaphors, Behavioralism, and Political Theory: Some Observations on the Ideological Uses of Language." *Political Research Quarterly* 30: 313－328.

Ashley, R. K. (1983). "Three Models of Economism." *International Studies Quarterly* 27(4): 463－496.

Bacon, F. (2001). ≪신기관: 자연의 해석과 자연 지배에 관한 잠언≫, 전석용 역. 서울: 한길사.

Bailey, Mary T. and Mayer, Richard T. (1992). *Public Management in an Interconnected World: Essays in the Minnowbrook Tradition.* New York: Greenwood Press.

Battersby, James L. (1996). "The Inescapability of Humanism." *College English* 58(5): 555－567.

Bauman, Z. (2013). ≪왜 우리는 불평등을 감수하는가? 가진 것마저 빼앗기는 나에게 던지는 질문≫, 안규남 역, 서울: 동녘.

Bookman, J. T. (1970). "The Disjunction of Political Science and Political Philosophy." *American Journal of Economics and sociology* 29(1): 17－24.

Box, R. C. (1999). "Running Government Like a Business: Implications for Public Administration Theory and Practice." *The American Review of Public Administration* 29(1): 19－43.

Carnap, R. (1932). "The Elimination of Metaphysics Through Logical Analysis of Language(trans. by A. Pap)." in A. J. Ayer(ed.), *Logical Positivism*, 60－81. New York: The Free Press, 1959.

Carnap, R. (1932). "The Old and the New Logic(trans. by I. Levi)." in A. J. Ayer(ed.), *Logical Positivism*, 133－146. New York: The Free Press, 1959.

Carroll, J. D. (1996). "Reinventing Public Administration." *Public Administration Review* 56(3): 245－246.

Comte, A. (2001). ≪실증주의 서설≫, 김정식 역. 서울: 한길사.

Dahl, R. (1961). "The Behavioral Approach in Political Science: Epitaph for a Monument to a Successful Protest." *American Political Science Review* 55(4): 763−772.

deLeon, L. & Denhardt, R. P. (2000). "The Political Theory of Reinvention." *Public Administration Review* 60(2): 89−97.

Denhardt, R. B, & Vinzant Denhardt, J. (2000). "The New Public Service: Serving Rather than Steering." *Public Administration Review* 60(6): 549−559.

Dickens, C. (2009). ≪어려운 시절≫, 장남수 역, 서울: 창비.

Dimock, M. E. (1958). *A Philosophy of Administration*. New York: Harper & Raw.

Diver, C. S. (1982). "Engineer and Entrepreneurs: The Dilemma of Public Management." *Journal of Policy Analysis and Management* 1(3): 402−406.

Easton, David. (1962). "The Current Meaning of Behavioralism." In James C. Charlesworth(ed.), *The Limits of Behavioralism in Political Science*. Philadelphia: American Academy.

Egger, R. (1959). "The Administrative Novel." *The American Political Science Review* 53(2): 448−455.

Eulau, H. (1968). "The Behavioral Movement in Political Science: A Personal Document." *Social Research* 35: 1−29.

Farmer, David J. (1995). *The Language of Public Administration: Bureaucracy, Modernity, and Postmodernity*. Tuscaloosa, AL: The University of Alabama Press.[강신택 역. 1999. ≪행정학의 언어: 관료제, 모더니티와 포스트 모더니티≫. 서울: 박영사.]

Foucault, M. (2012). ≪생명관리정치의 탄생: 콜레주드프랑스 강의 1978−79년≫, 오트르망(심세광, 전혜리, 조성은) 역. 서울: 난장.

Fox, Charles J. & Miller, Hugh T. (1995). *Postmodern Public Administration: Toward Discourse*. Thousand Oaks, CA: Sage Publications.

Frederickson, H.G. (1971). "Toward a New Public Administration." in F. Marini(ed.), 309−331.

Friedsam, H. J. 1954. "Bureaucrats as Heroes." *Social Forces* 32(3): 269−274.

Ghoshal, S. (2005). "Bad Management Theories are Destroying Good Management Practices." *Academy of Management Learning and Education* 4(1): 75−91.

Giustiniani, Vito R. (1985). "Homo, and the Meanings of 'Humanism'." *Journal of the History of Ideas.* 46(2): 167−195.

Guy, Mary E. (1989). "Minnowbrook II: Conclusions." *Public Administration Review* special issue: 219−220.

Habermas, J. (1972). *Knowledge and Human Interests.* trans. by J.J. Shapiro. London: Heinemann.

Hahn, H., Neurath, O. and Carnap, R. (1973). "Wissenschaftliche Weltauffassung: Der Wienner Kreis." in O. Neurath, M. Neurath, R. S. Cohen(eds.), *Empiricism and Sociology,* trans. by P. Foulkes and M. Neurath. Dordrecht, Holland: D. Reidel. 1973.

Harmon, M. (1981). *Action Theory for Public Administration.* New York/ London: Longman, Inc.[유광호·김주원 역. 1995. ≪행정 철학: 행위 이론≫. 서울: 범론사.]

Hayek, F.A. (1989). "The Pretence of Knowledge (Nobel Memorial Lecture)." *American Economic Review* December: 3−7.

Hirschman, A. O. (1970). "The Search for Paradigms as a Hindrance to Understanding." *World Politics* 22(3): 329−343.

Hodgkinson, Christopher. (1978). *Towards a Philosophy of Administration.* New York: St. Martin's Press.

Holzer, Marc. (1989). "Minnowbrook II: Conclusions." *Public Administration Review* special issue: 221.

Hood, C. (1991). "A Public Management for All Seasons?" *Public Administration* 69(1): 3−19.

Hood, C. (1995). "The "New Public Management" in the Eighties: Variation on a Theme." *Accounting, Organization and Society* 20(2/3): 93−109.

Horkheimer, M. (1971). "Foreword." in M. Jay, *The Dialectical Imagination: A History of the Frankfurt School and the Institute of Social Research, 1923−1950.* Berkeley/ Los Angeles/ London: University of California Press, 1996.

Horkheimer, M. and Adorno, T.W. (1972). *Dialectic of Enlightenment.* trans. by J. Cumming. New York: The Seabury Press.

Huhen, M. P. (2008). "Unenlightened Economism: The Antecedents of Bad Corporate Governance and Ethical Decline." *Journal of Business Ethics* 81: 823−835.

Husserl, E. (1993). ≪유럽학문의 위기와 선험적 현상학≫, 이종훈 역. 서울: 한길사.

Jay, M. (1996). *The Dialectical Imagination: A History of the Frankfurt School and the Institute of Social Research, 1923-1950*. Berkeley/ Los Angeles/ London: University of California Press.

Kant, I. (2005). ≪윤리형이상학 정초≫, 백종현 역. 서울: 아카넷.

Kant, I. (2009). "계몽이란 무엇인가에 대한 답변." 이한구 편역, ≪칸트의 역사철학≫, 13-22. 서울: 서광사.

Kraye, Jill. (2005). "Humanism." *Encyclopedia of Philosophy*. 2nd. 477-481.

Kroll, Morton. (1965). "Administrative Fiction and Credibility." *Public Administration Review* 25(1): 80-84.

Marini, F. (ed.). (1971). *Toward a New Public Administration: The Minnowbrook Perspective*. Scranton: Chandler Publishing Company.

Marini, F. (1992). "Literature and Public Administration Ethics." *American Review of Public Administration* 22(2): 111-125.

Marini, F. (1992). "The Uses of literature in the Exploration of Public Administration Ethics: The Example of Antigone." *Public Administration Review* 52(5): 420-426.

Mayer, Richard T. (1989). "Minnowbrook Ⅱ: Conclusions and Reflections." *Public Administration Review* special issue: 218.

McCurdy, H. E. (1973). "Fiction Phenomenology and Public Administration." *Public Administration Review* 33(1): 52-60.

McDaniel, T. R. (1978). "The Search for the "Administration Novel."" *Public Administration Review* 38(6): 545-549.

McSwite, O. C. (1997). *Legitimacy in Public Administration: a Discourse Analysis*. Thousand Oaks, CA: Sage Publications.

Mills, C. W. (1968). *Sociological Imagination*. New York: Oxford University Press.

Mitchell, W. C. (1968). "The New Political Economy." *Social Research* 35(1): 76-110.

Moore, M. (1994). "Public Value as the Focus of Strategy." *Australian Journal of Public Administration* 53(3): 296-303.

Nussbaum, M. (2013). ≪시적 정의: 문학적 상상력과 공적인 삶≫, 박용준 역, 서울: 궁리.

O'Leary, Rosemary, Van Slyke, David M., and Kim, Soonhee. 2010. *The Future of Public Administration Around the World: The Minnowbrook Perspective.* Washington: Georgetown University Press.

O'Leary, Rosemary. (2011). "Minnowbrook: Tradition, Ideas, Spirit, Event, Challenge." *Journal of Public Administration Research and Theory,* 21: i1−i6.

Polanyi, K. (2001). *The Great Transformation: The Political and Economic Origins of Our Time.* Boston (Mass.): Beacon Press.

Read, J. (2009). "A Genealogy of Homo−Economicus: Neoliberalism and the Production of Subjectivity." *Foucault Studies* 6: 25−36.

Riggs, R. E., Hanson, K. F., Heinz, M., Hughes, B. B. and Volgy, T. J. (1970). "Behavioralism in the Study of the United Nations." *World Politics* 22(2): 197−236.

Schachter, H.L. (1995). "Reinventing Government or Reinventing Ourselves: Two Models for Improving Government Performance." *Public Administration Review* 55(6): 530−537.

Schlick, M. (1930/1931). "The Turning Point in Philosophy(trans. by D. Rynin)." in A. J. Ayer(ed.), *Logical Positivism,* 53−59. New York: The Free Press, 1959.

Schlick, M. (1932/1933). "Positivism and Realism(trans. by D. Rynin)." in A. J. Ayer(ed.), *Logical Positivism,* 82−107. New York: The Free Press, 1959.

Scott, W. G. & Hart, D. K. (1973). "Administrative Crisis: The Neglect of Metaphysical Speculation." *Public Administration Review* 33(5): 415−422.

Simon Herbert A. (1945/1976). *Administrative Behavior: A Study of Decision−Making Processes in Administrative Organization.* New York: The Free Press/ London: Collier Macmillan Publishers.

Simon Herbert A. (1997). *Administrative Behavior: A Study of Decision−Making Processes in Administrative Organization.* 4th ed. New York: The Free Press.

Smith, R.F.I. (2004). "Focusing on Public Value: Something New and Something Old." *Australian Journal of Public Administration* 63(4): 68−79.

Stenmark, M. (1997). "What is Scientism?" *Religious Studies* 33(1): 15−32.

Stiglitz, J. (2013). ≪불평등의 대가: 분열된 사회는 왜 위험한가≫, 이순희 역, 서울: 열린책들.

Stoker, G. (2006). "Public Value Management: A New Narrative for Networked Governance?" *American Review of Public Administration* 36(1): 41−57.

Terry, L.D. (1998). "Administrative Leadership, Neo−Managerialism, and the Public Management Movement." *Public Administration Review* 58(3): 194−200.

Thompson, J. D. (1956). "On Building an Administrative Science." *Administrative Science Quarterly* 1(1): 102−111.

Waldo, D. (1948). *The Administrative State: A Study of the Political Theory of American Public Administration*. New York: The Ronald Press Company.

Waldo, D. (1956). *Perspectives on Administration*. University, Alabama: University of Alabama Press.

Waldo, D. (1968a). "Public Administration in a Time of Revolution." *Public Administration Review* 28(4): 362−368.

Waldo, D. (1968b). "Scope of the Theory of Public Administration." in James C. Charlesworth ed. *Theory and Practice of Public Administration: Scope, Objectives and Methods, 1−26*. Philadelphia: American Academy of Political and Social Science.

Waldo, D. (1968c). *The Novelist on Organization and Administration: An Inquiry into the Relationship Between Two Worlds*. Berkeley: Institute of Governmental Studies.

Waldo, D. (1971). *Public Administration In a Time of Turbulence*. San Francisco: Chandler Publishing Company.

Wambsley, G. & Wolf, J. (1996). *Refounding Democratic Public Administration: Modern Paradoxes, Postmodern Challenges*. Newbury Park, California: Sage Publications, Inc.

Wambsley, G. et. al. (1990). *Refounding Public Administration*. Newbury Park, California: Sage Publications, Inc.

White, Jr. O. (1971). "Social Change and Administrative Adaptation." in Marini(ed.), 1971: 59−83.

Wolin, S. (2004). *Politics and Vision: Continuity and Innovation in Western Political Thought*. Princeton: Princeton University Press.

Zald, M. N. (1991). "Sociology as a Discipline: Quasi−science, Quasi−humanity."

American Sociologist 22(3−4): 165−187.

Zald, M. N. (1993). "Organization Studies as a Scientific and Humanistic Enterprise: Toward a Reconceptualization of the Foundations of the Field." *Organization Science* 4(4): 513−528.

Zald, M. N. (1996). "More Fragmentation? Unfinished Business in Liking the Social Sciences and Humanities." *Administrative Science Quarterly* 41(2): 251−261.

Zizek, Slavoj. (1989). *The Sublime Object of Ideology*. London; New York: Verso.

▶ ▶ ▶ **논평**

신희영(경주대학교 사회복지학과 교수)

1. 서 론

규범적 차원에서 보면, 행정은 시민들이 '좋은 사회'에서 '좋은 삶'을 영위할 수 있도록 공공선을 실현하는데 탁월성을 발휘해야 한다. 행정의 이러한 당위가 실천될 수 있으려면, 어떻게 살아야 '좋은 삶'인지, '좋은 사회'가 무엇이고, 이러한 사회를 만드는 것이 무엇인지 등에 대한 질문에 응답하지 않을 수 없다. 실증주의 과학관에 입각하고 있는 행정학은 이러한 질문에 대해 답을 줄 수 없을 것이다(Gorski, 2013). 이 논문은 이러한 질문에 대한 답을 인문정신에 기초한 행정학적 상상력에서 찾고 있다. 따라서 행정학의 정체성을 바로 잡는 주요 열쇠는 인문정신의 활성화이다. 인간의 존엄성에 초점을 맞추는 인문적 물음은 비판의식과 해방적 상상력이 내장된 행정학을 정초하기 때문이다. 행정 현상을 기술하고 설명하는 데 중심을 두는 논리실증주의와 행태주의를 신봉하고 효율적 행위에 관한 규범적 이론을 지향하는(설명적 이론이라기보다는 인간행동학) 시장주의에 물든 행정학은 인문적 물음의 여지를 남겨 놓지 않고 있다.

본 논문의 목적은 이러한 문제의식에 기초하여 행정학적 상상력의 인문적 기초가 무엇인지를 밝히고 인문정신이 깃든 행정학이 되기 위한 조건을 모색하는 것이다. 행정학적 상상력의 기초를 논증하는 방식은 하버마스가 즐겨 쓰는 반 사실적 대위법과 유사한 방식이다. 먼저 인문정신의 의미, 그리고 인문정신의 해방적 상상력과 사회과학적 상상력을 결합한 행정학적 상상력을 논증한다. 다음은 주류는 아니지만 인문적 물음에 반응하여 행정학적 상상력을 활성화한 행정학의 연구경향이 있었음을 Waldo, Dimock의 행정이론, Hodgkinson의 행동철학, 신행정학 등을 통해 논의한다. 그런 다음 행정학에서 인문정신을 질식시키는 메커니즘으로 과학주의와 시장주의를 추상한다. 논증의 마지막 부분은 비판의식과 해방적 상상력이 작동하는 행정학이 되기 위한 조건들을 인문정신에 입각하여 제시하고 있다. 이러한 논증은 인문적 질문의 규범적 차원과 행정학의 실증적 차원(기술과 설명)을 결합할 수 있는 비판적 사회과학으로서 행정학의 가능성을 열어주고 있다는 의미에서 주류 행정학에게 반성적 계기를 제공하고 있다. 즉 행정학은 인간의 존엄성을 세우고 보장할 수 있는 '좋은 삶'의 사회적 조건에 대한 설명적 비판과 함께 실현 가능한 대안을 제시할 수 있어야 한다.

이러한 이론적 함의를 담고 있는 본 논문을 논평함에 있어서 다음 순서로 진행하고자 한다. 첫째, 본 논문의 핵심적인 주장이 무엇인지 검토한다. 둘째, 이러한 이론적 주장이 어떠한 측면에서 행정학에 기여하는지 논의한다. 셋째, 본 논문의 주장과 유사한 비판적 사회과학의 논의를 비교 소개한다. 넷째, 본 논문의 연구가 비판적 사회과학으로서의 행정학으로 발전할 수 있는 조건들을 제시한다.

2. 논문의 개요 및 주요 내용

본 논문의 논증을 이끌어 가는 주요 질문은 '행정학에게 인문정신이란 무엇을 의미하는 것일까?'이다. 어떠한 학문도 인문정신으로 자유로울 수 없다면, 인문적 전통의 흐름이 있음에도 불구하고 왜 행정학은 여전히 인문적 물음을 담아내지 못하는 걸까? 인문정신은 인간의 존엄성을 최고의 가치로 여기는 정신이다. 인문적 물음은 사회적 삶을 살아가는 사람들의 안녕(well-being)과 관련된 규범적 질문이다. 사회과학은 객관적인 지식과 진리를 추구한다는 미명하에 이러한 질문을 무시하였다. 즉 과학에서 가치가 축출되면서 기술과 설명을 중시하는 실증적 사유는 사회과학의 영역이 되고 규범적 힘을 중시하는 규범적 사유는 정치철학과 도덕철학의 영역이 되는 학문적 분업화가 자리를 잡으면서 실증적 사유와 규범적 사유를 연결하는 다리는 끊어졌다(Sayer, 2003). 본 논문은 규범적 사유와 실증적 사유를 연결하는 행정학의 가능성을 논구하고 있다. 행정학계에서는 보기 드문 학문적 시도이다.

행정학 입장에서 보면, 인문정신은 사회적 제도와 관행을 비판적으로 바라볼 수 있는 관점을 제공하고 대안을 모색하는 해방적 상상력을 자극한다. 행정학은 인문정신의 비판의식과 해방적 상상력을 사회학적 상상력과 결합할 것을 요구한다. 사회학적 상상력은 인간 존엄성의 실현을 구속하고 제한하는 사회질서를 드러내는데 중요한 역할을 하기 때문이다. 특히 사회적으로 생산된 불평등(정체성에 민감한 불평등과 지배관계와 같은 구조적 불평등)은 개인들이 인간의 존엄성을 유지하는 조건들을 불평등하게 한다(Sayer, 2011: 208). 따라서 행정학이 스스로에게 인문적 물음을 계속 던진다면 윤리적 전망을 가지고 더 나은 세계를 상상하는데 익숙하게 될 것이다.

행정학으로 하여금 인문적 질문을 하지 못하도록 하는 것은 무엇일까? 본 논문은 과학주의와 시장주의를 들고 있다. 인문정신 관점에서 보면, 과학주의는 인간을 능동적 존재로 보는 것이 아니라 수동적 존재로 이해한다. 또한 방법론적 개인주의에 따라 인간은 사회적 존재가 아니라 고립된 원자적 존재로 인식된다. 오래전 Feyerabend(1978)는 모든 전통(과학은 전통들 중의 하나의 전통에 불과함)이 권력의 중심에 대해 동등한 권리와 동등한 접근을 갖는 사회가 자유사회라고 주장하면서, 사람들이 자신이 가치 있다고 중시하는 아이디어와 가장 적합하다고 간주하는 절차에 따라 문제를 풀어가는 자유를 과학주의가 위협하고 있다고 주장했다. 그는 과학주의가 주장한 과학에 반대하고 자유에 찬성한다. 인간의 자유가 과학보다 훨씬 더 높은 위상을 차지한다면서 과학적 지식은 인간 해방에 필요조건도 충분조건도 아니라고 주장하는 이도 있다(Knath, 1999). 시장주의는 '경제주의'와 '관리주의'를 말하며, 이들의 결합은 신공공관리론으로 전개된다. 인문적 관점에서 시장주의는 인간을 경쟁의 원리가 지배하는 시장에서 이익에 의해 동기화된 합리적 선택을 하는 존재로 본다. 또한 신자유주의적 통치술은 개인을 자유의 철장에 가둔다. 시장주의는 타인에 대한 이해와 타인과의 협력관계와 신뢰관계 등이 사회적 삶에 중요하다는 것을 인지하지 못한 자폐성을 가진 개인의 모델이라고 할 수 있다. 더구나 이러한 시장주의는 사회적 불평등을 생산하는 메커니즘을 작동함으로써 대부분의 사람들은 인간으로서의 존엄성을 유지하기 더욱 어려워진다. 따라서 과학에 내재된 인간에 대한 통제라는 구속적 계기를 제어할 수 있는 가능성을 약화시키는 과학주의와 사회적 불평등을 생산하는 시장주의는 인간의 존엄성과 연관된 인문적 질문을 회피함으로써 상상력을 억압한다.

행정학적 상상력이 인간의 존엄성을 세우고 보장할 수 있는 '좋은 삶'에 대한 비전을 구상할 수 있는 조건들은 무엇인가? 본 논문은 행정학의 인문적 전통 속에서 발견할 수 있는 조건으로서 인문정신이 깃든 행정학의 조건을 다음과 같이 밝히고 있다. 첫째, 행정학의 연구목적은 이론적 지식과 기술적 지식 외에도 '좋은 삶'을 실현하는데 필요한 실천적 지식에까지 확장시켜야 한다. 둘째, 행정학은 다양한 접근 방법들의 구속적 계기를 비판적으로 드러내고 해방적 계기를 고양하는데 초점을 맞추어야 한다. 셋째, 행정학은 학문적 소통의 폭을 넓히고 깊이를 심화시켜야 한다. 넷째, 행정학은 패러다임에 대한 비판적 성찰과 패러다임의 다양성을 수용할 수 있는 개방적인 자세를 취해야 한다. 다섯째, 행정학은 사회과학의 굴레에서 벗어나야한다. 여섯째, 행정학은 냉소주의를 극복해야 한다. 이러한 조건들이 함의하고 있는 것은 행정학의 인문적 전통 속에서 발견할 수 있는 행정학적 상상력을 활성화하는데 있어서 절대적 조건은 정신의 자유라는 것이다. 따라서 행정학의 당면과제는 '시장지향적 행정모델'을 넘어서는 '인간지향적 행정모델'을 개발하는데 관심을 가져야 한다는 것이다.

3. 이론적 기여점

행정학의 인문적 전통이 없었던 것은 아니지만, 행정학계에서는 행정에 대한 규범적인 이론 연구(행정의 규범적 성격에 초점을 맞춤)와 실증적인 이론 연구(기술과 설명)로 분화된 경향이 있다. 행정학을 행정과학으로 만들기 위한 행태주의가 이러한 분리에 기여한 바가 크다. 사회적 존재로서 인간의 '좋은 삶'은 '좋은 사회'내에서 가능하다고 볼 때 행정학은 '좋은 삶'과 '좋은 사회'의 조건을 실현하는 '좋은 행정'에 대한 지식을 생산해야 할 것이다. 사람들의 사회적 삶에서 이러한 규범적 질문은 실증적 질문 보다 더 중요하다. 사회적 삶에서 '인간의 존엄성'보다 더 중요한 가치는 없다. 과학주의에 함몰된 행정학은 이러한 질문에 대답할 수 없다. 본 논문은 이러한 질문에 대답할 수 있는 인문정신에 기초한 행정학을 도모하고 있다.

인간의 존엄성을 기본적 전제로 하는 인문정신의 요체는 비판의식과 해방적 상상력이다. 행정학을 지배하는 신념인 과학주의와 시장주의는 인문정신을 억제하는 효과를 갖고 있으며, 이러한 신념에 물든 행정학은 인간의 존엄성을 위협할 수 있는 지식과 기술을 생산할 수 있다. 본 논문은 과학주의와 시장주의에 대한 비판을 통해 행정학의 인문정신에 기초한 행정학의 가능성을 탐색하고 있다.

본 논문은 기존 행정학 연구에서 볼 수 없는 새로운 행정학의 길을 열어주고 있다.

첫째, 가치와 사실의 분리나 경험적 분석과 규범적 평가의 분리를 신봉하는 행정학이 갖고 있는 한계를 분명히 하고 규범적 질문을 실증적 질문과 연결할 수 있는 가능성을 보여주고 있다.

둘째, 행정학을 지배하는 시장주의의 형식적이고 추상적인 도구적 합리성을 실질적인 도구적 합리성과 실천적 합리성으로 변환시킬 수 있는 인문정신에 기초한 행정학을 제시하고 있다.

셋째, 인문적 물음에 민감한 행정학 연구의 방법론적 다원성과 이러한 방법론에 대한 철저한 비판이 필요함을 제안하고 있다. 본 논문은 기존이 행정학 논의와는 다르게 사회적 객체와 객체에 대한 신념들을 연결하는 내적 관계의 인과성과 인지적 성격을 과학주의와 시장주의에 대한 설명과 비판을 통해 밝히면서 방법론적 다원성과 방법론에 대한 철저한 비판의 필요성을 논증하고 있다. 행정학은 자연과학과 다르게 자신의 연구 분야의 한 부분이고, 사회적 객체와 객체에 대한 신념이 연구주제이기 때문에 행정학은 연구 주제와 내적인 관계(연구 대상과 행정학 간 상호의존성)에 있다. 과학주의는 신념을 객체화함으로 객체와 객체들에 대한 신념들을 연결하는 내적인 관계를 간과하거나 은폐한다(Bhaskar, 2011: 78). 따라서 행정학은 인식론 측면에서 비판적이며 자기 비판적이어야 한다.

넷째, 인문정신에 기초한 행정학은 행정현상에 대해 규범적 입장에 기초한 규범적인 평가, 행정현상을 발생시키는 인과적 메커니즘과 구조의 기술과 설명, 이러한 구조나 메커니즘의 부정적 평가와 이를 제거하는 행위에 대한 긍정적 평가, 규범적 입장에 기초한 행정학적 상상력을 발휘하여 대안을 제시하는 비판적 사회과학의 가능성을 보여주고 있다.

4. 비판적 사회과학과의 비교

본 논문의 주장은 Sayer(2000, 2011)의 비판적 사회과학의 재구성에 대한 논의와 유사한 점이 있다. 물론 Sayer는 실증주의 과학관과는 다른 비판적 실재론의 과학관을 갖고 있다.[1] 이러한 입장에서 보면, 사회과학은 대상에 대한 설명과 비판을 통해 인간해방을 위한 실천을 안내할 수 있다. Sayer는 비판적 실재론의 설명적 비판을 비판적으로 재구성하면서 비판적 사회과학을 구성하고 있다. 비판적 실재론의 설명적 비판은 첫째, 문제의 확인(충족되지 않은 욕구, 고통, 잘못된 믿음) 둘째, 그러한 것의 원인이나 원천의 확인 셋째, 환상과 억압에 대한 부정적 판단 넷째, 그러한 원천을 제거하는 행위에 대한 긍정적 판단 등의 4단계로 구성되어 있다. 이러한 설명적 비판은 인지적인 설명적 비판이나 욕구에 기반한 설명적 비판으로서는 타당성이 있으나 문제를 확인하는 비판의 관점(critical standpoints)을 정당화하는 문제와 대안적인 사회형태를 제시하는 데는 한계가 있다.

이러한 재구성에서 핵심적인 것은 규범적 사유와 실증적 사유의 연결을 방해하는 사실과 가치간의 관계에 관한 근대 이원주의 가족(사실과 가치, 존재와 당위, 이성과 감정, 실증적 사유와 규범적 사유, 객관성과 주관성)을 해체하고 재구성하는 것이다. 이원주의는 가치에 대한 정의주의와 협약주의의 관점을 지탱해주는 기둥이며 사회과학이 사회적 현상에 대해 규범적 평가를 제공하는데 주저하게 만든다. 이원주의 해체와 재구성에서 중요한 것은 가치가 이성의 범위 내에 있다는 것을 논증하는 것이다. 즉 가치가 사물(사람, 행위, 관계, 실천, 제도 등)과 상황에 대한 가치평가라는 측면에서 이성 의존적(reason−laden) 성격 및 사실 의존적(fact−laden) 성격을 갖고 있음을 입증하

---

1) 과학은 문화적·사회적 맥락에서 지식을 생산하는 실천적 활동이며, 과학의 본질은 어느 한 수준에서 분명하게 드러난 현상에 대한 지식에서 그 현상을 발생시키는 구조와 메커니즘에 대한 지식으로 운동하는데 있다(Bhaskar, 1979: 13).

는 것이다. 이러한 논증이 타당하면, 가치는 증거와 이성적 논증의 대상이 되며, 당위에서 존재로, 존재에서 당위(규범적 사유와 담론에서 실증적 사유와 담론으로, 실증적 사유와 담론에서 규범적 사유와 담론으로)로 이동하는 다리가 연결될 수 있다. 가치가 어떤 성질을 갖고 있는 사물에 대한 것이고 가치가 인간과 분리될 수 없는 것이라면, 규범적 사유와 추론에서 사회적 존재인 인간의 본성(인간존재의 사회적 성격)에 대한 개념화는 불가피하다. Sayer의 논지에 따르면 사회적 관계 틀내에서 인간의 자율성인 '인간의 존엄성'은 인간의 안녕(well-being)에 영향을 미치는 중요한 가치이며, 인간의 존엄성을 위협하는 것은 지배관계와 각종의 불평등이다. 그는 모든 인간에 공통적인 것으로 보이는 번영을 할 수 있고 고통을 겪을 수 있는 기본적인 능력에 호소해서 자신의 비판적 입장을 정당화하고 있다. 이러한 입장은 인간의 안녕을 정의하는 Nussbaum과 Sen의 능력 접근(the capabilities approach)을 옹호한다.

비판적 입장이 정해지면 문제의 확인단계에서는 무엇이 중요한 문제인지를 규명하고 대안을 제시하는 단계에서는 보다 나은 삶의 방식의 가능성을 염두에 둔 해결안의 바람직성을 판단할 수 있다. 문제를 발생시키는 구조와 메커니즘을 부정적으로 평가하는 단계에서는 사회적 삶의 딜레마를 성찰할 수 있게 해준다. 대안을 제시하는 단계에서 바람직한 목표 상태가 실현될 수 있는지(윤리적 실현가능성)와 사람들이 노력을 하면 목표 상태가 그 자체로 실현될 수 있는지(정치적 실현가능성) 등에 대한 '초안 의미(draft meaning)' 차원에서 평가적 판단을 한다. 이것은 반 사실적 질문과 사유 실험을 하고 비판적 관점을 정밀하게 조사 연구하여 일종의 유토피아를 고려하는 것이다. 이러한 고려는 사회적 삶이 딜레마로 가득 차 있기 때문에 필요하다. 가끔은 특정 문제의 원인을 제거하는 것보다 덜 나쁜 대안을 찾는 것이 좋은 경우도 있다. 따라서 비판적 사회과학의 주요문제는 비판적 관점을 정당화하고 적은 문제를 낳는 대안적 사회형태를 발견하는 것이다.

5. 향후 연구에 대한 제언

행정학계에서는 많은 비판에도 불구하고 사실과 가치의 이분법이 여전히 위세를 떨치면서 과학으로부터 가치를 배제하고 있다. 행정학은 사실의 가치 의존적 성격을 받아들이면서도 가치의 사실 의존성과 이성 의존성을 수용하지 않고 있다. 따라서 행정학은 '좋은 삶'과 '좋은 사회'가 무엇인지와 '좋은 행정'이 무엇인 지 그리고 이를 어떻게 실현해야 하는지에 대한 평가적 판단에 대해서는 소극적이다. 규범적 질문과 실증적 질문을 풀어가는 담론은 사회과학과 철학의 노동 분업으로 제도화되는 경향이 있다. 본 논문은 행정학적 상상력의 인문적 기초에 대한 논의를 통해 행정학에서 규범적 사유와 실증적 사유 간의 연결을 시도하고 있으면서도 과학을 실증주의 입장에서 개념화하고 있어서 규범적 질문을 과학외부에 두고 있다. 이러한 연결이 어떻게 가능한지 대한 논증이 모호하다. 실증주의 과학관을 정면으로 비판하고 부정하는 비판적 실재론 입장에서 과학을 개념화하면 본 논문의 논의가 설득력이 있을 것 같다.

사실과 가치에 대한 근대의 이원주의 가족을 해체하고 재구성하는 연구를 통해 설명적 비판을 체계화하면 행정학은 이론적 지식, 기술적 지식, 실천적 지식 등을 동시에 추구할 수 있을 것이다.

참고문헌

Bhaskar, Roy. (1979, 1998 3ed). *The Possibility of Naturalism*. London: Routledge.

Bhaskar, Roy. (2011). *Reclaiming Reality*. New York: Routledge.

Feyerabend, P. (1978). *Science in a free society*. London: Verso.

Gorski, Philip S. (2013). Beyond the Fact/Value Distinction: Ethical Naturalism and the Social Science. *Soc* 50: 543－553.

Kanth, R. (1999). Against Eurocentred epistemologies: a critique of science, realism and economics. in Steve Fleetwood(ed). *Critical Realism in Economics*. New York: Routledge.

Sayer, A. (2000). *Realism and Social Science*. London: Sage.

Sayer, A. (2011). *Why Things Matter to People: Social Science, Values and Ethical life*. Cambridge: Cambridge University.

찾아보기

저자 약력

박순애
서울대학교 행정대학원 교수
서울대학교 공공성과관리연구센터 소장
International Review of Administrative Sciences 편집위원
(전) 한국행정학회 연구위원장
(전) 「환경정책」 편집위원장
University of Michigan 행정학(Planning) 박사

이수영
서울대학교 행정대학원 교수
서울대학교 국가리더십연구센터 소장
국민권익위원회 자체평가위원
(전) 서울행정학회 총무위원장
(전) 기획재정부 공공기관 평가위원
University of Georgia 행정학 박사

고숙희
세명대학교 공공행정학과 교수
세명대학교 대학원장
(전) 인사혁신처 자체평가위원회 위원장
(전) 정부공직자윤리위원회 위원
(전) 고위공무원임용심사위원회 위원
성균관대학교 행정학 박사

김동욱
서울대학교 행정대학원 교수
한국행정학회 회장
디지털공공서비스혁신자문단 위원장
(전) 정보통신정책연구원 원장
Ohio State University 정책학 박사

김인철
한국외국어대학교 행정학과 교수
한국외국어대학교 총장
(전) 한국정책학회 학회장
(전) 감사원 감사위원
(전) 한국풀브라이트 총동문회장
University of Delaware 정치학 박사

목진휴
국민대학교 행정학과 명예교수
(전) 한국정책학회 회장
(전) 한국행정학회 영문저널 편집위원장
(전) 한미교육위원단 파견 teaching fellow
West Virginia University 정책학 박사

양영철
제주대학교 행정학과 교수
경찰청 정책자문위원
(전) 한국지방자치학회 회장
(전) 대통령소속 정부혁신지방분권위원회 위원 및 자치경찰특위 위원장
(전) 서울행정학회 회장
건국대학교 행정학 박사

염재호
고려대학교 행정학과 교수
(전) 고려대학교 19대 총장
(전) 한국정책학회 회장
(전) 현대일본학회 회장
Stanford University 정치학 박사

오철호
숭실대학교 행정학부 교수
정부혁신컨설팅단, 단장
(전) 공공데이터전략위원회 실무위원장
(전) 정부3.0추진위원회 변화관리위원장
(전) 한국정책학회 · 한국정책분석평가학회 회장
(전) 알칸소주립대학교 교수
University of Illinois－Urbana 정책학 박사

유종해
연세대학교 행정학과 명예교수
(전) 연세대학교 행정대학원장
(전) 한국교정학회 회장
(전) 한국행정학회 회장
University of Michigan 행정학 석사 및 정치학 박사

유홍림
단국대학교 공공관리학과 교수
인사혁신처 정책자문위원회 위원장
(전) 행정안전부 자체평가위원장
(전) 기획재정부 상임감사평가위원회 위원장
(전) 한국행정학회 부회장
University of Texas at Austin 행정학 박사

윤태범
한국지방행정연구원 원장
한국방송통신대학교 교수, 서울행정학회 회장
정부혁신협의회 중앙부처분과위원장
(전) 대통령자문 정부혁신지방분권위원회 행정개혁 전문위원
서울대학교 행정학 박사

이윤식
숭실대학교 행정학부 명예교수
한국문화관광연구원 이사장
(사)한국평가감사연구원 원장 겸 이사장
(전) 대통령 정책실 국가개혁과제점검평가단 단장
(전) 국무총리 정부업무평가위원회 실무위원장
(전) 대통령자문 정부혁신지방분권위원회 평가간사
(전) 숭실대학교 교무처장, 기획조정실장, 사회대학장
(전) (사)한국정책분석평가학회, (사)한국정책학회 회장
University of Michigan 정치학 박사

임의영
강원대학교 행정학과 교수
(전) 한국행정학회 편집위원장
고려대학교 행정학 박사

진재구
청주대학교 행정학과 교수, 인문사회대학장
(전) 공직인사혁신위원회 민간위원
(전) 공무원재해보상연금위원회 위원
(전) 정부 역량평가위원
(전) 한국인사행정학회장
서울대학교 행정학 박사

논 평

김영미   상명대학교 공공인재학부 교수, 한국외국어대학교 행정학 박사
문명재   연세대학교 행정학과 교수 겸 미래정부연구센터 소장, Syracuse University 행정학 박사
박중훈   한국행정연구원 전문연구위원, University of Georgia 행정학 박사
서영빈   (사)한국평가감사연구원 연구위원 겸 사무국장, 숭실대학교 행정학 박사
성욱준   서울과학기술대학교 IT정책전문대학원 교수, 서울대학교 행정대학원 행정학 박사
송하중   경희대학교 행정학과 명예교수, Harvard University 정책학 박사
신희영   경주대학교 사회복지학과 교수, 서울대학교 행정대학원 행정학 박사
이기우   인하대학교 법학전문대학원 교수, University of Münster 법학 박사
이덕로   세종대학교 행정학과 교수, Florida State University 행정학 박사
이재완   호서대학교 법경찰행정학부 교수, 서울대학교 행정학 박사
정병걸   동양대학교 공공인재학부 교수, 고려대학교 행정학 박사
조선일   순천대학교 행정학과 교수, 서울대학교 행정학 박사
홍형득   강원대학교 행정학과 교수, University of Manchester 과학기술정책학 박사

다시 읽고 싶은
한국행정학 좋은 논문 13선

초판발행	2019년 6월 10일
엮은이	박순애 외
펴낸이	안종만·안상준
편 집	한두희
기획/마케팅	손준호
표지디자인	조아라
제 작	우인도·고철민
펴낸곳	(주)**박영사**
	서울특별시 종로구 새문안로3길 36, 1601
	등록 1959. 3. 11. 제300-1959-1호(倫)
전 화	02)733-6771
f a x	02)736-4818
e-mail	pys@pybook.co.kr
homepage	www.pybook.co.kr
ISBN	979-11-303-0586-8 93350

copyright©박순애(공공성과관리연구센터장), 2019, Printed in Korea

정 가   32,000원